U0604358

宋本

藝文類聚

中

〔唐〕歐陽詢 撰

藝文類聚卷第三十一　　人部十五

贈答

毛詩曰無言不訓　又周公乃爲詩以貽王名之曰鴟鴞焉　又吉甫作頌其詩孔碩其風肆好以贈申伯　晏子曰曾子將行晏子送之曰君子贈人以軒不如贈人以言　史記曰孔子適周見老子孔子辭去老子送之曰吾聞富貴者送人以財仁者送人以言吾竊仁人之號請送子以言　孫卿子曰贈人以言重於金石珠玉勸人以言美於黼黻文章聽人以言樂於鍾鼓琴瑟　莊子曰凡交近則必相靡以信遠則必忠之以言　韓子曰鄭人有遺燕相書者夜書火不明因謂持燭者曰舉燭而過書舉燭舉燭非書意也燕相國受書而悅之曰舉燭者尚明也舉賢任之司以治　穆天子傳曰穆王饗西王母于瑶池之上上賦詩往來辭義可觀　漢書曰古者諸侯卿大夫交接鄰國以微言相感常揖讓之時必稱詩以諭其志　又曰陳遵爲河南太守既至官當遣從使西召善書吏十人於前治私書謝京師親

故遵憑恣几占書數百封親疏各有意　文士傳曰祢驎伯父烏官
至太尉驎年十二在座焉告客曰吾此弟子知有異才殊能作詩
賦各乃爲詩曰甘羅十二楊烏九齡昔有二子今則祢生驎即
應聲荅曰顯矣甘羅超等絶倫伊彼楊烏命世稱賢嗟予
惷弱殊才偉年仰慙二子俯媿過言　漢雜事曰高彪謁馬融
辭疾不見彪覆刺與書曰聞高風爲日久矣故不待介者造君
子之門冀一見龍光叙腹心之願不意辭之以疾昔者周公兄父文
武九命作伯以君華夏猶握沐吐飡以接白屋之士天下歸德歷
載顯矣今君不能相見宜哉融省書大慙遣人辭謝追請徑
去不還　先賢行狀曰杜安入太學時號曰神童時貴戚慕安
高行多有與書者不輒發以慮後患常鑿壁藏書當時皆
嘉其慮遠　會稽典録曰陳業少特操沛國桓儼當世英俊
避地會稽聞業高節欲與相見終不獲後儼浮海南入交州臨去
遺書與業曰不因行李以係陰山白樓曰從容養高動靜屢直

季世多難爰適樂土聞髙風飢渴語言知乃深隱邈然終時求仁斯得勤而無憾齊蹤古賢何其優哉　蜀志曰馬良使吳良謂諸葛亮曰今銜國命恊睦二家幸爲良介於孫將軍亮曰君試自爲文良卽爲草曰寡君遣掾馬良通聘繼好以紹昆吾豕韋之勳其人吉士荆楚之令鮮於造次之華而有克終之美願降心有納以慰將命權大悅之　文章叙録曰杜摯與毋丘儉鄉里相親故爲詩與儉求仙人藥一丸欲以感切儉求助也　荀氏家傳曰荀勗蜀平之後遣使通吳司馬文王用公所作書與孫皓皓報命和親王謂公曰君前作書使吳思順勝十万之衆也　楚辭曰結微情以陳詞兮矯以遺夫美人

【詩】後漢蔡邕荅對元式詩曰伊余有行爰戾茲邦先進博學同類率從濟濟君子彥如雲如龍君子博文貽我德音辭之集矣穆如清風　又荅卜元嗣詩曰斌斌碩人貽我以文辱此休辭非余所希敢不酬荅賦誦以歸　魏王粲贈蔡子篤詩曰悠悠世路亂離多阻濟岱江衡邈焉異處風流雲散一别如雨　魏徐幹荅劉楨詩曰與子

別無幾所經未一旬我思一何篤其愁如三春雖路在咫尺難涉如
九關陶陶朱夏別荁 不昌且繁　魏應瑒報趙淑麗詩曰朝雲
不歸久結成陰離君羣猶宿永思長吟有鳥孤栖哀鳴北林嗟我
懷矣感物傷心　魏繁欽贈梅公明詩曰瞻我北園有條者桑遺
此春景既茂且長氤氳吐葉柔潤有光黄條蔓衍青鳥來翔
日月其邁時不可忘公子瞻旃勳名乃彰　魏程曉贈傅休弈詩
曰煢煢獨夫寂寂靜處酒不盈觴肴不掩俎厥客伊何許由巢父
厥醴伊何玄酒瓠脯　又贈傅休弈詩曰三光飛景玉衡代邁龍
集甲子四時成歲權輿授代徐陳蕩穢元服初嘉萬福咸會赫赫
應門嚴嚴朱闕羣后傷傷庭燎晢晢　魏邯鄲淳荅贈詩曰
我受上命來隨臨菑與君子處曾未盈朞見召本朝駕言趣期
君子重離首命于時餞我路隅贈我嘉辭既受德音敢不荅之
余惟薄德既局且鄙見養賢侯於今四祀既庇西伯永誓没齒今
也被命我在不俟瞻戀我侯又慕君子行道遲遲體逝情止豈無

藝卷三十一

好爵懼不我與聖主受命千載一遇鸞鳳必在初舉仁矣去
矣別易會難自強不息人誰獲安願子大夫勉賈成山天休方至萬
福爾臻　晉張華荅何劭詩曰良朋貽新詩爾我以遊娛穆如灑清
風煥若春華敷自昔同寮寀於今比園廬衰夕近辱殆庶幾
並懸輿散髮重陰下把杖臨清渠屬耳聽鳴禽流目玩儵魚
從容養餘日取樂於桑榆　又詩曰駕言歸外庭放志永棲遲
相伴步園疇春草鬱鬱滋榮觀雖盈目親友莫與偕悟物增
隆思結戀慕同儕援翰屬新詩永歎有餘懷　又贈摯仲治
詩曰君子有逸志棲遲於一丘仰蔭高林茂俯臨綠水流恬淡養
玄虛況精研聖猷　何劭贈張華詩曰四時更代謝万物迭卷舒
暮春忽復來和風與節俱俯臨清泉涌仰觀嘉木敷在昔同
班司今者並園墟私願偕黃髮逍遙樂琴書舉爵茂陰下攜
手共躊躇奚用遺形骸忘筌在得魚　晉潘岳爲賈謐贈陸機
詩曰神農更生軒轅承紀畫野離疆爰封衆子夏殷既襲宗

周繫祀綿綿瓜瓞六國互峙彊秦兼并吞滅四隅子嬰面櫬漢祖
膺符靈獻微弱在涅則渝三雄鼎足孫啓南吳南吳伊何僭號
稱王大晉統天仁風遐揚僞孫銜璧奉土歸疆婉婉長離陵江而
翔長離云誰咨余陸生鶴鳴九皐猶載厥聲況乃海隅播名上京
爰應旌招撫翼紫庭蕃岳作鎮輔我京室旋及桑梓帝弟作弼
式云國官清塗攸失吾子洗然恬淡自逸廊廟惟清俊乂是延擢應
嘉舉自國而遷齊轡羣龍光贊納言優遊省闥珥筆華軒
昔余與子繾綣同朝倏日朗月攜手逍遙自我離羣二周于今雖
簡其面分著情深子其超矣實慰我心發言爲詩望侯好音欲崇
其高必重其曾在南稱甘度北則橙崇子鋒穎不騫不崩晉陸機
答賈謐詩曰先天創物景命是膺降及羣后迭毀迭興邈矣終
古崇替有徵在漢之季皇綱幅裂雄臣騰鶩義夫赴節釋位
揮戈言謀王室王室之亂靡邦不泯如彼隊景曾不可振乃眷三哲
俾乂斯民啓土綏難改物承天天猒霸德皇祚告釁獄訟違魏

謳歌逼晉陳留歸蕃我皇登禪庸蜀稽顙三江改獻惟公太宰光
翼二祖誕育洪胄纂戎于魯昔我逮兹時惟下僚及子棲遲
同林異條年殊志密服舛義禂遊跨三春情固二秋祗承皇命出
納無違往踐蕃朝夾步紫微升降秘閣我服載暉孰云匪懼仰
肅明威分索則易攜手實難念昔良遊兹焉永歎公之云感貽此音
翰蔚彼高藻如玉如蘭民之胥好狷狂厲聖儀形在昔爭聞子命
又荅潘岳詩曰於穆同心如瓊如琳我東曰徂來餞其琛彼美潘生實
綜我心探子玉懷疇爾惠音　又贈馮文羆詩曰嗟我人斯戢翼江潭
有命集上翻飛自南出彼幽谷及爾同林雙情交映遺物識心　又
贈潘岳詩曰水會於海雲翔于天道之所混孰後孰先及子雖殊同升
太玄舍彼玄冕襲此雲冠遺情市朝永志丘園靜猶幽谷動若
揮蘭　又贈從兄車騎詩曰孤獸思故藪離鳥悲舊林翩翩遊宦
子辛苦難爲心髣髴谷水陽婉孌崑山陰營魄懷兹土精爽若
飛沉　又贈斥丘令馮文羆詩曰夙駕出東城送子臨江曲密席接

同志羽觴飛酃淥登樓望峻陂時逝一何速　又贈紀士詩曰瓊
瓌俟豐價窈窕不自鬻冀有美蛾眉子惠音倩且淑修嫮協姝
麗華顏婉如玉　又贈顏彦先詩曰清夜不能寐悲風入我軒立
影對孤軀哀聲應苦言　晉傅玄荅程曉詩曰奕奕兩儀昭
昭太陽四氣代升三朝受祥濟濟羣后峩峩聖皇元服肇御配
天垂光伊周作弼王室惟康顒顒兆民蠢蠢戎貊率土充庭萬
國奉蕃皇澤雲行神化風宣六合咸熙遐邇同歡赫赫明明天人
合和下罔遺滯焦朽斯華矧我良朋如玉之嘉穆穆雝雝興頌作
歌　又荅程曉詩曰羲和運玉衡招揺賦朔旬嘉慶形三朝美德
揚初春聖主加元服萬國望威神伊周敷玄化並世霑天人洪涯歌
山岫許由嗟水濱　又傅咸贈褚武良詩曰爰暨于褚惟晉之禎
厥翬振鳳翼羽儀上京聿作喉舌納言紫庭光贊帝道敷奏之明
方任之重實在江揚乃授旄鉞宣曜威靈悠悠遐邁東夏于征
又贈建平太守李叔龍詩曰弘道興化實在良守悠悠建平皇

澤未流朝選於衆乃子之授南荆注望心平克副　又贈太尉司馬虞顯機詩曰帝崇元淑妙選其屬蜀命子是佐增袞之縟　又贈崔伏二郎詩曰英妙之選二生之授顯顯兩城歡德之茂君子所居九夷非陋無狹百里而不垂爾復人之好我贈我清詩示我周行心與道期誠發自忠義形於辭古人辭讜豈不爾思　又與尚書同僚詩曰非望之寵謬加于己猥授非據奄司萬里煌煌朱軒服驥綠騄韡韡初延肅肅臣僕暉光顯赫衆目所屬斯之弗稱匪榮伊辱質弱尚甫受任膺爲揚德非樊仲王命是將百城或違無能有匡一州之矜將弛其綱得意忘言言在意後夫惟神交可以長久我心之孚有盈于缶與子偕老豈曰執手出司萬里牧彼朔濱服冕乘軒六轡既均威風先邁百城肅震　又荅潘尼詩并序曰司州秀才潘正叔識通才高以文學溫雅爲博士余性直而處清論褒貶之任作詩以見規雖褒飾之舉非所敢聞而斐粲之辭良可樂也荅之雖不足以相訓報所盍各言志也詩曰貽我妙文粲粲春之榮匪榮斯尚乃新其聲　吉甫

作頌有馥其馨香由樊仲其德克明授此瓦礫廁彼瑶瓊旣非其喻聞寵若驚　又荅欒弘詩并序曰安樂令欒弘太傅鉅平侯羊公辟未就而公薨後應司州之命舉秀才博文通濟之士余失和於府當換爲護軍司馬賦詩見贈荅之云爾鉅平作宰是貴是欽弓旌仍招嘉命屢尋鸞鳳養儀戢翼幽林未附雅調以和韶音鉅平遐逝厲志彌深肅肅京司清風裁邁乃延君彥龍集鳳會亦旣斯降萬里有賴聲發響應好結傾蓋　晉潘岳荅傅咸詩序曰司徒左長史傅長虞會定九品左長史宜得其才屈爲此職此職執天下清議宰割百國而長虞性直而行或有不堪余與之親作詩以規焉悠悠君子吏非子不整嗷嗷衆議非子不靖忽荷略組握綱提領矯矯貞臣惟國之屏　又贈吳王郎中令陸士衡詩曰東南之美曩惟延州顯允陸生於今斯疇振鱗南海濯翼洪流婆娑翰林容與墳丘玉以瑜潤隨以光融乃漸上京乃儀儲宮玩爾清藻味爾芳風泳之彌廣挹之彌沖崑山何有有瑶有珉及爾

同僚具惟近臣予涉素秋子登青春娩無老成㢠彼日新祁祁大邦惟桑與梓穆穆伊人南國之紀帝曰爾諧惟王卿士俛僂從命奚恤奚喜　又荅陸士衡詩曰顧茲蓮蔚㢠根蘭阪膏澤雖均華不足披隷春不茂末秋先萎□濯鱗翼我挫羽儀願言難常載今載離昔遊禁闥祇畏夕惕今放丘園縱心夷易口詠新詩目玩文跡子志耕圃爾勤王役慙無琬琰以訓尺璧　又贈隴西太守張仲治詩曰二八由唐顯周以多士隆君峯靈感韶運理翮應翔風張生拔幽華蘋蘩登二宮未幾振朱錦剖符撫西戎及子仍同僚贈言貽爾躬威刑有時用唯德可念終　又贈劉佐詩曰要言將誰苦聊以貽友生念我三賢規我無隱情　又送大將軍椽盧晏詩曰贈物雖陋薄識意在忘言瓊瑤尚交好桃李貴往還蕭艾苟見納貽我以芳蘭　又贈汲郡太守李茂彥詩曰離索何惆悵後會未可希河胡貴相忘歧路安足悲　又贈長安令劉正伯詩曰遊鸞鳥憑太虛騰鱗託浮霄過蒙嘉時會假翼陵扶搖疲憊

充時乏及余再同寮並跡侍儲宮攜手登皇朝劉侯撫西都邁績
參豹喬德厚化必深政明姦自消一夕尋由積覆千里一步起爾其
騁逸軌遠塗固可要　又荅楊士安詩曰逝將辭儲宮棲遲集南
畿不悞百里賤徒惜年志衰躊躇顧城闕戀慕端闈俊德貽
妙詩敷華藻發清徽娓彼褒崇謁感此歧路悲　又贈滎陽太守吳
子仲詩曰大晉盛得人儲宮育髦士吳侯降高質剖符授千里垂
覆豈他鄉迴光臨桑梓寮類感歧路黎庶思知耻老氏喻小鱗曹
參寄獄市無謂弊邑陋覆簣由茲起　晉張載贈虞顯度詩曰
疇昔協蘭房繾綣在華年嘉好結平素分着寮友前謂得終
遐日綢繆永周旋吾子遭不造湮山閔丁憂艱俾我失良朋誰與吐
話言一日爲三秋歲況乃三年離居一何闊結思如迴川　晉石崇贈
棗腆詩曰久官無成績棲遲於徐方寂寂守空城悠悠思故鄉惆惆
二三賢身遠屈龍光攜手沂泗間遂登舞雩堂文藻譬春華談
話由蘭芳消憂以觴醴娛耳以名娼博弈逞妙思弓矢威邊疆

晉司馬彪贈山濤詩曰苕苕椅桐樹寄生於南岳上陵青雲霓下臨千仞谷處身自孤危於何託余足 晉曹攄贈石崇詩曰涓涓谷中泉鬱鬱巖下林泄泄群翟飛咬咬春鳥吟野次何索漠薄暮愁人心三軍望衡蓋歎息有餘音臨肴忘肉味對酒不能斟人言重別離斯情効於今 晉劉琨贈盧諶詩曰時光不我與去乎若雲浮朱實隕勁風繁英落素秋狹路傾華蓋駭駟摧雙輈何意百鍊剛化爲繞指柔 又重贈劉琨詩曰璧由識眞顯龍因慶雲翔茨棘非所憩翰飛遊高岡余音非九韶何以儀鳳皇新城非芝圃曷由殖蘭芳 晉盧諶荅劉琨詩曰隨寶產漢濱擒此夜光眞不待卞和顯自爲命世珍 晉棗腆贈石季倫詩曰深蒙君子眷雅顧出羣俗受寶取諸懷所贈非珠玉凡我二三子執手攜玉腕嘉言從所好企予結雲漢望風整輕翮因虛舉雙翰朝遊清渠側日夕登高館 又荅石崇詩曰昔我不造備嘗艱沛后土傾基皇天隕蓋少懷蒙跡長無耿介遺訓莫聞出入靡

賴我舅氏命于彼徐方載詠陟岵言念渭陽乃泝洪流汎身餘艎
宵寢晨逝曷路之長亦既至止願言以寫爰有石侯作鎮東夏寬以
撫我從容柔雅我聞有言居安思危位極則遷勢至必移上德無欲
貴道不爲妙識先覺通夢皇羲穢觀堂奧欽蹈明規　晉摯
虞荅杜育詩曰越有杜生既文且哲龍躍潁豫有聲彰澈賴茲
三益如瓊如切好以義結友以文會共伊在高分定傾蓋其人如玉
美彼生蕭鍾鼓匪樂安用百壺老士灌灌離君羣索居懷戀結好
心焉恨如　晉歐陽建荅棗腆詩曰於鑠我舅明德塞違俾扞東
藩在徐之邳載播其惠載揚其威濟寬以猛方夏以綏光啓先業
增曜重暉咨余沖人艱苦攸離過庭無聞頑固匪移寔賴茲誨
導之軌儀仰遵嘉訓俯踏明規如　曷斯蔓如樛斯垂我遘君子
仰之彌高巖巖其高即之惟溫民　盈思沖在貴忘尊縱酒嘉讌
自明及昏無幽不研靡奧不論人繼　其量士感其敦　晉石崇荅棗
腆詩曰言念將別覩物傷情贈爾話言要在遺名唯此遺名可以

全生　晉杜育贈摯仲治詩曰之子于歸言秣其駒矧乃斯人乃邁乃
徂雖非顯甫餞彼壺雖非張仲將膾河魚人亦有言貴在同音
雖曰翻飛曾未異顧戀同枝增其慨心望爾不遐無金玉音　晉棗
據荅阮德猷詩曰朋顧之貽我良箴玩之無斁終詠斯音燕鼎在
舟雖重不沉庶憑吉旃謨高迹可尋　宋顏延之贈王太常僧達詩
曰玉水記方流琁源載圓折蓄寶每希聲雖秘猶彰徹聆龍睽
九州閒鳳窺丹穴歷聽豈多士唯然覯時哲舒文廣國華敷言遠
朝烈德輝灼邦茂芳風被鄉耋側同幽人居郊扉常晝閉林閭
時晏開亟迴長者轍庭昏見野陰山明望松雪靜惟浹羣化徂
生入窮節豫往誠歡聚悲來非樂闋屬美謝繁翰遙懷具短札
又直東宮荅鄭尚書道子詩曰皇居體寰極設險協天功兩闈阻
通軌對禁阻清風　宋鮑昭贈顧墨曹詩曰昏明易遠離會難娛
雲撤泉分西艫東軌　宋鮑令暉題書寄行人詩曰自君之出矣臨軒
不解顏砧杵夜不發高門晝恒關帳中流熠燿庭前華紫蘭物枯

識節異鴻來知客寒　又寄行人詩曰桂吐兩三枝蘭開四五葉是
時君不歸春風徒笑妾　齊王儉贈徐孝嗣詩曰婉婉遊龍載遊載東
靡靡行雲並躍齊蹤無類不感有來斯雍之子云邁嗟我莫從歲
云暮止述職戒行崇蘭罷秀孤松獨貞悲風宵遠乘鴈晨征撫
物遐想念別書情　齊公卿答王儉詩曰書帷傳月琴袖承
飈結芳幽谷解珮明椒去徂　懷德滋深行雲傳想歸鴻寄音
又齊王融贈族叔衛軍詩曰　蕙澄華鉉岳崇峻經天爲象麗地作
鎮不器其德有匪斯文質其　璉才逸御雲搖筆泉瀉動詠雲紛
德馨譬伊何如蘭之宣貞鉉　箭潤璧懷山六樂畢該五禮備舉
訓是敷三英有粲惟旦惟公惟　公惟旦　齊謝朓夜發新林至京口
詩贈西府同僚大江流日夜　心悲未央徒望關山近終知返路
河腸耿耿寒渚夜蒼蒼引　望京邑宮雉正相望金波麗鳷
玉繩低建章驅車鼎門外思　昭丘陽馳暉不可接何況隔兩鄉
煙有鳥路江漢限無梁常恐　鷹隼擊時菊委嚴霜寄言罻

羅者寥廓已高翔　又在郡呈沈尚書詩曰淮陽股肱守高卧猶在茲況復南山曲何異幽棲時直同閤常晝掩荒階少諍詞珍簟清夏室輕扇動涼飈夏李沉朱實秋藕折輕絲良辰竟何許夙昔夢佳期坐嘯徒可積爲邦歲已朞　齊陸厥奉答内兄顧希叔詩曰平原十日飲中散千里遊渤海方流滯宜城誰獻詶屏居南山下臨此歲方秋惜哉時不與日莫無輕舟　梁簡文帝贈張纘詩曰儀表咸推挹牆仞難窺踐既富垂帷學復折波濤辯綺思曖霞飛清文煥飈轉宋旗赫容與彫棨紛曜煜波搖白鷁舟風動蒼鷹舳九疑勢參差江天相蔽虧三春澧浦葉九月洞庭枝洞庭枝裊娜澧浦葉參差芬芳與搖落俱應憶傷别離　梁沈約詶謝宣城眺詩曰王喬飛鳧舄東方金馬門從宦非宦侣避世非避諠揆予發皇鑒短羽屢飛翻晨趨朝建禮晚沐卧郊園賓至下塵榻憂來命緑樽昔賢仵時雨今守馥蘭蓀神交疲夢寐路遠隔思存　又詶孔遏通直懷蓬居詩曰閶闔既洞啓龍樓亦高

闕兩宫集鸞鳥步二闥引通籍伊邇事清塗紛吾供賤役　梁任昉荅劉孝綽詩曰閟水旣成瀾藏舟遂移壑彼美洛陽子投我懷秋作久敬類誠言吹嘘似嘲諧兼稱夏雲盡復陳秋樹索詎慰耋嗟人徒深老夫託　梁范雲贈沈左衛詩曰伊昔霑嘉惠出入承明宫遊息萬年下經過九龍中越鳥憎北樹胡馬畏南風願言反漁蓨律梁肯月通　梁劉孝綽荅張左西詩曰相思如三月相望非兩宫持此連枝樹暫作背飛鴻若人惠思我摘藻蔚彫蟲仙掌方晞露盡烏正轉風方假排虛翮相與北山藂　又贈任中丞詩曰步出金華省遥望承明廬壯哉宛洛地佳麗實皇居虹蜺拖飛閣蘭芷覆清渠白雲夏峯盡青槐秋葉疎但願長閑暇酌醴焚枯魚　梁王僧孺贈顧倉曹詩洛陽十二門樓闕似西崑曖曖罘罳下想望陽書埴書埴向阿閣栖鳳復栖鸞五曹均趍奏六尚等便煩朝爐何馥郁夜錦有餘溫日中驅上騶驤首遍京宛晨趍魏公子夕宿韓王孫疇昔今何在生平弃不論辟言如卷葹草心謝

葉空存誰復三承睫獨念九飛塊　又秋日愁居荅孔主簿詩曰首夏雲物善盡暑且猶清日華隨水沉樹影逐風輕依簾野馬合當戶昔耶生物我一無際人鳥不相驚儻遇北山北聊訪法喬卿　又寄何記室詩曰思君不得見望望獨長嗟夜風入寒水曉露拂秋花何由假日御暫得寄風車　梁王筠均寓直中庶坊贈蕭洗馬詩曰龍樓實九重薄寒起殊星階泣清露銅池結秋潦霜被守宮槐風驚鳶護門草之子擅文華縱橫富辭藻舒錦勲光麗握珠謝奇寶媿予非工文何用披懷抱　又東陽還經嚴陵瀨贈蕭大夫詩曰子陵徇高尚超然獨長往釣石宛如新故態依可想　梁非袁子野荅張貞成皐詩曰匈奴時未滅連年被甲兵明君思將帥方聽鼓鞞聲吾生姿逸翮撫劍起徂征非徒慕干李聊欲逞良平出車既方軌絶幕且橫行豈伊長纓繫行見黃河清雖令懦夫勇念別猶有情感子盈編贈握玩以爲榮攺予振旅凱合宜毛備勤銘　梁蕭子雲贈海法師還甑山詩曰直心好丘壑偏悅幽棲人忽聞甑山旅万里自相

親涗寡參晚霖霽重疊晴雲新秋至蟬鳴柳風高露起塵動予憶山思惆悵惜荷巾　又寒夜直坊憶袁三公詩曰滴滴雨鳴階愔愔兹夜静風落宣猷樹寒凋承光屏高幃獨曉垂華燭夜空泠所思不相見方知寒漏永　又東郊望春詶王建安雋晚遊詩曰金塘緑泉滿上園梨蕊落蛺蝶戀殘花黃鸎鳥對蔓芳菲滿郊甸惠氣生蘭薄子家冠蓋里我館幽棲郭緑楊長溪便橋限清洛相去能幾許一水終跡索　梁柳惲贈吳筠詩寒雲晦滄洲奔潮溢南浦相思白露亭永望秋風渚心知別路長謂若燕楚闕候日遼絕如何附行旅願作野飛鳥飄然自輕舉　又贈吳筠詩曰山桃落晚紅野薇開初紫雲日自清明蘋芷燕[illegible]靡霏離念已鬱陶物華復如此　又贈吳筠詩曰遠遊濟伊洛秣馬度清漳邯鄲饒美女豔色含春芳鼓瑟未成曲跕屣復翱翔我本遊客子情愛在淮陽知誰新不樂念舊苦人傷　又贈吳筠詩曰秋風度閼隴楚客奏歸音颯颯避霜葉離離出塞鴈　梁何遜落日贈范岫詩曰縁溝

緑草蔓扶援雜花舒輕煙澹柳垂霞掩日餘遥遥長路晚寂
寂行人疎　又曰夕望江贈魚司馬詩曰湓城帶湓水湓水縈如帶日
夕望高樓耿耿青雲外城中多宴賞絲竹常繁會管聲已流
悦絃聲復悽切歌黛慘如愁舞腰疑欲絶仲秋黃葉下長風正
騷屑早鴈出雲歸故鷰辭簷別晝悲在異縣夜夢還洛汭
洛汭何悠悠起望登西樓的的帆向浦團團日隱洲誰能一羽化輕
舉逐飛浮　梁吳均贈周興嗣詩曰賢當路者聲名振華夏朱
輪玳瑁牛紫鞚連錢馬朝花舞風月窺牕下想君貴易朋居
然應見捨　又入蘭臺贈王治書□詩曰故人楊子雲校書麟
閣下寂寞少交遊紛綸富文雅予亦隴西使寓居洛陽社相思非
不深行行避驄馬　又荅柳惲詩曰閑房肅已靜落月有餘暉
寒蟲隱壁思秋蛾繞燭飛絶雲斷更合離禽去復歸佳人今
何在迢遞江之沂一爲別鶴弄千里淚沾衣　又贈任黃門詩曰相
如體英彦左右生容暉已紆漢帝組復解梁王衣經過雲母扇出

入千門屛連洲茂芳社長山欝翠微欲言終未敢徒然獨依依
又訓郭臨丞詩曰聞君立名義我亦倦旦辰征馬在城上堞劒自腰中鳴
白日遼川暗黄塵壠坻驚願君但銜酒深知有素誠　又訓聞人侍
郎詩曰悵然心不樂万里向悠悠陵潮戀枉渚泊暮遵江州君住青門
上我發霸陵頭相思自有處春風明月樓　又詣周承不值因贈此
詩曰竹枝任風轉蘭心逐風卷青雲葉上團白露花中泫聞君入
綺疏聊寄錦中書一隨平原客寧憶豫章徐　又遥贈周承詩曰
互石乱天崖雜樹欝參差伯魚留蜀郡長房還葛陂練練波中
月亭亭雲上枝髙岑蔽人者無處得相知　又周丞未還重贈詩曰
石渠閴無人子雲今何在顧望獨凝憂銜杯竟誰待散雪逐吹寒
蓬姿霜雪染甘泉無竹花鵷鶵欲四逐海　隋江揔遇長安使寄裴
尚書詩曰傳聞合浦葉遠向洛陽飛北風尚嘶馬南冠獨不歸去
雲目徒送離琴手自揮征蓬失處所春草屢芳菲太息関山月
風塵客子衣

賦

梁邵陵王贈言賦曰張雲麾問望之美作牧南

蕃維舟江漢留連飲餞發燕迺有期會面無日依依別袂恨恨江干古人贈別以言聊爲贈言賦曰昔人有感於知己深情投分如斯已矣相知勢利之間寶貝君子之所鄙靜言神交之際亦難得而具美豈直鮮其令終曾自聞其善始曰踰久而益敬蓋惟一人者爾語同志而好合諒今古之皆然苟託御而自況余因蕭而請前況英聲與茂實乃絕後而光先似臨潭而鏡 若披霧而覩天欽愛顧之罔已良佩服之在旃資淑美之上才超君羣雄而獨峻德既深於萬頃墻有高乎數仞思若神而泉涌文如華而玉振伊薄躯之固陋謬攝官於夏汭知美錦之難裁處棼絲而易結幸中途而暫止仰旌旆之踟躕似德星之東邁類祥雲之西徂亟留連於河渚或終宴於城隅賞既延於賓友懽亦洽於僕夫嗟灰琯之易逝慨離袂之云促惜日車之不駐恨流影之難續覩善誘而不倦飡好音而未足佇浮雲之可寄願無比𠀤金玉

梁張纘懷音賦并序曰西平劭陵王以親賢作蕃夏首下走叨竊時命驅傳湘羅久託下風

素蒙淑顧及塗經鄂郢淹泊累旬君王彈隨珠於千仞乃貽之巃則詩云懷我好音敢爲懷音賦云爾伊宗周之令望巡召南而述職襟帶鄭夏之鄉宣條江漢之域服詩書於懷袖抱仁義於胸臆惣九德以栖身横四溟而撫翼循微躬之未迹謬馳傳於衡嶷由洞庭而左轉指酃醴而爲期仰芳塵於夏汭路將近而彌滋棹陵波以遄務舟望浦而倦遲自清光之未覿逾一紀以歷茲敢憑情於往昔逢君恩之未遺陪桂苑之良遊接蘭臺之高會既醉酒以飽德亦傾蓄而綏帶感平原之愛客傷歧路之難留戀西園之餘賞泣南浦之徂舟結煩言於將贈情有重乎琳球顧龍門其不見過夏首而西浮申服義之未沫長寄言於還郵

梁陸倕感知已賦贈任昉曰夜中旦而不寐獨匡坐而悠咨命僕夫而夙駕指南館而爲期學窮書府文究辭林既耳聞而存口又目見而登心似臨淄之借書類東武之飛翰彰工遲於長卿踰巧速於王粲固乃度平子而越孟堅何論孔璋而與公幹或欲涉其涯涘求其界畔則浩浩港港虨虨澌澌譬

長鋏於削中若龍淵與蜀漢濟濟冠蓋祁祁儁逸有竊風以味道咸交臂而屈膝或望路以窺門罕升堂而入室彼春蘭及秋菊尚無絕於衆芳矧重仁與龍袞義信遼遼兮未央言追意而不逮辭欲書而復忘竊仰高而希驥忽脂車而秣馬旣一顧之我隆亦東壁之余假似延州之如舊同伯喈之倒屣附蒼蠅於驥尾託明鏡於朝光謂虛無而爲有布籍甚於游揚於是柔條颯其成勁白露變而爲霜歲忽忽而遒盡憂與愛兮未忘聚落甚於虛室聽羈雀於枯楊忳鬱悒其誰語獨撫抱而增傷託異人以蠲憂類其文而愈疾索黃瓊之寄居造安仁之狹室車出門其已歡無論銜杯與促膝譬鄒子之吟松故未寒而能慄徒納壤以作高陋吞舟而爲居值墨子之愛兼逢太丘之道廣陪九萬以齊征激三千而同上識公沙於杵臼拔孝相於無名非夫人之爲感孰去感於余情指北芒以作誓期鬱鬱於佳城　梁任昉荅陸倕感知己賦曰原知己之時義故相知之信然乃貪廉之異貫奈勇怯之相懸貪在物而

成累怯在我而可甄旣自得於爲御又甘心於執鞭矧相知其如此獨攬涕而潺湲雖有望於已知更非謂其知己信偉人之世篤李侯服於陸卿緬風流與道素襲衮衣與繡裳逮伊人而世載並三駿而龍光過龍津而一息望鳳條而載翔彼白玉之雖潔此幽蘭之信芳思在物之取譬非升斛而能量匹方峙於東岳比凝厲於秋霜不一飯以忘過每三錢以投渭匪蒙袂之敢嗟豈潔壑之能衣旣緼籍其有餘又淡然而無味得意同乎卷懷違方似乎仗氣類平叔而靡雕似子臺而不朴冠衆善而貽操綜羣言而名學折高戴於后臺異鄒顏乎董幄探三詩於河間訪九師於淮曲術兼口傳之書藝廣鏗鏘之樂時坐睡而懸梁衹據梧而輟幄唯忘年之陸子定一遇於班荆余獲田蘇之價爾得海上之名信落魄而無產終長勤於短生飢虛表於徐步逃責顯於疾行子比我於叔則又方余於耀卿心照情交流言靡惑萬類闇求千里懸得言象可廢筌蹄自默居非連棟行待舟車冬夜不長夏日靡餘肴核非餌絲竹豈娛我未捨駕子已迴

與中飲相顧悵然動色邦壤雖殊離會難測存異山陽之居沒非要離之側以膠投漆中離婁豈能識

【書】

後漢崔瑗與葛元甫書今遣奉書錢千爲贄并送許子十卷貧不及素但以紙耳

後漢馬融與竇伯向書曰孟陵奴來賜書見手迹歡喜何量次於面也書雖兩紙紙八行行七字七八五十六字百一十二言耳

後漢延篤荅張奐書曰惟別三年夢想言念何日有違伯英來惠書盈四紙讀之三復喜不可言

後漢張奐與陰氏書曰篤念既密文章粲爛名實相副奉讀周旋紙弊墨渝不離于手

晉庾冰與王羲之書曰得示連紙一丈致辭一千衹增其歎耳了無解於往懷

藝文類聚卷第三十一

藝文類聚卷第三十二　　人部十六

閨情

毛詩曰自伯之東首如飛蓬豈無膏沐誰適爲容　又角枕粲兮錦衾爛兮予美亡此誰與獨旦　又我徂東山慆慆不歸我來自東零雨其濛鸛鳴于垤婦歎于室　又采緑刺怨曠也　幽王之時多怨曠者終朝采緑不盈一匊予髮曲局薄言歸沐終朝采藍不盈一襜五日爲期六日不詹　又靜女其姝俟我於城隅愛而不見搔首踟蹰　又燕爾新婚如兄如弟　又曰未見君子憂心忡忡亦既見止亦既覯止我心則降又未見君子憂心惙惙亦既見止亦既覯止我心則悦　左傳晉叔向曰昔賈大夫惡娶妻而美三年不言不笑御以如皐射雉獲之其妻始笑而言　又晉文公謂季隗曰待我二十五年不來而後嫁季隗曰我二十五年矣又如是而嫁則就木焉　說苑曰齊王起九重之臺募國中能畫者賜之錢有敬君居常飢寒其妻妙色敬君工畫臺貪賜畫臺去家日久思憶其妻像向之而笑傍人見以白王王召問之對曰有妻如此去

家日久心常念之竊畫其像慇離心不悟上聞 漢張敞爲婦畫眉
帝知問之敞曰閨房之內夫婦之私有過此者 又李夫人得幸武帝而
卒上憐憫焉圖畫其像於甘泉宮初李夫人病篤上自臨候之夫人
蒙被謝曰妾久寢病形貌毀壞不可以見帝上曰夫人病亦甚殆將不
起一見我屬託王及兄弟豈不快哉夫人曰尊官在帝不在一見上
復言欲必見之夫人遂轉面向壁歔欷上不悅而起夫人姊妹讓之曰
獨不可一見上屬託兄弟耶夫人曰不見帝者乃欲深託兄弟也
夫以色事人者色衰則愛弛上所戀戀念我以平生容貌也今見我
毀壞顏色非昔必且畏惡我尚肯恩復錄其兄弟哉 風俗通曰有
張伯偕仲偕兄弟形貌絶相類仲偕妻新粧竟忽伯偕乃戲問曰今日
粃飾好不伯偕應之曰我伯偕也妻乃趍避之須臾又見伯偕猶以爲仲
偕告云向大錯誤伯偕曰我故伯偕也 世說曰王渾妻鍾夫人每甞卿
渾渾曰詎可爾妻曰憐愛卿是以卿卿我不卿卿誰當卿卿 又曰
荀奉倩妻曹氏有艷色妻常病熱奉倩乃出中庭取冷還以家

尉之妻亡人吊不哭而神傷無幾亦卒　又曰孫楚妻亡至祥仍爲詩以悼之王武子見其文曰未知文生於情情生於文見此使人增伉儷之重　湘川記曰舜巡狩蒼梧而崩三妃不從思憶舜以淚染竹竹盡爲班　古詩曰青青河畔草鬱鬱園中柳盈盈樓上女皎皎當窻牖娥娥紅粉粧纖纖出素手昔爲倡家女今爲蕩子婦蕩子行不歸空牀難獨守　又曰上山採蘼蕪下山逢故夫長跪問故夫新人復何如新人雖云好未若故人姝其色似相類手爪不相如新人從門入故人從閤去新人工織縑故人工織素織縑日一匹織素五丈餘持縑將比素新人不如故　又曰蘭若生春陽涉冬猶盛滋願言追昔愛情款感四時美人在雲端天路隔無期　後漢焦仲卿妻劉氏爲姑所遣時人傷之作詩曰孔雀東南飛五里一徘徊十三能織綺十四學裁衣十五彈箜篌十六誦書詩十七嫁爲婦心中常苦悲君既爲府史守節情不移雞鳴入機織夜夜不得息三日斷五疋大人故言遲非爲織作遲君家婦難爲妾有繡腰襦葳蕤[illegible]縷光紅羅複

斗帳四角垂香囊交文象牙簟宛轉素絲繩鄙賤雖可薄猶中迎
後人　魏陳王曹植詩曰攬衣出中閨逍遙步兩楹閑房何寂寥綠
草被階庭空穴自生風百鳥翩南征春思安可忘憂慼與君并佳人
在遠道妾身單且煢歡會難再遇蘭芝不重榮人皆棄舊愛
君豈若平生寄松為女蘿依水如浮萍賫身奉衿帶朝夕不墮
傾儻終顧盼恩永副我中情　又曰明月照高樓流光正徘徊上有
愁思婦悲歎有餘哀借問歎者誰云是客子妻君行踰十年孤妾
常獨棲君若清路塵妾若濁水泥浮沉各異勢會合何時諧願為西
南風長逝入君懷君懷時不開妾心將何依　又曰西北有織婦綺縞
何繽紛明晨秉機杼日昃不成文太息終長夜悲嘯入青雲妾身守
空房良人從行軍自期三年歸今已歷九春孤鳥繞樹翔噭噭鳴索
羣願為南流景馳光見我君　魏徐幹室思詩曰浮雲何洋洋願因
通我辭一逝不可歸嘯歌久踟躕人離皆復會我獨無反期自君之出
矣明鏡開不治思君如流水何有窮已時　晉潘岳內顧詩曰靜居懷

所歡登城望四澤春草欝青青桑者何奕奕芳林振丹榮淥水激
素石初征冰未泮忽焉振絺綌漫漫三千里迢迢遠行客馳情戀朱
顏寸陰過盈尺夜愁極清晨朝悲終日夕山川自悠永願言良不獲別
嶺訴歸期雲沉不可釋　晉陸機爲陸思遠婦作詩曰二合兆嘉偶女
子禮有行潔已入德門終遠母與兄如何躭時寵遊宦忘歸寧雖爲
三載婦顧景媿虚名歲暮饒悲風洞房涼且清拊枕循薄質非君
誰見榮離君多悲思寤寐勞人情敢忘桃李陋側想瑶與瓊
又擬青青河畔草詩曰靡靡江離草熠爍生河側皎皎彼姝女婀
娜當軒織粲粲嬌容姿灼灼美顏色良人遊不歸偏棲獨隻翼
空房來悲風中夜起歎息　又擬蘭若生春陽詩曰嘉樹生朝
陽凝想封其條執心守時信歲寒終不凋美人何其曠的的在雲霄
晉張華情詩曰北方有佳人端坐鼓鳴琴終晨撫管絃日夕不成音
憂來結不解我思存所欽　又情詩曰君居北海陽妾在江南陰懸
邈極脩途山川阻且深承懽注隆愛結分投所欽銜恩守篤義万里託

懲　又詩曰遊目四野外逍遥獨延佇蘭蕙緑清渠繁華陰渌渚佳
人不在茲取之欲誰與巢居知寒風穴處知陰雨不曾遠別離安知慕儔
侶　宋孝武帝擬室思詩曰自君之出矣金翠闇無精思君如日月迴還
晝夜生　宋江夏劉義恭擬詩曰自君之出矣笥錦廢不開思君如
清風曉夜常徘徊　宋顏師伯擬詩曰自君之出矣芳帷低不舉思君如
迴雪流亂無端緒　齊王融秋胡詩曰日月共為照松筠俱以貞佩紛甘
自遠結鏡待君明且協金蘭好方愉琴瑟情佳人忽千里空閨積思生
梁簡文帝詠人弃妾詩曰昔時嬌玉步含着花燭邊豈言心愛斷銜啼
私自憐但覺歡成愁非関醜易妍獨鵠罷中路孤鸞死鏡前　又春宵
詩曰花樹含春叢羅帷夜長空風聲隨筱韻月色與池同綵牋徒自
襞無信往雲中　又曉思詩曰晨禽爭學囀朝花亂欲開鑪烟入斗
帳屏風隱鏡臺紅粧幾盡淚蕩子何當來　又冬曉詩曰冬朝日照梁
含愁下前林帷褰竹葉帶鏡轉芷交花光會是無人覺何用早紅粧
又秋閨夜思詩曰非関長信別詎是良人征九重忽不見萬恨滿心生夕門

掩魚鑰宵牀悲晝屏迴月臨階度蛩蟲繞砌鳴初霜實細葉秋風吹
亂螢故粧猶累日新衣裂未成欲知妾不寐城外擣砧聲　又倡樓怨
節詩曰朝日斜來照戶春鳥爭飛出林片光片影皆麗一聲一囀煎心上
林紛紛花落淇水漠漠苔浮年馳節流易盡何爲忍意含羞　又春別
詩曰別觀蒲萄帶實垂江南荳蔻生連枝無情無意又如此有心有恨
徒別離　又詩曰可憐淮水去來潮春隄楊柳覆河橋淚痕未燥詎終
朝行閶玉佩已相要　又詩曰桃紅李子白若朝粧羞持憔悴比新芳不惜
暫往君前死愁無西國更生香　梁元帝寒閨詩曰烏鵲夜南飛良
人行未歸池水浮明月寒風送擣衣願織迴文錦因君寄武威　又閨怨
詩曰蕩子從遊宦思妾守房櫳塵鏡朝朝掩寒牀夜夜空若非有憔
悦何事久西東知人相望否淚盡夢啼中　又代舊姬有怨詩曰寧爲万
里隔乍作死生離那堪眼前見故愛逐新移未展春花落遽被涼風吹
怨黛舒還斂啼紅拭復垂誰能巧爲賦黃金妾不貲　又別詩曰昆明
夜月光如練上林朝花色如霰花朝月夜動春心誰忍相思今不見　又詩

日試看機上蛟龍錦還瞻庭裏合歡枝映日通風景 愛颺花拂葉度
金池不聞離人當重合唯悲合罷會成離 又詩曰門前楊柳亂如絲
直置佳人不自持適言新作列衣紈詩誰悟今成織素辭 又詩曰日
暮徙倚渭橋西正見流月與雲齊若使月光無近遠應照離人今暝
啼 又詩曰別罷花枝不共攀別後書信不相關欲覓行人寄消息
衣常潮水暝應還 又詩曰三月桃花合面脂五日新油好煎澤莫復
臨時不寄人漫道江中無估客 梁武陵王蕭紀夜夢詩曰昨夜夢
君歸賤妾下鳴機極知意氣薄不着去時衣故言如夢裏賴得鴈書
飛 梁范雲擬古詩曰自君之出矣羅帳咽秋風思君如蔓草連延不
可窮 梁王僧孺為何遜舊姬擬上山采蘼蕪詩曰出戶望蘭薰
褰簾正逢君斂容裁一訪新人詎可聞新人含笑近故人含笑隱妾意
在寒松君心逐朝槿 又為姬人怨詩曰自知心裏恨還向影中羞迴持昔
慊慊變作今悠悠還君與妾扇歸妾與君裘絃斷猶可續心去最難
田 又為人傷近而不見詩曰嬴女鳳皇樓漢姬柏梁殿詎過仙將死音容

見獨我一心人同鄉不異縣異縣不成隔同鄉更脉脉脉脉如牛女
寄一語又作寵姬詩曰及君高堂還值妾妍粧罷曲房褰錦帳
廊步珠履玉釵時可挂羅襦詎難解再顧連城易一眄千金買
詠姬人詩曰窈窕非守容華但歌有情曲轉眄非無以斜眉幸相屬
減許飛瓊多勝劉璧玉何因送款款半飲杯中醁　梁蕭子
顯春別詩曰翻鸎度鷰雙比翼楊柳千條共一色但看陌上攜手
歸誰能對此空中憶　又詩曰幽宮積草自芳菲黃鳥芳樹情相依
爭風覓日常聞響重花疊葉不通飛當知此時動妾思慚覺使羅
袂拂臣衣　又詩曰銜悲攬涕別心知桃花李色任風吹本如人心不似樹
何意人別似花離　梁劉緩閨怨詩曰別後春池異荷盡欲生冰箱
中翡翠冷臺上面脂凝纖腰轉無力寒衣怨不勝　又秋閨詩曰樓
上起秋風絕望秋閨中燭溜花行滿香然奩欲空徒交兩行淚俱浮
粧上紅　梁吳筠閨怨詩曰胡笳屢悽斷征蓬未肯還妾坐江之介君
戍小長安相去三千里參差書信難四時無人見誰復重羅紈　又閨怨

詩曰春草可攬結妾心正斷絶緑鬢貫愁中改紅顔裏戚非獨淚成
珠亦見珠成血願爲飛鵲鏡翩翩照離別　又古意詩曰賤妾思不堪
桑渭城南帶減連枝繡髮乱鳳皇簪花舞依長簿鵁鳥飛愛渌潭無
由報君此流涕向春蠶　梁庾肩吾春宵詩曰征人別來久年芳復臨
牖燭下夜縫衣春寒偏著手顦及歸飛鴈因書向高柳　又冬曉詩
曰鄰雞聲已傳愁人竟不眠月光侵曙後霜明落曉前縈鬟起照
鏡誰忍插花鈿　梁劉孝綽春宵詩曰春宵猶自長春心非一傷
月帶園樓影風飄花樹香誰能對雙燕瞑瞑守空牀　又冬曉
詩曰冬曉風正寒偏念客衣單臨粧罷鉛黛含淚翦綾紈寄語
龍城下詎知書信難　又古意詩曰燕趙多佳麗白日照紅粧蕩子十
年別羅衣雙帶長春樓怨難守玉階悲自傷對此歸飛鷰銜泥
繞曲房差池入綺幕上下傍雕梁故居猶尚尒故人安可忘徒然枕
枕席誰與同衣裳空使蘭膏夜炯炯對繁霜　梁何遜閨怨詩
曰曉河沒高棟斜月半空庭牎中度落葉簾外隔飛螢含情下翠

帳掩荊開金屏肓期今未反春草寞復青思君無轉易何異北辰星　又詠倡婦詩曰曖曖高樓暮華燭帳前明羅帷雀釵影寶瑟鳳鴝聲夜花枝上發新月霧中生誰念當窗牖相望獨盈盈　梁費昶長門怨詩曰向夕千悲起百恨何嗟及愁思且歸牀羅襦方掩泣絳樹搖風軟黃鳥弄聲急金屋貯嬌時不言君不入　梁劉孝儀閨怨詩曰本無金屋寵長作玉階悲一乖西北麗寧復城南期永巷愁無歇應門閑有時空勞織素巧徒爲團扇詞匡牀終不共何由橫自私　梁劉孝威春宵詩曰花開人不歸節暖衣須變迴釵挂反鏍拭淚繩春線今夜月輪圓胡兵必應戰　又冬曉詩曰妾家邊洛城慣識曉鍾聲鍾聲猶未盡漢使報應行天寒硯水凍心悲書不成　梁劉孝先春宵詩曰夜樓明月弦露下百花鮮情多意不設啼罷未歸眠爣煌定若遠一信動經年　又冬曉詩曰晨霞影翠帷思婦織霜絲經寒牽杼澁劍冷調梭遲作廢倡樓粉貪赴遠人期　梁王筠閨情詩曰月出宵將半星流[illegible]央空閨易成響

虛室自生光嬌羞悅人夢猶言君在傍　又向曉閨情詩曰北斗行欲沒
東方稍已晞晨雞初下棲曉露上霑衣含袊裯徒有設信誓果相違
詎忍開朝鏡羞恨掩空扉　又春遊詩曰蕙蘭已飛蝶楊柳半藏
鵶物色相煎蕩微步出東家既同翡翠翼復如桃李花欲以千金笑
迴君流水車　梁陸罩詩曰自憐斷帶日偏恨分釵時留步惜餘影
含意結愁眉徒知今異昔空使怨成思欲以別離意獨向蘼蕪悲
梁鮑泉寒閨詩曰行人消息斷空閨靜復寒風急朝機燥鏡暗晚粧難
從來腰自小衣帶就中寬　梁鄧鏗閨怨詩曰暫別猶添恨何忍別
經時蕙桂頻銷歇庭樹幾攀枝君言妾貌改妾畏君心移終須一相見
併得兩心知　又月夜閨中詩曰閨中日已暮樓上月初華樹陰緣砌上
窗影向牀斜開屏寫密書卷帳照垂花誰能當此夕獨處類倡家
梁蕭子暉春宵詩曰夜夜妾偏棲百花含露低蟲聲帶春岸月色思
空閨倩語長安驛辛苦寄遼西　又冬曉詩曰步欄光欲通曙鳥向西
東燭滅傳餘氣帷香聞曉風繁花無處盡還銷寒鏡中　梁劉邈

秋閨詩曰螢飛綺牕外妾思霍將軍燈前量獸錦簷下織花紋墜露如輕雨長河似薄雲秋還百種事衣成不暇熏　梁蕭子雲春思詩曰春風蕩羅帳餘花落鏡奩池荷正卷葉庭柳復垂簷竹栢君自改團扇妾方嫌詎能憐故素終爲泣新縑　梁何思澄古意詩曰故交不可忘猶如蘭桂芳新知雖可悦不異茱萸香妾有鳳皇曲非無陌上桑薦君君不御抱瑟自悲涼　梁朱越賦得蕩子行未歸詩曰坐樓愁出望息意不思春無奈園中柳寒時已報人捉梳羞理鬢挑朱懶向唇何當上路晚風吹還騎塵　陳陰鏗南征閨怨詩曰湘水舊言深征客理難尋獨愁無處道長啼不自禁作人眉解佩從來懶聽音唯當有夜鵲南飛似妾心　又秋閨怨詩曰獨眠雖已慣秋來只自愁火籠恒暖脚行障鎮牀頭眉含黛俱斂啼將粉共流誰能無限别唯守一空樓　陳李爽山家閨怨詩曰山中多早梅荆扉違曙開竹巾君自折荷衣誰爲裁行雲無處所人住在陽臺　陳張正見山家閨怨詩曰王孫春好遊雲鬟不勝愁離鴻暫罷曲别路已經秋山中桂花晚勿爲俗人留　三賦得佳期竟不

歸詩曰良人萬里向河源倡婦三秋思柳園路遠寄詩空織錦宵長夢
返欲驚魂飛蛾屢繞帷前燭衰草還侵階上玉銜啼拂鏡不成粧促
柱繁絃還亂曲時忿年移覺不歸偏憎信急夜縫衣流螢映月明空帳
踈葉從風入斷機自對孤鸞向影絕終無一鴈帶書飛　陳徐湛賦
得班去趙姬升詩曰班姬與飛燕俱侍漢王宮不意恩情歇偏將衰草
同香飛金輦外甚上玉階中今日悲團扇非是為秋風　隋江總賦得空
閨怨詩曰蕩妻怨獨守盧姬傷獨居琵上調絃落機中織素餘自著
淚無燥翻覺夢成虛復嗟長信閤寂寂往來踈　又為姬人怨服散詩曰
天寒海水慣相知空牀明月不相宜庭中芳桂憔悴葉井上踈桐零落枝寒
燈作花著夜短霜鴈多情恒結伴非為隴水望秦川直置思君腸自
斷薄命夫壻好神仙逆愁高飛向紫煙金丹欲成猶百鍊玉酒新熟幾
千年妾家邯鄲好輕薄特忿仙童一九藥自悲行處綠苔生何悟啼多
紅粉落莫輕小婦狎春風羅襪也得步河宮雲車欲駕鳳相待羽衣未
去幸須同不學蕭史還樓上會逐姮娥戲月中　又閨怨詩曰寂寂青樓

大道邊紛紛白雪綺窗前池上鴛鴦不獨自帳中〻穌合還空然屏風有意障明月鐙火無情照獨眠遼西水凍春應少薊北〻鴻來路幾千願君關山及早度念妾桃李片時妍　又詩曰蜘蛛作絲滿帳中〻芳草結葉當行路紅臉脉脉一生啼黃鳥飛飛有時度故人雖故昔經　新新人雖新復應故

【賦】梁元帝蕩婦秋思賦曰蕩子之別十年倡婦之居自憐登樓一望唯見遠樹含煙平原如此不知道路幾千天與水兮相逼山與雲兮共色山則蒼蒼入漢水則消消不測誰復堪見鳥飛悲鳴隻翼秋何月而不清月何秋而不明況乃倡樓蕩婦對此傷情於時露萎庭蕙霜封階砌坐視帶長轉看腰細重以秋水文波秋雲似羅日黯黯而將暮風騷騷而渡河妾怨迴文之錦君思出塞之歌相思相望路遠如何鬢飄蓬而漸亂心懷愁而轉歎愁縈翠眉斂啼多紅粉漫已矣哉秋風起兮秋葉飛春花落兮春日暉春日遲遲猶可至客子行行終不歸　梁江淹倡婦自悲賦曰自趙東來舞漢宮瑤席金陳桂枝嬌春素壁翠樓明月使秋歌聲忽散倡人復愁君王更衣露色未晞御侍[illegible]鑾上雲徙夾丹

輦以霞飛頹南山之無隰指壽陵以同歸俄□綠衣□□奮□華臥遊屑
骨不憐抎金誰愍九重以閈高門自蕪青苔□芳銀閣澁網羅生於
玉梯虛度九冬而廓處經十秋而分居傷營魂之已盡畏松栢之無餘去
柏梁以掩袂出桂柱而斂眉視朱殿以再暮撫□顏華而一疑　周庾信蕩
子賦曰蕩子辛苦逐征行直守長城千里城隴水恒冰合關山唯明月況復
空牀起怨倡婦生離紗牎獨掩羅帳長垂新箏不弄長笛羞吹常年
桂苑昔日蘭閨羅敷總髮弄玉初笄新歌子夜舊舞前溪別後關情
無復情離前明鏡不須明合歡無信寄迴紋□織未成遊塵滿牀不用拂
細草橫階隨意生前日漢使著章臺聞道夫壻定應迴手巾還欲
燥愁眉即剩開逆想行人至迎前含笑來

書

後漢秦嘉與妻書曰不能養志當給郡使隨俗順時黽俛當去知所苦故爾未有瘳損想念悒悒勞心無已當涉遠路趨走風塵非志所慕慘慘少樂又計往還將彌時節念發同怨意有遲遲欲暫相見有所屬託今遣車往想必自力　秦嘉妻徐淑答書曰知屈圭璋應奉歲使策名王府觀國之光雖失高

素皓然之業亦是仲尼執鞭之操也自初承問心願東還迫疾惟宜抱歎而已日月已盡行有伴例想嚴莊已辦發邁在近許此謂宋遠企予望之室邇人遐我勞如何深谷逶迤而君是涉高山巖巖巖巖而君是越斯亦難矣長路悠悠而君是踐氷霜慘烈而君是履身非形影何得動而輒俱體非比目何得同而不離於是詠萱草之喻以消兩家之恩割今者之恨以待將來之歡今適樂土優遊京邑觀王都之壯麗察天下之珍妙得無目玩意移往而不能出耶

嘉重報妻書曰車還空反甚失所望兼敘遠別恨恨之情顧有悵然間得此鏡既明且好形觀文彩世所希有意甚愛之故以相與并寶釵一雙好香四種素琴一張常所自彈也明鏡可以鑒形寶釵可以耀首芳香可以馥身素琴可以娛耳

妻又報嘉書曰既惠音令兼賜諸物厚顧殷懃出於非望鏡有文彩之麗釵有殊異之觀芳香既珍素琴益好惠異物於鄙陋割所珍以相賜非豐恩之厚孰肯若斯覽鏡執釵情想髣髴操琴詠詩思心成結敕以芳香馥身喻以明鏡鑒形此言過矣未獲我心也昔詩人有飛蓬之感班婕好有誰榮之歎

素琴之作當須君歸明鏡之鑒當待君還未奉□儀則寶釵不列也未侍帷帳則芳香不發也　梁何遜爲衡山侯與婦書曰昔人遨遊洛汭會遇陽臺神仙髣髴有如今別離帳前微笑涉想猶存而幄裏餘香從風且歇掩屏爲疾引領成勞鏡想分鸞琴悲別鶴心如膏火獨夜自煎思等流波終朝不息始知萋萋萱草忘憂之言不實團團輕扇合歡之用爲虛路邇人遐音塵寂絶一日三秋不足爲喻聊陳往翰寧寫款懷遲枉瓊瑤慰其杼軸　周庾信爲上黃侯世子與婦書曰昔仙人道引尚刻三秋神女將梳猶期九日未有龍飛劒匣鶴別琴臺莫不銜怨而心悲聞猿而下淚人非新市何處尋家別異邯鄲那應知路想鏡中看影當不含啼欄外將花居然俱笑分杯帳裏却扇牀前故是不思何時能憶當學海神逐潮風而來往勿如織女待河塡而相見　陳伏知道爲王寬與婦義安主書曰昔魚嶺逢車芝田息駕雖見妖嫮終成揮忽遂使家勝陽臺爲歡非夢人慚蕭史相偶成仙輕扇初開欣看笑靨長眉始畫愁對離粧猶聞徙佩顧長廊之末盡尚分行憶異迴

陌之難迴廣攝金屛莫令愁擁恒開錦幔速望人歸鏡臺新去
應餘落粉燻爐未徙定有餘煙淚滴芳衾錦花長濕愁隨玉軫
琴鶴恒驚已覺錦水丹鱗素書稀遠玉山青鳥仙使難通綵筆
試操香牋遂滿行雲可託夢想還勞九重千日詎想倡家單枕一
宵便如蕩子當令照影雙來一鸞羞鏡勿使窺窻獨坐恒娥笑人

藝文類聚卷第三十二

藝文類聚卷第三十三　人部十七

寵幸　遊俠　報恩　報讎　盟

寵幸

左傳曰申侯有寵於楚文王文王將死與之璧使行曰唯我知汝汝專利而不厭我死汝必速行無適小國將不容汝焉既葬出奔鄭又寵於厲公　又曰公子他有白馬四宋公嬖向魋魋欲之公取而朱其尾鬣以與之他怒使其從奪之魋懼將走公閉門而泣之目盡腫　韓子曰彌子瑕有寵於衛國衛國法竊駕君車罪刖子瑕之母病其人有夜告彌子彌子矯駕君車以出君聞而賢之曰孝哉爲母之故犯刖罪異日與君遊於果園食桃而甘以其餘獻君君曰愛我忘其口啖寡人　戰國策曰楚王游雲夢結駟千乘旌旗蔽日野火之起若雲蜺兕虎之嘷若雷霆有狂兕依輪而至王親打弓而射之一發而殪王仰天而笑曰樂矣今日之遊也寡人萬歲千秋之後誰與同樂此矣安陵君纏泣數行而進曰臣入則侍席出則陪乘大王萬歲千秋之後臣願以身拭黃泉驅螻蟻又何待此樂而樂之大

王悅而封纏為安陵君　又曰魏王與龍陽君共船而釣龍陽君涕下王曰何為泣曰為臣之所得魚也王曰何謂也對曰臣之所得魚也臣甚喜後得又益大臣欲弃前所得魚矣今以臣之凶惡而得為王拂枕席今四海之內美人亦甚多矣聞臣之得幸於王也必褰裳趍王臣亦曩之所得魚也亦將弃矣臣安能無涕出乎魏王於是布令於四境之內曰敢言美人者滅族　漢書曰漢興佞幸寵臣高祖時則有籍孺孝惠時閎孺此兩人非有材能但以婉媚貴幸與上卧起公卿皆因門說故孝惠時郎侍中皆冠鵕鸃貝帶傅脂粉皆閎籍之屬也　又曰鄧通為黃頭郎文帝夢上天不能有一黃頭郎推助之及顧其衣裳衣後穿寤覺而之漸臺以夢中陰自求推者見鄧通其衣後穿夢中所見也召問甚悅尊異之通亦愿謹不好外交雖賜洗沐不欲出於是文帝賞賜通鉅萬以十數賜通蜀嚴道銅山得自鑄錢

又曰韓嫣武帝為膠東王時與上學相愛及上為太子愈益親嫣善騎射聰惠上即位欲事伐胡而嫣先習兵以故益尊貴賞賜擬鄧通常與上共卧起　又曰李延年歌為變聲是時欲造樂令司馬相如等作詩延年輒

承意弦歌所造詩爲之聲曲由是爲協律都尉佩二千石印綬而上與之卧起其愛幸將韓嫣同又曰金日磾子賞建二人皆愛幸爲武帝弄兒常在旁昭帝時日磾兩子俱侍中與昭帝略同年共卧起賞爲奉車都尉建爲駙馬都尉　又曰張放鴻嘉中宣帝欲遵武帝故事與近臣遊宴放以公主子日數得幸取皇后弟平恩侯許嘉女上爲放供帳賜甲第充以乘輿服飾號爲天子取婦皇后嫁女兩宮使者冠蓋不絶賞賜以千万故與上卧起寵愛殊絶　又曰董賢爲郎傳漏正殿下賢爲人美麗哀帝望見悦其儀貌識而問之曰是舍人董賢耶因引上與語拜爲黄門郎由是始幸賢寵愛日甚爲駙馬都侍中出則參乘入御左右旬月間賞賜累鉅萬常與上卧起常晝寢偏藉上衣袖上欲起賢未覺不欲動賢乃斷袖而起其愛恩至此　魏志曰孔桂性便妍曉博弈蹹鞠太祖愛之每在左右出入隨從桂察太祖意歡樂因言次曲有所陳事多見從數得賞賜又多饋遺桂由此侯服王食太祖既愛桂五官將及諸侯亦皆親之　又曹毗曹肇傳曰肇字明帝寵愛之

寢止恒同常與帝戲賭衣物有不獲輒入御帳服之徑出其見親寵類此比也　俗說曰桓玄寵丁期朝賢論事賓客聚集恒在背後坐食畢便迴盤與之期雖被寵而謹約不敢爲非玄臨死之日期乃以身捍刃【詩】魏阮籍詩曰昔日繁華子安陵與龍陽夭夭桃李華灼灼有輝光悅澤若九春磬折似秋霜流眄發姿媚言笑吐芬芳攜手等歡愛宿昔同衾裳　晉張翰周小史詩曰翩翩周生婉孌幼童年十有五如日在東香膚柔澤素質參紅團輔圓頤菡萏芙蓉爾形既淑爾服亦鮮輕車隨風飛霧流煙轉側綺靡顧眄便妍和顏善笑美口善言　梁吳均詠少年詩曰董生唯巧笑子都信美目百萬市一言千金買相逐不道參差菜誰論窈窕淑顧君捧繡被來就越人宿　梁劉遵繁華詩曰可憐周小童微笑摘蘭叢鮮膚勝粉白慢臉若桃紅挾彈雕陵下垂鉤蓮葉東腕動飄香麝衣輕任好風幸承拂枕選得奉畫堂中本知傷輕薄含辭著自通剪袖恩雖重殘桃愛不終蛾眉詎誰嫉新妝近入宮【論】梁沈約宋書恩幸傳序論曰夫人君南面九重

奥絶陪奉朝夕義隔卿士階闥之任宜有司存既而恩以狎生信由恩
得無可憚之姿有易親之色孝建泰始主威獨運空置百司權不外假而
刑政糾雜理難徧通耳目所寄事歸近習賞罰之要是謂國權出内王
命由其掌握於是方塗結軌輻輳同奔人主謂其身卑位薄以爲權不
得重曾不見鼠憑社貴狐藉虎威外無逼主之嫌内有專用之功勢傾天
下未之或悟挾朋樹黨政以賄成鈇質創痏搢於牀第服冕乘軒出乎言
笑之下西京許史蓋不足云晉朝王石未或能及太宗晚運屢經盛衰權
倖之徒慴憚宗戚欲使幼主孤立永竊國權搆造異同興樹禍隙帝弟
宗王相繼屠勦民忘宋德雖非一塗寶祚夙傾實由於此嗚呼哀哉

遊俠

列子曰虞氏者梁之富民也家既充盛錢金無量財貨無訾登高樓
臨大路設樂陳酒擊博樓上俠客相隨而行樓上博者大笑飛鳶適墜
其腐鼠而中之俠客曰虞氏福樂之日久矣常有輕易人之志乃辱我以腐
鼠率徒屬而滅其家　史記曰甯成抵罪得脱乃詐刻傳出關歸家

稱曰仕不至二千石賈不至千萬安可比人乎乃貲貸買陂田千餘頃役使數千家數年產至千金爲任俠其役民重於郡守　淮南子曰北楚有任俠者其子孫數止之不聽縣有賊大搜其廬盡事果發覺夜驚而走追及之其所施德者皆爲之戰得免反謂其子曰汝數止吾俠今有難皆賴而身免汝諫不可用也　戰國策曰韓傀嚴遂事於君二人相害嚴遂正議直指擧韓傀之過拔劒趨之嚴遂懼誅亡去求人可以報韓傀者至齊陰交聶政以意厚之政母死旣葬除服曰嗟乎政乃市井之人鼓刀之屬而嚴仲子不遠千里枉車騎而交臣擧金爲親壽是深知政也至濮陽見嚴仲子曰前所以不許子者徒以親在今親已亡仲子所欲報者爲誰嚴仲子具告曰臣之仇韓傀政遂獨行仗劒至韓直入刺傀傀走而抱哀侯政刺之兼中哀侯左右大亂　漢書曰戰國合縱連衡力政爭彊繇是列國公子魏有信陵趙有平原齊有孟嘗楚有春申皆藉王公之勢競爲遊俠雞鳴狗吠無不賓禮而談者以四豪而稱首　又曰季布爲任俠有名項籍使將兵數窘漢王項籍滅高祖購求布千金敢匿罪三族

布匿濮陽周氏乃髡鉗布衣褐置廣柳車中并與其家僮數十人之魯朱家所賣之朱家心知其季布也買置田舍乃之洛陽見汝陰侯滕公說曰季布何罪臣各爲其主用職耳項氏臣豈可盡誅也今上始得天下而以私怨求一人何示不廣也且以季布之賢漢求之急如此此不北走胡南走越耳夫忌壯士以資敵國此五子胥所以鞭荊王之墓也君何不從容爲上言之滕公心知朱家大俠意布匿其所乃許諾侍閒果言如朱家指上乃赦布又曰季布弟季心氣蓋關中遇人謹恭爲任俠方數千里士爭爲死嘗殺人亡吳從爰絲匿長事爰絲弟畜灌夫籍福之屬少年多待之籍其名以行當是時季布以信聞關中　又鄭當時爲任俠自喜以孝景時爲太子舍人每五日洗沐常置驛馬長安諸郊請謝賓客夜以繼日至明旦常恐不徧其知友皆天下有名之士也　又曰丞相公孫賀子敬聲以皇后姊子驕奢擅用北軍錢千九百萬發覺下獄是時詔捕陽陵朱安世不能得上求之急賀自請逐捕安世以贖敬聲罪上許之後果獲安世安世

者京師大俠也聞賀欲以贖子笑曰丞相禍及宗矣南山之竹不足受我辭斜谷之木不足爲我械安世從獄中告敬聲與陽石公主私通及使巫祭祠當道埋偶人祝詛有惡言下有司案驗賀父子死獄中　又曰灌夫爲人剛直使酒不好面諛權貴勢在已右者必陵之在左者愈貧賤尤益禮敬稠人廣衆薦寵下輩士以此多歸之　又曰劇孟以俠顯吳楚反時條侯爲太尉乘傳東將至河南得劇孟喜曰吳楚舉大事而不求劇孟吾知其無能爲已天下騷動大將得之若一敵國劇孟行大類朱家及孟母死自遠方送喪蓋千乘及孟死家無十金之財　又曰郭解河內軹人任俠孝文時誅死解爲人靜悍不飲酒所殺甚衆以軀借友報仇自喜爲俠解姊子見殺解使人微知賊處賊窘自歸具以實告解曰公殺之當吾兒不直遂放其賊諸公聞之皆多解之義益附焉解出入皆避有一人獨箕踞視之解問其姓名客欲殺之解曰居邑屋不見敬是吾德不脩也彼何罪　又曰萬章與中書令石顯相善顯坐專權擅勢免官故郡留其牀席器物直數百萬欲以

與章章不受賓客或問其故章曰以布衣見哀於石君石君家破不能有以安也受其財物此爲石氏之禍萬氏反福耶諸公以是稱之　又曰婁護字君卿是時王氏方盛賓客盈門五侯兄弟爭名其客各有所厚唯護盡入其門咸得其懽心結士大夫無所不傾其交長者尤見親敬衆以是服之與谷永俱爲五侯上客長安號曰谷子雲之筆扎婁君卿之脣舌母死送葬者致車二三千兩閭里歌之曰五侯治喪婁君卿時成都侯商爲大司馬衛將軍欲候護其主簿諫曰將軍至尊不宜入閭巷商不聽遂往至護家久住移時

魏志曰楊阿若後名豐字伯陽少遊俠常以報仇解怨爲事故時人爲之號曰東市相斫楊阿若西市相斫楊阿若

詩

晉張華俠曲曰俠客樂險幽築室窮山陰棲遲熊羆穴容與虎豹林雄兒任氣候聲蓋少年場借友行報怨殺人騶市傍吳刀鳴手中利劍嚴秋霜騰起如電激迴旋如流光生從命子遊死聞俠骨香没身心不懲勇氣如四方

又遊俠篇曰翩翩四公子濁世稱賢明食客三千餘門下稱豪英遊説

朝夕至辯士自縱橫孟嘗東出關濟身由雞鳴信陵西反魏秦人開
濟彊趙勝南盟楚乃與毛遂行黃歇北適秦太子還入荊　宋王僧達
依古詩曰少年好馳俠旅宦遊關源既踐經古迹聊平興亡言顯軌莫
殊轍幽塗豈異塊　宋鮑照擬古詩曰幽并重騎射少年好馳逐氈帶佩
雙鞬象弧插雕服獸肥春草短飛鞚越平陸朝遊鴈門上暮還樓煩
宿石梁有餘勁驚雀無全目　又擬古詩曰日晏罷朝歸輿馬塞衢
路宗黨生光華賓僕遠傾慕富貴人所欲道德亦何懼　梁元帝
劉生詩曰任俠有劉生然諾重西京扶風好驚坐長安恒借名榴花
聊夜飲竹葉解朝酲結交李都尉遨遊佳麗城　梁吳均詩曰結客
少年歸翩翩駿馬肥報恩殺人竟賢君賜錦衣握蘭登建禮拖玉入
含嘩頤看草玄者功名終自微　又古意詩曰西都盛冠蓋九逵塵
霧塞中有惡少年伎能專自得　玉鞭蓮花細金苣流星勒聊為路
傍人寫鞚長楸北　梁王僧孺詩曰青絲控燕馬紫艾飾吳刀朝風吹
錦帶落日映珠袍陸離関右客照曜出西京家雖非學詭遇終是

任逢遭人生會有死得處如鴻毛寧能偶雞鶩寂寂隱蓬蒿
梁何遜擬輕薄篇曰城東美少年重身輕萬億拓彈隨珠九白
馬黄金飾長安九逵上青槐陰道植轂擊晨已諠肩摩暗不
息走狗通西望牽牛亘南直相期百戲傍去來三市側象牀沓繡
被玉盤傳綺食　周王褒游俠篇曰京洛出名謳豪俠競交遊河南
朝四姓關西謁五侯鬬雞横大道走馬出長楸桑陰徙將夕槐路轉
淹留　周庾信詩曰俠客重連鑣金鞍被桂條細塵障路起驚花
亂眼飄酒醺人半醉汗濕馬全驕歸鞍畏日晚爭路上河橋　陳沈
炯長安少年詩曰長安好少年驄馬鐵連錢陳王裝腦勒晉后鑄
金鞭步摇如飛鷰寶劒似舒蓮去來新市側遨遊大道邊　陳陰
鏗西遊咸陽中詩曰上林春色滿咸陽遊俠多城斗疑連漢橋星像跨
河影裏看飛轂塵前聽遠珂還家何意晚無處不經過　陳暘
縉俠客控絶影詩曰青門小苑物華新花開鳥弄會芳春仙掌層
臺浮麗日長楸廣路起紅塵園中追尋桃李徑陌上逢迎游俠人游

依英名馳上國人馬意氣俱相得白玉鹿盧秋水劍青絲宛轉黃金勒復有魚目並龍文躡影追風本絕羣影入吴門疑曳練形來西北似浮雲寄語幽并馳射客未肯推名持借君

報恩

毛詩曰投我以木瓜報之以瓊琚匪報也永以爲好也　又曰無言不詶無德不報　左傳曰晉魏顆敗秦師于輔氏獲杜回秦之力人也初魏武子有嬖妾無子武子疾命顆曰必嫁是妾疾病曰必以爲殉及卒顆嫁之曰疾病則亂從其治也及輔氏之役顆見老人結草以亢杜回躓而顛故獲之夜夢老人曰所嫁婦人之父也爾用先人之治命予是以報　晏子曰晏子以粟金遺北郭騷騷辭金受粟有閒晏子見疑於景公出奔北郭子曰養及親者身更其難遂造公廷曰晏子天下之賢去齊齊國必侵不若先死乃自殺公自追晏子及郊而反之　吕氏春秋曰秦穆公失右服馬公自往求焉見野人方食之於岐山之陽穆公笑曰食駿馬肉不飲酒恐傷汝也遂徧飲而去及一年爲韓原之戰晉人已環穆公

之車晉梁由靡已扣繆公左驂晉食馬肉三百餘人疾鬬車下遂大剋晉反獲晉惠公以歸　又曰簡子有兩白騾甚愛之陽城胥渠處陽城姓胥渠名霣猶病也廣門之官夜款門而謁曰主君之臣胥渠有疾醫教之曰得白騾之肝則止不得則死請入通董安于御於側簡子殺白騾取其肝以予陽城胥渠無何趙興兵而攻翟廣門之官七百人皆先登　戰國策曰中山君饗都大夫司馬子期在焉羊羹不徧子期怒而走於楚以伐中山君中山君亡走有人挈戈隨其後者顧謂二人子奚為對曰臣父嘗餓且死君下壺飡餔臣父臣父且死曰中山有事汝必死之故來死君也中山君慨然曰吾以一杯羊羹亡國以一壺飡得二人　史記曰爰盎為吳相時有從吏嘗盜爰盎侍兒盎知之不泄遇之如初人有告從吏言君知爾與侍者通乃亡歸盎驅自追遂以侍者賜之復為從吏及爰盎使吳見守從吏適為校司馬守盎夜引爰盎起曰君可以去矣吳王期旦日斬君盎謝之而去　又曰項王使說韓信韓信謝曰臣事項王官不過郎中位不過執戟故背楚而歸漢漢王授我上將軍印解衣衣我推食食我言

聦計用夫人深親信我我信之不祥雖死不易　說苑曰楚莊王賜群臣酒
日暮燈燭滅有人引美人衣美人援絶其冠纓告王曰有引妾衣者妾絶
其纓取持火來視絶纓者　王曰今日飲不絶纓者不懽君臣百官皆
絶冠纓乃出火居二年晉與楚戰有一人常在前五合五獲首怪而問
之對曰臣乃夜絶纓者也王隱忍不暴而誅常願肝腦塗地用頸血
湔敵久矣遂平晉君　漢書曰張蒼秦時爲御史有罪亡歸及沛
公略地過陽武蒼以客從攻南陽蒼當斬解衣伏質身大肥白如瓠
王陵乃言沛公赦勿斬以爲常山相蒼德王陵及貴父事陵陵死蒼
爲丞相洗沐常先朝陵夫人上食然後敢歸家　又曰蓋寬饒爲衛司
馬躬案行士卒廬室視其飲食居處有疾病者身自撫循臨問加
致醫藥遇之甚恩及歲終交代衛卒數千人皆叩頭自請願復更留
一年以報寬饒厚德宣帝嘉之以寬饒爲太中大夫　吳越春秋曰伍子
胥伐楚還過溧陽瀨水之上長歎息曰吾常飢於此乞食而殺一婦人將
欲報之百金不知其家遂投金瀨水之中而去　三輔決錄曰高陵龐勃爲

郡小吏東平衡農爲書生窮乏容鍛之於勃家勃知其賢禮待酬直過常農曰爲馮翊乃相報別七八年累爲馮翊勃爲門下書佐忘之矣農召問乃悟遂舉勃　魏略曰楊沛爲新鄭長課民益畜桑椹營豆積浸得千餘斛太祖西迎天子軍無糧沛乃進乾椹後爲鄴令賜其生口十六人絹五百疋以報乾椹也　魏志曰太祖平幽州召孫禮司空軍謀掾初荒亂時禮與母相失同郡馬台求得禮母禮推家財盡以與台華陽國志曰曹公察關羽不安張遼以情問之羽歎曰吾極知曹公待我厚然吾受劉將軍恩誓以共死不可背之要當立効報公公聞而義之顏良攻東郡太守劉延於白馬公使遼羽爲先鋒羽望見良麾策馬刺於萬衆中斬其首盡封其物稱書告辭而歸先主

賦

齊謝朓酬德賦曰右衛沈侯眷予以國士四年忝役朱方見贈以詩詩曰不云乎無言不酬無德不報故稱之酬德賦云悲夫四游之代序六龍騖而不息輕蓋靡於駿奔王衡勞於撫翼嗟歲晏之尠歡曾陰默以悽惻嗟民生之知用知莫深於在已彼知已之爲深信懷之其何已君奉筆、、帝儲我曳裾於皇穆箝藉風雲之光景申遊好於蘭菊結德言而為佩帶芳猷而為服予窘跡以多悔媿離厄而獨處君紆組於名邦貽話言於川渚兩要戟於戎禁我拂劒於郎闈願同車以日夜誠望昏而掩扉時遊般以未極眷落景之徂暉苦清顏之倏忽悵歡賞之多違

書 漢谷永謝王鳳書曰永斗筲之材質薄學朽將軍悦其狂言擢之皁衣之吏廁之賓朋之末不聽浸潤之譖不食膚受之愬雖齊桓晉文用士篤密察父哲兄覆育子弟誠無以加昔豫子吞炭壞形以奉見異齊客頃首公門以報恩於智氏孟嘗猶有死士何況將軍之門

報讎

禮記曰父母之讎不與共戴天兄弟之讎不反兵交遊之讎不同國　又曰居父母之讎寢苫枕由不仕不與共國遇諸市不反兵而鬬　左傳曰齊高發伐莒莒子奔紀鄣初莒有婦人莒子殺其夫已為嫠婦託於紀鄣紡焉以度而去之及師至則投諸外齊師夜縋而登莒共公懼啓西門而齊師入紀　又曰吳伐越越王句踐禦之陳于檇李闔廬傷將指

還卒於陘夫差使人立於庭出入必謂曰夫差而忘越王之殺而父乎則曰唯
不敢忘三年乃報越　越絕書曰子胥入吳闔廬將爲之報讎其後荊
將軍伐蔡使子胥伐荊十五戰十五勝子胥操捶笞平王之墓而數之曰
吾先人無罪而子殺之今以此報子　戰國策曰豫讓欲爲智伯報讎趙
襄子當出豫讓伏劒橋下襄子至橋馬驚曰必是讓也求之果是數之
曰子不事范中行氏乎智伯盡滅之子不爲報讎反臣於智伯智伯亦已
死何報讎深也荅曰范中行衆人遇我我以衆人報之智伯國士遇我我以國
士報之襄子曰爲智伯名既成寡人赦子亦已荅曰君前赦臣天下莫不稱
君之賢臣固伏誅然願請君之衣而擊之以致報讎之意乃使使持衣
與讓讓拔劒三躍而擊之曰吾可以下報智伯矣遂伏劒死　史記曰秦
昭王聞魏齊在平原君所欲爲雎報仇乃爲書遺平原君曰願與君爲
布衣之交十日之飲平原君見昭王昭王與平原君飲數日謂曰范君之仇
在君家願使人歸取頭來平原君曰不在臣所昭王乃令趙王發卒圍平
原君家魏齊夜亡　東觀漢記曰海曲有呂母其子爲縣吏犯小罪縣宰

殺之呂母家素[redacted]豐貲產乃益釀醇酒少年來沽者貰之視其乏者輒假衣裝少年欲相與償之呂母垂泣曰縣宰枉殺吾子欲報怨爾諸君寧肯哀之乎少年許諾遂相聚得數百人因與呂母入海自稱將軍遂破海曲執縣宰斬之以其首祭子冢　又曰郅惲與董子張友子張父爲鄉人所害及子張病將終惲候子張視惲歔欷不能言惲曰吾知子不悲天命而痛讎不復也惲即將客遮仇人取其頭以示子張子張見而氣絶　又曰趙憙少有節操從兄爲人所殺無子憙常思欲報之遂往復仇而仇家皆疾病憙以因疾報殺非仁者心且釋之而去顧謂仇曰爾曹若健遠相避後病愈悉自縛詣憙憙不與相見後竟殺之　吳書曰甘寧殺陵統父孫權命不得讎之嘗於呂蒙舍酒酣統乃以刀舞寧起曰寧能雙戟舞蒙曰未若蒙之巧也因操刀楯以身分之　列女傳曰緱氏女玉爲父報讎吏執玉以告外黃令梁配欲論殺玉申徒蟠時年十五進諫曰玉之節義足以感無恥之孫激忍辱之子不遭明時尚當表旌廬墓況在清聽而不加哀矜配善其言乃爲減死論　又曰龐淯母者趙氏女字娥父爲同縣人所殺而

娥兄弟三人俱時病物故讎乃喜以爲莫己報娥乃潛備刀兵以候讎家十餘年後遇於都亭刺殺之因詣縣自首曰父仇已報請就刑　又曰衛義姬者其夫有先人之讎讎家來報胥避之仇家得義姬問胥所在乃積薪燎之遂不言而燒死　又曰潁川公孫氏女河年十三怨家報其父父走得免河與母俱亡母先見得仇人事欲甘心河馳出叩頭涕泣曰老母常有篤疾安足殘戮以塞忿哉我是其兒父母所憐不如殺我仇遂殺之而捨其母又京師節女者本夫有仇仇家欲報其夫乃劫其妻父使要其女中間父呼其女而告之計女念不聽之則殺父不孝聽之則殺夫不義欲以身當之曰諾因曰夜在樓上新沐頭東首臥則是矣仇家果至斷其頭持去明而視之乃其妻之頭也仇以爲義遂釋其夫　會稽典録董黯家貧採薪供養母甚肥悅鄰人家富有子不孝母甚瘦小不孝子疾黯母肥常苦之黯不報及母終負土成墳竟殺不孝子置冢前以祭　晉中興書曰桓溫父被害時溫年十五枕戈泣血經年乃提刀直進手刃仇人

詔 魏文帝詔曰喪亂以來兵革縱横天下之人多相殘害者昔賈横殺鄭商之兄張步害伏湛之子漢氏二祖下

詔使不得相讎今兵戎始息宇內初定民之存者非流亡之孤則鋒刃之餘
當相親愛養老長幼自今以後宿有仇怨者皆不得相讎 教 梁簡文帝
甄異張景願復讎教曰大理感禽魚道均荆棘亦有鄉因行改江以孝移
張景願自縛到郡稱其父爲韋法所殺今於公田渚斬法級祭墓訖束身歸
家昔沂澤撫劒河南執戟遠符古義實足可嘉防廣刃讎赦其桎梏之罪
蘭雪耻擢以大夫之位

盟

周官曰凡邦國有疑會同則掌其盟約之載盟萬民之犯命者詛其不信
者有獄者則使之盟詛凡盟詛各以其地域之衆庶供其牲而致焉 尚書曰惟
十三年大會于孟津王曰嗟 我友邦冢君越我御事庶士明聽誓今商王
受弗敬上天降災下民沈湎冒色敢行暴虐罪人以族官人以世惟宮室臺
榭陂池侈服以殘害于爾萬姓方百姓皇天震怒命我文考肅將天威大
勳未集肆予小子發以爾友邦冢君觀政于商同力度德同德度義受有
臣億萬惟億萬心予有臣三千惟一心商罪貫盈天命誅之予弗順天

厥罪惟鈞爾尚弼予一人永清四海　又曰時厥明王乃大巡六師明誓衆士王曰嗚呼我西土君子商王受狎侮五常荒怠不敬自絕于天結怨于民斮朝涉之脛剖賢人之心作威殺戮毒痛四海崇信姦回放黜師保屏弃典刑囚奴正士郊社不修宗廟不享作奇技淫巧以悅婦人爾其孜孜奉予一人恭行天罰　左傳曰晉侯獻楚俘于王王子虎盟諸侯于王庭要言曰皆獎王室無相害也有渝此盟明神殛之俾隊其師無克祚國及而玄孫無有老幼君子謂是盟也信　又曰甯武子與衛人盟于宛濮曰天禍衛國君臣不協今天誘其衷使皆降心以相從也不有居者誰守社稷不有行者誰扞牧圉不協之故用昭乞盟于爾大神自今日以往行者無保其力居者無懼其罪有渝此盟明神先君是糾是殛國人聞此盟而後不貳　又曰楚子圍鄭鄭伯肉袒牽羊以逆楚王曰其君能下人必能信用其民矣退三十里而許鄭人平潘尫入盟子良出質　又曰楚師圍宋宋人懼使華元夜入楚師登子反之牀起之曰寡君使元以病告曰敝邑易子而食析骸以爨雖然城下之盟有以國斃不能從也去我

三十里唯命是聽子反懼與之盟而告王退三十里　又曰諸侯伐鄭同盟
于亳載書曰凡我同盟無蘊年無壅利無保姦無留慝救災患恤禍亂同
好惡奬王室或閒茲命司慎司盟名山名川群神群祀先王先公七姓十二
國之祖明神殛之俾失其民隊命亡氏踣其國家　史記曰吳起東遊出衞
郭門與其母別齧臂而盟曰起不為卿相不復入衞　漢書曰高后立諸
呂為王王陵曰高皇帝刑白馬而盟非劉氏而王者天下共擊之今王呂
氏非約也　淮南子曰胡人彈骨（胡人之盟約置酒人頭骨中飲以相詛也）越人契臂中國歃盟所由
各異其於信一也　晉中興書曰中宗以祖逖為前鋒都督征北渡江中流誓曰
祖逖不清中原而復濟者有如此江　又曰吳主孫權與蜀盟文曰天降喪亂皇
綱失叙逆臣乘釁劫奪國柄始於董卓終於曹操九州幅裂普天無繼及
操子丕偷取天位而叡么麽尋亦凶逆昔共工亂象而高辛行師三苗干度而虞
舜征焉今日滅叡擒其徒黨非漢與吳將復誰在建大事必先盟誓言漢之與吳
雖信由中然分土列境宜立盟約使東西士民咸共聞知既盟之後勠力一心同討
寇賊救危恤患分災共慶守分土無相侵犯傳之後葉克終若始有渝

此盟創禍先亂俾墜其師無克祚國

文

晉劉琨與段匹磾盟文曰天不靜晉難集上邦四方豪傑是焉扇動乃憑恃陵于諸夏俾天子播越震蕩罔有攸厎二虜交侵區夏將泯神人乏主蒼生無歸百罹備臻死喪相枕肌膚潤於鋒鏑骸骨曝於草莽千里無煙火之廬列城有丘曠之邑茲所以痛心疾首仰訴皇穹者也臣琨蒙國寵靈叨切台岳臣磾世效忠節忝荷公輔大懼醜類猾夏王旅殞首喪元盡其臣禮古先哲王貽厥後訓所以翼戴天子敦序同好者莫不臨之以神明結之盟誓故齊桓會於邵陵而羣后加恭晉文盟於踐土而諸侯茲順加臣等介在遐鄙而與主相去迴遼是以敢干先典刑牲歃血自今日既盟之後皆盡忠竭節以翦夷二寇有加難於琨磾必救加難於磾琨亦如之繾綣齊契披布胸懷書功金石藏于王府有渝此盟亡其宗族俾墜軍旅無其遺育

晉庾闡為郗車騎討蘇峻盟文曰賊臣祖約蘇峻不恭天命不畏王誅凶戾肆逆干國之紀稱兵攻宮焚掠宗廟遂乃制脅幼主有無君之心大行皇太后以憂逼崩殂殘害忠良禍虐烝民窮凶極暴毒流四海是以率土怨酷兆庶泣血咸願奉辭罰罪以除元惡今

主上幽危百姓倒懸忠臣烈士志在死國既盟之後戮力一心共翦醜類殞首喪元以救社稷若二寇不梟無望偷安當今生者不食今誓死者無媿黃泉　晉王羲之爲會稽內史稱疾去郡於父墓前自誓文曰羲之不天夙遭閔凶遂因人之蒙國寵榮每仰詠老氏周任之誡常恐斯亡無日是用寤寐永歎若墜深谷止足之分定於今日稽顙歸誠自今之後敢渝變此心貪冒苟進是有無尊之心而不子也子而不子天地所不覆載也名教所不得容也信誓之誠有如皎日　陳沈炯爲陳武帝與王僧辯盟文曰侯景戎羯小醜逆天無狀背我恩義破我國家毒我生民改移我廟社誅鋤我郡縣割裂我宗姻我高祖靈聖聰明光宅天下劬勞兆庶亭育萬民哀景以窮見歸全景將戮之首授景要害之地崇景非分之榮於景何怨而景長戟彊弩陵威朝庭刳肝斮趾不厭其快高祖菜食卑宮春秋九十屈意凝威憤終寇手大行皇帝溫嚴恭默不守鴻名於景何有復加忍毒豈有率土之濱忍聞此痛僧辯等備相國湘東王泣血銜寃之寄可摩頂至踵之恩能不瀝膽抽腸共誅姦逆叶將帥同心共契必誅凶醜尊奉

湘東王嗣膺鴻業以主郊祭若相欺負相違戾天地宗廟是譴是詰

藝文類聚卷第三十三

藝文類聚卷第三十四　人部十八

懷舊　哀傷

懷舊

尚書曰人惟求舊器非求舊惟新　毛詩曰友賢不弃不遺故舊則民德歸厚　左傳曰鄭子太叔卒趙簡子爲之臨甚哀曰黄父之會夫子語我九言（事具言語篇）　論語曰故舊不遺則民不偷　漢書曰高祖過沛置酒沛宫悉召故人父老酒酣自擊筑起舞慷慨傷懷泣數行下謂沛父兄曰遊子悲故鄉吾雖都関中万歲之後吾魂魄猶思樂沛與父老諸毋故鄉人樂飲極歡道舊故爲笑樂　又曰朱邑惇篤於故舊性公平不可交私　新序曰延陵季子使過徐徐君心欲得其寳劒弗忍言季子心許之而未及與及還而徐君已薨乃脫寳劒懸於墓樹徐人哥之曰延陵季子不忘舊故脫千金之劒挂丘樹　東觀漢記曰章帝幸東平祭東平王墓云思其人到其鄉其處在其人亡　皇甫謐高士傳曰徐穉仁譲聞於天下黄瓊辟公府不詣及瓊薨穉負笈徒步三千餘里到瓊墓致酹　嵇康高士傳曰商容有疾老

子問之谷曰子過故鄉而下車知之乎老子曰非謂不忘故耶

詩

梁沈約懷舊詩曰元長秉奇調弱冠慕前蹤眷言懷祖武一簣望成峯途難行易跌命舛志難逢折風落迅羽流恨滿青松傷王融又詩曰吏部信才傑文鋒振音響調與金石諧思逐風雲上豈言陵霜質忽隨人事往尺璧爾何冤一旦同丘壤傷謝朓又詩曰右率馥時譽秀出冠朋僚聳茲千仞氣依此百尋條蘊藉含文雅散朗溢風飈楸檟今已合容範尚昭昭傷庾杲之又詩曰長史體閑任坦蕩無外求持身非詭遇應物有虛舟心從朋好盡形爲歡宴留歡宴未終畢零落委山丘傷王諶又詩曰東南既擅美洛陽復稱才攜手同歡宴比跡共追陪事隨短秀落言歸長夜臺傷虞炎又詩曰少府懷貞節忘軀濟所奉吏道勤不息繁文長自擁既闕優孟歌身没誰爲寵傷李珪之又詩曰韋卿負識前載博物備戎華稅驂止營校論跡委泥沙如知庸聽啓方悟大音賒傷韋景猷又詩曰處和無近累天然有勝質蕭索負高情耿介懷私實義貴良爲重蘭摧非所恤一罷平生言寧知攜手日傷劉渢又詩曰豫州懷風範綽

然標雅度處約志不渝接廣情無忤頡頏事刀筆紛綸迹朱素美志同山河浮年迫朝露傷胡誥之

賦

西晉向秀思舊賦曰予與嵇康呂安居止接近其人並有不羈之才嵇康意遠而疏呂安心曠而放其後各以犯法嵇博綜技藝於絲竹特妙臨當就命顧視日影索琴而彈之日逝將西邁經其舊廬鄰人有吹笛者發聲寥亮追想曩昔遊宴之好感音而歎故作賦云將命適於遠京遂旋反而北徂濟黃河以汎舟經山陽之舊居踐二子之遺迹歷窮巷之空廬惟古昔以懷念心徘徊以躊躇棟宇存而弗毀形神逝其焉如昔李斯之受罪歎黃犬之長吟悼嵇生之永辭顧日影而彈琴託運遇於際會寄餘命於寸陰聽鳴笛之慷慨妙聲絕而復尋停駕言而將邁遂援翰而寫心　晉潘岳懷舊賦曰予十二而獲見于父友東武戴侯楊君遂申之以婚姻而道元公嗣亦隆世親之愛不幸短命父子凋殞予尋役于外不歷嵩丘之山者九年于茲矣今而經焉慨然懷舊乃作賦曰仰睎歸雲俯鏡泉流前瞻太室旁眺嵩丘東武託焉建塋啓疇峩峩巖巖雙表列列行楸子總角而獲見

承戴公之清塵名子以國士眷子以嘉姻自祖考而隆好逮二子而世親歡攜手以偕老庶報德之有鄰今九載而一來空館闃其無人陳荄被于堂除舊圃化而爲薪步庭廡以徘徊流涕泣而霑巾

【銘】周庾信思舊銘昔歲次攝提星居鶉首梁故觀寧侯蕭永卒嗚呼哀哉人之戚也既非金石所移士之悲也寧有春秋之異高臺已傾稷下有聞琴之泣壯士一去燕南有擊筑之悲項羽之晨起悵中李陵之徘徊歧路無假窮秋于時悲矣況復魚飛武庫豫有弃甲之徵烏伏狄泉先見橫流之兆星紀吳亡庚辰楚滅石 隰戴馳轘轅長往甲裳失矣餘皇弃焉河流酸棗杞梓與樗櫟俱沉海淺蓬萊魚鼈共蛟龍並盡燃香複道詎斂冤魂載酒屬車寧消愁氣芝之蘭蕭艾之秋形殊而並悴羽毛鱗介之怨聲異而俱哀幕府昔開俊賢翹首爲羈終歲門人謝焉及乎東首告辭西陵長往山陽車馬永別郊門潁川賓客遥悲松路嵇叔夜之山廬尚多楊柳王子猷之舊徑唯餘竹林王孫葬地方爲長樂之宮列士埋魂即是將軍之墓昔嘗歡宴風月留連追憶平生宛然心目美酒酌焉猶思建

業之水鳴琴在操終念華亭之鶴重爲此别嗚呼甚哉麟亡星落月死珠傷瓶罄罍耻芝焚蕙歎所冀鍾沉德水望出風雲劒没豐城氣連牛斗潸然思舊乃作銘云風雲上慘舟壑潛移駸駸霜露君子先危紀侯大去懷王不反玉樹長埋風流遂遠荀卿故縣慶封餘邑万里傷魂脩門詎入城連武庫山枕盧龍思歸道遠反葬無從徒留迹鴈空靡長松疇昔隆貴慘舒語嘿託情嵇琴風雲相得有酒如澠終温且克朝陽落鳳大野傷麟佳城鬱鬱流寓于秦山陽相送惟餘故人孀機蠭緯獨鶴孤鸞閨深夜靜風月俱寒生平已矣懷故何期匣中絃斷隣人笛悲昔爲幕府今成德帷

序 梁元帝懷舊志序曰吾自北守琅臺東探禹穴觀濤廣陵面金湯之設險方舟宛委眺王笥之干霄臨水登山命儔嘯侶中年承乏攝牧神州戚里英賢尚冠髦俊蔭眞長之弱柳觀茂弘之舞鶴清酒繼進甘果徐行長安郡公爲其延譽扶風長者刷其羽毛於是駐伏熊迴駟命鄒湛召王祥余顧而言曰斯樂難常誠有之矣日月不居零露相半素車白馬往矣不追春華秋實懷哉何已

獨軫魂交清深宿草故備書爵里陳懷舊焉

哀傷

毛詩曰終風衛莊姜傷已也遭州吁之難傷已不見荅於先君以至困窮　又曰我心憂傷惄焉如擣　左傳曰魯襄仲殺公子惡及視而立宣公夫人姜氏歸于齊哭而過市曰天乎仲爲不道殺適立庶市人皆哭魯人謂之哀姜　又晉不哀吾喪而滅吾同姓　禮記曰墟墓之間未施哀於民而民哀　又曰陽門之介夫死而司城子罕哭之哀而民説　又曰孔子過泰山側有婦人哭於墓者而哀夫子使子貢問之對曰昔吾舅死於虎吾夫又死焉今吾子又死焉　又曰知生者弔知死者傷　又曰傷哉貧也生無以養死無以爲禮　又曰孔子過衛遇舊館人之喪夫子入哭之出使子貢脱驂而賻之曰予向者入而哭之遇於一哀而出涕　論語曰關雎樂而不淫哀而不傷　又曰臨喪不哀吾何以觀之哉　家語曰閔子騫三年喪畢見於孔子與之琴使之絃切切而悲孔子曰君子也哀未盡能斷之以禮事具品藻篇　焦贛易林曰秋風生哀華落悲心　説苑曰鮑叔死管仲舉上衽而哭之泣下如雨從

者曰非君臣父子也管仲曰生我者父母知我者鮑子也士爲知己者死覓爲之哀乎　列子曰燕人生長於楚及老而還本國過晉國同行者誑之指城曰此燕國之城其人愀然變容指社曰此君里之社乃喟然而歎指舍曰此君先人之廬乃潸然而泣指壠曰此君先人之冢其人哭不自禁　文子曰九夷八狄之哭異聲而皆哀　吳志曰呂岱親愛徐源源性忠壯好直言及原死哭之甚哀曰益友不幸岱復何聞乎　王隱晉書曰庾袞兄子孤卒袞既哀其孤又痛其成人而未娶撫柩而號每哭聽者皆泣人不哀其喪感其哀也　又曰阮籍鄰家女未嫁而死籍往哭之甚哀　俗說曰阮光祿大兒喪哀過遂得失心病　琴操曰孔子遊於泰山見薪者哭甚哀孔子問之薪者曰吾自傷故哀爾　沈約宋書曰世祖與羣臣至寵姬殷貴妃墓謂劉德願曰卿等哭貴妃若悲者當加厚賞德願應聲便號慟涕泗交橫上甚悅以爲豫州刺史上又令羊志哭志亦嗚咽甚哀他日有問志者卿那得此副急淚志答曰我尓日自哭亡妾耳　秦川記曰隴西郡有隴山山東人升此而顧瞻者莫不悲思哀

傷

詩　魏文帝寡婦詩曰友人阮元瑜早亡傷其妻子孤寡爲作此詩霜露紛兮交下木葉落兮萋萋候鴈叫兮雲中歸鷰翩兮徘徊妾心感兮惆悵白日急兮西頹守長夜兮思君魂一夕兮九乖悵延佇兮仰視星月隨兮天迴徒引領兮入房竊自憐兮孤栖願從君兮終没愁何可兮久懷　魏阮瑀七哀詩曰丁年難再遇富貴不重來良時忽一過身軆爲土灰冥冥九泉室漫漫長夜臺身盡氣力索精魂靡所能嘉肴設不御旨酒盈觴杯出壙望故鄉但見蒿與萊　又詩曰臨川多悲風秋日苦清涼客子易爲戚感此用哀傷攬衣久躑躅上觀心與房三星守故次明月未收光雞鳴當何時朝晨尚未央還坐長歎息憂憂難可忘

魏王粲七哀詩曰西京亂無象豺虎方遘患復弃中國去遠身適荆蠻親戚對我悲朋友追相攀出門無所見白骨蔽平原南登灞陵岸迴首望長安悟彼下泉人喟然傷心肝　又詩曰荆蠻非我鄉何爲久滯淫方舟泝大江日暮愁我心山岡有餘映巖阿增重陰流波激清響猴猨臨岸吟獨夜不能寐攝衣起撫琴絲桐感人情爲我發悲音

晉張載七哀詩曰秋風吐商氣蕭瑟掃前林陽鳥收和響寒蟬無餘音朱光馳北陸浮景想西沉顧望無所見唯覩松柏陰肅肅高桐枝翩翩孤栖雀夕聽離鴻鳴俯聞蜻蛚吟哀人易感傷覽物增悲心　晉潘岳關中詩曰哀此黎元無罪無辜肝腦塗地白骨交衢夫行妻寡父出子孤俾我晉民化為狄俘　又哀詩曰漼如葉落樹邈若雨絕天雨絕有歸雲葉落何時連山氣冒岡嶺長風鼓松柏堂虛聞鳥聲室暗如日夕晝愁奄逮昏夜思忽終昔展轉獨悲窮泣下沾枕席人居天地間飄若遠行客先後詎能幾誰能弊金石　又悼亡詩曰皎皎窗中月照我室南端清商應秋至溽暑隨節闌凜凜涼風升始覺夏衾單豈曰無重纊誰與同歲寒歲寒無與同朗月何朧朧展轉眄枕席長簟竟床空床空委清塵室虛來悲風霑胷安能已悲懷從中起寢興目存形遺音猶在耳又悼亡詩曰荏苒冬春謝寒暑忽流易之子歸窮泉重壤永幽隔望廬思其人入室想所歷帷屏無髣髴翰墨有餘跡流芳未及歇遺桂猶在壁悵怳如或存迴遑忡驚惕如彼翰林鳥雙棲一

朝隻如彼游川魚比目中路析　又思子詩曰造化甄品物天命代虛盈奈何念稚子懷奇隕幼齡追想存髣髴感道傷中情一往何時還千載不復生　宋顏延之除弟服詩曰徂沒雖二秋淹泣備三冬往辰緬難紀來等忽易窮外沒奄朞月晦洒掃易禮容縞衣變余體長逝歸爾躬　又辭難潮溝詩曰徘徊眷郊甸俛仰引罕襟一塗苟不豫百慮畢來侵永懷交在昔有顧保言瑟琴寫言勞者存事將用慰亡簪　齊謝朓銅爵臺妓詩曰繐帷飄井幹樽酒若平生鬱鬱西陵樹詎聞歌吹聲芳襟染淚跡嬋媛空復情玉坐猶寂寞況乃妾身輕　梁簡文帝傷美人詩曰昔聞倡女別蕩子無歸期今似陳王歎流風難重思翠帶留餘結苔階沒故基圖形更非是夢見反成疑燻爐含好氣庭樹吐華滋香燒日有歇花落無還時　梁任昉哭范僕射詩曰平生禮數絕式瞻在國楨一朝萬化盡猶我故人情已矣平生事詠歌盈篋笥兼復相嘲謔常與虛舟值何時見范侯還敘平生意　梁沈約蕭丞相弟詣世子車中作詩曰廉公失權勢門館有虛盈貴賤猶如此況乃曲池平高車塵未滅珠履故餘

聲賓階緑錢滿客位紫苔生唯當九原上欝欝望佳城　梁蕭子範入元襄王第詩曰伏軾窺東苑收淚下玉橋昔時方載䡃於今共寂寥夾池猶裊裊仙榭尚迢迢一同西靡柏徒思芳樹蕭　梁王筠和蕭子範入元襄王第詩曰昔入睢陽苑連步披風雲今遊故臺處向望閬無人皓壁留餘篆蕙圃有餘芬行人皆隕涕何獨孟嘗君　梁吴筠傷友詩曰可憐桂樹枝懷芳君不知摧折寒山裏遂死無人窺　梁何遜行經范僕射故宅詩曰旅葵應蔓井荒藤已上扉寂寂空郊暮無復車馬歸𢿋灩故池水蒼茫落日暉閬寂今如此行客盡霑衣　又銅爵臺妓詩曰秋風木葉落蕭瑟絃管清望陵歌對酒向帳舞空城寂寂檐宇曠飄飄帷幔輕曲終相顧起日暮松栢聲　梁劉孝綽銅爵臺妓詩曰爵臺三五日歌吹似佳期定對西陵晚松風飄素帷危絃斷更接心傷於此時何言留客袂翻掩望陵悲　梁庾肩吾亂後經吴郵亭詩曰郵亭一迴望風塵千里昏青袍異春草白馬即吴門獯戎鞞伊洛雜種亂轘轅輦道同関塞王城似太原休明鼎尚重秉禮

國猶存所痛又雖饋堯城吏轉尊泣血悲東走横戈念北奔方憑七廟略
誓雪五陵冤人事今如此天道共誰論　周庾信傷周處士詩曰冥漠爾遊
岱山淒涼予向秦雖言異生死同是不歸人悵然張仲蔚悲哉鄭子眞三山猶
有鶴五柳更應春遂令從渭水投釣往江濱　周王褒送觀寧侯葬詩曰
丹旐書空位素帳設虛樽楚琴南操絕韓書舊說存西靡傷新樹東陵
惜故園自憐悲谷影彌念玉關門餘暉天盡末夕霧起山根平原看獨樹皐亭
望列村寂寥還蓋靖荒茫歸路昏挽鐸巳流唱童歌行自喧眷言千
載後誰將遊九原　又送劉中書葬詩曰昔別傷南浦今悲去北邙書生
空託夢久客每思鄉塞近邊雲黑塵昏野日黃陵谷俄遷變松栢易
荒涼題銘無復迹何處驗龜長　陳沈炯望郢州城詩曰魂兮何處反非
死復非仙坐柯如昨日石合未淹年歷陽頓成浦東海果為田空憶扶風詠誰
見峴山傳世變才良改時移民物遷悲哉孫驃騎悠悠哭彼天　又長安還
至方山愴然自傷詩曰秦軍坑趙卒遂有一人生雖還舊鄉里危心曾未平
淮源比桐柏方山似削成猶疑屯虜騎尚畏值胡兵空村餘拱木廢邑有頹

城舊識莫不盡新知皆異名百年三万日處處此傷情陳陰鏗和樊晉陵傷妾詩曰畫梁朝日盡芳樹落花辭忽以千金笑長作九泉悲鏡前塵劇粉機上網多絲戶餘雙入鷰床有一空帷名香不可得何見反魂時陳張正見銅爵臺詩曰荒凉銅爵晚搖落墓田通雲慘當歌日松吟欲舞風人疏瑶席冷曲罷繐帷空可惜年將淚俱盡望陵中　隋江總奉和東宮經故妃舊殿詩曰故殿看看冷空階步步悲猶憶窺窻處還如解珮時苔生無意早鸎入有言遲若令歸就月照見不須疑　又傷顧野王詩曰獨酌一樽酒高詠七哀詩何言蒿里別非復竹林期階荒鄭公草戶閒董生帷人隨暮槿落客共曉鸎悲年髮兩如此傷心獨幾時　又和張源傷往詩曰小婦當鑪夜夫聟凱師年正歌千里曲翻入九重泉機中未斷素瑟上本留絃空帳臨窻掩孤燈向壁燃還悲塞龍壟曙松短未生煙

賦

漢武帝李夫人賦曰飾新宮以延佇泯不歸乎故鄉慘鬱鬱其蕪穢處隱隱而懷傷釋輿馬於山椒奄修夜之不陽秋氣憯以悽戾桂枝落而消亡神煢煢以遥思精浮遊而出疆託沉陰以壙久惜蕃華

之末央念疞徑之不逮惟要妙而相佯　後漢蘇順歎懷賦曰悲終風之隕籜條枝梢以摧傷桂敷榮而方盛遭暮冬之隆霜華菲菲之將實中天零而消亡童烏潛其明哲悲何壽之不將嗟劉生之若茲奄彌留而永喪　魏文帝悼夭賦曰族弟文仲亡時年十一母氏傷其夭逝追悼無已予以宗族之愛乃作斯賦氣紆結以塡胷不知涕之縱橫時徘徊於舊處覩靈衣之在牀感遺物之如故痛爾身之獨亡愁端坐而無聊心感感而不寧步廣厦而踟躕覽萱草於中庭悲風蕭其夜起秋氣憯以厲情仰瞻天而太息聞别鳥之哀鳴　又寡婦賦曰陳留阮元瑜早亡每感存其遺孤未甞不愴然傷心故作斯賦惟生民兮艱危在孤寡兮常悲人皆處兮歡樂我獨怨兮無依撫遺孤兮太息俛哀傷兮告誰三辰周兮遞照寒暑運兮代臻歷夏日兮苦長涉秋夜兮漫漫微霜隕兮集庭鷰雀飛兮我前去秋兮就冬改節兮時寒水凝兮成氷雪落兮翩翩傷薄命兮寡獨内惆悵兮自憐　又感物賦曰喪亂以來天下城郭丘墟惟從太僕君宅尚在南征荆州還過鄉里舍焉乃種諸蔗于中庭涉夏歷秋先盛後

衰悟興廢之無常慨然永歎乃作斯賦伊陽春之散節悟乾坤之交靈瞻雲之蓊欝仰沉陰之杳冥降甘雨之豐霈垂長霤之泠泠掘中堂而爲圃植諸蔗于前庭涉炎夏而既盛迄凛秋而將衰豈在斯之獨然信人物其有之 魏陳王曹植慰子賦曰彼凡人之相親小離别而懷戀況中殤之愛子乃千秋而不見入空室而獨倚對牀帷而切歎痛人亡而物在心何忍而復觀日晚晚而既没月代照而舒光仰列星以至晨衣霑露而含霜惟逝者之日遠愴傷心而絶腸 魏高貴鄉公傷魂賦曰王師東征宗正曹並以宗室材能兼侍中從行到項得疾數日亡意甚傷之爲作此賦宗臣允于常伯體材藝而中良何旻天之不怙遘暴疾而隕亡權厥疾之初發若常疾之輕微未經日而況篤氣惙惙而耗衰歧鵲騁技而弗救豈藥石之能追精魂忽已消散神眇眇而長違 魏王粲傷夭賦曰惟皇天之賦命實浩蕩而不均或老終以長世或昏夭而夙泯物雖存而人亡心惆悵而長慕哀皇天之不惠抱此哀而何愬求魂神之形影羌幽冥而弗迓淹低徊以想像心彌結而紆縈晝忽忽其若昏夜炯炯而至明 又愍友賦曰登城隅之高觀忽臨下以翱翔行遊目於林中覩舊人之故場身既没而不見餘迹存而

未喪滄浪浩浩兮迴流波水石激兮揚素精夏木兮結莖春鳥兮愁鳴平原
兮泱漭綠草兮羅生超長路兮逶迤實舊人兮所經身既逝兮幽翳魂眇眇
兮藏形又寡婦賦曰闔門兮却掃幽處兮高堂提孤孩兮出戶與之步兮東廂顧左
右兮相憐意悽愴兮摧傷觀草木兮敷榮感傾葉兮落時人皆懷兮歡豫我
獨感兮不怡日掩曖兮不昏明月皎兮揚暉坐幽室兮無為登空牀兮下幃涕流
連兮交頸心憯結兮增悲　魏丁廙妻寡婦賦曰惟女子之有行固歷代之彝倫辭父
母而言歸奉君子之清塵如懸蘿之附松似浮萍之託津何性命之不造遭世路
之險迍榮華曄其始茂所恃奄其徂泯靜閉門以却掃魂孤煢以窮居刷朱扉以
白堊易玄帳以素幬含慘悴以何訴抱弱子以自慰時翳翳以東陰日亹亹以西
墜雞斂翼以登棲雀分散以赴肆還空牀以下帷拂衾褥以安寐想逝
者之有憑恐因宵夜之髣髴痛存沒之異路終窈漠而不至時荏苒而不留
將遷靈以大行駕龍轜於門側設祖祭於前廊彼生離其猶難矧永
絕而不傷自銜恤而在疚履氷冬之四節風蕭蕭而增勁寒凜凜而彌切
霜悽悽而夜降水溓溓而晨結聽靈宇之空虛悲屏幌之徒設仰皇天

而歎息腸一日而九結惟人生於世上若馳驥之過櫺計先後其何幾亦同歸
乎幽冥　晉陸機歎逝賦曰昔每聞長老追計平生同時親故或曾共遊
一途同宴一室十年之外索然已盡以是思哀哀可知矣賦曰悲夫川閱水以成川
水滔滔而日度世閱人而為世人冉冉而行暮人何世而弗新世何人之能故其造
化之若茲吾安取夫久長痛靈根之夙隕怨具爾之多喪悼堂構之隤瘁
愍城闕之丘荒親彌懿其已逝交何戚而不亡彌年時之詎幾夫何往而
不殘或冥邈而既盡或寥廓而僅半信松茂而柏悅嗟芝焚而蕙歎
苟性命之弗殊豈同波而異瀾年彌往而念廣塗薄暮而迫迮顧舊
要於遺存得十一於千百　又愍思賦曰予屢抱孔懷之痛而奄復喪同生
姊銜恤哀傷一載之間而喪制便過故作此賦以紓惏惻之感時方至其儵
忽歲既去其晼晚樂來日之有繼傷頹年之莫纂覽萬物以澄念怨伯姊
之已遠尋遺塵之思長瞻日月之何短外降乎階際顧眄兮屏營雲承
宇兮藹藹風入室兮泠泠僕從為我悲孤鳥為我鳴　又大暮賦曰夫死生
是失得之大者故樂莫甚焉哀莫深焉使死而有知乎安知其不如生如遂無

知耶又何生之足戀故極言其哀而終之以達庶以開夫近俗去夫何天地之遼闊而人生之不可久長日引月而並隕時惟歲而俱喪徒假顧於須臾指夕景而爲誓言忽呼吸而不振奄神徂而形斃於是六親雲起姻族如林爭塗掩淚望門舉音敷幄席以悠想陳備物而虞靈仰寥廓而無見俯寂寞而無聲肴饛饛其不毀酒湛湛而每盈屯送客於山足伏埏道而哭之扃幽戶以大畢泝玄闕而長辭歸無塗兮往不反年弥去兮逝弥遠弥遠兮日隔無塗兮曷因庭樹兮葉落暮草兮根陳　晉潘岳悼亡賦曰伊良嬪之初降幾二紀以迄茲遭兩門之不造備荼毒而嘗之嬰生艱之至極又薄命而早終含芬華之芳烈翩零落而從風神飄忽而不反形焉得而久安襲時服於遺質表鉛華於餘顏問筮嬪之何期宵過分而參闌詎幾時而見之目眷戀以相屬聽輀人之唱籌來聲叫以連續聞冬夜之恒長何此夕之一促且伉儷之片合垂明哲乎嘉禮苟此義之不謬乃全身之半體吾聞喪禮之在妻謂制重而哀輕既履冰而知寒吾今信其緣情夕既昏兮朝既清延爾族兮臨後庭入空室兮望靈座帷飄飄兮

燈熒熒燈熒熒兮如故帷飄飄兮若存物未改兮人已化饋生塵兮酒
停樽春風兮泮冰初陽兮戒溫逝遙遙兮浸遠嗟煢煢兮孤魂
又寡婦賦曰樂安任子咸者予少而歡焉不幸弱冠而終其妻又吾姨
也故作斯賦伊女子之有行爰奉嬪於高族承慶雲之光覆荷君子
之恩渥奉蒸嘗之効順供洒埽以彌載榮華曄其始茂良人忽以損
背愁煩寃其誰告提孤孩於坐側時曖曖而向昏日杳杳而西匿雀羣飛
而赴楹雞登棲而斂翼歸空館而自憐撫衾幬以歎息耳傾想於
疇昔目髣髴乎平素雖冥冥而罔覿猶依依以憑附自仲夏而在疚
踰履霜以踐冰雪霏霏而驟落風瀏瀏而夙興意忽怳以遷越神一
久而九外庶浸遠而哀降情惻惻而彌甚願假夢以通靈目烱烱而不
寢夜湯湯以悠悠寒凄凄以凜凜氣憤薄以乘胸涕交橫而流枕重
日仰皇天兮歎息私自憐兮何極省微躬兮孤弱顧稚子兮未識如涉川
兮無津若陵虛兮失翼　晉王渾妻鍾琰思賦曰惟仲秋之慘悽百草
萎悴而變衰鷙鳥翔逝而歸海蟋蟀鳴而相追坐虛堂而無寥嗟我心

之多懷悵逕怨而內結嗟爾姜任邈不我留謀民生之未幾吾何為其多愁涼風蕭條露霑我衣憂來多方慨然永懷感飛鳥之反鄉詠衛女之思歸於是周遊容與逍遙彷徨悲民生之局促顧輕舉之遐翔

晉劉滔母孫氏悼艱賦曰伊景命之不辰遭天難之靡忧夙無父之何怙哀壅瘁以抽怨覽蓼莪之遺詠詠肥泉之餘音經四位之代謝雖積祀而思深伊三從而有歸爰奉嬪於他族仰慈姑之惠和荷仁澤之陶渥釋耿衣服以斬衣代羅帷以縞布仰慈尊以飲泣撫孤景以協慕遇飛廉之暴骸觸驚風之所會扶搖奮而上躋頹雲下而無際頓余邑之當春望峻陵而鬱青瞻空宇之寥廓慼宿草之發生顧南枝以永哀向北風以飲泣情無觸而不悲思無感而不集

宋孝武帝擬漢武帝李夫人賦曰觀周氏之逸篇覽漢室之遺篆弔新宮之掩映嗟璧臺之蕪踐雖嫒德之有載竟滯悲其何遣念桂枝之秋霣惜瑤華之春翦彤殿閉兮素塵積翠戺蕪兮紫苔生寶羅暍兮春幌垂珍簟空兮夏幬局秋臺惻兮碧煙凝冬宮冽兮朱火青流津有終深心無歇徙倚

雲日徘徊風月思王步於鳳墀想金聲於鸞闕　宋謝靈運感時賦曰夫逝物之感有生所同頽年致悲時懼其速豈能忘懷乃作斯賦相物類以迨已閔交臂之匪賒揆大耋之或遄指嶮巇於西河鑒三命於予躬怛行年之蹉跎于鶗鴂之先號挹芬芳而夙過徽靈芝之頻秀迫朝露其如何雖發歎之早晏諒大暮之同科　又傷己賦曰嗟夫賞珍於連城孫別駿於千里彼珍駿以貽愛此陋容其敢擬丁曠代之渥惠遭謬眷於君子眺徂歲之驟經覩芳春之每始始春芳而羨物終歲徂而感己貌憔悴以衰形意幽翳而苦心出衾裯而載坐闢襜幌以迥臨望步襜而周流眺幽閨之清陰想輕綦之往跡飡和聲之餘音播芬煙而不燻張明鏡而不照歌白華而絕曲奏蒲生之促調　宋顔延之行殣賦曰嗟我來之云遠覩行殣於水隅崩朽棺以掩曠仰枯顙而枕衢資沙礫以含實藉水草之攸儲撫躬中塗太息蘭渚行徘徊於永路時悄愴於川侶　宋鮑昭傷逝賦曰晨登南山望美中河露團秋槿風卷寒蘿悽愴傷心悲如之何盡若窮煙離若翦弦如影滅地猶星殞天棄華宇於明世閉金扃於下泉修堂

廡而下降歷之階戶而升其志存業而遺緒身先物而長辭日月飄而不
留命倏忽而誰保髮迎憂而送華貌先悴而收藻　梁沈約傷美人賦
曰信美顏其如玉咀清暉而度曲思佳人而未來望餘光而躑躅拂螭雲之
高帳陳九枝之華燭虛翡翠之珠被空合歡之芳褥言歡愛之可永應
羅袂之空裁的皐申其巧笑忽淪軀於夜臺伊芳春之仲節夜猶長
而未遽悵徙倚而不眠往徘徊於故處　梁江淹傷友人賦曰靜然雲李
悲袁友之英秀系神緒而作氏肖靈枝而作胄轢四代而式昌追千葉而亮
茂友人之生川岫降明譬如冬雪既華既潔將似秋月至麗至徹乃上代而
少雙故叔世而曠絕弔蕙君之暫芳慟琬琰之永缺余幼好於斯人乃神交
於一顧邈疇年之繾綣竊生平之遊遇懷愛重於素璧結分珍於黃金
捨世而笑淺訪古人而求深固齊術而共徑豈異袖而同襟爾凝情於霜柏
我發志於冬桂帶瑤玉而爭光握隨珠而比麗予結誼兮梁門僕從宦兮朱
蕃何人徑之亟阻而天道之匪存凋碧玉之神樹銷紫芝之靈根承遠書於
江澨結深痛於爾魂　梁蕭子範傷往賦曰彼蘭菊之芳茂及蕉槿

之榮色終於邑乎繁霜供飄颻於路側引輕華之微珍猶見賞於有識況獨立之妍媛信盈盈而挺植去倡家而來儀承君子之宴息攉麗容而思進豈蛾眉之肯抑詠美媵而自箴歌忠妾而爲式痛妖姿之不留惜華年之中夭與熊祥之永慶忽從飈而先摽魂一逝而莫追名長而無曉惟君侯之惆悵覽遺物而霑巾惟半垂而將下尚彷像而疑眞懷方士之良術顯有憑而致神　周庾信哀江南賦曰粤以戊辰之年建亥之月大盜移國金陵瓦解信年始二毛即逢喪亂狼狽流離至于暮齒燕河遠別悲不自勝楚老相逢泣將何及鍾儀君子入就南冠之囚季孫行人留守西河之館申包胥之頓地碎之以首蔡威公之淚盡加之以血孫策以天下爲三分衆裁一旅項羽用江東之子弟人唯八千遂乃分裂山河宰割天下豈有百萬義師一朝卷甲芟夷斬伐如草木焉江淮無涯岸之阻亭壁無藩籬之固將非江表王氣應終三百年乎嗚呼山岳崩頹既有危亡之運春秋迭代必有去故之悲天意人事可以悽愴傷心者矣賦曰始則王子召戎姦臣介冑既官政而離逷遂師言而泄漏尒乃傑黠構扇

憑陵鐵甸青袍如草白馬如練天子履端廢朝單于長圍高宴責遺
夏臺之禍遂觀堯城之變遂乃韓分趙裂鼓卧旗折失羣班馬迷輪
亂轍猛士嬰城謀臣卷舌昆陽之戰象走林常山之陣蛇奔穴五郡則兄
弟相悲三州則父子離別於是桂林顛覆長洲麋鹿潰潰沸騰茫茫慘
黷競動天關爭迴乾軸探雀鷇而未飽待熊蹯而詎熟乃有車側郭門
筋懸廟屋鬼同曹社之謀人有秦庭之哭西瞻博望地臨玄圃月榭風臺
池平樹古仁壽之鏡徒懸茂陵之書空聚中宗之夷凶靜亂大雪寃恥去
代郅而承基遷唐郊而纂祀反舊章於司隸歸餘風於正始沉猜則方
逞其欲藏疾則自矜於已天下之事沒焉諸侯之心搖矣既而齊交北絕秦
患西起況背關而懷楚異端委而開吳驅綠林之散卒拒驪山之叛徒間
諸淫昏之鬼求諸厭劾之巫荊門遭廪延之戮夏口濫逵泉之誅況以沴
氣宵浮妖精夜殞赤鳥則終朝夾日蒼雲則七重圍軫亡吳之歲既窮
入郢之年斯盡周含鄭怒楚結秦怨有南風之不競值西鄰之責言俄
而梯衝亂舞冀馬雲屯棧秦車於暢轂沓漢鼓於雷門雖復楚有七

澤人稱三戶辭洞庭兮落木去涔陽兮極浦熾火兮焚旗貞風兮害蠹
乃使玉軸揚灰龍文析柱下江餘城長林故營徒思[redacted]馬之秣未見燒牛
之兵章曼支以轂走宮之奇以族行河無冰而馬渡關未曉而雞鳴忠臣解
骨君子吞聲章華望祭之所雲夢偽遊之地荒谷縊於莫敖冶甫囚
乎羣師硎穽摺拉鷹鸇批攢于時瓦解冰泮風飛雹散渾然千里淄
澠一亂雪暗如沙冰橫如岸逢赴洛之陸機見離家之王粲莫不聞隴水
而掩泣向關山而長歎　又傷心賦曰予五福無徵三靈用譴至于繼體多從
夭折二男一女並得勝衣金陵喪亂相守亡沒苗而不秀頻有所悲唯覺
傷心遂以傷心為賦悲哉秋氣搖落變衰魂兮遠矣何去何依望思
無望歸來不歸未達東門之意空懼西河之譏在昔金陵天下喪亂王
室版蕩生人塗炭兄弟則五郡分張父子則三州離散地鼎沸於袁曹人
狩狼於楚漢或有擁樹離災藏衣遭難　設桑弧先空柘館人惟一立尊
遂千秋邊部永恨孫楚長愁張壯武之心亡　羊南城之淚流痛斯傳體尋
茲世載天道斯悠人倫此愛膝下龍摧掌中珠碎芝在室而先枯蘭生庭而

早刈涊乃流寓秦川飄颻播遷從官非官歸田不田對玉關而羇旅坐長河
而暮年以觸目之萬恨更傷心於九泉

哀辭

魏陳王曹植金瓠哀辭子之首女
雖未能言固以授色知怨矣生十九旬而夭折乃作此辭曰在襁褓而撫育向孩笑
而未言不終年而夭絕何負罰於皇天信吾罪之所招悲弱子之無愆是去父
母之懷抱滅微骸於糞土天地長久人生幾時先後無覺從爾有期　又行
女哀辭曰行女生于季秋而終于首夏三年之中二子頻喪伊上靈之降命何
短修之難裁或華髮以終年或懷姙而逢災感前哀之未闋復新殃之
重來方朝華而晚敷比晨露而先晞感逝者之不追情忽忽而失度天
蓋高而無階懷此恨其誰訴　又仲雍哀辭曰曹喈字仲雍魏太子之中
子也三月生而五月亡昔后稷之在寒冰鬬穀之在楚澤咸依鳥憑虎而無
風塵之災今之玄第文茵無寒冰之慘羅幬綺帳暖於翔禽之翼異幽房
閑宇密於雲夢之野慈母良保仁乎烏兎之情云云不能延期於朞載雖
六旬而夭没彼孤蘭之眇眇亮成幹其畢榮哀綿綿之弱子早背世而潛
形且四孟之未周將何願乎一齡陰雲迴於素蓋悲風動其扶輪臨埏闉

以歔欷淚流射而霑巾　晉陸機吳大司馬六公少女哀辭曰冉冉晞陽不遂其茂曄曄芳華凋芳落秀遵堂涉室髣髴興想昔有聲爾獨無響　晉潘岳哀永逝辭曰逝日長兮生年淺憂患衆兮歡樂尠悵悵兮遲遲遵古路兮凶歸思其人兮已滅覽餘跡兮未夷昔同塗兮今異世憶舊歡兮增新悲謂原隰兮無畔謂川流兮無岸視天日兮蒼茫面邑里兮蕭散匪外物兮或改固歡哀兮情換歸反哭兮殯宮聲有止兮哀無終既顧瞻兮家道長寄心兮爾躬　又傷弱子辭曰予之長安次于新安千秋亭而弱子夭感嬴博之哀乃傷之曰奈何兮弱子邈弃爾兮丘林還眺兮墳瘞草莽莽兮木森森伊遂古之遐胄逮祖考之永延咨吾家之不嗣羌一適之未甄仰崇堂之遺構若無津而涉川葉落永離覆水不收赤子何辜罪我之由　又金鹿哀辭曰嗟我金鹿天資特挺鬒髮凝膚蛾眉蠐領柔情和泰朗心聰警言嗚呼上天胡忍我門良嬪短世令子夭昏既披我幹又翦我根塊如瘣木枯荄獨存捐子中野遵我歸路將反如疑迴首長顧　又陽城劉氏妹哀辭曰鳥鳴于相烏號于荆徘徊躑躅立

聞其聲相彼鳥族矧伊人情叩心長叫痛我同生誕育聖王發奇稚齒共
彼名駒昂昂千里劉氏　懷寶未曜隨和伊予輕弱弗克負荷祿微於
朝財匱于家俾我令妹勤儉備加珍羞罕御器服靡華撫膺恨毒逝
矣奈何哀哀母氏蒸蒸聖慈震慟擗摽訶痛如之竟而有靈豈不慕思
嗟哉往矣當復何時　又悲邢生曰周文公之苗裔子元留之洪胄厲操確
其不拔鄉譽著而日就妙邦畿而高察雄州閭以擢秀茂實暢矣而休名
未衍其財至貧其位至賤而死之日奔者盈庭停余車而在郊撫靈櫬
以增悲瞻轜容而想像曾無覿乎餘輝送子兮境垂永訣兮路岐一別兮
長絕盡哀兮告離　又京陵女公子王氏哀辭曰猗歟公子李女惟王生
自洪胄禀茲義方盼倩粲麗窈窕淑良如彼春蘭吐葩含芳葩以霜落
歇盡彼耆者天胡寧斯忍曾未弱笄無疾而隕宮朝震驚靡人不
慇嗟爾母氏劬勞撫鞠恩斯勤斯是長是育帷屏媚子奄離顧復哀
無廢心涕不輟目于以祖之于掖閨庭于以送之陵崗崔嵬僕馬迴眷旗
旐旋飛夕陽失映晴鳥忘歸皎皎宵月載盈載微冥冥公子一往不追長

夜無且孤寃曷依　又爲任子咸妻作孤女澤蘭哀辭曰茫茫造化爰啓
英淑猗猗澤蘭應靈誕育鬒髮蛾眉巧笑美目顏耀榮苕華茂
時菊如金之精如蘭之馥淑質彌暢聰惠日新朝夕顧復夙夜盡勤
彼蒼者天哀此矜人胡寧不惠忍予眇身俾爾嬰孺微命弗振俯覽
衾襚仰訴穹安弱子在懷既生不遂存靡託躬没無遺類耳存遺
響目想餘顏寢苫伏枕摧心剖肝相彼鳥矣和鳴嚶嚶矧伊蘭
子音影冥冥彷徨丘壟徙倚墳塋　文　又爲楊長文作弟仲武哀
祝文曰悠悠上天我獨何辜祖考早世兄弟幼孤備嘗艱毒同集蓼荼
父兮生我過庭靡聞毋兮鞠我寧一苦辛日顧日復我弟我身並自垂
髮越于成人嵓哲聰叡純粹溫良烈烈清風邦族之望毋氏劬勞癘惱
之報彼蒼者天子何不弔殲我令弟窮泉是造無父何怙無弟何友煢煢
煢此身哀哀慈母煩冤痛毒撫念思咎哀爾薄祐逢家多阻弱冠未室
盛年絕緒喪亡庭寥廓廬位無主冥冥長夜窈窈玄宇當復何時見我
仲武于以祔之王父冢而有靈神其寧處　楚和氏外孫道生

咨嗟矣道心 □氏之寶玉顏豐下曜於懷抱暮耆而晉益冬而夭亡
旬齊于五日去之期頤百分之一命之脩短始則有終誰能長久與天無窮
籛翁近千殤子幼冲俱反無形冥昧之中造化多少豈獨爾躬 又和
氏外孫小同哀文曰曄曄蕣華朝生夕落爾命方之猶爲淺薄暫有冥
質尋友[redacted]冥漠譬彼蜉蝣不識晦朔死而未知生亦焉知 爾雖旬月我
未之視萬物一化焉天地一指杪末嬰孩安足稱誄大人達觀同之一揆 又胡
毋夫人哀辭曰滔滔汶川浩浩雲漢乃眷洪族哉育英媛幼挺芳烈暉光
日新有美其德有虎彪其文華茂春芳志厲秋霜邂逅之遇遺茲良會
豈惟中饋義形于外桓憑賢明以自休賴冀享永年偕老一世景命伊何
忽然長逝 梁簡文帝大同哀辭曰大同予第十子也生於仲秋殞於冬末
悲夫久坐於是申且當以食之不甘客謂予曰死生常也夭壽命也陳蕃所
慙之家久記古之錄之歲華散所聞之語已定北陵之期上聖所以忘情賢者所
以達節將何感焉予對之曰觀其明眸豐下玉色和聲豈不登踰歲而擬
觸藩反紈袴而仰折李靈心摧於毫末慧識挫於跬步豈不傷哉乃爲

辭曰彼神蔡之靈長獲方春之悠緬有葬華之灼灼寄一朝之浮淺信歡慰之未幾悼夭零之去及乃變樂而爲悲遂收笑而成泣

【書】晉劉琨妻陳氏荅舅毋書曰元方春秋始富德業亦隆弘道博文才質兼備冀志與時暢榮耀當年豈意一朝冥然長往元方冲幼過庭莫聞聖善明訓業成三徙亦既冠婚雙譽允集庶幾借老色養膝下而殃厲横流艱禍仍遘嫂姊傾逝宗摸永絕姊方玄華並夭戚年豈慮豈圖禍降彌酷良才夭於始立崇基殞於一匱仰痛殄滅俯悼二弟斯人斯命當可奈何毋年踰耳順備經百罹一紀之中四遘至痛目前廓然三從靡託窮悼中發情馳難處

梁任昉與沈約書曰范僕射遂不救疾范侯淳孝睦友在家必聞直道正色立朝斯著一金之俸必徧親倫鍾庾之秩散之故舊佐命興王忠力俱盡謀猷忠允諒誠匪躬破産而學死友之孤開門而延故人之殯則惟其常無得而稱矣器用車馬無改平生之憑素論款對不易布素之交若斯人者豈去且以遇昉將莅此邦務上遞途雖解架[illegible]流連再貽款顧將別之際不忍[illegible]無益誰悲祇增今

念乎？尘忽乎。悵曩追昔，哀緒共成悲端。又與紹永世書曰：永世孝友，友于自天，貞皎潔之操，曾非矯飾，意有所固，白刃不移，理有所託，淄澠自辨，餘息惟存，視陰無幾，終始之託，方寄祁侯，豈謂樂生反先朝露，以理遣滯，鄙識未曉，以事尋悲，哀楚交至，宿草易滋，傷恨不滅，松檟可拱，悲緒無窮。

梁劉孝標追答劉沼書曰：劉侯既有斯難，值予有天倫之戚，竟未之致也。尋而此君長逝，化爲異物，緒言餘論，蘊而莫傳。或有自其家得而示予者，予悲其音徽未沫，而其人已亡，青簡尚新，而宿草將列，泫然不知涕之無從也。雖隙駟不留，尺波電謝，而秋菊春蘭，英華靡絶，故存其梗槩，更酬其旨。若使墨翟之言無爽，宣室之談有徵，冀東平之樹，望咸陽而西靡；蓋山之泉，聞弦歌而赴節。但懸劍空壟，有恨如何。

藝文類聚卷第三十四

藝文類聚卷第三十五

人部十九

妬　淫　愁　泣　貧　奴婢　傭保

妬

左傳曰叔向之母妬叔虎之母美而不使見叔向諫其母曰深山大澤實生龍蛇彼美余懼而生龍蛇以禍汝我何愛焉使往侍寢生叔虎　毛詩序曰夫人無妬忌之行惠及賤妾進御於君知其命有貴賤能盡其心矣又曰不妬忌則子孫衆多矣　山海經曰秦室山有木葉如梨而赤理其名曰栯木服之不妬　文子曰爵高者人妬之官大者王惡之祿厚者怨處之　漢書曰武帝陳皇后爲妬別在長門宮司馬相如作賦皇后復親幸　又曰陳后寵衰妬甚令巫祭祀以迴上意　又曰呂氏妬戚夫人髡鉗赭衣使舂又斷手足去目熏身飲瘖藥名曰人豕　又曰廣川王去嘗有疾陽城昭信侍疾甚謹去愛之立爲后又有幸姬望卿爲脩靡夫人主繒帛昭信譖望卿曰與我無禮衣服常鮮我又傳粉數南戶窺郎吏疑有姦去曰伺之益不愛望卿昭信知去怒誣言望卿歷指郎吏臥處具知其名去

即與昭信從諸姬至望鄉室裸形繫之令諸姬各持鐵共灼之望鄉自投井而死昭信出之椓陰中割其鼻脣斷舌遂解置大鑊中取桃灰毒藥并煮之令諸姬觀麋盡乃止　馮敬通集曰敬通有一婢妻任酷妬之擊婢無所不至敬通乃弃遣之因與婦弟任武達書曰不去此婦則家不寧不去此婦則家不清不去此婦則福不生不去此婦則身不榮不去此婦則事不成吾數奇命薄端相逢遭　典論曰上洛都尉王琰以功封其妻哭於家為琰富貴更取妾故也　魏志曰馮方女美袁術納焉甚寵幸諸妾害其寵因共殺而懸之言其自縊　又曰袁紹婦劉氏甚妬紹死未殯寵妾五人劉盡殺之又毀其形其少子尚又盡滅死妾家焉　王隱晉書曰賈充妻郭産子黎民三歲乳母抱向閤充入黎民喜勇充惡之郭遥望見疑充即鞭乳母殺之兒思乳母而死郭又生一男乳母抱在中庭充過拈頰郭又疑復殺乳母又男死　郭子曰孫秀妻蒯嘗妬罵秀為貉秀大不平遂出不復入蒯氏請救於武帝時大赦帝曰天下曠蕩蒯夫人可得從其例否秀免冠謝為夫婦如初　妬記曰王丞相曹夫人性甚忌禁制

丞相不得有侍御時有妍少必加誚責王公不能久堪乃密營別館衆妾羅列男女成行後元會日夫人於青疎中觀望忽見兩三小兒騎羊皆端正夫人語婢云汝出問此是誰家兒奇可念給使不達旨乃云此是第四五等諸郎曹氏驚恚不能自忍乃命駕車將黃門及婢二十人持食刀欲自出尋討王公亦飛轡出門猶患遲乃以左手攀車欄右手提麈尾以柄打牛狼狽奔馳方得先至蔡司徒聞之乃謂王曰朝廷欲加九錫公知否王爲信自叙謙志蔡曰不聞加餘物惟聞短轅犢車長柄麈尾爾王大羞愧　又曰謝太傅劉夫人不令公有別房公既深好聲樂復遂頗欲立妓妾兄子外生等微達此旨共問訊劉夫人因方便稱關雎螽斯有不忌之德夫人知以諷已乃問誰撰此詩荅云周公夫人曰周公是男子相爲爾若使周姥撰詩當無此也　又曰京邑有士人婦大妬忌於夫小則罵詈大必捶打常以長繩繫夫腳且喚便牽繩士人密與巫嫗爲計因婦眠士人入廁以繩繫羊士人緣牆走避婦覺牽繩而羊至大驚怪召問巫巫曰娘積惡先人怪責故郎君變成羊若能改悔乃可祈請婦因悲號抱羊慟哭自咎悔誓師嫗乃令七日齋舉家

大小悉避於室中祭鬼神師祝羊還復本形壻徐徐還婦見壻啼問曰多日作羊不乃辛苦耶壻曰猶憶噉草不美腹中痛爾婦愈悲哀後復妬忌壻因伏地作羊鳴婦驚起徒跣咒先人爲誓不復敢爾於此不復妬忌　又曰泰中元有人姓荀婦庾氏大妬忌荀嘗宿行遂殺二兒爲屋不立齋室唯有廳事不作後壁令在堂上泠然望見外事凡無鬚鬢人不得入門送書之人若以手近荀手無不痛打客若共牀坐亦賓主俱敗鄰近有年少徑突前詣荀接膝共坐便聞大罵推求刀杖荀謂客曰僕狂婦行君之所聞君不去必誤君事客曰僕不畏此乃前捉荀手婦便持杖直前向客客既大健又有短杖在衣裏便與手老嫗無力即倒地客打垂死荀走叛不敢還婦密令覓荀云近遭狂人非君之過君便可　還荀然後敢出婦兄來就荀共方牀卧而婦不知便來捉兄頭拽着地欲殺方知是兄慙懼入内兄稱父命與杖數百亦無改悔　又曰諸葛元直妻劉氏大妬忌恒與元直杖與杖之法大罪十小罪五然得手摩不得一一受世常行杖小重元直不勝痛纔得一兩乃以手摸婦不誤打指節腫從此作制每與杖輙令兩手各捉總跗元直

遇見婦捉總蹹欲成衣謂當與己杖失色怖婦曰不也捉此自欲成衣耳乃欣然　異苑曰吳興桑乞妻臨終執乞手云我死爲當婚否乞言不忍也服竟更娶白日見其死婦語之云君先結誓云何負言因以刀割其陽道雖不致死人性永廢　俗説桓溫平蜀後以李勢女爲妾南郡主甚妬聞美婦人也

詩　魏陳王曹植詩曰嗟爾同衾曾弗是志寧彼冶容安此妬忌

賦　梁張纘妬婦賦曰惟婦怨之無極羌于何而弗有或造端構末皆苟言之在口常因情以起恨每傳聲而妄受乍隔帳而窺覷屏或覘牕而瞰牖若夫室怒小憾反目私言不忍細忿皆成大冤閨房之所隱私牀笫之所討論咸一朝之發洩滿四海之囂喧忽有逆其妬鱗犯其忌制赴湯蹈火瞋目攘袂或弃産而焚家或投兒而害聟

淫

周易上繫曰冶容誨淫　誨教也　洪範五行傳曰蜮射人者生於南方謂之短狐故南越多蜮蜮者淫女惑亂之所生也　毛詩曰鄘柏舟桑中刺奔也衛公室亂男女相奔至于世族在位相竊妻妾期於幽遠期我乎桑

中要我乎上宫送我乎淇之上矣桑中上宫所期之地淇水名也　又曰齊雞鳴南山刺襄公也鳥獸之行淫乎其妹　左傳曰僖中齊侯好内多淫内嬖如夫人者六人　戰國策曰秦宣太后愛魏醜后病且令曰我死必以魏子爲殉庸芮爲諫曰以死爲無知何空以生所愛葬無知之死人若有知先王積怒久矣太后救過不暇何得更殉魏醜后乃止　列子曰鄭公孫穆好色後庭數十皆擇稚齒屏親昵絶交遊於後庭以晝足夜三月一出意從未愜　博物志曰三身國一頭三身三手昔容成氏有季子好淫白日淫於市帝放之西南季子妻馬生子人身有尾蹄　漢書曰五鳳中濟北王終吉所愛奴與八子及諸御妾爲姦終吉與共被席或晝日使裸伏犬馬交接終吉親觀産子輒曰亂不可知丞相御史奏終吉位諸侯王以置八子秩比六百石所廣嗣重祖而終吉禽獸行亂勃逆人倫請削四縣　又曰許皇后坐執左道廢處長信宫姊孊爲龍領思侯夫人寡居淳于長與孊私通因取妾爲小妻許后因孊賂遺欲求復爲婕好長受后金錢乘輿服物千餘萬詐爲白上立爲左皇后孊每入長信宫

長與嬺書戲許后　華嶠後漢書曰梁冀愛監奴秦宮官至太倉令得入妻壽所壽見宮屛御者以言事因通焉宮威權大震二千石皆拜謁之　范曄後漢書曰赤眉發掘諸陵取寶貨汙辱呂后凡有玉匣者皆如生故赤眉多行淫穢　臧榮緒晉書曰賈充後妻郭氏又生二女少有淫行年十四五通於韓壽充未覺時外國獻奇香世祖分與充充以賜女充與壽坐聞其衣香心疑之充家嚴峻牆高丈五鷹以枳棘周行東北角有如狸鼠行迹充潛殺知婢遂以女妻之　沈約宋書曰楚王山陰公主廢帝姊也肆情淫縱以吏部褚淵貌美請自侍十日帝許之淵雖遂旨以死自固　列女傳曰夏姬者陳大夫御舒母也狀美好老而復壯者三三為王后侯爭之莫不迷惑陳靈公與孔寧儀父皆通焉或衣其衣或裘其幡（幡蔽膝衣）以戲於朝　列異傳曰漢桓帝馮夫人病亡靈帝時有賊盜發冢七十餘年顏色如故但小冷共姦通之至鬭爭相殺竇太后家被誅欲以馮夫人配食下邳陳公達議以貴人雖是先所幸尸體穢汙不宜配至尊乃以竇太后配食　論衡曰書云

齊桓公負婦人以朝諸侯管仲曰吾君背疽瘡不得婦人不愈此虛也
風俗通曰平原君讞薊譚娶周碧爲妻譚陰陽不屬令碧與李方
張少姦通冀得其子　語林曰劉道真子婦始入門遣婦虔劉聊之甚
苦婢固不從劉乃下地叩頭婢懼而從之明日語人曰手推故是神物一下而
婢服淫　傳曰衛宣公烝於夷姜生急子姜公之母淫上曰烝晉祁勝與鄔臧通
室易妻

愁

左傳曰晉人謀去故絳諸大夫曰必居郇瑕氏之地沃饒而近盬魏獻子
曰不如新田土厚水深居之不疾郇瑕氏土薄水淺其惡易覯覯則民愁
愁則墊隘於是乎有沉溺重腿之疾　又曰吳公子札來聘請觀於周
樂爲之歌頌曰至矣哉哀而不愁知命也樂而不荒節之以礼莊子曰不知乎人謂
朱愚知乎則反愁我軀不仁則害人仁則反傷吾身不義則傷彼義則反愁我
己吳越春秋曰越王念吳欲復愁心苦志中夜抱柱而哭哭承之以嘯羣臣聞
之曰君王何愁心之甚也夫復讎謀敵非君王之憂自臣下之急務也　史

記曰虞卿著書八篇號曰虞氏春秋太史公曰虞卿非窮愁不能著書以自見於後世　後漢書曰梁冀妻色美善爲妖態作愁眉具美婦人楚辭曰天問者屈原所作也屈原放逐憂心愁悴彷徨山澤經歷陵陸嗟號曰閑仰天歎息　楚有先王之廟及公卿祠堂圖畫天地山川神靈奇偉及古賢聖怪物行事周流罷倦休息其下仰見圖畫因書其壁呵而問之以洩憤懣舒寫愁思　又曰漁父者屈原所作也屈原馳逐江湘之間憂愁吟歎而漁父避世隱身釣魚江濱欣然自樂時遇屈原川澤之域怪而問之遂相應荅　晉書曰王丞去官東渡是時道路寇盜人懷危懼丞每遇艱險處之若夷然雖家人不見其愁喜之色　郭子曰王東海初過江王丞字安期登琅邪山歎曰我由來不愁今日直欲愁

【詩】後漢張衡四愁詩曰我所思兮在泰山欲往從之梁甫艱側身東望涕霑翰美人贈我金錯刀何以報之英瓊瑤路遠莫致倚逍遙何以懷愁心煩勞　又曰我所思兮在桂林欲往從之湘水深側身南望涕霑襟美人贈我琴琅玕何以報之雙玉盤　又曰我所思兮在漢陽往欲

從之隴坂長側身西望涕霑裳美人贈我貂襜褕何以報之明月珠　又曰
我所思兮在鴈門欲往從之雪紛紛側身北望涕霑巾美人贈我錦繡段
何以報之青玉案　晉張載擬四愁詩曰我所思兮在南巢欲往從之巫
山高佳人遺我筩中布何以報之流黃素　又曰我所思兮在朔湄欲往從之
白雪霏佳人遺我雲中翮何以贈之連城璧　又曰我所思兮在隴原欲往
從之隔秦山佳人遺我雙角端何以贈之雕玉環　又曰我所思兮在營州欲
往從之路阻脩佳人遺我緑綺琴何以贈之雙南金　宋王微詠愁詩曰自
予抱羈思眇與日月長載離非宋遠誰謂河難航憂隨積霖密慨因
朗旭彰負之苦不勝即之音無方如彼引鯤魚待盡守空梁天地豈私貧運
至豈固當既悟非形兆兹數詎可攘　梁王僧孺夜愁示諸賓詩曰簷
露滴爲珠池水合如璧萬行朝淚瀉千里夜愁積孤帳閉不開寒膏盡
復益誰知心眼亂看朱忽成碧　又忽不任愁聊示固遠詩曰去秋客舊
吳今春投故越淚逐東歸水心挂西斜月未應歲賒顏直以憂殘髮
梁劉孝綽夜不得眠詩曰夜長愁反覆懷抱不能裁披衣坐惆悵當戶

立徘徊風音觸樹起月色度雲來夏葉依窗落秋花當戶開光陰已如此復持憂自催　梁劉孝先和兄孝綽夜不得眠詩曰夜愁眠不安起望臺南端葉慘風聲異樓空月色寒笙冷調簧數弦脆上琴難百年行詎幾萬慮坐相攢誰家有明鏡暫借照心看　【賦】魏陳王曹植敘愁賦曰時家二女弟故漢皇帝聘以爲貴人家母見二弟愁思故令予作賦曰嗟妾身之微薄信未達乎義方遭母氏之聖善奉恩化之彌長迄盛年而始立脩女職於衣裳承師保之明訓誦六列之篇章觀圖像之遺形竊庶幾乎皇英委微軀於帝室充末列於掖房荷印紱之令服非陋才之所望對牀帳而太息慕二親以增傷揚羅袖而掩涕起出戶而彷徨顧堂宇之舊處悲一別之異鄉　又愁思賦曰四節更王兮秋氣悲遥思惆悵兮若有遺原野蕭條兮煙無依雲高氣靜兮露凝衣野草變色兮莖葉希鳴蜩抱木兮鴈南飛歸室解裳兮步庭前月光照懷兮星依天居一世兮芳景遷松喬難慕兮誰能仙長短命也兮獨何愁　又九愁賦曰嗟離思之難忘心慘毒而含哀踐有畿之末境

超引領之徘徊眷浮雲以太息願攀登而無階匪徇榮而愉樂信舊都之可懷恨時王之謬聽受姦枉之虛辭揚天威以臨下忽放臣而不疑登高陵而反顧心懷愁而荒悴念先寵之既隆哀後施之不遂雖危亡之不豫亮無遠君之心刈桂蘭而秣馬舍予車於西林願接翼於歸鴻恙高飛而莫攀因流景而寄言嚮一絶而不還傷時俗之趨險獨悃悵而長愁感龍鸞而匿迹如吾身之不留竄江介之曠野獨眇眇而汎舟思孤客之可悲愍予身之翩翔豈天監之孔明將時運之無常謂內思而自策筭乃昔之愆殃以忠言而見黜信無負於時王俗參差而不齊豈毀譽之可同競昏瞀以營私害予身之奉公共朋黨而妬賢俾予濟乎長江嗟天化之移易悲性命之悠遭愁慊慊而繼懷怛慘慘而情挽曠年載而不迴長去君乎悠遠御飛龍之蜿蜒揚翠霓之華旌絶氛雾而高鶩焉飄弭節於天庭披輕雲而下觀覽九土之殊形顧南郢之邦壤咸蕪穢而荷傾驂盤桓謗路以悲服仰御驤以悲鳴紆予袂而收涕僕夫感以失聲履先王之正路豈淫徑之可

遵知犯君之招咎恥干媚而求親顧旋復之無軌長□□弃於遐濱與麋
鹿而爲羣宿林藪之葳蓁野蕭條而極望曠千里而無人民生期
於必死何自苦以終身寧作清水之沈泥不爲濁路之飛塵踐蹊徑之危
阻登岩嵬之高岑見失羣之離獸覿偏栖之孤禽憤□憤激以切痛若
回刃之在心愁戚戚其無爲遊綠林而逍遙臨白水以悲嘆□猿驚聽而失
條亮無怨而弃逐乃全行之所招　魏繁欽愁思賦曰何□秋之慘悽處
閑夜而懷愁潛白日於玄陰翳朗月於重幽零雨濛其迅集潢淹汨
以横流聽峻階之回霤蓄心沉切以增憂嗟王事之靡盬感時而情悲
顧出身以徇役式簡書以忘歸時陟岵以旋顧涕漸纓而鮮睎聽鳴
鶴之哀音知我行之多違悵俯仰而自憐志荒悃而摧威□弦歌以厲
志勉奉職於閨闈　又弭愁賦曰傷有閑之淑女採蘅芷於朝陽露
素質之皎皎綰玄髮以流光結翠華於珠簪擢丹華於綠□芳點圜的
之熒熒映雙輔而相望龍襄遊閑之婍服襑阿縠之桂裳綴□蘭於纓
佩動晻曖以遺芳既容冶而多好且妍惠之纖微顧見子之□立知我情

之思歸鳴環瑱以回眄若欲進而行遲眷紅顏之曄曄何的皪之少君釐
桂冠而自飾敷綦藻之華文從景炎而猗靡褮綿邈以繽紛時瞭眇以
含笑收婉媚以愁人　梁簡文帝序愁賦曰情無所治志無所求不懷傷
而忽恨無驚猜而自愁玩飛花之入戶看斜暉之度寮雖復玉觴浮椀
趙瑟含嬌未足以袪斯恥息此長謠

【文】魏陳王曹植釋愁文曰予以愁慘
行吟路邊形容枯悴憂心如焚有玄虛先生見而問之曰子將何疾以至
於斯荅曰吾所病者愁也先生曰愁是何物而能病子乎荅曰愁之為物惟
惚惟怳不召自來推之弗往尋之不知其際握之不盈一掌寂寂長夜或群
或黨去來無方亂我精爽其來也難進其去也易追臨飧困於哽咽煩冤
毒於酸嘶加之以粉飾不澤飲之以兼肴不肥溫之以火石不消摩之以神膏
不稀受之以巧笑不悅樂之以絲竹增悲毉和絕思而無措先生豈能為我
著乎先生作色而言曰予徒辯子之愁形未知子愁所由生吾獨為子言
其發矣今大道既隱子生末季沉溺流俗眩惑名位濯纓彈冠諮諏榮貴
坐不安席食不終味遑遑汲汲或憔或悴所鬻者名所拾者利良由華

薄凋損正氣吾將贈子以無爲之藥給子以澹泊之湯刺子以玄虛之針灸子以淳朴之方安子以恢廓之宇坐子以寂寞之牀使王喬與之攜子而游黃公與子詠歌而行莊生爲子具養神之饌老聃爲子致無全性之方趣遐路以棲跡乘輕雲以高翔於是精駭意散改心回趣願納至言仰崇玄度衆愁忽然不辭而去

泣

說文曰泣無聲出涕也　禮記曰高子臯執親之喪泣血三年未嘗見齒君子以爲難矣　又曰弁人有其母死而孺子泣者孔子曰哀則哀矣而難爲繼矣　左傳曰楚令尹子元欲蠱文夫人爲館於其宮側振萬焉夫人聞之泣曰先君以是舞也習戎備也今令尹不尋諸仇讎而於未亡人之側不亦異乎又曰叔孫婼聘于宋宋公與昭子飲酒樂宋公使昭子右坐語相泣也樂祁佐退而告人曰今茲君與叔孫其皆死乎吾聞之哀樂而樂哀皆喪心也何以能久國語曰叔向見司馬侯之子撫而泣之曰自其父死也吾蔑與比而事君也昔者其父始之我終之我始之夫子終之　尸子曰曾子每讀喪禮泣下沾襟孝觀

又曰費子陽謂子思曰吾念周室將滅涕泣不可禁也子思曰然今以一人之身憂世之不治而涕泣不禁是憂河水濁而以泣清之也　呂氏春秋曰吳起治西門之外王錯譖之魏武侯武侯使人召之吳起至於岸門止車而望西河泣數行而下　楚漢春秋曰呂后欲爲惠帝高墳使從未央宮坐而見之東陽侯垂泣曰陛下日夜見惠帝冢悲哀流涕無已是傷生也臣竊哀之太后乃止　史記曰箕子過故殷墟感生禾黍箕子傷之欲哭則不可欲泣爲近婦人乃作麥秀之詩以歌詠之殷民皆流涕具麦篇　又曰荆軻與高漸離飲於燕市酒酣漸離共荆軻和而歌於市中相樂已而相泣傍若無人　又曰漢高欲自擊陳豨蒯成侯周緤泣曰始秦攻破天下未嘗自行今上自行是爲無人可使者乎　又曰戚姬愛幸生趙王如意常從之關東日夜啼泣欲立如意爲太子　又曰竇皇后兄長君弟曰廣國年五歲時家貧爲人所略賣之長安聞竇后新立廣國上書自陳后召見具言其故后持之而泣侍御左右皆伏地泣　說苑曰雍門周以琴見孟嘗君君曰先生鼓琴亦能令人悲乎周曰夫千秋万歲之後高

臺既已壞曲池即以塹墳墓既已下嬰兒豎子樵採者躑躅其足而歌其上曰夫以孟嘗君貴尊乃若是乎於是孟嘗君泣然涕泣曰令文立若破國亡邑之人具琴篇 又曰聖人於天下也譬猶一堂之上令滿堂飲酒有一人向隅而泣則一堂之人皆不樂矣 又曰禹出見辜人問而泣之左右問其故禹曰堯舜之民皆以堯舜之心為心今吾為君百姓皆以其心為心是以痛之 新序曰周舍事趙簡子居無幾何周舍死後與諸大夫飲酒酣簡子泣曰吾聞千羊之皮不如一狐之腋衆人之唯唯不如周舍之諤諤自周舍死吾未嘗聞吾罪也吾國幾亡乎是以垂泣 漢書曰高祖破黥布軍還過沛置酒沛宮上慷慨傷懷泣數行下具懷舊篇 東觀漢記曰更始害齊武王光武飲食語笑如平常獨居輒不御酒肉枕席有涕泣處 又曰來歙蓋延攻公孫述蜀人大懼使刺客刺歙歙未死馳告蓋延延見歙悲哀不能仰視歙叱曰欲屬以軍事而反效兒女子涕泣乎 論衡曰昔周人有仕不遇年老白首泣涕於途者或問何為泣乎對曰吾仕數不遇自傷年老失時是以泣 又曰蘇秦張儀學縱橫之術於鬼谷先生先生曰能說我泣出則能分人主之地秦說鬼

谷先生先生泣霑襟　汝南先賢傳曰蔡順母畏雷後母卒每有震順輙圜冢泣曰順在此　邴原傳曰原年五六歲過書舍而泣師曰何泣原曰孤者易傷感夫書者皆有父母也一則願其得書故惻然涕零也師哀原而為之泣曰欲之可書須費也　後漢書曰張奐與張公超書曰下筆愴恨泣先言泯　吳錄曰孟宗為驃騎朱據軍吏將母在營既不得志又夜雨屋漏因起涕泣以謝母母曰但當勉之何足泣也　襄陽耆舊記曰羊公與鄒閏甫登峴山垂泣曰有宇宙便有此山由來賢達登此遠望者多矣皆湮滅無聞不可得知念此令人悲傷　晉陽秋曰司馬文王問劉禪曰頗思蜀否禪曰此間樂不思蜀也郤正見禪曰若王後問宜泣以對會王復問禪曰先人墳墓遠在隴蜀乃心西悲無日不思因閉眼王曰何以似郤正語耶禪驚駭視曰如尊命

貧

尚書洪範曰六極四曰貧　禮記子路曰傷哉貧也生無以為養死無以為禮子曰啜菽飲水盡其歡斯之謂孝斂手足形還葬而無槨稱其財之

謂禮　又曰儒有一畝之宮環堵之室蓽門圭窬　論語曰子曰邦有道貧且賤焉恥也　又曰衣敝緼袍與衣狐貉者立而不恥者其由也與鄭玄曰緼枲也　毛詩曰出自北門憂心殷殷終窶且貧莫知我艱　又曰小東大東杼柚其空箋謂無貨唯絲麻今盡不作也　家語曰端木賜結駟連騎以從原憲憲居蓬蒿中并日而食子貢曰甚矣子之病也憲曰予貧也非病也　國語曰叔向見韓宣子宣子憂貧叔向賀之宣子曰吾有卿名而無其實無以從二三子吾是以憂子賀我何故對曰昔欒武子無一卒之田諸侯親之戎翟懷之以正晉國今吾子有欒武子之貧吾以為能脩其德也是以賀若不憂德之不脩而患貨之不足將弔不暇何賀之有　呂悅字林曰窶貧空也方言曰南楚人貧衣被醜敝謂之須捷捷謂俾遲或謂之褸裂褸衣壞貝音或謂之藍縷左傳曰篳輅藍縷為貧也　晏子曰晏子方食景公使使者至分食食之使不飽晏子亦不飽使者反言之公曰晏子如此貧乎使致千金與粢賓客　列子曰凡為名者必廉廉斯貧為名者必讓讓斯賤　莊子曰原憲處魯居環堵之室茨以生草蓬戶不完桑木為樞而甕牖上漏

下濕匡坐而弦歌子貢乘大馬中紺而表素軒車不容巷往見原
憲憲杖藜應門子貢曰先生病也憲應之曰憲聞無財之謂貧
學而不能行之謂病今憲貧也非病也子貢逡巡而退有愧色　又曰
孔子謂顏回曰家貧居卑胡不仕乎對曰不願仕回有郭外之田五十
畝足以給飦粥郭內十畝足以爲絲麻鼓琴可以自娛所學夫子者
足以自樂也回不願仕夫子愀然變色曰美哉　又曰莊周家貧故往貸
粟於監河侯河侯曰我將得邑金貸子三百金周忿然作色曰周昨來有中
道而呼者顧視車轍有鮒魚焉問之曰子何爲者耶對曰我東海波
臣也君豈　有斗升之水而活我哉周曰諾我將南遊吳越之王激西江
之水而迎子可乎鮒魚忿焉作色曰吾得升斗之水爲活爾君乃言此
曾不如早索我枯魚之肆　又曰子輿與子桑友而霖雨十日子輿曰
子桑殆病矣裹飯而往食之子桑若歌若哭鼓琴曰父母豈欲吾貧
哉天地豈私貧吾哉求其爲之者不得也　孫卿子曰子貢之貧若懸鶉
又曰子何不仕曰諸侯之驕我者吾不爲臣大夫之驕我者吾不復見　又曰仁

義之於人也譬之若貨財粟米之於家也多有之者富少有之者貧至無有者窮　吕氏春秋曰世皆以珠玉爲寶寶愈多而民愈貧失其所寶也　戰國策曰齊人有馮煖者貧乏不能自存使人屬孟嘗君願寄食門下　史記曰魏勃少時欲求見齊相曹參家貧無以自通乃常獨早夜埽齊相門外相舍人怪而以爲物而伺之得勃勃曰願見相君無因故爲子埽門欲求見於是舍人見勃曹參因以爲舍人　又曰東郭先生久待詔公車貧困飢寒衣敝履不完行雪中履有上無下足盡以踐地道中人笑之　又曰甘茂亡秦奔齊逢蘇代代爲齊使於秦茂曰臣得罪於秦懼而逃無所容跡臣聞貧人女曰我無以買燭而子之燭光有餘子可分我餘光無損子之明今臣困願以餘光振之　又曰楚相孫叔敖死謂其子曰我死汝必貧困可見優孟已具諷篇　漢書曰朱買臣家貧好書不治產業妻求去買臣笑曰我五十當貴今已四十餘妻曰如公子等終當餓死買臣不能留即聽之　又曰酈食其好讀書家貧落魄無衣食產業爲里監門然縣中賢豪不敢役皆爲之狂生　又曰王章

字仲御爲諸生學長安獨與妻居病疾無被卧牛衣中與妻訣涕泣其妻呵怒之曰仲御京師尊貴在朝廷人誰逾仲卿者今病疾困厄不自激昂乃反涕泣何鄙也　謝承後漢書曰王充字仲任少孤家貧無書常遊洛陽市肆閱所賣書（具雜文部讀書）　續漢書曰王苑字孫仲安貧茅屋蓬戶藜藿不厭食　又曰范丹桓帝時以丹爲萊蕪長不到官遭黨人禁錮結草室居歌之曰甑中生塵范史雲釜中生魚范萊蕪　范曄漢書曰李元字大遜陳留人事母至孝家貧兄弟六人同衣出入　三輔決錄曰第五頡字子陵倫小子洛陽無主人鄉里無田宅寄止靈臺中或十日不炊　又曰孫晨字元公家貧不仕生居城中織箕爲業明詩書曰爲郡功曹冬月無被有藁一束暮卧中旦收之先賢行狀曰胡定字元安至行絕人在喪雉兔遊其庭時雪霜滿其室縣令遣戶曹掾排雪問定定已絕穀妻子皆卧在牀令即遣掾以乾糧就遺之定乃受半　魚豢魏書曰楊師前後宰城守不以私計介意故身退之後家無餘財蝸牛廬居其中妻子凍餓　魏略曰裴潛爲尹之官

不將妻子妻子貧乏織荆芘以自供羣弟之田廬常步行家人小大或
弁日而食　楚辭曰坎壈兮貧士失耳而志不平　六韜曰成王問太
公貧富豈有命乎將理不得其意太公曰盜在其室計之不熟一盜救種
不時二盜取得無能三盜並養女太多四盜其事就酒五盜衣服過度
顔延之庭誥曰富則盛貧則病甚矣不唯形色麄黶或亦神心沮喪
非但交友疏弃必有家人訟誤非廣槩深識者何能不交移其植故欲
蠲憂患莫若懷古之志當自同古見深則憂淺識遠則患浮昔有
琴歌於編蓬之中用此道也　詩　晉張望詩曰荒墟入迹希隱僻閭鄰
闊蓽篳雖自朽損毁屋正寒參豁炎夏無宇絺玄冬無暖褐四體困寒
暑省六時疲飢渴營生生愈憩瘁愁來不可割　晉江逌詩曰蓽門不啓
扇環堵蒙蒿榛空瓢覆壁下簞上自生塵出問誰氏子僃憩哉一何
貧　宋陶潛貧士詩曰万族各有託孤雲獨無依曖曖虚中滅何
時見餘暉　又詩曰安貧守賤者自古有黔婁好爵吾弗營厚饋
吾不酬一旦壽命盡蔽覆乃不周豈不知其極非道固無憂　梁朱

超詠貧詩曰觸塗皆可試惟貧獨未安窓開兩片月霜足一重寒稾濕鋪牀冷荷脆補衣難若言爲容易推劒與君彈

賦

漢楊雄逐貧賦曰楊子遁世離俗隱處左鄰崇山右接曠野鄰垣乞兒終貧且窶禮薄義廢相與羣聚惆悵失志呼貧與語汝在六極投弃荒遐好爲庸卒刑戮是加匪惟幼稚嬉戲土沙亦非近鄰接屋連家恩輕毛羽義薄輕羅進不由德退不受呵久爲滯客其意若何人皆文繡余褐不完人皆稻粱我獨藜飡貧無寶玩何以接歡宗室之宴爲樂不期徒行負賃出處易衣身服百役手足胼胝或耘或耔霑體露肌朋友道絶進官凌遲厥咎安在職汝爲之舍汝遠竄崑崙之巔爾復我隨翰飛戾天舍爾登山巖穴隱藏爾復隨我陟彼高岡舍爾入海汎彼柏舟爾復我隨載沉載浮我行爾動我靜汝休豈無他人從我何求今汝去矣勿復久留貧曰唯唯主人見逐多言益蚩心有所懷願得盡辭昔我乃祖宣其明德克佐帝堯誓爲典則土階茅茨匪彫匪飾爰及季世縱其昏惑饕餮之羣貪富苟得鄙我先人乃傲乃驕瑤臺瓊室華屋崇高流酒爲

池積肉爲肴是用鴞逝不踐其朝三省吾身謂予無保言處君之所福祿如山忘我大德思我小怨堪寒能暑少而習焉寒暑不忒等壽神仙桀跖不顧貪類不干人皆重閉子獨露居人皆怵惕子獨無虞言辭既罄色厲目張攝齋而興降階下堂逝將去汝適彼首陽孤竹之子與我連行予乃避席辭謝不直請不貳過聞義則服長與爾居終無厭極貧遂不去與我遊息　又晉束晳貧家賦曰余遭家之轗軻嬰六極之困屯恒勤身以勞思丁飢寒之苦辛無原憲之厚德有民斯之下貧有漏狹之草屋無蔽覆之受塵唯曲壁之常在時弛落而壓鎮食草菜而不飽常嗛嗛於膳珍涉孟春之季月迄仲冬之堅冰稍煎蹙而窮迫無衣褐以蔽身還趨牀而無被手狂攘而妄牽何夜長之難曉心咨嗟以怨天責家至而相敦乃取東而償西行乞貸而無處退顧影以自憐銜責葉而難售遂前至於飢年煑黃當之草菜作汪洋之羹饘瓮遲鈍而難沸薪鬱紬而不然至日中而不熟心苦苦而飢懸丈夫慨於堂上妻妾歎於竈間悲風噭於左側小兒啼於右邊

盛　宋晁道元

與天公戚曰道居在城南接水墟草木幽欝蚊虵所藏茅茨陋宇纔容數牀積汙累穢體貟萎黄冬則兩幅之薄被心有牽黎與敝絮撤以三股之絲綖袷以四升之麤布狹領不掩其巨形促縁不覆其長度申腳則足出攣捲則脊露

【書】魏應璩與韋仲將書曰夫以原憲懸磬之居而値皇天無已之雨薪芻既盡舊穀亦傾賈屠蘇發撤杌褕見謀進無顧子不改之志退無楊雄晏然之情是以懷感良不可堪人非神仙須仰衣食方今體寒心飢憂在旦夕而欲東希誅昌治生之物西望陝縣厨食之禄誠恐將爲牛蹄中魚卒鮑氏之肆矣　又與董仲連書曰穀糴騰踊告求周鄰日獲數升猶復無薪可以熟之雖孟軻困於梁宋宣尼飢於陳蔡無以過此夫挾管晏之智者不有廝役之勞懷陶朱之慮者不居貧賤之地出蒙譏於恤護入見謫於嬪息忽便悒憤不知處世之爲樂　又與尚書諸郎書曰夫秋節凉和霖雨清閑正高會之盛時飮宴之良日也而陋巷之居無高密之宇壁立之室無旬朔之資流潦浸於北堂隟漏霑於衣服綦蒸單竭檐石傾磬中饋

告之役者莫與飯玉炊桂猶尚優泰雖欣皇天之降潤亮水軍之恩兩私懷慼慼頻良否可言想諸夫子亦斯困也夫否泰潛升蓋由昏明二三執事以龍虎之姿遭風雲之會方將飛騰閶闔振翼紫微運籌帷幄顯揚豐績豈久沉滯於下職契闊於貧悴哉

文 後漢蔡邕九惟曰八惟困之戹憂心郁郁天之生我星宿值貧六極之戹獨遭斯勤居處浮漂無以自在冬日栗栗上下同雲無衣無褐何以自溫六月徂暑炎赫來臻無絺無綌何以蔽身無食不飽永離懽欣

奴

周禮注男奴女婢鄭司農注云奴罪隸也男女同名　又曰其奴男子入于罪隸女子入于舂藁　又曰奚三百人注云今時侍史官奴婢也　論語曰箕子為之奴　左傳曰斐豹隸也注曰犯罪沒為奴方言曰臧甬(音勇)海獲奴婢賤稱也荆淮海岱之間罵奴曰臧罵婢曰獲齊之北鄙燕之南郊凡民男而聟婢謂之臧女而婦奴謂之獲亡奴謂之臧亡婢謂之獲亡皆異方罵奴婢之醜稱也　風俗通曰古制本無奴婢犯事者原之臧

其被罪没入爲官奴獲者逃亡復得爲婢　又曰南陽龐儉少失其父後居廬里鑿井得錢千餘萬行求老蒼頭使主牛馬耕種直錢二萬有買婚大會奴在竈下竊言堂上母我婦也婢即具白母母使儉問曰是我翁也因下堂抱其頸啼泣遂爲夫婦儉及子歷二千石刺史七人時爲之語曰廬里諸龐鑿井得銅買奴得翁　又曰將作大匠陳國公孫志節有蒼頭地餘年十七攻書疏志節爲戶曹吏令地餘歸取物餘馳車馬亡去至丹陽改姓王名斌字文高遂留爲諸曹吏志節拜楊州刺史郡衣冠子弟皆出斌下乃用之斌乞屏左右叩頭涕洟曰斌即使君地餘也斌後爲蒼梧太守　史記曰衛青爲侯家人少時歸其父使牧羊先母之子皆奴畜之不以爲兄弟青常至甘泉居室有鉗徒相青曰貴人也官至封侯青歎曰人奴之生得無笞罵足矣安望封侯　又曰欒布嘗爲人所略賣爲奴賣與燕將臧荼後爲都尉　又曰齊俗賤奴虜而刁閒獨愛貴之桀黠奴人之所患唯刁閒收使之終得其力　又曰季布爲朱家鉗奴　又曰諸呂擅權陸賈曰天下

安危注意將相將相和則士豫附陳遂結權太尉以奴百人遺賈　又曰衛將軍舍人過平陽主家主令騎奴同席而食持刀斷席而坐　漢書曰武帝時募民能入奴婢得以終身復為郎增秩　又曰王鳳羣弟爭為驕侈奴僮以千數　又曰張安世家僮七百人皆有手技　又曰王莽時匈奴侵寇乃大虜因徒人奴名者豬突狶勇　又曰宣帝詔大司馬光宿衛忠正宣德明恩前後賜奴婢百七十人　新序曰昌邑王以側注冠賜師及儒者後以冠冠奴龔遂免冠歸之曰今以冠冠奴是奴虜畜惡也　東觀漢記曰劉寬簡略嗜酒嘗坐客使蒼頭市酒大醉而還對客罵曰畜生寬遣人視奴疑必自殺　又曰韓卓臘日奴竊食祭其母卓義其心即日免之　又曰彭寵奴子密三人等寵晝臥密等遂縛寵着牀召其妻入縫纏囊夜斷寵及妻頭盛囊中投世祖　世祖封子密為不義侯　又曰鄧弘奴醉擊長壽亭長弘見亭長賞錢五千異日奴得復宮中衛士怒爭衛士箠奴弘聞又與五千　前秦錄曰慕容冲進通長安金城觀之大言責冲曰爾輩羣奴正可牧羊牛

何爲送死冲目奴則奴矣旣厄奴苦欲取爾相代　蜀志曰劉琰侈靡
侍婢奴能爲聲樂又教誦靈光殿賦　三輔決録曰平陵子孟佗盡以家
財賂張讓監奴衆奴斬焉時賓客求見讓者常數百乘累日不得通
焉他後至諸奴拜迎徑將他車獨往入衆謂他與讓善爭以珍物賂佗佗
得以賂讓語曰虜據滑太祖欲北伐沈慶之固陳不可丹陽尹徐湛之吏
部尚書江湛在座湛之等難慶之慶之曰理國譬如理家耕當使奴
織當問婢陛下欲伐國而與白面書生輩謀之何由濟上笑曰傳士有
隸子弟（以廿六子弟爲僕隸）林邑記曰范文夷帥奴也以刀斫石障軒盧後遂爲國王
江表傳曰合利孫權奴

【書】梁簡文帝答安吉公主餉胡子書曰方言
異俗極有可觀山高水遠宛在其邈遂不使去來執孌婉彼青衣正當出入
燒香還依丹轂豈直王濟女奴獨有羅袴方使樂府行胡着論歌
舞垂腴新奇伏增荷拆　漢王褒僮約曰蜀郡王褒以事止寬歸
楊惠舍有一奴名便了倩行酤酒便捍大杖上冢巔曰大夫買便了時
但約守家不約爲他家男子酤酒也褒大怒曰奴寧欲賣邪奴復曰欲

使便了皆當上券不上券便〃不能爲也褒乃爲券曰百役不得有二
言晨起早掃飲食洗滌居當穿臼縛箒裁盂鑿斗出入不得騎
馬載車踑坐大怒下床振頭垂釣刈芻織履復作麤黏雀張鳥結網
捕魚繳鴈彈鳧登山射鹿入水捕龜後園縱魚鴈鶩百餘驅逐鴟鳥
持梢牧猪種薑養羊長育豚駒糞除堂廡食馬牛鼓四起坐夜半
益芻舍中有客提壺行酤汲水作餔奴但當飯豆飲水不得嗜酒欲美
飲酒唯得染脣漬口不得傾盂覆斗不得晨出夜入交關伴偶多取
蒲茅益作繩索雨墮無所爲當編蔣織薄植種桃李梨柿柘桑
三丈一樹八行爲行果類相從縱橫相當果熟收斂不得吮嘗犬吠
當起驚告鄰里棖門拄戶上樓擊鼓持盾曳矛環落三周勤心疾作
不得遨遊奴老力索種莞織席事訖欲休當舂一石夜半無事浣衣
當白若有私錢主急賓客奴不得有姦私事事當關白奴不聽教當笞
一百讀券文訖詞窮詐索仡仡叩頭兩手自搏目淚下落鼻涕長一尺
審如王大夫言不如早歸黃土陌丘蚓鑽額早知當爾爲王大夫酤酒

真不敢作惡

婢

管子曰齊桓公使管仲求甯戚甯戚應之浩浩乎仲不能婢子問之仲曰非婢子所知也婢子曰詩有之浩浩之水育育之魚未有家室我將安居甯子其欲室乎仲以其言告桓公　列女傳曰周室大夫仕於周妻淫於鄰主父還恐覺之爲毒藥使婢進上婢恐殺主父因僵覆酒主父怒而笞之妻因他過欲殺婢婢就杖將死而不言主父弟聞之復以言告主父主父乃厚幣嫁之　漢書曰傅太后使謁者買諸官婢賤取之復取執金吾官婢八人　東觀漢記曰劉寬向朝會裝訖婢奉肉羹翻汙〻衣寬神色不異乃徐語曰羹爛爾手　又曰朱暉爲郡督郵太守阮況當嫁女欲買暉婢暉不與及況卒暉送金三斤問其故暉曰前不與婢者以財汙府君金重送欲明使君　謝承後漢曰長沙視良爲洛陽令常侍樊豊妻殺侍婢置井中良收其妻殺之　晉書曰列宗之母本織坊中婢也形長色黑宮人謂之崑崙太宗以計

幸[redacted]之有身　語林曰裴秀母是婢秀年十八有令望而嫡母妬猶
令秀母親下食與衆賓賓見並起拜之荅曰微賤豈宜如此當爲小兒
故耳於是父毋乃不敢復役之　皇甫謐列女後傳曰會稽翟素娉
未及配適遭賊欲犯之臨之以白刃素曰我可得而殺不可得而辱素婢
名青乞代素賊遂殺素復欲犯青青曰向欲代素者恐被耻獲害耳
今素已死我何以生爲賊復殺之　搜神記曰晉杜嘏家葬而婢誤不得
出十餘年開墓婢尚生云其始如眠有頃漸覺自謂一再宿初婢之埋年
十五六及開冢時猶十五六嫁之有子　又曰諸葛恪以被誅其在室問婢
爾何故血臭婢忽然起躍頭至棟攘臂切齒　晉中興書曰祖約爲
丞相從事中郎於府内爲婢所傷司直劉隗奏約患生婢僕身被傷
刑解職還家世説曰鄭玄家奴婢讀書玄嘗使一婢不稱旨將撻之方
自陳說玄怒使人曳著泥中須臾復一婢來問曰胡爲乎泥中荅曰
薄言往訴逢彼之怒　又曰石崇富侈厠常令婢數十曳羅縠直之
又曰崇婢綠珠天下美色孫秀求之不與因誅崇　又曰光祖少孤貧至

孝常自炊爨王北平聞而佳之乃以二婢餉焉因取爲吏人戲之曰奴賈倍於婢祖荅曰百里奚亦何必不輕於五羖之皮也　三輔决録曰金禕爲郡上計留在許都時魏武使長史王必將兵衛天子於許禕與必善見禕有胡婢善射必常從請之

【賦】

後漢蔡邕青衣賦曰金生沙礫珠出蚌泥嘆茲窈窕生于卑微玄髮光潤領如螓蠐脩長冉冉碩人其頎綺繡丹裳躡蹈絲韋都冶嫵媚卓礫多姿精慧小心趨事若飛寒雪翩翻充庭盈階停停溝側噭噭青衣我思遠逝爾思來追明月昭昭當我戶扉條風狎獵吹予牀帷河上逍遥徙倚庭階南瞻井柳仰察斗機非彼牛女隔于河維思爾念爾怒焉且飢　後漢張安超譏青衣賦曰彼何人斯悅此豔姿麗辭美譽雅詞斐斐文則可嘉志鄙意微鳳兮鳳兮何德之衰醴泉可飲何必洿泥隋珠彈雀堂谿刈葵鶩鵠啄鼠何異于鶏歷觀古今禍福之階晏嬰潔志不顧景女及儁不疑奉霍不受見尊不迷況此隸豎生女爲妾生男爲虜歲時醊祀詣其先祖或於馬廄廚門竈龍下東向長跪接神觴酒

悉請諸靈辟邪富主多乞步少銅丸鐵柱績繒累嘉皆來集聚減獲之類蓋不足數古之贅㛮尚爲塵垢況明智者欲作奴父勤節君子無當自逸宜如防水守之以一秦繆思褒故獲終吉

傭保

史記曰荆軻死高漸離變姓名爲人傭保作於宋子〈縣名〉久之作苦聞其家堂上客擊筑不能去傍徨從者告其主便擊筑一坐稱善

又曰欒布與彭越爲家人　鶡冠子曰伊尹酒保立爲世師

藝文類聚卷第三十五

藝文類聚卷第三十六

人部上

隱逸上

周易曰遯世無悶　又曰天地閉賢人隱　又曰不事王侯高尚其事

又曰賁于丘園束帛戔戔　禮記曰儒有上不臣天子下不事諸侯

又曰季春之月聘名士禮賢者　論語曰逸民伯夷叔齊虞仲夷逸

朱張柳下惠少連　莊子曰古之所謂隱士者非伏其身而不見也

非閉其言而不出也非藏其知而不發也時命大謬也　又曰刻意尚行

離世異俗此山谷之士避世之人也就藪澤處閒曠釣魚閑處無爲而

已矣此江海之士避世之人也閑暇之所好也　高士傳曰廣成子在

崆峒之上黃帝問曰吾欲取天地之精以養萬物爲之奈何廣成子蹷然

而起曰至道之精窈窈冥冥無視無聽抱神以靜我守其一以處其

和故千二百歲而形未嘗衰得吾道者上爲皇下爲王失吾道者上

見光而下爲土吾將去汝入無窮之門遊無極之野與日月參光與天

地爲常　又曰黃帝將見大隗于具茨之山方明爲御昌寓參乘

黃帝曰異哉請問天下小童曰予少遊六合之外適有瞀病有長者教予乘日之車遊於襄城之野今病少稍痊復六合之外為天下者予奚事焉夫為天下亦奚異牧馬哉去其害馬而已黃帝再拜稱天師而還　又曰善卷者舜以天下讓之卷曰予立宇宙之中冬衣皮毛夏衣絺葛日出而作日入而息逍遙天地之間何以為天下哉遂入深山莫知其所終　又曰石戶之農不知何許人與舜為友舜以天下讓之石戶夫負妻攜子以入海終身不返　又曰伯成子高者唐虞之時為諸侯至禹去而耕禹往趨而問之子高曰昔堯治天下至公無私不賞而民勸不罰而民畏今子賞而不勸罰而不威德自此衰刑自此作夫子盍行乎無落吾事俋俋乎耕而不顧又曰魯連好奇偉倜儻嘗遊趙難新垣衍以秦為帝秦軍為却平原君欲封連連三辭平原君乃以千金為連壽連笑曰所貴於天下之士者為人排患釋難也即有取之是商賈之事爾及燕將守聊城田單攻之不能下連乃為書射城中遺燕將燕將見書泣三日

乃自殺城降田單欲爵連連曰吾與於富貴而詘於人寧貧賤輕世而肆意　又曰閭丘先生齊宣王獵於社山社山父老十三人相與勞王王賜父老不租先生獨不謝曰願得壽得富得貴夫選良吏平法度則臣得壽矣振之以時則臣得富矣令少敬長則臣得貴矣　又曰田生營牀茅屋不肯仕宦惠帝親自往不出屋　又曰鄭仲虞不仕漢朝章帝自往終不肯起曰陛下何惜不爲上世君令臣得爲偃息之民天子以尚書祿終其身世號白衣尚書　又曰韓福者以行義脩絜漢昭帝時以德行徵病不進元鳳元年詔賜帛五十匹遣長吏時以存問常以八月賜羊酒不幸死者賜複衾一祠以中牢自是至今爲徵士之故事福終身不仕卒于家　又曰班嗣世在京師家有賜書内足於財父黨楊子雲以下莫不造門桓君山從借莊子嗣報曰今吾子閽仁義之羈絆係聲名之纓鑠伏孔氏之軌躅馳顔閔之極藝何以大道爲自眩也昔有學步邯鄲者匍匐而歸耳其行已持論如此遂終于家　又曰尚長字子平禽慶字子夏　人相善

慶隱避不仕王莽長通易老子安貧樂道好事者更齎遺輒
受之自足還餘如有不取也舉措必於中和司空王邑避之連年乃欲薦
之於莽固辭乃止遂求退讀易至損益卦喟然歎曰吾知富貴不
如貧賤未知存何如亡爾爲子嫁娶畢勑家事斷之勿復相關當
如我死矣是後肆意與同好遊五岳名山遂不知所在　又曰巢父堯時
隱人年老以樹爲巢而寢其上故人號爲巢父堯之讓許由也由以告
巢父巢父曰汝何不隱汝形藏汝光非吾友也乃擊其膺而下之許由
悵然不自得乃遇清泠之水洗其耳拭其目曰嚮者聞言負吾友遂
去終身不相見　又曰許由字武仲堯舜皆師之與齧缺論堯而去隱
乎沛澤之中堯舜乃致天下而讓焉曰十日並出而爝火不息其光也不
亦難乎夫子爲天子則天下治我由尸之吾自視缺然許由曰吾將爲名
乎名者實之賓吾將爲賓乎乃去宿於逆旅之家旦而遺其皮冠巢
父聞由爲堯所讓以爲汙乃臨池水而洗其耳池主怒曰何以汙我水由乃
退而遯耕於中岳潁水之陽箕山之下　又曰壤父者堯時人年五十而

擊壤於道中觀者曰大哉帝之德也壤父曰吾日出而作日入而息鑿井而飲耕地而食帝何德於我哉　又曰子支伯者舜以天下讓支伯支伯曰子適有幽憂之病方且治之未暇治天下也遂不知所之　又曰被裘公者吳人也延陵季子出遊見道中遺金顧而覩之公曰取彼金公投鐮瞋目拂手而言曰何子居之高視之卑吾被裘而負薪豈取遺金者哉季子大驚既謝而問其姓名曰吾子皮相之士何足語姓名哉

又曰段干木者治清節遊西河守道不仕魏文侯就造其門干木踰牆而避之文侯以客禮出過其廬則式　其僕問之文侯曰干木不趨勢隱處窮巷聲馳千里吾敢不式乎文侯所以名過齊桓公者能尊段干木敬卜子夏友田子方也　又曰莊周少學老子梁惠王時爲蒙縣漆園吏以卑賤不肯仕楚威王以百金聘周周方鉤於濮水之上曰楚有龜死三千歲矣今巾笥而藏之於廟堂之上此龜寧生而掉尾塗中耳子往矣吾方掉尾於塗中　齊宣王又以千金之幣迎周爲相周曰子不見郊祭之犧牛乎衣以文繡食以芻菽及其牽入太廟欲爲孤豚其可得

乎遂終身不仕　續晉陽秋曰謝敷隱居會稽山初月犯少微星一名處士星時戴逵名重於敷時人憂之俄而敷死故會稽士人嘲吳人云吳中高士求死不得　世說曰郄超每聞欲高尚隱退者輒為辦百万資并為造立居宇在剡為戴公起宅甚精戴始往居與所親書曰近在剡如入官舍又為傅約亦辦百萬傅隱事差互故不果述　又曰支道林因人就深公買印山深公曰未聞巢由買山而隱　袁淑真隱傳曰鬼谷先生不知何許人也隱居韜智居鬼谷山因以為稱蘇秦張儀師之遂立功名先生遺書責之曰若二君豈不見河邊之樹乎僕御折其枝波浪盪其根上無徑尺之陰身被數千之痕此木豈與天地有仇怨所居然也子不見嵩岱之松栢華霍之檀桐乎上枝干於青雲下根通於三泉千秋万歲不受斧斤之患此木豈與天地有骨肉哉蓋所居然也　又曰鶡冠子或曰楚人隱居幽山衣敝履空以鶡為冠莫測其名因服成號著書言道家馮諼常師事之後顯於趙鶡冠子懼其薦己也乃與諼絕　【詩】魏阮瑀詩曰四皓潛南岳老萊竄河濱顏回樂陋巷許由安賤貧伯夷餓

首陽天下歸其仁何必處貧苦但當守明真　晉張華招隱詩曰隱士託山林遁世以保真連惠亮未遇雄才屈不申　又詩曰栖遲四野外陸沉背當時循名奄不著藏器待無期羲和策六龍弭節越崦嵫感年俛仰過忽若振輕絲　晉張載招隱詩曰出處雖殊塗居然有輕易山林有悔恡人間實多累鵷鶵翔穹冥蒲且不能視鸛鷺遵皐渚數爲矰繳所繫隱顯雖在心彼我共一地不見巫山火芝艾豈相離去來捐時俗超然辭世偽得意在丘中安事愚與智　晉張協詩曰結宇窮岡曲耦耕幽藪陰荒庭寂以閑山岫峭且深凄風起東谷有弇興南岑雖無箕畢期膚寸自成霖澤雉登壟雊寒猿擁條吟溪壑無人迹荒楚鬱蕭森投耒循岸垂時聞樵採音重基可擬志回淵可比心養真尚無爲道勝貴陸沉遊思竹素園寄辭翰墨林　晉左思招隱詩曰杖策招隱士荒塗橫古今巖穴無結構丘中有鳴琴白雪停陰岡丹葩耀陽林非必絲與竹山水有清音何事待嘯歌灌木自悲吟　又招隱詩曰經始東山廬果下自成

榛前有寒泉井聊可瑩心神　晉陸機招隱詩曰駕言尋飛遁山路
鬱盤桓芳蘭振蕙葉玉泉涌微瀾嘉卉獻時服靈朮進朝飡朝
採南澗藻夕息西山足輕條象雲構密葉成翠屋結風佇蘭林回芳
薄秀木　又詩曰尋山求逸民穹谷幽且遐清泉盪玉渚文魚躍中波
晉閭丘沖招隱詩曰大道曠且夷蹊路安足尋經世有險易隱顯自存心
嗟哉巖岫士歸來從所欽　晉王康琚招隱詩曰登山招隱士褰裳躡
遺蹤華條當園室翠葉代綺牎　晉辛曠贈皇甫謐詩曰顒顒朝
士亦孔其依莫不遑想載渴載飢我弓我旄禮亦無違企望高岡來
儀來歸其暉伊何與帝同心明明天子如日之臨臨照四方採賾幽深山
無逸民水無潛龍爰彼九臯克量德音茂哉先生皇實是欽　宋謝
靈運越嶺行溪詩曰猿鳴誠知曙幽谷光未顯巖下雲方合花上露
猶泫逶迤傍隈隩迢遞陟陘峴蘋萍泛深沉菰蒲冒清淺企石挹飛
泉攀林摘葉卷想見山阿人蘿薜若在眼　梁武帝逸民詩曰如壠生
木木有異心如林鳴鳥鳥有殊音如江游魚魚有浮沉巖巖山高湛湛水

深事迹易見理相難尋　梁劉孝標始居山營室詩曰自昔厭諠囂
執志好栖息嘯歌弃城市歸來事耕織鑿戶闚嶕嶢開軒望嶄巘
激水簷前溜脩竹堂陰植香風鳴紫鸞高梧巢綠翼泉脈洞杳杳
流波下不極髣髴玉山隈響像瑶池側夜誦神仙記旦吸雲霞色將馭
六龍輿行從三鳥食誰與金門士撫心論胸臆　梁范雲答句曲先生
詩曰終朝吐祥霧薄晚孕奇煙洞澗生芝草重崖出醴泉中有懷
真士被褐守冲玄石上栖十秘金壇謁九仙乘鵷方履漢轡鶴上騰
天　梁吳筠詩曰山際見來煙竹中窺落日鳥向簷上飛雲從窻裏
出　又詩曰綠竹可充食女蘿可代裙山中自有宅桂樹籠青雲　又
詩曰具區窮地險稽山萬里餘奈何梁隱士一去無還書　梁任昉答
劉居士詩曰君子之道亦有其四高行絕俗威德出類才同文錦學非
書肆望之可階即之難至輟精天理躔象少微人與俗異道與人違庭
飛熠燿室滿伊威行無轍跡理絕心機　又答何徵君詩曰散誕羈鞿
外拘束名教裏得性千乘同山林無朝市勿以耕蠶貴空笑易農桑宿

昔仰高山超然絶塵埶壺巳等欒命管亦齊　爲歎獨遊若終
方同止　又贈徐徵君詩曰促生悲永路早交傷晚別自我隔容徽於
焉徂歲月情非山河阻意似河湖悅東皐有儒素杳與榮名絶曾
是違賞心曷用箴余缺眇焉追平生塵書廢不閲信此伊能巳懷
抱豈暫輟何以表相思貞松擅嚴節　梁庾肩吾贈周處士詩曰
九丹開石室三徑没荒林仙人翻可見隱士更難尋篱下黄花菊丘
中白雪琴方欣松葉酒自和游山吟　又尋周處士弘讓詩曰試遂
赤松遊披林對一丘梨紅大谷晚桂白小山秋石鏡菱花發桐門琴曲愁
泉飛疑度雨雲積似重樓王孫若不去山中定可留　又賦得嵇叔夜
詩曰山林重明滅風月臨囂塵著書惟隱士談玄止谷神鴈重翻傷陸
蟠寒更養身廣陵餘故曲山陽有舊鄰俗儉寧妨患才多反累身
寄言山吏部無以助庖人　周明帝贈韋居士詩曰六爻貞遁世三辰少
光微潁陽去猶遠滄洲遂不歸風動秋蘭佩香飄蓮葉衣坐石窺
仙洞乘槎下釣磯嶺松上仿佛巖泉百丈飛儻能同四隱來參余

萬機 周王褒贈周處士詩曰我行無歲月征馬屢盤桓崤曲三危阻關重九折難猶持漢節使尚服楚臣冠巢禽疑上幕驚羽畏虛彈飛蓬去不已客思漸無端壯志與時歇生年隨事闌百齡悲促命數刻念餘歡雲生隴坻黑桑疎薊北寒鳥道無蹊徑清溪有波瀾思君化羽翮要我鑄金丹 又和趙王隱士詩曰梟鵠均長短鵰鶚共逍遥清襟藴秀氣虛席滿風飈斷絃唯續葛獨酌止傾瓢菖蒲九重節桑薪七過燒 周庾信奉和趙王隱士詩曰洛陽徵五隱東都別二賢貞雲氣浮函谷星光集潁川灞陵採樵路成都賣卜錢鹿裘披稍裂藜牀坐欲穿阮籍唯長嘯嵇康訝一絃澗險無平石山深足細泉低松猶百丈少鶴已千年野鳥繁絃囀山花焰火然雖無亭長識終見野人船 又窮秋寄隱士詩曰王倪逢齧缺桀溺遇長沮藜牀負日卧麥隴帶經鋤自然曲木几無名科斗書聚花聊飼雀穿池試養魚小村治澁路低田補壞渠秋水牽沙落寒藤抱樹疎空枉平原騎來過仲蔚廬 陳周弘正還草堂尋處士弟

詩曰四時易荏苒百齡倏將半故老多零落山僧盡凋散宿樹倒
爲查舊水侵成岸幽尋屬令弟依然歸舊館感物自多傷況乃
春鶯亂　陳周弘讓無名詩曰行行訪名岳處處必留連遂至
一巖裏灌木上參天忽見茅茨屋曖曖有人煙一士開門出一士
呼我前相看不道姓焉知隱與仙　陳伏知道賦得招隱詩曰招隱
訪仙楹丘中琴正鳴桂叢侵石路桃花隔世情薄暮安車近林喧
山鳥驚　陳正見賦得落落窮巷士詩曰楊雲不邀名原憲本遺
榮草長三徑合花發四鄰明塵隨幽巷靜嘯逐遠風清門外無車
轍自可絕公卿　隋江總夏日還山庭詩曰獨於幽栖地山庭暗女蘿
澗漬長低篠池開半卷荷野花朝暝落盤根歲月多停樽無賞
慰狎鳥自經過　又春夜山庭詩曰春夜芳時晚幽庭野氣深山疑
刻削意樹接縱橫陰戶對忘憂草池驚旅浴禽樽中良得性物外知
余心　隋王由禮賦得巖穴無結構詩曰巖間無結構谷處極幽
尋葉落秋巢迥雲生石路深早梅香野徑清澗響丘琴獨栖

栖遲客留連芳社心【賦】後漢張衡歸田賦曰遊都邑以永久無明略以佐時徒臨川以羨魚俟河清乎未期感蔡子之慷慨從唐生以決疑諒天道之微昧追漁父以同嬉於是仲春令月時和氣清原隰鬱茂百草滋榮王雎鼓翼倉庚哀鳴交頸頡頏關關嚶嚶於焉逍遥聊以娱情于時曜靈俄景繼以望舒極盤遊之至樂雖日夕以忘劬感老氏之遺誡且迴駕乎蓬廬彈五絃之妙指詠周孔之圖書揮翰墨以奮藻陳三皇之軌模苟縱心於域外焉知榮辱之所拘魏陳王曹植潛志賦曰潛大道以遊志希往昔之遐烈矯貞亮以作矢當苑囿乎藝芸　驅仁義以爲禽必信中而後發退隱身以滅迹進出世而取容且摧剛而和謀接處肅以靜恭亮知榮而守辱匪天路以焉通晋張華歸田賦曰隨陰陽之開闔從時宜以卷舒冬與處以城邑春遊放於外廬歸郊鄏之舊里託言靜以閑居育草木之藹蔚因地勢之丘墟豊蔬果之林錯茂桑麻之紛敷用天道以取資行藥物以爲娱時逍遥於洛濱聊相伴以縱意目白沙與積礫玩衆卉之同異揚素波

以濯足沂清瀾以蕩思低徊住留棲遟惓譪存神忽微遊精域外藉纖草以爲茵援垂陰以爲蓋瞻高鳥之陵風臨儵魚於清瀨眇萬物而遠覩脩自然之通會以退足於一壑故處否而忘泰　晉陸機幽人賦曰世有幽人漁釣乎玄渚彈雲冕以辭世披宵褐而延佇是以物外莫得窺其奧舉世不足揚其波勁秋不能凋其葉芳春不能發其華超塵冥以絕緒豈世網之能加　又應嘉賦曰友人有作嘉遁賦與余者作賦應之号曰應嘉云傲世公子體逸懷遐意邈澄宵神夷靜波仰群軌以遥企頓駿翮以婆娑寄沖氣於大象解心累於世羅龍衮三閭之奇服詠南榮之清歌濯下泉於浚澗沂凱風於卷阿指千秋以厲響俟寂寞之來和懐前脩之彷彿覿幽人乎所過抱玄景以獨寐含芳風而寤語發蘭音以清唱摻玉懐而喻予於是營宇中陵築室河曲軌絕千途而門瞻百族假妙道以達觀考貞龜而貞卜苟形骸之可忘豈投簪其必谷方介丘於尺阜託雲林乎一木佇鳴條以招風聆哀音其如玉窮覽物以盡齒將弭迹於餘尺　晉陸雲逸民賦曰富貴者是人之所欲

而古之逸民輕天下細萬物而欲專一丘之懽擅一壑之美豈不以身重於宇宙而恬貴於芬華哉天地不易其樂萬物不干其志然後可以妙有生之極固無疆之休乃爲賦曰世有逸人栖遲乎一丘委天形以外心淡浩然其何求杖短策而遂往乃枕石而漱流靜芬響於詠言滅絕景於質相荒土以卜居度山河而考室曾丘翳薈穹谷重深巖木振穎葛藟垂陰潛魚泳沚嚶鳥來吟仍疎圃於茲薄即蘭堂於芳林靡飛飄以赴節揮天籟以興音假樂之於神造詠幽人於鳴琴　晉孫承嘉遁賦曰有嘉遁之玄人含貞光之凱邁靡薜荔於苑柳蔭翠葉之雲蓋揮脩綸於洄瀾臨崢嶸而式墜泝清風以長嘯詠九韶而忘味若乃御有撫生應物宅心曜應春圃凋葉秋林振藻陽波清景玄陰形猶與以徙靡神曠寂而難尋渾無名於域外和丘中以草音於是混心齊物遨翔容與薄言采薇收蘿中野朝觀夷陸夕步蘭渚仰弋鳴鴈俯釣魴鱮遊無方之內居無形之域詠休遁之貞耳察天心而觀復委性命於玄芒任吉凶而靡錄　宋謝靈運逸民賦曰于止唯舍唯用其見也則如遊龍其潛也則如隱鳳來無

所從去無所至有酒則舞無酒則醒不明不晦不昧不類蕭條秋首兀我春中弄琴明月酌酒和風御清風以遠路拂白雲而峻舉指寰中以爲期望繫外而延佇　又入道至人賦曰爰有名外之至人乃入道而館真荒聰明以削智遺支體以逃身於是卜居千仞左右窮懸幽庭虛絕荒帳成煙水縱橫以觸石日參差於雲中飛英明於對溜積氤氳而爲峯推天地於一物横四海於寸心超埃塵以貞觀何落落此胸襟　又辭祿賦曰荷貰延之渥恩在弱齡而覃惠蒙聖達之眷顧得乘閑以沉泄雖鑣羈之有名恒遊獎而匪滯解龜紐於城邑反褐衣於丘窟判人事於一朝與世物乎長絕自牽綴於朱絲奄二九於斯年服纓佩於兩宮執鞭笏於宰蕃　梁簡文帝玄虛公子賦曰有玄虛之公子輕滅喧俗保此大愚居榮利而不染豈聲色而能拘迴還四始出入三墳心溶溶於玄境意飄飄於白雲追寂圃而逍遥任文林而佚宕忘情於物我之表縱志於有無之上不爲山而自高不爲海而彌廣　梁陸倕思田賦曰歲聿忽其云暮庭草颯以萎黄風飀飀以吹隟燈黯黯而無光獨展轉而不寐何增歎而自傷於是踟躕徙倚顧景興懷魂煢

梵以至曙綴予想於田萊彼五畝其焉在乃爰洎乎江隈出郭門而東
鶩篤入溆浦而南迴爾乃覩其水陸物產原隰形便林藪挺直丘陵帶面
臨九曲之迴江對千里之平甸風去蘋其已開日登桑而先見聽啁哳之寒
雞弄差池之春鶯臨場圃以築館對檽軒而鑿池集游詠於階下引朝
派於堂垂瞻巨石之前却玩激水之推移雜青莎之霏靡拂細柳之長枝
感風燭與石火嗟民生其如寄苟有胷而無恖必行難而言易幸少私而
寡欲兼絶仁以弃智胷忽學步而學趾又追飛而厲翅瞻鹿囿而竊高仰
驪臺而慕羲歷四時於遊水馳三稔於申臂望歸流而載懷情鬱悒
其何寘　宋陶潛歸去來曰歸去來兮田園將蕪胡不歸既自以心爲形
役奚惆悵而獨悲悟已往之不諫知來者之可追寔迷途其未遠覺今
是而昨非舟遥遥而輕颺風飄飄而吹衣乃瞻衡宇載欣載奔僮僕歡
迎稚子候門三徑就荒松菊猶存攜幼入室有酒盈樽引壺觴以自酌眄
庭柯以怡顔倚南窻以寄傲審容膝之易安策扶老以流憩時矯首以
遐觀雲無心而出岫鳥倦飛而知還農人告余以春將及有事乎西疇或命

巾車或棹孤舟既窈窕而尋壑亦崎嶇而經丘木欣欣以向榮泉涓涓而始流善萬物之得所感吾生之行休已矣乎寓形宇內復得幾時曷不委心任去留胡爲乎遑遑欲何之富貴非吾願帝鄉不可期懷良辰以孤往或植杖而耘耔登東皋以舒嘯臨清流而賦詩聊乘化以歸盡樂夫天命復奚疑　梁沈約八詠守山東曰守山東山東萬嶺鬱青葱兩谿共一瀉水洯望如空岸側青莎被嵓巖閒丹桂叢上瞻既隱軫下睇亦冥蒙遠林響咆獸近樹聒鳴蟲路出若然右澗吐金華東萬仞倒危石百丈注懸潨掣擊电瀉流雷奔飛似白虹洞井含清氣漏穴吐飛風玉霤貫膏滴瀝石室乳空籠余平生之所愛欸暮年而此逢欲一去而不還恨邦君之未彿秩滿撫白雲淹留事芝髓

【頌】晉潘岳許由頌曰邈哉許公執真履貞辭堯天下抱朴隱形川停岳峙澹泊無營栖遲高山與世靡爭虛薄忝任來宰斯城愧無惠化豹產之政戢戢治所樂慕景名登基逍遥來過暮庭通於時憲頃侄不盈恨無旨酒會具公之靈死而不朽公有其榮聊述雅美楊公馨聲

晉孫綽聘士徐君墓頌曰晉南昌相太原縣君白漢故聘士徐君之靈惟君風軌英邃德音徽遠播食仰芳流宗播揖在昔古人有言聞伯夷之風者懦夫有立志仰先生之道豈無青雲之懷哉余以不才忝宰茲邑遐宗有道思揖遠風乃與友人鄧浩等束帶靈墳奉瞻祠宇雖玉質幽潛而目想令儀雅音永寂而心存高範徘徊墟壠仰眄松林哀有形之短悼令德之長泯憮然有感悽焉增傷夫諷謠生於情託雅頌興乎所歆匪於詠述孰寄斯懷頌曰巖巖先生邁此英風含真獨暢心夷體沖高蹈域表泳閒顯融昂昂五賢赫赫八俊雖曰休明或嬰險柔豈若先生保茲玉潤超世作範流光遐振墳壘落松竹蕭森蒼叢蔚蔚虛宇愔愔遊獸戲阿嚶鳥鳴林嗟乎徐君不聞其音徘徊丘側悽焉流襟何以舒蘊援翰託心　梁江揔莊周畫頌曰玉絜蒙縣蘭薰漆園丹青可久雅道斯存夢中化蝶水外翔鯤出俗靈府師心妙門垂竿自若重聘忘言悠哉天地共是籠樊

贊

後漢蔡邕焦君贊曰猗歟焦君常此玄墨衡門之下栖遲偃息泌之洋

洋樂以忘食鶴鳴九皐音亮帝側乃徵乃用將受袞職昊天不弔賢人遘慝不惟一志并此四國如何穹蒼不詔斯或惜哉朝廷喪茲舊德悵以學士將何法則　魏陳王曹植許由巢父池主贊曰堯禪許由巢父是耻穢其圖聽臨河洗耳池主是讓以水爲濁嗟此三士清足厲俗　又卞隨贊曰湯將伐桀謀於卞子旣克讓位隨以爲耻薄於邪世著自汙己自投潁水清風邈矣　又南山四皓贊曰嗟爾四皓避秦隱形劉項之爭養志弗營不應朝聘保節全貞應命太子漢嗣以寧　晉夏侯湛范蠡贊曰悠悠范子求仁在己進報危國退弘妙理身與勲俱名與身否逍遥羣遠遊永齊終始　又魯仲連贊曰峩峩先生有邈其節流仁亙愛亂撫道自絜隨事抑揚與時開閑在幽能泰處悶惟悦　又莊周贊曰邁邁莊周騰世獨遊遁時放言齊物絶尤垂鈎一壑取戒犧牛望風寄心託志清流　晉孫楚莊周贊曰莊周曠蕩高才英儁本道根貞歸於大順妻之不哭亦何所懽慢弔鼓缶放此誕言殆矯其情近失自然　又榮啓期贊曰榮公

温雅既怡既懌獨以徐清寂然澹泊援琴自娛詠此三樂眉壽無疆
惟德之宅　又原壤贊曰壤之輈張絶滅禮教寶其交仲尼同機合契
聖以之藏俗以之笑獨恊區外孰知其妙　晉左九嬪巢父惠施贊曰
泱泱長流洒洒清波思文巢惠載詠載歌垂綸一壑萬象匪多神
乎暢矣緬同基阿　晉庾闡孫登贊曰靈巖霞蔚石室鱗構青松
標空蘭泉吐漏籠蒼可遊芳津可漱玄谷蕭寥鳴琴獨奏先生
體之寂坐幽岸凝冰結樸熙陽靡煥潛真內全飛榮外散凌崖高嘯
希風朗彈道有冥廢運有昏消達隱不巖玄跡不標或曰先生晦
德逍遙嵇子秀達英風朗烈道雋薰芳鮮不玉折兆動初萌妙鑒奇
絶翹首丘冥仰想玄哲　晉戴逵閑遊贊曰昔神人在上輔其天理知
溟海之禽不以籠樊服飬櫟散之質不以斧斤致用故能樹之於廣漠栖
之於江湖載之以大猷覆之以玄風使夫淳朴之心靜一之性咸得就山澤樂閑
曠自此而箕嶺之下始有閑遊之人焉降及黃綺逮于臺尚莫不有以保其
太和肆其天真者也且夫巖嶺高則雲霞之氣鮮林藪深則蕭瑟之

音清其可以藻玄瑩素疵其皓然者舍是焉故雖援世之彥蠲其敎之餙故舞雩以發詠聞乘桴而懍厲況乎道乖方內體絕風塵理揖長謝歌鳳逡巡盪八疵於玄流澄雲崖而頤神者哉然如山林之客非徒逃人患避爭門諒所以翼順資和滌除機心容養淳淑而自適者爾凡物莫不以適爲得以足爲至彼閑遊者奚往而不適奚待而不足故蔭映巖流之際偃息琴書之側寄心松竹取樂魚鳥則澹泊之願於是畢矣然而趣雖均玄埶罕遇終古皆孤栖於一巖獨玩於一流苟有情而未忘有感而無對則綴斤寢絃之歎固已幽結於林中騤感於遐心爲日久矣我故遂求方外之美略舉養和之具爲雜贊八首暢其所託始欣閑遊之遐逸終感嘉埶之難會以廣一往之詠以杼幽人之心云爾茫茫草昧綿邈玄世三極未鼓天人無際萬器既判靈朴乃翳寔有神宰忘懷司埶寘其外傍通潛感莫滯惣順巢禹兼應夷惠緬矣遐心超哉絕步顧揖百王仰怡泰素矜其天真外其器務詳觀羣品馳神萬慮誰能高服悠然一悟　又尚長贊曰尚叟沖順順卓用行昏世和龍婉約玄識罔滯贍

彼岺高栰為塵翳亦有同好潛芷宿契超超增者翛眇眇偕逝跡絕青崖影滅雲際　晉庾亮翟徵君贊曰夫所謂至人者體包傑量神凝域表該落萬動玄心獨融故能虬躡慶霄而不紲豢龍之轡鳳鳴瑤林而不屈伶倫之籠豈必欣太清而樂瓊蕤譙哉顧蹄涔不足以濯神驥翳薈不足以翔雲翮是故藐姑有綽約之廬箕阜有高嘯之宇唐勳表於玄庭夏功忘於虛室晉徵士南陽翟君稟逸韻於天陶含沖氣於特秀體虛任而委順恢昭曠而高蹈先生載營抱一泊然獨處神栖飈謁之表形逸巖澤之隅雖束帛仍降軺晃屢招而弓旌屈於匪石帝命懋於虛復矣是以高風振宇宙遠詠冠當時方將表大庭於絕代挾玄解以釋紛仰朝霞而晞冀陵扶搖以獨翔景命不延卒于尋陽之南山哲人其萎高軌孰倣余欽君人之風常問道於無何之廬冥想玄珠主以瞻援沐道霑淳固以貫而歸矣自昔之違于茲七稔何悟先生忽焉升遐感至德之長泯悼仁風之永翳標爾其傷潸然增欷乃援翰詠跡以宣來葉其辭曰卓哉先生逸韻遐超蚪盤王津鳳戢瓊條游耳夏鼎高

揖庚朝洪崖邈矣玄跡載劭淪風沐世飛芳九霄　晉方湛黄叟贊
曰樂爲亶憂根禍爲福始數極則旋往復迭起世人迷之横生欣耻滔
北叟獨亮真理喪馬弗希折肱愈喜淡哉一生無泰無否　宋陶潛
張長公贊曰達哉長公蕭然何事世路皆同而我獨異斂轡揭來閑養
其志寢跡窮年誰知斯意　又周妙珪贊曰美哉周子稱疾閑居寄
心清商恬然自娱翳翳衡門洋洋泌流曰玩羣書顧眄寡疇飲河
旣足自外皆休緬懷千載託契孤遊　又魯二儒贊曰易大隨時迷變
則愚芬芬君人特爲貞夫德不百年汙我詩書逝焉不顧被褐幽居
又夷齊贊曰二子讓國相隨海隅天人革命絶景窮居採薇
高歌慨想黄虞貞風凌俗爰感儒夫　又尚長禽慶贊曰尚子昔薄
宦妻孥共早晚貧賤富貴讀易悟益損禽生善周遊周遊日已遠
去矣尋名山上山豈知反　宋范泰張長公贊曰長公秉心獨逸世表量
物難同審已彌了情雖高邈跡無抗矯靡當夷惠孰識多少　又高
鳳贊曰遐哉玄古邈矣皇羲自茲已降顯默參差智爲世駭才爲物

奇跡出無泯潛躍俱馳暧暧若人孰測其爲戢曜幽壑探眞重崖冲情莫亮汙跡示疵輕俗無際肆志莫羈　又吴季子札贊曰延州高遠弃國帥誠優遊大邑觀風上京仁懷邦壤道暢聖明鑒徹昔代樂察未形亡羸博遠死解劍在生天子戾止爰詔作名　齊王儉竟陵王山居贊曰升堂踐室金暉玉朗亹亹大韶遥遥閑賞道以德弘聲由業廣義重實歸情深虚往濠梁在兹安事遐想　梁沈約高士贊曰余之所謂高士者悠悠皆是請試言之聖人莅天下則賢人贊務爲益皐陶是也自中智以下莫有不學以從政佐國安民者也易曰聖人之大寶曰位非學則不得也學所以行其志孝悌慈仁信義是也雖誦先王之典謨而不行其志聖人之大寶亦不可得也要須學行兼有然後取之悠悠之徒莫不攘袂而議進取怒目而爭權利悦愚謟闇苟得忘廉若斯人者豈入國士之塗動衣冠之眄藉此而登高位末或有也贊曰亦有哲人獨執高志避世避言不友不事耻從汙禄靡惑孚餌心安藜藿口絶炮胾取足落毛寧懷組織如金在沙顯然自異猶玉在涅涅而不緇身標遠迹名重前記有美高尚處知若無

劣哉羣品事靜心驅苟能立志爭此之夫進忘隕穫退守恬愉日仁與義
其徑不迂爲之則至非物所拘官成名立陟彼高衢　又銷聲賛曰寂矣栖
遁非海非樊若人焉往斯理寔存天標已暖絶羽孤騫堯逢豈讓札值奚
言　周庾信五月披裘負薪畫賛曰披裘當夏俗外爲心雖逢季子不
拾遺金禽巢欲遠魚穴惟深消聲滅迹何必山林　又張良遇黃石公
畫賛張良取履跪授無辭兵書一卷長者之期昔稱韓相今爲漢師穀
城餘石還歸舊祠　又榮啓期三樂畫賛曰榮期三樂惟人與年夫子
相遇卽以爲賢性靈造化風雲自然雅音雖古獨有鳴絃　**箴**　晉庾凱
幽人箴曰有物混成先天地生乃剖乃判二儀旣分高卑以陳貴賤攸位榮
辱相援乾道尚謙人神同符危由忽安溢緣釋虛苟識妙膏厥美有腴
韓信耽齊殞首鍾室子房辭留高迹卓逸貴不足榮利不足希華繁
則零樂極則悲歸數明白勢豈容違人徒知所以進而忘所以退穰侯安
寵襄公失愛始乘夷道終嬰其類羲和升而就翳望舒滿而就虧盈挹
之分自然之規悠悠庶人如何弗疑幽人守虛仰鑽玄遠敢草斯箴敬咨

鬣冕　晉江逌逸民箴曰至人應務是統是營乃制上下以牧君羣生君位孰在匪聖伊明賢愚相奉臣主以成如彼四日節各役天形率分委質仰應一情心膂有位股肱有經豈以處下爲慼爲榮各安其所舉體用平夫設爵列土懸弓垂旌卑尊之級貴賤之名匪以恣物之欲寔大猷而是經勉逌之奚眷于時行矣先覺捐俗長辭明乎憂患故超爾不疑解髮靈崖被褐絃絲飄飄臺上輕舉高之穆穆二仲攜策相期盤幽隱寂與物無治凡厥後來順乃所往鑒茲俗累戒于顛蕩無殉外物心煩披養無弃恬曠憂勤是掌林人司箴敢進善黨

誌　梁陶隱居尋山誌曰倦世情之易繞乃杖策而尋山既泝幽以達峻窮竇阻而備艱眇來心其未已方際夕乎雲根欣夫得志者忘形遺形者神存於是散髮解帶盤旋巖上心容曠朗氣宇條暢玄雖遠其必存累無大而必忘害馬之弊既去解牛之刀乃王荊門晝掩蓬戶夜開室迷夏草徑惑春苔庭虛月映琴響風哀夕鳥依簷暮獸爭來時復歷近壟尋遠巒坐盤石望平原日負嶂以共隱月披雲而出山風下松而合曲泉縈石而生文草靃靡以拂露

塵颯颯而來君攀捫虛蘿以入谷傍洪潭而比清照石壁以端色攀桂枝而齊貞函菴蘭而佩蕙及春鶗之未鳴且含懷以昇氣待惠風而舒情遂乃陵巖峭至松門背通林而長源右聯山而無際左憑海而齊天草泫泫以垂露柳依依而近蟬鳥雙雙以赴水鷺鳥軒軒而歸田　梁劉孝標山栖誌曰夫鳥居山上曾巢木末魚潛川下窟穴沙泥豈好異哉蓋性然也故有忽白璧而樂垂綸負王鼎而要卿相行藏紛糾顯晦蹐駮無異火炎水流貞動方息斯則廟堂之與江海蓬户之與金闔並然其所然悦其所悦余毎思濯清瀨息椒丘寤寐永懷其來尚矣所居東陽郡金華山山川秀麗皐澤坱鬱若其群峯疊起接漢連霞喬林布濩春青冬緑回溪映流則千仞洞底庸寸雲合必千里雨散所住三面山皆周繞有象郛郭南則平野蕭條極目通望東西帶二澗則四時飛流泉瀾清微樹滴瀝生響音白波跳沫洶湧成音楓楮椅櫪之樹梓栢桂樟之木分形異色千族萬種結朱實苞緑裏揺白蔕抽紫莖橚直顛萃蓊尊梢風鳴籟垂柯篠簷呂布菓房櫳中谷澗濵華葩

攢列丕於青春受謝萍生泉動則都梁含馥懷香送芬長樂負霜宜男泣露芙蕖紅華照水阜螽蘇縹芸禾從風憑軒永眺蠲憂忘疾歲始年季農隙時閑濁醪初濟縹清新則有田家野老提壺共至班荆林下陳樽置爵酒酣耳熱屢舞謳歌欣戚論箱庾高談穀稼不求於世不迕萬物莫辨榮辱匪知毀譽浩蕩天地之間心無怵惕之警

訓 魏繁欽祿里先生訓曰處則抗區外之志出則規非常之功寔哲士之高趣雅人之遠圖故呂尚垂翼北海以待鷹揚之任黃綺削迹商山以集神器之贊

譏 魏麋元譏許由曰潛居默靜隱於箕山身在布衣而輕天下世人歸其高行學者以爲美談夫際會之間矯時所譽至乃抽簪散髮背時逆命隱于山林之中以此自高非以勸智能之士入通遠之私衆故譏而責之曰太上貴德其次立功世殊時異不得而同故伯禹過門而不入稷契刻節而奮庸股肱帝室作民王公今子生聖明之世得覩雍熙之法則當據不朽之功暢不羈之志龍飛鳳起修攝君司佐天理物幹成王事若子以堯爲闇主則歷代載其汚以民爲貪亂則比屋可封若夫世濁時昏上無賢君忠臣不出小

人聚羣臣當撥煩理亂跨騰風雲光顯將主拔濟生民何得偃蹇藏影蔽身夫道不虛行士不從生生則榦時為國之楨故伊尹干湯周公相成興治濟世以致太平生有顯功沒有美名人生於世貴能立功何得逃位矯世絕蹤丹朱不肖朝有四凶堯放求賢遜位于子度才處分不能則已何所感激臨河洗耳山居巢處執心不傾辭君之祿忘君之榮居君之地避君之庭立身若此非子之貞欲言子智則不仕聖君欲言子高則鳥獸同羣無功可紀無事可論

銘晉盧播阮籍銘曰峩峩先生天挺無欲玄虛恬澹混齊榮辱盪滌穢累婆娑止足胎胞造化韜光縕鞠鼓棹滄浪彈冠嶠岳頤神太素簡曠世局澄之不清溷之不濁翱翔區外遺物度俗隱處邑室友真歸樸汪汪川原邁迹圖籙

藝文類聚卷第三十六

藝文類聚卷第三十七

渤海歐陽　詢　撰

隱逸下

碑 後漢胡廣徵士法高卿碑曰言滿天下發成篇章行充宇宙動爲儀表四海英儒履義君子企望來臻者不可勝紀也翻然鳳舉匿耀遠遯名不可得而聞身難可得而覩爲堯舜所知不飲洗耳之水超越青雲之上德踰巢許之右所謂逃名而名我隨避聲而聲我追者已撰君分量輕寵傲俗乃百世之師也其辭曰邈玄德膺懿資弘聖典研道機彪童蒙作世師辭皇命確不移亞鴻崖超由夷垂英聲揚景暉　後漢蔡邕伯夷叔齊碑曰惟君之質體清良兮昔佐殷姬忠孝彰兮委國損爵諫國匡兮譏武伐紂欲喻匡兮時不可救歷運蒼兮追念先侯受命皇兮夏憂懷感兮雖没不朽名芳芳兮　又郭泰碑曰先生誕膺天衷聰睿明哲孝友溫恭仁慈惠敏夫其器量弘深姿度廣大浩浩焉汪汪焉奥乎不可測已于時纓緌之徒紳佩之士望形表而景附聆嘉聲而響臻者猶百川之歸巨海鱗介之宗龜

龍也方將蹈鴻崖之遐迹紹巢許之絕軌翔區外以舒翼超天衢以高峙銘曰懿乎其純確洋洋縉紳言觀其高棲遲秘丘善誘能教恭恭三事幾何其招委辭名貞保此清妙　又玄文先生李休碑曰休少以好學遊心典謨既綜七經又精羣緯約深極奧窮覽聖言居則玩其辭動則玩其變雲物不顯必考其占故能獨見前識以先神意若古今常難疑議錯謬前人所希論後學所不覺休盡剖判奧約不感聞寵不欣榮不能華威不能震有惠云載惟邦之珍按典考論號曰玄文　又處士圈典碑曰天生淑性精微周密包括道要致思無形臨歿顧命曰知我者蔡邕乃為銘曰載書休美俾來昆裔永有諷誦以紀先生之德混其若濁徐然後清綽其若煥終其益貞　又翟先生碑曰世以仁義為質學問為業爰暨先生固天縱德應運立言繼期五百實行形于州里明哲與聖合契該通五經洗洞墳籍為萬里之場圃九隩之林澤棲之若江湖仰之若華光玄玄焉測之則無源注注焉酌之則不竭可謂生民之英者已國失元傳學失表式凡百搢紳哀矣泣血人百其身匪云來復

於復於是鄉黨乃相與登山伐石而勒銘曰邈矣先生厥德孔貞腹
心弘道深高入神王錫三命觀國之賓其樹富貴忽若浮雲既不降
志亦不辱身　魏劉禎處士國文甫碑曰先生[illegible]乾靈之貞資稟神祇
之正性咳笑則孝悌之端著匍匐則清節之兆見齠齓以　及成人體無
懈容口無惉辭兢兢業業小心思忌勤讓同儕帶事長老雖周之
樂正子春漢之江都董相其飭躬力行無以尚之是以長安師其仁
朋友欽其義閨門推其慈宗黨懷其惠既乃潛身窮巖遊
心載籍薄世名也初海內之亂不視膳羞十有餘年夏思溢不勝其
哀形銷氣竭以建安十七年四月卒于時龍德逃民黃髮寶叟綴文
通儒有方彥士莫不拊心長號如喪同生咸以為誄所以昭行也銘所
以旌德也古之君子既沒而令問不亡者由斯二者也銘曰懿矣先生天授
德度外清內白如玉之素消遙九皋方回是甘[illegible]不計治莽名與殊路知
我者希韞櫝未酤喪過乎哀遘疾不悟世永頹違此榮祚咨
爾末徒孰修歎故　齊孔稚珪褚先生伯玉碑曰夫河洛摛寶貫神道之

功傳華岳秘仙靈之跡可覩蓋事詳於玉牒理煥於金符雖冥默
難源顯晦異軌測心覩古可得而言焉是以子晉笙歌馭鳳於天海
王喬雲舉控鶴於玄都亦有羽蛻蟬觸影迯遁形神者翁帝宮迹留劍
杖遊瑶池而不返宴玄圃以忘歸永嘉惡道者窮地之險也歆竇過
日折石橫波飛浪突雲奔湍急箭前先生攀途躋阻宿柚涉圻而衡
飈夜鼓山洪暴激忽乃崩舟墜壑一例千仞飄地淪箭翻透無底徒
侶判其泳碎舟子悲其雹散危魂中夜赴岨相尋方見先生恬然安席
銘曰關西升妙洛右飛英鳳吹金闕簫歌玉京絶封萬古乃旣先生
先生浩浩唯神其道泉石依情煙霞入抱絲影窮岫孤栖幽草心圖
上玄志通大造　梁元帝隱居先生陶弘景碑曰昔大和中有許遠
遊者乃雲霄之勝賓大虛之選客先生規同矩合寶踵高步曩基尭
構即駕脊宇千尋危聳憑牖以望奔星云日拱高懸倚檽而觀朝日飛
泒界道似天漢之橫波觸石起雲若奇岑之出岫銘曰肇彼冥默翻
成協贊身託外忌同有亂重道尚遊德爰積散求顧懷盼身覬問

遥通朱楊欝起華構方崇靜臺冠月經樹迎風雁嶢高棟音靄
脩櫳極望山川周覽京陸碧嶂千嶺清流萬谷景落重崖煙生岫
複　梁劭陵王蕭綸貞白先生陶弘碑曰夫夜光結綠非脛篋之恒珍
逸羽翔鱗豈園池之近玩寧期愬於遠大蓋不知其所以然也道風與星
漢同高勝氣與煙霞共遠深壑危峭組織煙霞枕石漱流山禽無撓
採藥耦耕野獸不亂即猶懸鏡欝似貞筠　梁裴子野劉虬碑
曰受川岳之英靈有清明之淑性淡乎若深泉之靜皜乎若寒霜之
絜千仞不足議其高萬頃不足疇其量在其多也孝敬淳深貫乎
幽顯廬乎墓所而暴獸去之墟里賴焉樵蘇無犯及其長也捧檄
動容薄遊下邑甘露零於豐草蒲密致於時雍有以見賢人之
行動天地感鬼神明疾乎影響如斯之者美矣夫聲名籍其羣公
側席鑿室林皐面流傍隴咫尺荆衡表裏巫夢樹蕙滋蘭蕪沒
庭戸平疇翠微千里極目信物外之神區幽居之勝境昔許子將謂
太丘道廣廣則不周仲舉性峻峻則少納峻而納廣而周君於二陳折其

中矣其所修孔氏之學則儒者師之所明釋氏之教則淨行傳之所著
文集則辭人錄之銘曰滔滔江漢實紀南國篤生居士高明柔克峩峩
其道巍巍其德曰仁曰義惟民惟則築室阜壤考槃郢郭坐卧
山樊嘯歌林薄親致甘旨躬飡上藥優哉游哉且以行樂九丘八索
百家羣史西河疑聖華陰成市悠哉荆夢逖矣江濆輜軿結轍羔鴈
成羣監觀令範式如金玉君子徽猷誰其與屬疇咨故老遵揚
實錄

墓誌

梁簡文帝徵君何先生墓誌曰先生履玉燭之祥含氣
膺大賢之期實生而知機撫歷斯庶幾非習起孝乃因心聚徒教
習學侶成羣塾與沛國劉瓛汝南周顒為友陸璉賀瑒之徒更道
北面永明中主文憲儉受詔撰禮儀未竟而卒屬在司徒文宣王王以讓
先生因廣加刊緝故以含文燕見侍說六典五恩之義或齊侯所不鎮
孟嘉所未知皆折茲大物成此良教小人道長毋諷考槃之詩君子
道消便執天山之筮乃毀車挂冠拂衣東嶺始居若耶來從秦望今上
經綸天地權輿鼎業始徵為雷謀祭酒實允文若之舉且光彥先之選

又衡特進右光禄大夫高尚其事確乎不拔玄纁徒往束帛虚歸而給白衣尚書禄固辭不受衣丁變乎其山正衾在殯嗟鏤器與玉衣堯典入棺恥密章及書綬知與不知並懷惋愴咸以亡素楷禮墜文章洙泗頹經扶風罷學關西疑聖之德自此長淪高松引風之氣於茲永息余昔在殊方亟枉翰迹欽風味道迄淹歲時既而位阻桂宫塗乖咫尺不獲擁經步至問養鄉之痾徐輪三反入杜曳之舍痛祥雲之滅采悲列曜之晞暉追勒高鄉乃爲銘曰文範高世玄晏絶倫復有令德遠之與均誰與均此嗚啞哲人第五肥遁餘軌尚遵司空開學其風不泯傳茲孝敬且悌且仁氣高瓊岳志虚谷神括羽儒圍舟輿席珍既遊慧水兼引法輪談扇猶在鳴琴尚陳如何不慭德素長淪寂寥巖穴荒凉渭濱橋曰隻雞徐稱酹素余欽夫子風期夙著甚愚含毫傳芳寫譽沉礎雖貞玄泉無曙　又華陽陶先生墓誌曰若夫眞以歸空爲美送以無形爲貴不知悦生大德所以爲生不知惡死谷神所以不死妙矣哉隱顯變化則物莫之測既而岫開折石天墜玉棺

銀書息筍間流珠罷竈九節麗於空中千和焚於地下仙宫有得朋
之意受學震臨谷之悲余昔在粉壤早逢汜上之術今遘元良屢稟
浮丘之教握留符而惻愴思化杖而酸情乃爲銘曰無名曰道不死爲仙
以有元則兼稱稚川猗歟夫子受録歸玄黎傳苑吏書因賈舡鬱
鬱方崖悠悠洞天三山白鶴何時復旋　梁元帝庾先生墓誌曰
悠哉掌庾與自陶唐伯舅居晉連鑣渭陽爰斯厥後世挺珪璋乃
登靈岳言遵洞府乃陟石山將從輕舉實惟貞吉實惟退讓皎
皎不羣超超高尚本同壽夭寧論得喪諸方未遊佳城已望蓬生
蔣徑釣罷磻谿櫝悲新隴桃餘故蹊風翻嶺背月下松西揚名不朽
高蹈夷齊　**誄**　魯柳下惠妻柳下惠誄曰夫子之不伐兮夫子之不竭兮三
黜終不弊兮愷悌君子永能厲兮嗟乎惜哉乃下世兮　晉張華列文
先生鮑玄泰誄曰於鑠列文績熙皇祚亘夏后基命靈根已固杞鄫既
微枝離葉布爰暨叔牙世贊齊風翼桓濟管遂登霸功越在漢
隆三司並縱列考中丞妙世顯名峩峩代先生誕資英俊淑質清醇蘭芳

玉潤抗行崇邈遊心大順允文文明聰昭秀哲啓冥演幽守文命世範
道沖虛執義貞厲棲遲無悶不營不拔擬志雲霄致命窮達行為範
軌言成隱括宜登遐年弘此徽猷濟濟搢紳永挹清流取識遺音目
想表儀孰云玄泰曾不我知感傷慷慨揮涕滲漸已矣鮑子寧爾
玄陰振聲竹帛永播徽音　晉陸機吳貞獻處士陸君誄曰我聞
有命天祿有秩如斯吉人而有斯疾兄弟之恩離形合氣翊我與君年
相亞逮綢繆之遊自曚及朗孩子不貳音抱或同襁撫髫並育攜手相
長行焉比迹誦必共響晉庶君偕老靈根克固拊翼雲霄雙飛天路
人皆年長君獨短祚穀則同朝執遊矣先暮　晉處士劉參妻王氏夫
誄曰猗猗嘉穎朝陽方翹烈風嚴霜殞此秀條旋璣倏忽四序競
征倩商徼宇蟋蟀吟檽　宋顏延之陶徵士誄曰夫璇玉致美不為池隍
之寶桂椒信芳而非園林之實　弔　後漢胡廣弔夷齊曰遭亡辛之昏
虐時繽紛以蕪穢恥降志於汙君溷雷同於榮勢抗浮雲之妙志遂
蟬蛻以背逝徵六軍於河渚叩王馬而慮計雖忠情而指尤匪天命之所

謂賴尚父之戒愼鎭左右而不害　魏王粲弔夷齊文曰歲旻秋之仲月從王師以南征濟河津而長驅踰芒阜之崢嶸覽首陽於東隅見孤竹之遺靈心於悒而感懷意惆悵而不平望壇宇而遙弔抑悲古之幽情知養老之可歸忘除暴之爲世絜己躬以騁志愆聖哲之大倫忘舊惡而希古退採薇以窮居守聖人之清槩要旣死而不渝厲清風於貪士立果志於懦夫到于今而見稱爲作者之表符雖不同於大道今尼父之所譽　魏阮瑀弔伯夷曰余以王事適彼洛師瞻望首陽敬弔伯夷東海讓國西山食薇重德輕身隱景潛暉求仁得仁報之仲尼没而不朽身沈名飛　魏糜元弔夷齊曰少承洪烈從戎于王側聞先生處于首陽敢不敬弔寄之山岡夫五德更運天祚靡常如見絕代之主必有受命之王故堯德終于虞舜禹祚滅于成湯且夏后之末禮亦殷氏之所亡若周武而爲失則帝乙亦有傷子不二殷而餓死何獨背周而深藏是識春香之爲馥而不知秋蘭之亦芳也首陽誰山而子匿之彼薇誰菜而子食之行周之林讀周之書彈周之琴飲周之水食周之芩而謗周之主謂周之淫是

誦周之文聽聖之音居聖之世而異聖之心嗟乎二子何痛之深**祭文**宋謝惠連爲學生祭周居士文曰維君烝闇造化之純元佯先哲之遐蹤體無事於高尚蹈虛素乎中庸不臣天子不事諸侯公辟弗眄天命匪酬窮歡極樂帶索被裘**詔**梁沈約爲武帝搜訪隱逸詔曰高尚其志義煥通爻山林不出訓光惇史朕聽朝晏罷尚想幽人蒲玉之禮佇聞峻節可班下州郡博訊巡遠若有心映丘園事孚高尚可以弭競遷澆還風拯俗皆以名聞靡或遺漏朕將闢衢室而寘几杖開東序而授袞職庶令江海無遺異人必至又資給何點詔曰遠趣高情前王所貴義兼昔款倍用興懷徵士何點居貞物表縱心塵外夷任之風率由自遠往因素志頗申宴言眷彼子陵情兼惟舊昔仲虞邁俗受俸漢朝安道逸志不辭晉[illegible]似此蓋前代盛軌往賢所同可詳加資給并出所曰契資須太官別給人高曜卿故事同垣下**敕**梁沈約爲武帝與謝朏敕曰吾以菲德屬當期運鑒與吾言思隆治道而朏不遠獨沂蔽者多實寄賢正其宜闇常謂山林之志上所宜弘激

貪廉蒲義等爲政自居元首臨照對百司雖復執文經武各修厥職君羣才競爽以致和美而鎮風静俗變教論道自非箕潁高人莫膺兹寄是用虚心側席屬想清塵不得不屈兹獨往同此濡足便望釋蘿襲衮出野登朝必不以淮肴勲德武未盡善不降其身不屈其志使璧帛虚往蒲輪空歸傾首東路望兼立表義軒邈矣古今殊事不獲揔駕崆峒依風問道今方復引領雲臺虚已宣室紆賢之愧載結寢興 又與何胤勑曰吾張當期運膺此樂推而顧已多蔽昧於治道雖復劬勞日昃思致隆平而先生遺範尚藴方策息舉之用存乎其人兼以世道澆暮諍詐繁起改俗遷風良有未易自非以儒雅弘朝高尚軌物則泊流所至莫知其限治人之與治身獨善之與兼濟得失去取爲用孰多吾雖不學頗好博古尚想高塵每懷擊節今世務紛紜憂責是當不待不屈道巖阿共成世美必望深達往懷不吝濡足

教

江淹爲宋建平王聘逸士教曰府州國綱紀雖周德之富猶有漁潭之士漢教之隆亦見西山之夫迹絶雲氣意負青天皆待

鋒鏑驤首翠虬來儀是以清風扇百代餘烈激後生斯乃王教之助古今之意焉

表

魏桓範薦管寧表曰臣聞殷湯聘伊尹於畎畝之中周文進呂尚於渭水之濱竊見東莞管寧束脩著行少有令稱州閭之名臣故太尉華歆遭亂浮海遠客遼東於混濁之中履絜清之節篤行足以厲俗清風足以矯世以簞食瓢飲過於顏子漏屋蔽衣踰於原憲臣聞唐堯寵許由虞舜禮支父夏禹優伯成文王養夷齊及漢祖高四皓之名屈命於商洛之野史籍歎述以爲美談陛下紹五帝之鴻烈並三王之逸軌膺期受命光昭百代仍有優崇之禮於大夫管寧寵以上卿之位榮以安車之稱斯之爲美當在魏典流之無窮明世之高士也臣以爲既加其大不受其細可重之以玄纁聘之殊禮矣 晉皇甫謐讓徵聘表曰臣因病抽簪散髮林阜人綱否閉鳥獸爲群伏自惟忖瓶瓴瑣器實非瑚璉之求稊稗之賤不中粢盛之用小人致災久嬰篤疾仰迫天威不能淹留所苦加篤不任進路委身待罪伏枕歎息仰惟陛下留神恕恩垂憐微命索隱於傅巖收釣

於渭濵無令泥滓久濁清流臣聞鄒子一歎霜為之降杞妻一慟城為之崩以臣況之乃知精誠不可以賤致古人言為虛也【啓】梁何胤荅皇太子啓曰胤性愛山泉情篤魚鳥而從鷗未狎入獸相驚兼年齡衰暮荒徑榛梗既無語稼之客寧有論書之賓緘嘿畎畝棲息丘壑秀木清潭於茲永已伏惟明察之德誕縱自天忠孝之規不待因習猶復留神六經降意百代同仁博古等物遵聞闢承華而延儒雅埽黃閣而列文學嘉美聿宣無思不勸胤無解歸之談屢蒙獎飾之重匪兩皮之舊每荷存問之恩銜茲行朽罔知攸寘　又梁沈約謝齊竟陵王教撰高士傳啓曰竊聞高尚其事義光爻象賢者避世聲煥典墳豈徒激貪勉競澡身浴德而已爾乃大弘義訓百代通風是以梁鴻蘇伯記遠迹於前叔夜士安書高鹿士於後雖去取異情羣略殊軫而獨行必彰斥言罔極貞操與日月俱懸孤芳隨山壑共遠明公得一含道體二居宗迹屈巖廊之下神遊江海之上愛奇商洛訪美東都蓋欲隱顯高功出處同致巢由與伊旦並流三辟與四門共軌肅肅奉明規思自

藝文類聚

書

後漢張奐與宋季文書曰攬手迹知遂遵南山之志繼四賢之蹤時止則止時行則行其道光明奐以鄙固少復道訓于今五十載矣　魏桓範與管寧書曰鑿坏而勉養德顯仁堯舜在上許由在下箕山之志於是復顯嚴平鄭眞未足論比清聲遠播頑鄙慕仰思請見於蓬廬之側承訓誨於道德之門厥塗無由託思晨風　魏管寧荅桓範書曰乾道輔誠誕膺嘉祚膺受多福爲國蕃維雖分陝之任未足比盛遠近望何慶如之昔值險阻越竄海表於裔歷載風網不紀曁蒙國恩還踐舊土簿佐多難恒嬰篤疾愧使區區展之無借從愛遇隆遠辱綸墨降尊誘卑訓喻過泰見得思義抱以踧踖不勝來顧裁因荅辱　晉辛曠與皇甫謐書曰夫三光懸象式揚天德岳瀆山澤廣開地道賢人顯進寶興聖治故力牧佐黃而涿鹿之征捷舜禹翼唐而滔天之災殄阿衡在商而成湯之功著姜望入周而文武之業建聖人光濟四海欲垂大化者莫不收才取良而致股肱忠賢大才之人願立名迹思在利見大人而主聖時治此所以應天順民之

神龜利涉大川之元吉大晉合天地之中和經日月之重光四目視其明四聰
達其聽巖穴出其隱四門啓其矇登高陽之八子御高辛之羣龍俊
才在官時亮天工鳥獸非君子之儔九皐無長鳴之鶴萬國㑹獻咸
仰南風之仁而抱聖化之隆此其至治也而先生固執中虛塞淵其心殉文
今之耿介忘宣尼之所沽步幽山之窮經背漢津之明衢日月遂往時不
我須此惜寸陰者之所以為櫂而臨川者之所懷慨也竊謂先生降匪石
於高岡迴羽儀於皇京順震驚而翔撫奮六翮于天庭邈禹稷之遐蹤
騁大往之夷塗招不世之洪勳同先哲之丕模使瞻仰者所以藉之美也希
藉人六義之一獻斯一篇惟蒙采覽　又與皇甫謐書曰伏惟先生黄中通
理經綸稽古既好斯文述而不作將邁卜商於洙泗之上超董生於儒林
之首含光烈於千載之前吐英聲於万世之後亦以盛矣曠以不敏感佩厚
惠願附驥尾撫塵而遊諮覩末因西望延企　晉皇甫謐荅辛曠書
曰聞服有素委悉無量加昔州壤通門舊儀虛想之積過於陵阜況愛
不遺猥降德音清喻爛煥情義款篤執誨欣然若饗太牢抱佩至

肴銘乎心膂且箕山之叟超迹於堯帝之世首陽之老抗操於有周之隆故能名奮百代使聞之屬節皆經聖明之論所以邈世卓時者也至於鄙薄才頑行穢疾大集其志神迷其思因託虛靜遂竊美選聖上仁聰亮其年耆每自陳訴輒見罷放雖大君有命寶小人勿用也匪敢盤桓疾與榮競巾車順命非劣憊所堪也密雲雖興知枯木難植昔人有言欲之必爲之辭豈來惠之謂矣猥承告示欲備七十木非梧桐豈敢栖鳳聞命悚灼如蹈春冰非苟崇謙實懼陷墜幸恕不假明亮志　梁昭明太子與何胤書曰園公道勝漢盈屈節春卿明經漢莊北面況乃義兼乎此而顧揆不肖哉但經途千里眇焉莫因何嘗不夢姑胥而鬱陶想具區而杼軸心往形留於茲有年載矣方今朱明在謝清風戒寒想攝養得宜與時休適耽精義味玄理息囂塵玩泉石激揚碩學誘接後進志與秋天競高理與春泉爭溢樂可言乎樂可言乎豈與口厭芻豢耳聆絲竹者之娛同年語哉方今泰階端平天下無事修養夕老得從容每鑽閱六經汎濫百氏研尋物理顧略清言既以自

尉且以自蹔而才性有限思力匪長熱疾慣其神風眩弊其體多懣過目釋卷便忘是以蒙求之懷於茲彌軫　梁任昉爲昭明太子荅何胤書曰得書知便遠追踨董超然高蹈雖朝言郍勤而輕棹已遠供餞莫申瞻言增慨善保吉茄猷比致音息懷人望古潸悵久之　又爲庾杲之與劉居士虬書曰自別荊南迄將二紀杲之牽滯形有推遷物保丈人沒志外身超然獨善雖心路咫尺而事阻山河悠悠白雲依然有道金凉佇運想怕納宜沖明在襟履候無爽體道爲用蹈理則和杲之牽綴疲朽愧心已多訪德則山林窅然觀道則風雲自遠歲暮之期指塗衡岳神虛氣懋無待怡和江湖相望安事行李　司徒竟陵王懋於神者言象所絕撫乎士者遐邇所宗鍾石非禮樂之本纓褐豈　朝野之謂想閒投之懷不以形體爲阻一日通籍梁邸親奉話言夢想清塵爲歲已積以天非羔鴈所榮故息蒲幣之典勝寄冥運諒有風期之遲君垂卜居郊郭榮帶川阜顯不絢功晦不摽迹從容乎人野之間以窮二者之致且弘護爲心廣兮眞俗思聞繫表共剖衆惑妙域筵山河

虛館帶川侯實望賁然。少訓側遲昔東樂善旌君大於東閤全愛素致吾子於西山豈不盛歟百齡飄驟凝滯自物千載一朝為仁自己且淩雪戒塗非滅迹之郊鴻鍾在御豈銷聲之道已標異人之迹故有同物之勞夫山水無情應之以會冒愛閑在我觸目蕭條衡岳何親鍾嶺何溥想弘思有在不候繁言。梁劉孝標與宋玉山元思書曰驅馬金張之館飛蓋許史之廬習匡鼎之說詩騁谷雲之雕篆賓徒波涌輿輪靡息當是時也樂可言哉然。靜思夫君楸馬彭歎何則方鑿圓枘鉏鋙難從翔鳥游魚蹉跎不狎是以賈生懷琬琰而挫翮馮子握璵璠而鎩羽夫誕英逸獨擅民秀心貞筠箭德潤珪璋信人水鏡一性之鎔範而荆南雅曲高音鮮和河西名驥滅没誰賞故若先生者進有三難退有三樂竊覩先生未能鴻翔鸞起騰霞躋漢將由圍空桑麻田無負郭俛眉翕肩以斯故爾今賢弟賓從抗鱗奮翼或衣繡江塘或鳴騶洛渚連騎方驅擊鍾乃食萬跗若是吾子復何憂哉唯當纂兩仲之微迹襲二疏之風流生與漁父同僖死葬要離墓側金石可碎聲華無寂其道坦坦先生幸其㬉與　又陶弘景答謝中書曰山川之美古來共談高峯入雲清流見底兩岸石壁五色交暉青林翠竹四時俱備曉霧將歇猿鳥亂鳴夕日欲頹沉鱗競躍實是欲界之仙都自康樂以來未復有能與其奇者　又答虞仲書曰栖六翮於荊枝望綺雲於青漢者有日于茲矣而春華來被草石開鮮　辭動情端志交衿带信知鄰德之談無虛往牘夫子雖迹躡朱門而心期岱嶺豈但散髮乎高岫以將飛霜於絕谷良爲欽哉野人幸得託形崇阜息影長林每對月流歎臨風軫慨徒事累可豁而髮容難待自非齊生死於一致者孰不心熱者乎舉世悠悠孰云同此儻遇知己相與共夏憂揭來虞公茲焉可邁何爲栖栖空勞鼓缶迨及聰日有事還童不亦皎絜當年而無慚前修也　又答趙英才書曰子架學區中飛才甸外不肯埽門覓仕復懶彊欽求通故偃蹇園巷從容郊邑昔所謂傲賓者此其是乎巖下鄙人守一介之志非敢蔑榮嗤俗自致雲霞蓋任性靈而直往保無用以得閑壠薪井汲樂有餘歡切松煮朮此外何務然亦以天地棟宇萬物同於一化

死生善惡之能閒 梁沈約荅沈麟士書曰獨往之業雖閒前載高塵逸軌罕或共時未嘗不拊衰卿懷汝苦遐矚尊賢拔俗遥然沉冥自遠幽貞之操義高向篆策雖蔣詡不窺城市鄭眞名動京師何遠之有名山既鄉內所豐清川又坐臥可對不出戶庭而與翕尚齊美哉約少不自湜早愛虫蚰烏遂食推遷未諧夙願冥幽期可託克全素履與尊弋釣泉皐以慰閑暮則生平之心於此遂矣 梁王僧孺與陳居士書曰雲波遥覓兆越數千行雲鬱術征禽難使用隔巾車未能搦扎引領南望悵矣心飛幸因劣薄懷章貴壞依然谷口覺子眞之咫尺靜睇巖灘信子陵之非遠林鹿以入虛白之室用坡蓬蒿之徑稟紛綸之高論承希微之妙旨虛往實歸用袪塵惑 孔德璘北山移文曰鍾山之英草堂之靈

魏阮籍達莊論曰天道貴順地道貴貞聖人修之以建其名吉凶有分是非有經務利高勢惡死重生故天下安而大功成也今莊子周乃齊禍福而一死生以天地為一物以萬類為一指 無乃徼惑以失其眞而自以為誠者也於是先生乃撫琴容與

慨然而歎俛而微笑仰而流盻噓噏精神言其所見天地名焉天地者
有內故万物生焉當其無外誰謂異乎當其有內誰謂殊乎地流其
燥天抗其濕月東出日西入故曰自其異者視之則肝膽楚越矣自其
同者視之則万物一體也以生言之則物無不壽推之以死則物無不夭自小
視之則万物莫不小由大觀之則万物莫不大殤子為壽彭祖為夭秋毫
為大泰山為小故以死生為一貫是非為一條也夫至人者恬於生而靜於
死恬生則不惑死靜則神不離生故能與陰陽化而不易從天地變
而不移生究其壽死終其宜志氣平治消息不虧故求得者喪爭明者
失無欲者自足空虛者受實是以作智造巧者害於物明是考非者
危其身脩飾以顯潔者惑於生畏死而崇生者失其貞　晉石崇許
巢論曰客有問於余曰昔許由巢父距堯之讓逍遙頤神寶已貴
世司馬遷以假託之言必無此實竊以為然余荅之曰是何言歟蓋聞
聖人在位則羣材必舉官才任能輕重允宜大任已備則不抑大材使居
小位小材已極其分則不以積久而合處過材之位然則稷播嘉穀契

敷五教皐陶夔龍各已授職其所屬之官必得其材則必不重載兼置斯可知也巢許則元愷之儔大位已充則宜敦廉讓以勸俗崇無爲以化世然後動靜之教備隱顯之道著故能成巍巍之化民莫能名將何疑焉　晉庾闡郭先生神論曰夫天地者陰陽之形魄變化者万物之遊魂神籟與無窮並吹大冶與造運齊根生資聚氣之迹死寄玄牝之門視榮辱其猶塵埃邈高蹈而不顧故能外安恬逸內體平和鳴鳥可拊翼而遊猛獸可頓羈羅矧乎樵巖之樂呂梁之波疾雷破岳而夏憂在山河者乎觀夫郭先生之爲體也可謂合已具履信純朴自然　晉王叔之遂隱論曰崇退僊生問於抱朴丈人曰請問隱何爲者也而生上古徇之至今繼踵何哉丈人曰夫全朴之道萬物一氣三極湛然天人無際豈有朝野之別隱顯之端哉則夫隱者於已失者也平原既開風流散漫故隱者所以全其眞素養其浩然之氣也　宋范曄逸民傳論曰堯稱則天而不屈潁陽之高　梁沈約七賢論曰嵇生是上智之人值無妄之日淳才高傑故爲世道所莫容風邈挺特蔭映於天下言理吐

論一時所莫能參屬馬氏執國欲以智計傾皇祚誅鉏勝己靡或有
遺玄伯太初之徒並出嵇生之流咸已就戮嵇審於此時非自免之運若
登朝進仕映邁當時則受禍之速過於旋踵自非霓裳羽帶無用自全
故始以餌朮黃精終於假塗託化阮公才器宏廣亦非衰世所容但容貌
風神不及叔夜求免世難　如為有塗若率其恒儀同物俯仰邁羣獨
秀亦不為二焉所安故毁行廢禮以穢其德崎嶇人世僅然後全仲容年
齒不齒不懸風力粗可止慕李文風尚景而行之彼嵇阮二生志存保己既
託其迹宜慢其形慢形之具非酒莫可　改引滿終日陶兀盡年酒之為用
非可獨酌宜須用侶然以成歡劉伶酒性既深子期又是飲客山王公悅
風雨至相與莫逆把臂　林徒得其遊於野澤銜杯舉樽之致寰中
妙趣固冥然不睹矣自嵇阮之外山向五人止是風流器度不為世匠所
駭且人本含情情性宜有所託慰悅當年隱蕭散懷抱非五人之與
其誰與哉

藝文類聚卷第三十七

藝文類聚卷第三十八　禮部上　　渤海歐陽　詢　撰

禮　祭祀　郊丘　宗廟　明堂

辟雍　學校　釋奠

禮

管子曰禮者因人之情緣義之理而爲之節文者也　物理論曰禮者履也律也義同而名異五禮者吉凶賓軍嘉也　周禮大宗伯之職以吉禮事邦國之鬼神祇事謂祀之祭之享之以凶禮哀邦國之憂哀謂救患分災也以賓禮親邦國以軍禮同邦國同謂威其不叶偕老也以嘉禮親萬民嘉善也所以因人心所善而爲制吉禮之別十有二一曰禋祀二曰實柴三曰槱燎四曰血祭五曰埋沉六曰疈辜七曰肆獻八曰饋食九曰祠十曰禴十一嘗十二曰蒸凶禮之別有五一曰喪禮哀死亡二曰荒禮哀凶札荒人物有害之也三曰弔禮哀禍災遭水火也四曰禬禮哀圍敗同盟合會財貨以更其所喪也五曰恤禮哀寇亂鄰國相憂賓禮之別有八一曰朝二曰宗三曰覲四曰遇五曰會六曰同七曰問八曰視軍禮之別有

五曰大師之禮以用衆二曰大均之禮以恤衆均其地政所以憂民三曰大田之禮以簡衆因田習閱車徒之數也四曰大役之禮以任衆築宮邑所以事民力彊也五曰大封之禮以合衆正封疆以合衆人也嘉禮之別有六一曰飲食二曰婚冠三曰賓射四曰饗食燕五曰脤膰六曰慶賀 又曰太宰掌三曰禮典以和邦國以統百官以諧萬民大司徒以五禮防民之僞而教之中 禮記曰禮也者體也禮不備謂之不成人 又曰夫禮者所以定親疏決嫌疑別同異明是非也道德仁義非禮不成教訓正俗非禮不備分爭辯訟非禮不決君臣上下父子兄弟非禮不定 又曰夫禮先王以承天之道以治人之情故失之者死得之者生詩云相鼠有體人而無禮人而無禮胡不遄死言偃復問曰夫子之極言禮也可得而聞與孔子曰我欲觀夏道是故之杞而不足徵也吾得夏時焉我欲觀殷道是故之宋而不足徵也吾得坤乾焉 又曰故人情者聖王之田也修禮以耕之陳義以種之講學以耨之本仁以聚之播樂以安之 又曰禮其在人也如竹箭之有筠也如松柏之有心也二者居天下之大端也貫四時不改柯易葉 又曰夫禮本於太一分而爲天地

轉而爲陰陽變而爲四時列而爲鬼神　大戴禮曰禮象五行也其義
四時也故以四時舉有恩有義有節有權　左傳曰子太叔見趙簡子簡
子問揖讓周旋之禮對曰是儀也非禮也簡子曰敢問何謂禮對曰聞諸
先大夫子産曰夫禮天地之經也地之義也民之行也　又曰邾隱公來朝子
貢觀焉邾子執玉高其容仰公受玉卑其容俯子貢曰以禮觀之二公皆
有亡焉今朝賀而不度高仰驕也卑俯替也驕近亂替近疾君爲主
其先亡乎　論語曰道之以政齊之以刑民免而無恥道之以德齊之以禮
有恥且格　又曰顏回問仁子曰克己復禮爲仁一日克己復禮天下歸仁
焉爲仁由己而由人乎哉顏回曰請問其目子曰非禮勿視非禮勿聽
非禮勿言非禮勿動顏回曰回雖不敏請事斯語矣　莊子曰三皇五帝
之禮義法度不矜於同而矜於治故譬三皇五帝之禮義法度其猶楂
梨橘柚耶其味相反而皆可於口故禮義法度應時而變也　孫卿子
曰人生有欲欲則求求則爭爭則亂亂則窮先王惡其亂也故制禮
義以養之　慎子曰禮從俗政從君國有貴賤之禮無賢不肖之

禮也　白虎通曰所以作禮樂者樂以象天禮以法地　家語曰孔子言於魯哀公曰人之所以生禮爲大非禮無以辨君臣之位　董生書曰理者天所爲也文者人所爲也人所爲謂之禮禮者因人情而爲節文也以救其亂夫隄者水之防也禮者人之防也刑防其末禮防其本　禮稽命徵曰禮之動搖也與天地同氣四時合信陰陽爲符日月爲明　漢書曰叔孫通爲高祖制漢儀十二篇　范曄後漢書曰詔召玄武司馬班固問定禮制之宜固曰京師諸儒多能說禮宜廣招集共議失得帝曰作舍道邊三年不成會禮之家名爲聚訟互生疑異筆不得下昔者堯作大章一夔足矣章和元年乃召曹褒詣嘉德門持班固所上叔孫通漢儀十二篇勑褒曰此制散略多不合經今宜依制條使可施行褒於南宮東觀考正舊禮上自天子至於庶人冠昏吉凶終始制度以爲一百五十篇　典略曰孔子適宋與弟子習於樹下宋司馬桓魋使人拔其樹去適於野

【賦】楚荀況禮賦曰爰有大物非絲非帛文理成章非日非月爲天下明生者以壽死者以葬城郭以固三軍以彊粹而王駁而霸無一焉而亡臣愚弗識敢請之王王曰此夫文而不

采者歟簡而易知而致有理者歟君子所敬小人所不敬者歟匹夫隆之則爲聖人諸侯隆之則一四海者歟致明而約甚順而體請歸之禮

祭祀

尚書大傳曰祭之爲言察也薦至也言人事至於神也　爾雅曰春祭曰祠祠之言食夏祭曰礿新菜可汋秋祭曰嘗嘗新穀也冬祭曰蒸蒸進也進品物祭天曰燔柴既祭積薪焚之祭地曰瘞薶既祭埋藏之祭山曰庪縣或庪或縣置之於山庪音軌祭水曰沉[illegible]或沉或浮置之於水祭星曰布布散於地祭風曰磔今俗當大道中[illegible]狗云以止風此其遺象也是類是禡師祭也類於上帝禡於所征之地禡莫架反出詩雅也既伯既禱馬祭也伯馬祖也將用馬力必先祭其祖也　廣雅曰圜丘大壇祭天也方澤大折祭地也　周書曰設丘兆于南郊以祀上帝配以后稷曲辰星先王皆與食　說文曰除惡之祭曰禬告事示福曰禱道上之祭曰禓絜意以享曰禋以事類祭神曰禷祭司命曰祡評利反祭豕先曰禮似勞反月祭曰祽子內反　周官曰凡庶人不畜者祭無牲不耕者祭無盛又曰血祭祭社稷

五祀五岳埋沉祭山林川澤以疈疈音孚逼胅也辜祭四方百物以肆獻祼享
先王以饋食享先王 又曰凡陽祀用騂牲毛之陰祀用黝牲毛之陰是也
郊 又鄭注曰周禮曰鬱鬯爲蘭也者煑之和鬯酒也 禮記曰祭豊年不
奢凶年不儉 又曰祭不欲數數則不敬祭不欲踈踈則怠是故君
子合諸天道春禘秋嘗霜露既降君子履之必有悽愴之心非寒
之謂也春雨露既濡君子履之必有怵惕之心如將見之樂以迎來哀以
送往 又曰孟春之月其祀戶祭先脾孟夏之月其祀竈祭先肺中央
土其祀中霤祭先心孟秋之月其祀門祭先肝孟冬之月其祀行祭
先腎天子祭天地四方山川五祀歲徧大夫祭五祀歲徧士祭其先祭日
於壇祭月於坎日於東序月於西序以別幽明內外王立七祀曰司命曰
中霤曰國行曰國門曰泰厲曰戶曰竈諸侯五祀曰司命中霤國門
國行公厲大夫三祀曰族厲曰門曰行士二祀曰門曰行庶人一祀曰或立戶
或立竈聖人之制祀也法施於人則祀之以死勤事則祀之以勞定國則祀
之能禦大災則祀之日月星辰人所瞻仰也山林川谷丘陵人所取材用

也非此族也不在祀典 尚書曰肆類于上帝禋于六宗望于山川徧于羣神 王肅注云六宗者所宗者皆絜祀之埋少牢於泰昭祭時也相近於坎壇祭寒暑也王宮祭日也夜明祭月也幽禜祭星也雩禜祭水旱也 詩曰以享以祀以介景福 穀梁傳曰宫室不設不可以祭者薦其義也非享味也物理論曰古者尊祭重神祭宗廟追養也祭天地報往也論衡曰凡祭祀之義有二曰報功二曰修先報功以勉力脩先以崇恩也 幽明録曰廟方四丈不作墉道廣 尺夾樹蘭香齋者煑以沐浴後祭所謂蘭湯 尸子曰齊有貧者命其狗爲富命其子爲樂方將祭入於室叱之曰富出祝曰不祥家果有禍長子死哭之曰樂乎而不自悲也 孔叢子曰元和二年春帝東巡狩還過魯幸闕里以太牢祀孔子及七十二弟子作六代之樂大會孔氏男子二十以上者六十人 越絶書曰越王既往平吳春祭三江秋祭五湖因以其時爲之立祠垂之末世傳之萬載 漢書曰高祖微時聞魏公子賢及即位每過大梁常祀公子高祖十二年從擊黥布還爲

公子置守冢五家世世以歲四時奉祠　又曰元始四年詔書祀百辟卿士有益於民者蜀郡以文翁九江以召父應詔書歲時郡二千石率官屬行禮奉祠信臣家在南陽亦為立祠　又曰初朱邑且死囑其子曰我故為桐鄉嗇夫其民吏愛我必葬桐鄉後世子孫奉我不如桐鄉民及死其子葬之桐鄉西郭外民果共為邑起冢立祠祭至今不絕　東觀漢記曰桓譚字君山沛人章帝元和中行廵狩至沛令使者祠譚家鄉里甚榮之　又曰永平二年十一月詔京兆右扶風以中牢祀蕭何霍光出郡錢穀給蕭何子孫在三里內者悉令侍祠　又曰皇帝立黃老祠躍龍中為壇綵色眩曜　漢舊儀曰皇帝祭天紫壇帷幄高皇帝配天后堂下西鄉紺席也　左傳曰龍見而雩（旱祭也祈雨為雩）雪霜風雨之災則禜之

【文】魏武帝祠太尉喬玄墓文曰昔以幼年逮升堂室增榮益觀皆由獎助士死知己懷此無忘又承從容要誓言徂逝之後路有經由不以斗酒隻雞過相沃酹車過三步腹痛勿怪雖臨時戲笑之言非至親之篤好夫何肯為此辭哉　晉潘岳為諸婦祭庾

新婦文曰潛形幽櫬寧神舊宇室虛風生牀塵帷舉自我不見載離寒暑雖則乖隔哀亦時忽啓殯今夕祖行明朝雨絶華庭埃滅大宵儷執箕箒偕奉夕朝髣髴未行顧瞻弗獲伏膺飲淚感今懷昔懷昔伊何祁祁娣姒感今伊何冥冥吾子形未廢目音猶在耳　晉郡闡祭王東亭文曰以少年之質劭薦東亭王侯之靈蓋聞朗鑑不塵精金能照君以珪璋咨共以明要少長風流舉契理調事擾皇家道在君子亮誠外內寄心萬丌主契同風雲義貫終始自昔索居荏苒于茲五載不覿何日不思嗚呼若人奄隨化遷古之遺愛猶或興言承凶愴痛慨然留連　晉郡允祭徐孺子文曰惟豫章太守郡君謹質漢故聘士豫章徐先生惟君資純玄粹含真太和卓爾高尚道映南岳逍遙環堵萬物不干其志負褐行吟軒冕不易其樂時攜虛榻佇金蘭之眷千里命契寄生芻之詠非夫超悟身名遁世無悶者孰若是乎夫誠素自中微物爲香蘋藻是歆實過牲牢　晉王珣祭徐聘士文曰豫章徐先生陶精太和誕膺上德藏器高栖確爾特立貞一

足以制羣動絶本足以息浮末宣尼有言不事王侯高尚其事若先生者抑亦當之矣限茲遐路無由造敬係佇靈宇乃情依依故貢薄祠昭述宿心神而有靈儻垂尚饗　晉周穎文祭梁鴻文曰晉隆安四年陳郡周穎文以蘊藻行潦祠于梁先生之墓夫子邁志箕穎塵垢雕俗骨秀風霜性淳寡欲婁待偕隱之儷修文絶陪臣之錄遂負策周魯之郊逆旅吳會之阿可謂高奇絶倫孤生莫和者也後學撫牘得人在文忽以知命而展其墳芒芒積草有馥餘芬昔先生過延陵而想季札經海隅而感連苟踐迹而趣合亦斷金於當年　宋王僧遠祭顔延之文曰氣高叔夜方嚴仲舉逸翮獨征孤風絶侶　宋陶潛自祭文曰歳惟丁未律中無射天寒夜長風氣蕭索鴻鴈于征草木黄落陶子將辭逆旅之館永歸本宅故人悽其相悲同祖行於今夕自余爲人逢運之貧簞瓢屢罄絺綌冬陳已達運命疇能罔眷余今斯化可以無恨壽涉百齡身慕肥遁從老得終奚所復戀葬之中野以安其魂寂寂我行蕭蕭墓門奢恥宋臣儉笑王孫匪貴前譽孰重後歌人生實難死

如之何　宋謝延之祭屈原文曰蘭蕙而摧玉貞則折物忌堅芳人諱明絜曰若先生逢辰之缺　齊卞伯玉祭孫叔敖文曰謹以醴羞祭楚令尹孫君之靈眇眇千載悠悠舒荆理無不通事隔者形尚想清塵承風効誠超超夫子淡矣道情自怸伊貴人斯靡嬰芳風如蕭清響如墳景矣行役言戾豫方側聞夫子託憤雎陽靈封頹墓丘塋榛荒幽幽神道爲有爲亡徘徊永念愴矣其傷　齊謝朓爲諸娣祭阮夫人文曰婉娩嬪德幽閑婦性昕史弘箴陳詩成詠嘉言足題清暉可映契闊未幾音塵如昨中景遽傾芳莪先莅疇日交觴　也虛薦帶上先結握中遺扇迸淚失聲潺湲如霰　齊孔稚珪祭外兄張長史文曰惟君之德高明秀挺浩汗深度昂藏風岳嶷學不師古因心則旨睿筌蹄象繫糠粃莊惠吾與夫子分協芳金憑風共酒藉月同琴　梁簡文帝祭戰亡者文曰降夫既旋功臣又賞班荷示勳蘇逢漏網校尉霑榮屬國蒙獎獨念斷魂長畢灰壤高原染刃委骨埋泉徒聞身沒詎辯名傳　梁徐悱妻劉氏祭夫文曰維梁大同五年新婦謹薦少牢

於徐府君之靈曰惟君德爰禮智肖才兼文雅學比山成辯同河瀉明經擢秀光朝振野調逸許中聲高洛下含潘度陸超終邁賈儀既肇判合始分簡賢依德乃詠夫君外治徒奉內佐無聞幸移蓬性頗習蘭蕙式傳琴瑟相酬世墳輔仁難驗神情易促奄碎春紅霜雕夏綠躬奉正衾衰親觀啓二見無期百身何贖嗚呼哀哉生死雖殊情親猶一敢遵先好手調苗畏橘素俎空乾奠觴徒溢昔奉齊眉異於今日從軍暫別且思樓中伯遊未反尚比飛蓬如當此訣永痛無窮一百年何幾泉穴方同

陳沈炯祭梁吳郡袁府君文曰夫宮鳴徵應響韻相趨桂馥蘭芬期臭在斯道合一朝豈忘千載日者明德世彥振纓王室坐嘯大邦顯治巨麗竊以不敢出宰句吳上郡下邑都城接雉雖王事靡盬無失豫遊窺洞庭於五湖登姑蘇於九曲身後之事一至於斯今者長樂未央已夾樗里之墓公宮魯庫非復少昊之墟成土一棺未知何託解劍絮漿轉增歔欷

郊丘

爾雅曰祭天曰燔柴祭地曰瘞埋　廣雅曰圓丘大壇祭天方澤大折祭地　周書曰乃兆于南郊以祀上帝配后稷農皇先王與食　周官曰大宗伯掌天神之禮以禋祀祀昊天上帝以實柴祀日月星辰以槱燎祀司中司命風師雨師　又曰蒼璧禮天黃琮禮地　又曰四圭有邸以祀天旅上帝兩圭有邸以祀地旅四望大司樂奏黃鍾歌大呂舞雲門以祀天神謂五帝及天日月星辰之王者名以夏正月祀其受命之帝於南郊也奏大蔟歌應鍾舞咸池以祭地祇於北郊謂地神及社稷也　又曰凡樂圜鍾為宮黃鍾為角太蔟為徵姑洗為羽雷鼓雷鼗孤竹之管雲和之琴瑟雲門之舞冬日至於地上之圓丘奏之若樂六變天神皆降可得而禮矣凡樂函鍾為宮太蔟為角姑洗為徵南呂為羽靈鼓靈鼗孫竹之管空桑之琴瑟咸池之舞夏日至於澤中之方丘奏之若樂八變則地祇皆出可得而禮矣　禮記曰郊之祭迎長日之至大報天而主日也兆於南郊就陽位也掃地而祭於其質也器用陶匏以象天地之性也於郊故謂之郊　又曰祭帝於郊所以定天位也　又曰成王封周公於魯命魯公

祀周公以天子之禮樂是以魯君孟春乘大輅載弧韣旂十有二旒日月之章祀帝于郊配以后稷天子之禮也　毛詩曰昊天有成命郊祀天地也　公羊傳曰祭者薦其時也薦其義也非享味也　又曰山川有能潤乎百里者天子秩而祭之　漢書曰成帝初即位丞相御史大夫栢譚奏言帝王之事莫大於承天之序承天之序莫重於郊祀故聖王盡心極慮以建其制祭天於南郊就陽之義瘞地於北郊則陰之象也　又曰高帝入關問秦祀何帝曰白青黃赤四帝　高曰天有五帝而四何莫知其說上曰五待我爲立黑帝祀曰黑畤　漢舊儀曰漢法三歲一祭於雲陽宮甘泉壇以冬至日祭天天神下三歲一祭地於河東汾陰后土宮以夏至日祭地地神出祭五帝於雍畤　又曰祭天用六綵綺席六重長一丈中一幅四周緣之玉几玉飾器　又曰栢帝祭天居玄雲宮齋百日上甘泉通天臺高三十丈以候天神之下見如流火舞女童三百人皆年八歲天神下壇所舉烽火栢帝就竹宮中不至壇所甘泉臺去長安三百里望見長安城帝已來所祭天之圜丘也　又曰祭地河東汾陰后土宮宮曲入河古之祭地

澤中方丘也禮儀如祭天　五經通義曰王者所祭天地何王者父事天母事地故以子道也祭日以丁與辛何丁者反覆自丁寧也辛者自克辛也　後漢書曰靈帝建寧二年迎氣黃郊逐於洛水西橋逢暴風雨導從鹵部車或發蓋百官霑濡還不至郊　賀循上郊壇制度曰漢舊儀南郊圓壇八陛於宮南七里北郊方壇四陛於城北四里依漢故事柴於壇二十步高二丈大三丈

【賦】晉郭璞南郊賦曰於是時惟青陽日在方旭我后將受命靈壇乃改步而鳴玉升金軒撫太僕揚六鑾駕齊八騄列五幡於元兮靡日月乎黃屋矯陵烏以偵候兮整羽毛於後屬爾乃造曠場戾壇庭百寮山立萬乘雲縈延祝史肆玉牲登圓丘捐太清禮君望告皇靈天際芬氣日朗其精飛廉鼓舞於八維兮豐隆擊節於九冥祝融穆清而肅侍兮陽侯儋而停郊寰之內區域之外雕題卉服被髮左帶駿奔在壇不期而會峩峩群辟蚩蚩黎庶翹懷聖猷思我王度事崇其簡服尚其素化無不融万物自鼓振西北之絕維隆東南之橈柱廓清紫衢電掃神

宇風馬桂林抗旌林圃五岳不足以題其勳九韶不足以賛其舞【頌】
梁簡文帝南郊頌曰臣聞唯天爲大聖人嵗其德知幾其神至人契其
道故龍宫弱言之后合揆於蒼旻鳥紀垂衣之君昭格於上帝皇帝之
御天下也緯天維[illegible]理地軸移澆風於末俗反淳正於區中 化不言而先
顯教不言而已肅肅九垓同軌四海無波塵清世晏蒼兕無所用其武功運
謐時雍鵷鳥路鷺咸並脩其文德玉門罷候紫塞沉烽畫一之政方代表
於時和三章之律百姓沐於仁壽於是隆光之地日浴之鄉紫舌黃支
頭飛鼻飲自西自南無思不服由是嘉祥被衆瑞發金人澤馬丹甑
玉雞三角九尾四肩六足參差於郊藪布濩於宫闈乃以恭肅神祇
理通孝敬江左以來奕塏未闢爰命將作揆日載營三靈叶響百
工咸事宛如神造巖類仙居五達四通廓郊彌澤南瞻重岳北眺芒
嶺東臨灞滻西望舊豐紆餘委蛇丘陵起伏澎湃嶢屼山川異態
飛梁邃宇洞燭空懸紫殿仙宫霞褰鳥翥【表】梁簡文帝上
南郊頌表曰雖周郊南甸宗伯之官徒設漢興北時負俗之道未隆

而體元合極先後弗違典盛望禋理通孝茍絜靜之禮載光禘郊之風斯洽昔東平琅邪著藻炎德臨淄中山摛文魏美啓梁元帝慶南郊啓曰大裘而冕陶匏以質黃鍾既奏雲門斯舞樂諧六變歌陳九德感天動神式展誠茍

宗廟

尚書大傳曰廟者貌也其以貌言之也　釋名曰宗尊也廟貌也先祖形貌所在也　禮記曰天子七廟三昭三穆與太祖之廟而七諸侯五廟二昭二穆與太祖之廟而五大夫三廟一昭一穆與太祖之廟而三士一廟庶人祭於寢遠廟為祧去祧為壇去壇為墠去墠為鬼自祧以下皆廟　又曰凡祭宗廟之禮牛曰一元大武豕曰剛鬛豚曰腯肥羊曰柔毛雞曰翰音犬曰羹獻雉曰疏趾兔曰明視脯曰尹祭槁魚曰商祭鮮魚曰脡祭水曰清滌酒曰清酌黍曰薌合粱曰明粢稻曰嘉蔬韭曰豐本鹽曰鹹鹺玉曰嘉玉幣曰量幣　又曰當七廟五廟之無虛主唯祫祭於祖為無主爾　又曰夏六月以禘禮祀周公於太廟尊用玉豆雕篹爵用玉

瓚 周禮注五歲一禘三歲一祫 又曰凡賓客獻瑤爵皆贊 又曰凡灌玉瓚之陳之以贊裸事注云灌玉圭瓚也 儀禮曰始虞用柔日哀某敢用王絜桂剛鬣香合嘉薦 說文曰宗廟之木主名曰祏 白虎通曰言神無所依據孝子以主繼心 又曰位尊盛德所及彌遠謂之禘祫何禘之爲言諦也序昭穆禘父子也祫合也 五經要義曰木主之狀四旁穿中央以達四方天子長尺二寸諸侯長尺皆刻謚於有背 摯虞要訣注曰凡廟之主藏於戶外北牖下有石函故名宗祏 五經異義曰謹按叔孫通宗廟有日祭之禮古而然也三歲一祫周禮也一禘疑先王禮也論語曰夏后氏以松殷人以柏周人以栗栗敬也使人謹敬也 詩曰閟宮有侐注云閟禘禘陽之盛也姜嫄神所依故曰神宮 又曰清廟祀文王也周公既成洛邑率以祀文王焉清者言有清明之德 又曰有壬有林錫爾純嘏純大也嘏謂尸與主人以福也 漢書曰廟朝所以藏主則列昭穆續漢書曰祫合也毀廟之主合食於太祖也禘以四月祫以十月四月陽氣在上陰氣在下正尊卑之義十月五穀 故骨肉合聚飲食 漢書儀曰

子爲昭孫爲穆昭西面穆東面三年一大祫諸帝以昭穆坐於高廟
又曰皇帝會諸侯酎金以上計儀設九賓陪位也 國語曰甸服者祀日
祭月祀先王之訓者也 張方楚國先賢傳曰古者先王日祭月享時
類歲祀諸侯舍日卿大夫舍月士庶人舍時 鍾離意别傳曰意爲魯
相修孔子廟孔子堂道有瓮意召守廟孔訢問曰此何等瓮訢曰
夫子瓮背皆有書故自夫子亡後無敢發者意乃發得素書焉
吳録地理志曰會稽有禹廟始皇配食良王即爲太守黜之 晉諸
公贊曰王浚字彭祖爲幽州刺史尋洛陽破浚承制建行臺以宗廟
焚毁設墠望祀七室及功臣配食者 楚辭天問序曰屈原放逐憂
心愁悴彷徨山澤經歷陵陸仰天歎息楚有先王之廟及公卿祠堂
圖畫天地山川神靈及古賢怪物所行事周流罷倦休息其下仰見
圖畫因書其壁呵而問之以泄憤寫愁思 【詩】梁簡文帝賽漢高
廟詩曰日正山無影威斜漢屢迴瞻流如地望崑崙匹天台 庾信至
老子廟詩曰三門臨苦縣九井對靈溪盛丹須竹節量藥用刀圭

張正見經季子廟詩曰延州高讓遠傳芳世祀移地絕貴金路松悲懸劒枝野藤侵沸井山雨濕苔碑　宋謝瞻經張子房廟詩曰伊人感代工聿來扶興王婉婉幕中畫輝輝天業昌鴻門消薄蝕垓下隕攙搶爵仇建蕭宰定都護儲皇肇允契幽叟翻飛指帝鄉惠心奮千祀清埃播無疆　宋鄭鮮之行經張子房廟詩曰七雄裂周紐道盡鼎亦淪長風晦崑溟潛龍動泗濱紫煙翼丹虬靈媼悲素鱗　宋范泰經漢高廟詩曰嘯吒英豪萃指撝五岳分乘彼道消勢遂廓宇宙氛重瞳豈不偉奮臂騰群雄壯力拔高山猛氣烈迅風恃勇終必撓道勝業自隆　齊謝朓賽敬亭廟喜雨詩曰執玉朝群帝樽桂迎東皇排雲接孔蓋蔽日下霓裳會舞紛瑶席安歌繞鳳梁百味芬綺帳四望靄羽觴　梁簡文帝和蕭東陽祀七里廟詩曰萬里寶幽宗三神亦天構豈謂木石精斯乃山川守遠來太白旗遥徹青鳥倏以慈弗敬怠方知敬應否　又漢高廟賽神詩曰玉軑朝行動閶闔旦應開白雲蒼梧上丹霞咸陽來日正山無影城斜漢屢迴瞻流如地

脉望嶺匹天台欲袪九秋恨聊舉十千盃　梁元帝祀五相廟詩曰石城寧足拒金陣詎能追楚關開六塞吴兵入九圍山水猶縈帶城池失是非空餘壽宮在日暮舞靈衣　梁庾肩吾漢高廟詩曰昔作唐山曲今承紫貝壇寧知臨楚岸非復望長安塵飛遠騎沒日從半峯寒　又亂後經夏禹廟詩曰金簡沼初發龍門鑿始通配天不失舊爲魚微此功林堂上偃蹇山殿下穹隆儀雲似天闕照水類河宮神來道赤豹仙去擁飛鳴松合龍撤暮俎棗徑落寒叢欲仙舟還入鏡玉軸更乘空去國嗟行邁離居泣轉蓬月起吴山北星臨天漢中申胥猶有志荀息本懷忠待見攙槍滅歸來松柏桐　周庾信至老子廟詩曰三門臨苦縣九井對靈溪盛丹須竹節量藥用刀圭行當别關吏直向流沙西　又西門豹廟詩曰君子爲利博達人樹德深蘋藻由斯薦樵蘇幸未侵恭聞正直祀良識佩韋心容範雖年代徽猷若可尋菊花隨酒馥槐影向窗臨鶴飛疑逐舞魚驚似聽琴漳流鳴磴石銅爵影秋林　陳陽慎從駕祀麓山廟詩曰聖德

憂民暇麾旆謁山靈書舫泝北渚文馬侍東平春俑戍誕照寒林鐃吹鳴依俙長安驛蕭條都尉城井泉能共動江帆得分行牕幽細網合階靜落花明簷巢始入鸞軒樹已遷鷃菲菲蘭俎馥淡淡桂樽清銀堂日影盡玉座舞衣輕　陳張正見行經季子廟詩曰延州高讓遠傳芳世祀移地絶遺金路松悲懸劒枝野藤侵沸井山雨濕苔碑別有觀風處樂奏無人知　隋江揔下山楚廟詩曰蘋藻祈明德倚棹息巖阿忽聽鳥鳴曙非復楚宮歌閑階雜宿薺古木斷懸蘿帷堂寂易晚桴鼓自相和威祀流百世英威言幾何　又攝官梁小廟詩曰疇昔遊衣所今日薦櫻時憲章誠有革歲月遂難思故人獨之子官聯更在茲虛簷靜莫暮雀洞戶映光絲平生復能幾語事必傷悲

【頌】魏陳王曹植孔子廟頌曰修復舊廟豐其甍宇莘莘學徙爰居爰處王教既備羣小遄沮魯道以興永作憲矩洪聲登遐神祇來祜休徵雜沓瑞我邦家內光區域外被荒遐

【文】宋謝惠連祭禹廟文曰謹遣左曹掾奉水土之羞敬薦夏帝之靈咨聖繼天載誕英徽

克明克哲知章知微運此宏謨卹彼民憂身勞五岳形疲九州呱呱弗顧虔虔是欽物貴尺璧我重寸陰乃錫玄圭以告成功虞歎既改夏德乃隆臨朝總政巡國觀風淹留稽嶺乃徂行宮恭司皇役敬肅畢融神且略薦乃昭其忠　梁王僧孺武帝祭禹廟文曰惟帝稟圖上昊貽則下民五聲窮聽四乘兼往輕璧惜景既捨冠屨愛人忘我不顧胼胝下車以泣事深罪己憑舟靡懼義存拯物感業方來遺神如在愛被昆蟲理有好生之德事安非[illegible]無厚味之求是用黍稷非馨香蘋蘩以薦克誠斯饗憑心可荅

明堂

釋名曰明堂明堂高顯貌也　大戴禮曰明堂者凡九室一室而有四戶八牖以茅蓋屋上圓下方所以明諸侯尊卑也外水名曰辟雍揔三十六戶七十二牖　周禮曰夏后氏大室殷人重屋周人明堂度有九尺之筵　周書曰明堂方一百一十二尺室中方六十尺牖高三尺門方十六尺東方曰青陽南方曰明堂西方曰總章北方曰玄堂中央曰太廟左爲左介右爲右介（五經要義以大）

室經爲太室 孝經援神契曰明堂者天子布政之宮上圓下方八牕四達在國之陽 桓譚新論曰王者造明堂上圓下方以象天地爲四方堂各從其色以郊四方天稱明故命曰明堂 黄圖曰明堂者明天地之堂也所以順四時行月令宗祀先王祭五帝故謂之明堂辟雍圓如璧雍水名同事其實一也 禮記曰昔者周公朝諸侯于明堂之位天子負斧扆南向而立 三禮圖曰明堂者周制五室東爲木室南火西金北水土在其中秦爲九室十二室階各有所居 尸子曰黄帝曰合宮有虞曰總章殷人曰陽館周人曰明堂 管子曰黄帝立明堂之議舜有告善之旌湯有總街之庭武王有靈臺之侯 蔡邕月令論曰明堂者天子太廟也所以宗祀而配上帝明天氣統萬物也 徐虔明堂議曰明堂在國之陽國門外一堂五室四門八階 許愼五經異義曰明堂在國之陽七里之内八牕四闥以地就陽位也 五經釋例曰告朔行正謂之明堂 蔡邕禮樂志曰孝武封岱山宗立明堂於太山汶上 禮論曰或以明堂者文王廟周時往合和萬民大以爲宮社名爲萬宮 禮含文嘉曰明堂所以通神靈感天

地正四時出敎化崇有德章有道也　白虎通曰禮三老於明堂所
以敎諸侯孝也恆五更於太學所以敎諸侯悌　淮南子曰古者明堂之
制下之潤濕不能及也上之霧露不能入也所以饗食上帝禮鬼神示人知
節也　家語曰孔子觀乎明堂覩四門之墉有堯舜桀紂之像而各
有善惡之狀興廢之戒焉　又曰周公相成王抱之而負斧扆南面以朝諸
侯之國焉　吳越春秋曰越王召范蠡而問孤竊自以今日一登上明
堂布恩致令以撫百姓也　漢書曰上欲治明堂未曉其制度濟南人公玉
帶上黃帝時明堂圖圖中有一殿四面無壁以茅蓋屋一座通水水圜宮
恒爲複道上有樓從西面入名曰崑崙天子從之　又曰元始五年正月祫
祭明堂諸侯王列侯宗室子九百餘人助祭畢皆益戶賜爵及金帛
東觀漢記曰元平營造明堂辟雍靈臺以即明三重不同也前黃
圖云同一物也　**詩**　宋元帝和劉尚書兼明堂齋宮詩曰質明攝上宰詰
旦乘軒輅四圭邸　蒼君玉六變舞雲門香浮鬱金酒煙繞鳳皇樽新花
臨御陌春色起天園河閒獻樂語斯道媿能論　**銘**　後漢李尤明堂銘曰

布政之室上圓下方〻恒則天地在國正陽揔闥四設流水洋洋順節行化各居其房春恤幼孤夏進賢良秋厲武人冬謹關梁

辟雍

説文曰辟雍天子饗飲處也　五經通義曰天子立辟雍者何所以行禮樂宣德化教導天下之人使爲士君子養三老事五更與諸侯行禮之處也　又曰諸侯不得觀四方故缺東以南半天子之學故曰頖宮　禮記曰天子辟雍諸侯曰頖宮　白虎通曰天子立辟雍行禮樂宣德化辟者象璧圓法天雍之以水象教化流行　桓譚新論曰王者作圓池如璧形實水其中以圜雍之名曰辟雍言其上承天地以班教令流轉王道周而復始　續漢書曰明帝永平二年上始率羣臣躬養三老五更于辟雍行大射之禮　魏志曰明帝甘露二年幸辟雍命羣臣令賦詩

【賦】後漢李尤辟雍賦曰辟雍巖巖巖規矩圓方階序牖闥雙觀四張流水湯湯造舟爲梁神聖班德由斯以匡王公羣后卿士具集攢羅鱗次差池雜遝延忠信之純一兮列左右之貂璫三后八蕃師尹羣卿加休慶德稱

壽上觴戴甫垂畢其儀 蹌是以乾坤所周八極所要夷戎蠻羌儋耳
哀牢重譯嚮應抱珍來 荆南金大路玉象犀龜　晉傅玄辟雍鄉
飲酒賦曰時皇帝親枉萬乘之尊號以辛乎辟雍鹵簿齊列官正其
容乃延卿士乃命王公定小 之常儀兮饗食殊俗而見遠邦揖讓而升有
主有賓禮雖舊制其 新若其俎豆有數威儀翼翼賓主百拜
貴賤脩敕酒清而不飲 乾而不食及至嘒嘒笙磬喤喤鍾鼓琴瑟
安歌德音有叙樂而不 好樸尚古四坐先迷而後悟然後知禮教之
弘普也

頌

陳徐陵皇太子臨辟雍頌曰臣聞天大毛大詳於道德之言
天文人文顯於爻象之說 以大君革命黔首所以庇焉聖人創物文籍
所以生焉咸由此道制 民極莫不對越上靈裁成庶類濟世育德
昭被昆蟲皇帝世膺下武 資上德握天鏡而授河圖執玉衡而運乾象
皇太子耀彼重離光茲 儀天以行三善儷極以照四方惟忠惟孝自
家刑國乃武乃文化成 下侍中國子祭酒新安王宗室羽儀衣冠準的惟
善爲樂造次必儒興 以十一年三月二十一日受詔弘宣發論語題攝齊升

堂摳衣即席對揚天人開闢大訓清言既吐精義入神副德爰動音釋起問難泉涌辯論綸之異定倫理之疑玉振鏘鏘雲浮霧布介王奉縈聖蹤馳辯秀出信令張禹慙其師法何晏忸其訓詁穆穆焉洋洋焉此實虞朝之盛德生民之壯觀者也臣抑又聞之魯頌聿興史克宣其懿晉雍大啓王廙逞其詞所以述休平之風揚君上之德野以下才敢爲頌曰皇運勃啓膺圖受命紫蓋東臨黃旗南映積仁累德重明疊聖四海無浪三階已平儲駕戾止和鸞有聲弘風講肆崇儒肅成冊書貫道黃金賤篋籯洙四興業闕里增榮

學六

物理論曰學者植也　五經通義曰三王教化之宮總名爲學　禮記曰古之教者家有塾黨有庠術有序國有學　周官曰師氏以三德教國子一曰至德以爲道本二曰敏德以爲行本三曰孝德以知惡逆　尚書大傳曰稷鉏已藏歲事欲畢餘子皆學十始入小學見小節踐小義十八始入大學見大節踐大義　漢書曰三代之道鄉里有教夏曰校郡曰庠周曰序

三輔舊事曰漢太子在長安門東書杜門五經博士員弟子萬餘人黄圖曰禮小學在公宫之南太學在東就陽位也去城七里東爲常滿倉倉之北爲槐市列槐樹數百行爲隧無牆屋諸生朔望會此市各持其郡所出貨物及經傳書記笙磬樂器相與買賣雍雍揖讓論義槐下　東觀漢記曰光武五年初起太學諸生吏子弟及民以義助作上自齊歸幸太學賜博士弟子　續漢書曰明帝永平二年上始帥羣臣養三老於辟雍郡國縣道行飲酒禮于學校　魏名臣奏曰蔣濟奏學者不恭肅慢師酗酒好訟罰飲水三升　晉諸公贊曰惠帝時裴頠爲國子祭酒奏立國子太學起講堂築門闕刻石寫經任豫益州記曰文翁學堂在大城南經火災蜀郡太守高眹修復繕立圖畫聖賢古人像及禮器瑞物

【頌】後漢崔瑗南陽文學頌曰昔聖人制禮樂也將以統天理物經國序民立均出度因其利而利之俾不失其性也故觀禮則體敬聽樂則心和然後知反其性而正其身焉取律於天以和聲採言於聖以成謀以和邦國以諧萬民以序賓旅以悦遠人其

覲威儀省禍福也出言視聽於是乎取之民生如何道可以禮樂乃修禮官奮其羽籥我國既淳我俗既敦神樂民則嘉生乃繁無言不酬其德宜光先民既沒賴茲舊章我禮既經我樂既聲三事不叙莫識其形　魏陳王曹植學官頌曰自五帝典絶三王禮廢應期命世齊賢等聖者莫高於孔子也故有若曰出乎其類拔乎其萃誠所謂性與天道不可得而聞矣由也務學名在前志宰予晝寢糞土作誡過庭之言子弟明記歌以詠言文以騁志予今不述後賢曷識於鑠尼父生民之傑性與天成該聖備藝德倫三五配皇作烈玄鏡獨鑒神明昭晰仁塞宇宙志陵雲霄兒學者三千莫不俊乂唯仁可憑唯道足恃鑽仲彌高請益不已

【志】

魏王粲荊州文學記官志曰有漢荊州牧曰劉君稱曰於先王爲世也則象天地軌儀憲極設教導化叙經志業用建雍泮焉立師保焉作爲禮樂以節其性表陳載籍以持其德上知所以臨下下知所以事上官不失守民德無悖然後太階平焉夫文學也者人倫之首大教之本也乃命五業從事宋衷新作文學延朋徒焉宣德音以贊

之降嘉禮以勸之五載之間道化大行耆德故老綦毋闓等負書攜
器自遠而至者三百有餘人於是童幼猛進武人革面總角佩觿委介
免冑比肩繼踵川逝泉涌亹亹如也兢兢如也遂訓六經講禮物諧八
音協律呂修紀曆理刑法六路咸秩百氏備矣天降純嘏有所底授
臻于我君受命既茂南牧是建荆衡作守時邁淳德宣其丕繇厥繇
伊何四國交阻乃赫斯威爰整其旅虔夷不若屢戡寇侮誕啓洪軌敦
崇聖緒典墳既章禮樂咸舉濟濟搢紳盛茲階宇祁祁髦俊亦
集爰處和化普暢休徵時叙品物宜育百穀繁蕪勳格皇穹聲
被四宇 **銘** 後漢李尤太學銘曰漢遵禮典崇興六藝修周之理埽秦
之弊褒建儒宮廣置異記開延學者勸以爵位 **詔** 宋傅亮立學詔
曰古之建國教學爲先弘風訓世莫尚於此發蒙啓滯咸必由之故爰自
盛王迄于近代莫不敦崇學藝修建庠序自昔多故戎馬在郊旌
旗卷舒日不暇給遂令學校荒蕪講誦蔑聞軍旅日陳俎豆藏器訓
誘之風將墜于地今王略遠覃華域清晏仰風之士日月以冀便宜博延

胄子陶獎童蒙選衍儒宫弘振國學

表

宋鄭鮮之請立學表曰至於洙泗之教洋洋盈耳所以柔漸性情日用成器國廢胄子之教家弛勸學之訓宜振起頹業以迴視聽援光太陽燭之幽夜令欣流者濟律懷寶者剖和　梁簡文帝求寧國臨城二公入學表曰臣聞瞻彼緝狐既次良冶相諸笥玉猶待他山故沮漳之水可居鄒魯之鄉爲貴下惟投斧昔人以爲精力弃竿委變先哲以爲美談伏惟陛下弘至德之微言闡無爲之妙説語郊講道不勞賈生之議就陽啓伍無待公玉之圖願得齒年國胄隨肩選造　梁元帝請於州立學校表曰臣聞公宫之南四術四教司樂成均六詩六律韶濩既舞羽籥之道行焉黨黨塾茲備離經之志辯焉故不外嵩霍豈識乾行之峻不臨溟渤安知地載之厚洎乎秦焚金篆周亡玉鏡羣言爭亂諸子相騰書則夏侯歐陽易則神輸道訓詩乃齊魯毛韓傳稱鄒左張夾禮有曲臺王史之異樂有龍德趙定之殊伏惟陛下撫五辰而建五長播九德而導九州容成爲曆興景雲之瑞伶倫吹律應黃鍾之琯撥亂反正經武也制禮作樂緯文也

若非六經庖廚百家異饌三墳爲瑚璉五典爲笙簧豈能嬰以秋陽紆就埊之景濯以江漢播垂天之澤

啓

梁王僧孺爲蕭監利求入學啓曰竊以矯首伺飛不如修弋宛足念遠莫若驅驃故樸斲成於丹雘篠簜資於括羽敢因莩末有志庠均爲山資於一簣學海漸其微流

梁任昉求爲劉瓛立館啓曰昔在魏中晏及晉始書貴虛玄人悅陶縱瑚璉廢泗上之容樽俎忞林下之適春于秋羽委曠而弗陳西序東膠寂寥而誰仰所以金雞忘曉玉羊失馭神器毀於獯戎寶曆遷於干越豈不悲歟劉瓛澡身浴德修行明經賤珪璧於光陰貴松筠於歲晚貧不隕穫其心窮不二其操而困無居止浮寓親遊埴棟傾鑽窐衢塾側有朋自遠無用棲憑皆負笈擔簦櫛風沐露瓛之器學無謝前修輒欲與之周旋闢館招延昌第西偏官有閑地北拒晉山南望通邑雖曰人境實少浮喧廣輪裁盈數畝布以施立黌塾薦藝桑麻粗創茨宇

教

晉湛方生修學校教曰貴郡之境山秀水清嶺舉雲霞之標澤流清曠之氣荆藍之璞豈不在茲

梁元帝召學生教曰閤下昔楚王好詩沛王

傳易猶且傳之不朽以爲盛事況吾親承天旨聞禮聞詩方欲化行南國被于西楚

釋奠

禮記曰凡欲立學必先釋奠于先聖先師及行事必以幣天子親學大昕鼓徵所以警衆也衆至然後天子至乃命有司行事適東序釋奠于先老　又曰凡學春官釋奠于先師秋冬亦如之釋奠即舍菜舍菜即祭菜然則國子入學以蘋蘩告誠祀其師以宗敬道也菜芹之屬　又曰天子乃獻羔開氷先薦寢廟上丁命樂正習舞天子乃率公卿親往視之注云樂官之長也命舞者順万物始出地鼓舞也將舞必釋奠於先師夏小正月二月丁亥万用入學丁亥者吉日也万者干戚舞也學者大學也　晉博士戴邈議曰周禮大胥之職掌國子之版以待致諸子春入學舍采合舞秋頒學合聲　晉范堅書問馮懷曰漢代以來釋奠先師唯饗仲尼不及公旦何也馮荅曰若如來之談亦當憲章堯舜文武豈唯周公乎

詩　宋顏延之侍皇太子釋奠宴詩曰伊昔周儲聿光往記思皇

世哲體元作嗣資此夙知降從輕志正殿張筵司分簡日尚度函丈
承疑奉帙獻終龍衮吉郎宮廣宴堂設象筵庭宿金懸台保兼徽
皇戚比音肴乾酒澄端服整弁　齊竟陵王蕭子良侍皇太子釋奠
宴詩曰霜輕流日風送夕雲雕檐結綵綺井生文四璉合旨八簋舒芬
齊王儉侍皇太子釋奠宴詩曰禮惟國幹義實民端身由業深世以
教安金鎔乃器水衔伊瀾漸芳則馥屑復冰固寔資宗務時頖宮善誘
盜盆舍生蹤彼仁壽淳移雅缺歷茲爽遊藝莫師獨學誰友二兆戒辰八鸞
警言且禮邁仁周樂超英漢神保是格祝史斯贊　梁任昉侍皇太子釋奠
宴詩曰在昔歸運阻亂弘多夷山製宅　盪海爲家風雲改族日月增華
惟神知化在物立言樂正雅頌咸被後昆告奠明祀觀道聖門日月不息
師表常尊　梁沈約侍皇太子釋奠宴詩曰復禮曲臺天樂宣榭闕文
内舉輶軒外駕馬結朋千里從師百舍隊典必從闕祀咸薦迴鑾獻爵
摐金委質肆士辯儀胥人掌縣髣髴神蹤徘徊靈睠　又爲南郡王侍太
子釋奠宴詩曰陵季相沿訓眚世殆政缺推乖風離化改禮亡祏席樂沉

河海一雍靡構四教誰探曠震並峻義屬重麗横書清道晦彼生知

【頌】晉傅咸皇太子釋奠頌曰生而知之上于皇儲以能而問虚實若虚爰雕聖章玉采是敷乃備嘉薦于國之雍敬享先師以疇聖功

晉潘尼釋奠頌曰三光迭運五德代微黄精既亢素靈乃暉有皇承天造我晉繼祚以大寶登以龍飛聖容穆穆侍講誾誾抽演微言啓發道眞探幽窮賾温故知新曰皇儲后體神合幾兆吉先見知來動微

【文】晉庾亮釋奠祭孔子文曰維咸康三年荆豫州刺史都亭侯庾亮敬告孔聖羽靈詩書煥於唐虞憲章盛於文武然後黎民時雍彝倫攸敘幽厲頹構玉繩絶紀高岸爲谷六合錯否上陵夷而失敎下苟免而無恥公以玄聖之靈應感圓通萬物我賴匪我求蒙夫子既没洪範乖流秦雖焚道漢聿孔修洎我皇晉仰欽大猷宗聖既建遐胄俾侯令月吉辰祗陳大禮磬管鏘鏘威儀濟濟嘉奠既設欽若靈規心存鳳德尚想來儀神其歆之降鑒在斯

梁元帝釋奠祭孔子文曰粵若宗師荷歟乃聖惟岳降神惟天所命上善如水至人若鏡

又祭顔子文曰欽哉亞聖

一惡彼至人作分介石時知落鱗不先稱寶席上爲珍致虚守靜曲巷
安貧欽風味道其德有鄰　梁陸倕釋奠祭孔子文曰於惟上德是
曰聖已具克明克俊知化窮神研幾善誘藏用顯仁利同道濟成俗敎
民道尊功倍德博化光離經班志濟濟洋洋

藝文類聚卷第三十八

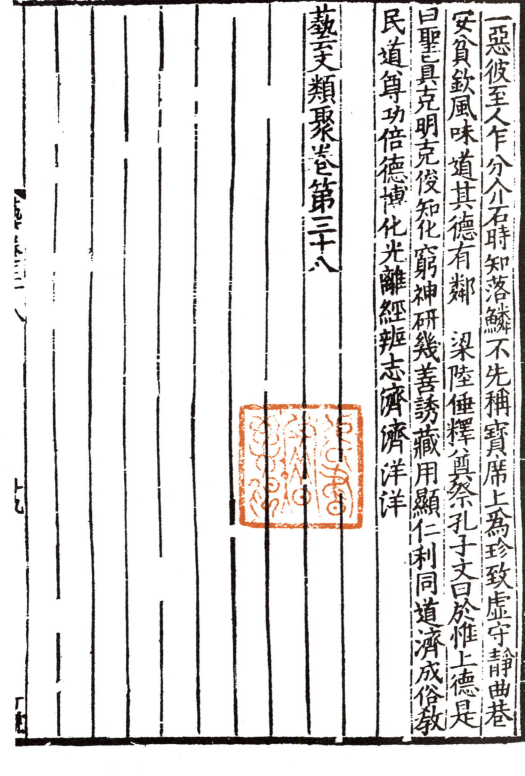

藝卷三十八

藝文類聚卷第三十九　　渤海歐陽　詢　撰

禮部中

巡守　籍田　社稷　朝會　燕會　封禪　親蠶

巡守

禮註曰王者必制巡守之禮何尊天重民也所以五年一巡守何五歲再閏天道大備王者因亦當音也所以至四岳者盛得之四方之中能興雲致雨也　又曰天子五年一巡守二月東巡守至于岱宗柴而望祀山川覲諸侯問百年者就見之命太師陳詩以觀民風命市納賈以觀民之好惡

易曰先王　以省方觀民設教　尚書曰歲二月東巡守至于岱宗柴

傳曰天子非展義不巡守注云巡守所以布德展義　周禮曰職方氏掌天下之圖王巡守則戒于四方考職事無不敬戒　風俗通曰巡者循也守者守也道德太平恐遠近不同化幽隱有不得所者故自躬親行之

白虎通曰巡守所以時出何當承宗廟故不踰也以夏之中月同律度得其中也　越絕書曰禹巡守大越見耆老納詩書審銓衡平斗斛

漢書曰元封五年冬行南巡至于盛唐望祠虞舜于九疑登天柱山自

尋陽浮江親射蛟江中獲之舳艫千里薄樅陽而出作盛唐樅陽之歌　東觀漢記曰章帝東巡至岱山宗祀五帝於汶上黃帝太一祭推曰欲先知巡之年當視太一歲在四維之歲爲狩　蔡邕獨斷曰巡守校獵還公卿以下陳雒陽亭前街上乘輿到公卿以下拜天子下車公卿親識顏色然後還宮古語曰在宮惟下唯此時施行　摯虞新禮儀曰魏元氏巡守故事新禮守方岳柴望告至設壇諸侯之覲者乃摯皆如儀而不建旗臣虞謹按覲禮天子各建其旗旗章所以殊爵命視等威也詩稱君子至止言觀其旂宜定新禮建旗如舊　三齊略記曰堯山在廣固城西七里堯巡守所登遂以爲名山頂立祠祠邊有柏樹枯而復生不知幾代樹也

【詩】隋虞世基和幸江都詩曰南國行周化稽山秘夏圖百王豈殊軌千載協前謀肆覲遵時豫順動悅來蘇安流玉舳戒道翼金吾龍旂煥辰象鳳吹溢川塗封唐昔敷錫分陝被荆吳沐道咸知讓慕義久成都冬律初飛管陽烏正衘蘆嚴飈肅林薄暖景澹江湖鴻私浹幽遠厚澤潤凋枯虞琴起歌詠漢筑動巴歈多幸霑行葦

無庸類散樗　又曰巡遊光帝典征吉乃文先澤國翔宸駕水府汎樓船七華縈長薄三翼亘通川夙興大昕始求衣昧旦前澄灟浮曉色遥林卷宿煙晨霞稍含景落月漸虧弦迴塘響歌吹極浦望旌旃方陪覲東后登封禪肅然

賦

漢揚雄甘泉賦曰孝成帝時客有薦雄文似相如者上方祀甘泉泰畤雄從上甘泉故述斯賦惟漢十世將郊上玄乃命群僚星陳而天行詔招揺與太陰兮伏鉤陳使當兵八神奔而警蹕兮飛蒙茸而走陸梁猋猋駭雲迅奮以方攘半散照爛粲以成章於是帥爾陰閉霅然陽開流星旄以電燭兮咸翠蓋而鸞旗臨高衍之嵱嵷超紆譎之清澄據軨軒而周流忽軮軋而無垠翠玉樹之青葱壁馬犀之璘㻞歷倒景而絕飛梁浮蠛蠓而撇天曳虹彩之流離颺翠氣之宛延排玉戶而颺金鋪發蘭蕙與芎藭靡薜荔而爲蓆折瓊枝以爲芳吸青雲之流霞飲若木之露英集乎禮神之囿登乎頌祇之堂攀琁璣而下視行遊目乎三危玉女亡所眺其清矑宓妃曾不得施其蛾眉於是欽柴宗祈燎薰皇天樵蒸焜上配藜四施選巫咸兮叫帝閽開天庭

兮延羣神由是事畢功弘迴車而歸登長平兮雷鼓磕度三巒兮偈棠棃雲飛揚兮雨霶霈于胥德兮麗萬世亂曰崇崇圜丘隆隱天兮增宮參差駢嵯峨兮上天之縡杳旭卉兮聖皇穆穆信厥對兮來祇郊禋神所依兮輝光炫燿降厥福兮子子孫孫長無極兮　又幸河東賦曰其三月將祭后土上乃帥羣臣橫大河湊汾陰既祭畢登歷觀陟西岳以望八荒迹殷周之墟眇然以思唐虞之風雄以爲臨川羨魚不如歸而結網還上河東賦以勸其辭曰伊年暮春將瘞后土禮靈祇謁汾陰於東郊乃撫翠鳳曰駕馳光影之乘棹奔星之流旃攪天狼之威弧奮電鞭驂雷輜鳴洪鍾建遂旂羲和司日顏倫奉輿樂往昔之遺風喜虞舜之所耕瞰帝唐之嵩高眺隆周之大寧叱風伯於南北呵雨師於西東參天地而獨立廓蕩蕩其無雙

頌　後漢班固東巡頌曰竊見巡狩岱山宗上稽帝堯中述世宗遵奉世祖禮儀備具動自聖心是以明神屢應休徵仍降不勝狂簡之情謹上岱宗頌一篇曰若稽古在漢迪哲聿修厥德憲章丕烈翽翽六龍較五輅齊百僚陶質素命南重以司歷厥中月之六辰備天官

之列衛盛輿服而東巡　又南巡頌曰惟漢再命系葉十一帝典協景和則天經郊高宗光六幽通神明既禘祖於西都又將祫于南庭是時聖上運天官之法駕馮列宿而贊元　後漢崔駰東巡頌曰伊漢中興三葉於皇惟烈允迪厥倫矩坤度以範物規乾則以陶鈞於是考上帝以質中總列宿於北辰開太微敞禁庭延儒林以諮詢岱岳之事于時典司者耆戴華抱實進爾而造曰盛乎大漢世增其德此神人之所庶幸海内之所想思頌有喬山之征典有徂岳之巡時邁其邦民斯攸勤不亦宜哉乃命太僕訓六騶閑路馬戒師徒於是乘輿登天靈之威路駕太一之象車升九龍之華旗建掃霓之旌旄裒胡耇之元老賞孝行之畯農　後漢馬融東巡頌曰允迪在昔紹列陶唐郡天東充搖光若時則運璣衡敷六典經八成肆類乎上帝實柴乎三辰禋祀乎六宗祗燎乎羣神遂發號羣司申戒百工卜筮稱吉蓍龜襲從南征　馮相告祥清夷道而後行曜四國而揚光展聖義於巡狩喜圻時而詠八荒指宗岳以爲期固岱神之所望散齋既畢越翼良辰棫樸增構烈火燔燃煇光昭爛

薄天蕭鬺香肆升青煙冒雲珪璋峩峩犧牲絜純欝鬯宗彝明水玄樽空桑孤竹咸池雲門六變神祇並存

【誥】後漢張衡東巡誥曰惟二月初吉帝將狩于岱岳展義省方觀民設教率羣賓備法駕以祖于東門屆于靈宮是日也有鳳雙集于臺壬辰祀上帝于明堂帝曰咨予不材爲天地主慄慄翹翹百僚萬機懃之謂矣孰朕之勞上帝有靈不替朕命誕敢不祗承凡庶與祭於壇墠之位者曰懷爾邦君寔願先帝載厥太宗以左右朕躬羣臣曰帝道横被旁行海表一人有㱿萬民賴之從巡助祭者兹惟嘉瑞乃歌曰皇皇者鳳通玄知時萃于山趾與帝邀期吉事有祥惟漢之祺帝曰朕不敢當亦不敢蔽天之吉命

籍田

說文曰帝籍千畝者使民如借故謂之籍　毛詩曰載芟春籍田而祈社稷也　周官曰上春詔王后帥六宮之人而生種稑之種而獻之于王　又曰甸師率其屬而耕耨王籍以時入之以供粢盛　禮記曰孟春之月天子乃以元日祈穀于上帝天子親載耒耜帥三公九卿諸侯大夫躬耕帝籍天子三推三公五

推卿諸侯九推庶人終畝反乃執爵于太寢命曰勞酒　又曰天子耕於南
郊諸侯於東郊　又曰天子爲籍千畝冕而朱紘躬執耒以事天地山
川以爲醴酪粢盛於是乎取之敬之至也諸侯百畝冕而青紘　梁五禮
籍田儀注曰其田東去宮八里遠十六里爲千畝天子耒耜一具九卿耒耜九
具立方壇以祠先農　應劭漢官儀曰天子升壇公卿耕訖啇天下種籍
田千畝亦曰帝籍亦曰親耕亦曰王籍　又曰東耕之日親率公卿載青幘
載青車駕蒼馬公卿以下車駕如常法　五經要義曰天子籍田千畝孟
冬啓蟄既郊之後率公卿大夫而親耕焉所以先百姓而致孝敬　國語
曰宣王即位不籍千畝虢文公諫曰夫民之大事在農上帝之粢盛於是
乎出民之蕃庶於是乎生先時九日太史告稷曰陽氣俱蒸土膏其動
即以告王王即御事王耕一撥班三之庶人終乎千畝王不聽師敗於姜戎
也　論衡曰立春東耕爲土象人男女各二執耒鉏箴或立土牛象人土牛
未必耕也從氣應時示師下也　漢書文帝詔曰夫農天下之本其籍
田朕親率耕以給宗廟粢盛　東觀漢記曰永平十三年二月耕籍田畢

賜觀者食有一諸生前言善哉文王之遇太公也上書版曰生非太公子亦非文王

詩

宋顔延之侍東耕詩曰題封經地域辰角麗天部浮藹起青壇沉腴發紺耦草服蔫同穗黄冠獻嘉壽詩　宋謝莊侍東耕詩曰肅鑣奉晨發恭帶蒯朝聞仙鄉降朱藹神郊起青雲陰臺承寒緑陽樹迎初薰觀德欣臨籍瞻道樂遊汾　梁武帝籍田詩曰寅賓始出日律中方星鳥仁化洽孩蟲德令禁胎夭耕籍乘月映遺滞指秋杪年豐廉讓多歲薄禮節少　梁簡文帝和詩曰禮經聞往説觀實著遐篇豈如春路動祈穀重民天三春潤榆莢七月待鳴蟬繇魚顯嘉瑞銅雀應豐年不勞鄭國雨無榮鄴令田　陳張正見從籍田應衡陽王教作詩曰帝京惟赤縣神居應紫微塗山萬國仰滄海百川歸東郊事平秩仲月祀靈威令兆開早扇閶闔啓朝扉其一　洛城鍾漏息靈臺雲霧卷森森虎戟前藹藹鑾旂轉屬車遊絳闕風烏度丹巘帳殿華金輿旌門擁玉輦其二　玉輦帶非煙金輿映緑川雨師清遠路風伯靜遥天分渠通沃野激水入公田草發青壇外花飛

蒼玉前淇其三 蒼玉臨珪璧青壇躬帝籍冒㮰乃三推齊衡均百辟藺
場儼芝雋桂圃芳瑶席山禽韻管絃野獸和鍾石其四 鍾石既相和江
海復無波梁客簪裾盛陳王文雅多脩塗參弱駘喬木間輕蘿幸承
溫吹末擊乜墀自爲歌其五

賦 晉潘岳籍田賦曰伊晉之四年正月皇帝
親率羣后籍于千畝之甸禮也於是乃使甸師清畿野廬埽路封人壝
宮掌舍設枑青壇蔚其岳立翠幕黕以雲布沃野墳腴膏壤平砥
清洛濁渠引流激水葱犗服于縹軛紺轅綴於黛耜儼儲駕於屋
左俟萬乘之躬履龍袞春服之萋萋接游車之轔轔森奉璋以階列
望皇軒而肅震若湛露之晞朝陽似衆星之拱北辰於是前驅魚麗
屬車轔萃閶闔洞啓參塗方駟常伯陪乘太僕秉轡后妃獻穜
稑之種司農撰播植之器天子乃御玉輦蔭華蓋衝牙錚鎗綃紈綷
縩表朱玄於離坎飛青縞於震兌中黄曄以發暉方綵紡其繁會震
震塡塡以幸乎藉田蟬冕熲以灼灼碧色肅其芊芊似夜光之剖荆
璞若茂松之依山巔於是我皇乃降靈壇撫御耦三推而舍庶人終畝

貴賤以班或五或九躡踵側肩椅裳連袂黃塵爲之四合陽光爲之潛翳動容發音而觀者莫不抃舞乎康衢謳吟乎聖世有邑老田父進而稱曰蓋損益隨時理有常然高以下爲基民以食爲天九土之宜弗任四人之務不一展三時之弘務致倉廩之盈溢固堯湯之用心而存救之要術若乃廟祧有事祝宗諏日黍稷馨香旨酒嘉栗古人有言曰昔者明王以孝治天下其或繼之者乎我皇晉實光斯道儀形乎于萬國愛敬盡於祖考　宋任豫籍田賦曰瞻望圭景咫尺三川緬彼帝籍百有餘年映至德於盛位儷列聖於微辰紆汾陽以昧旦信堯心而禹勤史奉載耜之禮民奏舉趾之歌膏壤千畝與式既同區勢平易畎陌脩通提攜丘澤眺嶺面松　隋江揔勞酒賦曰在陽春之仲序臨覽具物之芳菲帥公卿而播百穀親耒耜而命三推開青壇於迴甸列翠幕於清沂乃遵執爵之典爰降食苹之讌豁朱鳥之高牕啓黃龍之抗殿奏帝鴻之万舞動鈞天之九變願曲私之亭育遍寒暑而徂遷謬陳力而策駘豈酬恩於暮春年

【文】齊謝朓爲隨王粲東耕文曰穀躔星景穡表

踖先八政奚首六府茲宜弊嗟非國登頌有年天慼怠望歲誰天梁元帝祭東耕文曰三農九穀爲政所先万箱億庾是曰民天繫稱斵耜書美厥田花開杏樹凍解新泉當使黍稷莫莫民翳昏樂甘雨祁祁遂及我私我私之孰表裏禔福禔福中田歲取十千是蔗是衮登頌有年

啓

梁元帝慶東耕啓曰伏惟陛下欽授民時造幄籍圃漢之元鳳未足棒羈晉之太始非堪扶轂但承明侍從即事未由周南留滯伏深戀仰

論

魏陳王曹植籍田論曰春耕于籍田郎中令侍寡人焉顧而謂之曰昔者神農氏始嘗萬草教民種植今寡人之興此田將欲以擬乎治國非徒娛耳目而已也夫營疇萬畝厥田上經以大陌帶以橫阡此亦寡人之封疆也日殄沒而歸館晨未晰而即野此亦寡人之先下也菽藿特疇禾黍異田此亦寡人之政理也及其息涌庇重陰懷有虞撫素琴此寡人之所習樂也蘭蕙荃蘅植之近疇此亦寡人之所親賢也藜蓬臭蔚弃之乎遠疆此亦寡人之所遠佞也若年豐歲登果茂菜滋則臣僕小大咸取驗焉 又曰封人有能

以輕鑿脩餉去樹之蝎者樹得以繁茂中舍人曰不識天下者亦有蝎者寡人告人曰昔三苗共工鯀驩兜非堯之蝎與問曰諸侯之國亦有蝎乎寡人告之曰齊之諸田晉之六卿魯之三桓非諸侯之蝎與然三國無輕鑿脩餉之任終於齊篡魯弱晉國以分不亦痛乎曰不識爲君子者亦有蝎乎寡人告之曰固有之也富而慢貴而驕殘仁賊義甘財悦色亦君子之蝎乎天子勤耘以收一國大夫勤耘以收世祿君子勤耘以顯令德夫農者始於種終於穫澤既時矣苗既美矣弃而不耘則故爲荒噫蓋豐年者期於必收學言修道亦期於沒身也

社稷

孝經緯曰社土地之主也土地闊不可盡敬故封土爲社以報功也稷五穀之長也穀衆不可徧祭故立稷神以祭之　禮記曰夫聖王之制禮也法施於民則祀之以勞定國則祀之能禦大災則祀之能扞大患則祀之是故厲山氏之有天下也其子曰柱能殖百穀夏之衰也周棄繼之故祀以爲稷共工氏之霸九州也其子曰后土能平九州故祀以爲社　又曰社祭土而主陰氣

也君南向於北墉下荅陰之義也牆謂之墉北墉社內地也日用甲用日之始也國中之神莫貴於社天子大社必受霜露風雨以達天地之氣也是故喪國之社屋之不受天陽也薄社北牖使陰明也社所以神地之道也地載物天垂象取財於地取法於天是以尊天而親地也　又曰王爲羣姓立社曰太社王自立社曰王社諸侯爲百姓立社曰國社侯自爲立曰侯社大夫以下置社　左傳曰魏獻子問於蔡墨曰社稷五祀誰氏之五官也對曰少皡有四叔曰重曰該曰脩曰熙實能金木及水使重爲句芒該爲蓐收脩及熙爲玄冥此其三祀也顓頊氏有四子曰黎爲祝融共工氏有子曰句龍爲后土此其二祀也后土爲社稷田正也有烈山氏之子曰柱爲稷自夏以上祀之周弃亦爲稷自商以來祀之　又曰宋使邾文公用鄫子於次睢之社欲以屬東夷司馬子魚曰古者六畜不相爲用小事不用大牲況敢用人乎祭祀以爲人民神之主用人其誰饗之　尚書曰海岱及淮惟徐州厥貢惟土五色王者封五色土以爲社建諸侯則割方色土立社燾以黃土苴以白茅茅取其絜黃取王者覆四方也　又曰湯旣勝夏欲遷其社不可湯承堯舜禪之

後順天應人逆取順守而有慙德故革命創制改正易服委宜社稷以稷代無及句龍者故不可而止　又曰越翼日戊午乃社于新邑牛羊豕各一注云告社稷用太牢也　周書曰諸侯受命于周乃建立太社于國中其壝東青土南赤土西白土北驪土中央黃土將建諸侯鑿取方一面之土苴以白茅以土封之故曰列土于周也　周官曰小宗伯掌建國之神位右社稷大宗伯掌以血祭祭社稷　又曰封人設王之社壝爲畿封而樹之注云壝壇也　公羊傳曰日有食之鼓用牲于社求乎陰道也以朱絲營社或曰脅之或曰晴恐犯之故營也　尚書逸篇曰北社惟松惟柏南社爲梓西社爲槐　白虎通曰王者所以有社稷何爲天地報功也社稷所以有樹何所以表功也　淮南子曰禹勞天下故死而爲社周棄作稼穡死而爲稷　又曰夫窮鄉之社叩甕拊缺相和而歌自以爲樂也常試爲之擊建鼓撞巨鍾乃始知夫甕瓦缺之足羞也夫至道之論亦學者之建鼓也燕鄉之社易爲黍肉燕國之稷易爲求福　莊子曰匠石之齊至于曲轅見櫟社樹其大蔽牛其高臨山十仞而後有枝其可以爲舟

者旁十數觀者如市　論語曰哀公問社於宰我宰我對曰夏后氏以松殷人以柏周人以栗　論衡曰亡國之社屋其上棧其下絶於天地夫春秋藩社周以爲戒　漢書曰高祖時天下已定詔御史宜於豐治枌榆社常以春羊彘祀之　又曰社者土地宗廟王者所居稷者百穀之王所以奉宗廟共粢盛人所食以生活也王者莫不尊重親祭者爲之主禮　毛詩曰乃立冢土又曰以御田祖以祈甘雨漢興禮儀稍定已有官社未立官稷遂於官社後立官稷以夏禹配饗官社后稷配食官稷徐州牧歲貢五色土各一斗　又曰陳平旣娶張氏女資用益饒游道日廣里中社平爲之宰分肉食甚均里父老曰善陳孺子之爲宰平曰嗟乎使平得宰天下亦如此肉矣　又曰欒布吳軍時以功封爲俞侯燕齊之間皆爲立社号曰欒公社　又曰周之正月受社牲之首以出種于帝籍蠶人受社雍祭以沐蠶種上辛乃射里社于帝郊以祈來年于之豐　漢舊事曰天子太社以五土爲壇封諸侯者取其土苴以白茅授之各以其所封方色立社於其國故曰受茅土　搜神記曰中興初有應嫗

者生四子而盡見神先照社初探試之乃得黃金自是諸子宦學並有芳名至瑒七世顯云云 戴延之西征記曰洛陽建春門外迎道北有白社董威輦所住也去門二里白社有牛馬市即嵇公臨刑處也 伍輯之從征記曰臨沂厚丘間有次睢里社常以人祭襄公使邾子用鄫子處相承雇貧人命齋潔祭時縛着社前如見牲犧魏初乃止 荆州圖記曰鄭縣東百步有縣故城縣南里名伍伯村有白榆連理樹異根合條高四丈餘士民奉爲社 湛方生盟文曰仰推先王建社之義府從詩人甫伏之儀遂藝樹立壇結誓言明神

【賦】晉張華朽社賦曰高柏橋南大道傍有古槐樹蓋數百年木也余少居近之後去行路遇之則已朽意有絅然輒爲之賦因以言衰盛之理云爾伊茲槐之挺植于京路之東隅得託尊於田主據爽塏以高居垂重陰於道周臨大路之通衢饗春秋之所報應豐胙於無射歷漢京之康樂踰喪亂之橫逆朱夏當陽蓊藹蕭森征夫雲會行旅歸心輶軒停蓋輕輿託陰古人向風而袪袂王孫清嘯而啓襟睎甘棠之廣覆褊喬木之無陰

【誦】魏陳王曹植社頌

曰於惟太社官名后土是曰句龍功著上古德配帝皇實爲靈主克明播植農正曰柱爵以作稷豐年是興義與社同方神北宇建國承家莫不脩叙　宋何承天社頌曰余以永初三年八月大社聊爲此文實惟陰祇稷爲穀元率育萬類協靈昊乾霸德方將世號共工厥有才子寔曰句龍稱物平賦百姓喜雍唐救災決河流江弃亦播植作乂萬邦克配二祀以報勤庸伊何厚載生民倉廪既實神節斯因人亦有言物用思人矧乃大德功被陶鈞豈伊百世萬代不泯蒸哉帝王肇建皇極體國經野設官分職峩峩二社列幹比殖歲云其秋晷漏均程牲牢既絜嘉薦惟馨

朝會

禮記曰天子無事與諸侯相見曰朝（事具征伐篇）周禮曰春見曰朝夏見曰宗秋見曰覲冬見曰遇時見曰會殷見曰同　又曰王執鎭圭（以四鎭山爲飾）公執桓圭侯執信圭（信即身也謂圭上作人身）伯執躬圭（躬亦身）子執穀璧（穀以養人璧上作穀）男執蒲璧（蒲者所以爲席以安人爲璧上作蒲草文）孤執皮帛卿執羔大夫執鴈士執雉庶人執鶩工商執雞

又曰春朝諸侯而圖天下之事注云圖考績也　傳曰凡朝以正班爵之義會以訓上下之則　又曰宣十四年孟獻子言於公曰臣聞小國之免於大國也聘而獻物於是庭實旅百朝而獻功注云獻其國若征伐之功於牧伯也　又曰子産相鄭伯如楚僑聞大適小有五美宥其罪戾赦其過失救其災患賞其德刑教其不及　又曰遠啓彊對楚子曰朝聘有圭享覜有璋小有述職大有巡功又曰叔向曰明王之制使諸侯歲聘以志業間朝以講禮再朝而會以示威再會而盟以著昭明志業於好講禮於等示威於衆昭明於神　又曰莊公二十三年夏公如齊觀社非禮也曹劌諫曰夫禮所以整民也故會以訓上下之則制財用之節朝以正班爵之義帥長幼之序孟子曰諸侯朝天子曰述職一不朝則貶其爵二不朝則削其地三不朝則六師移之　摯虞決疑要注曰漢制會於建始殿晉制大會於太極殿小會於東堂會則五時服庭設金石武賁旄頭文衣繡尾　又曰宴之與會威儀不同也會隨五時朝服庭設金石旄頭之衣鶡尾以列陛讌則服常服設絲竹之樂宿衛列仗會於太極殿小會於東堂　白虎

通曰凡臣見君必有贄贄者質也致己質誠也公侯以玉爲贄者取其燥不輕溼不重也大夫以鴈爲贄者取其飛成行止成列也士以野雞使其不可誘之以食脅之以威畢死不可畜也又諸侯相聘爲相尊敬也朝聘天子更以所尊孝禮正刑一德以尊天子也　又曰聘者緣臣子欲知其君父無恙又當奉土地所生珍物以助祭是以皆行聘禮　又曰朝備文德而明禮義也　春秋說題曰諸侯執政各來朝講文德禮讓制法四方　尚書曰既月乃日覲四岳羣牧注云既盡也覲見也言舜日盡正月乃見羣牧　穀梁傳曰滕侯薛侯來朝天子無事諸侯朝正也考禮修德所以尊天子也　又曰六年五服一朝又六年王乃時巡考制度于四岳諸侯各朝于方岳大明黜陟注云覲四方諸侯各於其方岳之下大明考績　漢書曰漢王已并天下諸侯共尊爲皇帝於是叔孫通就其儀漢七年長樂宮成諸侯羣臣朝十月皇帝輦出房百官執戟傳警引諸侯王以次奉賀觴九行謁者言罷酒御史舉不如儀者引去竟朝置酒無敢讙譁失禮上曰吾乃今日知爲皇帝之貴也拜通爲太常

漢官儀曰正月旦天子幸德陽殿臨軒公卿大夫百官各陪位朝賀蠻貊胡羌朝貢畢見屬郡計吏皆陪覲宗室諸劉雜會皆冠兩梁冠皁單衣既定上壽計吏中庭北向坐大官上食賜羣臣酒食作九賓撤樂　又曰大將軍三公朝會天子爲起住入大常住車曰皇帝爲羣公起天子坐方前進　又曰尚書令御史中丞司隷朝會各獨席故京師曰三獨坐　魏志曰黄初元年郭淮奉使賀文帝踐阼而道路疾故計遠近爲稽留及羣臣懽會帝責之曰昔禹會諸侯於塗山防風後至便行大戮今溥天同慶而最留遲何也對曰臣聞五帝先教導民以德夏后氏衰始用刑辟今臣遭虞舜之世是以自知免於防風之戮也帝悦　晉起居注曰武帝太康元年詔曰江表初平天下同其歡豫王公卿士各奉禮稱慶其於東堂小會設樂使加於常　五月庚寅御臨軒大會於太極殿前四方賀使國子太學生司徒吏副將以上及吳降將吏皆與會詔引歸命侯孫皓上殿稽顙陳恩謝罪稱万歲　又曰太常張華上按舊事拜公建始殿因以小會今拜公於太極殿亦宜因以小會蓋所以崇宰輔也

又曰穆帝升平二年正月朔朝會是日賜衆客酥醽酒　東宮舊事曰正會儀太子着遠遊冠絳紗褠登輿至承華門設位拜二傅二傅交禮畢不復登車太傅訓道在前少傅訓從在後太子入崇賢門樂作太子登殿西向坐【詩】魏陳王曹植應詔詩曰命彼掌徒肅我征旅朝發鸞臺夕宿蘭渚經彼公田樂我稷黍西濟關谷或降忽升騑驂倦路載寢載興將朝聖皇匪敢燕寧前驅舉燧後乘抗旌長懷永慕憂心如酲　梁簡文帝守東平中華門開詩曰廂車向馳道揔轡息中華落關猶待漏文戟未通車薄雲初啓雨曙色始成霞衢流鋪紫若城風泛橘花絃誦終無取顧已自懷嗟　梁何遜早朝詩曰詰旦鍾聲罷隱隱禁門通蘧蘧車響北闕鄭履入南宮宿霧開馳道初日照相通風胥徒紛驛騶御或西東　周王褒入朝守門開詩曰鳳池通複道嚴駕早凌晨鐵符行警曙銀箭未開闈衢暗城無影晴新路不塵屯兵引畫劍騎吹動班輪徒知御睿藻抽辭殊未申　隋江總答王均早朝守建陽門開詩曰金兎猶懸魄銅龍欲啓扉三條息

行火百雉照初暉御溝槐影出仙掌露光晞【表】陳王曹植請赴元正表曰欣豫百官之美想見朝覲之禮耳存九成目想率舞　又謝得入表曰不世之命非所致思有若披浮雲而曬白日出幽谷而登喬木目希庭燎心存泰極

燕會

周官曰以饗食燕之禮親四方之賓客言四方之賓客來聘王為設饗燕之禮　毛詩曰鹿鳴燕羣臣嘉賓也常棣燕兄弟湛露天子燕諸侯也　又曰伐木燕朋友故舊也自天子至於庶人未有不須友以成也親親以睦友賢不棄故舊不遺則民德歸厚矣　左傳曰魯文公即位衛侯使大夫甯武子聘於魯魯文公與武子燕為賦湛露及彤弓之詩　又曰衛侯燕莒成叔甯惠子相莒成叔傲甯子曰莒成叔家其亡乎古之為饗食也以觀威儀省禍福今子傲取禍之道也　韓詩曰不脫屨而即度謂之禮下跣而上謂之燕能飲者飲不能飲者謂之醧閉門不出客謂之湎　禮記曰賓酬而升歌發德也注云以詩之義明賓主之禮　又曰諸

侯宴禮俎豆牲醴薦皆有等差所以明貴賤也　漢書曰高祖十二年擊黥布還過沛留置酒悉召故人父老諸母樂飲道舊故爲笑樂上留帳飲三日召沛中兒百二十人上擊筑歌大風　東觀漢記曰建武三年幸舂陵祠園廟大置酒與父老故人相樂十九年幸汝南頓正令舍大置酒賜吏民復南頓田租一年　魏書曰文帝爲魏王南征次譙大饗六軍及父老設樂伎百戲　世說曰過江諸人每至暇日輒相要出新亭藉卉飲宴周侯中坐而歎曰風景不殊舉目有江河之異皆相視流淚唯丞相愀然作色曰當共戮力王室剋復神州何至作楚囚相對泣耶　沈約宋書曰鄭鮮之爲人通率在高祖坐言無所隱時人甚憚焉尤爲高祖所狎上常於內殿宴飲朝貴畢集唯不召鮮之坐定謂羣臣曰鄭鮮之必當自來俄而外云尚書郎鄭鮮之詣門求啓事高祖大笑引入　**詩**　古詩曰今日良宴會歡樂難具陳彈箏奮逸響新詩妙入神齊心同所願含意俱未申人生寄一世奄忽如飄塵何不策高足先據要路津無爲守窮賤轗軻長苦辛　魏陳王曹植公宴詩曰公子敬愛客終宴不

知疲清夜游西園飛蓋相追隨明月澄清景列宿正參差秋蘭被長坂朱華冒緑池潛魚躍清波好鳥鳴高枝神飇接丹轂輕輦隨風移　又侍太子坐詩曰白日曜青春時雨靜飛塵寒冰辟炎景涼風飄我身清醴盈金觴肴饌縱横陳齊人進奇樂歌者出西秦翩翩我公子機巧忽若神　又與丁廙詩曰嘉賓塡城闕豐膳出中廚吾與二三子曲宴此城隅秦箏發西氣齊瑟揚東謳肴來不虛滿觴至反無餘

魏應瑒公宴詩曰開館延羣士置酒于斯堂辨論釋常結援筆興文章穆穆衆君子好合同歡康促坐褰重帷傳滿騰羽觴　魏劉楨公宴詩曰永日行游戲歡樂猶未央遺思在玄夜相與復翺翔輦車飛素蓋從者盈路傍月出照園中珍樹欝蒼蒼清川過石渠流波爲魚防芙蓉散其花菡萏溢金塘珍鳥宿水裔仁獸游飛梁投翰長歎息綺麗不可忘　魏王粲公宴會詩曰昊天降豐澤百卉挺葳蕤涼風徹蒸暑青雲卻炎暉高會君子堂並坐蔭華榱嘉肴充圓方旨酒盈金罍常聞詩人語不醉且無歸願我賢主人與天享巍巍克符周公業奕世不可

追　魏陳琳宴會詩曰凱風飄陰雲白日揚素暉良友招我遊高會宴中闈玄鶴浮清泉綺樹煥青蕤　晉武帝華林園詩曰習習春陽帝出乎震天施地生以應仲春思文聖皇順時秉仁欽若靈則飲御嘉賓洪恩普暢慶乃衆臣一其其慶惟何錫以帝祉肆覲羣后有客戾止外納要荒内延卿士簫管詠德八音咸理凱樂飲酒莫不宴喜　晉陸機擬今日良宴會詩曰閑夜命歡友置酒迎風館齊童梁甫吟秦娥張女彈哀音繞棟宇遺響入雲漢人生無幾何爲樂常苦晏譬彼司晨鳥揚聲當及旦　又皇太子賜宴詩曰明明隆晉茂德有赫思媚上帝配天光宅誕育皇儲儀形在昔徽言時宣福禄來格勞謙降貴肆敬下臣肇彼先驅飜成嘉賓　又侍皇太子宣猷堂詩曰篤生我后克明克秀體暉重光承規景數茂德冲深天姿玉裕三正迭紹洪聖啓運自昔哲王先天而順羣辟崇替降及近古黃暉既渝素靈承祜三后始基世武丕承協風傍駭天晷仰澄自彼河汾奄齊七政時文惟晉世篤其聖明明隆晉茂德有赫　晉王讚侍皇太子宴始平王詩曰亹亹聖胤

繼明重體樂此常棣其甘如薺胥我有嘉宴以洽百禮煌煌同族藹
藹王僚惟中惟外如瓊如瑤湛湛朝雲德靡不復玄黃所綴文成繅
繡政以神和樂以安奏一人有慶万邦是祐　又侍皇太子祖道楚淮
南二王詩曰於明聖晉仰統天緒易以明險簡以知阻研彼羣慮俾侯
授土郁郁二王祗承皇命睹離鑒親觀禮知盛皇儲降會延于公姓瞻
彼行役並憩同林分塗殊軌靡不迴心　晉陸雲侍大將軍宴詩曰茫茫宇
宙天地交泰王在華堂式宴嘉會玄暉峻朗翠雲崇靄晃卉振纓藻
服垂帶祁祁臣僚有來雍雍薄言載考承顏下風俯覿前客仰瞻
玉容天錫難老如岳之崇　宋鮑昭侍宴覆舟山應詔詩曰繁霜
飛玉闥愛景麗皇州清蹕式馳路羽蓋延宣遊神居既崇盛巖
險信周流禮俗陶德聲昌會溢民謳　梁王僧孺侍宴景陽樓詩
曰金鋪爍可鏡桂棟儼臨雲雲觴均飲德服道驗朝聞詎論禹無間
非恥堯爲君小臣亦何者短翮屢追羣　又侍宴詩曰麗景屬春餘清
陰澄夏首交枝隱脩徑迴流影遥台早徒爲轢輕筠移鑾拂高柳

去矣勞茂績勉哉報嘉謗小臣良不才俏塵愧所守何用勝彫斲譬木良如朽　又侍宴詩曰迴輿避暑宫下輦迎風館散漫輕煙轉霏微商雲散蔓草亘巖垂高枝起天半迴風稍驚水落光漸斜岸妙儛駐行雲清歌入曽漢晬顔暢有懌德音良已粲　梁庾肩吾侍宴詩曰沐道逢將聖飛觴屬上賢仁風開美景瑞氣動非煙秋樹翻黄葉寒池墮黒蓮承恩謝命淺念報在身前　又侍宴詩曰副君時暇豫曽城聊近遊清池寫飛閣疎樹出龍樓北陸冰方壯西園春欲周梅心芳屢動蒲節促難抽徒然須並命無以嗣應劉　又侍宣猷堂宴湘東王詩曰陳王驂駕反副后西園遊並命登飛閣列坐對芳洲桂巖逢暮序菊水值窮秋竹徑蕭聲發相門琴曲愁徒奉文成誦空知思若抽　梁劉孝綽侍宴詩曰清宴延多士鴻漸濫微薄臨炎出蕙樓望辰躋菌閣上征切雲漢晩眺周京洛城寺鬱參差街衢紛漠漠禁林寒氣晩方秋未揺落皇恩重發志賦詩追並作自昔承天寵於茲被人爵選言非綺綃何以儼金雘　又侍宴詩曰兹堂乃峭嶠伏檻臨曲池樹中望流水竹

裏見攢枝欄高景難蔽岫隱雲易垂邂逅逢休幸朱蹕良青規丘山
不可荅葵藿空自知　又侍宴集賢堂應令詩曰北閤時見啓西園又已
闢官屬引鵷鷺朝行命金碧伊余獨何取隆恩徒自昔布武登玉墀委
坐陪瑶席綢繆參宴笑淹留奉觴醳壺人告漏晚煙霞起將夕反景入池
林餘光映泉石　又陪徐僕射晚宴於兒宅詩曰天君追宴喜十日遍來過築
室華池上開軒臨芰荷芳塘交密筭對霤接繁柯景移林改色風去水
餘波洛城雖半　愛客待驪歌　梁江淹擬魏帝遊宴詩曰置酒坐
飛閣逍遥臨華池神飆自遠至左右芙蓉披緑竹夾清水秋蘭被幽崖月
出照園中冠佩相追隨肅肅廣殿陰雀聲愁北林衆賓還城邑何用
慰我心　陳徐陵侍宴詩曰園林才有熱夏淺更勝春嫩竹猶含粉初
荷未聚塵承恩豫下席應阮獨何人　隋江揔賦得置酒殿上詩曰三清
傳旨酒柏梁奉歡宴霜雲動玉葉凍水踈金笳前羽籥響鍾石流泉灌
金殿盛時不再得光景馳如電

封禪

禮記曰昔先王因天事天因地事地因名山升中于天中成也祭天告以成功也河圖眞紀曰王者封太山禪梁甫易姓奉度繼崇功也河圖會昌符云漢大興之道在九代之王封于太山刻石著紀禪于梁甫退　考功春秋含孳曰天子所以昭察以從斗樞禁令天下係體守文宿思以合神保長久天子受符以平日五號　史記曰齊桓公欲封禪管仲曰古封太山禪梁甫七十二家夷吾所記十有二焉無懷氏封泰山禪云云顓頊封泰山禪云云神農封泰山禪云云炎帝封泰山禪云云黃帝封泰山禪亭亭帝嚳封泰山禪云云堯封泰山禪云云舜封泰山禪云云禹封泰山禪會稽湯封泰山禪云云周成王封泰山禪社首皆受命然後得封禪古之封禪鄗上之黍北里之禾所以爲盛江淮之閒一茅三脊所以爲藉東海致比目之魚西海致比翼之鳥然後有不召而自至者十有五焉　又曰秦始皇既并天下即帝位徵齊魯儒生博士七十人至泰山下議曰古者封禪爲蒲車惡傷山之土石草木始皇上泰山立石頌始皇德明其得封也封藏皆秘代不得而記也始皇上泰山中坂遇風雨休於樹下因封其

樹爲五大夫　又曰封禪則不死黃帝是也儒者皮弁薦紳射牛封太山如郊太一之禮　又曰李少君上言云縱遠方奇獸飛禽及白雉以加祀皆至太山其夜若有光書有白雲起封中　白虎通曰天以高爲尊地以厚爲德故增太山之高以報天附梁父之厚以報地也　又曰易姓而王必升封太山報告成　又曰或封禪金泥銀繩或曰石泥金繩封之金印或曰封禪封之以金印　孝經序金決曰封乎太山考績燔燎禪乎梁父刻石紀功　尚書中候曰曰古聖王功成道洽符瑞出乃封太山今比目之魚不至鳳皇不臻未可以封鄭玄注云比目東方異氣所生名鰈司馬相如封禪書曰然猶躡梁父登太山建顯號施尊名俾万代得激清流揚微波飛英聲騰茂實　封禪儀注曰持禮三十人上發壇上十石函蓋尚書令北向跪藏玉牒畢持禮覆石函尚書令封上石檢亦治以金繩泥雜用四方土各依其色　張華議曰海内符瑞之應備物之盛未有若今之盛宜禮中岳封泰山發德號　漢官儀曰封禪太山既武帝封處累其石登壇皇玉牒書封石此中復封石檢　又曰

元封封禪書有白氣夜有光下天關石門　又曰有玉龜　又曰建武三十
二年東巡狩二月九日到魯十九日國家居亭十日官布野此日上山雲氣
成宮闕百姓皆見　漢書曰元封元年四月癸卯上遷登封太山應劭
云成功治定告成於天有金策石函金泥玉撿之封　又曰倪寬對策云
其封太山禪梁父昭姓考功此帝王之盛節　續漢書曰上以用石功
難又欲及二月封故詔梁松因故封石空撿函加封而已松上疏爭之以
爲承天之敬尤宜章明今因舊封竄寄玉牒故石下恐非重命之義
又曰建武三十二年上許梁松等奏方求元封時故事議封禪所施用
有司奏當刻玉璽一枚方寸二分玉版方五寸　又曰上御輦升山日中後
到山上即位于壇南北帝升壇尚書令奉玉牒撿皇帝以寸二分璽
親封之　吳志曰孫皓天璽元年陽羡山有石室所石表爲天瑞乃
遣司空董朝周處等封禪國山　宋書曰江夏王義恭表云氣於宮樹珍露味
於林宜修封太山瘞玉岱趾　太康地記曰奉高縣以事東岳帝王禪代之處
也故明堂在縣南四里漢武立太壇於東山以祭天下示增高

親蠶

禮記祭義曰古者天子諸侯必有公桑蠶室近川而爲之築宫仞有三尺棘牆而外閉之　祭統曰王后蠶於北郊以供純服夫人蠶於北郊以供冕服（純音緇緇也）五禮儀先蠶儀注曰親蠶前一日大祝令質明以太牢祀先蠶皇后親蠶儀注曰皇后躬桑始將一條執筐受桑　周遷古今輿服雜事曰蠶始生后食之三灑而止　晉元康儀注曰皇后採桑壇蠶宫西南　董巴輿服志曰漢皇后桑於東郊苑中者　又曰太皇太后入廟服紺上皁下蠶青上縹下簪以玳瑁長一尺端爲華勝上爲鳳皇　禮記曰季春之月后妃齋戒躬桑以勸蠶事　孟夏之月蠶事既畢后妃獻繭　又曰蠶事既登分繭稱絲以供郊廟之服　又曰后妃獻繭乃收繭税以桑爲均貴賤長幼如一　東觀漢記曰明德馬皇后置織室蠶於濯龍中數往來觀視　漢書曰孝元王皇后爲太后幸蠶館率皇后及列侯夫人桑北郊

藝文類聚卷第三十九

藝文類聚卷第四十

禮部下　渤海歐陽　詢　撰

冠　婚　謚　弔　冢墓

冠

儀禮曰士冠禮筮于廟門主人玄冠朝服緇帶素韠即位于門東門有司如主人即位于西方筮賓如求日之儀祝曰令月吉日始加元服弃爾幼志從爾成德壽考惟祺介爾景福又再加曰吉月令辰乃申爾服敬爾威儀淑慎有德眉壽萬年永受厥福又三加曰以歲之正以月之令咸加爾服兄弟具在以成厥德黃耇無疆受天之慶　又醴辭曰甘醴惟厚嘉薦令芳拜受祭之以定爾祥承天之休壽考不忘　又醮辭曰旨酒既清嘉薦以時乃加元服兄弟具來孝友時格永乃保之　又再醮曰旨酒既湑嘉薦伊脯乃伸爾服禮儀有序祭此嘉爵承天之祜　又三醮曰旨酒令芳籩豆有楚咸加爾服肴升嘉俎承天之慶受福無疆　又字辭曰禮儀既備令月吉日昭告爾字爰字孔嘉髦士攸宜宜之于嘏永受保之　禮記曰始冠緇布之冠也太古冠布齊則緇之適子冠於阼以著代也醮於客位加有成也三加彌尊諭其志也冠而字之敬其名也

又曰成王冠祝雍曰使王近於民遠於年嗇於時惠於財任賢使能 大戴禮曰太子既冠成人免於傅保則有司過之 史有虧膳之宰太子有過史必書之

漢記曰馬防子鉅爲常從小侯上欲冠鉅夜拜爲黃門郎御章臺下殿陳鼎俎自臨冠之禮 漢書曰安帝桓帝獻帝加元服並大赦賜公卿金帛

【箴】蕭關子範子冠子箴曰是月惟令歲擇良辰式遵士典諳筮于賓言嘉字爰錫醮酒方陳禮莊爾質德成爾身永戀蕙長務悼齒朱錦辭髮青約在屣復丹石爲操冰泉厲己務簡朋匹由蘇遊止在我尚謙推物盡美面諂退言弗納于耳直弦矢辭斯爲良士

婚

釋名曰婚昏時成禮也姻女因媒也 爾雅曰女之夫曰壻壻父母爲姻婦父母爲婚 禮記曰仲春之月玄鳥至至之日以太牢祀高禖 玄鳥燕也燕以來巢室宇嫁娶之家媒氏以爲候也 又曰婚禮者將合二姓之好上以事宗廟而下繼後世也故君子重之 又曰嫁女之家三夜不息燭思相離也娶婦之家三日不舉樂思嗣親也三月而廟見稱來婦也擇日而祭於禰成婦之義也 又曰夫婚禮萬世之始也壹與之齊終身不

改故夫死不嫁男女別然後父子親父子親然后義生義生然后禮作禮作然后萬物安壻親御授親之也出乎大明男帥女女從男夫婦之義由此始婦人從人者也幼從父兄嫁從夫夫死從子　又曰納女於天子曰備百姓於國君曰備酒漿於大夫曰備埽酒　又曰哀公問孔子曰冕而親迎不已重乎孔子對曰合二姓之好以繼先聖之後以爲天地宗廟社稷之主君何謂已重乎　崔駰婚禮結言曰乾坤其德恒久不已爰定天網夫婦作始乃降英媛有淑其儀媲姜是侔此則姚嬀載納嘉贄申結槃華樀　毛詩曰何彼穠矣美王姬也雖則王姬亦下嫁於諸侯車服不繫其夫下王后一等猶執婦道以成肅雝之德　又曰豈其食魚必河之魴豈其取妻必齊之姜豈其食魚必河之鯉豈其取妻必宋之子　又曰伐柯如之何匪斧不克取妻如之何匪媒不得　左傳曰齊侯與蔡姬乘舟于囿蕩公公變色禁之不可公怒歸之未之絕也蔡人嫁之齊侯以諸侯之師侵蔡蔡潰伐楚　又曰楚昭王取鍾建負季芈以從將嫁季芈芈辭曰所以爲女子遠丈夫也昔者鍾建負我矣以妻鍾建白虎通曰天子諸侯一娶者何重國廣繼也法地有九州承天之施無所不生一娶

九女亦足承君之施九而無子百無益也 鄭氏婚禮謁文曰納采始相與言語采擇可否之時問名謂問女名將歸卜之也納吉謂歸卜吉往告之也納徵用束帛徵成也請期謂吉日將親迎謂成禮也 劉恢與范注論婚事曰禮無拜時拜時出於末世耳將從族多虛吉事宜速故以好歲拜時新年便可婚也 列女傳曰邵南申女者申人之女也既許嫁於豐夫家不備而欲迎之女也遂不肯往夫家訟之於理致之於獄女終以一物不具一禮不備守節持義必死不往 漢書曰陳平邑富人張負有女孫五嫁夫輒死平欲得之邑中有大喪平家貧侍喪以先往後罷能爲助既見之喪所隨平至其家家乃負郭窮巷然門外多長者車轍負以女孫妻平曰固有美如陳平而長貧賤者乎 又曰張耳大梁人也常亡命遊外黃外黃富人女甚美庸奴其夫亡抵父客父客謂曰必欲求賢夫從耳女聽爲請決嫁之女家厚奉給耳耳以故致千里客 又曰張放皇后弟平恩侯許嘉女上爲放供帳賜甲第充乘輿服飾時号爲天子取婦皇后嫁女事具人部寵幸篇 風俗通曰兩祖俗說齊人有女二人求之東家子醜而富西家子好而貧父母疑不

能決問其女定所欲適難指斥言者偏袒令我知之女便兩袒怪問其故云欲東家食西家宿此爲兩袒者也　楚國先賢傳曰孫儁字文英與李元禮俱娶太尉桓焉女時人謂桓叔元兩女俱乘龍言得壻如龍也　世說曰王戎儉吝其從子婚與一單衣後更責之戎女適裴氏貸錢數萬女歸戎色不說女遽還錢乃釋　又曰溫嶠從劉氏家值亂離唯有一女甚有慧姑以屬嶠索婚嶠密自有婚意荅云佳壻難得但如嶠比云何姑荅曰喪破之餘乞得粗相存濟便足慰吾餘年何敢希汝比却數日嶠報姑云已得婚處門地粗可壻身不減嶠因下玉鏡臺一枚姑大喜既婚交禮女以手披紗扇大笑曰固嫌是此老奴果如所疑玉鏡臺是嶠爲劉越石長史北征劉聰所得也

【詩】晉嵇含伉儷詩曰余執百兩轡之子詩採蘩我被雙絲絹著爵功綿夏揺比翼扇冬臥蚩蚩氈飢食并糧粒渴飲一流泉臨軒樹萱草中庭植合歡　梁何遜看新婚詩曰霧夕蓮出水霞朝日照梁何如花燭夜輕扇掩紅妝良人已灼灼席上自生光所悲高駕動環佩出長廊

梁劉瑗詠左右新婚詩曰小使如初日得婦類行雲琴聲妾曾聽桃子婿經分娥眉叅意畫繡被共籠薫偏增使君度無趣遣相聞

陳周弘正看新婚詩曰莫愁年十五來聘子都家婿顏如美玉婦色勝桃花帶啼疑暮雨含笑似朝霞暫却輕紈扇傾城判不賒

賦

魏陳王曹植感婚賦曰陽氣動兮淑清百卉鬱兮含英春風起兮蕭條蟄蟲出兮悲鳴顧有懷兮妖人用搔首兮屏營登清臺以蕩志狀高軒而遊情悲良媒之不顧懼歡媾之不成慨仰首而歎息風飄飄以動纓

晉張華感婚賦曰婚姻者競赴良時雖葩英肯顧乃作感婚賦曰窈窕初笄玉質始盛容華外豐心神內正接軫連騎隱隱習習充街塞里暉曜城邑相麗姿之綽約兮遥髣髴以感心悲佳人之幽翳兮恨檢防之高深

箴

晉摯虞新婚箴曰今在昔文遭家不造結髮之麗不同偕老既納新配內芬外藻厚味腊毒大命將夭色不可耽命不可輕君子是憚敢告後生

晉潘岳答新婚箴曰女實存色男實好德德在正色色在不惑故新舊

兼弘義由理得君子過慮愛已明箴防微□□□□文麗旨深都
納嘉誨敢酬德音　晉王廙婦德箴曰團團明月晦滿則缺
亭亭陽暉曜過則逝天地猶有盈虧況華豔之淫孽是以淑
女鑒之戰戰乾乾相彼七出順此話言擢茲屋漏畏斯新垣在昧
無愧幽不改虔

【啓】梁劉孝儀爲王儀謝國姻啓曰即日主書王
靜民宣勑安告主降嬪臣第三息實臣素里庸族蓬衡賤品
事隔伊緡之禮望絕下嫁之姬而聖慈猥洽皇姻□建荆布陋飾
巳膺凡鄙負薪微裔復降肅邕頻煩叨荷内外□□□

【教】梁簡文
帝資遣孔壽二女教曰夫思人生至御事惟悼往表閭式墓義匪
字孤至如游郡之息見撫張既橋玄之子受託魏王斯故美在令終
受兼身後故無錫令孔壽經術弘長志履貞槩遊處積年一
朝長往聞其在室二女並未有行可廣訪姻家務求□□對

謚

說文曰謚者說行之迹也　韋昭辯釋名曰古者諸侯薨則天子

論行以賜謚唯王者無上故於南郊稱天以謚之嵩春秋時周室卑微臣謚其父故諸侯之謚多不以實　古史考曰謚禮侍葬而謚所以尊名也其行善惡惡爲謚所以勉爲善也　禮記曰已孤暴貴不爲父作謚　又曰公叔文子卒其子請謚於君曰日月有時將葬矣請所以易其名君曰昔者衞國凶飢夫子爲粥與國之餓者是不亦惠乎昔衞國有難夫子以其死衞寡人不亦貞乎夫子聽衞國之政修其班制社稷不辱不亦文乎謚夫子貞惠文子　大戴禮曰武王踐阼曰謚者行之跡也是以大行受大名小行受小名行出乎己名出乎人　左傳曰無駭卒羽父請謚與族公問於衆仲衆仲對曰天子建德因生以賜姓胙之土而命之氏諸侯以字官有世功則有官族邑亦如之公命以字爲展氏　論語曰子貢問曰孔文子何以謂之文也子曰敏而好學不恥下問是以謂之文也事具文部文學目　春秋說題辭曰號者功之表謚者行之迹所以追勸成德使尚務節　穆天子傳曰爲盛姬謚曰哀淑人　列女傳曰魯黔婁先生死曾子

與門人往弔焉曰何以爲謚其妻曰以康爲謚昔者先生君嘗賜之粟三十鍾先生辭而不受是其有餘富也君嘗欲授之國相先生辭而弗爲是有餘貴也求仁而得仁求義而得義其謚爲康不亦宜乎　漢書曰霍去病元狩六年薨上悼之發屬國玄甲軍陳自長安至茂陵爲冢象祁連山謚之景桓侯謚法仁義行剛曰景辟土行遠曰桓　又曰賈山奏事曰古者聖王作謚三四十世爾雖堯舜禹湯文武累世廣德以爲子孫基業無過二三十世也秦始皇帝曰死而以謚法是父子名號有時相襲也以一至萬則世世不相復也故死而號曰始皇帝　五經通義曰謚者死後之稱累生時之行而謚之生有善行死有善謚所以勸善戒惡也謚之言列其所行身雖死名常存故謂謚也　東觀漢記曰吳漢爵位奉賜最尊重然但治宅不起巷第恭儉如此病薨奏謚曰有司議宜以爲武昭特賜謚曰忠侯　張璠漢記曰范冉中平二年卒三府各遣令史奔弔累行論謚僉曰宜爲貞節先生會葬二千餘人　荀氏

家傳曰荀爽對策曰臣聞火生於木故其德孝漢之謚帝稱孝者其義取此也故漢制使天下誦孝經選吏則舉孝廉以孝爲務也　中興書曰中宗即尊號也時賜謚多由封爵不考德行王導曰近代以來唯爵得謚武官牙門有爵必謚卿校常伯無爵悉不賜謚甚失制謚之本今中興肇建勳德兼備宜深體前訓使行以謚彰中宗納焉自後公卿無爵而謚自導始也

【表】梁陸倕爲張纘謝兄尚書謚靖子表曰兄夙遘皇慈早邀靈慶立言著績不酬天寵門衰祚寡遽辭昌運拊心摧恨私懷罔極日月告時幽埏浸遠王人猥集佳册光臨榮溢里庭恩沉松檟

【議】晉張華晉文王謚議曰殊位盛禮實隆明德班爵崇寵亦光茂勳然至於表名贈号世考洪烈冠聲無窮者莫尚於號謚也論功高於禹稷比德邁於伊周

【書】齊虞羲與蕭令王僕射書爲袁彖求謚曰袁侍中體高亮之宏姿挺孤奇之逸操孝友坐於衡閭忠正表於邦域

懷抱七經該綜百氏清文麗目幾義窮神言非義而不發容道守禮而後動居貧無悶事等安期處顯不驚道均無歎兄弟親從同居共財怡怡雍穆人所不閒顧與善無徵報施徒語代山山委岫崑岳摧峯四海搢紳誰不掩泣明公德冠時宗道高物表若得横議聖時斟酌今古採茂實於當年標芳流於千載馳徽謚於山道潤貞氣於泉門豈非體國之至公典謨之盛軌者哉

弔

左傳曰齊侯遇杞梁之妻於郊使弔之辭曰殖之有罪何辱命焉若免於罪猶有先人之弊廬在下妾不得與於郊弔齊侯弔諸其室　又曰莊公十一年宋大水公使弔焉曰天作淫雨害於粢盛若之何不弔對曰孤實不敬天降之災以爲君憂拜命之辱　禮記曰知生者弔知死者傷知生而不知死弔而不傷知死而不知生傷而不弔弔喪弗能賻弗問其所欲　又曰五十無車者不越疆而弔人弔於人是日不樂婦人不越疆而弔人

行弔之日不飲酒食肉焉弔於葬者必執引若從及壙皆執紼　又曰子夏喪其子而喪其明曾子弔之曰吾聞之朋友喪明則哭之　家語曰史魚將卒命其子曰吾在朝不能進蘧伯玉退彌子瑕是不能正君不可以成禮我死汝其置屍牖下靈公弔焉怪而問之其子以父言告公曰寡人過也令殯於客位進蘧伯玉退彌子瑕孔子曰史魚死而屍諫可謂直乎事具人部諷篇　莊子曰孔子圍於陳蔡之間七日不火食太公任弔之曰幾死乎曰然子惡死乎曰然任曰直木先伐甘井先竭子其意者飾智以驚愚脩身以明行昭昭乎如揭日月而行故不免　又曰莊子妻死惠子弔之則方箕踞鼓盆而歌　淮南子曰北塞上之有善道者其馬無故亡入胡中人皆弔之其父曰此何詎不乃為福居數月其馬將胡駿馬而歸人皆賀之其父曰此何詎不乃為禍家富馬良其子騎馬墮而折髀人皆弔之其父曰此何詎不乃為福居一年胡夷大出丁壯者皆控弦而戰塞上之人死者十九此獨跛足故子父相保事具戰部馬篇　說苑曰孫叔敖為楚令尹吏人民皆賀有一老父衣麄衣冠後弔曰身貴而驕人者民去之位高擅權者君惡之祿厚而不知止者患處

之孫叔敖再拜曰敬受命願聞餘教父曰位已高而身益卑意益大而心益小禄已厚而愼不敢取言君謹守此三者足以治楚　漢書曰龔勝死有老父來弔其哭甚哀既而曰嗟乎薰以香自燒膏以明自銷龔生竟夭天年非吾徒也遂趍而出莫知其誰　虞翻別傳曰翻放棄南方自恨踈斥當長没海隅生無可與語死以青蠅爲弔客天下一人知己者足以不恨以典籍自慰　摯虞決疑要注曰禮臣喪其父母則赴於君君弔之　漢太傅胡廣喪母天子使謁者以中牢弔祭具送葬魏司空陳羣喪母使者弔祭如故事又使黄門侍郎杜恕奉詔慰問又曰國家同姓王公妃主發哀於東堂凡使者監哀弔祭同姓者素冠幘白練深衣器用皆素弔祭異姓者服色器用不變也　又曰古素冠錫衰爲弔服今以白帢深衣爲服深衣即單衣也錫細麻踈也

【賦】漢司馬相如弔秦二世賦曰登陂陁之長坂入曾宫之嵯峨臨曲江之隑州望南山之參差巖巖深山谾谾通谷豁乎谽谺汩乎溝　靸以永逝注平皋之廣衍觀衆樹之蓊薆覽竹林之榛榛東馳土山北揭石瀨弭節容與歷弔二

世持身不謹亡國失勢信讒不寤宗廟滅絶嗚呼摻行之不得墳墓蕪
穢而不修魂魄亡歸而不食　晉傅咸弔秦始皇賦曰余治獄至長安
觀乎阿房而弔始皇曰傷秦政之爲暴棄仁義以自亡搦紙申辭以弔
始皇有姬失統命不于常六國既平奄有萬方政虐刑酷如火之揚致
周章之百萬取發掘於項王疲斯民乎宮墓甚癸辛於夏商未旋踵
而爲墟也麞麋乎廟堂國既顛而莫扶孰阻兵之爲強
文
漢賈誼
弔屈原文曰鸞鳥伏竄鴟梟翱翔謂隨夷溷兮跖蹻爲廉莫耶
爲鈍兮鉛刀爲銛騰駕罷牛驂蹇驢驥垂兩耳服鹽車所貴聖人之
神德遠濁世而自藏使騏驎可係而羈豈云異夫犬羊　後漢蔡邕弔
屈原文曰鶉鴆軒翥鸞鳳挫翮啄碎琬琰寶其瓴甋皇車奔而失轄
執轡忽而不顧卒壞覆而不振顧抱石其何補　晉潘岳弔孟嘗君文
曰人罔貴賤士庶無真僞延入如歸望賓若企出揺秦機入專齊政右眄
而亶觥強左顧而田競且以造化爲水天地爲舟樂則齊喜哀則同憂豈
區區之國而大邦是謀瑣瑣之身而名利是求畏首畏尾東奔而囚志

撓於木偶命懸於狐裘〔一〕 晉陸機弔魏武帝文曰夫以迴天倒日之力而不能振形骸之内濟世夷難之智而受困魏闕之下格乎上下者藏於區區之木光于四表者翳乎蕞爾之土雄心摧於弱情壯圖終於哀志長筭屈於短日遠跡頓於促路持姬女而指季豹以示四子曰以累汝因泣下傷哉曩以天下自任今以愛子託人 又曰吾婕妤伎人皆著銅爵臺上施六尺牀下繐帳朝晡設脯糒之屬月朝十五日輙向帳作伎汝等時時登銅雀臺望吾西陵墓田又云餘香可與諸夫人諸舍中無爲學作履組賣也吾歷官所得綬皆著藏中吾餘衣裘可別爲一藏不能者兄弟可共分之威先天而蓋世力盪海而拔山厄奚險而弗濟敵何強而不殘違率土以靖寐戢彌天之一棺惜内顧之纏綿恨末命之微詳紆家人於履組塵清慮於餘香結遺情之婉孌何命促而意長宣備物於虛器發哀音於舊倡矯戚容以赴節掩零淚而薦觴徵清絃而獨奏進脯糒而誰嘗悼繐帳之冥漠怨西陵之茫茫登雀臺而群悲眝美目其何望覽遺籍以慷慨獻茲文而悽傷 又弔蔡邕文曰彼洪川之方割豈一簣

之所堙故旦父之惠訓智必愚而後賢諒知道之已妙曷信道之未堅忽
甯冉子之保已劾萇叔之違天冀澄河之遠日忘朝露之短年　晉庾闡弔
賈生文曰飛榮洛汭擢頴山東質清浮磬聲若孤桐琅琅其璞巖巖
其峯信道居正天下爲公方駕驁逸步不以曲路期通是以張高弦悲聲激
柱落清唱未和而桑濮代作昔臯陶謨虞呂尚歸昌德協允符乃應
帝王夷吾相桓漢登蕭張草廬三顧臭若蘭芳奈何摧景飈風獨
喪厥明悠悠太素存亡一指道來斯通世往斯否吾哀其生未見其死敢不
敬弔寄之淥水　宋袁淑弔古文曰賈誼發憤於湘江長卿愁恚於園邑
彥真因文以悲出伯喈銜史而求入文舉疏誕以殃速德祖精密而禍及夫然
不患思之貧無若識之淺士以伐能見斥女以驕色貽遣以往古爲鏡鑒
以未來爲鉞艾書余言於子紳亦何勞乎蓍蔡

冢墓

禮記曰曾子曰朋友之墓有宿草而不哭焉　又曰趙文子與叔譽觀九原
文子曰死如可作吾誰與歸叔譽曰其陽處父乎文子曰其智不足稱也其

曰犯乎文子曰其仁不足稱也我則隨武子乎利君不忘其身謀身不遺其友　越絶書曰闔廬冢在閶門外銅槨三重洪池六尺玉鳧之流扁諸之劒三千干將魚腸之劒在焉十萬人築治之（吴越春秋又載事具山部）史記曰樗里子卒葬渭南章臺之東曰後一百歲當有天子之宫夾我墓至漢興長樂宫在其東未央在其西武庫正當其墓　漢書曰原涉自以先人墳墓儉約非孝也乃大治冢舍周閣重門初武帝時京兆曹氏葬茂陵民謂其道爲京兆阡涉慕之乃買地開道立表署曰南陽阡人不肯從謂之原氏阡　揚雄家諜曰子雲以天鳳五年卒葬安陵阪上所厚沛郡桓君山平陵如子禮弟子鉅鹿侯芭共爲治喪諸公遣世子朝臣郎吏行事者會送桓君山爲斂賻起祠塋侯芭負土作墳號曰玄冢　博物志曰漢滕公夏侯嬰死公卿送葬至東都門外馬不行跼地悲鳴得石槨有銘曰佳城鬱鬱三千年見白日吁嗟滕公居此室乃葬之　范曄後漢書曰楊震爲樊豐等所譖飲酖卒先葬十餘日有大鳥高丈餘集震喪前俯仰悲鳴淚下霑地葬畢乃飛去於是立石鳥象於墓所　梁州記曰武侯壘東南

有定軍山入山十餘里有諸葛武侯墓鍾會征蜀至漢川祭亮之廟令軍士不得於墓芻牧樵採今松柏碑銘儼然　盛弘之荆州記曰冠軍縣東有魏征南軍司張詹墓刻其碑背曰白楸之棺易朽之裳銅鐵不入瓦器不藏嗟矣後人幸勿我傷至元嘉六年民飢始被發金銀朱漆之器雕刻爛然　荆州記曰酈縣北三十里有一墓甚崇偉前有石樓高一丈五尺上作石鳳將九子相傳云是姚家墓不詳其人　異苑曰魏武北征踰頓升嶺眺望見一崗不生百草王粲曰必是古冢此人在世服生礜石死而石生勢蒸出外致卉草燋滅即令鑿看果得墓有礜石滿塋　皇覽曰蒼頡冢在馮翊縣衙利陽亭南道旁墳高六尺學書者皆祭之不絶　蚩尤冢在東郡壽張縣闞鄉城中高七丈民常十月祀之有赤氣出如一匹絳民爲蚩尤旗　伍輯之從征記曰孔叢云夫子墓方二里諸弟子各以四方木來植之今盤根猶存　魏武令曰故北中郎將盧植名著海内學爲儒宗士之楷模國之植幹也今承遣丞相掾除其墳墓存其子孫并致薄醊以彰厥德　魏志曰陳思王

薨遣葬初植登魚山臨東河喟然有歎焉之心遂營爲墓　吴志曰
顧邵起家爲豫章太守下車祀先賢徐孺子墓優待其後　又曰
漢末關中亂有發前漢時宮人冢者猶活旣出復如舊郭后愛念之
常置左右問當時宮內事了了有次第　王隱晉書曰太康元年
汲縣民盜發魏安釐王冢得竹書漆字古書有易卦似連山歸藏
文有春秋似左傳　搜神記曰宋大夫韓馮取妻而美康王奪之俄而
馮自殺妻乃陰腐其衣王與登臺遂自投臺下左右攬之衣不中手
遺書於帶曰王利其生不利其死願以尸骨賜馮而合葬乎王怒弗聽
使里人埋之冢相望也宿昔有交梓木生於二冢之端旬日而大合抱屈體
相就根交於下又有鴛鴦鳥雌雄各一恒棲樹上交頸悲鳴宋人哀
之遂號其木曰相思樹　從征記曰劉表冢在高平郡表之子琮擣
四方珍香數十斛著棺中蘇合消疾之香莫不畢備永嘉中郡人
發其墓表白如生香聞數十里　世說曰戴公見林法師墓曰德音
未遠而拱木已積冀神理綿綿不與氣運俱盡耳　戴延之西征記

曰金鄉焦氏山北數里有漢司隸校尉曾逖冢前有石祠堂中四壁皆青石隱起自書契以來忠臣孝子孔子七十二人形象皆刻石記之

詩 古墟墓詩曰去者日已疏生者日已親出郭門直視但見丘與墳古墓犁爲田松柏摧爲薪白楊多悲風蕭蕭愁殺人思還故里閭欲歸道無因　宋孝武拜衡陽文王義季墓詩曰昧旦憑行軾濡露及山庭投步矜履蹈舉目增凄清軺路滅歸軫淪闉負重扃深松朝已霧幽燧晏未明長楊軌晚素丘佰草披秋青哀往起沉泉追愛慟中情竹帛憑年遠世範隨伏傾　宋謝靈運經廬陵王墓詩曰晚日發雲陽落日次朱方含凄汎廣川灑淚眺連崗眷言懷君子沉痛切衷腸道消結憤懣運開申悲涼神期恒若存德音初不忘徂謝易永久松柏森已行一隨往化滅安用空名揚舉聲泣已歷長歎不成章　齊隨郡王蕭子隆經劉瓛墓下詩曰升堂子不謬問道余未窮如何辭白日千載隔音通山門已一絕長夜緬難終初松切暮鳥新楊催晚風　齊竟陵王蕭子良同隨王經劉先生墓詩曰

漢陵掩館燕晉殄侏風缺五都邯鄲聲論空三河之義絶興禮邁前
英談玄喻往哲栢井忽以平煙雲從容喬爾歎牛山悲我悼驚川
逝 梁沈約經劉瓛墓詩曰春秋閭欽逸軌式墓禮貞魂化塗終眇
默神理曖猶存塵經末輟悵焉銜已委門華陰無遺布楚席有虛
樽 梁何遜行經孫氏陵詩曰禾龍忽東騖青蓋乃西歸揭來易永
久年代曖微微苔石疑文字刲坍矣是非山鵩鳥空曙響龍月自秋暉
銀海終無浪金鳧會不飛聞哉今如此望望沾人衣 陳陰鏗行經古
墓詩曰偃松將古墓年代理當深表柱應堪燭碑書欲有金迴墳由
路毀荒隧受田侵霏霏野霧合昏昏隴日沉懸劒今何在風揚空
自吟

賦

後漢張衡冢賦曰幽以循隧治以溝瀆曲折相連迤靡相屬奔
弃將將崇棟廣宇在冬不涼在夏不暑祭祀是居神明是處 晉陸
機感丘賦曰泛輕舟於西川背京室而電飛遵伊洛之抵渚沿黃河之曲湄
覩墟墓於山梁託崇丘以自綏見兆域之藹藹羅魁封之壘壘於是徘徊洛
涯弭節河干佇睇留心慨爾遺歎仰終古以遠念窮萬緒乎其端伊人

生之寄世猶水草乎山河應甄陶以歲改順通川而日過邇爾乃申舟人以遂往横大川而有惡傷年命之倏忽怨天步之不幾雖履信而思順曾何足以保茲普天壤其弗免宜吾人之所辭顧靈根之晚墜指歲暮而爲期　晉傅咸遂登芒賦曰左光禄大夫濟北侯荀公前喪元妃又失令子葬于西芒有以感懷而作斯賦何天道之難忱信脩命之靡常匪彼生之不辰亦夫人之多殃惟濟北之初載夙遘旻而逢羅與瓜瓞之綿綿飛英聲以風馳庶家道之克昌永保祚於螽斯愠無妄之爲災怨上皇之有違在德門之方隆乃降厲於元妃蘭房闃其無主衆孤煢而莫依孔臨川以永歎趙有感於九原聊覽登芒之哀賦諒聖賢之同情

表　晉張士然請湯武諸孫置守冢人表曰成湯革夏而封杞武王入殷而建宋西戎有即敘之民京邑開吳蜀之館興滅加乎萬國繼絶接于百世春雨潤木自葉落根鴟鴞恤功愛子及室家有義勇之墓世傳扶危之業進爲徇漢之臣退爲開吳之主而蒸嘗絶於三葉園陵殘於薪採

教　宋傅亮修復前漢諸陵教曰夫信陵之墳守衛無曠展季之壟樵蘇有

刑彼匹夫懷道列國陪隸猶見禮異世取貴鄉邦漢高撥亂反正大造區宇道拯横流功高百代盛德之烈義在不泯 又修楚元王墓教曰夫襃賢崇德千祀彌光尊本敬始義高自遠楚元王積仁基德啓藩斯境本枝脩祚隆彼四方遺芳餘烈奮乎百世而丘封翳然墳塋莫翦感遠在彼慨焉永懷況瓜瓞依興開元自本可謂總復近墓五家長給灑掃

【文】宋謝惠連祭古冢文曰東府掘壍一丈得古冢上無封域明器之屬材瓦銅漆有數十種異形不可盡識刻木爲人長三尺許初開見悉爲人形以物棖撥之應手灰滅水中有甘蔗節及李核瓜瓣皆浮出不甚爛壞世代不可知也既不知其名字故假號曰冥漠君云爾藐靈已毀塗車既摧蕪傳餘節瓜表遺犀十仞斯建百堵斯齊墉不可轉壍不可迴黃腸既毀便房已頹修題興念撫櫬增哀 梁任孝恭祭雜墳文曰惟爾冥然往代求圓石而無名邈矣遐年討方塼而不記封樹標殊誰別羽商之家墳壟傾迴終迷庚癸之向近創此伽藍寔須況九命彼頑人置茲屯邑不謂綸罶所用遂毁牛亭之基鍬鍤所侵爰傷馬鬣之勢

重使翠幕臨風佳城見日昔靈沼上骨周王改以衣冠廣武橫尸漢主加其轉櫝輒勒彼山虞更覆頹隍於舊趾命茲匠者修反壤於故林還蟻結之文依似坊之埶幸得宜陽大道無變無移京兆長阡勿迴勿徙庶幽魂遊止識昔徑而不疑塗車往還瞻舊轍而猶在

藝文類聚卷第四十

藝文類聚卷第四十一　　樂部一

論樂

說文曰樂五聲八音揔也　易曰雷出地奮豫先王以作樂崇德
殷薦上帝　禮記曰凡作樂以賞諸侯　又曰凡音之起由人心生也人
心之動物使之然感於物而動故形於聲聲相應故生變變成方謂之音
比音而樂之及干戚羽旄謂之樂　又曰審聲以知音審音
以知樂審樂以知政而治道備矣　又曰大樂必易大禮必簡鍾鼓管
磬羽籥干戚樂之器也屈伸俯仰綴兆舒疾樂之文也故知禮樂之情
者能作識禮樂之文者能述作者之謂聖述者之謂明明聖者述作
之謂也五帝殊時不相沿樂三王異世不相襲禮　孝經曰移風易俗
莫善於樂　樂緯曰黃帝樂曰咸池帝嚳曰六英顓頊曰五莖堯
曰大章舜曰簫韶禹曰護周曰酌是以清和上升天下樂其風俗鳳皇
來儀百獸率舞神龍升降靈龜晏寧　尚書曰帝曰夔命汝典
樂教胄子詩言志歌永言聲依永律和聲八音克諧無相奪倫神

人以和莫夔曰於予擊石拊石百獸率舞 周官曰凡六樂者一變而致
羽物及川澤之祇再變而致臝物及山林之祇三變而致鱗物及丘陵之祇
四變而致毛物及墳衍之祇五變而致介物及土示六變而致象物及天
神九德之歌九磬之舞於宗廟之中奏之若樂九變則人鬼可得而禮矣
又曰鍾師掌金奏凡樂事以鍾鼓奏九夏 穆天子傳曰天子西征至于
玄池之上乃奏廣樂三日而終是曰樂池 論語曰子在齊聞韶三月不知肉
味曰不圖爲樂之至於斯 楚辭曰陳竽理案鼓造新歌涉江採菱發陽
阿二八齊容起鄭舞衽若交竿撫案下竽瑟狂會填鳴鼓宮庭震驚
發激楚 又代秦鄭衛鳴竽張伏戲加爲辯楚勞商 韓子曰昔衛靈公
之晉於濮水之上宿夜聞有新聲者召師消撫琴寫之公遂之晉晉平公
觴之靈公乃召師消坐師曠之傍援琴 鼓之未終師曠曰不如清徵乎 公
曰願試聽之師曠援琴一奏有玄鶴二八來 集再奏而列三奏而延頸鳴舒
翼而舞音中宮商師曠曰不如清角師曠 一奏之有雲從西北方來再奏
之大風至大雨隨之裂帷幕破俎豆墮廊瓦 史記曰趙簡子疾五日不知人

居二日半簡子寤語大夫曰我之帝所甚樂與百神遊于鈞天廣樂九奏萬舞　鹽鐵論曰貴人之家中山素女撫流徵於堂與鳴鼓巴俞交作堂下　漢武故事曰未央庭中設角抵戲享外國三百里内觀角抵者使角力相觸也其雲雨雷電無異於真畫地爲川聚石成山倏忽變化無所不爲　漢官典職曰正旦天子行陽德殿作九賓樂舍利從東來戲於庭入殿前激水化成比目魚跳躍潄水作霧化成黄龍高八十丈出水戲於庭以兩大絲繫兩頭中間相去數丈兩倡女對舞行於繩上道逢功肩不傾又踏蹋屈身藏形於斗中鍾磬普唱樂畢作魚龍曼延黄門吹三匝　淮南子曰奏雅樂者始於陽阿採菱　五經通義曰舞四夷之樂明德澤廣被四表也東夷之樂曰抹離南夷之樂曰任西夷之樂曰禁北夷之樂曰昧　又曰受命而王者六樂焉以太一樂天以咸池樂地以肆夏樂人以大夏樂四時以大濩樂五行神明以大武樂六律各象其性分而爲之制以樂其先祖　又曰王者之樂有先後者各尚其德也以文得之先文樂天繡持羽而舞以武得之先武樂持朱干玉戚而舞　五經

要義曰周禮鍾磬皆編懸之二八十六而在一簴謂之堵磬一堵謂之肆春秋傳曰歌鍾二肆此之謂也　又曰凡樂音有八鼓謂之革鍾謂之金磬謂之石琴瑟謂之絲管簫謂之竹塤謂之土柷敔謂之木笙謂之匏是謂八音

袁淮招公子曰燕倡趙舞齊商歌五色紛華良纖羅　摯虞決疑曰漢末喪亂絶無金石之樂魏武帝至漢中得杜夔識舊法始復設軒懸鍾磬至于今用之

【樂府古詩】飲馬長城窟行曰青青河畔草綿綿思遠道遠道不可思宿昔夢見之夢見在我旁忽覺在他鄉他鄉各異縣展轉不相見枯桑知天風海水知天寒入門各自媚誰肯相與言客從遠方來遺我雙鯉魚呼兒烹鯉魚中有尺素書長跪讀素書書中竟何如上有加飡食下有長相思　魏文帝飲馬長城窟行曰浮舟橫大江討彼犯荆虜武將齊貫鉀征人伐金鼓長戟十万隊幽冀百石弩發機若雷霆一發連四五　晉傅玄飲馬長城窟行曰青青河邊草悠悠万里道草生在春時還道還有期春至草不生期盡歎無聲感物懷思心夢想發中情夢君如鴛鴦比翼雲間翔既覺寂無見曠若參與商

晉陸機飲馬長城窟行曰驅馬陟陰山山高馬不前往問陰山候勁虜在燕然末德爭先鳴凶德無兩全師克薄賞行軍沒微軀捐將軍甘陳迹收功單于旃　梁沈約飲馬長城窟行介馬渡龍堆塗縈馬屢迴前訪昌海驛雜種寇輪臺旌幕倦煙雨徒御犯冰埃　晉陸機董桃行六言曰和風習習薄林柔條布繁垂陰鳴鳩拂羽相尋倉鶊喈喈弄音感時悼逝傷心　又長安有狎斜行曰伊洛有岐路岐路交朱輪輕蓋承華景騰步躡飛塵鳴玉豈樸儒憑軾皆俊民烈心厲勁秋麗服鮮芳春余本倦遊客豪彥多舊親傾蓋承芳訊欲鳴當及晨　宋謝惠連長安有狹斜行曰紀郢有通逵通逵並軒車奔奔彫輪馳軒軒翠蓋舒撰策之五尹振轡從三閭推劒憑前軾鳴佩專後輿　梁沈約長安有狹斜行曰青槐金陵陌丹轂貴游士方驂万乘臣炫服千金子咸陽不足稱臨淄孰能擬　梁庾肩吾長安有狹斜詩曰長安有曲陌曲陌不容幰路逢雙綺襦問君居近遠我居臨御溝可識不難求長子登麟閣次子侍龍樓少子無高位聊從嚴駕遊大婦襞雲裘中婦卷

羅幬少婦多妖豔當鈿輦石榴夫君且安坐歡娛方未周　宋鮑昭結客少年場行曰驄馬金絡頭錦帶佩吴鉤失意杯酒間白刃起相讎追兵一旦至負劒遠行遊去鄉三十載復得還舊丘升高臨四野表裏望皇州九衢平若水雙闕似雲浮扶宮羅將相夾道列王侯日中市朝滿車馬如川流擊鍾陳鼎食方駕自相求今我獨何爲埳壈懷百憂　梁劉孝威結客少年場行曰少年本六郡遨遊遍五都插腰銅匕首障日錦塗蘇鷲羽裝銀鏑犀膠飾象弧近發連雙兔高彎落九烏邊城多驚急節使滿郊衢居延箭服盡疏勒井泉枯千金募惡少一麾擒骨都勇餘聊蹙鞠戰罷戲投壺昔爲北邊將今成南面孤邦君行負弩縣令且前驅　宋鮑昭出自薊北門行曰羽檄起邊亭烽火入咸陽徵騎屯廣武分兵救朔方嚴秋筋竿勁虜陣精且彊天子案劒怒使者遥相望鴈行緣石徑魚貫度飛梁簫鼓流漢思旌甲被胡霜疾風衝塞起沙礫自飄揚馬毛縮如蝟角弓不可張時危見臣節世亂識忠良投軀報明主身死爲國殤　周庾信出自薊北門行曰薊門還北望徭役

盡傷情絡寒蘆葉脆弓凍紵絃鳴梅林能止渴複姓可防兵燕山猶有石須勒幾人名　陳徐陵出自薊北門行曰薊北聊長望黄昏心獨愁燕山對古剎代郡倚城樓屢戰橋恒斷長冰塹不流天雲如地陣漢月帶胡秋請士泥函谷挼繩縛涼州生平鷰頷相會自得封侯　宋鮑照苦熱行曰赤阪橫西阻火山赫南威身熱頭且痛鳥墮魂來歸湯泉發雲澤焦煙起石圻丹蛇踰百尺玄蜂盈十圍含沙射流影吹蠱病行暉戈船榮既薄伏波賞亦微君輕君尚惜士重安可希　又白頭行吟曰直如朱絲繩清如玉壺冰何慚宿昔意猜恨坐相仍人情賤恩舊世議逐衰興毫髮一為瑕丘山不可勝鳧鶴遠成美薪芻前見陵申黜褒女進班去趙姬升古來共如此非君獨撫膺　魏文帝釣竿行曰東越河濟水遥望大海涯釣竿何珊珊魚尾何簁簁行路之好者芳餌欲何為　梁沈約釣竿行曰桂舟既容與綠浦復迴紆輕絲動弱芰微楫起單鳧扣舷志日暮卒歲以為娛　梁戴暠釣竿篇曰試持玄渚釣暫罷池陽獵翠羽飾長綸蓮花裝小艓釣利斷蓴絲汎舉牽菱葉聊載前魚童過看後舟妾　梁劉孝

感釣竿篇曰釣舟畫采鷁魚子服冰紈金轄茱萸網銀鉤翡翠竿斂橈
隨水脉急擀槳度沙湍湍長自不辭前浦有佳期蓮交棹影合浦深魚出
遲　魏陳王曹植太山梁甫行曰八方各異氣千里殊風雨劇哉邊海民寄
身於草墅妻子象禽獸行止依林阻柴門何蕭條狐兔翔我宇　梁沈約
梁甫吟行曰龍駕有馳策日御無停陰寒光稍眇眇秋海日沉沉哀歌渉
梁甫歎絶有遺吟　魏陳王曹植豫章行曰窮達難豫圖禍福信亦
然虞舜不逢堯耕耘處中田太公未遭文漁釣經渭川不見魯孔丘窮困
陳蔡間周公下白屋天下稱其賢　又曰鴛鴦自用親不若比翼連他人
雖同盟骨肉天性然周公穆康叔管蔡則流言子臧讓千乘季札慕其
賢　晉傅玄豫章行曰苦相身爲女早陋難再陳男兒當門戶墮地自
生神雄心志四海萬里望風塵女育無欣愛不爲家所珍玉顏隨年變丈夫
多好新昔爲形與影今爲胡與秦　晉陸機豫章行曰汎舟清川渚遥
望南山陰川陸殊途軌懿親將遠尋三荆歡同株四鳥悲異林樂會良
自古悼別豈獨今　宋謝靈運豫章行曰短生旅長世恒覺白日欹覽

鏡覩頹容華顔豈久朔苟無迴戈術坐觀落崦嵫　梁沈約豫章行曰燕陸平而遠易河倩且駃一見塵波阻臨塗引征思雙劍愛匣同孤鸞悲影異往歡墜壯心來戚滿衰志　魏陳王曹植薤露行曰天地無窮極陰陽轉相因人居一世間忽若風吹塵願得展功勤輸力於明君懷此王佐才慷慨獨不羣鱗介尊神龍走獸宗麒麟蟲獸豈知德何況於士人孔氏刪詩書王業粲已分騁我徑寸翰流藻垂華芬　魏文帝秋胡行曰堯任舜禹當復何爲百獸率舞鳳皇來儀得人則安失人則危唯賢知賢人不易知歌以詠言誠不易移鳴條之役萬舉必全明德通靈福降自天又曰朝與佳人期日夕殊不來嘉肴不嘗旨酒停杯寄言飛鳥告余不能俯折蘭黄仰結桂枝佳人不在結之何爲從爾何所之乃至大海隅靈若道言貽爾明珠企予望之步立踟躕佳人不來何得何須　又曰汎汎淥池中有浮萍寄身流波隨風靡傾芙蓉含芳菡萏垂榮朝采其實夕佩其英采之誰遺所思在庭雙魚比目鴛鴦交頸有美一人婉如青陽知音識曲善爲樂方　又丹霞蔽日行曰丹霞蔽日采虹垂天谷水潺潺木落

翩翩孤禽失羣悲鳴雲間月盈則沖華不再繁古來有之嗟我何言

魏陳王曹植曰紂爲昏亂殘忠虐正周室何隆一門三聖牧野致功天亦革命漢祖之興階秦之衰雖有南面王道陵夷炎光再幽忽滅無遺

晉傅玄秋胡行曰秋胡子娶婦三日會行仕宦既享顯爵保茲德音以禄頤親韞此黃金覩一好婦採桑路傍遂下黃金誘以逢卿玉磨逾絜蘭動弥馨源流潔清水無濁波奈何秋胡中道懷邪美此節婦高行峩峩哀哉可愍自投長河　晉陸機秋胡行曰道雖一致塗有萬端吉凶紛藹休咎之源人鮮知命命未易觀生亦何惜功名所勤　宋謝惠連秋胡行曰春日遲遲桑何萋萋紅桃含妖緑柳舒荑邂逅粲者遊渚戲蹊華顏易改良願難諧　又曰係風捕景誠知不得念彼奔波意慮迴惑漢女倏忽洛神飄揚空勤交甫徒勞陳王　魏陳王曹植蒲生行曰浮萍寄緑水隨風東西流結髮辭嚴親來爲君子仇恪勤在朝夕中年獲愆尤茱萸自内芳不若桂與蘭佳人雖成列不若故所歡行雲有返期君恩儻中還　又妾薄命行曰携玉手喜同車比上雲閣飛除釣臺蹇産

清虛池塘靈沼可娛仰汎龍舟綠波俯擢神草枝柯想彼宓妃洛河退詠漢女湘娥日既逝矣西藏更會蘭室洞房華燈先置舒光皎若日出扶桑促酒合座行觴屢舞僊僊體輕解裳履遺絶纓俯舉金爵翠槃腕弱不勝珠環　梁簡文帝妾薄命行曰名都多雅質本自恃容姿蕩子行不至秋胡無定期玉貌歇紅縷長頸串翠眉毛嬙貌本絶踉蹌入氈帷盧姬嫁日晚非復少年時　梁劉孝威妾薄命行曰去年從越漳今歲没朝廷嚴霜封碣石驚沙暗井陘玉簪久落鬢羅衣長挂屏勿言戎夏隔但令心契冥不見酆城劍千祀復同形　又古陌上桑羅敷行曰日出東海隅照我秦氏樓秦氏有好女自名爲羅敷羅敷喜蠶桑採桑城南隅青絲爲籠繩桂枝爲籠鉤頭上倭墮髻耳中明月珠緗綺爲下裾紫綺爲上襦使君從南來五馬立踟蹰使君遣使往問是誰家姝二十尚未然十五頗有餘使君謝羅敷寧可共載不羅敷前致詞使君一何愚使君自有婦羅敷自有夫東方千餘騎夫壻居上頭何用識夫壻白馬從驪駒青絲繫馬尾黃金絡馬頭腰中鹿盧劍可直千萬餘十五府小吏二十朝大夫三十侍中郎四十專城居

爲人潔白晳鬒鬒頗有鬚盈盈公府步冉冉府中趨　晉陸機日出東南隅行曰扶桑升朝暉照此高臺端涉貌曜皎日蕙心清且閑美目揚玉澤蛾眉象翠翰暮春春服成霞袂綺與紈金雀垂藻翹瓊珮結瑶璠方駕揚清塵濯足洛水瀾悲歌吐清響雅韻播幽蘭赴曲迅驚鴻蹈節如集鸞俯仰紛阿那顧步咸可歡　宋謝靈運日出東南隅行曰柏梁冠南山桂宮燿北泉晨風拂幨幌朝日照閨軒美人卧屏席懷蘭秀瑶璠皎潔秋松氣淑德春景暄　梁沈約日出東南隅行曰朝日出邯鄲照我叢臺端中有傾國豔顧影織羅紈幸有同匹好西仕服秦官寶劒垂玉貝汗馬飾金鞍縈場類轉雪逸控寫騰鸞羅衣夕解帶玉釵暮垂冠　梁蕭子顯日出東南隅行曰大明上迢迢陽城射凌霄光照窻中婦絶世同阿嬌逶迤梁家髻冉弱楚宮要蠶籠拾芳翠桑陌採柔條路逢車馬客飛蓋動襜幨單衣鼠毛織寶劒羊頭銷大夫瘦應對御者輟銜鑣女本西家宿君自上宮要漢馬三萬疋夫婿仕嫖姚十五張内侍十八賈登朝　晉陸機君子有所思行曰命駕登北山延佇望城郭廛里一何盛街巷紛漠漠甲第崇高闥洞房結阿閣曲池

何湛湛清川帶花薄人生誠行邁容華咳年落善哉膏梁士榮生與凡博
無以酒肉資取笑葵與藿　宋鮑昭代君子有所思行曰西山登舊臺東下
望雲闕層閣肅天君馳道直如髮繡甍結飛霞琁題納行月陳鍾陪夕宴
歌筵待明發年貌不可留身意會盈歇　齊王融有所思曰如何有所思而無
相見期宿昔夢顏色階庭尋履綦高張更何巳引滿終自歉欲知憂裏老爲
視鏡中絲　齊劉繪有所思行曰別離安可再而我更重之佳人不相見明月空
在帷共銜滿堂酌獨斂向隅眉心中亂如雪寧知有所思　梁庾肩吾賦得
有所思行曰佳期竟不歸春物坐芳菲拂匣看離扇開箱見別衣井桐生
未合宮槐捲復稀不及銜泥燕從來相逐飛　梁沈約君子有所思行曰晨
策終南首顧望咸陽川戚里邇曾闕甲館負崇軒復塗希紫閣重臺擬望
仙巴姬幽蘭奏鄭女陽春絃共矜紅顏日俱忘白髮年寂寥茂陵宅照曜未央
蟬無以五鼎盛顧嗤三經玄　梁王僧孺有所思行曰夜風吹熠燿朝光照昔邪
幾銷靡蕪葉空落蒲桃花不堪長織素誰嗟獨澣沙光陰復何極望促
反成賒知君自蕩子奈妾亦倡家　晉陸機東武吟行曰投跡短世間高步長

生閶濯髮冒雲冠洗身被羽衣飢從寒之豕養食寒就佚女棲　宋鮑昭東武吟行曰主人且勿諠賤子歌一言僕本寒鄉士出身蒙漢恩始隨張校尉召募到河源後逐李輕車追虜窮塞垣密塗亘萬里寧歲猶七奔將軍既即世部曲亦罕存時事一朝異孤績誰復論少壯辭家去窮老還入門昔如韝上鷹今似檻中猨徒結千載恨空負百年怨弃席思君幄疲馬戀君軒願垂晉主惠不媿田子魂　梁沈約東武吟行曰天德深且曠人世賤而浮東枝裁拂景西壑已停輈遊辭金門寵去飲玉池流霄轡　永矣俗累從此休　晉陸機順東西門行曰日出西門望天庭陽谷既虛崦嵫盈逝者若斯安得停追未年暮及世平置酒高堂宴友生取樂今日盡歡情　宋謝惠連順東西門行曰哀朝困慼顏力遷化常然焉肯息及壯齒遇世且酌酩華堂集親識舒情盡歡遣悽惻　又都東西門行曰慷愷發想思惆悵戀音徽四節覽闈候六龍引頹機人生隨時變遷化焉可祈百年難必保千慮盈懷之　梁沈約都東西門行曰驅馬西城阿迴眺想京闕望極煙原盡地遠山河沒歲華委徂遡年霜移暮春髮　魏文帝上留田行曰居世一何不同上留田富人食稻與梁上

留田負子食糟與糠貧賤亦何傷上留田祿命懸在蒼天上留田命兩歎息將欲誰怨上留田　晉陸機上留田行曰平調嗟行人之藹藹駿馬陟原風馳輕舟汎川雷邁寒往暑來相尋零雪霏霏集宇悲風徘徊入襟歲華冉冉方除我思纏綿未紓感時悼逝悽如　又齊謳行曰營丘負海曲沃野爽且平洪川控河濟崇山入高冥東被姑尤側南界聊攝城孟諸吞楚夢百二侔秦京惟師恢東表桓后定周傾天道有迭代人道無久盈行行將復去長存非所營　梁沈約齊謳行曰東秦稱右地川隰固夷昶層峯駕蒼雲濁河流素壤青丘良杳鬱　宮信踈敞王佐攺邦命霸功繆周綱

晉陸機隴西行曰我靜如鏡民動如煙事以形兆應以象懸豈曰無才世鮮興賢　宋謝惠連隴西行曰運有榮枯道有舒屈潛保黃裳顯服朱黻誰能守靜弃華辭榮窮谷是處考槃是營千金不迴百代傳名厥包者柚忘憂者萱何爲有用自乖中原實摘柯擢葉殞條煩　梁簡文帝隴西行曰邊秋胡馬肥雪中驚寇入勇氣時無侶輕兵救邊急抄平不見虜嶂嶮還相及出塞豈成歌經川未遑汲烏孫塗更阻康居路猶

漇月暈抱龍城星冐照馬邑長安路遠書不還寧知征人獨佇立　晉陸
機吳趍行曰楚妃且易歎齊娥且莫謳四坐並清聽聽我歌吳趍吳趍自有紀
請從昌門起昌門何峩峩飛閣跨通波重欒承游極迴軒啓曲阿大伯導仁
風仲雍揚其波穆穆延陵子灼灼光其華大皇自富春矯手頓世羅邦彦
應運興粲若春林葩屬城咸有士吳邑最爲多　漢班婕妤怨歌行曰新
裂齊紈素皎潔如霜雪裁爲合歡扇團團似明月出入君懷袖動搖微
風發常恐秋節至涼風奪炎熱弃捐篋笥中恩情中道絶　梁江淹
擬班婕妤詠扇曰紈扇如團月出自機中素畫作秦王女乘鸞向煙霧
愁秋涼至吹我玉階樹君子恩未畢零落委中路　魏陳王曹植怨歌行曰
爲君既不易爲臣良獨難忠信事不顯乃有見疑患周旦佐文武金縢功不
刋推心輔王政二叔反流言待罪居東國泣涕當留連皇靈大動變震雷風
且寒拔樹偃秋稼天威不可干素服開金縢感悟求其端公旦事既顯成王
乃哀歎吾欲竟此曲此曲悲且長今日樂相樂別後莫相忘　晉傅玄怨詩曰
昔爲春蠶絲今爲秋女衣丹脣列素齒翠彩發蛾眉玉顏盛有時秀色隨

年衰常恐新間舊變故興細微浮萍本無根非水將何依　梁沈約怨歌行曰時屯寧易犯俗險信難群坎壈元淑賦頓挫敬通文遽論班婕寵夙窆之賈生墳短俗同如此長歎欲何云　魏文帝苦寒行曰北上太行山艱哉何巍巍羊腸坂詰屈車輪為之摧巃樹何蕭瑟北風聲正悲溪谷少人民雪落何霏霏擔囊行取薪斧冰待作糜哀彼東山詩悠悠使我悲　晉陸機苦寒行曰北遊幽朔城涼野多險艱凝冰結重澗積雪被長巒陰雲興巖側悲風鳴樹端渴飲堅冰漿飢食零露餐劇哉人行役慊慊恒苦寒　宋謝靈運苦寒行曰歲歲曽冰合紛紛霰雪落浮陽減清暉寒禽叫悲壑飢爨煙不興渴汲水枯涸　魏文帝善哉行曰有美一人婉如青陽知音識曲善為樂方流鄭激楚度宮中商感心動耳綺麗難忘　魏陳思王曹植善哉行曰來日大難口燥脣乾今日相樂皆當喜歡經歷名山芝草翩翩仙人王喬奉藥一丸自惜袖短內手知寒慙無靈輒以救趙宣月沒參橫北斗闌干親友在門飢不及餐　宋謝惠連善哉行曰涼來溫謝寒往暑却陰灌陽藂彫華墜蕚擊節當歌對酒親酌鄙哉愚人戚戚懷瘼善哉達士滔

洎處樂　魏文帝苦哉行曰上山采薇薄暮苦飢溪谷多風霜露霑衣高山有林崖木有枝憂來無方人莫知之今我不樂歲月若馳湯湯川流中有行舟隨波轉泊有似客遊　魏陳思王曹植君子行曰君子防未然不處嫌疑閒瓜田不納履李下不正冠周公下白屋吐哺不及餐一沐三握髮後人稱聖賢　晉陸機君子行曰天道夷且簡人道險而難休咎相乘躡翻覆各波瀾去疾苦不遠疑似實生患　梁簡文帝君子行曰君子懷琬琰不使涅塵淄從容子雲閣寂寞仲舒帷多謝悠悠子管窺良可悲　梁沈約君子行曰良御或燕楚妙察亂繩淄隄傾由漏壞垣隙自危基置器途或妄踐讜義易輕持　梁戴暠君子行曰晝野依德星開鄽對廉水接越稱交讓連樹名君子數非唯一失升階無三止探亂不疑塵正冠還避李寄言蘧伯玉無為嗟獨耻　魏文帝猛虎行曰與君媾新歡託配於二儀充列于紫微外降焉可知何梧攀鳳翼雲雨散洪池　晉陸機猛虎行曰渴不飲盜泉水熱不息惡木陰惡木豈無枝志士苦用心整駕肅時命振策將遠尋飢食猛虎窟寒棲野雀林　宋謝惠連猛虎行曰貧不攻九疑玉倦

不息三危峯九疑有或號三危無安容美物標貴用志士厲奇蹤如何抵
遠役王命宜肅恭伐鼓功夫著振旅何時從　魏陳王曹植平陸東行曰閶
闔開天衢通被我羽衣乘飛龍飛龍與仙期東上蓬萊採靈芝靈芝採之
可服食年若王父無終極　又苦思行曰綠蘿緣玉樹光曜粲相暉下有兩
眞人舉翅翻高飛我心何踊躍思欲攀雲追鬱鬱西岳巔石室青葱與
天連中有耆年隱士鬚髮皆皓然策杖從吾遊教我要忘言　魏文帝甄
皇后塘上行曰蒲生我池中蒲葉何離離傍能行仁義莫若妾自知衆口
鑠黃金使君生別離莫以毫髮故弃捐素所愛莫以魚肉賤弃捐葱與薤莫
以麻枲賤弃捐菅與蒯　晉陸機塘上行曰江蘺生幽渚微芳不足宣被
蒙風雲會移居華池邊天道有遷易人理無常全男稚智傾愚女愛衰避妍
不惜微軀退但懼蒼蠅前願君廣末光照妾薄暮年　宋謝惠連塘上行
曰芳萱秀陵阿菲質不足營幸有忘憂用移根託君庭垂穎臨清池擢
彩仰華甍霑渥雲雨潤葳蕤吐芳馨願君春傾葉留景惠餘明　梁沈
約塘上行曰澤蘭被荒徑孤芳豈自通幸逢瑤池曠得與金芝叢既美脩

娉婷安復悅繁華童夙昔玉霜滿旦暮翠條空財殫交易絕華落色難終
所願昭陽景時照長門宮　梁劉孝威塘上行苦辛篇曰蒲生伊何陳曲
中多苦辛黃金坐銷鑠白玉遂淄磷裂衣工毀嫡掩袖切讒新嫌成跡易已
愛去理難申秦雲猶變色魯日尚迴輪妾歌已唱斷君心終未親　古相逢
行曰相逢狹路間道隘不容車不知何年少夾轂問君家君家誠易知易知復
難忘黃金爲君門璧玉爲君堂中庭生桂樹華燈何煌煌兄弟兩三人中
子爲侍郎五日因來歸道上自生光黃金絡馬頭觀者盈道傍入門一左顧
但見雙鴛鴦大婦織綺羅中婦織流黃小婦無所爲挾瑟上高堂丈人且
安坐調絃未遽央　宋謝靈運相逢行曰行行即長道長道息班草邂逅
賞心人與我傾懷抱夷世信難值浮生不可保　梁張率相逢行曰相逢夕
陰街獨趨尚冠里高門既如一甲第復相似憑軾日欲昏何處訪公子公
子之所在所在良易知青樓出上路漸臺臨曲池兄弟兩三人冠佩紛陸離朝
從禁中出車騎並駈馳金鞍馬腦勒聚觀路傍兒大婦刺方領中婦抱嬰兒
小婦尚嬌稚端坐吹參差丈人幸無遽神鳳且來儀　古驅車上東門行曰

驅車上東門遥望北郭墓白楊何蕭蕭松栢夾廣路下有陳死人杳杳即長暮潛寐黄泉下千載不覺寤浩浩陰陽移年命如朝露服食求神仙多為藥所誤不如飲美酒被服紈與素　晉陸機駕言出北闕行曰驅馬上東門駕言出北闕躑躅遵山陵長松何鬱鬱丘墓互相承念昔祖殁子悠悠不可勝人生何所促忽如朝露凝求仙鮮克仙太虛不可凌　宋鮑照驅馬上東門行曰傷禽見弦驚倦客惡離聲離聲斷客情賓御皆涕零涕零心斷絶將去復還訣一息不相知何況異鄉別遥遥征駕遠杳杳落日晚居人掩閨卧行子野中飯食梅常苦酸衣葛常苦寒絲竹徒滿座憂人不解顔長歌欲自慰彌起長恨端　晉陸機從軍行曰苦哉遠征人飄飄窮西河南涉五嶺巔北戍長城阿胡馬如雲屯越旆亦星羅朝食不免胄夕息常負戈苦哉遠征人拊心悲如何　宋顔延之從軍行曰苦哉遠征人畢力輸時艱秦初略陽越漢世爭陰山羽檄旦暮急旌旗晝夜懸卧伺金柝響音起候亭燧燃悲矣遠征人苦哉私自憐　梁簡文帝從軍行曰貳師惜善馬樓蘭貪漢財前年出右地今歲討輪臺魚雲望

旗聚龍沙隨陣開氷城朝浴鐵地道夜銜枚將軍號令密天子璽書催
何時反舊里遥見下機來　又曰雲中亭障羽檄驚甘泉烽火通夜明
貳師將軍新築營嫖姚校尉初出征復有山西將絶世愛雄名三門應遁
甲五壘學神兵白雲隨旆色蒼山答鼓聲先平小月陣却滅大宛城善馬還
長道黃金付水衡小婦趙人能鼓瑟侍婢初笄解鄭聲庭前柳絮飛
欲合必應紅粧來起迎　梁蕭子顯從軍行曰左角名王侵漢邊輕薄良
家惡少年蹤横向沮澤凌厲取山田黃塵不見景飛蓬恒滿天邊功封浞
野竊寵劫祁連春風春月將進酒天姬舞女亂君前　梁戴暠從軍詩
曰長安夜刺閨胡騎白銅鞮詔書發隴右召募取關西劒懸三尺鞘鎧累
七重犀侵星出柳塞際晩入榆溪陰山日不著長城風自凄弓寒折錦鞬
馬凍滑斜蹄登山試下趙憑軾且平齊當今函谷上唯見一丸泥　晉陸
機悲哉行曰遊客芳春林春芳傷客心和風飛清響鮮雲垂薄陰蕙
草饒淑氣時鳥多好音傷哉遊客士憂思一何深願託歸風響寄言遺
所欽　宋謝靈運悲哉行曰萋萋春草生王孫遊有情差池鷰始飛

天裊柳初榮　梁沈約悲哉行曰旅遊媚年春年春媚遊人徐光旦垂彩和露曉凝津時嚶起稚葉蕙氣動初蘋一朝阻舊國万里隔良辰

晉張華門有車馬客行曰門有車馬客問君何鄉士捷步往相訊果是舊鄰里語昔有故悲論今無新喜清晨相訪慰日暮不能已詞端竟未究忽唱分途始前悲尚未弭後憂方復起　晉陸機門有車馬客行曰門有車馬客駕言發故鄉念君久不歸濡跡涉江湘投袂起門途攬衣不及裳借問邦族間惻愴論存亡天道信崇替人生安得長

藝文類聚卷第四十一

藝文類聚卷第四十二　　樂部二

樂府

魏文帝短歌行曰對酒當歌人生幾何譬如朝露去日苦多明明如月何時可掇憂從中來不可斷絶月明星稀烏鵲南飛繞樹三匝何枝可依山不猒高海不猒深周公吐哺天下歸心　陸機短歌行曰置酒高堂悲歌臨觴人壽幾何逝如朝霜時無重至華不再陽蘋以春暉蘭以秋芳來日苦短去日苦長今我不樂蟋蟀在房　古長歌行曰青青園中葵朝露待日晞陽春布德澤萬物生光輝常恐秋節至焜黄華葉衰百川東到海何時復西歸少壯不努力老大徒傷悲　又曰昭昭清明月輝光燭我牀憂人不能寐耿耿夜何長微風衝閨闥羅帷自飄颺攬衣曳長帶屣履下高堂　魏明帝長歌行曰靜夜不能寐耳聽衆禽鳴入城育狐兎高墉多鳥聲中心感時物攬劒下閑庭翔佯於階際景星一何明　晉陸機長歌行曰逝矣經天日悲哉帶地川寸陰無停晷尺波徒自旋遠期鮮克及盈數固希全　梁沈約長歌行曰連連舟壑改微微

市朝變局塗頓遠策留歡限奔箭春貌既移紅秋林豈停蒨一倍茂
陵道寧思栢梁宴長戢兎園情永別金華殿　魏文帝煌煌京洛行
曰嗟彼樂生古之雅人智矣燕昭可謂得臣峩峩仲連齊之高士北辭千金
東蹈滄海　宋鮑昭代京洛篇曰鳳臺十二重四戶八綺窻繡桷金蓮花
桂柱玉盤龍珠簾無隔露羅幌不勝風春吹迴白日霜歌落塞鴻但懼秋
塵起盛愛逐衰蓬坐視青苔滿卧對錦筵空琴筑縱橫散舞衣不復
縫　梁簡文帝京洛篇曰南遊偃師縣斜上灞陵東迴瞻龍首堞遥望德
陽宫重門遠照耀天闕復穹隆夜輪懸素魄朝光蕩碧空秋霜曉驅鴈
春雨暮成虹曲陽造甲第高安還禁中劉蒼歸作相竇憲出臨戎惟此
兩京盛歡宴遂無窮　梁戴暠煌煌京洛篇曰欲知佳麗地爲君陳帝京
由來稱俠窟爭利復爭名鑄銅門外馬刻石水中鯨黑龍過飲渭丹鳳
俯臨城羣公惡郭解天子問黃瓊詔幸平陽第騎指伏波營五侯同
拜爵七貴各垂纓揮金留客坐饌玉待鍾聲獨有文園令偏嗟武騎輕
魏陳王曹植名都篇曰名都多妖麗京洛出少年寶劒直千金被服麗

且鮮鬪雞長安道走馬長楸間驅馳未能半雙免過我前左挽因右發一縱兩禽連餘功未及展仰手接飛鳶歸來宴平樂美酒斗十千 又白馬篇曰白馬飾金羈連翩西北馳借問誰家子幽并遊俠兒少小去鄉邑揚名沙漠垂控絃破左的右發摧月支仰手接飛猱俯身散馬蹄邊城多警急胡虜數遷移羽檄從北來厲馬登高堤寄身鋒刃端性命安可懷高名在壯籍不得中顧私捐軀赴國難視死忽若歸 宋袁淑效曹子建白馬篇曰劒騎何翩翩長安五陵間秦地天下樞八方湊才賢荊魏多壯士宛 富少年義分明於霜信行直如絃俠烈良有聞古來共知然 宋鮑昭代陳王白馬篇曰馬騂角弓鳴韉垂北風要途問邊急雜虜入雲中薄暮雪雲起飛沙被遠松弄別中國愛要異胡馬功且令塞上兒知我獨爲雄 梁沈約白馬篇曰白馬紫金鞍停鑣過上蘭赤坂途三折龍堆路九盤水生肌裏凍風起骨中寒唯見恩義重豈覺衣裳單本持驅命苦幸遇身得宁 梁徐悱擬白馬篇曰要功非汗馬報效有鋒端日没塞雲起風悲胡地寒歸報明天子燕然今復刊 魏文帝燕歌行曰秋風蕭瑟天氣涼草木搖落露爲霜

羣燕辭歸鴈南翔念君遠遊多思腸慊慊思歸戀故鄉何為淹留寄他方賤妾煢煢守空房憂來思君不敢忘　魏明帝燕歌行曰白日晼晼忽西傾霜露慘悽塗階庭秋草捲葉摧枝莖翩翩飛蓬常獨征有似遊子不安寧　晉陸機燕歌行曰四時代序逝不追寒風習習落葉飛蟋蟀在堂露盈階念君遠遊苦恒悲君何緬然久不歸　宋謝惠連燕歌行曰四時推遷迅不停三秋蕭瑟葉辭莖霏霜被野鴈南征念君客遊羈思盈何為淹留無歸聲愛而不見傷心情　梁元帝燕歌行曰燕趙佳人本自多遼東少婦學春歌黃龍戍北花如錦玄菟城前月似蛾如何此時別夫聟金羈翠眊往交河還聞入漢去燕營怨妾愁心百恨生漫漫悠悠天未曉遙遙夜夜聽寒更自從異縣同心別偏恨同時成異節橫波滿臉萬行啼翠眉暫斂千重結並海連天合不開那堪春日上春臺唯見遠舟如落葉復看遙舸似行杯沙汀夜鶴嘯羇雌妾心無趣坐傷離翻嗟漢使音塵斷空傷賤妾燕南垂　周王褒燕歌行曰初春麗日鶯欲嬌桃花流水沒河橋薔薇花開百重

葉楊柳覆地數千條自從昔別春鷰分經年一去不相聞無復漢地關山月唯有漠北薊城雲屬國小婦猶年少羽林輕騎數征行遥聞陌頭採桑曲猶勝胡笳邊地聲胡笳向暮使人泣長望閨中空佇立桃抽覆地春花舒桐生井底寒葉疎試為來看上林鴈應有遥寄隴頭書　周庾信燕歌行曰代北雲氣晝昏昏千里飛蓬無復根寒鴈一一度遼水桑葉紛紛落薊門晉陽山頭無箭竹疎勒城中乏水源屬國征戍久離居陽關音信絶能疎願得魯連飛一箭持寄思歸燕將書度遼本自有將軍寒風蕭蕭生水濱妾驚甘泉足烽火君訝漁陽多陣雲自從將軍出細柳蕩子空牀定難守盤龍明鏡餉秦嘉辟惡生香寄韓壽洛陽遊絲百丈連黃河春氷千片穿桃花顏色如好馬榆莢新開似細錢蒲桃一杯千日醉無事九轉學神仙定取金丹作幾服能令華表得千年　魏文帝月重輪行曰三辰垂光照臨四海煥哉何煌煌悠悠與天地久長愚見目前聖觀萬年明闇相絶何可勝言　魏明帝月重輪行曰天地無窮人命有終立功揚名行之在躬聖賢度量得為道中　梁戴暠月重輪篇曰皇

基屬明兩副德表重輪輪重非是暈桂滿自恒春海珠全更減階蓂翳且新婕妤辭團扇曹王比洛神北堂豈盈手西園偏照人　魏陳王曹植飛龍篇曰晨遊太山雲霧窈窕忽逢二童顏色鮮好乘彼白鹿手翳芝草西登玉堂金樓複道投我此藥神皇可造壽同金石永世難老　又吁嗟篇曰吁嗟此轉蓬居世何獨然長去本根逝宿昔無休閑顛爲中林草秋隨野火燔　又鰕䱇篇曰鰕䱇遊潢潦不知江海流燕雀戲藩柴安識鴻鶴遊世士此誠明大德故無儔　又種葛篇曰種葛南山下葛蔓自成陰與君初定婚結髮恩義深行年將晚暮佳人懷異心恩紀曠不接我情遂抑沉　又驅車篇曰神哉彼太山五岳顯其名隆高貫雲蜺嵯峨出太清周流二六候間置十二亭上有涌醴泉玉石揚華英東北望吳野西眺觀日精王者以歸天效厥元功成　又當欲遊南山篇曰東海廣且深由卑下百川五岳雖高大不逆垢與塵嘉善而矜愚大聖亦同然仁者必壽考八坐咸萬年　又仙人篇曰仙人攬六箸對博太山隅湘娥拊琴瑟秦女吹笙竽玉樽盈桂酒河伯獻神魚迴駕過紫微與帝合靈符閶闔正嵯峨雙

闕萬丈餘　又升天行曰乘蹻追術士遠之蓬萊山靈液飛素波蘭桂上參天玄豹遊其下翔鵾戲其巔乘風忽登舉彷彿見衆仙　又扶桑之所出乃在朝陽谿中心陵蒼昊布葉蓋天崖日出登東幹既夕没西枝願得紆陽轡迴日使東馳　宋鮑照升天行曰倦見物興衰驟覩俗屯平窮途悔短計晚志重長生從師入遠岳結友事仙靈風餐委松宿雲卧恣天行暫遊越萬里近别數千齡　晉傅玄歷九秋篇曰歷九秋兮三春遺貴客兮賓顧名君心所親乃命妙妓才人窮八音兮異倫微披素齒丹唇逸響飛薄梁塵精爽眇眇入神薺與麥兮夏零蘭桂踐霜逾馨香茂結意丹青何憂君心中傾　又車遥篇曰車遥遥兮馬洋洋追思君兮不可忘君安遊兮西入秦願爲影兮隨君身　梁簡文帝度關山行曰關山遠可度遠度復難思直指遮歸道都護惣前期力農爭地利轉戰逐天時材官蹶張皆命中弘農越騎盡搴旗搴旗遠不息驍勇何窮極狼居一封難再覩閼氏永去無容色銳氣且横行朱旗亂日精先屠光禄寨却破夫人城凱還歸舊里非是衒功名　梁戴暠度關山篇曰昔聽隴頭吟平居已流涕今

上關山望長安樹如薺千里非鄉邑百姓爲兄弟武帝初存平東伐復盡征催令西校出倚望三邊平丈夫意氣本自然來時辭第已聞天但令此心與命在不持烽火照甘泉　周王褒關山篇曰從軍出隴阪驅馬度關山關山恒掩藹高峯白雲外遥望秦川水千里長如帶好勇自秦中意氣多豪雄少年便習戰十四已從戎遼水深難渡榆關斷未通　晉陸機太山吟曰太山一何高迢迢造天庭峻極周已遠曾雲鬱冥冥梁甫亦有館蒿里亦有亭幽塗延萬鬼神房集百靈長吟太山側慷慨激楚聲　宋謝靈運吳會行曰六引緩清唱三調佇繁音列筵皆寂寂咸共聆會吟會吟自有初請從文命敷敷績壺冀始刋木至江汜句踐善廢興越王識行止范蠡出江湖梅福入城市　晉傅玄豔歌行曰蛾眉分翠羽明月發清陽丹脣翳皓齒秀色若珪璋容華既以豔志節擬秋霜　梁簡文帝豔歌行曰雲楣桂成戶飛棟杏爲梁斜窻通藥氣細隙引塵光裁衣魏后尺汲水淮南牀青驪暮已及隊使羅袿香　晉陸機前緩聲歌行曰遊仙聚靈族高宴層城阿長風萬里急慶雲鬱嵯峨北徵瑶臺女南要湘川娥肅肅

宵駕動翩翩翠蓋羅大客揮高絃洪涯發清歌獻酬既已終輕舉乘紫霞　宋謝靈運緩歌行曰飛客結靈友凌空萃丹丘習習和風起采采彤雲浮娥皇發湘浦宵明出河洲宛宛連螭轡裔裔振龍旒　晉陸機櫂歌行曰遲遲暮春日天氣柔且嘉元吉隆初巳濯穢遊黃河龍舟浮鷁首羽旗垂藻葩乘風宣飛景逍遥戲中波名謳激清唱榜人縱櫂歌投綸沉洪川飛繳入紫霞　梁簡文帝櫂歌行曰妾家住湘川菱歌本自便風生解榜浪水深能捉舩葉亂由牽荇絲飄爲折蓮濺粧疑薄汗霑衣似故𤄊浣紗流暫濁汰錦色還鮮參同趙飛燕借問李延年從來入絃管誰在棹歌前　宋鮑昭放歌行曰蓼蟲避葵菫習苦良可哀小人自齷齪安知曠士懷雞鳴洛城裏禁門平旦開冠蓋縱横至車騎四方來夷世不可逢賢君信愛才一言分珪爵片善辭蒿萊豈伊白璧賜將起黃金臺今君有何疾臨路獨遲迴　梁何遜輕薄篇曰長安美年少重身輕萬億柘彈隨珠丸白馬黃金飾相期百戲傍去來三市側象牀沓繡被玉盤傳綺食倡女掩扇歌小婦開簾織相看獨隱笑見人還斂色　梁張率

遠期篇遠期終不歸節華坐將變誰將久離別他鄉且異縣浮雲
蔽重山相望不可見　梁庾成師遠期篇曰憶別春花飛已見秋葉稀
淚粉看明鏡愁帶減寬衣得書言未及夢見道應歸坐使紅顏歇
獨掩青樓扉　梁簡文帝蜀道難曲曰巫山七百里巴水三迴曲笛聲下
復高猿啼斷還續　梁劉孝威蜀道難篇曰玉壘高無極銅梁不可
攀雙流迸爐道九坂澁陽關鄧侯束馬去王生斂轡還嵎山金碧有光
輝遷亭車馬正輕肥彌思王褒擁節去復憶相如乘傳歸君平子雲寂
不嗣江漢英靈已信稀　又行行遊獵篇曰之罘講射所上林娛獵場傾飛
具罥繳材官命蹶張高罝掩月兔勁矢射天狼蹶地不遑逸排虛豈
及翔　又思歸篇曰明地憑良馬懷驕負漢恩甘泉烽火入回中宮室燔
錦車勞遠駕繡衣疲屢要奔櫪下嚴雙駿腰鳧邊垂兩鞬乘嶂無期
限歸思安可言　又公莫渡河篇曰請公莫渡河河廣風威厲檣偃落
金烏舟傾沒犀柵劍飛猶共水云鬼沉理俱逝君爲川后臣妾作江妃娣
梁簡文帝鴈門太守歌曰輕霜中夜下黃葉晚辭枝寒苦春難覺

邊城秋易知風急鈴旗斷塗長鐙馬疲少解孫吳法家本幽并兒非關
買鴈肉徒勞皇甫規　又曰三月楊花合四月麥秋初幽州寒食罷鄭國採桑
疎便聞鴈門戍結束事戎車寄語金閨妾勿怨寒牀虛　齊謝朓鼓吹
曲十首元會曲曰二儀啓昌曆三朝應慶斯分階施組練充庭羅翠旗觴
流白日下吹謐景雲滋天儀穆藻殿萬宇慶皇基　鈞天曲曰高宴皓
天臺置酒迎風觀笙鏞禮百神鍾石動雲漢瑤臺寶瑟驚綺席舞
衣散已慶明庭樂誰想南風彈　入朝曲曰江南佳麗地金陵帝王州飛
甍夾馳道垂楊蔭御溝凝笳翼高蓋疊鼓送行輈獻納雲臺表功
名良可收　從戎曲曰選旅辭轘轅弭節趣河源日起霜戈照風迴連旗翻
寥唳清笳轉蕭條邊馬煩自勉輟耕願征役去何言　送遠曲曰北梁辭歡
宴南浦送佳人方衢控龍馬平路騁朱輪瓊筵妙舞絕莊席羽觴陳一
爲清吹激潺湲傷別神　登山曲曰天明開秀崿瀾光媚碧隄風蕩翻鳥
亂雲行芳樹低暮春春服美遊駕矚石梯　汎水曲曰玉霜霑翠草金
風鳴素枝罷遊平樂苑汎鷁昆明池羽旗散容裔簫鼓吹參差百年如

流水寸心寧共知　梁沈約鼓吹曲十二首漢第一曲朱鷺今第一曲木紀謝
齊丹梁升也木紀謝炎運昌民去癸鼎歸梁輔五帝軼三王橫四海被八荒
漢第二曲思悲翁今第二曲賢首山言聖主大破匈奴於刀部摩王跡也賢
首山險而峻乘阻憑臨胡陣騁奇謀奮卒徒斷白馬塞飛狐　漢第三曲
艾如張今第三曲桐柏山言聖主牧司王業彌彰也桐柏山淮之首肇基帝
迹遂光區有震邊関殪獯醜農既歡民惟阜　漢第四曲上之迴今第四
曲道亡言東民喪道義師起樊鄧也道亡數極歸永元悠悠兆庶盡亾
寃矯龍翰自樊漢率茲八百驅十亂登我聖明由多難　漢第五曲翁
離今第五曲抗威言破加湖元勲建也抗威授律命蒼光言薄加湖灌秋
水資此威烈齊文孰　漢第六曲戰城南今第六曲漢東流言義師剋魯
山城也漢東流江之汭逆徒蜂聚旌旗紛仰蔽震威靈乘高騁銳至
仁解網窮鳥入懷因此龍躍言登泰階　漢第七曲巫山高今第七曲鶴
樓峻言平郢城兵威無敵也鶴樓峻連翠微薄言震曜靈威凶衆稽顙
天不能違　漢第八曲上陵今第八曲昏主言東昏致乱聖主起義並九

江姑孰大破朱崖伐罪弔民也皆主恣淫慝皆曰自言盛上仁矜億兆誓
師爲請命既齊丹浦戰又符甲子辰悠悠萬姓民於此覩陽春　漢
第九曲將進酒今第九曲石首局言義師先平京邑四城仍廢皆主宂大事
也石首局北墉壟漸埃巖東壘峻夫末飛哉方振競銜辟竝輿櫬翦廡
惡靡餘僞　漢第十曲有所思今第十曲期運集言聖主膺籙受圖
德感化遠也期運集惟皇膺寶符龍躍清漢渚鳳起方城隅謳歌
共適夏獄訟兩違朱二儀啓佳祚千載猶旦暮無蹈流帝功金石昭王度
漢第十一曲芳樹今第十一曲於穆言大梁闡運君臣和樂休祚方遠也
於穆君臣君臣和以肅關王道定天保樂均靈囿宴同在鎬前庭懸鼓鍾
左右列笙鏞纓佩俯仰有則備禮容　漢第十二曲上雅今第十二曲大梁
言梁德廣運仁化溥洽也惟大梁開運受籙膺圖天冠八極帶被五都
齊王融巫山高曰髣象巫山高薄暮陽臺曲煙華乍卷舒行芳時斷續
無忘坐相望秋風下庭綠　梁元帝巫山高曰巫山高不窮迴出荆門中灘
聲下濺石猿鳥上逐風樹雜山如畫林暗澗疑空無因謝神女一爲出房櫳

梁范雲巫山高曰巫山高不極白日隱光暉藹藹朝雲去冥冥暮雨歸巖懸獸無跡林暗鳥疑飛枕席竟誰薦相望 依依 梁沈約芳樹曰發蕚九華隈開跗露寒側氤氳非一香參差多異色夙昔寒飈舉摧殘不可識霜雪交橫至對之長歎息 梁丘遲芳樹曰芳葉已漠漠嘉實復離離發景傍雲屋凝暉覆華池輕蜂掇浮穎弱鳥隱深枝一朝容色茂千春長不移 魏文帝臨高臺行曰臨臺行高高以軒下有水清且寒中有黃鵠往且翻行爲臣當盡忠願令皇帝陛下三千歲宜居此宮鵠欲南遊雌不能隨我欲躬銜汝口噤不能開我欲負之毛衣摧頹五里一顧六里徘徊 齊謝朓臨高臺行曰千里常思歸登臺臨綺翼纔見孤鳥還未辨連山極四面動清風朝夜起寒色誰知倦遊者嗟此故鄉憶 梁沈約臨高臺行曰高臺不可望望遠使人愁連山無斷續河水復悠悠所思愛何在洛陽南陌頭可望不可至何用解人憂 梁王僧孺登高臺曰試出金華殿聊登銅雀臺九路平如砥千門洞巳開軒車映日過笳簫管逐風來若非邯鄲美便是洛陽才 梁范雲當對酒曰對酒心自足故人來共持方悅羅襟解誰念髮成絲迨余

聽歌日及我傾樽時　梁張率當對酒曰對酒誠可樂此酒復能醇如華
良可貴似乳更非珍誰能共遲暮對酒惜芳辰君歌尚未罷却坐避梁塵
梁柳惲獨不見曰芳草生未積春花落如霰出從張公子還過趙飛鷰
奉箒長信宮誰知獨不見　梁元帝關山月曰朝望清波道夜上白登臺月
中含桂樹流影自徘徊寒沙逐風起春花犯雪開夜長無與晤衣單誰爲
裁　又隴頭水歌曰銜悲別隴頭關路漫悠悠故鄉迷遠近征人分去留沙
飛曉成幕海氣旦如樓欲識秦川處隴水向東流　梁劉孝威橫吹曲隴
頭流水詩曰從軍戍隴頭隴水帶沙流時觀胡騎飲常爲漢國羞衰
成兩劒殺子祠雙鉤頓取樓蘭頸就解郅支裘勿令如李廣功遂不封
侯　梁簡文帝洛陽道詩曰洛陽佳麗所大道滿春光遊童時挾彈蠶
妾始提筐金鞍照龍馬羅袖拂春桑玉車爭曉入滿果溢高箱　梁元
帝洛陽道詩曰洛陽開大道城北達城西青槐隨幔拂綠柳逐風低玉珂
鳴戰馬金爪鬬場雞桑萎日行暮多逢秦氏妻　梁元帝長安路曰前
登灞陵岸還瞻渭水流城形類南斗橋勢似牽牛飛軒與良駟寶劒雜

輕蓋經過狹邪裏日暮且淹留　梁庾肩吾長安路詩曰桂宮延複道黃山開廣路遠聽平陵鍾遥識新豐樹日落唱歌還塵飛車馬度　宋鮑照代淮南王曰淮南王好長生服藥鍊氣讀仙經琉璃藥椀牙作盤金鼎玉匕合神丹合神丹賜紫房紫房綵女弄明璫朱城九闈外頽遂明月入君懷入君懷結君珮怨君恨君恃君愛　宋吴邁遠陽春曲詩曰緑樹搖雲光春城起風色佳人愛華景流靡園塘側宋玉歌陽春巴人長歎息生重愛惠輕私自憐何極　又長離別詩曰生離不可聞況復長相思如何與君別當我盛年時蕙華每搖蕩妾心空自持　又長相思詩曰晨有遠道客依依造門端人馬風塵色知從關塞還煩君尺錦書寸心從此殫道妾長憔悴無復歌笑顔攔隱千霜樹庭枯十年蘭經春不舉袖秋落寧復看　梁張率長相思詩曰長相思久離別美人之遠如雨絶獨延佇心中結望雲去去遠望鳥飛飛滅長相思久別離所思所在若天垂欝欝相望不得知玉階月夕映羅帷風夜吹長思不能寢坐望天河移　梁簡文帝烏栖曲曰芙蓉作船絲作綷北斗橫天月將落採桑渡頭礙黃河郎今欲度

畏風波　又曰浮雲似帳月如鉤那能夜夜南陌遊宜城投酒今行熟
停鞍繫馬暫栖宿　又曰青牛丹轂七香車可憐今夜宿娼家娼家
高樹烏欲栖羅帷翠帳向君低　又曰織成屏風銀屈膝朱脣玉面燈前
出相看氣息望君憐誰能含著不自前　梁元帝烏栖曲曰沙棠作船
桂為楫夜渡江南採蓮葉復值西施新浣紗共汎江干瞻月華　又曰月
華似璧星如珮流影澄明玉堂內邯鄲九投朝始成金巵銀椀共君傾　又曰
交龍成錦鬬鳳紋芙蓉為帶石榴裙日下城南兩相望月没參橫掩羅帳
又曰七彩隨珠九華玉蛺蝶為歌明星曲蘭房椒閣夜方開那知步步香
風逐　梁蕭子顯烏栖曲曰濃黛輕紅點花色還欲令人不相識金壺夜永
誰能過莫持奢用比懸河　曰芳樹歸飛聚儔匹猶有殘光半山日莫
憚寒衾嘗不相求漢皋遊女習風流　梁簡文帝龍笛曲曰江直弄真態
翔鳳陽春臺同去復同來　梁柳惲江南曲曰汀洲採白蘋日落江南春洞
庭有歸客瀟湘逢故人故人久不返春華復應晚不道新知樂空言行路遠
梁吳筠攜手曲曰豔裔陽之春攜手清洛濱雞鳴上林苑薄暮小平津長

裾拂白日廣袖帶芳塵故友一如此新知詎憶人 梁沈約夜夜曲曰河漢縱復橫北斗橫復直星漢空如此寧知心所憶孤燈曖不明寒機猶更織零涕向誰道雞鳴徒歎息 梁江洪綠水曲曰潺湲復皎潔輕鮮尚可悅橫使有情禽照影遂孤絕 又曰塵容不忍飾臨池思客歸誰知取淥水無趣泞羅衣 又秋風曲曰光拂連雲臺罷入迎鑾殿已折池中荷復馳簷裏鷰 又胡笳曲曰藏器欲邀時年來不相讓紅顏征戍兒白首邊城將 又曰落日慘無光臨河獨飲馬瑟颯夕風高聯翩鴈飛下 宋吳邁遠秋風曲曰寒鄉無異服衣氈代文練月月望君歸年年不解線荆楊早春和幽冀猶霜霰地寒妾已知南心君不見 又胡笳曲曰輕命重意氣古來豈但今緩頰獻一說揚眉受千金邊風落寒草鳴笳墜飛禽越情結楚思漢耳聽胡音既懷離俗傷復悲朝光侵日當故鄉沒遙見浮雲陰 梁吳筠秦王卷衣曲曰咸陽春草芳秦帝卷衣裳玉檢茱萸匣金泥蘇合香須臾朝宴罷持此贈華陽 梁劉孝綽賦得烏夜啼詩曰鵾絃且輟弄鶴操暫停揮別有啼烏曲東西各自飛倡人怨獨守蕩子猶未歸忽聞生離唱中

夜泣羅衣　周庾信烏夜啼曲曰促柱繁絃非子夜歌聲舞態異前溪御史府中何處宿洛陽城頭那得棲彈琴蜀郡卓家女織錦秦川竇氏妻詎不自驚長淚落到道啼烏恒夜啼　又曰桂樹懸知遠風竿詎肯低獨來明月夜孤情猶未棲虎賁誰見惜御史詎相攜雖言入絃管終是曲中啼　晉石崇明君辭序曰王明君者本爲王昭君以觸文帝諱改之匈奴盛請婚於漢元帝以明君配焉昔公主嫁烏孫令琵琶馬上作樂以慰其道路之思其送明君亦必爾也詩曰我本漢家子將適單于庭辭訣未及終前驅已抗旌僕御涕流離轅馬悲且鳴行行日已遠遂造匈奴城延我於穹廬加我閼氏名殺身良不易默默以苟生願假飛鴻翼棄之以遐征昔爲匣中玉今爲糞上英朝華不足歡甘與秋草并傳語後世人遠嫁難爲情　梁沈約昭君辭曰朝發披香殿夕濟汾陰河於茲懷九折自此斂雙蛾霑粧如湛露繞臉狀流波日見奔沙起稍覺轉蓬多唯有三五夜明月暫經過　魏陳王曹植箜篌引曰置酒高殿上親友從我遊中廚辦豐膳烹羊宰肥牛秦箏何慷慨齊瑟和且柔陽阿奏妙舞京洛出名謳樂飲過三爵緩帶傾

庶羞主稱千金壽賓奉萬年酬驚風飄白日光景馳西流盛時不再來百年忽我遒生存華屋處零落歸山丘　晉石崇思歸引曰思歸引歸河陽假余翼鴻鶴高飛翔經芒阜濟河梁望我舊館心悅康清渠激魚彷徨鴈驚泝波羣相將終日周覽樂無方登雲閣列姬姜拊絲竹叩宮商宴華池酌玉觴　梁簡文帝江南曲曰陽春路時使佳人度枝中水上春併歸長楊掃地桃花飛清風吹人光照衣光照衣景將夕擲黃金留上客　梁沈約江南行陽春曲曰楊柳至地鸎老池織情忍思落容儀絃傷曲怨心自知心自知人不見動羅裙拂珠殿　朝雲曲曰陽臺氛氳多異色巫山高高上無極雲來雨去長不息長不息夢來遊經萬世度千秋　梁簡文帝悲楚妃歎曰閨閉漏永永漏長宵寂寂草螢飛夜戶絲蟲繞秋壁薄笑未為欣微歎還成戚金簪鬢下垂玉筋衣前滴　宋孝武帝夜聽妓詩曰寒夜起聲管促席引靈寄深心屬悲絃遠情逐流吹勞矜憑苦辰誰謂懷忘易　梁簡文帝聽夜妓詩曰合歡蠲忿葉萱草忘憂條何如明月夜流風拂舞腰朱脣隨吹盡玉釧逐絃搖留賓惜

殘弄負態動餘嬌　梁元帝春夜看妓詩曰蛾眉漸成光燕姬戲小堂
胡舞開春閣鈴盤出步廊起龍調節奏却鳳點笙簧樹交臨舞席荷
生夾妓行竹密無分影花疎有異香舉盃聊轉笑歡茲樂未央　梁何遜
詠妓詩曰管隨羅薦合絲驚雪袖遲逐唱迴纖手聽曲動蛾眉凝情
顧眄隨微睇託含辭日暮留佳客相看愛此時　周庾信看妓詩曰綠
珠歌扇薄飛鷰舞袖長琴曲隨流水簫聲逐鳳皇細縈纏鍾板圓花
釘鼓床懸知曲不誤無事顧周郎　陳劉刪侯司空第山園詠妓詩曰石
家金谷妓粧罷出蘭閨看花爭欲笑聞瑟似能啼山邊歌落日池上舞
前溪持人當桃李無處不成蹊　陳陰鏗侯司空第山園詠妓詩曰佳
人編綺席妙曲動鵾絃樓似陽臺上池如洛水邊鶯啼歌扇後花落
舞衫前翠柳將斜日俱照晚粧鮮　陳蕭琳隔壁聽妓詩曰徒聞絃
管切不見舞腰迴唯有歌梁共塵飛一半來　隋盧思道夜聞鄰妓詩
曰娼樓對三道吹臺臨九重笙隨山上鶴笛奏水中龍詎能暫眉各解
珮一相從　**論**　晉阮籍樂論曰昔者聖人之作樂也將以順天地之性體萬物

之生也故定天地八方之音以迎陰陽八風之聲故律吕協則陰陽和音聲適而萬物類奏之圜丘而天神下降肆之方岳而地祇上應天地合其德則万物合其生刑賞不用而民自革服旌旗宫室飲食禮之具也鍾磬鞞鼓琴瑟樂之器也禮踰其制則尊卑乖樂失其序則親疏亂禮定其象樂平其心禮治其外樂化其内故清廟之歌詠成功之績賓饗之詩稱禮讓之則百姓化其善異俗服其德也

藝文類聚卷第四十二

藝文類聚卷第四十三

樂部三

舞　歌

舞

爾雅曰婆娑舞也舞者之容也尚書曰苗民逆命帝乃誕敷文德舞干羽兩階七旬有苗格　樂緯曰武王承命興師渡盟津前歌後舞　周官曰樂師掌教國子六舞凡舞有帗舞有羽舞有旄舞有干舞　禮記曰治民勞者舞行綴遠治民逸者舞行綴短故觀其舞知其德民德薄故舞勞人少又曰以禘禮祀周公於太廟朱干玉戚冕而舞大武　毛詩曰舍其坐遷屢舞僊僊側弁之俄屢舞傞傞　左傳曰考仲子之宮將萬焉公問羽數於衆仲對曰天子用八諸侯用六大夫四士二夫舞所以節八音而行八風也　楚辭曰二八齊容起鄭舞衽若交竿撫案下　又曰翾飛兮翠曾曾舉也言舞工巧似翠鳥之舉展詩兮會舞　韓子曰長袖善舞多錢善賈　淮南子曰今鼓舞者身若秋葯被風葯白芷也被風言其弱也漢書曰孝武李夫人本以倡進兄延年知音善歌舞延年侍上起舞歌曰北方有佳人絶世而獨立一顧傾人城再顧

傾人國寧不知傾國與傾城佳人難再得平陽公主因言延年女弟上召見實妙
麗善舞由是幸生昌邑哀王 又曰高祖廟奏武德文始五行之舞武德者
象天下樂已行武以除亂也文始者本舜韶舞也高祖更名曰文始示不相襲、
范曄後漢書曰蔡邕坐上章事徙及歸將就還路五原太守王智餞之酒
酣智起舞屬邕邕不爲報智者中常侍王甫之弟智銜之密告邕怨於
囚放謗訕朝廷邕慮卒不免禍乃亡命江海遠跡吳會 呂氏春秋曰陶
唐氏之始陰多滯伏民氣鬱閼故爲作舞以宣導之 家語曰子路戎服見
孔子拔劒而舞曰古之君子固以劒自衛乎孔子曰古之君子忠以爲質仁以爲
衛 蔡邕月令章句曰樂容曰舞有俯仰張翕行綴長短之制 三巴記曰
閬中有渝水賓民鋭氣喜舞高祖樂其猛鋭數觀其舞使樂人習之
故名巴渝舞 魏名臣奏王朗表曰凡音樂以舞爲主自黃帝雲門至
周大武皆大廟舞樂名也樂所以樂君之德舞所以象君之功 吳書曰陶
謙爲舒令郡守張磐耻爲之下磐舞屬謙謙不爲起強之乃舞舞又、
轉磐曰不當轉耶曰轉則勝人 又曰陸遜破曹休上與羣僚大會酒酣命

遜舞解所著白䌫子裘賜之【詩】宋南平王白紵舞曲曰僊僊徐動何盈盈玉腕俱凝若雲行佳人舉袖曜青蛾摻摻擢手映鮮羅狀似明月汎雲河體如輕風動流波　梁簡文帝詠舞詩曰嬌情因曲動弱步逐風吹懸釵隨舞落飛袖低鬟垂　又詠舞詩曰戚里多妖麗重娉蕙燕餘逐節工新舞嬌態似淩虛納（音內）花承襵概垂翠逐璫舒扇開衫影亂巾度履行踈從學文甫憶自有專城居　又詠舞詩曰可憐稱二八逐節似飛鴻懸勝河陽伎闇與淮南同入行看履進轉面望鬟空腕動茗華玉衫隨如意風上客何須起啼烏未肯終　梁劉遵應令詠舞詩曰倡女多豔色二八選盡華年舉腕嫌衫重迴要覺態妍情繞陽春吹影逐相思絃履度開裾褔鬢轉亞花鈿所愁餘曲罷爲欲在君前　梁王訓應令詠舞詩曰新粧本絕世妙舞亦如仙傾腰逐韻管斂色聽張絃袖輕風易入釵重步難前笑態千金動衣香十里傳將持比飛鷰定當誰可憐　梁楊皦詠舞詩曰紅顏自燕趙妙妓邁陽阿就行齊逐唱赴節闇相和折腰送餘曲斂袖待新歌嚬容生翠羽曼睇出橫波雖稱趙飛鷰比此詎成多

梁庾肩吾詠舞詩曰飛鳥袖始拂啼烏曲未終聊因斷續唱試託往還
風　梁劉孝儀和舞詩曰迴履裾香散飄衫劔響傳低釵依促管曼睇
入繁絃　又和詩曰轉袖隨歌發頓履赴絃餘度行過接手迴身乍斂袿
又舞就行詩曰依歌移弱步傍燭豔新粧徐來翻應節亂去反成行　周
庾信詠舞詩曰洞房花燭明燕餘雙舞輕頓履疎隨節低鬟逐上聲
步轉行初進衫飄曲未成鸞迴鏡欲滿鶴顧市應傾已曾天上學詎是
世中生　陳徐陵詠舞詩曰十五屬平陽因來入建章主家能教舞城
中巧且粧低鬟向綺席舉袖拂花黃燭送空迴影衫傳篋裏香當由好留
客故作舞衣長【賦】後漢傅毅舞賦曰楚襄王既遊雲夢將置酒宴飲謂
宋玉曰寡人欲觴群臣何以娛之玉曰臣聞激楚結風陽阿之舞材人之窮觀
天下之至妙噫可進乎王曰試為寡人賦之玉曰唯唯鄭女出進二八徐侍姣
服極麗姁媮致態貌嫽妙以妖冶紅顏曄其揚華眉連娟以增繞目流睇而橫
波珠翠的皪而照曜華袿飛髾而雜纖羅顧形影自整裝衣順微風揮若
芳動朱脣紆清陽亢音高歌為樂之方其始興也若俯若仰若來若往雍

容㑊悵不可爲象羅衣從風長袿交橫駱驛飛散颯遝合并綽約習
靡機迅體輕於是合場遞進安步而俟埒材角妙夸容乃理軼態橫出
瑰姿譎起迴身還入迫於急節紆形赴遠漼以摧折纖縠俄飛纓袂若絕
體如遊龍袖如素蜺遷延微笑退復次列觀者稱麗莫不怡悅　後漢張
衡舞賦曰昔客有觀舞於淮南者美而賦之曰音樂陳兮旨酒施擊
靈鼓兮吹參差叛淫衍兮漫陸離於是飲者皆醉日亦既昃美人興而
將舞乃脩容而改襲表服羅縠之雜錯申綢繆而自飾拊者啾其齊列盤
鼓煥以騁羅抗脩袖以翳面兮展清聲而長歌歌曰驚雄逝兮孤雌
翔臨歸風兮思故鄉搦纖腰而互折嬛傾倚兮低昂增芙蓉之紅花兮
光的皪以發揚騰嫮目以顧眄盼爛爛以流光連翩駱驛乍續乍絕裾似
飛鸞袖如迴雪於是粉黛施兮玉質粲珠簪挺兮緇髮亂然後整笄
攬髮被纖垂縈同服騈奏合體齊聲進退無差若影追形　梁簡
文帝舞賦曰酌蒲桃坐柘觀命妙舞徵清彈屮長袂初筭參差俱集
信身輕而釵重亦腰羸而帶急響呈砂而遲前度金扉而斜入似斷霞

之照彩若飛鸞之相及既相看而綿視亦含姿而俱立於是徐鳴嬌節薄動輕金奏巴渝之麗曲唱碣石之清音扇纔移而動步鞞輕宜而遂吟爾乃優遊容豫顧眄徘徊強紆頸而失笑作雖怨而成猜或低昂而失侶乃歸飛而相附或前異而始同乍初離而後赴不遲不疾若輕若重盼哉微吟迴巾自擁鬟亂難持蹔低易捧牽恃其恩懷嬌知寵

歌

說文曰詠歌曰獨歌謂之謠謳齊歌也　蔡邕月令章句曰樂聲曰歌　山海經曰帝俊八子是始為歌帝俊帝舜也　又曰夏后氏開上三嬪于天得九辯與九以下　毛詩序曰情動於中而形於言言之不足故嗟歎之嗟歎之不足故詠歌之　穆天子傳曰天子東遊于黃澤宿于曲洛洛水之洲也使宮樂謠宮樂與樂者曰黃之陂其馬歕沙音普悶反黃之澤其馬歕玉　列子曰薛譚學謳於秦青未窮青之伎自謂盡之遂辭歸秦青弗止餞於郊衢撫節悲歌聲振林木響遏行雲薛譚乃謝求反終身不敢言歸　秦青顧其友曰昔韓娥東之齊匱糧過雍門鬻歌假食既去餘響繞梁三日不絕

孟子曰昔王豹處於淇而河西善謳綿駒處於高唐而齊右善歌　襄陽耆舊傳曰宋玉識音而善文襄王好樂而愛賦既美其才而憎其似屈原也乃謂之曰子盍從楚之俗使楚人貴子之德乎對曰昔楚有善歌者王其聞與始而曰下里巴人國中唱而和之者數萬人中而曰陽阿採菱國中唱而和之者數百人既而曰陽菱白露朝日魚麗含商吐角絶節赴曲國中唱而和之者不過數人蓋其曲彌高其和彌寡　呂氏春秋曰昔葛天氏之樂三人操牛尾投足以歌八闋　又曰帝嚳命咸黑作為唐歌堯命質效山谷之音以作歌湯命伊尹作為大濩歌晨露　淮南子曰易之良馬使人欲馳飲酒而樂使人欲歌又曰瓠梁之歌可隨也其所歌者不可為（瓠梁古善歌之人也）　劉向別録曰有麗人歌賦漢興以來善雅歌者魯人虞公發聲清哀蓋動梁塵　漢書曰孝武南巡狩至于盛唐自潯陽浮江親射蛟江中獲之舳艫千里薄樅陽而出作盛唐樅陽之歌　又曰武帝思念李夫人不已方士齊人少翁言能致其神乃夜設燈燭幃幄而令帝居他帳遥見望好女如夫人之貌而不得就視愈益悲感為作詩令樂府諸音家絃

歌之曰是耶非耶立而望之偏娜娜何冉冉其來遲　又曰張釋之爲中郎將從行至灞陵是時慎夫人從上指視慎夫人新豐道曰此是邯鄲道也使慎夫人鼓瑟上倚瑟而歌　漢武内傳曰西王母命侍女安法嬰歌玄雲曲上元夫人自彈雲林之瑟乃歌步玄之曲曰淥景清飇起雲蓋暎朱葩蘭房闢琳闕碧室啓瓊沙　鄭緝之東陽記曰歌山在吳寧縣故老相傳云昔有人乘船從下過見一女子谷汲乃登此山負水行歌姿態甚妍而莫知所由故名歌山　虞舜作歌曰元首明哉股肱良哉庶事康哉　又歌曰元首叢脞哉股肱惰哉萬事墮哉　又歌曰南風之薫兮可以解吾民之慍兮南風之時兮可阜吾民之財兮　又卿雲歌曰卿雲爛兮禮縵縵兮日月光華或且兮八伯咸進稽首曰明明上天爛然星辰日月華弘兮一人帝乃再歌曰日月有常星辰有行四時從經萬姓允誠於予論樂配天之靈周穆天子觴西王母于瑶池之上西王母爲天子謡曰白雲在天山陵自出道里悠遠山川間之將子無死尚能復來天子荅曰予歸東土和治諸夏万民平均吾顧見汝比及三年將復而野　甯戚扣牛角歌曰滄浪之水白石粲

中有鯉魚長尺半轂布單衣裁至骭清朝飯牛至夜半黄犢上坂且休息吾將捨汝相齊國　又燕荆軻蕭蕭歌曰燕太子丹使荆軻刺秦王丹祖送於易水之上高漸離擊筑荆軻歌宋意和之曰風蕭蕭兮易水寒壯士一去不復還　漢高祖大風歌曰高祖還過沛留置酒沛宮悉召故人父老子弟佐酒發沛中兒得百二十人教之歌酒酣上擊筑自歌曰大風起兮雲飛揚威加海内兮歸故鄉安得猛士兮守四方　漢武臨河決悼功之不成乃歌曰瓠子決兮將奈何浩浩洋洋慮殫爲河殫爲河兮地不得寧功無已　兮吾山平吾山平兮鉅鹿溢魚弗鬱兮迫冬日

司馬相如琴歌曰相如游臨邛富人卓王孫家有女文君新寡竊於壁見之相如因以琴歌挑之曰鳳兮鳳兮歸故鄉遨遊四海求其皇有豔淑女在此房何緣交接爲鴛鴦鳳兮鳳兮從我栖得託字尾永爲妃交情通體心和諧中夜相從知者誰　漢烏孫公主歌曰吾家嫁我兮天一方遠託異國烏孫王穹廬爲室兮氈爲牆肉爲食兮酪爲漿居常思土心内傷願爲黄鶴兮還故鄉　後漢章帝時董謠

曰城中好高髻四方高一尺城中好大眉四方且半額城中好廣袖四方
用疋帛 後漢桓帝時童謡曰城上烏尾畢逋公爲吏兒爲徒一徒死百
乗車車班蘭至河間姹女、能數錢銀爲室金爲堂戸上膴膴舂黄
粱下有懸鼓我欲擊之丞相怒 晉劉琨扶風歌曰繫馬長松下廢鞍高
岳頭烈烈悲風起泠泠澗水流麋鹿遊我前猴猨戲我側資粮既乏盡薇蕨
安足食惟昔李騫期寄在匈奴庭忠信反獲罪漢武不見明 晉陸機
百年歌曰一十時顔如蕣華曄有暉體如飄風行如飛終朝出遊薄言永
歸六情逸豫心無違清酒將炙奈樂何清酒將炙奈樂何 二十時膚
彩津澤人理成美目淑貌灼有榮光車駿馬遊都城高談雅步何盈
盈清酒將炙奈樂何清酒將炙奈樂何 三十時行成名立有令聞力可
扛鼎志干雲食如漏巵氣如熏辭家觀國綜典文清酒將炙奈樂何清
酒將炙奈樂何 四十時體力克壯志方剛跨州越郡還帝鄉出入承明
擁大璫清酒將炙奈樂何清酒將炙奈樂何 五十時荷旄杖節鎮邦
家鼓鍾嘈囋趙女歌羅衣綷粲金翠華言笑雅舞相經過清酒

將炙奈樂何清酒將炙奈樂何　六十時年亦耆艾業亦隆驂駕四牡入紫宮軒冕納那翠雲中子孫昌盛家道豐清酒將炙奈樂何清酒將炙奈樂何　七十時精爽頗損膂力愆清水明鏡不欲觀臨樂對酒轉無歡攬形脩髮獨長歎　八十時明已損聰去耳前言往行不復紀辭官致祿歸桑梓安車駟馬入舊里樂事告終憂事始　九十時日告耽瘁月告衰形體雖是志意非言多謬誤心多悲子孫朝拜或問誰指景玩日慮安危感念平生淚交揮　百歲時盈數已登肌肉單四支百節即還相患目若濁鏡口垂涎呼吸嚬蹙反側難茵褥滋味不復安　晉傅□

燕人美兮歌曰燕人美兮趙女佳其室則邇兮限增崖雲爲車兮風爲馬玉在泥兮蘭在野雲無期兮風有止思多端兮誰能理　晉王獻之情人桃葉歌曰桃葉復桃葉桃葉連桃根相憐兩樂事獨使我纏綿　桃葉復桃葉渡江不用楫但渡無所苦我自楫迎汝　桃葉荅王團扇歌曰七寶畫團扇粲爛明月光與郎卻暄暑相憶莫相忘　青青林中竹可作白團扇動搖郎玉手因風託方便團扇復向誰侍許自障面憔

額無復理署與郎相見　齊陸□李夫人及貴人歌曰別車桂席塵豹
尾香煙滅彤殿向蘼蕪青蒲復萎絕坐萎絕對蘼蕪臨玉階泣長
歎寡鶴羈雌飛且止彫梁　翠壁網蜘蛛洞房明月夜對此淚如珠　晉
孫綽情人詩曰碧玉破瓜時相爲情顛倒感郎不羞難迴身就郎抱
宋鮑昭白紵辭歌曰朱脣動素袖舉洛陽少童邯鄲女古稱淥水今白
紵催絃急管爲君舞窮秋九月荷葉黃北風驅鴈天雨霜夜長酒多
樂未央春風澹蕩使思多天色淨淥氣妍和含桃紅萼蘭紫芽朝日
灼爍發園花卷幌結帷羅玉筵齊謳秦吹盧女絃千金雇笑買芳年
桂宮栢寢擬天居朱爵文窻韜碧疏彫屏匼匝組帳舒秦箏趙瑟挾
笙竽垂璫散綏盈玉除停觴不語欲誰須　又中興歌曰中興太平運化
清四海樂星星照玉臺紫煙遊鳳閣碧樓含夜月紫殿爭朝光綵墀散
蘭麝射風起自生芳三五容色滿四五妙容歌已輸春日觀分隨秋光没　宋
謝莊明堂歌辭曰履復良宅中寓司繩摠四方裁化徧寒燠布政周炎涼景
麗條可結霜明氷可折凱風扇朱辰白雲流素節　右歌明堂黃帝辭

（五言依土數）參映夕駟昭晨雲乘震司青春萌動達萬品新潤無際澤無垠

右歌青帝辭（三言依木數）龍精初見大火中朱光北至圭景同庶物盛長咸郁阜恩覃四溟被九有　右歌赤帝辭（七言依火數）百川如鏡天地爽且明雲沖氣舉盛德在素精　右歌白帝辭（九言依金數）歲既暮日既馳靈乘坎德司規玄雲合晦鳥歸白雪繁亘天涯　右歌黑帝辭（六言依水數）齊謝朓郊廟歌辭歌青帝（木生數三）營翼日鳥郁霄凝冰泮玄蟄昭景湯湯風習習夷女歌東皇集　歌赤帝（火成數七）惟此夏德德恢恢兩龍在御炎精來族雲蔚翳鬱溫風煽興雨祁祁黍苗徧　歌黃帝（土數五）稟火自明敵濟[illegible]挺剛克涼燠資成化羣方載厚德　歌白帝（金數九）帝悅于兌執矩固司藏百川收潦精景應徂商嘉樹離披榆關命賓鳥夜光如霜秋風方嫋嫋　歌黑帝（水數六）霜鍾鳴冥陵起星迴天月窮紀聽嚴風來不息望玄雲黝無色　齊王融明王歌辭曰明王日月照至樂天地和幸息雲門吹復歌咸池歌桂序金匏轉瑤軒絲石羅露凝嘉草秀煙度醴泉波　又曰聖君應昌歷景祚啓休期海蕩萬川集山崖百草滋大

哉君爲后何羨唐虞時　又曰湛露改寒司交鷽變陽旭瓊袖藻晨
紅瑤塘汙初緑日霽沙溆明風泉暗華燭遵渚汎蘭觴乘漪舞清曲
又曰炎光銷玉殿涼風吹鳳樓金華粧翠羽鷁首畫龍舟荆姬採菱曲
越女江南謳良時時一遇佳人難再求　梁武帝春歌曰階上香入懷庭
中花照眼春心一如此情來不自限　夏歌曰江南蓮花水紅光復碧色同
絲有同藕異心無異意　秋歌曰繡帶合歡給錦衣連理文懷情入夜
月含笑出朝雲　團扇歌曰手中白團扇淨如秋圓月清風任動生嬌
香乘意發　襄陽白銅鞮歌曰龍馬紫金鞍翠毦白玉羈照曜雙闕
下知是襄陽兒　梁沈約郊廟歌黄帝辭曰鬱彼中壇含靈闡化
迴環氣象輪無輟焉　歌青帝辭曰帝位在震龍德司春開元布
澤含和上人　歌赤帝辭曰炎光在离火爲威德執禮昭訓持衡授則
歌白帝辭曰神在秋方帝居西顥允茲金德裁成萬寶　歌黒帝辭
曰德盛浮水玄冥紀節陰降陽騰氣凝象閉　元會歌辭皇帝出入
奏皇雅歌詩三曲五言（二郊太廟明堂同用）帝德實廣運車書靡不賓執瑁

朝羣后垂旒御百神華蓋拂紫微勾陳繞太一容裔被緹組參差羅罘罳畢清蹕朝萬寓端扆臨正陽春句黃金蕤袞衣文繡裳　皇太子出入奏胤雅歌詩一曲四言曰昔殷代哲王世有降及周成惟器是守上天乃眷大梁既受灼灼重明仰承元首　上壽酒奏介雅詩一曲五言百福四象初萬壽三元始拜獻惟衮職同心恊卿士北極永無窮南山安足擬　又襄陽白銅鞮歌曰分手桃林岸望別峴山頭若欲寄音信漢水向東流　又春白紵歌曰蘭葉參差桃半紅飛芳舞縠戲春風如嬌如怨狀不同含笑流盻滿堂中翡翠羣飛飛不息願在雲間長比翼佩服瑤草駐容色舜日堯年歡無極　夏白紵歌曰朱火灼爍照佳人含情送意遥相親嫣然一轉亂心神非子之故欲誰因　秋白紵歌曰白露欲凝草已黃金瑲玉柱響洞房雙心一影俱回翔吐情寄君君莫忘　冬白紵歌曰寒閨晝寢羅幌垂嬌容麗色心相知雙去雙還誓不移長袖拂面爲君施　梁劉孝威行幸甘泉歌曰漢家迎夏畢避暑甘泉宮棧車鳴里鼓駟馬鴐相風校尉烏丸騎待詔婁煩弓後旌猶五柞前笳度九嵏才人豹尾內御

酒屬𦨣車中輂輦迴百子閣扇動七輪風鳴鍾休衛士披圖占後宮村官但校獵涼風戲射熊　古東飛伯勞等歌曰東飛伯勞西飛燕黃姑織女時相見誰家女兒對門居開華發色照里閭南窗北牖挂明光羅帷綺帳脂粉香女兒年幾十五六窈窕無雙顏如玉三春已暮花隨風空留可憐與誰同　古河中之水向東流洛陽女兒名莫愁莫愁十三能織綺十四採桑東陌頭十五嫁爲盧家婦十六生兒字阿侯盧家蘭室桂爲梁中有鬱金蘇合香頭上金釵十二行足下絲履五文章珊瑚挂鏡爛生光平頭奴子提履箱人生富貴何所望恨不嫁與東家王

【賦】秦山松歌賦曰朱脣不啓皓齒不離清氣獨轉妍弄潛移或似停而不留或如疾而不馳

【牋】魏繁欽與太子牋曰都尉薛訪車子年始十四能囀喉引聲與笳同音乃知天壤之所生誠有自然之妙物潛氣內轉哀音外激大不抗越細不幽散聲悲舊笳曲美常均及與黃門鼓吹溫胡迭唱迭和喉所發音無不響應遺聲抑揚不可勝窮既其清激悲吟雜以怨慕詠北狄之遐征奏胡馬之長思是時涼風拂衽背山臨谿莫不泫泣隕涕悲懷慷慨

竊惟聖體兼愛好奇是以先白　魏文帝荅白披書歡笑不能自勝奇才妙伎何其善也頃守土孫世有女曰瑣年始九歲夢與神通寤而悲吟哀聲激切涉歷六載于今十五近者督將具以狀聞是日博延衆賢遂奏名倡曲極數彈歡情未逞乃令從官引内世女須臾而至厥狀甚美素顔玄髮皓齒丹脣詳而問之云善歌舞於是提袂徐進揚蛾微眺芳聲清激逸足橫集然後循容飾妝改曲變度斯可謂聲協鍾石氣應風律今之妙舞莫巧於絳樹清歌莫善於宋臈豈能亂靈祇下變庶物慓悠風雲橫厲無方若斯也哉固非車子喉囀長吟所能建也吾練色知聲雅應此選謹卜良日納之閑房

【啓】梁沈約謝齊竟陵王宋永明樂歌啓曰鳳綵鸞章霞鮮錦縟觀寶何宗未能麗觀樂帝所遠有慙德雖日月在天理絶稱詠而徘徊光景不能自息

藝文類聚卷第四十四

樂部四

琴　箏　箜篌　琵琶　筍簴　簫　笙　笛　笳

琴

周官孤竹之管雲和之琴瑟冬日至於地上圜丘奏之孤竹之管空桑之琴瑟夏日至於澤中方丘奏之陰竹之管龍門之琴瑟於宗廟奏之　毛詩曰窈窕淑女琴瑟友之　禮記曰舜作五弦之琴以歌南風之詩而天下治　又曰絲聲哀哀以廉廉以立志君子聽琴瑟之聲則思志義之臣　左傳曰晉侯觀于軍府見鍾儀問其族曰伶人也與之琴操南音公曰君子也言稱先職不背本也樂操土風不忘舊也　又曰初衛侯有嬖妾使師曹誨之琴師曹鞭之公怒鞭師曹三百　列子曰瓠巴鼓琴而鳥舞魚躍　又曰孔子遊太山見榮啓期鹿裘帶索鼓琴瑟孔子問曰先生爲樂何也對曰天生万物唯人爲貴吾既爲人一樂也男貴女賤今既爲男二樂也今有不見日月不免襁褓吾行年九十有五矣三樂也貧者士之常死者生之終居常以待終何憂哉　呂氏春秋曰宓子賤治亶父

彈琴身不下堂而治　又曰伯牙鼓琴鍾子期善聽之方鼓琴志在太山鍾子期曰善哉乎鼓琴巍巍乎如太山志在流水鍾子期曰善哉乎鼓琴洋洋乎若流水鍾子期死伯牙擗琴絶絃終身不復鼓琴以爲世無足鼓琴以也　莊子曰孔子遊乎緇帷之林坐杏壇之上弟子讀書孔子絃歌鼓琴奏曲未半有漁父者下舡而來孔子推琴而起曰其聖人歟（事具居處部壇篇）孫卿子曰伯牙鼓琴六馬仰秣　史記曰萬石君奮年十五爲小吏侍高祖高祖與語愛其恭敬問曰若何有對曰獨有母不幸失明有姊能鼓琴高祖乃召其姊爲美人以奮爲中涓徙其家長安中戚里　又曰騶忌以鼓琴見齊威王威王舍之右室　又曰司馬相如素與臨卭令王吉相善臨卭富人卓王孫有女文君新寡好音故相如繆與令相重而以琴心挑之文君竊從戶窺之心悅既罷相如乃使人重賜文君侍者通慇懃文君夜亡奔相如　桓譚新論曰神農氏繼而王天下於是始削桐爲琴繩絲爲弦以通神明之德合天人之和焉　廣雅曰神農氏琴長三尺六寸六分上有五弦曰宮商角徵羽文王增二弦曰少宮少商　風俗通曰琴者樂之

統與八音並行君臣以相御也和樂作者其曲曰暢言其道暢美也憂愁作者其曲曰操言忠失其操也　說苑曰雍門周以琴見孟嘗君孟嘗君曰先生鼓琴亦能令文悲乎周曰臣獨焉能令足下悲哉所能令悲者先貴而後賤先富而後貧不若身材高妙適遭暴亂不若處勢隱絶不及四鄰詘折擯厭無所告愬臣一爲之徵操援琴則涕零矣今若足下千乘之君廣夏邃房下羅帷來清風閒象旗舞鄭妾麗色淫目流聲娛耳水遊則連方舟載羽旗野遊則馳弋獵乎平原廣囿入則撞鍾擊鼓乎深宮之中雖有善鼓琴者固未能使足下悲也然臣所爲足下悲者一也千秋萬世之後宗廟必不血食高臺既已壞曲池既已漸墳墓既已下嬰兒豎子樵採者躑躅其足而歌其上曰夫以孟嘗君尊貴乃若是乎於是孟嘗君泫焉承睫周引琴而鼓之徐動宮徵拂羽角嘗涕泣增哀下而就之曰先生之鼓琴令文若破國亡邑之人　韓詩外傳曰孔子南遊適楚至於阿谷之隧有處女佩瑱而浣孔子曰彼婦人可與言矣抽琴去其軫以授子貢曰善爲之辭子貢曰於此有琴而無軫借子以調其音婦人對

曰吾野鄙之人五音不知安能調琴　江表傳曰顧雍從蔡邕學琴雍異之曰卿必成故以名與卿　華嶠漢書曰初蔡邕在陳留鄰人有以酒食召雍者比往而酒以酣客有彈琴於屏邕至門潛聽之曰以樂召我而有殺心何也遂反將命者告主人以蔡君至門而去邕素爲邦鄉所宗主人遂自追問其故邕具以告莫不憮然彈琴者曰我向見螳蜋方向鳴蟬蟬將去而未飛螳蜋爲之一前一却吾心聳然唯恐螳蜋之失蟬也此豈爲殺心而形於聲者乎邕莞曰此足以當之矣事具鳥部蟬篇　列仙傳曰稷丘公華山道士漢武封禪公乃冠章甫擁琴來迎　劉向別録曰雅琴之意事皆出龍德諸琴雜事中趙氏者渤海人趙定也宣帝時元康神爵間丞相奏能鼓琴者渤海趙定梁國龍德皆召入見温室使鼓琴待詔定爲人尚清靜少言語善鼓琴時間燕爲散操多爲之涕泣者　東觀漢記曰上嘗問宋弘通儒之士弘薦桓譚譚善鼓琴喜鄭聲上數聽悦之聞坐府上遣吏召譚責問之譚叩頭良久乃遣後上令譚鼓琴譚爲之失次上問之弘言其故其後不復令譚給事中　孫登別傳曰孫登字公和汲郡人清靜無爲好

讀易彈琴頹然自得觀其風神若遊六合之外者當　魏末居北山中以石窟爲宇編草自覆阮嗣宗見登被髮端坐巖下遥見鼓琴嗣宗自下趍之莫進得與言嗣宗乃長嘯與琴音諧和登因嘯和之妙響動林壑　語林曰嵇中散夜燈火下彈琴有一人面甚小斯須轉大遂長丈餘黒單衣草帶嵇視之既孰乃吹火滅曰恥與魑魅爭光　阮籍樂論曰漢桓帝聞楚琴悽而悲慷慨長息曰善哉爲聲如此而足矣昔季流子向風而鼓琴聽之者淚下　蔡琰別傳曰琰字文姬蔡邕之女年六歲夜鼓琴弦斷琰曰第二弦邕故斷一弦而問之琰曰第四弦邕曰偶得之矣琰曰吳札觀化知興亡之國師曠吹律識南風之不競由此觀之何足不知　馬明生別傳曰明生隨神女入石室金牀玉几彈琴有一弦五音並奏　搜神記曰吳人有燒桐以爨者蔡邕聞其爆聲曰此良桐也因請之削以爲琴而燒不盡因名燋尾琴有殊聲焉　晉中興書曰戴逵字安道少有文藝善鼓琴太宰武陵王晞聞其能琴使人召焉逵對使者前打破琴曰戴安道不能爲王侯伶人　世說曰會稽有防風鬼屢見城邑常跂雷門上脚乘至地嘗横沮切令賀

韶善哉琴防風聞琴聲在賀中庭舞　沈約宋書曰蕭思話領左衛將軍嘗從太祖登鍾山北嶺中道有盤石清泉上使於石上彈琴因賜以銀鍾酒謂曰相賞有松石間之高意也

【詩】梁丘遲題琴朴奉柳吳興詩曰邊山此嘉樹搖影出雲垂清心有素體直幹無曲枝凡耳非所別君子特見知不辭去根本造膝仰光儀　陳沈炯為我彈鳴琴詩曰為我彈鳴琴琴鳴傷我衿半死無人覺入竈始知音空為貞女引誰達楚妃心雍門何假說落淚自淫淫　陳賀徹為我彈鳴琴詩曰薄暮高堂上調琴召美人伯喈聲未盡相如曲復新點徽還轉弄亂爪更留賓聊持一弦響暫雜起艷歌塵　隋江揔賦詠待琴詩曰可憐嶧陽木雕為綠綺琴田文承睫淚卓女弄弦心戲鶴來應舞遊魚聽不沉楚妃辛勿歎此異丘中音

【賦】後漢傅毅琴賦曰歷嵩岑而將降睹鴻梧於幽阻高百仞而不枉對修條以持處蹈通涯而將圖遊茲梧之所宜蓋雅琴之麗樸乃升伐其孫枝命離婁使布繩施公輸之剞劂遂彫琢而成器揆神農之初制盡聲變之奧妙抒心志之鬱滯

後漢馬融琴賦曰惟梧桐之所生在衡山之峻陂於是遨閑公子中道失志孤

然特行懷閔抱思昔師曠三奏而神物下降玄鶴二八軒舞于庭何琴德之
深哉　後漢蔡邕琴賦曰尒乃言求茂木周流四垂觀彼椅桐層山之陂丹
華煒煒綠葉參差甘露潤其末涼風扇其枝鸞鳳翔其巔玄鶴巢其岐
考之詩人琴瑟是宜爾乃清聲發兮五音舉發宮商兮動角羽曲引興兮
繁弦撫然後哀聲既發秘弄乃開左手抑揚右手徘徊指掌反覆抑案
藏摧於是繁弦既抑雅韻乃揚仲尼思歸鹿鳴三章梁甫悲吟周公越裳
青雀西飛別鶴東翔飲馬長城楚曲明光楚姬遺歎雞鳴高桑走獸率
舞飛鳥下翔感激茲歌一低一昂　晉嵇康琴賦曰椅桐之所生託峻岳之崇
岡含天地之醇和吸日月之休光鬱紛紜以獨茂飛英蕤於昊蒼其山川形
勢則盤紆隱嶙崔嵬岑嵓丹崖嶮巇青壁萬尋若乃春蘭被其東
沙棠植其西涓子宅其陽玉醴涌其前玄雲蔭其上翔鸞集其巔乃斲
孫枝准量所任至人攄思制爲雅琴錯以犀象藉以翠綠弦以園客之絲
徽以鍾山之玉爰有龍鳳之象古人之形伯牙揮手鍾期聽聲華容灼爍發
采揚明伶倫比律田連操張進御君子新聲嘹亮及其初調則角羽俱

起宮徵相證參發並趣上下累應若乃高軒飛觀廣廈閑房冬夜肅清朗月垂光新衣翠粲纓徽流芳於是器洽弦調心閑手敏觸擬如志唯意所擬初涉渌水中奏清徵樹弦安歌新聲代起曲引向闌衆音將歇改韻易調奇弄乃發或徘徊顧慕擁鬱抑按盤桓毓養從容秘玩牢落凌厲布濩半散英聲發越采采粲粲穆溫柔以怡懌婉順敘而委蛇或乘險投會邀隙趁危嚶若離鵾鳴清池翼若遊鴻翔增崖或樓槐櫟捋漂繚潎冽遠而聽之若鸞鳳和鳴戲雲中迫而察之若衆葩敷榮曜春風若論其曲引所宜則廣陵止息東武太山飛龍鹿鳴鵾雞遊弦更唱迭奏聲若自然下逮謠俗蔡氏五曲王昭楚妃千里別鶴論其體勢詳其風聲器和故響逸張急故聲清間遼故音埤弦長故徽鳴性絜靜以端理含至德之和平誠可以感盪心志而發泄幽情矣　晉成公綏琴賦曰伯牙彈而駟馬仰秣子野揮而玄鶴鳴清角發而陽氣亢白雪奏而風雨零【贊】晉郡仲堪琴贊曰五聲不彰孰表太音至人善寄暢之雅琴聲由動發趣以虛深　晉王珣琴贊曰穆穆和琴至至愔愔如彼清風泠焉經林　宋謝惠連琴贊曰嶧陽

孤桐裁爲鳴琴體兼九絲聲備五音重華載揮以養民心孫登是玩樂山林 **銘** 後漢李尤琴銘曰琴之在音盪滌邪心雖有正性其感亦深存雅去鄭浮侈是禁條暢和正樂而不淫

箏

釋名曰箏施弦高箏箏然 史記曰秦逐客李斯上書曰夫擊甕叩缻彈琴搏髀而歌呼嗚嗚快耳者真秦之聲 風俗通曰謹案禮樂記箏五弦筑身也今并涼二州箏形如瑟不知誰改也 英雄記曰呂布詣袁紹紹患布欲殺之遣三十六兵被鎧迎布使著帳邊卧布知之使於帳中鼓箏諸兵卧布出帳去兵不覺也 傅子曰郝素善彈箏雖伯牙妙手吳娃奇聲何以加之 又曰箏者上圓象天下平象地中空准六合絃柱十二擬十二月乃仁智之器也 語林曰桓野王善解音晉孝武祖宴西堂樂闋酒闌將詔桓野王箏歌野王辭以須笛於是詔其常吹奴碩賜姓曰張加四品將軍引使上殿張碩意氣激揚吹破三笛末取睹脚笛然後乃理調成曲 俗說曰謝仁祖爲豫州主簿在桓溫閤下桓聞

其善彈箏便呼之既至取箏令彈謝即理絃撫箏因歌秋風意氣殊適栢大以此知之

詩

梁王臺卿詠箏曰依歌時轉韻按曲動花鈿促調移輕柱亂手度繁絃唯有高秋月秦聲獨可憐

梁孝元帝和彈箏人詩曰瓊柱動金絲奏聲發趙曲流徵含陽春美手過如玉

梁沈約詠箏詩曰秦箏吐絶調玉柱揚清曲絃依高張斷聲隨妙指續徒聞音繞梁寧知顏如玉

賦

後漢侯瑾箏賦曰於是急絃促柱變調改曲卑殺纖妙微聲繁縟散清商而流轉兮若將絶而復續紛曠蕩以繁奏邈遺世而越俗若乃察其風采練其聲音美武蕩乎樂而不淫雖懷思而不怨似豳風之遺音於是雅曲既闋鄭衛仍脩新聲順變妙弄優遊微風漂裔冷氣輕浮感悲音而增歎愴嚬悴而懷愁若乃上感天地下動鬼神享祀祖宗酬酢嘉賓移風易俗混同人倫莫有尚於箏者矣

魏阮瑀箏賦曰惟夫箏之奇妙極五音之幽微苞羣聲以作主冠衆樂而為師禀清和於律呂籠絲木以成資身長六尺應律數也故能清者感天濁者合地五聲並用動靜簡易大興小附重發輕隨折而復扶循覆逆開浮沉抑

揚升降綺靡殊聲妙巧不識其爲平調足均不疾不徐遲速合度君子
之衢也慷慨磊落卓礫盤紆壯士之節也曲高和寡妙妓難工伯牙能琴於
兹爲滕徽懌翕純庶配其蹤延年新聲豈此能同陳惠李文曷能是逢
晉陶融妻陳氏箏賦曰伊夫箏之爲體惟高亮而殊特應六律之修和
與七始乎消息括八音之精要超眾器之表式后夔創制子野考成列柱
成陳既和且平牙氏攘袂而奮手鍾期傾耳以靜聽奏清角之要妙詠騶
虞以鹿鳴獸連軒而率舞鳳蹌蹌而集庭汎濫浮沉逸響發揮翕然
若絕皎如復迴爾乃秘艷曲卓礫殊異周旋去留千變万態　晉賈彬箏賦
曰溫顏既授和志向悅賓主交歡聲鐸品列鍾子授箏伯牙同節唱
葛天之高韻讚幽蘭與白雪其始奏也蹇逡澄疏雅若將暢而未越其衝盛也
抑按鏗鏘猶沉欝之舒徹何以盡美請徵其喻剖狀同形兩象著也
設弦十二太蔟數也列柱參差招搖布也分位允諧六龍御也　晉顧愷之
箏賦曰其器也則端方修直天隆地平華文素質爛蔚波成君子嘉其
斌麗知音偉其含清罄虛中以揚德正律度而儀形良工加妙輕縟璘彬

玄絛織響音慶雲被身　梁簡文帝箏賦曰聽鳴箏之弄響聞茲弦之一彈足使客遊戀國壯士衝冠若夫楚王怡蕩楊生娛志小國寡民督郵無事乃有燕餘麗妾方桃譬李本住南城經居東里度玲瓏之曲閤出翡翠之香帷朧凝紗薄珮重行遲爾乃促筵命友銜觴置酒耳熱眼花之娛千金万年之壽白日蹉跎時淹樂久玩飛花之度窗看春風之入柳命麗人於玉席陳寶器於紈羅撫鳴箏而動曲譬輕薄之經過若夫鈞竿復發蛺蝶初揮動玉匣之餘怨鳴陽烏之始飛逐東趍於鄭女和西舞於荊王使長廊之瓦虛墜梁上之塵染衣

箜篌

釋名曰箜篌師延所作靡靡之樂後出桑間濮上之地師涓為晉平公鼓焉鄭衛分其地而有之遂號鄭衛之音為淫樂　桓譚新論曰鄙人謂狐為狸以瑟為箜篌比非徒不知狐與狸乃不知狸與箜篌也　司馬相如凡將篇曰鍾磬竽笙筑坎侯　續漢書曰靈帝好胡服作胡箜篌　甄異傳曰永和中吳郡陳緒家平旦忽有叩門自通云陳都尉寄住緒有妾姓

奚能彈箜篌神意歡悅既令妾弦歌歌聲焦細歷三年乃別去　班彪上事曰漢宣帝賜呼韓耶單于竽瑟箜篌　琴操曰箜篌引者朝鮮津卒霍子高所作也子高晨刺舡而濯有一狂夫被髮提壺而渡其妻追止之不及墮河而死乃號天噓唏鼓箜篌而歌曲終投河而死子高援琴作其歌聲故曰箜篌引　搜神記曰晉永嘉中有神見兖州自號樊道基有嫗號成夫人夫人好音樂能彈箜篌聞人歌絃輒起舞　風俗通曰箜篌一名坎侯謹按武帝祀太山太一后土令樂人侯調依琴作坎侯言其坎坎應節也侯以姓冠章也

【詩】梁簡文帝賦得箜篌詩曰捩遲初挑吹弄急時催舞釧響逐弦鳴衫迴半鄣柱欲知心不平君看黛眉聚

【賦】晉鈎滔毋孫氏箜篌賦曰考茲器之所起實侯氏之所營遠不假於琴瑟願無取乎竽笙爾乃陟九峻之增巖睎承溫之朝日剖嶰陽之孤桐代楚宮之椅漆徵班輸之造器命伶倫而調律浮音穆以遐暢沉響幽而若絶樂操則寒條反榮哀曼則晨華朝滅邈漸離之清角超子野之白雪然思超梁甫願登華岳路嶮悲秦道難怨蜀遺逸悼行邁之離秋風哀年時之速陵危柱

以頡頏憑哀弦以躑躅於是數轉難測聲變無方或冉弱以飄沉或頓挫以抑揚或散角以放羽或攎徵以騁商　晉曹毗箜篌賦曰嶧陽之桐殖穎嵓巖標清泉潤根女蘿被條爾乃楚班制器窮妙極巧龍身鳳形連翩窈窕纓以金采絡以翠藻其弦則烏號之絲用應所任體勁質簡虛置自吟於是召倡人命妙姿銜新肴酌金罍發愁吟引吳妃湖上風杳以平雅前溪藏摧而懷歸　宋臨川王劉義慶箜篌賦曰侯牽化而始造魯宰奇而後珍名啓端於雅引器荷重於吳君等齊歌以無辭似秦箏而非羣

琵琶

釋名曰琵琶本於胡中馬上所鼓也推手前曰琵引却曰琶因以爲名

風俗通曰謹按琵琶近世樂家所作不知誰作也長三尺五寸法天地人與五行也又四弦象四時也　三輔決録曰游楚表乞宿衛拜駙馬都尉楚不學問性好游遨音樂及畜歌者琵琶箏簫每行來將以自隨　傅子曰朱生善彈琵琶雖伯牙之妙舞無以加之　語林曰謝鎮西著紫羅襦據

胡桃在大市佛圖門樓上彈琵琶作大道曲　竹林七賢論曰阮咸善彈琵琶
異苑曰南平國岳在姑孰有鬼附之每占吉凶輒先索琵琶隨彈而言事有
驗或云是老鼠所作名曰靈侯　幽明錄曰晉司空桓豁在荊州有參軍剪五
月五日鴝鵒舌教令學語遂無所不名與人相顧參軍善彈琵琶鴝鵒
每聽移時　世說曰桓大司馬曰謝仁祖企脚在北牖下彈琵琶故自有天際
意【詩】齊王融詠琵琶詩曰抱月如可明懷風殊復清絲中傳意緒花裏
寄春情掩抑有奇態淒鏘多好聲芳袖幸時拂龍門空自生【賦】晉孫
該琵琶賦曰惟嘉桐之奇生于丹澤之北垠下脩條而迥迴上糺紛而干雲開
鍾黄以挺幹表素質於倉春然後託乎公班妙意横施四分六合廣袤應
規迴風臨樂刻飾流離弦則岱谷檿絲篚貢天府伯奇執軛杞妻抽緒大
不過宮細不過羽清即緊勁絶而不茹伶人鼓焉景響豐硠操暢駱驛遊乎
風揚抑按捻推搦摧藏爾乃叩少宮騁明光發下柱展上按儀蔡氏之繁弦放
莊公之倍簧於是酒酣日晚改爲秦聲壯諒抗慨土風所生延年度曲六彈俱成
繼耶在正疏密有程離而不散滿而不盈沉而不重浮而不輕綿駒遺謳岱宗

梁父淮南廣陵郢都激楚每至曲終歌闋亂以衆契王上下奔騖鳥鹿奮猛厲波騰雨注飄飛電逝　晉成公綏琵琶賦曰八音之用誦于典藝簫韶九奏物有容制惟此琵琶興自末世爾乃託巧班爾妙意横施因形造美洪殺得宜柄如翠虯之仰首盤似靈龜之觜嘴臨樂則齊州之丹木柱則梁山之象犀掍以玳瑁格以瑶枝若夫盤圓合靈太極形也三材片合兩儀生也分柱列位歲數成也回窓華表日月星也

筍簴

釋名曰所以縣鍾者横曰筍筍峻也在上高峻也從曰簴簴舉也在傍舉筍也　毛詩曰設業設簴崇牙樹羽　禮記曰夏后氏之龍筍簴殷之崇牙周之壁翣　鬻子曰大禹爲銘於筍簴銘云曰教寡人以道者擊鼓教以義者擊鍾教以事者振鐸語以憂者擊磬語以訟獄者揮鞀　說苑曰秦博士對始皇階下擅千石之鍾萬石之簴　淮南子曰闔閭伐楚破九龍之鍾簴　東觀漢記曰東海王彊殿鍾簴之縣　莊子曰梓慶削木爲鐻見者驚猶鬼神魯侯問其術對曰臣將爲鐻未嘗敢以耗氣齊七日忘吾四支然後入山林

觀天性區別見成鑄然後加手（鑄以炎鍾也）離騷曰簫鍾兮瑤簴 **賦** 漢賈誼簴賦曰牧太平以深志象巨獸之屈奇妙彫文以刻鏤舒循尾之采垂舉其鋸牙以左右相指負大鍾而欲飛 **銘** 後漢李尤鍾簴銘曰周因殷禮損益可知漢因於周猶若重規人因秦器事有可施鴻鍾怒簴物得其宜聲揚遠聞玄耀垂遙

簫

釋名曰簫肅也其聲肅肅而清也　風俗通曰按舜作其形參差象鳳翼十管長二尺　爾雅曰大簫謂之言小者謂之筊　三禮圖曰雅簫長尺四寸二十四彄頌簫尺二寸十六彄　尚書曰簫韶九成鳳皇來儀　又曰既備乃奏簫管備舉喤喤厥聲肅雍和鳴　禮記曰仲夏之月命樂師均管簫　莊子曰南郭子綦謂顔成子游曰汝聞人籟而未聞地籟汝聞地籟而未聞天籟（郭象曰籟簫也）呂氏春秋曰客有以吹籟見越王者上下宮商和而越王不喜也或爲之野音而王反悅之亦有如此者要在聽之而已　列仙傳曰簫史者秦穆公時人善吹簫能致孔雀白鶴穆公女弄玉好之公妻焉一旦隨鳳飛去故秦樓作鳳女祠雍宮世有簫聲云（事具神仙部）漢書曰元帝多材藝吹洞簫自

度聲被歌聲　又曰元帝爲太子體不安善忘不樂詔使王襃等之太子宮讀誦奇文太子善襃洞簫頌令後宮讀誦之　史記曰周勃常爲人吹簫給喪事　蔡邕月令章句曰簫長則濁短則清以蠟密實其底而增減之則和管而成音定無所復調當與琴瑟相參　傅子曰馬先生能使木人吹簫比妙般輸墨翟曰不劣古矣　段龜龍涼州記曰呂篡咸寧三年胡人發張駿冢得玉簫　丹陽記曰江寧縣南四十里慈母山積石臨江生簫管竹王襃洞簫賦所稱即此也其竹圓緻異於衆處自伶倫採竹嶰谷其後唯此簳見珍故歷代常給樂府而俗呼曰鼓吹山　潯陽記曰廬山西南有康王谷又北嶺城天欲雨輒聞鼓角簫笳之聲

【詩】梁劉孝儀詠簫詩曰危聲合鼓吹絶弄混笙篪管饒知氣促敍動覺脣移仙史安爲貴能令秦女隨

【賦】漢王襃洞簫賦曰原夫簫幹之所生出于江南之丘墟洞條暢以罕節標敷紛以扶疏徒觀其傍山仄則嶇嶔巋崎戲陁綺靡誠可悲乎其不安也彌望儻莽連延曠蕩又足樂乎其敞閑也託身軀於厚土經萬世而不遷翔鳳蕭蕭經其末迴江流水溉其山郭

露清冷而隕其側玉液浸潤而承其根孤雌寡鵠娛優乎其下春禽群嬉翱翔乎其巔秋蜩不食抱樸而長吟玄猨悲嘯搜索乎其間於是般匠施巧夔襄准法帶以象牙掍其會合其妙聲則清靜厭瘱順敘卑迖他戾若孝子之事父也科條譬類誠應義理澎濞沆瀁一何壯士優柔溫潤又似君子或留而不行或行而不留愺恅爛漫亡耦失儔故知音者悲而樂之不知音者怪而偉之故其為悲聲則莫不愴然累欷撇涕抆淚其奏懽娛則莫不憚漫衍凱阿那腲腇者已以是蟋蟀尺蠖跂行喘息魚瞰雞睨垂喙咢轉瞪瞢忘食況乎感陰陽之和而見風俗之倫哉

笙

釋名曰笙生也象物貫地而生以匏為之故曰匏竽亦是也其中空以受簧也

世本曰隋作笙也　爾雅曰大笙謂之巢小者謂之和　說文曰舜祠之下得笙白玉管笙十三簧象鳳之身　尚書曰笙鏞以間鳥獸蹌蹌　毛詩曰笙磬同音　周官曰笙師掌教吹笙　禮記曰女媧之笙簧　穆天子傳曰西王母吟曰吹笙鼓簧中心翔翔　尸子曰商容觀舞墨子吹笙墨子非樂而於樂

有是也　漢武內傳曰西王母命侍女董雙成吹雲和之笙　列仙傳曰王子喬者周靈王太子晉也好吹笙作鳳鳴遊伊雒閒道士浮丘公接以上嵩山事具神仙部　魏志曰文帝令杜夔與於賓客中吹笙鼓琴夔有難色遂黜免

【詩】梁陸罩詠笙詩曰管清羅袖拂響合絳脣吹含情應節轉逸態逐聲移所美周王子弄羽一參差

【賦】晉潘岳笙賦曰河汾之寶有曲沃之懸匏焉鄒魯之珍有汶陽之孤篠焉若乃緜蔓紛敷之麗浸潤靈液之滋固衆作者之所詳余可得而略之徒觀其制器也則審洪纖面短長剸生幹裁熟簀設宮分羽經徵列商基黃鍾以舉韻望儀鳳以擢形寫皇翼以插羽摹鸞鳥音以厲聲於是乃有始泰終約前榮後悴激憤於今賤永懷乎故貴衆滿堂而飲酒獨向隅而掩淚援鳴笙而將吹先嗢噦以理氣或案衍夷靡或竦踊剽急或既往而不返或已出而復入徘徊布護渙衍葺襲儛既蹈而中輟節將撫而弗及輟張女之哀彈流廣陵之名散詠園桃之夭夭歌棗下之纂纂纂歌曰棗下纂纂朱實離離宛其落矣化為枯枝人生不能行樂何以虛謚為爾乃引飛龍鳴鵾雞雙鴻翔白鶴飛子喬輕舉明君懷歸荆王

喟其長吟楚妃嘆而增悲新聲變曲奇運横逸縈纏歌鼓網羅鍾律爛熠燿以放艷鬱蓬勃以氣出秋風詠於燕路天光重乎朝日大不踰宫細不過羽唱發章夏導揚韶武協和陳宋混一齊楚延不逼而遠無攜聲成文而節有叙　晉王廙笙賦曰其制器也則取不周之竹曾城之匏生懸崖之絶嶺邈隆峯以崇高延脩頸以元首厭瑶口之陸離舞靈蛟之素鱗銜明珠於帶垂弱舌紙薄鉛錘内藏合松膽以密際糅彤丹以發光晉夏侯淳笙賦曰嗟萬物之殊觀莫比美乎音聲揔衆異以合體匪求一以取成雖琴瑟之既麗猶靡尚於清笙爾乃採桐竹剪朱密摘長松之流肥咸崐崘之所出抑揚噓吸或吻或吹厭枯挹按同覆牙移初進飛龍重繼鵾鷄振引合和如潰如離若夫纏綿約殺足使放達者循察通豫平曠足使廉規者弃節冲靈兮澹足使貪榮者退世開明爽亮足使慢惰者進竭豈衆樂之能倫邈奇特而殊絶

笛

風俗通曰笛武帝時丘仲所作也笛滌也所以滌邪穢納之雅正也長尺四寸七

孔後有羌笛見馬融賦　傅子曰列和善吹笛吴姬之聲無以加也　伏滔
蔡邕長笛賦序曰余同僚桓子野有故長笛賦傳之耆艾云蔡邕之所
作也初邕避難江南宿於柯亭柯亭之館以竹爲椽仰而眄之曰良竹也取以
爲笛奇聲獨絶歷代傳之　廣雅曰籥謂之笛有七孔　魏略曰游楚好
音樂畜笛者每待以自隨　世説曰王子猷聞桓子野善笛而不識遇桓於
岸上過船中客有識之者云此是桓野王使令人與相聞君善吹試爲我一
奏桓爾時已貴顯素聞王名即便迴下車踞胡牀爲作三調弄畢便上車客
主不交言　俗説曰宋禕是石崇妓緑珠弟子有國色善吹笛後在晉明
帝宫帝疾患危篤羣臣進諫請出宋禕時朝賢悉見帝曰卿諸人誰欲
得者衆人無言阮遥集時爲吏部尚書對曰願以賜臣即與之　又曰謝仁祖
妾阿妃有國色甚善吹笛謝死阿妃誓不嫁郗曇時爲北中郎設權計遂
得阿妃爲妾阿妃終身不與曇言　段龜龍涼州記曰吕纂時胡人發張駿
冢得玉笛　續搜神記曰合肥口有一大白船覆在水中云是曹公白船嘗有漁人
夜宿以船繫之聞箏笛弦節之音漁人夢人驅遣云勿近官妓此人驚即移

去相傳云曹公載妓舡覆於此猶存焉幽明録曰永嘉中太山民巢氏先爲相縣令居在晉陵家婢採薪忽有一人追隨婢還家不使人見與婢宴飲輒吹笛而歌歌云閑夜寂已清長笛亮且鳴若欲知我者姓郭字長生

賦 楚宋玉笛賦曰余甞觀於衡山之陽見竒篠異幹罕節簡枝之叢生也其處旁塘千仞絶谿陵阜隆崛万丈盤石雙起丹水涌其左醴泉流其右師曠將爲陽春北鄙白雪之曲取其雄焉宋意將送荆卿於易水之上得其雌焉於是天旋少陰白日西靡命嚴春使午子延長鳴奮玉手摛朱脣曜皓齒赬顏臻玉貌起吟清商起流徵　後漢馬融長笛賦曰融既博覽典雅精該術數又性好音律能鼓琴吹笛爲督郵無留事獨卧郿縣平陽鄔中有雒客舍逆旅吹笛融去京師踰年暫聞甚悲樂之作長笛賦其辭曰惟籦籠之竒生兮于終南之陰崖託九成之孤岑臨万仞之石谿是以閒介無蹊人迹罕到猨蜼晝吟鼯鼠夜叫於是放臣逐子弃妻離友攢乎下風收精注耳蒷夔襄比律子野協呂十二畢具黃鍾爲主詳觀夫曲亂之繁會叢雜何其富也紛葩爛熳誠可喜也波散廣衍實可異也律

呂既和哀聲五降曲終闋盡餘弦更興繁手累發密櫛疊重上擬法於韶箾南籥中取度於白雪淥水下采制於延露巴人于時也綿駒吞聲伯牙毀弦瓠巴聑（下挾反）柱磬襄弛懸近世雙笛從羌起羌人伐竹未及已龍鳴水中不見已截竹吹之聲相似易京君明識音律故本四孔加以一君明所加孔後出是謂商聲五音畢

笳

蔡琰別傳曰琰字文姬先適河東衛仲道夫亡無子歸寧于家漢末大亂爲胡騎所獲在左賢王部伍中春月登胡殿感笳之音作詩言志曰胡笳動兮邊馬鳴孤鴈歸兮聲嚶嚶　曹嘉之晉書曰劉疇曾避亂塢壁賈胡百數欲害之疇無懼色援笳而吹之爲出塞之聲動其遊客之思於是群胡皆倚泣而去　世說曰劉越石爲胡騎所圍數重城中窘迫無計劉始夕乘月登樓清嘯胡賊聞之皆悽然長歎中夜次奏胡笳賊皆流涕人有懷土之切向曉又吹賊并起圍奔走或云是劉道真

【賦】魏杜摯笳賦曰唯葭蘆之爲諒絜勁之自然託妙體於阿澤歷百

代而不遷於是秋節既至百物具成嚴霜告殺草木殞零賓鳥鼓翼蟋蟀悲鳴羈旅之士感時用情乃命狄人操笳揚清吹東角動南徵清羽發濁商起剛柔待用五音迭進倏爾却轉忽焉前引或縕縕以和懌或悽悽以燋殺或漂淫以輕浮或遲重以沉滯　西晉孫楚笳賦曰銜長葭以汎吹噭啾之哀聲奏胡馬之悲思詠北狄之遐征順谷風以撫節飄響乎天庭徐疾從宜音引代起叩角動商鳴羽發徵若夫廣陵散吟三節白紵太山長曲哀及梁父似鴻鴈之將鶵乃羣翔於河渚　晉夏侯湛夜聽笳賦曰越鳥戀乎南枝胡馬懷夫朔風惟人情之有思乃否滯而發中南閭兮拊掌北閭兮鳴笳鳴笳兮協節分唱兮相和相和兮哀諧慘激暢兮清哀奏烽燧之初驚展從蹤之歎乖伸弄兮更纏遷調兮故韻披涼州之妙參撫飛龍之奇引垂幽蘭之遊響音來楚妃之絕歎放鵾鷄之弄音散白雪之清變

藝文類聚卷第四十四

藝文類聚卷第四十五　職官部一

揔載職官　諸王　相國　丞相　冢宰

揔載職官

尚書曰成王既黜殷命滅淮夷歸于宗周董正治官曰唐虞稽古建官惟百內有百揆四岳外有州牧侯伯　禮記曰有虞氏官五十夏后氏官百殷二百周三百天子立六官三公九卿二十七大夫八十一元士以聽天下之外治以明章天下之男教　大戴禮曰古之御政以治天下者冢宰之官以成道司徒之官以成德宗伯之官以成仁司馬之官以成禮司寇之官以成義司空之官以成智　尚書大傳曰古者天子三公每一公三卿佐之每一卿三大夫佐之每一大夫三元士佐之　賈誼新書曰王者官人六等一曰師二曰友三曰大臣四曰左右五曰侍御六曰廝役智足以爲源泉行足以爲表儀謂之師智足以爲礲礪行足以爲輔助謂之友以謀國事行足以爲民率謂之大臣也修身正行不愆於鄉曲左右也事君不敢有二心侍御者也唯言之聽以事君者廝役也　說苑曰應侯與賈子坐聞有鼓琴之聲應侯曰今之琴一何悲也賈子曰夫

張急調下故使之悲爾張急者良材也調下者官卑也取夫良材而卑官之安能無悲乎應侯曰善　漢書曰永元三年上微行始出北至池陽西至黃山南獵長楊東遊宜春微行常用飲酎入九月中與侍中常侍武騎及待詔隴西北地良家子能騎射者期諸殿門故有期門之號自此始也　東觀漢記曰更始所置官多羣小長安謂之語曰竈下養中郎將爛羊胃騎都尉爛羊頭關內侯　漢舊儀曰古法聖猶試故令丞相設四科之辟以博異德第一科曰德行高妙志節清白二科曰學道修行經中博士三科曰明曉法令足以決疑能案章覆問文中御史四科曰剛毅多略遭事不惑明足以照姦勇足以決斷才任三輔劇令皆試以其能然後官之第一科補西曹南閤祭酒二科補議曹三科補四辭八奏四科補決　李重雜奏議曰古之聖王建官垂制所以體國經治而功在簡久自帝王而下世有增損舜命九官周分六職秦采古制漢仍秦舊倚丞相任九卿雖置五曹尚書始於封奏以宣外內事任尚輕而郡守牧民之官重故漢宣稱所與爲治唯良二千石其有殊勳者輒璽書勉勵或賜爵進秩禮遇豐厚得治大體所

以追蹤三代也乃至東京雖漸優顯然令僕射出爲郡守鍾離意苦、
香胡廣是也郡守入爲三公虞延第五倫桓虞鮑昱是也　楊泉物理論
曰吏者理也所以理萬機平百揆也武士宰民猶使狼牧羊鷹養鶵也是
以人主務在審官擇人〔詩〕魏應璩雜詩散騎常師友朋夕進規獻侍
中主喉舌万機無不亂尚書統庶事官人秉法憲彤管弭納言貂璫表武
弁出入承明廬車服一何煥三寺齊榮秩百僚所瞻願〔讚〕晉陸機漢高
祖功臣頌曰茫茫宇宙上慘下黷波振四海塵飛五岳九服徘徊三靈改卜
赫矣高祖肇載天祿彤雲晝聚素靈夜哭万邦宅心駿民効足堂堂
蕭公王迹是因綢繆睿后無竟惟人外濟六師內撫三秦拔奇夷難邁
德振民名蓋羣后是謂宗臣平陽樂道在變則通爰深爰默有此武
功長驅河朔電擊襄東協策淮陰亞迹蕭公文成作師通幽洞冥永
言配命因心則靈窮神觀化望景揚清鬼無隱謨物無遁形運籌固
陵定策東龍褰三王從風五侯允集霸楚云喪皇漢凱入曲逆宏達好謀能
深遊情杳莫神迹是尋奇謀六奮嘉慮百迴規主于足離項于懷韓王

窘執胡馬洞開灼灼淮陰靈武冠世策出無方思入神契有險必夷摧剛
則脆肇謨漢湄還定渭表濟河夷魏登山滅趙威掠火烈勢踰風掃拾
代如遺偃齊猶草彭越觀世韜迹隱光威凌楚城質委漢王靖難河
濟即宫舊梁烈烈黥布眈眈其眄名冠彊楚鋒猶駭電肇彼梟風翮
爲我扇天命方集王于東夏矯矯三雄至于垓下元凶既夷寵禄來假張
耳之賢有聲梁魏俯思舊恩仰察五緯脫迹違禮披榛來媚改策西秦
執辱北巽王信韓孽拓土開疆我圖爾我越遷晉陽盧綰自微婉戀
我皇跨功踰德祚爾輝章吳芮之王祚由梅鋗功微勢弱世載忠賢肅
肅荆王董我三軍 圖掌四方夥薦其勳熙庸親祚勞舊楚是分安國建親
悠悠我思依依哲母既明且仁引身伏劍永言固之王云興亡末命是期絳侯
質木多略寡言曾是忠勇惟帝攸歎雲驚竄丘景逸上蘭亚代擒狶
奄有燕韓寧亂以武斃呂以權實惟太尉劉宗以安舞陽道迎延帝幽
藪宣力王室匪惟厥武摠干鴻門披闥帝宇聳顏諂項掩淚寤主百王之
極舊事靡存稷嗣制禮下肅上尊穆穆帝典乃其盈門風希三代憲流後

民紀信誑項軺軒是乘身與烟銷名由風興形可以纂志不可凌〔贊〕後漢班固公孫弘贊　曰公孫弘卜式倪寬皆以鴻漸之翼困於燕爵遠迹羊豕之間非遇其時焉能致此位乎是時漢興六十餘載上方欲用文武求之如弗及始以蒲輪迎枚生見主父而歎息羣士慕向異人並出卜式拔於芻牧弘羊擢於賈豎衛青奮於奴僕日磾出於降虜斯亦曩時版築飯牛之朋也漢之得人於茲爲盛儒雅則公孫弘董仲舒倪寬篤行則石建石慶質直則汲黯卜式推賢則韓安國鄭當時定令則趙禹張湯文章則司馬遷相如滑稽則東方朔枚皋應對則嚴助朱買臣歷數則唐都洛下閎協律則李延年運籌則桑弘羊奉使則張騫蘇武將帥則衛青霍去病受遺則霍光金日磾其餘不可勝紀是以興造功業制度遺文後世莫及孝宣承統纂修洪業亦講論六藝招選　茂異而蕭望之梁丘賀夏侯勝韋玄成嚴彭祖尹更始以儒術進劉向王褒以文章　顯將相則張安世趙充國魏相邴吉于定國杜延年治民則黃霸王成龔遂鄭弘邵信臣韓延壽尹翁歸趙廣漢嚴延年張敞之屬皆有功績見述後世參其名臣亦其

次也　晉袁宏三國名臣贊曰赫赫三雄並回乾軸競收杞梓爭採松竹鳳不及栖龍不暇伏英英文若靈鑒洞照應變知微探頤索要日月在躬隱之彌曜公達潛朗思同蓍蔡運用無功動攝羣會邈哉崔生體正心直天骨疏朗牆岸高嶷忠存軌迹義形風色思樹芳蘭翦除荆棘景山恢誕韻與道合形器不存方寸海納和而不同通而不雜遇醉忘辭在醒貽荅長文通雅義格終始思戴元首擬伊同齒嘉謨肆庭讜言盈耳深哉泰初宇量高雅器範自然標準無假全由身冥迹汙必偽處死匪難理存則易六合徒廣容身靡寄堂堂孔明基宇宏邈器同生民獨稟先覺標牓風流遠朋管樂士元弘長雅性自融崇善愛物觀始知終喪亂備矣勝塗未隆先生標之振起清風公琰殖根不忘忠敬豈曰模擬實在雅性推賢恭已久而可敬公瑾英達朗心獨見披草求君定交一面桓桓魏武外託霸迹志掩衡霍恃戰忘敵卓卓若人曜奇赤壁三光參分宇宙暫隔子布擅名遭世方擾撫翼桑梓息肩江表王略威夷吳魏同寶遂贊宏謨匡此帝朝道昌昂昂子敬拔迹草萊荷擔吐奇乃構雲臺子瑜長者體性純懿諫而不犯正而不毀將命

闕庭退忘私位伯言謇謇以道佐世出能勤功入亦獻替謀翊社稷解紛挫鋭元勲穆遠神和形檢如彼白珪質無塵點清不增潔濁不加染仰翔高亮性不和物好是不羣折而不屈屢摧逆鱗直道受黜歎過孫陽放同賈屈

頌 晋張子並楊四公頌曰峩峩西岳峻極太清降神挺賢眞有景靈靈何爲四四楊是丁佐我大侯俾作韓貞明明在上不顯其身帝時疇咨本道求眞僉曰於公温故知新宜保宜傅克賛典墳昔在阿衡左右商王有周文武殷肱旦望我漢楊氏代作棟梁蹇蹇匪躬惟國之綱綱強復整政無亂荒功假皇穹率土以康心盡于朝終然允臧伊德之輔是乃毛羽匪哲匪賢孰云敢舉楊氏蹈之爲軌爲式軌式伊何盡啓基緒穆穆天子以[illegible]脊於萬斯年克昌厥後

諸王

漢書百官表曰諸侯王高帝初置金璽組綬蔡邕獨斷漢制皇子封爲王其實諸侯也周末諸侯或稱王而漢天子自以皇帝爲稱故以王號加之總名諸侯王法律家皆曰列侯天子太社以五色土爲壇皇子封爲王者受天

子太社之土以所封之方色東方受青南方受赤他如其方色藉以白茅歸國以立社故謂之茅土賈誼書曰高帝瓜分天下以王有功之臣反者如蝟毛而起高皇帝以爲不可制故削去不義諸侯空其國擇良日立諸子洛陽上東門外諸子畢王而天下乃安　漢書曰楚元王交高帝弟自帝即位交與盧綰常侍上出入卧内傳語言諸内事隱謀文帝尊寵元王子爵比皇子　又曰初楚元王敬禮申公等穆生不嗜酒元王每置酒嘗爲穆生設醴　又齊悼惠王肥高帝子食七十餘城諸民能齊言者皆與齊　又梁孝王文帝竇皇后少子愛之孝王築東苑方三百里得賜天子旌旗從千乘萬騎出稱警入言蹕擬於天子招延四方豪傑自山東游士莫敢不至　又河間獻王德景帝子修學好古從民得善書必爲好寫與之留其眞加金帛賜以招之由是四方道術之人不遠千里或有先祖舊書多奉以奏獻王者故得書與漢等被服儒術造次必於儒者武帝時獻王來朝獻雅樂對三雍宫及詔策所問三十餘事其對推道術而言得事之中　又魯共王景帝子好治宫室苑囿狗馬王初壞孔子舊宅以廣其居聞鍾

磬琴瑟之聲遂不敢壞於其壁中得古文經傳　又淮南王安爲人好
書鼓瑟不喜弋獵狗馬馳騁亦欲以行陰德拊循百姓招致賓客方術
之士數千人作爲内書二十一篇外書甚衆又有中篇八卷言神仙黄白之術
又淮陽憲王欽宣帝子好經書法律聰達有才帝甚愛之數嗟歎憲
王曰真我子也東觀漢記曰東平王蒼少有孝友之質寬仁弘雅帝即位
詔以爲驃騎將軍位在三公上四年蒼上疏願朝上以至觸寒涉道使中謁者
賜乘輿豹裘蒼到洛陽使鴻臚持節郊迎引入不在贊拜之位外殿乃
拜上親答拜諸王歸國上持留蒼八月飲酎畢大鴻臚奏遣蒼發上親
臨送流涕賞賜以億萬數又明帝詔書貴示諸國曰詔問東平王蒼處家
何等最樂王對曰爲善最樂帝曰其言甚大副其腰腹蒼美鬚髯腰
帶八赤二寸　又北海靖王興每朝廷有異政京師雨澤秋稼好醜輒驛馬下
興其見親重如此　又廣平鉅鹿樂成王在邸入問起居車馬鞍勒皆純
黑無金銀采飾馬不踰六尺於是以白太后即賜錢各五百萬　魏志曰鄧哀
王冲字蒼舒少聰察岐嶷生五六歲智意所及有若成人孫權嘗致巨象太

祖欲知其斤重訪之羣下咸莫能出其理沖曰置象大船之上而刻其所至稱物所以載之則斤可知矣太祖大悅即施行焉時軍國多事用刑嚴重太祖馬鞍在庫而為鼠所齧庫吏懼必死沖謂曰待三日中然後自歸沖於是以刀穿單衣如鼠齧者謬為失意貌有愁色太祖問之沖對曰世俗以為鼠齧衣者其生不吉今單衣見齧是以憂戚太祖曰此妄言爾無所苦也俄而庫吏以齧鞍聞太祖大笑曰兒衣在側尚齧況鞍懸柱乎一無所問　又曰中山恭王袞少學生十餘歲能屬文每讀書文學左右常恐以精力為患數諫止之然性所樂不能廢也文學防輔相與言曰受詔察公舉錯有過當奏及善亦宜以聞遂共表稱陳袞美袞聞之大驚責讓文學曰修身自守常人之行耳而諸君乃以上聞是適所以增其負累也又任城威王彰字子文少善射御力過人手格猛獸不避險阻數從征伐志意慷慨太祖常折之曰汝不念讀書慕聖道而好乘馬擊劒此一夫之用何足貴也彰謂左右曰大丈夫一為衛霍將十萬騎馳沙漠驅戎狄立功建號爾何能作博士耶　又陳思王植字子建年十餘歲誦讀詩論及辭賦

數十萬言能屬文太祖常視其文謂植曰汝倩人邪植跪曰言出爲論下
筆成章顧當面試奈何倩人時鄴銅爵臺新成太祖悉將諸子登臺
使各爲賦植援筆立成可觀太祖甚異之　王隱晉書曰齊王攸學不倦
借人書皆爲治護時還有水旱則出租秩加賦以賑國人須豐年乃收本
直太康三年詔攸當出方岳遂撫其國加都督青州增封濟南郡德物
典策軒懸之樂六佾之舞賜金鉞朝車乘輿之副　又安平獻王孚世祖受
禪爲太宰四年正會上見太宰身執子孫之禮輿車上殿上於阼階下迎拜
王既坐上又親奉上壽孚雖見尊寵而常有戚容獻王一門三世同時十人
封王二人世子父位極人臣子孫咸居大官出則旌旗節鉞入則貂蟬衮冕自
公族之寵未始有也　晉百官表曰王古號也夏殷周稱王金璽龜紐細纁
朱綬五時朝服遠遊冠佩山玄玉　沈約宋書曰衡陽王義季爲荆州刺史
先是臨川王義慶在任巴蜀亂擾師旅應接府庫空虛義季躬行節儉
蓄財省用數年間還復充實隊主續豐母老家貧無以充養遂斷不
食肉義季哀其志給豐母月白米二斛錢一千并制豐噉肉義季素拙書

上聽使餘人書啓事唯自署名而已素嗜酒自彭城王義康廢遂爲長夜之飲略無少醒日太祖累加詰責義季引愆陳謝上詔報誡語終不改以至於終二十一年　又始平孝敬王子鸞字孝羽孝武帝第八子也母殷淑儀寵傾後宮子鸞冠愛諸子凡爲上所聘遇者莫不入子鸞府國及爲南徐州又割吳郡以屬之　又建平宣簡王宏字休度文帝第七子也少而閑素篤好文籍太祖寵愛殊常爲立第於雞籠山盡山水之美建平國高他國一階

賦　魏夏侯玄皇胤賦曰覽二儀之上禮本人倫之大紀道莫隆於辟統莫泰於宗祀伊皇衢之光赫耳乾祇之元祉在太和之五載肇皇胤之誠始時惟孟秋和氣淑清良辰既啓皇子誕生尒乃發愷悌之明詔振隆恩之豊沛殊惠洽乎黎民崇施暢於無外爵羣兆以布德赦殊死以崇仁黔首詠而齊樂願皇祚之日新

頌　陳王曹植皇太子頌曰於我皇后懿章前志克慕百王靈昭事祗肅郊廟明德衍重陽和積吉鍾天之釐嘉月令辰篤生聖嗣慶由一人萬國作喜喁喁萬國以及以及羣生稟命我后綏之則榮長爲臣妾終天之經仁聖奕世永載明明同任　上帝休祥淑貞藩臣作頌光流德聲吁嗟

鄉士祗承子聽

[碑] 梁沈約齊司徒安陸昭王碑曰稷契身佐唐虞功大於天地商武姬文所以膺圖受籙蕭曹扶翼漢祖滅秦項以寧亂魏氏時乘於前皇齊握符於後靈源與積石爭流神基與極天比峻公含辰象之秀德體河岳之靈氣藴風雲身負日月姑蘇奧服叢臺方此爲劣臨淄之地揮汗成雨曾何足稱孑鴻騫舊邑作守東楚夏首蕩要任重推轂襟帶中流地郡江漢南接衡巫風雲之俗千里西通鄖鄧水陸之塗三千是惟形勝閫外莫先建麾作牧明德攸存以我羯窺窬伺我邊隙北風未起馬首便則南向塞草未衰嚴城於焉早閉惠至以奉上明謙以接下撫僚庶益盛德之容交士林忘公侯之貴虛懷博納幽闡洞開宴語談笑情瀾不竭凡我僚屬均哀共戚怨天德之無厚痛崇陰之不留所以克卜思播遺塵猷之穹壤天命玄鳥降而生商是開金運祚始玉筐三仁云郡五曜入房亦曰其馬服襄周王惠露霑昊仁風翕越涉夏逾漢政成朞月　北齊邢子才廣平王碑文曰公分氣氤氲稟靈昭晉基構輪奐源流濬遠積石莫之方委水不能喻山瀆效神辰昴降德自天攸縱欎爲時宗牆宇俺曠標格

秀遠道亞生知德均殆庶日月在躬水鏡被物望青松而北秀干白雲而上征侍講金華參遊銅雀出陪芝蓋入奉桂室充會友之選當拾遺之舉發言爲論受詔成文碧雞自口靈蛇在握方見建安之體復聞正始之音公年方弱冠而位居寮右道被生民惠漸萬物鬱爲雅俗之表巍成社稷之鎮公孫聲動天下巳非其倫管子光照鄰國孰云能擬方謂膺茲多福降此永年奮搏風之逸羽窮送日之遠路同岐山之嘉會陪岱宗之盛禮而羣飛在辰横流具又山崩川竭星霣日銷崑岳既毀玉石俱燼蘭挺則芬玉生則潤泱泱萬源落落千仞我有徽猷金聲玉振志循學海業比登山跡躡緹衮絳帳韋編尋微啓奥敷理入玄天地或終山河匪壽昔曰先民誰堪長久立言立事貴之身後式銘景行是爲不朽

【墓誌】

齊王融豫章文獻王墓誌銘曰領袖傾淪人綱弛没半嶽摧峯中河隊月眷然曉隧如何夜臺鯨驂悢慕蓀吹徘徊千秋万祀顧有餘哀　又齊謝眺欝林王墓銘曰緑車旖旎翠蕤奄映癸貳戲良臨祧弛咸毀德歸桐弃尊君鄭　又齊海陵王墓誌銘曰景祚云及多難攸啓載驅軨轄高闢

代邸西光巳謝東龜又艮龍壽縣夕儼蒢挽晨鏘風揺草色月照松光春秋
非我曉夜何長　梁簡文安成蕃王墓銘曰許氏猶龍荀家鳴鶴豈如宗
子分聯華萼對策雲臺觀書麟閣官美登朝文高入洛得意琴書志
言丘壑　梁昉撫軍桂陽王墓誌銘曰於昭帝緒擅美前王緑圖九紀金簡
王筐世載台鼎地居魯衛沛易且傳楚詩將說桐圭誰戲甘棠何憩
梁沈約丞相長沙宣武王墓誌銘曰山岳鎮地日月麗天鄰幾者庶亞極稱
賢峩峩哲人寔惟天縱德基內美功成日用亦既東隸賓拯朝難迅鋒
雷駭霜戈電斷震主必危功高不賞哀動上霄痛銘玄壤聖武丕發後
恥申寃大禮空備幽駕莫援　陳徐陵司空河東康簡王墓誌曰夫聖人
至德二直福謙大哉堯舜貽慶長遠明兩之盛中陽纂慕於豢龍百世之祀
皇家兆於鳴鳳遠有丘於海北應紫蓋於江南帝系王基重光累葉高祖
之建天柱聖之補地維蕩蕩乎民無得而名焉者也王資神昴緯誕曜房
靈盤體斯孝烈不由師保月生之對曾何用於擬議曰近之言無階於等級封
何東王加侍中淑貌與金燧相宜清顏與玉壺同照授使持節南徐州刺史

武羌旅拒亭障遷移漠草非長廣之東湖萊近荆門之北王帝識庾翼
使白面之非才深慕曹彰歎黄鬚之為可火精不退奚應善言冰蛭難消
徒持陰德薨于沙鎮時年十有七追贈司空加鼓吹班劒謚曰康簡王洛北
占墳河南除道葭悲烟殿之聲劒動豐城之氣豈惟晉皇寵悼重琅
邪之贈官魏后高文制蒼舒之哀誄

誄

後漢傅龍北海王誄曰永平六年
北海靜王薨於是境内市不交易塗無征旅農不修畝室無女工感傷慘怛
若喪厥親俯哭后土仰愬皇旻於是君羣英列俊靜思勒銘惟王勳德是
昭是明存隆其實光曜其聲終始之際於斯為榮乃作誄曰覽視昔初
若論往代有國有家篇籍攸載貴尠不驕滿罔不溢莫能履道聲色
以卒惟王建國作此蕃弼撫綏方域承翼京室對揚休嘉光昭其則温恭朝
夕敦循伊德　又魏文帝蒼舒誄曰建安十二年五月甲戌童子蒼舒
卒乃作誄曰於惟淑弟懿矣純良誕豐令質荷天之光既哲且仁爰柔克
剛彼德之容慈我聿行宜逢分祚以永無疆如何昊天凋斯俊英嗚呼哀哉惟
人之生忽若朝露促促百年亹亹行暮矧爾既夭十三而卒何辜于天景

命不遂　魏陳王曹植任城王誄曰昔二虢佐文旦奭翼武於休我王魏之元輔將崇懿迹等號齊魯如何奄忽命不是與仁者悼没兼彼殊類矧乃同生能不憯悴目想宮墀心存平素髣髴魂神馳情陵墓凡夫愛命達者徇名王雖薨徂功著丹青人誰不没貴有遺聲乃作誄曰幼有令質光燿珪璋孝殊閔氏義達參商温温其恭爰柔克剛心存建業王室是匡矯矯元戎雷動雨徂横行燕代威懾北胡奔虜無竄還戰高柳王率壯士常爲軍首宜究長年永保皇家如何奄忽景命不遐同盟飲淚百僚咨嗟　宋謝靈運廬陵王誄曰事非淮南而痛深於中霧迹非任城而暴甚於仰毒託體皇極銜怨至盡豈惟有識傷慨故亦率土悽心蓋出罔已之悲以陳酸切之事云爾哀哀君王終仁且德在枉無言即罪有默曾是忍虐古來一酷身微咎累痛踰酖毒何斯禍斯乃怨乃辱命如可延人百其贖矜急景之難留悼驚波之易淪自君王之冥漠歷彌稔於此春聆鳴禽之響谷視喬木之陵雲咸感節而興悦獨懷悲而莫申侯射隼於高墉赫王典以正刑服二辜於北犴致九伐於南荊發酸痛於仁詔令寵贈於哀心布悽

楚於帝言攄綢繆於皇音

行狀

梁任昉齊竟陵文宣王蕭子良行狀曰公道亞生知照鄰幾庶孝始人倫忠爲令德公實體之非毀譽所至天材博贍學綜兼明至曲臺之禮九師之易樂分龍趙詩析齊韓有一於此不兼綜昔沛獻訪對於雲臺東平齊聲於楊史淮南取貴於食時陳思見稱於七步方斯蔑如也夫家國之道互爲公私君親之義遞爲隱犯公一極一致愛敬同歸亮誠盡規謀猷弘遠矣他人之善若己有之民之不臧公實貽恥誘接恂恂降以顏色人有不及內恕諸己非意相干每爲理屈任天下之重體生民之俊華袞與縕緒同歸山藻與蓬池俱逸良田廣宅符仲長之言芒山洛水協應叟之志丘園東國緇銖軒冕乃依林構宇傍巖拓架清猨與壺人爭旦緹幙與素瀨交暉置之虛室入野何辨高人何點躡屣於鍾阿徵士劉虬獻書於衡岳賵以貞人之服弘以度外之禮 梁沈約齊臨川王行狀曰公導玄源於陵嶽亶稟黃中之正氣其性逸其神凝並華表於弱齒弘貴著乎將立雲宣虛景曖岳秀川渟蘭桂不踰其質珪璋未究其美幼而悅學業茂從師給貫書場該緯文圃清暉秘舉譽燭野光朝 梁裴

子野司空安城康王行狀公降七緯之禎靈五行之正性珪璋博達清明在躬學無常師希風乎孔甫幾神殆庶諒亞迹乎顏生悦禮敦詩方昔人而有裕既明且哲體大雅而弗渝若乃慈明外朗淑德內潤夏侯玉樹之談衞玠璧人之目又授使持節郢州刺史公四居方岳政刑克舉仁恕以懷君子刑憲以肅小人莅煩以簡居難則易霈如時雨芬若蘭蓀所去見思所居稱治逮乎寢疾薨竟陵之石梵時年四十四皇上震天倫之悼庶僚懷人百之感詔贈司空常侍王如故禮也自巴濮以東鄢鄧以北方舟連騎赴者如雲昔王薨及葬仁禽有踐境之識羊祜云亡市人有罷歸之慟若公恩結三楚亦異世一時之公幼無擇言長無擇行立功以庇物執德以居宗重以道性虛閑居處沖約終日清靜如布素焉

相國

漢書百官表曰相國秦官金印紫綬掌丞天子助理萬機　漢書曰蕭何沛人陳豨反上自將聞呂后用何計誅韓信拜何相國益封五千戶卒五百人爲衞衆人皆賀召平獨弔召平者故秦東陵侯秦破爲布衣

種瓜長安城東平謂何曰禍自此始也何乃讓封悉以家財佐軍上喜　又曰曹參聞蕭何薨告舍人趣治裝吾將入相使者果召參參爲相日夜飲酒賓客見參不事皆欲有言至者參輒飲以酒醉而後去終莫得說相舍後園近吏舍吏舍日飲歌呼從吏患之請參遊後園幸相國召案乃反張坐飲歌呼與相和參見人細過專掩匿之百官借歎曰相國自蕭何以後殆非復人臣之位　齊職儀曰相國綠綬袞冕服湯以伊尹爲左相仲虺爲右相高宗得說因立爲相魏襄王以公孫衍爲相國趙孝成王以廉頗爲相國

【誄】晉成公綏魏相國舞陽宣文侯司馬公誄曰應期降命篤生我公九德聿修百行兼通文皇踐位龍飛天衢協贊大命啓迪靈符光我聖主齊德有虞受茲介祉封國建畿入揔納言敷化衡機出登上將奮武明威皇輿省方作鎮于許旌旗旣反撫戎荆楚巴蜀作寇侵我邊疆乃眷西顧董統雍凉丹麾所指莫之敢抗仁濟宇內威攝外荒流恩陝西齊美甘棠加命九錫尊位相國比王齊魯以崇厥德

丞相

應劭風俗通曰丞者承也相者助也　史記曰秦武王置二丞相甘茂爲左丞相樗里疾爲右丞相　又曰韋丞相賢者魯人以讀書術爲吏至大鴻臚有相工相之當至丞相有男四人使相之至第二子名玄成相工曰此子貴當封侯丞相曰我今爲丞相有長子是安從得之後竟爲丞相　又匡衡爲御史大夫歲餘韋丞相死衡代爲丞相封樂安侯十年之間不出長安城門而至丞相　漢書百官表曰丞相秦官金印紫綬掌丞天子助治萬機秦有左右高帝即位置丞相　又陳平武陽人周勃沛人帝即位以平爲丞相平曰臣功不如勃於是以勃爲右丞相以平爲左丞相帝問勃曰歲決獄錢穀出入幾何勃不知汗出洽背上問平平曰有主者上曰主者誰平曰決獄責廷尉錢穀責治粟內史上曰君所主何事平曰臣主上佐天子理陰陽調四時下遂萬物之宜鎮撫四夷上曰善　又曰公孫弘淄川人武帝以弘爲丞相丞相常以列侯爲之唯弘無爵詔封平津鄉侯六百五十戶丞相封自弘始也弘食一肉脫粟之飯故人賓客仰衣食家無餘財　又曰蔡義河內人詔求能爲韓詩者徵義上疏臣行能無比容貌不及衆而不弃人倫者以聞

道於先師自託於經術願賜清閒之燕以詩授昭帝爲丞相短小無鬚眉貌似老嫗行步俛僂常兩吏扶夾乃能行　又曰王商爲丞相有威重長八尺餘單于來朝引見商坐未央庭中單于前拜謁商商起離席與言單于仰視商貌大畏之遷延却退天子聞之歎曰此眞漢相也　漢雜事曰田蚡爲丞相中二千石拜謁蚡不爲禮汲黯爲主爵都尉見蚡未嘗拜揖之而已　漢舊儀曰丞相車兩黑轓騎者弋絳掾吏見禮如師弟子白錄不拜朝示不臣也聽事閤曰黄閤又曰有天地大變天下大過皇帝使侍中持節乘四白馬賜上尊酒十斛牛一頭策告殃咎使者去半道丞相病上追使者還未白事尚書以丞相不勝任使者策書駕騂馬即時布衣步出府免爲庶人丞相有他過使者奉策書駕騅騩馬即時步出府乘棧車壯馬賜歸田里思過　應劭漢官儀曰丞相有疾御史大夫三日一問起居百僚亦然朝廷遣中使太醫高手膳羞駱驛及瘳視事尚書令若光禄大夫賜以養牛上尊酒　物理論曰高祖定天下置丞相以統文德立大司馬以整武事爲二府焉

【箴】

晉陸機丞相箴曰夫道導民在簡爲政以仁仁實生愛簡亦

易遵罔跡下睦禁密巧繁深丈碎敘伊何能存故人不可以不審任不可以不忠捨賢昵讒則喪爾邦且偏見則昧專聽悔疑耳目之用亦各有期夫豈不察而惟牆隔之矜已任智是蔽是欺德無遠而不復惡何適而不追存亡日鑒成敗代陳人咸知鏡其貌而莫能照其身

【碑】晉袁宏丞相桓溫碑銘曰文武開業尚父定王佐之契宗周不競桓公弘九伐之勳脫履於必濟之功忘懷於屈伸之會高氏出乎生民公亮坦於萬物遂復改謀廻慮策馬武關揔轡丹折之塗揚鞭終南之嶺兵交則戰無全敵勸義則襁負雲集徒以懸軍輕進因蓄靡儲而犲狼懼殪保固窟穴乃方軌迴轅反師凱入雖奇功大勳未捷於一朝而宏謨神略義高於天下公惟秀傑英特奇姿表於弱冠俊神朗鑒明統備於成德市襟衡門風流推其高致忘己應務天下謝其勳業輔相兩儀而通運之功必周虛中容長而方圓之才咸得道濟而不有處泰而逾約可謂固天特縱生民之傑者也銘曰美盡黃裳道暢伊呂哲人應運命世作輔卓卓英風略略宏宇亮心高列後神閒舉忘己濟物撫化翼世河洛澄流華梁卷翳俾我仁公弘道作鎋如何不弔雲縈落

映　又晉孫綽丞相王導碑　文曰胄興姬文氏由王喬玄聖陶化以啓源靈
仙延祉以分流賢俊相仍世冠海岱二儀交泰妙氣發暉醇曜所鍾公寔應
之玄性合乎道旨冲一體之自然柔暢洽乎春風溫而伴於冬日信人倫之水鏡
道德之標準也惠懷之際運在大過皇德不建神轡再絶獫狁孔熾凶類猋
起公見機而作超然玄悟遂扶翼蕃王室協東岳弘大順以一群后之望仗王
道以應天人之會于時乾維戕肇振創制理物中宗拱已雅仗賢相尚父之任
具瞻在公存耳焦鮮之義殉易簡之政大略宏規卓然可述公雅好談詠恂然
善誘雖管綜時務一日萬機夷心以延白屋之士虚已以招巖穴之俊逍遥放
意不峻儀軌公執國之鈞三十餘載時難世故備經之矣夷險理亂常保
元吉匪躬而身全遺功而勳舉非夫領鑒玄達百鍊不渝孰能莫忤於世
而動與理會者哉　梁簡文帝長沙宣武王北涼州廟碑文曰蕭由仁之祀
九井尚勲洙水之堂七壁猶在豈菲德含體氣神降空桑丞民仰其立功太
上懷其貴德公諱蘭陵人皇帝之長兄也命世降靈峻極開著宗百川而成
海倍萬俊而爲英爲南梁北秦二州刺史華陽陵黑水攺號難堪加以岳牧

邅廻軍民徙散同高闕以為塞全象玉門而置關三尉寢謀六屯罷能業功同跡勤之守備甚即墨之堅圍公臨厄制變夥如敵國是以六角摧鋒兩賢興歎指撝則破勍敵叱咤而靜邊塵公德應大賢照惟殆庶如鍾資叩似鐸發聲含朝陽於千仞散風行於萬頃神武所向士卒忘水火之難單醪所驅小大一死生之志微管之風餘芳無絕人畏其神德音不泯梁秦二州刺史宜封侯條刺舉漢陽親覩遺愛有士衣請立碑置廟天子許焉反宇飛風伏檻含日參差冊桂周流紫房蹲夒踞刻獸下臨網戶菡萏荷華傍連屈屋屓使邊韶所立之名豈稱高於陳郡袁逢所勒之字非獨擅於華陽乃為楚白帝圖開道皇源配天功書綠字事燭青編天漢之陽黑水惟梁如仁永播流詠寧忘扶風高碣召伯甘棠餘芳無泯望古可方構斯象室循茲洞房琭璃照戶璧玉開堂秋條下葉春卉含芳九微夜火百味朝漿　又丞相長沙宣武王碑曰金表龍符綠地龜圖且稱瑞漢寔曰開虞於昭帝　緒蟬聯厥初有微玄冰亦作司徒重　信偃蹇曲注逶迤重櫨鳳翥桂棟蓮披文檀晚麗采節晨輝春藤絡戶寒菊臨池惟馨惟德無絕於斯　梁沈約齊丞相

豫章文憲王碑曰丗載冠冕之暉家開配天之業洪源邁於委水雲峯冠於削成公自天攸縱非待六岳道亞生知德備藏往摩赤霄而理翰望閶闔以上馳迴風飈於襟袖宅山川於懷抱爰初弱冠藏器俟時康莊廣闢飾禮賢之館杞梓備收罄滋蘭之畹既駕朱驂又敷袞職升降軒陛率由孝敬謙以備物貴以在身再握勵己三吐忘倦公德惟民望位冠朝首儀表瓌雄風神秀傑再至三元首且華裔在庭執玉端闈冠冕百辟外夷震聳猶單于之懼王商君羣后瞻慕若衆星之俯日月雖復以周公之親居周公之任道格皇天光被四海而小善靡非失輶德必兮從言由畎澮匪讓所以滋致江河土壤同歸故能贊成嵩岱保翼三善弘正九伐銘彼太常懸諸日月銘曰大德風邁其美雲從事貴愈恖聚禮峻彌恭且有厚命車服以庸羽儀列辟冠冕君羣龍周實多祐漢有餘慶弈弈皇族於斯為盛公之綏之終和且敬是惟宗國庶邦作詠　梁任昉丞相長沙宣武王碑曰玉映藍田金鉉之望已集木秀鄧林輪轅之用先表值戎寇貪惏羈縻失道憑陵雉堞逼迫濠隍都護之威既強副尉之策已謝介松晨析易子朝飡乞師援絕飛書路阻

公內定不戰之奇外騁必勝之略神功倏忽有司拾遺南下牧馬既寢折膠之衛北遯燕然將空漠南之地加以廣平簡惠信賞必罰增貲就賦夷歌成章

【誄】晉陸機吳丞相江陵侯陸公誄曰根條伊何苗黃裔舜長發有祥貽我作胤劉王負險寇我西鄙公侯赫怒干戈啓陳金鉞鏡日雲旗降天元玉隕難鯨鯢墜鱗我漢時殪方城清壓

冢宰

仲長統昌言曰冢宰堯官也　尚書曰冢宰掌邦治統百官均四海　周官曰太宰之職掌建邦之六典以佐王治邦國一曰治典以經邦國以治官府以紀萬民二曰教典以安邦國以教官府以擾萬民三曰禮典以和邦國以統百官以諧萬民四曰政典以平邦國以正百官以均萬民五曰刑典以詰邦國以刑百官以糾萬民六曰事典以富邦國以任百官以生萬民　王隱晉書曰武帝時太傅領司徒何曾屢上書遜位詔以司徒所掌煩務不可以久勞耆艾其進位太宰朝會乘輿劒履上殿如漢蕭何魏鍾繇故事　晉公卿禮族曰安平王孚郎陵公何曾汝南王亮皆爲太宰　齊職儀曰太宰品第一金章紫綬佩

山玄王堯命羲和使主其陰陽之職羲伯司天官也后稷伏事虞夏世事民時尊稷爲天官夏衰　稷後不宜失官由是廢官郡以其官爲冢宰周公在豐爲太宰召公又居之秦漢魏無此職　晉武以從祖安平王孚爲太宰始置其官安平薨省咸寧四年又置或謂本太師之職避景帝諱改爲太宰太宰周之卿位晉武依周置此職以尊安平非避諱也　元興中恭帝爲太宰　相玄都督中外博士徐豁議太宰非武官不應世都督從豁議

【碑】晉孫綽太宰郄鑒碑文曰公蓋黃帝之苗裔氏族所由皆紀於祖御史大夫之碑矣靈和誕授載育公侯至德碩量天實挺之琅邪王應天啓之運闡中興之道思延英賢以匡王業乃假兗州刺史金章仍割玄鉞載飾于時猾寇凶熾羣逆猋起公奮其忠勇精貫白日信順爲甲胄大節爲城池故能摧却凶寇全身濟功惟公德器純固體識深弘敦尚衡門則服膺曾閔毗亮皇極則憲章元凱雋誠簡于帝心明允著于莅政信鍾山之珪璧歲寒之靈木者也擒藻風雲策名帝籙庸皆方尺遂隆台岳三室未休吾何以豫興言再慨思康天步將俾皇化歸之大素彼蒼者天曾不遐祚哲人其萎民斯攸慕嗟爾後昆式

贍宏度　齊王儉太宰褚彦回碑文曰夫太上立德其次立功此謂之不朽所以
子産云亡宣尼泣其遺愛隨武既没趙文懷其餘風乃祖太傅德合當時
行庇州壤深識臧否不以毁譽形言亮采王室每懷沖虚之道可謂婉而成
章志而晦者矣公稟川岳之靈暉含珪璋而挺曜和順内凝英華外發神
茂初學業隆弱冠是以仁經義緯敦穆於閨庭金聲玉振寥亮於區
宇孝敬淳深率由斯至盡歡朝夕人無間言逍遥乎文雅之囿翱翔乎
禮樂之圃風儀與秋月齊明音徽與春雲等潤既而齊德龍興順皇高禪
深達先天之運匡賛奉時之業亦猶稷契之臣虞夏荀裴之奉魏晉今之尚
書古之冢宰雖秩輕於衮司而任隆於百辟暫遂沖旨改授朝端邇無異
言遠無異望執五禮以正民簡八刑而罕用故能騁績康衢延慈哲后仰南風
之高詠飡東野之秘寶雅議於聽政之晨披文於宴私之夕參以酒德間以琴
心曖有餘暉遥然流想君垂冬日之温臣盡秋霜之戒肅肅焉穆穆焉於
是見君親之同致在三之如一銘曰永言必孝用心則友仁洽兼濟愛深善誘
覲海齊星登岳均厚五臣兹六八元斯九率禮蹈謙諒實身幹迹屈朱軒

志隆衡館眇眇玄宗萋萋辭翰義既水流文亦霧散【誄】晉潘岳太宰魯武公誄曰昂昂公侯寔天誕育八元斯九五臣茲六撿討逆節折衝江湖之欽擒儉梟誕斃幷吳公于出征爰整其旅壘不越郊麾不及舉秦涼獲乂西戎即敘他人之賢譬彼丘陵邈矣公侯如日之昇泰山其頹寢疾不興遐邇曷仰社稷焉憑生則榮易終哀實難靡不春華鮮克歲寒於呼公隕率土含酸趙喪望諸列國同傷秦亡蹇叔春者不相桃李不言下自成行德之休明沒能彌彰【表】後魏溫子昇上黨王穆讓太宰表曰臣聞策蹇長途終匱一日之致懸縷層臺詎任千鈞之重固知寸弱不可自彊力微難以企及智小謀大恐貽折足之憂才輕任重懼有絕臏之悔既慮鑠金罔陳匪石

藝文類聚卷第四十五

藝文類聚卷第四十六

職官二

太尉　太傅　太保　祭酒　博士

太尉

春秋合成圖曰堯坐中舟與太尉舜臨觀鳳皇授圖　史記曰孝惠帝六年置太尉官　百官表注曰太尉古官也自上安下曰尉故武官以爲號　月令曰孟夏太尉贊傑俊遂賢良　漢書百官表曰太尉秦官金印紫綬掌武事周勃灌嬰周亞夫等爲之　漢書曰呂后問高祖曰陛下百歲之後蕭相國既死令誰代之上曰曹參可其次曰王陵可然少戇陳平可以助之陳平智有餘然難獨任周勃重厚少文然安劉氏者必勃也可令爲太尉　又曰王龔爲太尉在位自非公事不通州郡書記其所辟命皆海內長者　東觀漢記曰張酺字益侯爲太尉父尚在酺每遷轉乃一到洛父來適會正臘公卿罷朝俱賀歲奉酒上酺父壽極歡莫不嘉其榮　又曰鄧彪字智伯爲太尉在位清白公廉　謝承後漢書曰京兆朱寵字仲威爲太尉家貧食脫粟飯卧布被朝廷賜錦被梁肉皆不敢當　又曰鄭弘爲臨江太守行春有

兩白鹿隨車夾轂而行弘怪問主簿黃國鹿爲吉凶國拜賀曰聞三公車圖畫作鹿明府當爲宰相後弘果爲太尉舉第五倫爲司空班次在下每正朔朝見弘曲躬自卑上後置雲母屏風分隔由此爲故事　續漢書曰太尉公一人掌四方兵事功勤歲盡則奏其殿最而行賞罰凡郊祀之事掌亞獻　袁崧後漢書曰太尉劉虞讓位於羊續靈帝時爲三公者皆輸禮錢千萬續舉縕袍以示之曰臣之有唯此而已遂不代虞　華嶠後漢書曰安帝即位太尉徐防以災異寇賊策免就國凡三公以災免始自防也　范曄後漢書曰曹嵩靈帝時貨賂中官及輸西園錢一億萬故位至太尉　應劭漢官儀曰章帝詔曰司空牟融典職六年勤勞不怠其以融爲太尉錄尚書事　又曰沖帝丁酉策書太尉趙峻三世掌典機衡有匪石不貳之心大司農李同公族之苗忠直不回有史魚之風今以峻爲太傅同爲太尉與大將軍冀參錄尚書事　幽明錄曰常山張顥爲梁相天新雨後有鳥如鵲飛翔稍下墜地民爭取即化爲一圓石顥椎破之得金印文曰忠孝侯印顥表上聞藏之秘府顥漢靈帝時至太尉　齊職儀曰魏文帝黃初二年日食奏免太尉

賈詡詔曰天地之災害罪在朕躬勿貶三公遂爲永制而太尉華歆以疾依曰千秋故事乘輿上殿大會遣散騎常　侍繆龔奉詔歆百官揔已聽歆至

贊　後漢帝蔡邕太尉陳公贊曰公在百里有西產之惠賜命方伯分陝餘慶餘慶伊何兆民其觀少者是懷老者是安綱紀文王文王用平東督京輦京輦用清乃登三事三事攸寧契稷之佐其亢于堯庭今則由古於穆誕成

箴　後漢崔駰太尉箴曰天官冢宰庶僚之師師錫有帝命虞作尉苟非其人戮我帝載昔周人思文公而召南詠甘棠昆吾隆夏伊摯盛商季世頗僻禮用不匡

碑　後漢蔡邕楊太尉碑銘曰於戲公惟岳靈天挺德翼其赤精神畐氳仁哲生應台任作邦禎帝欽亮訪典刑道不忒迄有成光遐邇穆其清　又楊太尉碑銘曰天鑒有漢挺生元輔世作三事勳在王府乃及伊公克光前矩悉心畢力削其祖武化洽羣生澤霑區宇　又太尉李咸碑銘曰天垂三台地應五岳降生我公應鼎之足弈世載德名昭圖籙既文且武相相紹續外則折衝內則大麓　又太尉侗玄碑曰岐嶷而超等總角而逸羣至矣乎初紳高明卓異爲衆傑之雄其性莊疾尚華樸有折而不橈拔賢如逝流討惡

如霆擊至德在己揚之由人苟不矯迹夫何舍焉　後漢桓麟太尉劉寬碑
曰公誕受純和之氣體仁樂道寧儉之性疾雕飾尚樸素輕榮利重謙讓
劣與同好鐫墳典於茅廬是以根經緯綜精微誨童冠而不倦遷南陽
太守推貞諒以示下顯衆善以厲否惻隱之誠通于神人故去鞭朴如獲其
情弗用刑如弭其姦　晉孫綽太尉庾亮碑曰次黃中以啓曹鍾遐武於軒轅
爰及晉代世號多士公吸峻極之秀氣誕命世之深量微言散於秋毫玄風暢
乎德音闚門者貴其凝峙入室者議其通玄標形者得之廊廟悟言者期
諸濠川提挈南翔息肩靈越會大君有命納妃德門自求多福辭不獲
已鳳羽籠于華樊麟趾縶于椒房王敦阻兵[illegible]權志闚神器乃轉公左衛
將軍要雄戟以扶華轂勤武旅以翼豹尾死難之心義形于色親受中詔
奔告方伯於是羣后契盟同亶高謀嵒嚴栖懷德以嚮赴義拯神器於獸
吻扶帝座於已傾王室之不壞翳伯舅是賴公以爲戰伐之謀仁所恥聞況
立德弘道年幾不惑闔門沈舟將遠迹山海詔累遣侍中黃門逼以嚴制
知不獲免乃固求外任江外無烽燧之警宇内歸穆然之美銘曰金德時昏

乾綱絕紀素靈南出中宗蔚起誰其賛之數鍾伊么達人忘懷形隨運通
再潛再躍婉若游龍 梁沈約齊太尉王儉碑銘曰瞻且甄奧而齊軫軼夔
龍而長鶩百辟翹首自譬列宿之仰望舒千里結轍若派流之宗江漢及宋
道咸運鼎命將改瞻烏所集未知適歸公高卧閑宇獨吒虎室眷龍
顏以託夢詠日角以諭言佇傳巖之下懷溢水之上慨深版蕩念在濡足霸
君亦慮屬一匡情降三顧卜匪熊羆唯人是與公深覩興廢妙識人英察
榮光於河渚攀龍翼於雲漢傾方寸以奉國忘七尺以事君殊文共會異
軫同歸堆案盈几充庭滿室隨方引應斷決如流辭不輟響紙弗停筆
精明外朗神彩傍映矖瞩接其光景風飈溢乎帷席嚚喧揔至大薄相填
齊鑣共軫竝而不雜銘曰悵公赫兮世載經綸四彼三傑六茲五臣德參世道
亞如仁展步金門濯纓蘭畤激水上征倍帆鬱起 陳沈炯太尉始興昭烈
王碑銘曰古者帝王之興莫不崇建親屏泰伯讓而退封武哀終而受號則
有之矣至若勳功鼎彝銘德太常清廟尊乎國家揚名顯乎子弟在昭
列烈王見之矣若夫嬀水遥源石峯遐集五絃作而詠南風八世興而和鳴鳳籍帝

王之基居正卿之族有由來矣孔融汝潁之論許其少多儁暢諸公之書頗有
賢哲自漢至魏渉江而東縣邈蟬聯言之者舊皇上革命應運大啓邦國
麟趾盤石之宗固宜金枝玉牒之戚畢封文叔褒被之悲無泯仲謀獎率之
勳適乃封始興郡王永定元年下詔曰天倫所感義本因心名器追崇則惟
恒典已兄梁故南兗州刺史長城縣公德範沈邃風度寛厚性與天道深
乎靡測昔彈冠入仕譽畢城華宣力艱難遂顧洪業雖時非季漢勢異
相王海内艳甘流生民懷其大德者矣朕受天明命爰膺寶曆言念永往
興慕增懷可奉贈太尉公昔之宗戚近親宗英令德若河間之不羣沛獻之
受象東平之樂善陳思之傑麗賁聞之也未有身死忠貞名存前代若王之
義烈者銘曰稽古帝系神靈有裔曰陳祚土華虞之系騰波汝潁承流媯
汭四岳有後六奇獻計惟宣惟忠卿長君羣公爲舟震澤佳氣葱葱故向七十
商亳百里婉婉中陽帝出作止太常景皇季孫孽子天下不賤門之惇史入孝
出忠清輝何已芭指周藏風流懿德言爲世範行成士則名山可鑿豈可易此
惜哉往矣殞身凶慝鼎命既遷山河是始光啓代郡德表承祀周以别功魯侯

昊天禮茂廟堂恩加松柏

墓誌

梁沈約齊太尉文憲王公墓誌銘曰德被九官功苞十亂帝圖必舉皇猷諧煥斯謂國楨是惟民幹翱翔禮園優遊文館秘義煙涌環辭雨散揆路揚輝台庭改觀方期隆平變茲天網禍履無愆降年多爽微言永謝歷祭誰長鐃吹罷音松風代響　梁沈約齊太尉徐公墓誌曰公美風儀善言笑每重標基流連情賞拓宇東郊曖然閑素榮貴之來無槩懷抱往居端揆萬務同歸簿領盈前囂塵滿席直舉枉錯虛來實及天道不仁與善蹇應　北齊邢子才太尉韓公墓誌銘曰立事立言是爲勿替且公並德實兮不朽雖將相無種而公卿有門矣以萬種四壯曷弃於往代長組高冠陸離於前祀及負笈追侶結友從師先難後易身佚功倍皆神遊隅隩理令精微非存寧越廢寢食以存道久殊高鳳忘冠履以成業皎然獨照旁絕顯滓亭亭孤出入自雲霞忘情譽毀同嗣宗之於善惡齊一得喪若叔夜之於慍喜方將受任三九追蹤二八弘大道以事一人數至理以安二姓而天德不厚神聽多愆仁勇亡辭智同盡並　晉盧諶太尉劉公誄曰公侯之生固天攸翟高智蕭條英風卓犖勵操宏

壯抗意崇邈雅用深而英明鑒則出擒藻雲浮飛辯盈溢驅其豺狼斬
其猰貐建立市朝營置亭徼劉聰南比猗盧北接或以恩變微我公侯
方事焉捷委重于外弛禦于中制比鄧禹禮優竇融 表 梁王僧孺爲臨
川王讓太尉表曰臣聞一 以長望千里而成累寸輸易騁觸三尺而不發苟曰是
方難用適遠安車駟馬爲望高闕而郡至繡服緹麾輜軿康衢而暮返行瞻蓋
痝居對蒼龍陛下海涵春育日鏡雲伸追大道之無私惜微臣之宜極 後
魏溫子昇西河王謝太尉表曰臣聞拂羽決起力謝摩天策蹇裁駛功彼送日
將短翮難以陵高駑乘無由致遠雖復建旟出郡未追楚趙之風捧壺入侍
徒踵金張之迹及天祚明德運啓興王六爻始遷九鼎初定於焉承之有用當官
草靡從風未遑克讓畏盛常恐執轡輕輪操刀傷錦

太傅

大戴禮曰傅傅德義 又曰天子不惠於庶民不信於諸侯不戒於我事不誠
於賞罰凡是之屬太傅之任也 尚書曰成王黜殷命滅淮夷歸豐作周
官立太師太傅太保茲惟三公論道經邦燮理陰陽官不必備惟其人 賈誼

書曰昔文王使太公望傅太子發嗜鮑魚而公不與文王曰發嗜鮑魚何爲不與太公曰禮鮑魚不登乎俎豈有非禮而可以養太子哉事具儲君部　東觀漢記章帝詔曰行太尉事衛尉趙熹三世在位爲國元老其以熹爲太傅　續漢書曰每帝初即位置太傅錄尚書事薨輒省　應劭漢官曰太傅古官也周成王康叔爲之高后元年初用王陵金印紫綬八年省哀帝元壽二年復置位在三公上世祖中興特遣使者備禮徵故密令南陽卓茂策曰夫士誠能爲人所不能爲名冠天下當受天下重賞故武王誅紂封比干之墓表商容之閭今以茂爲太傅封宣德侯　曹植輔臣論曰蓋精微聽察理析毫分規矩可則阿保不傾羣言系于口而研撫是非典誥摠乎心而唯所用之者鍾太傅也　齊職儀曰太傅品秩冠服同太宰成王即位周公爲太傅遷太師秦無其職漢惠帝崩呂后以右丞相王陵爲少帝太傅位在三公上　魏黃初七年詔太尉鍾繇爲太傅華歆爲太尉並以疾依甲千秋乘輿上殿後三公有疾多以爲準　沈約宋書曰晉宣帝爲魏太傅誅曹爽後置左右長史掾屬舍人各十人事既非常加又領兵非准例也

【箴】晉齊王攸太

傅箴曰伊昔上皇建國立君仰觀天文俯察地理創業恢道以惠于民承祀祚延統重故援立子尊以弘道固以貳已儲德既立邦有所恃固親以道勿固以恩修身以勸勿託以尊自損者有餘自益者彌昏

【碑】後漢蔡邕太傅胡廣碑銘曰用能七登九命篤受分社亮皇聖於六世嘉庶績於九有窮生民之光寵享黃耇之遐紀蹈明哲以保身與福祿于終始五蹈九列七統三事和神人於宗伯治水土于下台光弼六世曆載三十自漢興以來鼎臣元輔未有若公者焉覲皐陶之閫壼究孔氏之房奧通水泉於潤下蘗后土於稼穡訓五品於羣黎理人倫於區域曜三辰于混元協太和乎皇極傅聖德於幼沖率旦奭之舊職

晉孫綽太傅褚裒碑曰公資清剛之正氣挺純粹之茂質深量體於自然沖識足乎弱冠含章內映而不運皦察之明玄識沆通而不以浮藻曜物穆然忘容塵務不干其度默爾獨得胷受莫測其奧加以溫恭孝友少思寡欲都督兗州刺史將以藩屏畿甸綴授分內會康皇晏駕太后臨朝揔己之重民無異望乃徵將軍中書令錄尚書事公要終之識定於分石雖事已未來而情以本應顧以主少國危方難

末夷思靖函夏以一天宇且帝命所存以社稷爲寄謀身雖重方此爲輕
深爲意焉疾俛首撫順公志在芟夷宄類拯拔晉民繕甲鍊卒日不暇給
者久矣遂見機而作遣其劒履將龍馬河洛電掃司隸廟筭以逆徒尚
縶困獸難逼命公遂旆以俟齊舉雖元勳未捷義聲亦足以振暴於華
夷矣銘曰邈邈遠遊亹亹令圖將激淮海灑滌中區雅業未究哲人其
徂敢勒玄石敬刊高謨　晉孫楚故太傅羊祜碑曰稟二儀之純靈膺造化
之沖氣文爲辭宗行作世表遷黄門侍郎受秘書監公筭滅吴之略以爲
孟獻營虎牢而鄭人懼晏弱城東陽而萊子服乃進據險要開建五城
收膏腴之地奪敵人之資於是江沛馳義襁負而至雖研精軍政用思滅敵
然兼立學校闡揚典訓是以搢紳之士鱗集仰化雲翔衡門雖泮宮之詠
魯侯菁莪之美育才無以過也銘曰金德發暉惟公作輔肇建嘉謨建
我民主不愆遺公俾昇聖皇哲人其徂孰不增傷　周王褒太傅燕文公于
謹碑銘曰古者六等之人師傅崇其匡輔一命作牧侯伯揔其專征宰仲成
薄伐之功吉甫作來歸之頌若乃仰叶宸曜上屬台階錫之以彝器明之以

車服除名武業大傅燕國公其有焉西曄開其命緒東海傅其丗禄父曾致平法之科廷尉無寃之頌駟馬方駕高門繼軌公禀山岳之上靈含風雲之秀氣雕良玉於廉劌鍊貞金於鎔鎔于時王業締構國步權輿太祖地雖三分功猶再駕忠誠簡帝有志興王公運策帷帳參謀幕府封齊定文成之計間楚資曲逆之奇仲華訪輿地之圖林叔參兵車之右魏恭帝元年爲大司寇正刑糾慝國無害馬之倫前翦暴詰姦民亡飲羊之俗三刺薦無簡之丈兩造陳禁邪之憲大周受命寶歷攸歸表高惠之功旦紀山河之著命封燕公邑萬戶姬氏建國君奭始封昭王禮賢郭隗開館又授太傅本官如先保定五年賜金石樂一部公也爲邊將少習兵書當商制機臨戎應變增壘減竈之圖題樹繫桑之略軍中罷戰無廢雅歌壯士忘驕時觀投石及乎名高衞霍爵重韓彭錫邑增於鄭僑賜乘同於魏絳丹節比司隸之貴緹綺將金吾之寵座闕倡歌之娛堂無鍾鼓之奏辭功坐樹不伐征西之勳還第乃中無競龍驤之賞銘曰惟岳降神膺期命世昴畢苞川藪道弘兼濟昴宿協符佐旌冥契匪躬諒直武節横厲函

嵴重險鍾鼎淪覆潛龍勿用瞻烏在室道贊上台功臣下瀆條敎斯理
彝倫載睦懋官惟德明試以功既移上將實董元戎傳呼甚寵徽章
載隆居高能降處貴思沖寶命惟新王猷允塞爵班異姓禮均同德林
胡以南易川之北帝曰爾諧俾侯燕國駸駸過隙滔滔逝川明哲詎寶館
舍長捐立言不沒遺愛在旟三河斥土駟馬開泉丹旐毀宗玄堂啟殯寵
贈虛加鸞鷩和空引晏子悼齊隋武懷晉謂天蓋高如何不憖

表 陳沈炯為陳太傅讓表曰奏六代之舞不能祚天具百神之歌無以動聖延首當閭轉增危慄百川沸騰百室如燬釋位同謀諸侯揔至盟書會斥餘臣一人若使幅巾衡巷口絕平吳朝遊赤松暮過濟北出就侯服入補龍章則四郊有壘誰守社稷如其雄戟在前強弩自衛負孺子之圖飾綠䴉之鼎軍威重於護將國禮貴於寒門則是道尚卑孰云非逼是所以出謝公卿入訓妻子拜長陵之園謁太祖之廟不以九族違恩義不以百姓負國家所期陛下與北極同壽朝廷與南山同固

太保

應劭漢官曰太保古官保養也　呂氏春秋曰荆文王得茹黃之狗宛路之矰以田於雲夢三月不返得丹陽之姬暮年不聽朝保申曰先王以臣爲保今王暮年不聽朝王之罪當笞王伏臣將笞王王曰吾罪諸保申束細箭五十跪而加之于背如此者再謂王曰起矣王曰有笞之名一也遂致之保申曰君子恥之小人痛之恥之不變痛之何益保申趨出請死罪文王曰此不穀之過也保申何罪王乃殺茹黃之狗折宛路之矰放丹陽之姬兼國三十九保申之力也　賈誼書曰天子處位不端受業不敬教誨諷誦書禮不經不法言語不序凡此其屬太保之任也　王隱晉書曰王祥字休徵琅邪人泰始元年拜太保三年春御史中丞侯史光上言曰祥久以疾病闕廢朝會應免官詔曰太保朕所毗倚以隆道弘治者也前後遜讓不從所執此非有司所得議也　齊職官儀曰太保品秩冠服同太宰成王即位召公爲太保召誥云越三日戊申太保朝于洛　逸禮曰太公爲太師周公爲太傅召公爲太保　沈約宋書曰太師太傅太保爲三公訓護天子導以德義天子加拜待以不臣之禮非人則闕之漢制保傅在三公上號曰上公自後常然

碑

周王褒太保吴武公尉遲綱碑

銘曰昔者王室藩屏周德謂之宗親列國諸侯異姓稱爲伯舅元勳懿德
姬嵩齊楚之霸跡晉疇庸漢季韓吳之秩司勳熙載其洪烈典冊備其徽
章山甫式列辟之功絶迹庸器莊叔臣成獻之難昭德彝鼎鴻名盛業公
實兼焉公命世挺生應期間出嵩高華峻極降惟岳之上靈霜露所均體
中和之秀氣危松擢本且觀後彫之質貞桂挺生便體冬華之秀是故以
辰昴膺月變風雲玄感者焉公柔順内凝英華外發务藻仁義珪璋令
範危勁之節貫四序而踰秀堅貞之操經百鍊而不銷加以達門射法遠
中戟支養由箭神遥穿懸葉巧極將軍之皮精窮校尉之官及年踰艾
服任隆台衮甲第當衢傳呼啓路不以寵貴驕人每以卑恭自牧易簀之
言無忘寢疾際城郢之志終於瞑目臨啓曰珠角應期山庭表德出忠入孝自家
形國人物冠冕彝章表則任屬屯營官聯極侍行部六條議班三吏逝水
詎停光陰不借遽辭逆旅俄悲恒化旌舒夏綍棺陳衞幕北郭人希西
山景落三千不見九原　誰作銘兹鼎鼎永傳嵩霍　又太子太保中都公陸
逞碑銘曰公本居三吳郡三吳縣丞相遜後世宋武臣宗鍾鼎底平涵洛公曾

祖載賓贊軍謀及反旆南轅以司武留守赫連作亂見拘夏州以江右名家爲中山太守地既幽冀途通靈壽呼沲易水仗武乘邊趙北燕南申威河外祖營州使君長於戎馬稱雄朔漢南中都督猶纘弈世之基西校國門無墜承家之業公識度深詳標尚閑遠處衆爲謙居簡行欬風鑒外明潛機內敏建章門戶張華成立原陵松柏虞延盡記昔處文房夕居內職或傳冰華時遊甲邸魏祖軍謀還豫南陂之宴梁王師傅猶對宣室之談出內優隆通籍榮寵升降榮步便煩官禁銘曰淮海惟揚具區之藪水朝江漢星纏牛斗盛德遺風神明厥後龍章八命鸞旂四牡賓階苔遍風月相思鄉門今別宿草何悲輪環不已零落無時永矣元伯長從此辭

周庾信太保鴈門公紇干弘碑曰公本姓田氏虞賓在位基於揖讓之風鳳皇于飛紹於親賢之國論其繼世之功則狄城有廟序其移家之始則長陵有碑況復高廟上書小車而對漢祖聊城祭鳥長兵而驅燕將公以胎教之月歲德在宮誕載之辰星精出昴既而受書黃石意在王者之師揮劒白猿公存亡霸國之用常願執金鼓而問吳王橫琱戈而反齊地有志不就忠貞死焉

銘曰移茵返葬提柩山行靈墟隴水哀挽長城山如北望樹似東平松門石起碑字金生眇眇山河煢煢胤子泣血徒步奔波千里孝水先枯悲雲即起世數存没哀榮終始

祭酒

韋昭辯釋名曰祭酒者謂祭六神以酒醱之也辯云凡會同饗食讌必尊長先用先用必以酒祭先故曰祭酒漢時吳王年長以爲劉氏祭酒是也　漢書曰張安世薦蘇武明習故事奉使不辱命先帝以爲遺言宣帝即位時召武侍官者署數進見復爲右曹典屬國以武若節老臣令朝朔望號稱祭酒甚優寵之　風俗通曰詩禮春秋至齊襄王時而孫卿最爲老師齊尚循列大夫之缺而孫卿三爲祭酒也　蜀志曰先主既定益州廣漢太守夏纂請奏密爲師友祭酒　百官表注曰博士祭酒一人掌國子學早朝服進賢兩梁冠佩水蒼玉秦燔書籍而置博士之官博者博通於藝事也　齊職儀曰晉令博士祭酒掌國子生師事祭酒執經葛巾單衣終身致敬　沈約宋書曰博士秦官也常通古今員多至數十人有僕射光武增

爲十五人蓋一經有數家之學故也皆教弟子光武改僕射曰祭酒祭酒者一位之元長也【表】齊王融爲王儉讓國子祭酒表曰竊以庠均義重振古所崇資師道尊有來攸尚匪曰蘭芷疇變入室之情不自朱藍何遷素絲之質　又表曰況臣仁慙富侶德謝潤身識漏令經器非匪重何以昇隆道於殊身亙斯文於遥日將使良璣脩竹無增瑩羽蔚遜務時遂騫鳧星歲又表曰臣聞脩危方湛弱露霑而取覆懸衡紀正輕塵委而必移況臣才非應俗用乖知治取甚集木飲冰旌懸輪騖方臣之念未足言矣後魏温子昇爲安豐王延明讓國子祭酒表曰臣聞寶劍未砥猶之切玉之功美箭闕羽尚無衝石之勢況才非會稽之竹質謝昆吾之金至於敷教東序流訓上庠置樽候酌懸鍾待叩必須藴朱藍以成彩立規矩以爲式垂三行於貴遊揚六藝於冑子而臣學媿聚沙問慙攻木雖歷文史不洽章句於茲曠官青衿何仰

博士

應劭漢官儀曰博士秦官也博者通博古今士者辯於然否孝武帝建元

五年初置五經博士太常差次有聰明威重者一人爲祭酒揔領綱紀
漢書曰賈誼洛陽人年十八以能誦詩屬書稱於郡中文帝召以爲博
士是時年二十餘最爲少每詔令議下諸老先生未能言誼盡能爲之對
人人各如其意所出　又曰公孫弘對策時百餘人太常奏弘第居下天子
擢之弘對爲第一召入見容貌甚麗拜爲博士待詔金馬門　東觀漢記
曰桓榮授皇太子經每朝會輒令榮於公卿前說經上曰得卿幾晚因除博士
范曄後漢書曰董均永平初爲博士時草創五郊祭祀及宗廟禮樂
威儀章服輒令鈞參議多見從用爲當世通儒　李郃別傳曰郃上書太
后數陳忠言其辭不能盡施用輒有策詔褒賛焉博士著兩梁冠朝
會隨將大夫例時賤經學博士乃在市長下公奏以爲非所以敬儒德明
國體也上善其言正月大朝引博士公府長史前漢舊儀曰武帝初置博
士取學通行脩博識多藝曉古文爾雅能屬文章爲高第朝賀位次中
都官史稱先生不得言君其官弟子稱門人　又曰孝文皇帝時博士七十
餘人朝服玄端章甫冠　晉令曰博士皆取履行清通淳明典義若散騎

中書侍郎太子中庶子以上乃得召試諸生有法度者及白衣試在高第拜郎中　魯國先賢傳曰漢文帝時聞申公爲詩最精以爲博士申公爲詩傳號曰魯詩　典略曰公儀休者魯博士也爲魯相無所變更百官自正使食祿者不得與下爭利　郱氏世傳曰郱亮建武中徵拜博士遷講學大夫諸儒講論勝者賜席亮重席至八九帝嘉之曰學不當如是耶　郭子曰張憑舉孝廉請劉真長還舡須臾真長至遣覓張孝廉舡同旅愕然既同載俱詣撫軍劉前進謂撫軍曰爲公得一士太常博士之妙選既前撫軍與之言咨嗟稱善乃曰張憑勃窣爲理窟即用爲太常博士

箴

漢楊雄博士箴曰典禮是脩盡爲辟雍國有學校侯有泮宮名有攸斁德用不陵昔在文王經營其勳肅于德音而思皇多士多士作楨惟周以寧國人興讓虞芮質成公劉挹行潦洒濁亂斯清官操其業士執其經昔聖人之綏俗莫美於施化故孔子觀夫人之學而知爲王之易大舜南面無爲而衽席平還師階閒三苗以懷秦作無道斬決天紀漫彼王迹而坑术士

表

梁丘遲爲王博士讓表曰臣聞撫臆可以言心量能則知所止是故矯

親魯門簡業事亡雜吹齊稚分聲遽逝旦才行過污文質無廉跡達
謝於谷杜淡洽乖夫劉揚非除部養之勤豈通掌固之業

藝文類聚卷第四十六

藝文類聚卷第四十七

職官三

大司馬　司徒　司空　儀同　特進

大司馬

韋昭辯釋名曰大司馬司馬武也大揔武事也大司馬掌軍古者兵車一車四馬故以馬名官　春秋緯運斗樞曰黃帝與大司馬容光觀鳳銜圖置黃帝前　尚書曰司馬掌邦政統六師平邦國　周官曰大司馬之職掌以九伐之法正邦國　毛詩曰祈父予王之爪牙　管子曰涼風至白露下天子命左右司馬全組甲勵士衆　漢書百官表曰武帝元狩四年初置大司馬以冠軍印綬置官屬成帝綏和元年賜大司馬金印綬置官屬祿比丞相　東觀漢記曰今以平狄將軍孫咸行大司馬事以名應讖　王隱晉書曰石苞泰始之初拜大司馬舊參軍於都督無敬故孫楚抗衡於苞苞以楚傲更相表理參軍有敬自楚始也　晉中興書曰王猛少貧賤鬻畚爲事嘗至洛陽貨畚有人於市貴買其畚云家近在此可隨我取直隨去忽至深山此人曰且住當先啓道君須臾猛進見一公踞胡

牀頭白將從十許人有一人引猛云大司馬公可進猛因拜老公公曰王公從[illegible]
拜即十倍佳矣奋直叕父送猛出山既出顧視乃嵩高山也　博物志曰太公
望爲灌壇令文王夢見婦人當道哭問其故曰吾泰山之神也嫁爲西海
婦灌壇令當吾道不得作風雨夢覺召太公是日果疾風暴雨文王乃拜
太公爲大司馬　晉公卿禮秩曰司馬太台兵官也　魏氏大司馬大將軍各
自爲官在三司上晉以石苞爲大司馬次三司下　齊職官儀曰大司馬古
第一秩二千石金章紫綬武冠絳袍朝服佩山玄玉其在少昊則鵰鳩氏之
任顓頊以司馬主火堯命羲叔爲司馬夏官也虞夏二代以司馬夏官
弃居其職周成王以畢公高爲司馬楚漢之際曹無咎周勃始居其職
【誄】後漢杜篤大司馬吳漢誄曰篤以爲堯隆稷契舜嘉臯陶伊尹佐
殷吕尚翼周若此五臣功無與疇今漢吳公追而六之乃作誄曰朝失鯁臣
國喪爪牙天子愍悼中宮咨嗟四方殘暴公不征茲征茲海內公其攸平
泯泯羣黎賴公以寧勳業既崇持盈守虛功成即退挹而損諸死而
不朽名勒丹書功著金石與日月俱　魏陳王曹植大司馬曹休誄曰

於穆公侯魏之宗室明德繼踵弈世純粹闡弘沉愛仁以接物藝以為華體茲亮實年沒弱冠志在雄英高揖□□帥發言有章東夏翕然稱曰龍光貧而無怨孔以為難嗟我公侯屢空□是安不耽世祿親悅為懽好彼逢樞甘此瓢簞味道忘憂踰憲超顏矯□公侯不橈其厄呵叱三軍躬奮雄戟足蹴白刃手接飛鏑終弭淮南保我疆場　晉陸機吳大司馬陸抗誄曰我公承軌高風肅邁明德繼體徽音弈世昭德伊何克俊克仁德周能事體合機神禮交徒候敬睦白屋躡踖曲躬吐食揮沐爰及鰥寡賑此惸獨孚厥惠心脫驂分祿乃命我公誕作元輔位表百辟名茂群后因是荆人造我寧宇備物典策主冠及斧龍旂飛藻靈鼓樹羽曾文殊塗百異行徽人玩其華鮮識其質於穆我公因心則哲經綸至道終始自結德與行滿英與言溢

晉□不簡文帝為南平王拜大司馬章曰臣度連宸粤地亶璿跗玉葉權與夙奉締搆爰領盧綰同贊密謀豫均鄧禹俱奉明詔故搏飛九萬實假扶搖之力冲天百尺無俟制翮之勞

司徒

尚書曰百姓不親五品不遜汝作司徒敬敷五教在寬　又曰司徒掌邦教敷五典擾兆民　周官曰大司徒以土圭之法測土深　日至之景尺有五寸謂之地中天地之所合四時之所交也風雨之所會陰陽之所和也然則百物阜安乃建王國焉　禮記曰司徒修六禮以節民性明七教以興民德齊八政以防淫一道德以同俗養老以致孝　毛詩曰緇衣美武功也以明有國善善之功　管子曰昔者黃帝得祝融辯南方故使爲司徒　東觀漢記曰袁安爲司徒每朝會輒憂念王室未嘗不流涕　又曰郭丹爲司徒在朝名清廉公正　續漢書曰司徒公一人掌人民事凡教民孝悌遜順謹儉養生送死事則議其制建其度凡四方民事功課歲盡則奏其殿最而行賞罰凡郊祀之事掌省牲視濯　謝承後漢書曰劉寵爲司徒卧布被　蔡邕鍾鼎銘序曰惟建寧四年三月進公登于玉堂前庭乃制詔曰其以司空喬玄爲司徒公拜稽首三讓然後受命　典略曰契爲司徒百姓和親輒憂主賓客遠人畢至　九州春秋曰靈帝賣官崔烈以錢五

百萬以買司徒列子均亦有世名列問曰吾作三公天下論何如均曰大人少有高名不謂不當爲公但海內嫌銅臭爾　吴録曰丁固爲司徒初爲尚書夢松出其腹謂人曰松字十八公後十八年吾其公乎遂如夢　王隱晉書曰魏舒爲司徒年過致仕有謙謙意而無居宅乃漸以俸秩餘爲第一所九年正月朝會罷送還家奉送章綬　又曰武帝以山濤爲司徒頻讓不許濤出徑歸家左丞白　奏濤違詔詔杖褒五十　又曰王戎代王渾爲司徒高選長史西曹掾委任責成形狀短陋而目明徹威儀不足常乘馬轝無日不出以象牙籌晝夜算計家財遠及田牧性儉不能善自奉養飲食通財不外出天下之人謂之膏肓之病　晉中興書曰劉隗從兄疇字王喬有重名司空蔡謨每歎曰若使劉王喬得南渡司徒公之美選也　又曰蔡謨讓司徒孝帝臨軒自平旦至日中使者十餘反而謨不至孝帝時年八歲甚怒之極問左右曰所召何以不至今來臨軒何時當竟皇太后詔曰必不來者宜罷朝中軍殷浩奏曰免吏部尚書江虨官於是公卿奏送謨廷尉以正刑書謨懼率子弟素服詣闕到廷尉待罪詔可

依制舊官免爲庶人　齊職儀曰司徒品秩冠服同丞相郊廟服冕同太
尉漢哀帝從朱博議始置三司改丞相爲大司徒以孔光爲之魏以華歆爲
司徒　江氏家傳曰江統字應元時太傅司從事中郎庾子嵩以風韻見重亦
並雅歎君德庾中郎每云當今可以居司徒充民望者江生其人也【箴】漢崔
駰司徒箴曰天監在下仁德是哀乃并司徒亂茲蒸黎茫茫庶域率土祁
祁民具爾瞻四方是維乾乾夕惕靡　忘靡違恪恭爾職以勤王機敬寘
五教九德咸事齊同民用章黔萌是富【碑】宋傅亮司徒劉穆之碑曰公
諱穆之字■彭城人也公膺陶鈞之秀範該生民之上操三變聲肇於弱容
九德充於初迪文明在中柔順暢於事業敬以直內義讓洽於州黨時元
凶竊亂逋據荆沔乘輿播幸越蹈江公率先羣后電發川湄撫懷本
之衆勵思奮之士相謙籍累葉之資徐覆恒驟勝之鋒習亂之徒若蝟毛
而起內懷根本之虞外通首尾之勢公一靈武獨運奇謨內湛鞠旅陳衆視
險若夷飛雲西泝則水截鯨鯢乘轅東指則陸殪長虵迴累棊之危戌
維山之固豐功茂勳大造於王室淳風懿化永結於荊南銘曰二儀發揮

川岳協靈外恢淵雅內鏡文明懷仁履順蘊義居貞煌煌袞衣禮亦
隆止翼翼素心亮終如始夷情升降一色愠喜訓儉於物復禮于己

墓誌

後魏温子昇司徒元樹墓誌銘曰昔樞電降祥姬水成業握八符
以馭世膺五命以會昌欽明洛於上下光宅被於宇宙卜年永久歷世遐長
有文王之孫子啓周公之苗裔積善所及踵武稱賢毋以辛李爲言恒持
韓白自許殫百慮之一致盡能事於生民而蒼蒼在上義歸無厚徒
有東平避世之意空懷北海自晦之情疾非逢霧終異啓手銘曰明允篤
誠發於岐嶷未鏤已雕不扶而直脩禮以耕強學爲殖孔既歎其莊亦
吟越況以度思有懷明發翻然高舉歸于魏闕長路未窮朝光已没

又司徒祖瑩墓誌曰自天命生商王居徙亳源流悠遠枝葉繁華祖
德潤於身聲聞高邦國父行成於己名重京師公鍾美多福資神積善
器局開靈志識開悟口含碧雞之辯手握雕龍之聲門有善業家
傳慶靈礪金成器相遺滿籯琢玉爲寶待價聯城匪直也人實惟有
道言折秋毫辭連春藻

梁沈約爲司徒謝朏墓誌銘曰岳神降

和氣兮鍾以彼天爵鬱爲人龍崇墓往〻世世德兮重蓮輿車作傳靈壽俟待我君應符非公莫宰華衮既襲輕蘿自改形雖廟堂心猶江海經邦已備皇情迴屬素旐轜柳云雲罷曲

【誄】後漢張衡司徒呂公誄曰昔呂皇祖帝交之緒伯夷秩唐唐宗允叙四岳在虞傳土佐禹克厭帝心姓姜氏呂登是南邦以家以虩降及于周穆侯作輔寡孚于九族九族用寍登孚八命衮職靡靡傾黃耳金鉉公餗以盈緯兮其寬皦兮其清既明且哲式保兮名存於從風駟牡趨驤去此寧寓歸于幽堂玄玄室冥冥脩夜彌長梁簡文帝司徒始興忠武王誄曰皇源地闡帝業天維於穆忠武光國之基爰自弱齡英明播越玉潤冰鮮山靜雲發帝曰爾諧僉議彼屬推轂兩江建旗三蜀將旋上國戀結四民三鱣表服二鹿隨輪方變正衮永範時規天弗報善哲人其萎鄉音哀挽於北邙去矣分明而不入望參差之旒影聽潺湲之雨泣

【章】宋謝莊北中郎新安王拜司徒章曰不惟扆施罔貫鴻慶方稠燮調之重遂臻非據智小謀大周家異規少陽微暄有鑒前史辨其動植布其安擾以倡九牧皀成王教豈臣謏末

所能克荷　又爲北中郎將謝兼司徒章曰臣聞燮理陰陽寅亮天地弗惟其官無人則闕司徒掌敷五典職擾兆民旦悟乾靈罔匱光澤方闡不次之任殊絕藩岳豈可權尸三事假備六絃慙震周迴顧步交悸

吳爲揚州建安王休仁爲司徒表曰臣聞玄黃之馬事絕於銜鑣蟠杉之材飾乖於丹漆何則千里之志已窮萬乘之器無取遠物遂身於焉在譬　後魏温子昇爲司徒高放曹謝表曰委水橫流羣龍交戰徒悲道喪空懷辱雖復見義援戈臨危奮劒顧慙後劒終謝先鞭事等泣河無救三川之竭有類夏憂天豈支四極之壞　北齊邢子才爲潘司徒樂讓表曰武皇帝運屬繼元事深微禹摧蚩尤之陣破尋邑之師義開金石理昂庸駘遂日奉羈勒有事風塵徒備鳥背之毛曾無馬箠之力

司空

春秋元命包曰危東六星兩兩而比曰司空主水　尚書曰僉曰伯禹作司空帝曰俞咨禹汝平水土惟時懋哉　又曰司空掌邦土居四民時地利　禮記曰司空執度度地以居民量地遠近興事任力　尚書刑德放曰禹長於地理

水泉九州得括象圖故堯以爲司空　家語曰孔子初仕爲中都宰二年定公以爲司空乃別五土之性而物其所生之宜咸得厥所　漢書曰御史大夫秦官副丞相成帝綏和九年更名大司空祿比丞相　東觀漢記曰杜林代張純爲大司空務於無爲第五倫爲司空奉公不撓言事無所依違　續漢書曰張奮當爲司空時歲災旱祈雨不應乃上表即引見復陳時政之宜帝召太尉司徒幸洛陽獄錄囚徒大雨三日　又曰王梁字君嚴亦從祭曰王梁作玄武玄武水神大司空水土之官也於是拜梁爲大司空　袁宏漢紀曰第五倫爲司空有人與倫千里馬者倫雖不取每三公有所選舉倫心不志也然亦終不用　華嶠後漢書曰伏恭爲太僕帝臨辟雍於行禮中拜恭爲司空儒者以爲榮　魏志曰徐邈拜司空歎曰三公論道之官無其人則闕豈可以老病忝之哉固辭不受　典略曰禹爲司空披九山通九澤決九川定九州使各以其職來貢　華陽國志曰趙瑤字元珪自扶風太守來之郡司空張温謂曰第五倫魚從蜀郡爲司空今掃吾第以待足下　荀氏家傳曰荀爽字慈明董卓徵公公到府三日策拜司空起巖穴九十五日而爲台司世

人號曰白衣登三公　晉中興書曰陸玩字士瑤王導郗鑒庾亮相繼殂朝野夏憂懼咸以爲三良既沒國基隊矣於是遷玩侍中司空給羽林四十人玩辭讓不聽既拜歎息謂賓客曰以我爲三公是天下無人也談者以爲知言齊職儀曰司空品秩冠服同太宰舜以禹爲司空成王以毛公爲司空宋以武公之諱改司空爲司城楚改司空爲莫敖秦置御史大夫省司空

【贊】魏楊脩司空荀爽述贊曰生應正性體合中和篤誠宣於初言明允朗於始察是以在童齔而顯奇漸一紀則布名頃幼之可師甘羅之少者何以踰公之性量乎砥心六經探索道奧瞻乾坤而知陰陽之極載而集之猶說十萬餘言士林景附君羣英式慕由毛羽之宗鵬鸞鳥衆山之仰五岳也昔楚思叔敖而作歌鄭謳子產而興歎瞻望弗及作詞告思詞曰爰在大漢挺荀作貞其德允明誕發幼齡行邁體勢如玉之瑩玉確乎其志乃勵乃清遂陟司空天子是毗惟君之德朋僚所咨清水平土𢦏哉是力將混六合繩以正直散以禮樂風以道德　晉孫綽賀司空脩像贊曰公應天縱之德系命世之期質與荆玉參貞鑒與南金等照若其好學之性不勸而成弱不珍玩雅

好博古慨洙泗之邈遠悼禮樂之不舉於是覃思深講銳精幽贊雖齊孝之歸孟軻漢王之宗仲舒無以加焉贊曰思文公侯誕保休祥素質玉絜華藻金章總角韞德被褐韜光自昔喪亂征鼓日震禮樂藏器詩書蒙塵哲人遐慨垂憤澄神仰觀洙泗揚波絕津方耀金鉉協贊衡機旻天不弔曾不憖遺搢紳頹範皇德莫毗公之云徂華裔同悲

箴 漢揚雄司空箴曰昔彼坤靈併天作合分制五服畫爲萬國乃立地官空惟是職烈烈儁乂翼翼王臣臣當其官官當其人九一之政七賦以均

銘 後漢蔡邕東海銘曰橋玄爲司空公越在先民毗佐天子罔不著其股肱畢其思心式率天行式昭德音

表 宋謝莊東海王讓司空表曰臣側覩前載與窺洪典三事之授惟帝其難臣秉少籍長久分踰涯量出滿入泰每究榮光不悟乾燭方遠義路同遺下叅弘化上尸爕理自非德冈具瞻聲譽湛民詠未有妄臻此澤空集茲靈 齊孔稚珪爲王敬則讓司空表曰故李通亮豪賂以親寵登司王基才勇與聲華大選先帝擢臣以榮華陛下伸臣以富貴遂得出帶五州東跨六郡內亞三鼎外齊四岳蟬佩之映則左右交暉龜組之華則

蹤橫吐耀輕輪徐動則劒騎如雲飛蓋暫停則歌鍾成列擬金龍以擬其前鳴笳鳳管疊其後鄧禹若不遭漢光則南陽之掾吏微臣若不逢明聖則孤城之戍客豈可加以正台之席登以論道之寄啓黃扉而爕五緯躡青帷而調四序　梁劉孝儀爲臨川王解司空表曰臣以庸薄謬竊隆重職班三事任揔六條衮衣衮坐槐既闕論道馳傳悤棠尤慙爲政而俯司土地仰爕陰陽棟橈之譏巳彰愆伏之咎爰著今水沴乃作旱魃爲災山無薈蔚雲成煙火陛下曲私未垂策免臣職是當逃責以降茲台步協此天人　梁江淹爲齊高帝讓司空表曰臣聞日發星迴昊天無以終其節山盈川沖厚地不能虧其度陛下停若鏑之明流如雲之暖方求士於版良宜思賢於蜀肆　又北齊邢子才爲司空景讓表曰屬平分廣施造物多品長短入用小大見收運采台階堪均鼎足昨見謫見垂象災起潛伏此之爲累非直微躬

【碑】後漢蔡邕司空袁逢碑曰凡所臨君明而先覺故能教不肅而化成政不嚴而事治其惠和也晏晏然其博大也洋洋焉信可謂兼三才而該剛柔無射於人斯矣銘曰天鑒有漢賜茲世輔顯允厥德

昭肅休序峩峩雍宫禮樂備擧穆穆天子孝敬允叙降拜屛著奉
饋西序威儀聿脩化溢區宇乃尹京邑惣齊禁旅　又爲司空房楨碑
銘曰公言非法度不出於口行非至公不萌於心治身則伯夷之潔也儉嗇則
季文之約也盡忠則史魚之直也剛平則山甫之勵也惣兹四德式是百辟夙
夜匪懈以事一人枉絲髮樹私恩不爲也討無禮當彊禦禁弗避也是以功
隆名顯在世孤特不獲愷悌寬厚之譽享年垂老至于積世門無立事
堂無宴客衣不變裁食不兼味雖易之貞厲詩之羔羊無以加也明明在
公寔惟房后誕應正德式作漢輔邪慝是仇直亮是與剛則不吐柔則
不茹媚兹天子以請明士字　晉潘岳司空鄭袤碑曰陳謨台階翼和鼎
實顯績成于臺省清風暢于所莅故能老安少懷遠至邇親凡厥搢
紳之士所以挹酌洪流含咀英芳者猶旱苗之仰膏雨湛露之晞朝陽也銘
曰於鑠元侯則天垂象弘操岳峻宇量深廣允恭克讓宣哲清朗有始
有卒可大可久言由忠信行履孝友光光金貂再冠其首赫赫皇衿仍
析其部義格皇穹德冠君羣后清風顯列沒而不朽　晉孫綽庾司空

氷碑曰君踰嵩巖之玄精挹清瀨之潔流貞質謀於白珪明操勵於南金雖名器未極而任盡臣道正身提衡鈐括百揆知無不爲謀必鮮過端委待旦則有心宣子孟以約訓儉則擬議季子文君平恒無私已謙寡欲當世之所難於君易之矣於是慨然遠覽見量已而退高挹帷幄投迹藩屏夫良玉以經焚不渝故其貞可貴竹柏以蒙霜保榮故見殊列權治而不亂者有矣未有亂而彌治者也考終以證始即事以衡心少長能一其度貴賤不二其道文康之雅曰於是乎弘著矣銘曰洋洋俊穎嵒巖嵒巖神嵩高流滌淳氣頻扇祥風篤生公侯情靈德充臨川擬潔仰華思崇履險思夷處約思沖方恢遠猷皇極是賛繁霜夏被脩梧擢幹人之云徂朝野咸歎儀形永戢光風長煥　梁劉孝綽司空安成康王碑銘曰昔者重華文命並胄高陽之苗豐邑春陵俱纂帝堯之緒而虞夏革運姚姒之姓已分高光再興大漢之名無改如我皇家梁齊代建異文叔之紹開起自王族非伯禹之更姓公則本枝別幹誕自河岳五百之期實膺命世卜商有問是謂色難承志望顏在公斯易至如文琰之對合餘幼權之言爵里衛子之朔月

映山杜生之凝脂點漆惟公具美歷篤前修峩峩焉非岳陵之所至浩浩
焉惣江漢而爲長故能擊水三千摶風九萬排天關而俯眄掩浮雲而上
征皇帝致名挺聖河洛有徵握衡含樞奄一時夏利建藩屏固葉深根
成霍酆郇方周啓祚封公爲安成王食邑二千戶允同衞叔賜寶器於商郊
殊異應侯戲桐珪於汾水乃公爲平西將軍荆州刺史楚之對齊屈完引城泄
之固荆之比宋墨翟陳輦路之殊品金作貢一異淮海珠璣犀象又無才
於晉國況以雲夢九百之宏修章華三休之巨麗公禦煩以寡居高而降
執沖虛之道無矜滿之情其爲政也莊敬足以範物慈惠足以庇民剛毅足
以威暴清貞足以勵俗天鑒十七年莅兗春秋四十有五凡我庶民竊覩高
義況復祗承帝命來仕王家兎園晚春叨從者之賜高唐暮天而忝
作賦之私常懼慶雲之惠不酬而搖落奄至豈謂經塵之効莫展而峻
極先頹思所以立言貞石貽厥長世銘曰昔在文部五賢二聖漢藩魏弁
微風不競於赫我梁德符姬姓康王康叔異時同盛爰自妙年令問一入
已一孝一悌宴光行始義府文場詞人髦士波瀾莫際牆仞難窺刑茲

先覺道尊此後知德大心小居高志卑冊握不倦三吐忘疲飛龍在天
肇基宛濆地猶小肺民同世復皇情睠正屬難推轂允矣宗英矜
藩政牧誰謂路永江漢已浮彼蒼不惠遽反成周川迴沂舳塗引歸旐

墓誌 宋謝莊司空何尚之墓誌曰遠源長瀾自晉徂韓潛川韜玉
霍岫騰鸞鳶虧羨于民瞻出光節難寂寞壽仁莊昧報施調於餧歸
經難褒寄晻暎留芳烟熅作義 陳徐陵司空章昭達墓誌銘曰周
原膴膴佳氣葱葱王業攸興帝圖斯盛在昔光武佐命鄰縣者鄧侯
高祖元臣同郡者蕭相公台輔之量便著綺紈瑚璉之姿無待雕琢起
家爲東宮直前所奉之君則梁簡文皇帝既而黑山巨盜憑陵上國彐
水彊胡虔劉中夏公傾其產業募是驍雄思報皇儲累殲逋寇屬
幽風有象代郎方降搜荆楚之英才資班輸之妙略百樓忽起登雲霄
而俯臨萬弩俱張隨雷霆而並震揚兵於九天之上決勝於千里之中
豈彼君卑比皆無旋踵陳寶貫膺至懷反叛客引周迪資其食力吏事
窺窬公奉詔崇朝飲冰將力前茅後勁步驟奔馳仍向甌閩殄其巢

窟若夫鳴蚍之洞深谷隱於蒼天飛猨之嶺喬樹參於雲日宜越艇而登嶠蒙燕犀而涉江威武紛紜震山風海於是咸俘僞帥悉據高墉爰洎滄溟莫不懲乂既而齊人無信將謀郢藩鬬艦戈舡窺江淹漢公繞闈羽檄遠稟師期馳龍襲荆郢應恃燒蕩方欲宣威隴汧大討梁華屬上將之韜光逢中台之掩曜大建三年薨於軍幕爾乃青烏相墓白鶴標墳林有逃車樹同華蓋前旌能軾後乘龍轎介士發三河之民哀鐃同駟馬之曲長安傳坐恩禮盛於西京襄陽墮淚悲慟喧於南峴

誄

後漢張衡司空陳公誄曰敬仲初育月發繇卜筮鳳飛觀國流光末裔天祚明德德茂于公入孝出友爰肅爰邕兼學多識窮理知機德音孔昭飜爾灰飛賦政二城還集皇闈公寔省之亹亹庶績公寔靜之藹藹百僚公寔欽之乃陟司空篹系禹之跡道可揚徽庸致訓京畿協和萬邦萬邦既協殊服來同眇論前績莫與比蹤

行

梁任昉齊司空曲江公行狀曰公稟靈景宿擅氣中和一眞初登東岳之功可監埏埴在器瑚璉之姿先表竝惟荆南有聖童之目襄城著孔甫之稱而已哉故以羽儀宗家冠蓋從

進路叔之一日千里北海之稱美共治方斯蔑如也志學之年偏治經記登
隆千載綱羅百氏嵩漾斯贍逸蔚爲詞宗延賈誼而升堂攜相如而入
室加以翰牘精辯發言有章持論從容辭無矜尚自河洛丘墟歷載二
百俾我逢掖遂淪左衽晉宋所以遺恨祖宗是用顧懷公自荷茲任志在
剋復將欲使功遂之日身退有所笈乃卜宇金陵縈帶林壑用辭聊城
之賞以爲疏韓之館人謝運往遂　輟遠圖　梁沈約齊司空柳世隆行狀
只稟靈華岳幼挺珪璋清襟素領發乎齠丱及長風質洞遠儀止
祥華動容合矩吐言被律時沈攸之狼據陝西氣陵物上而太祖登庸作
宰天歷在躬攸之播封豕之情惣令荆之力兕甲十萬鐵馬千羣水陸
長騖馬志窺皇邑公抗威川涘勇略紛紜顯晦有方出沒無緒攸之乃反
旆亘圍覩受矢石增櫓乘埤蹶衝駕雉雲軿俯闞地穴斜通半藏晚
飡負戶晨汲公乃緩眾以武應敵以奇靈鋒電曜威策雲舉事切三
版之危[illegible]天之就殘寇外老逆黨內離焚舟委甲捫揹宵遯公風標
秀徹器範弘潤茂乎辭彩雅善鼓琴擅紙蔡之高芬冀綦鍾稽之妙曲

雖嬰拂世務而素業無改臨姑蘇而想八桂登衡山而望九嶷七紆玔組三臨
蕩甸五職瑞扇一司百揆固可以齊衡八凱方駕五臣

儀同

東觀漢記曰鄧騭字昭明延平元年拜爲車騎將軍儀同三司儀同
三司始自騭也　王隱晉書曰太始七年以鄭袤爲司空天子臨軒遣使
就第拜授袤襄推讓上送印綬至于十數久之見許以侯就第儀同三
司置舍人官騎賜牀帳簟褥　齊職儀曰開府儀同三司秦漢無聞
始建初三年馬防爲車騎將軍儀同三司事　魏以黃權爲車騎開府
此後甚衆將軍開府依大司馬朱服光祿大夫開府依司徒阜服　墓誌
簡文帝儀同徐勉墓誌銘曰朱弓表瑞寶劒彼歸長瀾斯注瓜瓞含
輝舉直斥僞校名責實朝有進賢野無遺逸違天即地歸幽去明空谷
傳古哀風送旌　章　齊王儉拜儀同三司章曰臣聞日中則昃盈虛之定
分器滿必傾往復之恒理遂乃班同袞章變和台曜外參論道內惣百司切
議惟塵自識非據　梁庾肩吾爲武陵王拜儀同章曰臣宅原谿

霄聯休皇極兆均指日既無跡而成高仕若乘風故不行而自遠今者彐郊無壘天下同文都尉春田猶居塞外單于冬獵不入漁陽臣坐收三邊遠非勞二戰豈能屯兵大夏封萬里之侯飛箭遼城受千金之壽論其才望者懼哉弘光佩印校常畚叔度

表

梁王筠爲王儀同瑩初讓表曰執玉獻金卒先五等親冕迎軺光導百辟坐階遠大遂致隆滿自位昇朝首職冠禮闡辭滿之頤將際致仕之請方奏而思渥恩皆昭獎必被寵章爰降朝野驚矚是以安石歸禾固請元規終以致讓況且才質空疎器量庸淺而可以妄忝鉉席靦顏槐庭　梁沈約爲始興王讓儀同表曰徒庠垂翠渥方降紫泥以茲上大今用隔下情況高擬萬石爰均八命室等氏黃服加黼黻出則高陪千乘入則仰司百揆陛下道苞九舜明出十堯萬徽必理一物興念有紆玄鏡暫垂止水　梁王僧孺爲南平王讓儀同表曰臣聞石瓠難剖用謝鉼罍㾓木玄鹿事乖丹臒逢聖僞天一朝賞至非能聲均河楚譽埒梁陳故以神夢紫霄心飛丹掖品同儀比媿鉉莫殊　陳沈炯爲周儀同失律後復官讓表曰日者縣驚鄭馬害在

晉軍獄囚悲其夜數縲人切其曉奏危光似燭察命如絲云誰之尤自貽其咎假令誅以妻子戮及墳墓漢非負德陵實負孤恩況伏鑕俛眉遂受淮陰之問吞聲飲恨不與臧洪共死陛下憐而宥之伊臣豈不獨愧喪其子弟六謝父兄百萬之師千夫有長問臣安在誰曰董司魂遊奉高不知何對　隋江總太保蕭公謝儀同表曰陂泉野戰曾無汗馬之勞代邸運籌又闕前歌之勇薄伐專征早遊邊外執玉奉酎文虧朝則天降山朝冊遠臨奉述勅書曲停表奏緒彼阻曾夏既杜苟仲之辭閔路依長致絶趙襄之讓心馳紫路登文石而莫由目送白雲拜承明而未日

特進

漢雜事曰諸侯功德優盛朝廷所敬異者賜位特進在三公下百官表注曰特進官品第二漢制皇后之父率為此官　傅咸集曰特進執皮帛坐侍臣之下門下屬蜀漢武特進執璧臣有舊制今特進宜執璧　齊職儀曰特進以功德特進見也　沈約宋書曰特進魏世驃騎將軍劉放衞將軍孫資等遜位以侯就第加位特進其諸官加特進者從本

官供給特進位爲班位而已不別有吏卒車服也

墓誌

梁孝元帝特進蕭琛墓誌銘曰山東流水關西城市義府辭鋒風飛雲起遊梵宮梁桂馥蘭芳蓮花可賦迷送成章學類五行書侔三篋巳研金匱兼採玉牒石詞既擬欒社茲同桃李成徑松柏爲蘘天地長久云翁高風隋江總特進光祿大夫徐陵墓誌銘曰耕耘書圃弋獵文場藻思綺合尺牘纖揚辭奔太史筆利干將心緘武庫口定雌黃奉使巡採絕域遐深市朝遷貿陵谷相侵形寄王績多宣攀附葛排閶闔樹轉雲路年踰致仕齒及懸車夜漏已盡馳光復斜平原出宿庠仟爲家悽悽愁宿霧松悲閉鳥地迴雲低山重樹小九原孤月三泉送旐疇昰晨亍役共上河梁余因病免君事遠將痛心期之徂謝惆悵時代之銷亡皇儁石於玄冢留清風於故鄉

藝文類聚卷第四十七

藝文類聚卷第四十八　　職官四

録尚書　尚書令　僕射　吏部尚書　尚書
吏部郎　侍中　黄門侍郎　散騎常侍　給事中
中書令　中書侍郎　驃騎

録尚書

應劭漢官儀曰章帝詔曰司空牟融典職六年勤勞不怠其以融爲太
尉録尚書　又曰和帝策書曰故太尉鄧彪元公之族三讓彌高海内歸
仁爲羣賢首其以彪爲太尉録尚書事百官總已以聽　又曰殤帝策
書曰司徒徐防以臺閣機密施政牧守其以防爲太尉録尚書事百官
總已以聽　又曰冲帝策書曰太尉趙峻二世常典機衡有匪石不貳甚
大司農李固公族之苗忠貞不回今以峻爲太傅固太尉參録尚書事
又曰靈帝策書曰故太尉陳蕃忠亮謇諤有不吐茹之節司徒胡廣
敦德允元五世從政今以蕃爲太傅與廣參録尚書事　王隱晉書曰
賈充爲太尉録尚書五年伐吳爲大都督吳平上遣侍中程咸犒勞增

邑八千戶　晉中興書曰明帝后庾氏爲皇太后九月癸卯皇太后臨朝制司徒王導録尚書事　沈約宋書曰高祖永初三年尚書令楊州刺史徐羨之爲司空録尚書事　又曰孝武帝即位以大將軍江夏王義恭爲太尉録尚書事　又曰諸公録尚書事古制也王肅解尚書納于大麓曰堯納舜於尊顯之官使大録萬機之政案漢氏諸吏平尚書奏事後霍光以大司馬大將軍平尚書事　傅暢故事曰何劭王戎張華裴楷楊濟和嶠爲愍懷太傅通省尚書事張華爲光禄大夫尚書七條事皆諮而後行惠帝之世太保衛瓘太宰河間王顒太傅東海王越皆録三省尚書秘書事

【表】齊謝朓爲明帝拜録尚書表曰昇降玉階對揚休命六轡在手千里何借司會天官之統尚書百僚之本弘之即庶績惟凝替之則彝倫斯斁修身踐言本慙五美果行育德未階六正安昌蜀負圖之寄多謝五仁之績操檜楫於龍津荷梓梁於雲構無以輔位明堂遺象麟閣

【啓】陳徐陵安成王讓録尚書表後啓曰臣聞間平就國乃盛漢之常儀郕霍無官實貫宗周之明典何則皇季之重非待歷階王爵

之隆自高羣辟況呂戢翼要荒亟離寒暑著進慙趙勝能定楚從退匪齊文馳免秦厄固以內切皇心外貽家恥甘輸重餌降禮單于迾城十五如諸和璧市鄉三十聊同寶劍武夫力而獲諸原徵以還而反諸敵賠言馬駿著隴右之功追念曹彰克烏丸之虜勇前王子弟若此勳庸偏其反而豈可勝愧

尚書令

漢書曰張安世字子孺少以父任為郎因善書為尚書給事尚書精力於職休沐未嘗出行幸河東亡書三篋詔問莫能知唯安世識之具作其事後購求得書以相校無所遺失上奇其才擢尚書令　漢雜事曰尚書黃香為東郡太守乞留宿衛拜為尚書令秩二千石　漢官儀職曰尚書令主贊奏總典綱紀無所統秩二千石　東觀漢記曰侯霸為尚書令深見任用樊准為尚書令明習漢家舊事周密畏慎申屠剛為尚書令謇謇多直言無所屈橈　又曰永平七年宋均徵為尚書令忠正直言數納策謀每駮議未嘗不合上意　張璠漢書曰左雄為尚書

令限年四十先試經然後舉孝廉　續漢書曰陳蕃出爲豫章太守性方峻不接賓客徵爲尚書令送者不出郭門　百官表曰尚書令是謂文章天府銅印墨綬五時朝服納言幘進賢兩梁冠佩水蒼玉揔攝諸曹出納王命敷奏萬機書曰龍命汝納言夙夜出納朕命惟允詩云惟仲山甫王之喉舌蓋此謂也　魏志曰明帝即位進陳嶠爲尚書令車駕常幸至尚書門嶠跪問帝曰陛下何之帝曰欲案行文書耳嶠曰此自臣職分非陛下所宜臨也若臣不稱其職則請就黜退陛下宜還帝慙迴車而返　又曰太祖進荀彧爲漢侍中守尚書令　又曰裴潛爲尚書令奏正分職簡名實出事使斷官府者百五十餘條　費禕別傳曰禕代蔣琬爲尚書令以朝晡聽事其閒接納賓客加之博弈不廢後董允代之旬日之閒事多愆滯允曰人之才力相懸若此　曹羲九品議曰尚書尊官也親作納言易曰樞機之發榮辱之主　漢和帝南陽左雄爲尚書令天下皆慎選舉選舉所知自其職也　山濤啓事曰尚書令李胤遷處缺宜得其人征南將軍羊祜體義正立可以肅整朝廷　王隱晉書曰樂

廣爲尚書令所在無當時之功譽然爲後人所思　又曰咸寧二年李胤爲尚書令雖歷職內外而在公退食家室至貧儉見病無以市藥上賜錢十萬　齊職儀曰秦漢之世委政公卿尚書之職掌於封奏令贊文書僕射主開閉令不在則僕射奏下其事魏氏重其職八座尚書任同六卿舜舉八元八凱以隆唐朝令號八座爲元凱謂以賢能用事義如昔也

箴 晉摯虞尚書令箴曰舜納大麓七政以齊內成外平風雨不迷補我袞闕闡我王繇王繇允塞四海咸休雖聖雖明必賴良才無曰我智官不能任發言如絲其出成綸千里之應樞機在身

碑 後漢潘勗尚書令荀彧碑曰夫其爲德也則主忠履信孝友溫惠高亮以固其中柔嘉以宣其外廉慎以爲己任仁恕以察人物踐行則無轍跡出言則無辭費納規無苟辱之心機情有密靜之性若乃奉身蹈道勤禮貴德動咨事閒匪云予克然後教以黃中之敞守以貞固之直往焉若洪河之源不可竭也確焉若華岳之停不可拔也故能言之斯立行之斯成匪隆污直哉惟情系綱用亂廢禮復經於是百揆時序王猷允塞告歟成功用俟

萬歲

表

後魏温子升臨淮王彧謝開封府尚書令表曰臣道愧山東氣慙隴右缴水弗堪搏風無力但以平源帶地資緒極天發趾自高理融以遠出臨侯服既乏刺擧之能入踐帝閽又無應對之美空復受戈清廟推轂朱門効闕涓河功慙汗海大寳遂隆横草未樹顧以有涯顧言知上

又爲魏南陽王元寶拒讓尚書令表曰臣聞立而託乘乃成致遠之功坐以運舟遂有利涉之用若以輕任重課愚虛責實雖欲自勤終焉靡効

梁范雲爲柳司空讓尚書令初表曰陛下繼明南面復垂顯録增榮益觀豈側身限而露不廣海塵不增山微物知止敢忘自退誠以懷音感遇久妨彝序尸禄昧寵取蹈風歌中寐軫心方食凝慮寧可冒叅綜之重負學製衣之談將玷朝徽匪伊身議　第二表曰臣聞聖人在上愚智無以息隱天下有道方圓歸其能是如以駑蹇之才不致問於千里瓦礫之質佇待價於十城伏願陛下矜臣負乘之尤照臣匪飾之情迹言觀用允授上才斂會流恩曲燭下第則雲序斯平彝章載穆

梁沈約拜尚書令到都坐表曰竊位之譏允當斯責王命私請有事相傾油雲湛露從降旻昊之德弱縞輕蟬

不載丘岳之重登階望席恍焉失步　北齊邢子才爲文襄皇帝讓尚書令表曰揚職萬機摠任百揆想衡庶物準納羣寮何以助日月之光華增天地之高厚反鑒取照匹此何難劉裳求領方之爲易　又表曰正以晝豈覽太山不假秋毫之察夜仰列宿豈藉燭龍之明爵人以世既非盛德之舉公門有私故足陵夷之運　隋江摠讓尚書令表曰臣弱歲立朝本無奇志每謂任登常伯足承基緒值梁季不造牧拙人間東竄三江南徂百越不知秦漢十有七年心跡退黜平生畢矣但野性疎懶不屑死增俯仰乖時人物多忤天飛戢所任寄隆赤謬以商丘之木遂些舟楫之村燕岱之石混同瑚璉之器當由崇賢傅舉早守名節竊以天府文昌萬方之藪天官冢宰無所不統禮華三獨事昭百揆曠職云久三十餘載一旦開置必資貴望實豈期廷典私偏濫庸菲薄陛下聽覽餘辰曲垂昭納遂斯反汗高選具瞻則敝蓋敝帷使臣暮齒歲制月制賒臣皓髮　隋江摠除尚書令謝臺啓曰竊以昔之冢司今日端揆頊同台衮無人則闕臣之朽薄官可叨貴謹當奏承夜月負奉三思之旨聲寄浮雲

方祈九天之路　又除尚書令斷表後啓曰司會眙本冢宰朝端搢紳所屬儀形攸在皇代以來無人則闕陛下將備厥職用穆巨僚不容始自庸菲以誰物議賞今藩翰至戚不無其才廊廟重臣亦有其器伏願揆前往之則闡平章之道臣公心布款有理存焉

僕射

漢書曰僕射秦官也古者重武官有主射以督課之自侍中尚書博士及騶宰永巷宮人皆有取其領事之號　又曰鄭崇哀帝擢爲尚書僕射數求見諫爭上初納用之每聞曳革履上歎曰我識鄭尚書履聲　續漢書曰尚書僕射一人六百石令不在則奏下衆事　百官表注曰僕射一人銅印墨綬五時朝納言幘進賢兩梁冠佩水蒼玉建安以來執金吾榮邵爲尚書左僕射僕射之有左右自此始也　鍾離意別傳曰意爲尚書僕射其年匈奴羌胡歸義詔賜縑三百匹尚書侍郎庾陵暨鄷誤以爲三千匹詔大怒鞭鄷欲死意入諫曰海內遐邇謂陛下貴微財而賤人命愚臣所不安明帝以意諫且鄷錯合大義貰鄷勑大官賜酒樂詔謂意曰非

鍾離尚書朕幾降威於此　郎　魏志曰桓範薦徐宣爲僕射申篤幸許
昌總留事帝還主者奏呈文書詔曰吾省與僕射何異竟不是　又曰
陳泰爲尚書左僕射典選舉　晉諸公讚曰司馬珪時多令望章歷顯
職晉受禪爲尚書左僕射時年三十七衆論以爲美　晉公卿禮秩曰司馬
珪三十七爲尚書僕射魏晉以來或置左右或不置　世說曰周顗字伯仁過
江積年恒大飲酒嘗經三日醒時論謂之三日僕射　王隱晉書曰太康元
年以山濤清虛恬簡轉爲僕射　齊職儀曰魏朝以尚書僕射毛玠
領選曹　晉武以僕射山濤領吏曹後依擬焉今或領焉　沈約宋書
曰劉延孫爲尚書左僕射延孫疾病不任拜起上使乘舩自青溪至平
昌門入尚書下舍　【墓誌】梁沈約尚書右僕射范雲墓誌銘曰合契興
王匪勞物色乘風鬱起化成龍翼乃作喉脣帝猷必舉乃作銓衡彝
倫有序北京徂峻東川迴薄蘊吾名臣終天靡作　【表】宋傅亮讓尚書
僕射表曰自皇基肇創豫班策勳纖善微績未聞朝野一白拔治樞揔
貳夥要誠非庸臣所宜叨擬臣聞權衡既懸錙銖靡遁厲駑習驥終

莫之近敗駕篤傷錦備之前誥必將上增國垢下招私黷　齊王儉讓左僕射表曰待臣於常均之外聘臣於代僚之右親乖其章乘非其器需霸府方隆超居元佐國朝草昧參賛百揆　梁沈約讓僕射表曰臣聞役壯休老上典所優晨行暮息事身悄分若夫玄黃未巳非狄駕之衞筋力爲用豈強飯之時養老杖鄉抑推前典服戎告謝親學匪任宿肉極其虛德歲制防其不辜寔所以蠲假衰疾收屏淪暮　梁張纘讓尚書僕射表曰加以矯心飾貌酷非所閑不喜俗人與之共事雖復吐言如傷屈體無骨動容竊谷猶成多憾曽闈如闕坐客須滿情態參差世塗盈虛薏苡興謗含塵見猜疑似雖分聖賢致惑人之包藏山川非險況在於臣焉可證綜　陳徐陵讓左僕射初表曰臣聞七十之歲揚雄擬經六十之年平津對策若斯彊壯無歎耆老臣勵則胄　華軒冕才允卿相出納淵譽朝野具瞻臣弘正國老儒宗情尚虛簡玄風勝業獨王當年臣種氣懷沉密文史優裕東南貴秀朝廷親賢並見壯■猷皆宜左執若漢武好少則微臣巳老若周文愛老則有此君羣才伏願天明更謀梓匠求其

妙選稱其能官　又讓右僕射初表曰加以言尋盟好仍屬亂罹于零盜其牛馬烏孫竊其印綬子卿如雪叔向為國雖獲東歸備離岂厄昔李廣遺恨不值漢初甯戚自歸悲逢堯換臣隨望聖運實在權輿時參決勝之籌頻奏發兵之議當塗錫命非無董昭之誠典午禪文不降張華之賞　隋江揔讓尚書僕射表曰藻鏡官方品裁人物門驚如市亟不慙屋漏心抱如冰無欺暗室但屢淹星烏每知忝素世網拘束事歸僶俛今此召會尤增據蔟竊以端揆副職官稱師長華履升降傳呼寵赫儀形朝首冠冕彝倫兼復戶揔衡流匡佐繁俗忘膺重責必踐危機

吏部尚書

魏志曰盧毓為侍中在職三年多所駁易詔曰官人秩才聖帝所難必須良佐進可替否侍中毓稟性貞固心平體正可謂明試有功不懈于位者也其以毓為吏部尚書使毓自選代曰得如卿者乃可毓舉常侍鄭沖帝曰文和吾自知之更舉吾所未知者乃舉阮武孫邕帝於是用邕

袁子曰魏家置吏部尚書專選天下百官夫用人君之所司不可以假人者也使治亂制在一人之手權重而人才難得居此職稱此才者未有一也　王隱晉書曰山濤爲太常遭母喪手植松柏詔曰今風俗凌遲豈宜鎮以退讓山太常雖在諒陰古人亦墨絰從戎其以濤爲吏部尚書濤用人皆先密啓然後公奏　又曰鄧攸遷吏部尚書牧馬於家庭妻自素食不受一飯於人　世說曰王濬沖裴叔則二人總角詣鍾士季須臾去後客問向二童是誰曰裴王客何如鍾曰裴楷清通王戎簡要後二十年此賢當爲吏部尚書冀爾時天下無復滯才　語林曰裴眞爲監軍范去平作吏部尚書大坐語裴卿此段還不失護軍裴曰卿何事人中作市井　百官表注曰吏部尚書一人秩六百石掌選舉齋祠　晉諸公贊曰李胤爲吏部尚書正身率職不撓故能行其所見遂刊定選例而著于令　沈約宋書曰蔡廓爲吏部尚書廓因傳隆問傳亮選事若悉以見付不論不然不能拜亮以語錄尚書徐羨之曰黃門以下悉以委蔡自此上宜共參同異廓曰我不能爲徐干木署紙尾遂不拜干木羨之小字

也選寀録尚書與吏部尚書連名故廓云紙尾　又曰江湛爲吏部尚書家甚貧約不營求利餉饋盈門一無所受無兼衣餘食常爲上所召值澣衣稱疾經日衣成後起　又曰顔竣爲吏部尚書留心選舉自强不息任遇既隆奏無不可後謝莊代竣意多不行竣容貌嚴毅莊風姿甚美賓客喧訴常權笑荅之時人語曰顔竣嗔而與人官謝莊笑而不與人官

箴

晉傅玄吏部尚書箴曰明明聖朝制爲九秩君執常道臣有定職各有攸司非用不愿昔舜舉皋陶而俊乂在官夔龍出入朕命周仲山甫亦允内言

誄

齊丘遲侍中吏部尚書何府君誄曰遠量夷雅淹姿英茂進德方新循名以舊分鑣先達爭驅俊秀匪直羽儀實惟領袖知人斯哲在帝之難僉謂往諸是則能官閑阿望幣釣嶼投竿金張之貴允兹七侍有美一人柔貂三珥服冕乘軒鳴玉飛翠不貪爲寶貴而能貧唯静是悦惟寂是珍履信兹從積貨善方慶如何斯德曾是知命彼高者天與人焉咏眇望周行式瞻林壑灑汰紛埃擯揚流俗言必玄遠神惟珠玉色恬喜愠心豈榮辱

宋謝莊讓吏部尚書表曰招才琴釣之上取士歌牧之中終能克夷景命榮懷萬宇豈容先私首曲近有經過且不習冠制趙客盟鹽垂未閑統馭鄭臣有規匪痗身譏　後魏温子升廣楊王讓吏部尚書表曰假勢風雲非由羽翮徒得推遷就列僶俛當官曾無辟雍議禮之名詎有銅爵獻賦之敏而政本寔繁司會攸切抑揚智地用捨時流實當年之準的乃一世之權衡得其人則分職之任隆非其才則曠官之失起

梁任昉爲范雲讓散騎常侍吏部尚書表曰夫銓衡務重關語隆替遠惟則哲在帝猶輕漢魏以降遠識經軌雅俗所歸唯稱許郭齊季凌遲官方淆亂草創惟始議存改作恭巳南面責成斯在豈宜妄加寵私以乏王事附蟬之飾空成寵章求之公私授受交失近世侯者功緒參差或足食關中或成軍河內或威德如卓茂或師道如桓榮四姓傳祠巳無定紀五侯外戚且非舊章而臣之所附唯在恩澤且去歲冬初國學之老博士耳今茲首夏將亞冢司雖千秋之一日九遷荀爽之十旬遠至方之微臣未爲速達　梁沈約爲褚炫讓吏部尚書表曰竊惟玄

素未辯必謬宋紫之察規矩或昧理喪方圓之功東西兩漢左雄孤絶於前南北二晉山濤莫嗣於後良由性藏於貌才隱乎心楚越無以況其迥殊山川未足方其險阻雖復拂暗爲明免過生智亦何以登奇牧異離渭分涇　梁張纘讓吏部尚書表曰漢革民曹魏仍東椽毛孝先以清公見美盧子加以貞固任職降及晉代希覩其人樂彥輔雍容自守當時恨其寡譽山巨源意存賞拔不免與世浮沉郤攸牧馬家庭何益必競之操卞壼如金九在右未聞檢裁之功　梁王筠爲第六叔讓重除吏部尚書表曰臣聞剸犀截鴈必俟昆吾之鋒逐日追風信資伯樂之駿未有駑蹇驚足而方騁遐塗採藝鈍刀而求其斷割伏惟則哲爲體事艱歷代明列攸奇義重前王必使玉石薰蕕區別靡雜涇渭玄黃條流不爽自非伯豪之天下稱能仲子之時人歸德孝先之拔真抑僞巨源之黜惡舉善然後可以銓錄流品平均衡石　隋江總讓吏部尚書表曰竊以漢置五曹方今六尚魏隆八凱擬古六卿延諭喉舌遠膺樞斗至如東京許郭西晉裴王仰首伸眉可得論列此矣但臣門基

世緒晉宋已來內侍帷扆入尸衛尺或年甫將立或歲未強仕是以退思弱冠追傷疇昔豈塵華仕見知名輩常謂忝竊匪朝伊夕豈期梁室多故有志無時平生意氣颯爾零落特由邀奉嘉運千載一時惟舊寵靈遂臻於此　又為沈尚書君理讓右僕射領吏部表曰辛香以來安石以後遵其軌躅必大厦之棟梁惣其寄任亦巨川之舟楫未有綿力薄材輕膺此舉

尚書

應劭漢官儀曰尚書唐虞官也書曰龍命汝作納言朕命惟允　又曰漢明帝詔曰尚書蓋古之納言出納朕命機事不密則害成可不慎與韋昭辯釋名曰尚上也言最在上揔領之也辯云尚猶奉也百官言事當省案平處奉之故曰尚尚食尚方亦然　漢書百官表曰成帝罷中書官初置尚書員五人如淳曰主天子文書曰尚書如主壻曰尚主　桓子新論曰昔堯乃言舜於大麓者錄天下事如今之尚書官矣宜得大賢智乃使處議持平焉　謝承後漢書曰朱穆為尚書讜言正直　華嶠漢

書曰韋彪上疏曰欲急民所務當先除其患其原在尚書典樞機天下事一決之不可不察　東觀漢記曰章帝東巡過任城乃幸鄭均舍勑賜尚書祿以終其身故時人號爲白衣尚書　續漢書曰李固上疏曰陛下之有尚書猶天之有北斗北斗爲天喉舌尚書爲陛下喉舌　魏志曰陳羣爲尚書制九品爲官人之法羣所建也　王昶考課事曰尚書侍中考課一曰掌建六材以考官人二曰綜理萬機以考庶績三曰進視惟允以掌讜言四曰出納王命以考賦貢五曰罰法以考典刑　會稽典錄曰鄭弘拜尚書郎舊典科滿補縣長令史爲丞尉弘奏以爲臺職位尊而賞薄人無樂者諸使郎補縣令令史爲長上從其議自此爲始　齊職儀曰尚書六人品第三秩六百石進賢兩梁冠納言幘絳朝服佩水蒼玉執笏負荷　沈約宋書曰顧琛傳曰寺門有制八座以下門生隨入者有差不得雜以士琛以宗人顧碩頗寄尚書張茂度門名而去碩頭同席坐遣出凡尚書官大罪則免小罪則遣出出者百日無代人聽還本職

箴

漢揚雄尚書箴曰允勑百工命作齊慄龍惟納言是機

是密出入王命王之喉舌獻善宣美而讒說是折我視云明我聽云聰載夙載夜惟允惟恭故君子在室出言如風

誄

晉潘岳庾尚書誄曰覺而能懷威而不猛化行如形民應如影噎噎虛坐翩翩玄幕几筵生塵空館寥廓

晉盧諶尚書武強侯盧府君誄曰湛罪重五岳釁深四海身不灰滅延于家門方今斬焉在疚死巳無日大懼先意遺烈將墜並地罔極之哀終不宣寫是以忍在草土之中撰述平素之跡篤生我君天挺賢俊弘闡大風光隆洪胤蔚矣其姿綽乎其韻天不予晉厄運時臻陽九之會雖聖莫振君實振惶國難是圖跋履山川東征西徂方協遐任言復皇輿不見楚申致命郢都往古來今自遠及近凡在喪親猶思俱殞況我荼毒靡經不盡日月逾邁寒暑代遷恩慈弥遠窮思曰緬撰述遺跡臨文煩冤

隋江總度支尚書陸君誄曰陸公國士之眷惠好之深臨喪能誄久碩搖筆時事地遭不惶削甚棐梁季適越未戢干戈陳世入仕累奉物役杼柚於懷三十餘載隋開皇九年於長安致仕懸車以湞就木何幾但東海成田南冠承縶龜山更從空想吹笛之哀馬角徒生絕望通波

之水嗚呼哀哉於是攬涕操觚乃爲誄曰一隅行攸序龍作閶寸讓珠不拜錫劒恩來世故天禍已悲主辱露盡扣刎陽風驚夜燭悠悠世路辛苦艱虞尋戈滿道縣骨交衢家無半菽地絕飛芻念君桑梓零落彫枯傷君井邑了盤崎嶇悽涼故友擗樹遺返孤臨穴別野撫櫬窮塗　梁張纘故左氏尚書忠子沈僧旻墓誌銘曰衡甫不振古龜組三龍袞政若解繩吏如燥濕十升龍管四至九卿居高首映比德齊明

表

梁沈約讓五兵尚書表曰臣聞百舍之趙非宿舂所資千里之越豈一葦能浙何者裝輕適於路遠舟弱疲於濟深醜貌悴容不藉鑒於淵水駑駕足蹇步終取躓於鹽車　梁丘遲爲范尚書拜表曰昔滕公移晷於泗耳陳遂留懽於博進祿止一守官窮九列臣獲照秋陽取沃淮海發蒙去柔巳若松喬匪富伊榮須臾至此賞參十亂躬越五水歷臨覽前載孰與爲匹　梁蕭子範爲兄宗正讓都官尚書表曰納言之授皇命所由五星懸曜差池紫宮之曲百官根本聯曹建禮之内孔蔡謂博垂芳於兩京陳鍾今才比肩於魏世逖望前英俯修薄義無尸素禮而絕衹奉　隋徐陵讓五兵尚書表曰臣聞仲尼大聖猶

云書不盡言士衡高才當冊文不逮意臣比哀痾日積思緒荒殆頓託朋遊爲裁章表雖復陳琳健筆未盡愚懷孫惠辭人頗加煩飾所以高天緬邈弗降昭回瞻拜絲綸更增憂懼臣雖不敢弱冠登朝伊言承華豫遊多士晚逢興運爰濫寵私爾時四郊多壘七雄分爭國家制度日不暇給趙宮論受命之宜高邑奏升壇之禮而參聞秘計弗解單于之兵飛箭馳書未動聊城之將不期杖乗老叟忽降苻恩馮唐暮年見申明主擢宰京邑朝坐棘林遂致洛陽無雨非止長安多盜其宜屛錮用寘嚴科猶處名僚久爲叨竊但著書天祿雖如劉向朔望登朝轉同王隱於其朽劣尚可從容司會文昌邈然非據

吏部郎

郭子曰許允妻阮德如妹允爲吏部郎多用其鄉里帝遣虎賁收允婦出閤戒允曰明主可以理奪難以情求允至明帝核之允荅曰舉爾所知臣之鄉人臣所知也願陛下檢校爲稱職與不若不稱職臣宜受其罪旣檢校皆其人於是乃釋允舊服敗壞詔賜新衣初被收舉家號哭允新婦自若云無憂尋還

作粟粥待之須吏允至　魏志曰諸葛誕爲吏部郎有屬託則顯其言而承用之後有當否則云議其得失自是羣僚莫不慎其所舉　山濤啓事曰人才既自難知中人以下情偽又難吏部郎與碎事日夜相接非但當正己乃當能正人　王隱晉書曰太子洗爲吏部郎精慎選舉号爲廉平山濤爲吏部郎文帝與書曰足一　在事清明絜操邁時念多所乏今致錢二十萬絲百斤穀二百斛　又曰王戎名位清賞二十四爲吏部郎　晉中興書曰畢卓字茂世新蔡人少亦放達泰興末爲吏部郎常飲酒廢職比舍郎釀熟卓因醉夜至其甕閒取酒飲掌酒者不知執而縛之郎往視之乃畢吏部也遽釋其縛卓遂引主人宴於甕側取醉而去卓常謂人曰右手持酒卮左手持蟹螯拍浮酒池中便足了一生又曰阮放與從弟孚齊名在銓管之任甚有稱譽嘗性清儉然不治產業爲吏部郎不免飢乏王導庾亮以其名士給衣食放由是得立　王蘊別傳曰蘊字叔仁爲吏部郎欲使時無屈滯旹下鼓急出日迭乃至家去臺數里高褰車帷先後與語不得進也一官缺者求者十輩蘊連狀呈宰録曰某人有地某人有才不得

者甘心無慾　世說曰吏部缺文帝問其人於鍾會會曰裴楷清通王戎簡要皆其選也於是用裴　又曰山公舉阮咸爲吏部郎曰情眞寡欲萬物不能移之　沈約宋書曰王微字景玄吏部尚書江湛舉微爲吏部郎微與湛書曰君平生云我名者殺我身天爵猶滅名安用吏部郎哉其舉可陋其事不經非獨搢紳者不道僕妾皆笑之

【表】梁陸倕拜吏部郎表曰銓衡庶品歷選賓僚阮咸眞素屈文薦未登陸亮忠心裁居敗職自非季重清識季文恬正可以區分管庫式鑒胥吏　梁王僧孺吏部郎表曰生輕飛簿品細跡壤寂寞州閭取淪簪竇不自求於善管寧許人以能官從班隨牒自安踈遠豈望翰飛終知跡滯一逢浸漉幾聞昭晉假拙爲心變可成偶寧爲天覆地長復與雨露相滋秋成春發如暄寒無爽自變況塗多超嵩鄧屢考固其比越在累誠於可闈方愧朱紫永懵鈞衡固惟許李終非王畢取其清尚固所經企求之碎密無寧可庶幾　梁任昉數吏部郎表曰郎官之重千金非譬言要在前世寔光選諸清通爲首終遂郗居深譜爲度累薦無獲承乏攝官顧知其望方今皇明御宇昇長咸耳涇渭搢紳無謬衡石

抑揚庶品亦俟能官顧已循涯孰用祗荷唯知死所未識所報

啓 梁陸倕遷吏部郎啓曰臣器均濩落材同擁腫効非積山勤乖附垤自叨榮秩列裁彩氣序而坐延曲私遂被洪造自非割蚌識珠覩石知玉寧可以獲名理俗見操敎

梁王僧孺除吏部郎啓曰自一遇休明多逢渥澤出斯溝壑置之霄漢清塗華轍叨廁累仍顯職名階俄來倏至而智効必其無取尤怠忽焉已彰不意涵養更滋霑滂霈愈此始職樞華紛體桓選知非脥族必待俊民何言賤劣所宜叨假循涯測限生所不勝瞻恩奉德死何能報

侍中

環濟要略曰侍中古官也或曰風后爲黃帝侍中周時號常伯者言其道德可常遵也 秦始皇復古冠貂蟬漢因而不改此內官侍帷幄受顧問拾遺於左右出則負璽以從秩二千石 漢舊儀曰侍中無員或列侯將軍衛尉光祿大夫爲侍郎得舉非法 又曰侍中左右近臣見皇后如見帝見婕妤行則對壁坐則伏茵也 應劭漢官曰侍中周官也金蟬有貂金取堅剛百鍊不耗蟬居高食潔目在掖下貂內勁悍而外溫潤侍中便

繁左右與帝升降平思近對拾遺補闕百僚之中莫密於茲秦始皇破趙得其冠以賜侍中　漢書曰桑弘羊雒陽賈人子以心計年十三爲侍中　又曰霍去病以皇后姊子年十八爲侍中善騎射　又曰留侯子張辟彊爲侍中年十五　又曰孝惠時侍中皆冠鵔鸃貝帶傅脂粉　又曰張安世子孫自宣元以來爲侍中　又曰元帝以史丹爲侍中出則陪乘　又曰侍中金敞與劉更生拾遺左右蕭望之周堪四人同心輔政　又曰衛尉金敞病甚成帝拜子涉爲侍中使緑車載送衛尉府載以皇孫車寵之　三輔故事曰金日磾忠勤守節七世爲侍中

魏志曰蘇則拜侍中與董昭同寮昭常枕則膝臥則推之曰蘇則之膝非佞人之枕　又曰陳羣爲侍中領丞相東西曹掾　華陽國志曰譙隆爲上林令武帝欲廣上林苑隆言堯舜至治廣德不務林苑帝後思其言徵爲侍中　益部耆舊傳曰蜀郡張寬漢武帝時爲侍中從祀甘泉至渭橋有女子浴於渭水乳長七尺上怪其異遣問之女曰帝後第七車知我所來時寬在第七車對曰天星主祭祀者齋戒不嚴則女人見　文士傳曰張衡拜侍中恒居幃幄儀容諷議拾遺左右摯虞決疑要注曰漢末喪亂絶無玉珮侍中王粲識

舊曰珮始復作之今之玉珮受法自於王粲也　王隱晉書韋誕以能書留補侍中魏氏寶器銘題皆誕書也　七賢傳曰山濤泰始七年爲侍中詔書曰濤清風淳履思心通遠宜侍幃幄盡規左右　顔含別傳曰顔髦字君道儀狀嚴整風貌端美大司馬桓公歎曰廊廟之望喉舌機要　續搜神記曰程咸字延休其母始懷咸老公授藥與之服此當生貴子晉武帝時歷位至侍中有名於世　語林曰晉孝武好與虞嘯父飲酒不醉不出後臨出拜殆不復起帝因呼人扶上殿虞侍中嘯父答曰臣位未及扶醉未及亂非分之賜所不敢當帝美之勑左右疏其語　相書占氣雜要曰氣如連珠入闕門爲侍中　沈約宋書曰陸仲元者晉太尉玩曾孫也爲侍中吳郡太守自玩至仲元四世爲侍中時人方之金張二族　又曰殷景仁遷侍中與王華王曇首劉湛四人並時爲侍中皆以風力局幹冠冕一時同升之美近代莫及　又曰王僧綽遷爲侍中任以機密時年二十九始興王濬嘗問其年僧綽自嫌早達逡巡良久乃答其謙虛自退若此

碑

晉裴希聲侍中嵇侯碑曰夫君親之重非名教之謂也愛敬出於自然而忠孝之道畢矣樸散真離背生殉利禮法之興於斯爲薄悲

夫晉弋陽子嵇紹字延祖資乾剛之純粹體中和之淑虛少有胥劭之風長懷弘仁之度加以通朗淹濟靡才不經學爲儒宗庶績光被弱冠登朝則敷文秘閣晚節强仕則納言樞極太安之初權臣擅命皇輿親征次於蕩陰六軍奔敗兵交御輦紹儼然端冕正色以扞鋒刃遂殞命于御側忠誠感人神義聲震四海銘曰二儀肇建君臣攸序峩峩侍中應期作輔外播仁風內舉忠旅胥執慈弗勇靡仁不武見危授命背生殉主確乎其操邈乎其崇矯矯王臣寔憲慈遺風在親成孝於國成忠　宋傅亮侍中王公碑曰體亞黃中道反微管元勳盛德光于晉載于時運距無妄陵夷有漸至于兵纏象魏壘結四郊公以民望晉朝居疑閒之際懷方履順處艱以貞顛沛不能迴其操彊禦無以蕩其守鑠矣公侯秉和挺生識深冬潭文豔春榮爰初素履好是冲默亦既端委振風育德

墓誌

宋孝武故侍中司徒建平王宏墓誌曰含榮幼耀膺胄和早慧徘徊天人優遊經藝鴻漸纔流皇根中絕體孝盡性懷追孝烈友我宸居毀綱更結管機凝務端朝贊契大召輝才融上穎風折秘路長陰昭塗永滅　梁元帝侍中新渝侯墓

誌銘曰爰始降神誕兹初載方琮有燭圓珠無纇義若聯璦文同藻繪三分竹使一冊徙建旟未惟自舉白鹿隨車武實咸邊文能懷遠乍歌去速時謡來晚昔我往矣千駟連軫今兹旋旆雙鳯隨舟山迴素旐水導丹旒寂寞參原野搖落徂秋　又保中吳平光侯墓誌曰惟岳降神表二甫之德峻如君所顯成季之徽系靜精微岐嶷天挺學兼義府談均理窟歷太子洗馬八人掌耤爲崇賢之領袖五日來朝冠承華之楷模遷豫章內史洪井鸞峯甘露歲下蕭崖鶴嶺連理成陰徵爲太子左衞率遘疾薨于道頗類陶基民號夫比取譬羊祜巷哭荆南副君早垂登眄憫其石人瞻斯翠蓋忽變丹旐方使相侯石樽載銘盛夏滕令嘉誠式鐫韶濩　隋江揔故侍中沈欽墓誌曰早結南陽之親致興沛市之役丘延多難三江屢梗君敦淳化以勵澆風庶滌清流以蕩濁俗早遘紫雲遂濡碧海奮畱里閈之寵躍車馬之貴哂窰賈氏之青山恥郭家之金穴

誄

魏陳王曹植侍中王粲誄曰維建安二十二年侍中王君薨皇穹神察哲人是恃如何靈祇殲我吉士誰謂不痛早世即冥誰謂不傷華孕中零存已分流

天墜同期朝聞夕沒先民所思何以誄德表之素旟何以贈終哀以送之强記
洽聞幽贊微言文若春華思若涌泉發言成詠下筆成篇予與夫子義貫
丹青月庶幾遐年攜手同征如何奄忽弃我宿零表梁任孝恭爲羊侍中
讓表曰搏風扇翮不覺高升擊水揚鬐遂迷遠大猶願長城巨防射
魯仲之書白羽朱旗振武安之几深入五千張空拳以報主橫行十萬勒燕
嶺而酬君　梁丘遲爲範衛軍讓梁臺侍中表曰是以懷鉛早歲不以
隕穫累心躡屨晚坐豈以充詘在念易農伊泰仕焉已幸遂復分竹九嶷
擁旄百越值天地中開神武冊廓麻絲是蓄菅蒯靡遺今霸運肇基四
海明目樞捷規獻寔在得人況處庸微何用膺荷　又爲何尚書重讓侍中
領驍騎表曰臣擢自散輩之中寘彼周行之上既慙伯豪使天下慎選又
乖平叔今內外得人且玉壺獨掌自見榮昌期當尺可參必簡英俊　梁王筠爲
從兄讓侍中表曰至如元勳奮儒之胄積德累仁之基九世七葉之華相韓
事漢之貴不然則子駿之學洞古今平子之思侔造化仲宣之言辯識無滯次重
之解經不窮然後可以論音公卿問對惟宸陪六尺之身通四方之意求之微臣

此塗頓隔　梁任昉爲王思遠讓侍中表曰行則六尺之内陪接天光語則親璽甲命誠信匪守獻可替否出納惟幾敷表曰於聲華之上進讓於玉堂之下金還七貴之茂王粲三公之孫雖復仲蔚孤緒元卿末名不階民譽妄承典私者也　北齊邢子才爲彭城王韶讓侍中表曰貂飄映首日月在前冠蓋庶僚跨躡多士雖智慙量力明闕自知在梁之譏無得諠華之議素飡之責豈須噂沓之口何悟天之情眷復延今寵遂惣錄百揆寅亮萬機文昌洎奉得失所繫用才長短隆替何容以斯豈得用膺茲忝

啓

梁陸倕張侍中啓曰陳力就列不能者止實欲强飯據鞍自窮心力需足磨頂少報洪私徒課虛無空延鍾簴不悟爰降曲慈復叨清顯職司近切任掌樞綸魏選異才漢求高德官次惛居鮮非民譽仰瞻內省無一可階

黃門侍郎

漢書百官表曰中黃門有給事黃門位從將軍大夫皆秦制漢書曰張禹爲太傅有疾成帝臨視拜於牀下禹有少子在側目之帝知其意於前拜黃門侍郎　又曰劉向字子政宣帝時以中郎爲給事黃門侍郎　又曰

董賢字聖卿雲陽人爲太子舍人隨太子官爲郎二歳餘賢傳漏在殿下爲人美麗自喜哀帝望見悦其儀貌識而問之曰是舍人董賢耶因引上與語拜爲黄門侍郎　又曰楊雄成帝時爲郎至平帝猶黄門侍郎　漢舊儀曰黄門郎日暮入對青瑣門名曰夕郎　三輔決録曰杜恕字務伯拜黄門侍郎每宣省閤威儀矜嚴　又曰卓茂字子康元帝時遊學長安以儒行爲給事黄門郎　又曰馬后志在克己輔王不以私家干朝廷兄爲虎賁中郎將弟爲黄門郎訖永平世不遷　魏略曰董遇字季直爲黄門侍郎旦夕侍講爲天子所愛信　魏略曰王粲字仲宣山陽人年十七司徒辟詔除黄門侍郎以西京擾亂皆不就　又曰夏侯玄字太初少知名弱冠爲散騎常侍黄門侍郎甞進見與皇后弟毛曾並坐玄耻之不悦形之於色明帝恨之左遷爲羽林監　又曰鍾毓年十四拜散騎侍郎遷黄門郎　英雄記曰曹純字子和年十六爲黄門侍郎　任嘏別傳曰嘏字昭先魏文帝以嘏爲黄門郎每納中言輙手壞其本自在禁省歸不書封帝嘉其淑慎　王隱晋書曰張華爲黄門侍郎博覽圖籍四海之内若指諸掌武帝問華長安千門萬户

晝地便成　齊職儀曰給事黃門侍郎四人秩六百石武冠絳朝服　漢有中黃門位從諸大夫秦制也與侍中掌奏文案贊相威儀典署其事　沈約宋書曰給事黃門侍郎秦官也有事郊廟則一人執蓋與侍中俱管門下衆事【墓誌】梁元帝黃門侍郎劉孝綽墓誌銘曰蔡墨彼陳有草有菌梁荆世櫝或魏或秦積善餘慶時惟俊民孝乎惟孝其德有鄰曰風曰雅文章動神鶴開阮瑀鵬翥揚循身茲惟屈扶搖未申人罔石火谷有楸椿佳城無曙寒野方春【誄】宋謝莊黃門侍郎劉琨之誄曰秋風散兮涼葉稀出吳洲兮謝征幾瞻國門兮發雲路睇舊里兮驚容衣魂終朝而三奪心一夜而九飛過建春兮背闕庭歷承明兮去城輦旌徘徊而北係轜逶遲而不轉挽掩隧而辛嘶驂含愁而鳴俛顧物色之共傷見車徒之相泫

散騎常侍

應劭漢書曰秦官及漢置散騎及中常侍各一人獻可替否也　華嶠集曰散騎以從容侍從承答顧問爲職又掌贊詔命平處文籍故前世多參用言語文學之士　王隱晉書曰鄭默爲散騎常侍世祖臨郊侍中已

陞乘詔曰使鄭常侍默曰卿之何以得衆乘昔州内舉卿相輩以常愧有累
清談 七賢傳曰阮籍高貴鄉公爲散騎常侍非其好也 晉中興書曰庾
闡有文章才義議者以爲宜綜國史於是召爲散騎常侍 又曰謝萬升
平五年詔曰前西中郎萬才義簡亮宜居獻替其爲散騎常侍 墓誌 梁
元帝散騎常侍裴子野墓誌銘曰幾頑溥聞裁爲典墳比良班馬等麗
鄉雲董籍既別涇渭以分聖皇御極欽賢貞盱顧儲后特垂降情文苑既
匹嚴朱復同徐阮如何不慭上期斯遠 誄 晉潘岳散騎常侍夏侯湛誄曰
英英夫子灼灼其儁飛辯摛藻華寧玉振嚋昔之遊二紀于茲班白攜手何
歡如之居吾語爾衆不勝悲人惡俊異世疵文雅執戟疲揚長沙役賈無
位爾高恥居物下子乃洗然變化易容慨然歎曰道固不同爲仁由己匪我求
蒙誰毀誰譽何去何從莫涅匪緇莫磨匪磷子獨正色居屈泰申我聞
積善神降之吉宜享遐紀長保天秩如何斯人而有斯疾曾未知命中年殞
卒 晉劉琨散騎常侍劉府君誄曰爰自上葉帝堯之胤堂堂漢祖豁
豁高韻茂載孝景克紹前訓穆矣靖王開國作鎮惟祖惟父乃光有晉

積行累仁世篤忠順是用感和誕育奇雋淑質英挺金聲玉振嗟乎彼侯仍寢斯疾命不可延中年殞卒衝飈摧華閬風彫實負如可贖兮人百其質存若燭龍銜曜沒若庭燎俱滅搢紳頽範於高模邦國彌悴於隕哲

【表】陳徐陵讓散騎常侍表曰臣聞五十知命宗師之格言六百辭滿通賢之高槩昔墨子諸生褰裳求楚魯連隱士高論却秦況乎謬蒙知己寧無感激洪私過誤寘以通班司憲文昌遂偕常伯今者昆吳小器諦視不見音黃均天並奏靜聽能鍾鼓雖神農分藥歧伯提針寘衆因緣難可匡救陛下嗣臨寶歷光闡大猷屬意銓衡留情標榜燕臺寢裘玉儀不精真齊客吹竽諒宜澄簡南郊奉乘當求部黜之才西省文辭應用羅含之學

給事中

東方朔記曰東方朔為中郎賜帛百匹拜給事中　漢書曰蕭望之元帝詔望之傅朕八年可賜爵關內侯給事中　漢書百官表曰給事中亦加官或大夫博士議郎掌顧問應對位次中常侍　胡廣曰給事中　常侍從左右無員位次侍中之下常侍或名儒或國親　漢書曰劉[illegible][illegible]子政諫表

大夫給事 魏略曰邯鄲淳字子淑黃初初爲博士給事中 又晉令曰外侍郎及給事冗從皆是帝室茂親或貴游子弟 晉武帝詔燕上臨陳劭清貞廉絜博通六籍宜在左右以敷儒訓可給事中 荀綽兖州記曰袁准字孝尼有儁才太始中爲給事中

【誄】宋顔延之給事中楊瓚誄曰瓚少稟志節資性忠淳永初之末佐守滑臺獯虜間釁劓剥司袞瓚立乎將帥之間以緝華裔之衆疲困相保堅守四旬兵盡器竭斃于旗下非夫貞壯之氣勇烈之志豈能臨死殉義以死償節者哉之子闓立績宋皇如彼竹柏負雪懷霜如彼騑駟親驂衡驤邊兵喪律王略未恢亟陝湮阻緬路嵩菉朔馬東騖胡風吹埃帝圖斯難簡生立授才實命楊子佐師危臺過矣獯虜乘障犯威鳴驥厲霜霜羽鏑高翬軼我河縣俘我洛畿撌鋒成林投鞍爲圍師老變形地孤援闕卒無蕆麥馬乏芻秣烈烈楊子在困彌達力雖可窮氣不可奪義立邊疆身終鋒楯

中書令

漢書曰馬遷既被刑之後爲中書令尊寵在職 臧榮緒晉書曰潘

居性澹退唯以著述爲事永興元年爲中書令　晉諸公贊曰陳准爲中書令張華爲監准與華俱處機密而准崇之每至宣日有詔書無大小輒先示華了不厝意華得詔書不以示准　又曰懷帝以繆播爲中書令朝事莫不諮之人君之所取信於臣下無以尚也　晉中興書曰肅祖以溫嶠爲散騎常侍侍講大寧初手詔曰卿既以令望中允之懷著於周旋且文清而旨遠宜居深密今欲以卿爲中書令朝論亦咸以爲宜　又曰顯宗加王洽中書令帝曰敬和清裁貴重昔爲中書郎吾尚小數呼見意甚親之今以爲中書令欲共講文章之事也　又曰褚裒授衛將軍中書令以中書銓管詔命不宜以親居之固讓　檀道鸞陽秋曰溫嶠爲中書令詔曰中書之職酬對多方斟酌禮宜非唯文疏而已非望士良才何可妄居　王導表曰臣乞得除中書監專壹所司竭誠保傅惟力是視詔[illegible]旨荀公曾從中書監爲尚書令人賀之乃發恚云奪我鳳皇池卿諸人賀我耶顧足下處之勿疑　王珉別傳曰珉字季琰詔曰新除侍中王珉才學廣贍理識清通宜處機近以參時務其以珉爲長兼中書令　沈約宋書曰[illegible]永初[illegible]

爲太子詹事中書令專典詔命以亮任揔國樞畢於省中尸今神虎門外每旦車騎數兩　世語曰司馬景王令尚書令虞松作表輙不可意令更定松思竭不能改鍾會爲定五字松悅服焉

墓誌

梁簡文帝中書令臨汝靈侯墓誌銘曰若太祖時甚惟宣武講道開天儀嵩作輔是曰邢弟籍規承矩如康嗣衛以禽居魯息轡出嚴隈塗窮夜臺靈檐永閟松路方開草茂故轍松插新枝月明泉暗暑往寒來　梁元帝中書令庾肩吾墓誌曰荆山萬重地產卞和之玉隨流千仞水出靈虵之珠故能銜茲屈景育斯唐宋掌庚命族世濟琳琅遂昌開國蟬聯冠冕父易高尚其道遁肥貞吉閑吏早逢威表真人之氣少微晚映還彰隱士之星肩吾氣識淹通風神閑逸鍾鼓辭林筌簧文苑入爲度支尚書任同北斗錫韓稜之劍朝此南宮識鄭崇之履余以其爲人也瑚璉之器無慙垂棘杞梓之材有均廊廟故贈散騎常侍中書令蓋旌賢也　梁張纘中書令蕭子顯墓誌曰君狀貌丘墟風神磊落閑贍動于容止英弈發於流盼筆鋒席上皆如素蓄切問近思見稱閑敏帝嘗顧謂君曰我撰通史若成衆史可廢乃答詔云仲尼贊易道黜八

索述職方除九丘聖制符同復在茲日儲君毓德少陽情協陳阮親妙思式表玄右

表 宋謝莊讓中書令表曰伏惟陛下登取震維臨齊璿政澤與風翔恩從雲動臣聞璧門天邃鳳沼神深絲綸王言出內帝命自非望允當時譽宣庠塾未有謬垂曲寵空席茲榮在於平壯猶不可勉況今綿痼百志俱淪

中書侍郎

魏志曰明帝舉中書郎謂吏部尚書盧毓曰得其人與不得其人在盧生爾選舉莫取有名如畫地作餅不可啖也毓舉韓暨敦篤至行帝乃用也 王隱晉書曰華表子簡字奉駿有智器文藻官至中書郎又曰陳壽舉孝廉爲著作郎與張華友善華垂當啓轉中書郎荀勖黨疾壽華語吏部出爲長廣太守 臧榮緒晉書曰夏侯孝若爲野王令居邑累年朝野多歎其屈除中書郎 曹嘉之晉紀曰汝南史曜爲山濤所知曜字季茂父爲征南府小吏鄉人周浚一見曜而友之以妹妻之官至中書郎 沈約晉書曰裴潛風神高邁[illegible]書郎出

入禁門見者皆肅然改容　晉中興書曰范甯爲臨淮太守徵拜中書侍郎專掌西省以職在機近固辭不許多所獻替有益治道　晉起居注詔曰今之士大夫多不樂出宰牧而好內官今皆先經外郡治民著績然後入爲常伯中書郎　沈約宋書曰王微與弟綽書曰闔門皆蒙時私吾高臥家巷遂至中書郎此足以闔棺也　王濛別傳曰濛爲中書郎在職四年首毛如一人難與比肩故也

【詩】齊卞伯玉赴中書詩曰大方信苞容優泥遂不以躍鱗經鳳池揮翰紫宸裏

【表】梁庾肩吾爲寧國公讓中書表曰臣聞陟彼太行伯斤之車屢怠望慈吳坂少游之馬體進是知美非流水立致摧輈駿靡浮雲便其頓轡一起登天漢寧陪九萬之風坐濟星橋非使千年之翼豈有功稱辨慧足對云禮弱標後穎能嘲子叔玉重組長空見休寵深宮邃宇孰知懷憂

驃騎將軍位次丞相

漢書曰武帝以霍去病爲嫖姚校尉征匈奴累有功寵冠君臣始置驃騎將軍秩與大將軍同　韋昭辨釋名曰驃騎將軍車騎將軍秩皆比三公

辨云此三將軍秩本二千石　百官表注曰驃騎將軍漢官也長史司馬各
一人金章紫綬五時朝武冠佩山玄玉並武中興諸將皆稱大後天子既定武官
悉省　東觀漢記曰其將軍不常置比公者又有驃騎將軍建武二十
年復置驃騎將軍位次公有長史一人　又曰光武以景丹爲驃騎將軍
又曰明帝詔曰東平王蒼寬博有謀可以託六尺之孤臨大節而不可奪其以
蒼爲驃騎將軍　又曰永平二十五年左中郎將劉隆爲驃騎將軍即日行
大司馬事　魏志曰王昶距毋丘儉進位驃騎將軍　世說曰何驃騎弟五
以高情避世而驃騎勸令仕對曰然弟五之稱何必驃騎　**誄**晉張華魏劉
驃騎誄曰昔在邪周惟伊惟呂穆穆公侯紹茲勳緒如何上天殲我鼎輔
金剛玉潤水絜冰清郁郁文彩煥若朝榮功遂身退致仕懸輿志邈留侯
心邁二疏風凜凜以翼異衡雲霏霏以承蓋旋緇翩以飄銅旌繽紛以奮薦
表梁簡文帝讓驃騎揚州刺史表曰常願親侯就列希同特進之班名甬
弓還拙不競龍驤之賞貞天澤無涯名器總集竊以驃騎之官既爲上將
州之重實號九五士故以禪亦在不戎冠冕已牧豈止司隸終于節　典騎已

衣冠將[illegible]軍連率何[illegible]驃騎之號歷選爲青元狩之中始[illegible]去病[illegible]
平之建特授劉蒼齊憲爲公主所申吳漢因羣臣之舉

藝文類聚卷第四十八

藝文類聚卷第四十九

職官部五

太常　衛尉　太僕　廷尉
鴻臚　司農　將作　光祿大夫
太子詹事　太子中庶子　太子舍人

太常

尚書曰伯夷秩宗典朕三禮　周官曰春官宗伯掌天神地祇　漢書曰太常秦官掌宗廟禮儀　漢官典職曰惠帝政太常爲奉常景帝復太常蓋周官宗伯也　漢官解詁曰太常社稷郊時事重職尊故在九卿之首　衛宏古文官書曰太常主導贊助祭皆平冕七旒玄上纁下畫華蟲七章漢陵屬三輔太常月一行　史記曰叔孫通爲奉常賜金五百斤通因進言曰諸弟子儒生隨臣久矣與共爲儀願陛下官之高帝悉以爲郎通出皆以五百斤金賜諸生諸生曰叔孫生聖人也知當世務　漢書曰武帝元鼎二年廣安侯任越人爲太常坐廟酒醉論　又曰武帝元封四年鄭侯蕭壽成爲太常坐犧牲不如令論　又曰孝武帝元朔元年孔臧爲

太常坐南陵橋壞衣冠道絕免　續漢書曰太常卿每祭祀先奏其禮儀及行事賞罰天子每選試博士奏其能否　華嶠後漢書曰劉愷爲太常論議常引正大義諸儒爲之語曰難經伉伉劉太常　東觀漢記曰桓榮爲太常上幸太常府榮東面坐設几賓會子郁以明經復爲太常　應劭漢官曰周澤爲太常齋有疾其妻憐其年老被病闚內問之澤大怒以爲于齋掾吏爭之不聽遂收送詔獄并自劾謝論者譏其激發不實又謗曰居世不諧爲太常妻一歲三百六十日三百五十九日齋一日不齋醉如泥　益部耆舊傳曰趙典爲太常雖身處上卿而布被瓦器　齋職儀曰太常卿一人品第三秩中二千石銀章青綬進賢兩梁冠絳朝服佩水蒼玉王朗云西京太常行陵赤車千乘

贊

晉潘岳故太常任府君畫贊曰堂堂我君鑒象開慶逸德宣猷令員履素味道無悶守終純固弓輿爰集撫翼清舉翰飛公庭龍升天路衸掌方國流化千里遂管秘籍辯章舊史入登常伯出作卿士外內惟允庶績咸理中節日新令問不已濟濟儒林翼翼國子　晉孫綽太常碑贊曰海岱協靈育此多士戢戢君侯東國之

紀金德發耀英風劭起文齊游夏行儔曾史有邈其升令問不已人亦有言德崇譽高束帛既盲旌節仍招儀形朝堂流風丹霄將振華袞永濟皇朝上帝靡監曾不遐齡衛霍頹鎮哲人其傾邦國殄瘁搢紳興情仰邦高範永播休聲

箴 漢楊雄太常箴曰翼翼太常寔爲宗伯穆穆靈祇寢廟弈弈穪秩元祀班于羣臣我桼孔觸匪愆匪忒君子攸宜無曰象材輕身惇坐東鄰之犧牛不如西鄰之麥魚黍稷望夷隱弊鍾靈常臣司宗敢告執書

墓誌 梁元帝太常卿陸倕墓誌銘曰如金有鑛如竹有筠體二方擬知十可鄰兩升鳳詔三侍龍樓南皮朝宴西園夜遊詞峯飈豎逸氣雲浮日往月來暑流寒襲東耀方遠北芒已及墜露曉團悲風暮急　梁沈約太常卿任昉墓誌銘曰天才俊逸文雅弘備心爲學府辭同錦肆含華振藻鬱爲高政川谿望歸岩阿待闢幽光忽斷窮燈黯滅爾有令問蘭薰無絕

表 梁陸倕爲王光祿轉太常讓表曰昔者楚德方盛孫叔濯衣漢道克隆王陽結綬故拜命無辭受爵不讓況宗卿清重歷選所難漢晉巳降莫非素範辭爵則張奮讓封則丁鴻劉愷潘尼之文雅深純華袞之從

容退嘿自此迄兹風流繼軌以臣況之曾無等級　陳沈炯爲周弘讓太常表曰臣聞玉爲彫楹不數材於蟠木丹成繡黼豈襲冕於蘿薜何則適用各有所宜朝野不可一指叔孫之分定禮儀倍資典實才協之躬爲唱引豈易其儀賓主闡對封禪失儀責以司存云誰之咎況南史執簡轉見違才君舉必書尤輕妄冒

【傳】梁王僧孺太常敬子任府君傳曰恥一物之不知惜寸陰之徒靡下帷閉戸投斧想梁雖玄晏書淫文勝經溢康成之忽忘所往公叔之顛墜硎岸無以異也若夫天才卓爾動稱絶妙辭賦極其清深筆記尤盡典實若聞金石似注河海少孺迷而未工長卿工而未速孟堅辭不逮理平子意不及文孔璋傷於健仲宣病於弱其有集論借書窮文質之敏駐馬停信極亹亹之功莫尚於斯焉君職等曹張聲高左陸時乃高闢雩宮廣開雲殿秋牕春戸冬燠夏清九醞斯浮百羞並薦雲銷月朗聿兹遊客朋來旅見辭人才子辯圃學林莫不含毫咀思爭高競敏乃整袂端襟翰飛紙落豪人貴仕先達後進莫不心服貌歎袖氣將盡顧余不敏側夫君子之末可稱冥契是爲神交二三君子唯以從游日

暮亭號昭仁庶子雲咫尺康成斯在借此嘉言將無絕乎千載

衛尉

漢書曰衛尉秦官掌宮門衛屯兵景帝初更名中大夫後元年復爲衛尉　漢官解詁曰衛尉主宮闕之內衛士於垣下爲廬各有員部凡居宮中者皆施籍於門案其姓名若有醫巫僦人當入者本官長吏爲封啓傳審其印信然後內之人未定又有籍皆復有符符用木長二寸以當所屬官兩字爲鐵印亦太卿炙符當出入者案籍畢復齒符乃引內之也其有官位得出入者令執御者官傳呼前後以相通從昏至晨分部行夜夜有行者輒前曰誰誰若此不解終歲更始所以重愼宿衛也　東觀漢記曰光武二十三年太尉鮑昱兼衛尉永元二年司徒丁鴻兼衛尉　魏志曰辛毗爲衛尉清平與徐邈胡質皆憂國忘私不營產業賜穀二千斛錢三十萬布告天下　又曰田豫爲升州刺史徵爲衛尉屢乞遜位司馬宣王以豫克壯書豫未聽豫書荅曰年過七十而以居位譬由鍾鳴漏盡夜行不休是罪人也遂引疾拜太中大夫　沈約宋書曰南郡王義宣子恢爲侍中

領衛尉晉氏過江不置衛尉世祖欲重城禁故復置衛尉自恢始也【箴】

漢楊雄衛尉箴曰茫茫上天崇高其居設置山險盡爲防禦重根累垓以難不深闕爲城衛以待暴卒國以有固人民有內各保其守永修不貶【碑】

後漢孔融衛尉張儉碑銘曰其先張仲實以孝友左右周室晉主夏盟而張老延君譽於四方君稟乾綱之正性蹈高世之殊軌冰絜淵清介然特立雖史魚之勵操叔向之正色未足比焉中常侍同郡侯覽專權王命犲虎肆虐威震天下君以西都督郵上覽禍亂凶國之罪鞫没賦姦以巨萬計俄而制書案驗部黨君爲覽所陷亦章名捕逐當世英雄受命殞身以籍濟君厄者蓋數十人故克免斯艱旋宅舊宇衆庶懷其德王公慕其聲州宰爭命辟大將軍幕府公車特就家拜少府皆不就也復以衛尉徵明詔嚴切勑州郡乃不得已而就之銘曰桓桓我君應天淑靈皓素其質允迪忠貞肆志直道進不爲榮赴戟驕臣發如震霆凌剛摧堅視危如寧

太僕

漢官百官表曰太僕掌輿馬屬官有大廐未央廐家馬三令又車府路軨

騎馬四令　又龍馬槖泉騊駼承華五監長承又邊郡六牧師苑令各三承又牧槖昆蹄令丞皆屬焉武帝太初元年更名家馬爲挏馬駐乳取其汁挏治之味酢可飲因以名官也　文類曰所主惣挏雜合非上選所別異之馬也箭晉洞主乳馬韋華爲夾兜受數升盛馬乳挏取其上肥因名挏馬令梁州亦名馬酪爲酒馬　漢舊儀曰太僕帥諸苑三十六所分布北邊以郎爲苑監官奴婢三萬人分養馬三十萬頭擇取給六廄牛羊無數以給犧牲　漢書曰灌嬰自上初起沛常爲太僕竟高祖世以太僕事惠帝惠帝崩以太僕事高后高后崩代王之來嬰與東牟侯入清宮以天子駕迎代王共立文帝後爲太僕　東觀漢記曰祭彤字次孫旅力過人常貫三百斤弓入爲太僕從至會明帝指子路室曰此太僕室也　續漢書曰趙岐字臺卿獻帝以爲太僕持節安慰天下　王隱晉書曰武帝以羊琇爲太僕卿遜位加特進　晉諸公贊曰郭展爲太僕留心於養生是以廐馬充丁其後征吳得以濟事　帝王世記曰穆王即位命伯嬰爲太僕今尚書君牙伯冏二篇是也　【箴】漢楊雄太僕箴曰肅肅太僕車馬是

供鉼鉼和鸞駕彼時龍昔在上帝巡狩西宅王用三驅前禽是射獻多肥馬野有餓殍僕臣司駕數告執帛

誄 晉傅玄永寧太僕龐侯誄曰蒸蒸孝敬行著閨庭如蘭之芳如金之貞在亂不迴處暗斯明仁象春日威配秋霜慈恩雨施惠化風揚嘉善獻親疾惡若讎品定人倫清濁異流將繼四祖世據削定天假其年主優其祿等勳伊呂比壽東嶽

廷尉

韋昭辯釋名曰廷尉縣尉皆古官也以尉尉民心也　尚書曰帝曰皐陶蠻夷猾夏寇賊姦宄汝作士　文子曰皐陶喑而爲大理天下無虐刑有貴乎言者也　韓詩外傳曰晉文公使李離爲大理過聽殺人自拘廷尉請死於君君曰官有貴賤罰有輕重下吏有罪非子之罪也李離曰法失則刑刑失則死遂伏劒死　漢書曰廷尉秦官掌刑辟有正左右監景帝中六年更名大理武帝建元四年復廷尉　又曰下邽翟公爲廷尉賓客填門及罷門外可設雀羅後復爲廷尉乃署其門曰一死一生乃知交情一貴一賤交情乃見一貧一富乃知交態　又曰張釋之爲廷尉上行出

中渭橋有一人從橋下走乘輿馬驚於是使騎捕之屬廷尉釋之奏此人犯蹕當罰金上怒釋之曰廷尉天下之平也一傾天下用法皆爲之輕重民安得錯其手足上良久曰廷尉當是也　又曰于定國爲廷尉朝廷稱之曰張釋之爲廷尉天下無冤民于定國爲廷尉民自以不冤　又曰朱博遷廷尉恐爲官屬所誣召見正監典法掾吏謂曰廷尉本起於武吏不通法律然廷尉治斷獄以來且二十年亦獨目剽日久三尺律令人事出其中掾吏試與正監共撰前世決事吏議難知者數十事特以問廷尉得爲諸君意覆之正監即共條白博博皆召掾吏爲平處其輕重十中入九官屬咸服　又曰文帝初立河間守吳公治天下第一故與李斯同邑乃徵吳公爲廷尉　華嶠後漢書曰河間吳雄以明法律桓帝時自廷尉致位司徒雄子訢孫恭三世爲廷尉以法爲名家　又曰郭躬爲廷尉正遷廷尉家世掌法凡郭氏爲廷尉者七人　新序曰楚昭王有士曰石奢公正而好　王使爲理於是廷尉有殺人者石奢追之則其父也及於廷尉曰以父成政不孝也不行君法不忠也弛罪法而伏其辜僕之所守也君

曰庸有罪乎子其治事矣石奢曰不私其父非孝也不行君法非忠也臣不敢失法下之行也遂不離斧質刎頸而死　東觀漢記曰永平六年以廷尉皆曹吏強為廷尉以明用達法理超遷非次　又曰陳寵為廷尉有疑獄輒手筆作議所活者甚多　魏志曰高文惠明帝時為廷尉時法甚峻而宜陽典農劉龜竊於禁内射兎收龜付獄文惠表請告者曰廷尉天下平也安得以至尊喜怒而毀法乎　會稽典錄曰盛吉拜廷尉吉性多仁恩務在哀矜每至冬月罪囚當斷其妻執燭百手丹筆夫妻相向垂泣摯虞新禮議曰故事祀臯陶於廷尉寺新禮移祀於律寺以同祭先聖於太學也　又故事祀以社日新禮改以孟秋之月以應秋政臣虞謹案臯陶作士惟明克允國重其功人思其當是以獄官祀其神繫者致其祭律非正署廢興無常宜如舊禮　晋中興書曰王彪之遷廷尉時揚州刺史殷浩劾永嘉太守謝毅付廷尉彪之執法不受發詔彪之又上疏執據時人云張釋之以來復見斯事

【箴】漢揚雄廷尉箴曰天降五刑維夏之績亂兹平民不回不僻昔在蚩尤爰作淫刑延于苗民夏氏不寧穆王耄荒

甫侯伊謀周輕其制秦繁其章故有國者無云可謂是刖是劓無云何害是剥是剖殷以刑顛秦以酷敗獄臣司理敢告執謁

鴻臚

韋昭辯釋名曰腹前肥者曰臚此主王侯及蕃國言以京師爲心體王侯外國爲腹臚以養之也辯云鴻臚本故典客掌禮鴻大也臚陳序也欲大以禮陳序賓客　漢書曰典客秦官掌諸侯歸義蠻夷景帝六年更名大行令武帝太初元年更名大鴻臚　漢雜事曰蕭由爲陳留太守入爲鴻臚卿不任賓贊乃還官　東觀漢記曰大鴻臚漢舊官建武元年復置屬官有治禮員三十七人主齊儐贊又有中都官升食以下功次相補　續漢書曰大鴻臚卿一人中二千石諸王入朝當郊迎典其禮儀及郡國上計并屬焉皇子拜王贊授及拜諸侯諸侯嗣子四方夷狄封者鴻臚召拜之　魏略曰常林性既清白當入官又嚴少府寺與鴻臚對門時崔林爲鴻臚性闊達不與林同數數聞林檛人吏聲不以爲可林當夜檛吏吏不勝其痛嚾呼嗷嗷其明崔出門與林語曰聞卿爲廷尉尔耶林不覺荅曰

不也崔曰卿不爲廷尉昨夜何故考囚乎林慙笑　又曰韓宣明帝時爲大鴻臚如南陽韓曁以宿德在宣前爲大鴻臚鴻臚中爲之語曰大鴻臚小鴻臚前後治行相曷如　襄陽耆舊傳曰習郁爲侍中時從光武幸黎丘與帝通夢見蘇山神光武嘉之拜大鴻臚録其前後功封襄陽侯使立蘇嶺祠刻二石鹿俠神道百姓謂之鹿門廟或呼蘇嶺山爲鹿門山　山濤啓事曰鴻臚職主胡事前後給之率多不差今當選御史丞力牧舊人不審於宜尔不

【箴】漢楊雄大鴻臚箴曰蕩蕩唐虞經通垓極畫爲上下該羅百職文不可武武不可文大小上下不可奪倫鴻臣司爵敢告在鄰

漢邯鄲淳鴻臚鍾紀碑銘曰内苞九德外兼百行川深淪於不測膽智應於無方弘裕足以容衆矜嚴足以正世然後研機道藝涉覽文學凡前言往行竹帛所載靡不悉該於穆上德時惟我君固天縱之允鍾厥純命世作則實紹斯文遭險龍潛抗志浮雲所貴在巳樂存事親雖處畎畝天子屢聞

司農

漢書曰治粟内史秦官武帝太初元年更名大司農　應劭漢官曰大司農古官也　虞分命羲和四子敬授民時高祖授命懲秦之弊與民休息逮到文景國家無事家給人足京師之錢累百巨萬貫朽而不校太倉之粟陳陳相因充溢露積腐敗而不食　史記曰韓信歸漢漢以爲治粟内史　漢書曰武帝天漢元年以桑弘羊爲大司農置丞數十部於郡國　又曰宣帝地節四年北海太守朱邑以治行第一入爲大司農　東觀漢記曰辛融字子優爲大司農性明進稱爲名卿　又曰高詡以儒學徵拜大司農在朝以清白方正稱　魏志曰梁習爲并州二十餘年政治爲天下最乃徵拜爲大司農　沈約宋書曰大司農卿一人稱棄后稷其職也　齊職儀曰司農卿耕籍則掌其禮儀

箴

漢楊雄大司農箴曰厥庶僚后貢均實羸有無相易性都作程旁求衣食厥民攸生上稽二帝下開三王什一而征爲民作常蓋近貢匪百姓不忘帝王之盛盛在農殖季周爛熳而東作不勑膏腴不獲庶物並荒府藏單虛靡積靡倉　晉張華大司農箴曰在周之室不虔政首弃稷弗修不籍千畝匱神乏祀用敗於戎醜畜

臣司農敢告左右

墓誌

隋江惣司農陳暄墓誌銘曰其文猷亂其筆縱橫背碑即誦據馬俄成誹諧見賞調笑忘情兩宮寵官四主恩榮萬事休息一朝追送疇昔命觴文可吟諷今日酹酒長悲且慟

誄

後漢張衡大司農鮑德誄曰昔君烈祖乎顯弈世敬叔生牙美管交賴至于中葉種德以邁種德伊何去虛適尒建旄屯留其茂如林降及我君惣角有聲遺蒙萬穀寵祿斯丁守約勤學克勞其形濾哲之資日就月成業業學徒童蒙求我舍厥往著去風即雅濟濟京河寔爲西魯昔我南都惟帝舊鄉同于郡國殊于表章命親如公弁昇鳴橫若惟允之寔耀其光導以仁惠敎以義方習射矍相饗老虞庠羌髦作虐鄭我西鄰君斯整旅耀武月頻蠢蠢戎虜是懾是震知德者鮮惟君克舉既厭帝心將處台輔命有不永時不我與天寔爲之孰其能禦股肱或毀何痛如之國喪遺愛如何無思

將作

漢書曰將作秦官掌治宮室　應劭漢官曰世祖中興以謁者領其官章帝建初元年乃置真位次河南尹永元七年大匠應慎上言百郡付史觀

國之光而舍逆旅崎嶇斯館貢篚之物朽濕縣露昔晉國霸之盟主耳舍諸侯於隸人鄭子產以爲大譏況今四海之大而可無乎和帝嘉納之卽創業焉　漢書曰將作大匠乘馬延年勤苦賜秩二千石　漢舊儀曰將作大匠改作少府景帝中六年更名也　續漢書曰將作大匠掌木功之工并樹桐梓之類列于道側　華嶠漢書曰劉寵拜會稽太守除省煩苛徵爲將作大匠有老叟五六人人齎一百錢送寵寵爲一人受一文大錢　魏志曰陽阜爲大匠卿治發充後庭阜上疏欲省宮人諸人不見幸者乃召御府史問後宮人數吏守舊令對曰禁密不約宣露阜怒杖吏一百數之曰國家不以九卿爲密反與小吏爲密乎帝聞而愈敬憚　汝南先賢傳曰應佽華爲將作大匠發擿姦伏除藻飾剷浮費凡所省息七億餘萬

箴 漢楊雄將作大匠箴曰侃侃將作經構宮室牆以禦風宇以蔽日寒暑攸除鳥鼠攸去王有宮殿民有宅居昔在帝世茅茨土階夏卑宮觀在彼溝池桀作瑤臺紂爲璇室人力不堪而帝業不卒詩詠宣王由儉改奢春秋譏刺書彼泉臺兩觀雉門而魯以不恢或作長府而閔子以仁

光禄大夫

漢書百官表曰光禄勳屬官有大夫掌論議　漢官解詁曰武帝以中大夫爲光禄大夫與博士倶以儒雅之選異官通職周官所謂聮者也温故知新率由舊章皆能分明古今辯舊聞者也　漢官儀曰光禄大夫秩比二千石不言屬光禄光禄勳門外特施行馬以旌別之　百官表注曰光禄大夫古官也銀章青綬詩云三事大夫莫不夙夜職掌言議毗亮論道獻可替不贊揚德化　漢書曰杜陵王仲翁出入蒼頭廬兒傳呼甚寵　又曰元帝以少傅周堪爲光禄大夫秩中二千石領尚書事　又曰谷永旣爲大將軍鳳説能實最高由是擢爲光禄大夫　東觀漢記曰張湛爲光禄大夫數陳政常乘白馬光武每有異政輒曰白馬生且復諫矣　魏志曰黄初四年光禄大夫楊彪詔給吏卒門施行馬　樊英別傳曰詔書告南陽太守曰五官中郎將樊英委榮辭禄不降其節今以英爲光禄大夫賜歸家所在縣穀千斛常以八月致牛一頭酒三斛

表

梁丘遲爲柳僕射讓光禄表曰竊聞敬孫以規獻爲職彝品常貴飛翠鳴玉升降禁門

臣以疮疾豈伊或忝匪稱其服終朝三褫近取諸身皎日非喻臣之庸薄
文塵物論假以充壯報効無階而嬰離沉痼日月滋甚聖朝留篋晉之舊
慇降帷蓋之餘矜榮不徒行事存寵渥【詩】魏陳王曹植光祿大夫荀侯
誄曰如冰之清如玉之絜法而不威和而不褻百寮士庶歔欷霑纓機女
投杼農夫輟耕輪給輒而不轉馬悲鳴而倚衡

太子詹事

漢書百官表曰太子詹事掌皇后太子家丞屬諸官皆屬焉成帝鴻嘉
年省詹事屬大長秋　應劭漢官曰詹事秦官詹省也給也秩二千石
漢書曰竇嬰乃太后兄子景帝即位爲詹事帝母弟梁孝王太后愛之孝
王朝因燕酒酣上曰千秋萬歲後傳位於王嬰引卮進上曰天下高祖之天
下父子相傳漢之約也上何得傳王太后因憎嬰嬰亦薄其官因病免也
又曰孔光父霸宣帝時以經授太子爲詹事　又曰孝哀元壽元年馬宮
爲詹事　又曰漢文以鄭當時爲景帝詹事　又曰昭帝元鳳中以韋賢
爲詹事　王珉荅徐邈書曰詹事彈肅一宮如尚書令中丞矣　晉公卿

禮秩曰太始中立詹事掌宮事　齊職儀曰詹事品第三茂陵書秩二千石銀章紫綬局擬尚書令位視領護將軍　沈約宋書曰詹事一人初領官屬成帝時悉屬少府魏氏更置詹事揔衆職晉初又屬二傅咸寧復置詹事　俗說曰江夷右僕射主上欲用其領詹事語王准卿可覓比例准對曰臣當出外尋訪隹後見主上問近所道事卿已得例未准曰謝琰右僕射領詹事琰卽謂公之子恐夷非其例事遂不行

【表】齊孔稚珪讓詹事表曰太子霞騫青殿日光春宮儁紫谷之英振洛笙之響自非寵上白雲顔同明月何以延芳芝苑插羽瓊條簪纓咸貴於西京陸韡風素於東國伊人之美方曰可舉臣亦何斯而敢忝冒也　梁陸倕除詹事免讓表曰中陽白水徒庇微軀送珥抱薪未聞成績陳席不棄故劒無遺遂宣時髦升降清顯尊官厚秩無因而至陋巷蓽門鬱成爽塏儲端華重實異恒司南章馬宮已擇儒雅簪纓許商爰取姻戚自茲已降名器日隆歷選才賢若何叨越也　隋江揔謝宮爲製讓詹事表曰如攀珠樹徒仰照[illegible]之輝若践玉田不知照廡之價芙蓉之水亟奉北園迷送之文蜀陪南館从

降噓枯之旨許賜凌雲之筆清夜讌斯謂言善戲黃金然諾並遂殊寵年齊栢寢豈報恩榮紙盤蘭臺未書悚戴　啓　隋江揔除詹事謝宫啓曰庇身脩德濫迹端形陳蘿故葛攀附不涯解角蛻鱗超踰非次方辭璽會覲攸渥澤

太子中庶子

漢書百官表曰太子中庶子如侍中　又曰太子太傅屬官有庶子　又曰王商涿郡人少爲太子中庶子以肅敬厚稱　環濟要略曰庶子謂官中諸吏之適子及支庶在版籍者也行其秩叙作其徒役授八次八舍之職以徼候　漢書曰歐陽地餘爲中庶子授皇太子經元帝即位遷侍中魏志曰鮑勛爲中庶子　又曰王昶字文舒爲中庶子　文章叙曰應貞晉室爲中庶子　晉齊王攸與山濤書曰中庶子東宫顯職加侍挟右誠宜得篤粹有行檢六人想悉在尊意必允衆望也　晉中興書曰溫嶠拜中庶子在東宫甚見嘉寵僚屬莫與爲比數規諫諷議又獻侍臣箴甚有補益太子時起西池樓觀頗多勞費嶠口疏切諫太子納焉　沈約宋書

曰中庶子漢置古者世禄卿大夫之子旣爲副倅謂之國子天子諸侯子必有庶子官以掌教之

墓誌

梁簡文帝庶子王規墓誌銘曰玉挺藍田珠潤隋水價重連城聲同垂棘偶應龍之簫影等威鳳之羽儀名理超於荀王愽治侔於終賈稍遷侍中佩玉璽於文昌珥金貂於武帳文雅與綺縠相宣逸氣並雲霞俱遠副君取敬杜夷時廻晉儲之駕追嗟徐幹亦降魏兩之書爰發睿辭爲銘云爾七畧百家三藏九部成誦其心談天其口勝氣無儔高塵誰偶榮珪掩采靈劔摧鋒宋郊淪鼎洛水沉鍾玄扉不晝幽夜恒冬

太子舍人

漢書曰文帝使晁錯詣伏生受尚書還拜太子舍人　漢雜事曰鄭當時景帝時爲太子舍人每五日沐洗常置驛馬長安請諸賔客夜以繼日常恐不徧　魏略曰張茂上便宜擢爲太子舍人　山濤啓事曰臣近舉汜源爲太子舍人源見稱有德素久沉滯舉爲大臣欲以慰後聞之士　晉諸公贊曰張華愽識多聞無物不知盧浮高朗經傳有美於華起家爲太

子舍人【墓誌】梁簡文帝太子舍人蕭特墓誌銘曰威鳳五色朝陽千仞孫枝發響將鶵流韻馥哉若蘭頌矣懷態瑾旣誕子恒乃憔蒯銀鉤之巧重世遹隽況此臨池蟀輕露潤丹旐輕飛哀歌徐引壠水春帷山雲晚陣

藝文類聚卷第四十九

藝文類聚卷第五十

職官部六　刺史　尹　太守　令長

刺史

漢書曰武帝時田叔以壯勇刺舉三河奏事稱意　又云王遵遷益州刺史先是瑯邪王陽爲益州刺史行部至九折坂歎曰奉先人遺體奈何數乗此險後以病去及遵爲刺史至其坂問吏曰此王陽所畏道邪吏對曰是遵叱其馭曰驅之王陽爲孝子王遵爲忠臣　又曰朱博遷冀州刺史博本武吏不更文法及爲刺史行部吏民數百人遮道自言博駐車決遣五六百人皆罷去如神吏驚不意博臨事乃至於此　又曰何武爲揚州刺史行部必先即學宮見諸生試其誦論得失然後入傳舍問墾田頃畝五穀美惡　司馬彪續漢書曰郭伋拜并州刺史行部至西河美稷百小兒各騎竹馬迎伋拜伋問曰兒何自遠來對曰聞使君到喜故來迎伋曰苦諸兒復送到郭外問使君何日當還伋謂從事計日告之行部還入美稷先期一日伋念負諸兒即止野須期乃往　又曰周舉爲并州刺史太

原舊俗以介子推焚骸有龍忌之禁輙一月寒食莫敢煙爨老小不堪歲歲多死者舉既到州乃作弔書以置子推之廟言盛冬去火殘損人命非賢者之意以宣示愚民使還温食　又曰皇甫嵩領冀州牧奏請一年租賑饑民民歌之曰天下亂兮市爲墟母不保子兮妻失夫賴得皇甫兮復安居　又曰种暠爲益州刺史在職三年宣恩遠夷開曉殊俗岷山雜落皆懷服漢德其白狼槃木諸國並貢前刺史卒後遂絶暠至乃復向化永昌太守鑄黄金爲文蛇以獻梁冀暠糾發追捕馳傳上言冀由是銜怒

東觀漢記曰李珣爲兖州刺史所種小麥胡蒜悉付從事無所留清約率下席羊皮布被　又曰段熲起於徒中爲并州刺史有功後徵還京師熲乘輕車介士鼓吹曲蓋朱旗騎馬殷天蔽日連騎相繼數十里　謝承後漢書曰王閎遷冀州刺史閎性刻不發私書不交豪族賓客號曰王獨坐又曰李壽爲青州刺史發璽書於本縣傳舍乘法駕騑驂朱軒就路奏免四郡相百城怖懼悉豫棄官　先時交趾屯兵及有司舉賈琮爲刺史郎移書告示使其安貧業百姓歌之曰賈父來晚使我先反今見清平吏不

敢飯乃以琮爲冀州刺史舊典驂駕乘赤帷裳迎於州界及琮之部升車言刺史當遠視廣聽糾察美惡何有反垂帷裳以自掩塞乎乃命御者褰之百城聞風自然悚震　又曰百里嵩爲徐州刺史州境遭旱嵩行部傳車所經甘雨輒注東海金鄉祝其兩縣僻在山間嵩傳駟不往二縣獨不雨父老干請嵩曲路到二縣入界即雨　又曰巴祗爲揚州刺史幘毀壞不復改易以水滲漆用之處冥暗之中不燃官燭　華陽國志曰趙琰爲青州刺史有貴要屬託琰於廳事前置大器水發書悉投置水中無有所報　又曰郭賀爲荊州刺史百姓歌之曰厥德仁明郭喬卿明帝到南陽巡狩賜三公服去襜露冕使百姓見之以彰有德　三輔決錄曰蘇章爲冀州刺史行部有故人爲清河太守案得其奸貨乃請太守設酒接以溫顏太守喜曰人各有一天我獨有二天章曰今夕蘇孺文與故人歡飲私恩也明日冀州刺史白奏事公法也遂舉正其罪　又曰韋康代父爲涼州刺史父出上傳康入官時人榮之　魏志云劉馥爲揚州刺史馥既受命單馬造合肥空城建立州治貢獻相繼數年恩化大行　晉陽秋曰胡

質爲荆州刺史子威自洛陽至荆州定省家貧自驅驢單行見父停十餘日臨歸質賜絹一匹爲道糧威跪曰大人清高不審安得此質曰吾俸禄之餘故以爲卿糧爾晉武帝問威曰卿孰與卿父清威曰臣不如也帝曰何以爲不如威曰臣父清畏人知之臣清畏人不知之　魏志曰徐邈爲凉州刺史進善黜惡風化大行百姓歸心焉西域流通荒戎入貢皆邈勳也　又曰田豫護匈奴中郎將領幷州刺史胡聞其威名相率來獻州界寧肅百姓懷之　又曰陳泰爲幷州刺史懷柔民夷去有威惠京邑貴人多寄寶貨因泰市奴婢泰皆挂之於壁不發其封及徵爲尚書悉付還之又曰張既爲雍州刺史太祖謂既曰還君本州可謂衣繡晝行矣　又曰賈逵爲豫州刺史其二千石以下阿縱不如法者皆舉奏免之帝曰逵眞刺史矣布告天下當以豫州爲法　魏略曰裴潛爲兖州時嘗作一胡牀及去留以挂柱　王隱晉書曰羊祜都督荆州諸軍事招懷以禮懷遠以德吳人悦服稱爲羊公　又曰山濤轉爲冀州刺史自濤居州甄拔隱屈搜求賢才旌命所加三十餘人皆顯名當世冀州之士於是爲盛　又曰

杜預為鎮南大將軍都督荊州諸軍事南土美而謠之曰後世無叛有杜翁孰識智名與勇功　又曰陶侃為都督荊雍益梁四州諸軍事是時荊州大饑百姓多餓死侃至秋熟輒糴至饑復價糶之士庶歡悅咸蒙濟賴　又曰庾氷為中書監揚州刺史乃心夙夜情存治道賓禮朝賢升擢後進由是朝野注心咸曰賢相　又曰庾翼都督江荊益三州刺史制度規模每出於人數年之中軍國充實人情翕然稱其才明由是自河以南皆懷歸附　又曰吳隱之為廣州刺史州界有水名貪泉父老云飲此者皆使廉士變貪隱之始踐境先到水所酌而飲因賦詩曰古人云此水一歃重千金若使夷齊飲終當不易心　曹嘉之晉紀云羊曁為青州刺史曁至產犢及還以官舍所生遺之而去

詩

梁元帝後臨荊州詩曰擁旄去京縣褰帷辭未央弱冠從王役從容遊豈漲不學胡威絹寧挂裴潛牀所冀方留犢行當息飲羊戲蝶時飄粉風花乍落香高欄來蕙氣踈簾度曉光綺錢臨仄宇阿閣繞長廊　又示民吏詩曰闕里尚撝謙厲鄉裁知足咨余再分陝少思宜寡欲霞出浦流紅苔生岸泉綠方令江漢士變為鄒魯

俗　又别荆州吏民詩曰玉節居分陜金貂揔上流麾軍時舉扇作賦且登樓年光徧原隰春色滿汀州日華三翼舸風轉七星遊向解青絲纜將移丹桂舟　梁劉孝綽和湘東王理訟詩曰馮翊亂京兆廣漢欲兼治豈若兼邦牧朱輪褰素帷淮海封畿地雜俗良在兹禁姦擿鉄兩馭黠震豺狸

碑　後漢蔡邕荆州刺史庾侯碑曰君資天地之正氣含太極之純精明槩鮮於白珪貞操厲乎寒松視鑒出於自然英風發乎天骨事親以孝則行侔於曾閔結交以信則契明於黄石温温然弘裕虛引落落然高風起世信荆山之良寶靈川之明珠也爰在弱冠英風固以揚於四海矣拜爲荆州刺史杖冲靜以臨民施仁義以接物恩惠著於萬里誠信暢於殊俗由是撫亂以治綏擾以靜也帝嘉其功錫以車服方將掃除寇逆清一宇宙廓天步之艱難寧陵夷之屯否　晉潘岳荆州刺史東武戴侯揚使君碑曰君誕保靈和繼期載德宣哲清朗直道高尚君乃嘉號推賢博愛濟衆邦黨服其義而縉紳慕其風于時文后曆數在躬相國幕府實允華夏九德咸事俊入在官成君名器納字叅軍宏略被于南國美化行乎江

漢西陵之役縣軍深入親薄寇壘躬行天誅既而救兵不進糧盡道窮君乃憮然迴慮緻其衆而返雖爲法受黜勳庸未崇而天下伏其勇世主思其忠　晉潘尼益州刺史楊恭侯碑曰君乾靈之醇德挺高世之殊量稟天然不渝之操體蘭石芳堅之質夫其器膺弘濟智能周達窮不怨否顯不矜泰履行則爲模楷吐言則成隱括德實充於内而光華發乎外也君發迹州國委質明主自景皇帝攝政文皇帝繼業值天下多虞疆埸未靜以君先帝所拔懷寶後時而深達遠識有經國之量故爲腹心謀臣而監度政事焉君出則簡練熊羆職司是圖入則從容諷議盡規惟幄其所以進可替否決疑定策者皆言効於既往而事簡于帝心君再臨司官三撫名郡方將宣文德以來遠建武功於所牧銘曰天生蒸民有類有則誕育恭表應期秀特文兼六行武備七德忠肅弘毅柔嘉温克機事無瑕臨疑不惑我謀既精我化既清澤流河朔勳著王庭西南未夷侯其是寧上天不惠早世潛靈　北齊邢子才冀州刺史封隆之碑曰公世載儒雅之風家傳鍾鼎之業出三代而克阜歷兩都而盛轉五出祖游游子孚恥斯爲

獸狹此且螯濡足焚首念在一匡委質中山並克衮闕故已援墜拯溺大庇生民祖定功業建旆懷藩揚旌冀部耳目相接歌詠獨存文司空孝宣公禀潤玉府承華桂簿望振鷺而齊舉軼歸鴻而並運以茲一德光事三主七登九伯之重再處八元之任必有餘慶事屬才子莫之與京理歸世祿非因原隰之氣詎待河嶽之靈發純粹而成址禀中和而樹質神體秀異志識閒爽幼體成人弱不好弄同鳳皇之五色非豫章之七年太昌初平洛除侍中驃騎大將軍密勿樞功逶迤袞職貂蟬承弁華藻披衣鳴雙璜於峻陛驅六轡於廣路升華輦以弼一人踐太階而平天下　周王褒故陝州刺史馮章碑曰其先陶唐氏之苗裔堯少子生而手有馮字因以爲氏俾侯于魯義等旁心之地余與之廣事符河汾之邑使君禀靈河嶽此德璁珩閨門和美譽聖開宗握文命氏濁水北流秦関東徙巖險襟帶山河枕倚陸離組甲從容青紫　周庾信少保幽州刺史豆盧府君碑曰本姓慕容燕文帝晃之後也其先保姓受氏初存柳城之功開國承家始靜遼陽之亂尚書府君改姓豆盧筮仕于魏公資忠履孝蘊義懷■直幹百尋

澄波千頃留心職仕愛翫圖籍官曹案牘未嘗煩擁戎馬交馳不妨殊俗
兄弟公侯國朝親戚宜春有湯沐之盛濯龍無流水之譏渭南千畝之竹
尚懼盈滿池陽三頃之田常思止足銘曰朝鮮稱國孤竹爲君地稱高柳
山名密雲遼陽趙列武遂秦分實珪世胄雕戈舊勳名稱實賓言謂身文
朝傾地鎮夜落台星石壇承祀豐碑頌靈渭城高柏昌陵下亭須知地布
爲讀山銘

墓誌

梁王僧孺豫州墓誌曰自姬發系因魏傳緒留路在趙
名賢世襲相秦將漢英雄係踵忘寵辱無慍喜靡矜夸慎嗜欲其行軍用
武勳合奇正乃治邊御衆威裕兼行常懔懔然以中原爲己任或欲十萬
而橫行乍思五千而深入尅反舊京飲馬函渭然後高卧閒帷晤言空谷
思魯連之辭賞慕田疇之高蹤而火傳川逝長塗已迫雖景鍾良史有功
必書刻板鏤石宜兼不朽銘曰高勳藹藹長旌高旆入作牙爪出司襟帶
民謠不息王言有會功爲上等正稱九最日隆寵秩方登遠大義孌難留
濛水易收秘丘玄戶杳杳悠悠

陳徐陵裴使君墓誌銘曰君五音之候
兼其方牧八陣之圖窮其巧變用能戰必勝攻必取督稱無難兵號解煩

朝飛火箭夜登雲梯燧象從奔聯狼已合於是厥顏不橈極咍諸戎龐德高聲肆言羣逆胡夷揔至猶持子路之纓鋒刃相交終荷温生之節每以財輕義重嵩衡割宅字貧友之孤開門延故人之殯篤好朋遊居常滿席每至鮮雲藹藹披王安之衣明月團團似班婕之扇日帶花以如笑風鳴條而若歌傍列絲桐對揚文酒一石之後逾能斷獄五斗之量猶未解酲嗟乎潘岳之詩致哀周窗莊公之誄用愍相責　陳江揔廣州刺史歐陽頠墓誌曰家公習尚書少府儒高於漢冊世居渤海太守文重平晉原中原喪亂避地南徙公孝敬純深友悌惇睦家積遺財並讓諸季兼賙同壤公含章內映遠識洸通窒嗜欲謹言行資貞幹事廉隅梁室不造凶羯憑凌公被銳執兇有志匡復梁孝元帝授散騎常侍東衡州刺史始興縣侯而犬戎弒逆宗社播遷陳纂揖讓依歸高祖恩加惟舊橫使持節都督南衡二十二州諸軍事廣州刺史進爲開府儀同三司山陽郡公進號征南將軍加鼓吹一部巫山遠曲諠騎吹於日南芳樹清音肅軍容於海徼追贈車騎將軍司空公涉獵六經優游百氏寬徭省賦化伯越之歸

心撫寒投醪感三軍之死力在室如賔寡慾屋漏不貪爲寶毋畏人知殺青無兼雨之疑薏苡豈懷珠之謗如羊如栗不改夷齊之心遺愛遺風方留豹産之德

表

魏武帝謝領兖州牧表曰入司兵校出總符任臣以累葉受恩膺荷洪施不敢顧命是以將戈帥甲順天行誅雖戮夷覆亡不暇臣愧以興隆之秩功無所執以僞假實條不勝華寵感讖請盗以惟谷

梁簡文帝爲武陵王讓揚州表曰臣延首青冥傾心紫府言非東里誠譬北辰而滔滔雲漢不彼霈然之澤鬱鬱仙居方隔下臣之奏周任量力請固所陳明主理奪伏冀照許臣聞繫風捕影涉求之路靡階玉馬金舟適遠之資無託

南康王會理讓湘州表曰絲言自天而忽委刺王披雲而下墜浮舟千仞呂梁之暢已深揔轡萬尋懸車之懼非淺

梁劉孝儀安成王讓江州表曰臣聞失晨之雞雖不忘於改旦敗駕之馬終取恤於銜鑣臣昔牧淮岱皇風咫尺一變至道易以爲政而亂政莫理美錦徒傷豈可複宣六條闡化千里

又曰臣聞六轡沃若不策玄黃之馬九成輪奐無求擁腫之材何則跳蹋之路已窮梁棟之用斯闕

南平王讓徐州表曰

竊以淮岱務殷事乖坐嘯粉榆望重非可卧治臣慙頓枕席動移旬晦恒
恐尺波易流寸陰難保寧可復冒此寵膺茲恩榮　臨川王解揚州表曰
臣自馳傳斗牛作牧淮海政刑兩空璿璣六運旣昧弛張之要尤慙大小
之獄故以結詠濡翼取愧能官每一進思無忘退食誠復恩私可憑而彝
倫難紊敢恃慈弘冒披心款乞解州任少弭素飡　又爲鄱陽嗣王初讓
雍州表曰臣大邦維屏旣慙宗子之詩思樂泮宮有缺僖公之頌特以國
開元伯錫壤參墟漢啓三倕分珪舊楚身私家慶總集微躬擁部襟帶跨
制數州西距崤關南踰鄧塞雖復呼韓來朝稾街納質二虜鼻戈四郊無
警猶如王式雅識羊祜尚義臣求諸己無或宴安進思盡忠歸乎祀謁
李揚州舅讓表曰人心彼此盡爲敵國金柝夜警和門晝閉加以淮水淼
漫危同三坂懷山之勢已成爲魚之期可見若使身死可以益國城沒足
用報恩雖葬魚鱉其甘如薺政以朽耄無庸心負恩寄恥辱之甚非止老
臣

啓

梁陸倕敕使行江州事啓曰封畛遐曠纏井奧實陸海神皐偏屬
茲指兼以茂親明德岱翰作鎮宣述條教匡贊盛猷自非問望兼弘寧可

擢膺嘉舉

教

齊謝朓爲録公拜揚州恩教曰昔召南分陝流甘棠之德平陽好道深獄市之寄吾忝屬負荷任摠侯伯受餞元戎作牧中甸此地五都雜會四方是則而向隅之矜斯積納隍之歎猶繫輿念下車無忘待旦有齊禮導德致之仁壽弘濶網之寬申在宥之澤

梁簡文帝罷雍州恩教曰折以片言事闕往聖寄之勿擾傳彼昔賢故剋木不對畫獄無入吾自之雍矜懷圄犴幸得天無虚旱地歇怪蟲今軸車行塗舟艎且戒植柳官度尚或依然寄飯曹僖猶思恩宥况義化君民節離寒暑惻兹岐路宜留惠澤

臨雍州原減民間資教曰誠欲投軀決堤謙身求雨九伐方弘三驅未息役獘之憂兵家斯急師興之費日用彌廣今春流既長艫舳爭前轉漕相追饋糧不闕義存矜急無俟多費

臨雍州革貪惰教曰壯夫疲於擐甲匹婦勞於轉輸蔾藿難充轉死溝谿春蠶不暖寒肌冬收不周夏飽胡寧斯忍復加裒削傷盜抵罪遂爲十一之資金作贖刑翻成潤屋之產

應劭漢官曰河南先所理周地也秦兼天下置三川守洛陽尹也漢更名河南孝武皇帝增云太守世祖中興徙都雒陽改號爲尹尹正也　王隱晉書曰樂廣爲河南尹郡中多怪無敢數在廳事者唯廣處之　晉中興書曰晉太興元年改丹陽内史爲丹陽尹　又曰劉隗爲長兼侍中出補丹陽尹隗雖在外而萬機秘密皆豫聞之　語林曰許玄度出都詣劉眞長先不識至便造之一面留連摽刻貴略無造詣遂九十日一詣許語曰卿爲不去家將成輕薄京尹

【詩】梁元帝去丹陽尹尹荊州詩曰駿駕乘駟馬謁帝朝承明分符從閩越終然慙勵精　又曰副君垂獎眄仁慈穆且敦終朝陪北閤清夜侍西園降貴深知己寧思食椹恩未嘗辭書室誰忍去輾轅　梁蕭琛和元帝詩曰妙善有兼姿羣材成大厦弃弃工辭賦翩翩富文雅麗藻若龍雕洪才類河瀉案牘時多暇優游閱典墳儒墨自玄解文史更區分平臺禮申穆兎苑接卿雲軒蓋蔭馳道珠履忽成羣德音高下被英聲遠近聞　梁徐免和元帝詩曰敬愛良是賢謙恭寔所務尊賢遺道德重學嚴師傅六藝誠納敏三雍稱有裕覆被唯仁義吐納必

珪璋壯思如泉湧逸藻似雲翔夙有匡時調早懷經世方留心在庶績厲精思治綱

【表】梁劉孝儀晉安王讓丹陽尹表曰臣聞盈尺徑寸易取琢磨南箕北斗難爲皷挹何則良工質美在器成珍假名責實涉求必殆　梁邵陵王讓丹陽尹初表曰臣進非民譽退異宗英尸居戎號巳紊彝典況京兆五守西漢難追河南二尹東京罕繼審巳循涯自知莫可街談巷議尤見不勝　梁庾肩吾爲南康王讓丹陽尹表曰臣聞劒鏤七星非有司天之用簾圖五嶽寧識崇朝之雲是知策彼泥龍不能令其逐日乘斯流馬安可使其奔電方今振鷺盈庭白駒空谷惟帝念功惟明克允君子之國幸聞其讓石門之水獲免於貪

【序】梁元帝丹陽尹傳序曰傳曰大夫受郡漢書曰尹者正也及其用人實難授受廣漢和顏接下子高自輔經術孫寶行嚴霜之誅袁安留冬日之愛自二京版蕩五馬南渡固乃上燭天文下應地理爾其地勢可得而言東以赤山爲城皐南以長淮爲伊洛北以鍾山爲阜皐西以大江爲黃河既變淮海爲神州亦卽丹陽爲京尹雖得仁之盛頗愧前賢而聘遇之深多用宰輔皇上受圖負扆寶歷惟

新制禮以告成功作樂以彰治定豈直四三皇六五帝孕夏陶周而已哉若夫位以德敘德以位成每念忝莅京河茲焉四載以入安石之門思勤王之政坐眞長之室想淸談之風求瘼餘晨頗多暇景今綴采英賢爲丹陽尹傳

太守

漢書曰郡守秦官掌理其郡秩二千石景帝中二年更名太守　又曰季布爲河東太守孝文時人有言其賢召欲以爲御史大夫人又言其勇使酒至留邸一月罷布曰臣待罪河東陛下無故召臣此人必有欺陛下者夫以一人譽召臣一人毀去臣恐天下有識聞之以窺陛下上曰河東吾股肱郡故時召君爾　又曰文翁廬江人少好學景帝末爲蜀郡守修起學館於成都招下縣子弟以爲學官僮子得教令吏民見而榮之由是大化蜀地學于京師者比齊魯焉　又曰黃霸字次翁爲潁川太守戶口歲增治爲天下第一徵守京兆尹是時鳳皇神雀數集郡國潁川尤多天子以霸治行終長者下詔賜爵關內侯黃金百斤　又曰哀帝時南郡多盜

賊授蕭育爲太守上以育耆舊名臣乃以三公使車載育入殿中受策加賜黃金二十斤勑育至南郡盗賊跡斷　韓子曰李悝爲魏文侯上地守而欲民之善射乃下令云民有狐疑之訟者令之射狗中之者勝不中者負民皆習射日夜不休與秦戰大敗之以民之善射也　東觀漢記曰馮勤曾祖揚宣帝時爲弘農太守生八男皆典郡趙魏號爲馮萬石　又云趙喜字伯陽爲平原太守後青州大蝗入平原界輒死歲屢有年百姓歌之　又曰朱暉字文季再遷臨淮太守吏民畏愛爲之歌曰强直自遂南陽朱季吏畏其威民懷其惠　又曰張堪字君淑試守蜀郡太守遷漁陽太守開治稻田八千餘頃教民種田百姓以殷富童謡歌云桑無附枝麥穗兩岐張君爲政樂不可爲視事八年匈奴不敢犯塞　又曰廉范字叔度爲蜀郡太守成都邑宇逼側舊制禁民夜作以防火而更相隱蔽燒者日日相屬范乃毁削前令但嚴使儲水百姓爲便乃歌之云廉叔度來何暮不禁火民安堵昔無襦今五袴　又曰王阜爲益州太守神馬四出鎮河中甘露降白烏見連有瑞應世謂其用法平正寛慈惠化所致　三輔決録

曰馬援誡兄子書龍伯高敦篤周愼口無擇言吾愛重之願汝曹効之世祖見援書即擢爲陵零太守在郡四年甚有治化　張璠漢書曰宋登字叔陽出爲潁川太守市無豫價路不拾遺病免卒於家汝陰人配社祀之沈約宋書曰羊玄保爲黃門郎善弈棊棊品第三太祖亦好弈數蒙引見與太祖賭郡戲勝以補宣城太守【詩】宋謝靈運去永嘉郡詩曰野曠沙岸靜天高秋日明憩石挹飛泉攀林搴落英　梁簡文帝罷丹陽郡往與吏民別詩曰父歸從事麥非留故吏錢柳栽今尚在棠陰君詎憐　梁沈約去東陽與吏民別詩曰微薄叨令幸忝荷非昔期唐風豈異世欲明重在茲飾驂去關輔分竹入河淇下車如昨日曳組忽彌朞霜載凋秋草風三動春旗無以招卧轍寧望後相思【碑】晉孫楚鴈門太守牽府君碑曰君體德允直才量高傑明鑒達於世變弘毅足以致遠筆振鴻翼於衰塵之表卓爾先覺於擬議之前遷鴈門太守敎民耕戰聽斷以情信賞必罰下服其命是以夷狄窘迫罔知所安譬秋枯之隕晨風激雹之不及掩耳目也伐叛柔服威震沙漠遺種遠迹萬里無煙烈烈君侯文武允崇少兼

七德翰飛撫戎名揚河朔威震漢中臨危運奇在難匪從廻旋東麾撫司徐青截彼隆賊海岱以平剖符千里爲國扞城　晉孫綽潁州府君碑曰君天縱傑邁奇逸卓犖茂才亮拔雅度恢廓通理遠鑒之識禮樂飾身之具固以足之於天仍冠之於搢紳出匡南位功深於爵金龜三曜沖壤再發道光古賢風政彫僞允可謂明德宏猷贊世之偉器者矣矯矯秀姿卓卓英韻他人之高及肩而已邀命有數託生皇代所忝之至人知其幸況在懷情而無自識但親勤末効違離巳及低徊房禁攀戀罔遺

表　梁范雲除始興郡表曰臣被沐恩靈棲息榮幸貶貌兢視挺襟軫慮徒誓蠡管之誠終沈熒爝之用不悟懸景麗天通涇潤下月緒未交鎔光再鑠脩鞠慙疑驢不及抃且地鄰舊越甸分故楚厥壤惟腴寔邦斯大將何以再宣王猷陶奉惠渥　梁蕭子範爲蔡令樽讓吳郡表曰今吳奧區地迫都輦璧被四京則扶風馮翊方之洛下則潁川河內自非時雨之政解繩之才寧可奉共理之言承河潤之旨鄧攸廉白廼著不留之歌賀邵沈靜猶致題門之責　陳徐陵爲始興王讓琅邪二郡太守表曰甫離懷袖裁脫繈

紈適賀隆私使膺珪組執王不趍摳衣未勝自甘泉通大細柳屯兵旁帶戎塵頗同疆埸言瞻漢草乃曰中州遥望胡桑巳成邊郡誠復居藩體國應思馬駿之功論地維親宜慕蕭彰之勇

隋江揔爲衡陽王讓吴郡表曰芝泥馳印發命開函穎之誠夏霜易霣兢惶之至春冰可涉臨輜面軾卽事何取廣川無聲頗知自匹

【教】

梁簡文帝復臨丹陽教曰昔趙張脩猛用弘美績邊延善政寔著民謡吾沖弱寡能未明理道猥以庸薄作守京河將恐五袴無謡兩岐難頌思立恩惠微宣風範

梁丘遲永嘉郡教曰責郡控帶山海利兼水陸實東南之沃壤一都之巨會而曝背拘牛屢空於畎畝績麻治絲無聞於窐巷其有耕灌不脩桑榆靡樹遨遊鄽里酣醨卒歲越伍乖鄰流宕忘返才異相如而四壁獨立高慙仲蔚而三徑沒人雖謝文翁之正俗庶幾龔遂之移風

梁任昉爲齊竟陵王世子臨會稽郡教曰富室兼并前史共蠹大姓侵威往哲攸嫉而權豪之族擅割林池勢富之家專利山海至乃水稱峻巖巖我君后崇墉增仞内通神明出符大順火炎崑岡神嶽崩潰蘭艾同燼王石俱碎哲人遭命哀有餘慨

碑桓宣城碑曰君器量高濬神氣披朗商略雅俗隱括眞僞擢奇取異不軌常流固以準的當時擬議郭許矣處身立朝不峻功名俯仰顯默之際優游可否之間迹埤而道不汚身屈而志不屑矣銘曰於穆我后稟茲純爽虛豁高暢蕭條邁上風任外歆卓鑒内朗神栖沖愼形同俯仰將登槐棘宏振綱綢令儀早徂德音永響

銘晉傅玄江夏任君銘曰君諱倏承洪苗之高胄稟岐嶷之上姿質美珪璋志邈雲霄景行足以作儀範柱石足以慮安危弱冠而英名播乎遐邇拜江夏太守内平五教外運六奇邦國人安飄塵不作銘曰我我任君應和秀生如山之峙如海之淳才行闡茂文武是經臺后利德泊然弗營宜享景福光輔上京如何夙逝不延百齡　宋傅亮故安成太守傅府君銘曰爰自漢季以及晉朝高名遠德係軌于時貞風亮節流聲累葉君承世德之芳流蕩二象之淑靈含章蘊粹佩蘭蕙韋帶飯蔬朝不及夕不以棲遲改其間不以隱約迴其操楊生所爲夕幽而不改隨和之德者其斯之謂歟棲心古烈擬踵前修淹流孔若宛然内求于言中倫庸行歸周神之聽之匪明匪幽

章梁簡文帝爲

王規拜吳郡太守章曰臣今願欽衽後恩循牆所忝示山河而形勝顧浮橋而不見蒼鷹一遊望仙掌而逮然方當駕吉斧之車入句吳之地驅緹扇之馬撫奉德之鄉製錦何階棼絲方始　梁陸倕授潯陽太守章曰鏤水雕脂不見大龍之象課虛叩寂寧聞駕辯之音徒荷客蓋空班推擇不能使府庭生梓横閣誦經俯睨朱轓仰瞻繪蓋濡上嚴辨伏軾多慙

表

宋顏延之拜永嘉太守辭東宮表曰抗志絕操筆陛謝勢代食賓士何獨匪民　又爲齊景靈王世子臨會稽郡表曰此郡歌風蹈雅既髣髴於淹中春誦夏絃實依俙於河上頃者以來稍有訛替可推擇明經式寄儒職使琢玉成器無爽昔談鑄金待價有符舊說

教

梁陸倕未至潯陽郡教曰第五倫之臨會稽躬斬馬草鄧伯道之莅吳郡自運家糧故能使吏作頌歌民胥興詠太守薄德謬叨龜組竊願巴祗闇坐接客思匹吳隱被絮對賓常藥自隨式瞻無遠單車入境竊所庶幾舊須發民治道及戍邏揄樵採諸如此類一皆省息又云太守家本諸生伏膺典記光武靈臺之籍較涉根基張華聚土之書略見庭戶貴郡圖載其具存方策校以山經參

諸括象原野城寺宛在心目龍泉鶴嶺不易窮登所撰郡圖可勿親用公孫陛戟既似井蛙延壽執戈實同兒戲

令長

左傳曰子皮使尹何爲邑子產曰少未知可否子皮曰使夫往而學焉夫亦愈知治矣子產曰不可人之愛人求利之也今吾子愛人則以政猶未能操刀而使割也其傷實多子之愛人傷之而已　晏子春秋曰景公使晏子爲阿宰三年而毁聞於國公不悦召而免之晏子謝曰嬰知過矣請復阿三年而譽必聞於國公召而賞之辭而不受公問其故對曰昔者嬰之所治當賞而今所以治當誅是故不敢受　說苑曰宓子賤治單父彈琴身不下堂單父治巫馬期亦治單父以星出以星入日夜不處以身親之而單父亦治巫馬期問其故宓子曰我之謂任人子之謂任力任力者勞任人者佚　又曰晉平公問趙武曰中牟三國之股肱邯鄲之肩髀也寡人欲其良令也其令空誰使而可趙武曰邢子可公曰邢子非子之讎邪對曰私讎不入公門又問曰中府之令空誰使而可趙武曰臣子可故外

舉不避讎內舉不避子　新序曰昔子奇年十八齊君使之治阿既行矣悔之使使追之未到阿及之還之已到勿還也使者及之而不還君問其故對曰臣見所以共載者白首也夫以老者之智以少者決之必能治阿矣是以不還　史記曰西門豹爲鄴令會長老問民所疾苦禁巫祝爲河伯取民之女爲婦鑿渠十二灌溉民田到今皆得水利　漢書曰焦延字子貢爲小黄令以伺候先知姦邪盜賊不得發愛養利民當遷三老官屬上書願留延有詔許之　又曰蕭育爲茂陵令會課育第六而陳令郭舜殿見責問育爲之請扶風怒曰君課第六裁自脫何暇爲之左右及罷傳召茂陵令詣後曹當以職事對育徑出曹書佐隨牽育育按佩刀曰蕭育杜陵男子何能詣曹也遂趨出欲去官明旦詔召入拜爲司隸校尉育過扶風府門官屬掾吏數百人拜謁車下　又曰召信臣以明經甲科爲郎出補穀陽令舉高第選上蔡長其治視民如赤子所居見稱述　司馬彪續漢書曰牟融舉茂才爲豐令視事三年政化流行縣無獄訟吏畏而愛之治有異迹爲州郡最　又曰卓茂遷密令其治民舉善而教不能則勸

口不出惡言勞心憂念吏民知其有緩急以恩信待吏吏畏而愛之不忍欺也元始中天下蝗河南二十縣蝗獨不入密界督郵書言太守大怒自出案行密界中實然乃驚　又曰魯恭爲中牟令導民以孝推誠而治建初中郡國螟傷稼犬牙緣界不入中牟河南尹袁安疑其不實遣仁恕掾肥親往察驗之恭隨行阡陌俱坐桑下有雉止其傍有童兒親曰何不擊之兒曰雉方將鶵親瞿然而起與恭訣曰所以來者欲察治之善惡爾今蟲不犯境此一異也化及鳥獸此二異也豎子有仁心此三異也久留徒擾賢者可還府以狀白安美其治以勵屬縣　又曰孔奮守姑臧長治有異道時天下擾亂河西獨安而姑臧市日四合爲河西富縣每前長居官數月輒致貲産奮在姑臧積四歲財産不增奮素孝自來爲長時供養至謹在姑臧唯母極膳妻子飲食但葱韭　又曰蔡彤除偃師長視事五年縣無盜賊州課第一遷襄賁令時盜賊抄掠彤到官誅姦猾縣界清靜詔書增秩一等賜縑百疋册書勉勵　又曰劉寵除東平陵令是時民俗奢泰寵到官躬儉訓民以禮上下有序都鄙有章視事數年以母病棄官歸

百姓士女攀車距輪充塞道路車不得前乃輕服潛遁　又曰劉騊爲須陽長政化大行道不拾遺以病去官童謠歌曰悒然不樂思我劉君何時復來安此下民　又曰虞詡爲朝歌長故舊皆弔詡曰難者不避易者不從不遇盤根錯節何以別其利器乎　又曰公孫述補清水長太守以其能使兼治五縣政事循理姦盜不發郡中謂有神明　又曰虞延除細陽令每至歲時伏臘休遣徒繫各使還家並感其恩應期歸有一囚於家被病自載詣獄既至城門而死　又曰董宣爲洛陽令寧平公主乳母奴白日殺人因匿主家吏不能得及主出行以奴驂乘宣於太夏門亭候之乃駐車叩馬以刀畫數主失者三叱奴下車格殺之主即馳車入宮上大怒召宣令欲死乎宣叩頭曰臣奉法之吏不敢縱法不欲死也上曰捶之宣曰願一言死無恨上曰何言宣曰陛下聖德中興而縱奴殺良民以奴殺臣臣死之後陛下何以治天下捶殺臣不如臣自殺即以頭撞楹流血被面上令小黃門持之曰癡令叩頭謝主宣不從上頓癡令頭宣兩手據地不肯低頭上勑強項令出詣太官賜食事具公主部　又曰鄭弘爲縣令政化

大行民王逢得路遺寶物縣於衢道求主還之　又曰胡紹爲河内懷令三日一視事十日一詣倉俸米於閤外炊作乾飯食之不設釜竈得一彊盜問其黨與得數百人皆誅姦政教清平爲三河表　又曰劉昆除江陵令時縣連火災昆輒向火叩頭多能降雨止風具火部　益部耆舊傳曰問憲爲綿竹令有男子杜成夜行於路得遺裝開視有錦二十疋明早送詣吏曰縣有明府君犯此則慙　風俗通云俗説孝明帝時尚書郎河東王喬遷爲鄴令喬有神每月朔常詣臺朝明帝怪其來數而無車騎密令太子史候望言臨至時常有雙鳧從東南來因伏伺見鳧舉羅但得一隻烏使尚方識視四年中所賜尚書郎屬履也事具神仙部　魯國先賢傳曰孔翊爲洛陽令置水庭前得囑託書皆投水中一無所發

詩　晉潘岳懷縣詩曰小國寡人民終日寂無事白水過庭激緑槐夾門植信美非吾土秪攪懷歸志眷然顧鞏洛山川邈離異願言還舊鄉畏此簡書忌　晉河陽令潘安仁詩曰密生化單父子奇莅東阿桐鄉建遺勳武城播弦歌逸驥騰夷路潛龍躍海波弱冠步鼎鉉既立宰三河徒美天姿茂豈謂人爵多

陳陰鏗羅龍故章縣詩曰秩滿三秋暮舟虛一水濵漫漫遵歸道悽悽對別津晨風下散葉岐路起飛塵長岑舊知遠萊蕪本自貧被裹恒客吏正朝不繫民唯當有一犢留持贈後人

頌

後漢蔡邕陳留太守行小黃縣頌曰大顯爲政建時春陽我君勸止戾玆小黃濟濟羣吏攝齊升堂乃訓乃厲示之憲方原罪以心察獄以情欽于刑濫惟務求輕有辜小罪放死從生玄化洽矣黔首用寧惟以作頌式昭德聲　又考城縣頌曰曖曖玄路北至考城勸玆穡民東作是營農桑之業爲國之經我君勤心德音遂成率爾苗民愼不敢聽女執伊筐男執其耕申戒羣僚務在寛平罪人赦宥囹圄用清　晉江偉襄邑令傅渾頌曰君稟二儀之醇粹履元亨之貞和比德金玉而堅白不磨自處戶庭而名稱家邦不出門庭而聲播諸華矣弱冠而應式敘延家而君斯民其爲政也同勵秋霜等惠春仁刑不濫跡賞不僭親儀天地之簡易則大道之清純是以其道易行其教易遵也凡我士民襁老攜幼惴惴而懷君之恩顒顒而戀君之德相與援衡軒而雨涕若赤子於父母也明明君侯臨下有赫克隆有先惠我咫尺于以具瞻

有觀其宅乃氷其清乃玉其白風抗其高雲垂其澤宛荆未清淮夷孔熾春日萋萋我車旣備光光我君爰登其司微微襄魯有岬斯記君有遺愛民有餘思敢揚斯頌垂之來志

【贊】晉孫綽孔松楊象贊曰君德嶷然固基宇高邃荆玉不及喻其温南金未能方其勵夫其温恭篤誠善誘勤勤外身崇物非躬厚人指撝必謙動靜克讓允有古賢之風流乃祖之遺人矣肇階方尺臨政弊邑絜齊冬氷澤侔春露於穆我后含和體純行範乃祖德冠搢紳降迹垂化澤侔三春翹然遐舉遺愛在民　晉孫楚梁令孫侯頌曰於穆君侯英才宣朗神鑒將來思通旣往受佐陜西臨我邦壤聲之所振下應如響明斷決疑易於指掌野有寇盜惟侯屏之我有田疇惟侯闢之古人慎獄惟侯平之凡此三惠如何勿思

【啓】梁任孝恭辭縣啓曰但以執笏丹墀累飛庭葉垂纓禁裏屢改欄花顧慕階墀不願遺奉不使戀主之心施於犬馬傾日之志偏在葵藿　梁劉孝儀除建康令謝啓曰所恐長安少年易爲操彈渭城游徼矜其獨勇淸路道奴固知難摺輕縱飛駕且見爲榮

藝文類聚卷第五十

藝文類聚卷第五十一

封爵部　揔載封爵　親戚封　功臣封　遜讓封　外戚封
婦人封　尊賢繼絶封

揔載封爵

周官曰王畿其外方五百里曰侯服又其外方五百里曰甸服又其外方五百里曰男服又其外方五百里曰采服又其外方五百里曰衛服又其外方五百里曰蠻服又其外方五百里曰夷服又其外方五百里曰鎮服又其外方五百里曰蕃服　呂氏春秋曰太公望封於齊周公旦封於魯二君者甚相善也相謂曰何以治國太公望曰尊賢上功周公曰親親上恩太公曰魯自此削矣周公曰魯雖削有齊者亦必非呂氏也其後齊日以大至於霸二十四世而田氏有齊國魯日以削至於僅四十四世亡史記曰殷以前尚矣周封五等公侯伯子男然封伯禽康叔於魯衛地各四百親親之義襃有德也太公兼五侯地尊勤勞也武王成康所封數百而同姓五十地土不過百里下三十以輔衛王室　又曰騶忌見威王王

說之三月而受相印淳于髡見之曰善說旣有愚志願陳諸前髡說畢趨出至門而面其僕曰是人者吾語之微言五其應我若響之應聲是必封不久矣　漢書曰李廣與望氣王朔語曰漢擊匈奴廣未甞不在其中而諸妄校尉已下材能不及中人以軍功取侯者數十人廣不爲後人然終無尺寸功以得封邑者何也豈吾相不當侯耶朔曰將軍自念豈甞有所恨者乎廣曰吾爲隴西太守羌甞反吾誘降八百餘人詐而同日殺之至今恨獨此爾朔曰禍莫大殺已降此乃將軍所以不得侯也　漢雜事曰天子太社以五色爲壇封諸侯者取其土苴以白茅授之各以所封方之色以立社於其國故謂之受茅土漢興唯皇子封爲王者得茅土其他臣以戶賦租入爲節不受茅土不立社　東觀漢記曰上封功臣皆爲列侯大國四縣餘各有差博士丁恭等議古帝王封諸侯不過百里故利以建侯取法於雷上曰古之亡國皆以無道未甞封功臣地多而滅者也乃遣謁者即授印綬　又曰馮勤使典諸侯封事勤差量功次輕重國土遠近地勢豐王不相踰越莫不猒服焉自是封爵之制非勤不定　白虎通曰

受命之王致太平之美羣臣上下之功故盡封之及中興征伐大功皆封盛德之士亦封之以德封者必試之爲附庸三年有功因而封之五十里元士有功者亦爲附庸也其位大夫有功成封五十里卿成封七十里公成封百里　又曰王者即位先封賢者憂民之急也故列土分疆非爲諸侯張官設府非爲卿大夫皆爲民也　鹽鐵論曰昔太公封營丘之墟辟草萊而居焉地薄人少於是通利末之道極女工之功是以鄰國交於齊財畜貨殖世爲彊國管仲相桓公襲先君業輕重之變南服彊楚而霸諸侯　袁子曰今有卿相之才居三公之位修其治政以寧國家未必封侯也今軍政之法斬一牙門將者封侯夫斬一將之功孰與安寧天下者乎夫斬一將之功者封侯失封賞之意也　相書曰天中容半印封侯　又曰天中正白如刀者封侯　周易曰我有好爵吾與爾靡之　左傳曰齊莊公爲勇爵殖倬郭最欲與焉州綽曰東閭之役臣左驂迫還於門中識其枚數其可以與乎公曰子爲晉君也對曰臣爲隸新　管子曰爵不尊禄不重者不與圖難犯危以其道爲未可以求之也是故先王制軒冕足

以著貴賤不求其美設爵祿足以守其服不求其親使君子食於道小人食於力　孟子曰有天爵有人爵仁義忠信樂善不倦此天爵也公卿大夫此人爵也古之人脩其天爵而人爵從之脩其天爵以要人爵既得人爵而棄其天爵則惑之甚者也　商君書曰明主之所貴唯爵爵賞不禁其民不急列爵不顯則民不事爵易得則民不貴祿賞不道則民不以死爭位也　又曰凡人主之所以勸民者官爵也國之所以興者農戰也今民求官爵皆不農戰而以功言虛道此謂勞民者其國必削　周官禮曰諸公之地封疆方五百里其食者半　又曰公執桓圭　又曰諸侯之地封疆方四百里其食者三之一　又曰諸侯諸伯七命其國家宮室車旗衣服禮儀皆以七爲節　又曰侯用信圭　又曰諸伯之地封疆方三百里其食者四之一　又曰伯用躬圭　又曰諸子之地封疆方二百里其食者四之一　又曰子男五命其國家宮室車旗衣服禮儀皆以五爲節　又曰子執穀璧　又曰諸男之地封疆方百里其食者四之一　又曰男執蒲璧　百官表注曰五等諸公周官金章朱綬朱質四采玄文織百四

十首廣尺四寸長一丈六尺朝服進賢三梁冠官品第二地方七十五里位視三公班次邑三千八百戸國秩絹千八百匹妾六人車前司馬十四人椽責五十人　又曰縣侯漢官也自縣侯而下通號列侯金章紫綬朝服進賢三梁冠官品第三光武中興論功封大功臣吳漢鄧禹各四縣賈復朱浮三縣耿弇等二十九人　又縣侯有家丞庶子之官列侯皆亦如之　漢官解詁曰列侯金印紫綬以賞其有功功大者食縣邑小者食鄉亭得臣其所食吏民本爲徹侯避武帝諱曰通侯舊時文書或爵通侯是也後更曰列侯令俗人或都言諸侯乃王爾非此也列侯歸國不受茅土不立宮室各隨貧富　環濟要略曰爵有五等公者無人也故文比ㄙ爲公　又曰伯把也持政事也　又曰子猶孳孳恤下之稱也　又曰男任也任治事受王命爲君也　周書曰能移於衆與百姓同謂之公　又曰能樹名生物與天道俱謂之侯　謚法曰執應八方曰侯　孝經援神契曰侯候也所以守蕃也

詔　梁任昉初封諸功臣詔曰草昧權輿事深締構康俗成務義在庇民自非羣才並軌文武宣翼將何以啓茲景祚弘此帝圖

或運籌帷帳經啓王業或攻城略野殉義忘生或股心爪牙折衝禦侮忠勤茂德夷險一致並宜建國開宇蕃屏王室山河之誓永永無窮

論

後魏王粲爵論曰依律有奪爵之法此謂古者爵行之時民賜爵則喜奪爵則懼故可以奪賜而法也今爵事廢矣民不知爵者何也奪之民亦不懼賜之民亦不喜是空設文書而無用也今誠循爵則上下不失實而功勞者勸得古之道合漢之法以貨財爲賞者不可供以復除爲賞者租稅損減以爵爲賞者民勸而費省者故古人重爵也　晉陸機五等論曰五等之制始於黄唐郡縣之治創自秦漢得失成敗備在典謨是以其詳可得而言夫先王知帝業至重天下至廣廣不可以偏制重不可以獨任任重必於借力制廣終乎因人於是乎立其封疆之典財其親疏之宜使萬國相維以成盤石之固宗庶雜居而定維城之業知其爲人不如厚己利物不如圖身安上在於悦下爲己在乎利人是以分天下以厚樂而已得與之同憂饗天下以豐利而我得與之共害故諸侯享食土之實萬國受世及之祚夫然則南面之君各務其治世治足以敦風道衰足以禦暴故彊

毅之國不能擅一時之勢雄俊之民無所寄霸王之志降及亡秦棄道任術懲周之失自矜其得尋斧始於所庇制國昧於弱下國慶獨饗其利主憂莫與共害雖速亡趣亂不必一道顛沛之釁實由孤立是蓋思五等之小怨忘經國之大德知陵夷之可患闇土崩之爲痛漢矯秦枉大啓侯王境土逾溢不遵舊典是以諸侯阻其國家之富憑其士民之力勢足者反疾土狹者逆遲六臣犯其弱綱七子衝其漏網皇祖夷於黥徒西京疾於東帝是蓋過正之災而非建侯之累也

親戚封

左氏傳曰太上以德撫民其次親親以相及也昔周公弔二叔之不咸故封親戚以蕃屏周管蔡郕霍魯衛毛聃郜雍曹滕畢原酆郇文之昭也邘晉應韓武之穆也凡蔣邢茅胙祭周公之胤也　毛詩曰乃命魯公俾侯于東錫之山川土田附庸　又曰奄有龜蒙遂荒大東至于海邦淮夷來同　史記曰成王與叔虞戲削桐葉爲珪予虞曰以唐封汝史佚因言請擇日立叔虞成王曰吾與之戲耳史佚曰天子無戲言言則史書之禮成

之樂歌之於是遂封叔虞於唐　漢書曰漢興之初尊王子弟大啓九國京師内史凡十五郡公主列侯頗邑其中蕃國大者跨州兼郡連城數十宮室百官同制京師諸吕之難賴於諸侯也　孟子曰象至不仁封諸有庳仁人之於其弟也不藏怒焉不宿怨焉親愛之而已矣親之欲其貴愛之欲其富也封之有庳者富貴之也身爲天子弟爲匹夫可謂親愛之乎

【詔】魏明帝詔曰古之帝王封建諸侯所以蕃屏王室也詩不云乎懷德惟寧宗子維城秦漢繼周或强或弱俱失厥中大魏創業諸王開國隨時之宜未有定制非所以永爲後法也其改封諸王皆以郡爲國　梁任昉武帝追封永陽王詔曰亡兄德履沖粹識業深通徽聲善譽風流籍甚道長世短清塵緬邈感惟既往永慕慟心可追封永陽郡王　又追封丞相長沙王詔曰夫褒崇名器率由舊章光昭德祀永世作則亡兄道被如仁功深微管懸諸日月久而彌新故能拯龜玉於已毁導涸源於將塞今理運惟新賢戚並建感惟永遠觸目崩心可追封長沙郡王　又追封衡陽王桂陽王詔曰亡弟暢風標秀物器體淹弘朱方之役盡勤王事策出無

方物惟不賞亡弟融業行清簡風度閑綽蚤優名輩風虞令問朕應天紹命君臨萬寓祚啓郇滕感興魯衛事往運來永懷傷切暢可追封衡陽郡王融可南陽郡王　又封臨川安興建安等五王詔曰神州帝城冠冕列岳渚宮樊鄧形勝是歸居中作衛翼宣戎重隆茲寵號寔允舊章並非親勿居惟賢斯授宏朕之介弟早富德譽董一蕃政緝是嘉庸國禮家情聽寄隆重季風韻儁邁誠業摽簡任居蕃翰政以化成偉體韻淹穆神寓凝正經綸夷險參贊王業　陳徐陵始興王詔曰漢祖天倫伯叔追封晉元世系琅邪傳國仰惟二后重光率由前典朕昔因蕃次蒙繼本宗分在要荒久離寒燠天嘉紹祚別命皇枝歸自崤函禮隔登獻每至霜庭可復矚垣寢而懷悲風樹鳴條望章陵而增感今嗣王垂德獲罪慈訓永言主奠宜自朕躬但國步時艱皇基務切復奉家業升纂帝圖重違情禮言深哽慟可以第二皇子升陵爲始興王　前漢武帝使御史大夫策諸子立閎爲齊王曰於戲小子閎受茲青社朕承祖考道惟稽古建爾國家封于東土世爲漢蕃輔於戲念哉共朕之詔唯命不于常人之好德克明顯光義

之丕圖俾爲君子無怠爾心允執其中　又立子旦爲燕王曰小子旦受茲玄社建爾國家封于北土　又立子胥爲廣陵王曰小子胥受茲赤社建爾國家封于南土戰戰兢兢乃惠乃愼無侗好佚無邇小人

【章】魏陳王曹植改封陳王謝恩章曰臣既弊陋守國無効自分削黜以彰眾誡不意天恩滂霈潤澤橫流猥蒙加封茅土既優爵賞必重非臣虛淺所宜奉受非臣灰身所能報塞　又封二子爲公謝恩章曰詔書封臣息男苗爲高陽鄉公志爲穆鄉公臣伏自惟文無升堂廟勝之助武無摧鋒接刃之効天時運幸得生貴門遇以親戚少荷光寵竊位列侯榮曜當世顧影慚形流汗反側洪恩罔極雲雨增加既榮本幹枝葉并蒙苗志小豎既頑且稚猥荷列爵並佩金紫施崇一門惠及父子　齊謝朓爲宣城公拜章曰惟天爲大日星麗其象謂地蓋厚河岳宣其氣斯晃旒所以貞觀袞職所以代終慙下穆而上尊豈南征而北怨何以克詠九歌載宣七德銘彼旗裳勒斯鍾鼎

【表】陳思王曹植謝初封安鄉侯表曰臣抱罪即道憂惶恐怖不知刑罪當所限齊陛下哀愍臣身不聽有司所執待之過厚即日於

延津受安鄉侯印綬奉詔之日且懼且悲懼於始違憲法悲於不慎速此戾退上增陛下垂念下遺大后見憂臣自知罪深責重受恩無量精魂飛散忘軀殞命　云云　又謝眺封鄄城王表曰臣愚駑垢穢才質疵下過受陛下日月之恩不能摧身碎首以荅陛下厚德而狂悖發露始于天憲自分放棄抱罪終身苟貪視息無復睎幸不悟聖恩爵以非望枯木生葉白骨更肉非臣罪戾所當宜蒙俯仰慙惶五內戰悸奉詔之日悲喜參至雖因拜章陳荅聖恩下情未展　又轉封東阿王謝表曰奉詔太皇太后念雍丘下濕少桑欲轉東阿當合王意可遣人按行知可居否奉詔之日伏增悲喜臣以無功虛荷國恩爵尊祿厚用無益於時脂車秣馬志在黜於不圖陛下天父之恩猥宣皇太后慈母之念遷之陛下幸爲父長計聖旨惻隱恩過天地臣在雍丘劬勞五年左右罷怠居業同定園果萬株枝條始茂私情區區實所重棄然桑田無業左右貧窮食財餬口形有躶露臣聞古之仁君必有棄國以爲百姓況乃轉居沃土人從蒙福江海所流無地不潤雲雨所加無物不茂若陛下念臣入從五年之勤少見佐助此枯木

生華白骨更肉非臣之敢望也飢者易食寒者易衣臣之謂矣　吳胡綜請立諸王表曰受命之主繫天而王建化垂統爲一代制雖禮有損益事有質文至於崇建懿親列土封爵內蕃國朝外鎮天下古今同契其揆一也周室之興寵秩子第姬姓之國五十有五諸王子受國者漸多光武中興四海擾攘褱諸制度未徧而九子受國明章即位男則封王女爲公主故詩曰既受帝祉施于子孫陛下踐阼以來十有二載皇后無號公主無邑臣下歎息遠近失望是以屢獻愚懷依據典禮庶請具陳足寤聖心深辭固拒不蒙進納恐天下有識之士將謂吳臣闇於禮制不知陛下謙以失之也加今仰夏盛德在上大吳之慶於是乎始開國建號吉莫大焉唯陛下割謙謙之德副兆民之望留臣祐許天下幸甚　晉孫毓賀封諸侯王表曰臣聞軒轅二十五宗黃祚以繁姬姓建國七十周過其曆故禦侮莫如同德伏惟陛下聖哲欽明稽乾作則超五越三與靈協契天祚明德克昌祚胤秦王楚王淮南王光濟碩美冠于羣后啟建大國分鎮方岳皇太子皇孫並啓土宇培敦潼索制弘往代內翰皇畿外蕃九服羣生仰德

向風懷義率土臣妾莫不稱慶　梁任昉爲蕭侍中拜襲封表曰詔書拜臣襲封竟陵郡王臣以凡庸素乏才植皇朝尚德詔爵惟賢遂復出脩職貢人須卿士但有道之守海外重爲藩籬近甸無勞擊柝仰閱舊章俯增私感報國承家豈云萬一

奏

宋傅亮尚書八座封諸皇弟皇子奏曰臣聞懿親廣樹聖王所先明德並建古之休典所以維城皇代盤石帝基内衛畿服外綏四海者也第某皇弟皇子等神姿穎哲大成俱茂地均魯衛德兼庸賢顯進徽號啓建疆宇弘道作屏光翰邦家並可封郡王　宋謝莊爲尚書八座封皇子郡王奏曰臣聞桐珪睦親書河汾之策賜帶懷賢敬東平之祚諒以訓經終始義洽垣墉第某皇弟等器彩明敏令識穎悟並宜憲章前典光啓祚宇作屏王室式雍帝載臣等參議可封郡王

功臣封

周官曰司勳掌六鄉賞地之法以等其功王功曰勳國功曰功事功曰勞治功曰力戰功曰多凡有功者銘書於王之太常　史記曰古之人臣功有五品以德立宗廟定社稷曰勳以言勞用力曰功明其等曰伐積曰閱

又曰武王克紂太公之謀居多於是武王封尚父於齊營丘成王少時管蔡作亂淮夷叛周乃使召康公命太公東至海西至河南至穆陵北至無棣五侯九伯實得征之齊由此征伐大于諸國　又曰召公奭與周同姓武王之滅紂封召公於燕其在成王時自陝以西召公主之自陝而東周公主之　又曰鬻熊事周文王早卒當成王之時舉文武勤勞之嗣乃封其後熊繹於楚　又曰晉獻公伐霍耿魏滅之因以魏封畢萬爲大夫卜偃曰畢萬之後必大萬盈數也魏大名也以是始賞天啓之也　又曰陳完奔齊懿仲欲妻之卜之吉曰是謂鳳皇于飛和鳴鏘鏘有嬀之後將育于姜五世其昌並于正卿八世之後莫之與京卒妻之完卒謚爲敬仲六世而至田常田常弑簡公立簡公弟爲平公乃割齊安平以東爲巳封邑始大於齊　漢書曰漢五年剋項天下乃平始論功侯者百四十有三人時人民散亡大侯不過萬戶封爵之誓曰使黃河如帶太山如礪於是申以丹書之信重以白馬之盟藏諸宗廟副在有司　又曰陳平凡六出奇計輙益封凡六益家　又曰高祖封項伯等四人爲列侯賜姓劉氏　又

曰須羽曰吾聞漢購我頭千金邑萬户吾爲公得之乃自剄王翳取其頭揚喜呂馬童郎中呂勝楊武各得一體故分其地以封五人皆列侯　東觀漢記曰上謂耿弇曰今關東故王國雖數不過櫟陽萬户邑夫富貴不歸故鄉如衣繡夜行故以封鄉爾　又封竇融曰率厲五郡積兵羌胡單至兵不血刃而虜土崩瓦解功既大矣篤意分明斷之不疑吾甚嘉之其以六安安豐陽泉蓼安風四縣封融爲安豐侯　又曰三輔豪傑入長安攻未央宮庚戌殺莽於漸臺東海公賓就得其首傳詣宛封滑侯　又曰班超定西域五十餘國乃封超爲定遠侯　魏志曰夏侯惇文帝追思惇功欲使子孫畢侯分邑千户賜惇七子二孫皆關内侯惇弟廉及子楙素列侯　又曹眞字子丹以功封邵陵侯曹眞少與宗人曹遵鄉人朱讚並事太祖早亡眞愍之乞分食邑封遵等子曰大司馬有叔向撫孤之仁晏平乆要之分聽分賜遵等子爵關内侯及眞薨明帝悉封眞五子皆列侯又曰太祖表封荀彧爲萬歲亭侯太祖又與彧書曰君之相匡弼君之相爲舉人君之相與建計君之相密謀亦已多矣大功未必野戰也十二年

安

又曰大祖表封荀攸曰前後尅獻皆攸之謀也於是復增邑合二千戶　又曰太祖自柳城還過攸舍稱攸前後謀曰昔高祖使張子房自擇齊三萬戶今孤亦欲君自擇所封　又曰郭嘉字奉孝異州平封洧陽亭侯及薨太祖表曰良策未決嘉輒成之平定天下謀功爲高宜增邑并前千戶　又曰任峻字伯達爲典農中郎大興屯田軍國致饒大祖以峻功高表封都亭侯　又曰朱靈字文博封鄃侯文帝曰將軍佐命先帝威過方邵平王所志願勿難言靈謝曰高唐宿所願乃更封高唐侯

詔　後漢獻帝詔勑鎮東將軍領兗州牧費亭侯故特進顯授上將鈇鉞之任復食舊土雙金之寵董統一州委成之重榮曜昭示亦以優崇投節效命自百之秋也　又詔書拜鎮東將軍襲費亭侯曹操業履忠貞輔幹王室頃遭凶暴海内離析操執義討截黄巾爲國出命夫祿以賞恭罰以絀否今以操爲鎮東將軍領兗州牧襲父費亭侯嵩爵并印綬符策

魏文帝册孫權太子登爲東中郎封侯文曰葢河洛寫天意符讖述聖心昭晰著明與天談也故易曰河出圖洛出書聖人則之　孫將軍歸心國朝

忠亮之節同功佐命而其子當爲魏將軍著在圖識猶漢光武受命李氏爲輔王梁孫咸並見符緯也斯乃皇天啓祐大魏永令孫氏仍世爲佐其以登爲東中郎將封縣侯萬戶昔周嘉公旦祚流七胤漢禮蕭何一門十侯今孫將軍亦當如斯若夫長平之榮安豐之寵方斯蔑如 陳徐陵進武帝爲長城公詔曰德懋懋官功懋懋賞皇王盛則所謂元龜司空公南徐州刺史長城縣開國侯諱志懷貞亮風度弘遠體文經武明允篤誠襄者率五嶺之彊兵誅四海之讎敵固以勒功彝鼎書勲太常克定京師勤勞自重自鎮撫枌榆永寧豐沛東涼既息北蔡無歸代馬燕犀氣雄天下裹糧坐甲固敵是求方欲大討於秦崤敦脩於與睦叶謀上相爰納朕躬思所以敬荅忠勲用申朝典可進爵爲長城縣公 末 宋謝靈運謝封康樂侯表曰昔強五暴虐恃僭曆紀既噬五都志吞六合遂陷没西河傾覆南漢夌籍紀郢跨越淮泗于時策盡惟疑地險已謝咸懼君臣同泯有生無餘亡祖奉國威靈董符戎重盡心所事剋黜禍亂功參盤鼎胙土南服逮至臣身值遭泰路日月改暉榮落代運輸稅唐化生幸無已不悟天道

清

下濟鴻均曲成乃眷遐績式是興徽分虎錙龜復顯茅土鳴玉拖紱班景
元勳澤洽往德恩覃來裔永惟先蹤遠感崩結豈臣尫弱所當忝承臣聞
至公無私甄善則一皇恩遠被殊代可作是以信陵之賢簡在高祖之心
望諸之道復獲隆漢之封觀史歎古欽茲盛美豈謂榮澡近露微躬傾宗
殞元心識其會酬恩荅厚罔知所由　宋顏延之謝子竣封建城侯表曰
伏見策書降錫息竣開國建城縣侯爵踰三等戶越兼千生邀洪禮身茂
盛世闔宗華聽盡室改觀誠慙末品誤參其泰臣聞子之能仕父教之忠
忠教善信臣實負其前誥能仕志政竣固暗於明試徒以數遇會昌消憂
啓聖幸與靈祚福德共從義勳分賞執珪登朝析金受邑慶重慮愆恩往
懼積非臣耄蔽所任圖報豈竣庸薄所能奉服　梁沈約謝封建昌侯表
曰陛下投袂萬里拯厥塗炭臣雖心不吠堯而迹淪桀犬此則王業始基
臣所不與徒荷日月之私竟無菼燭之用天命玄鳥非止今日受命作周
其來久矣雖復備數樂推與同謳頌而誠微弱草效闕纖塵遂班山河之
誓叨佐命之賞亦何以慰悅帷帳酬報爪牙

遜讓封

左氏傳曰會于戚討曹成公也諸侯將見子臧於王而立之子臧曰前志有之曰聖達節次守節下失節爲君非吾節也遂逃奔宋　又曰吳諸樊既除喪將立季札季札辭曰曹宣公之卒諸侯不義曹君將立子臧子臧去之君子曰能守節也誰敢姦君有國非吾節也棄其室而耕　韓子曰楚莊王既勝晉于河雍歸而賞孫叔敖叔敖請漢間之地沙石之處楚國之法祿臣再世收唯叔敖獨存九世而祀不絕　漢書曰韋賢薨子玄成當爲嗣心知非賢即乃佯狂妄語笑既葬當襲爵玄成素有名疑其欲讓兄遂奏劾之玄成不得巳乃受侯爵　東觀漢記曰竇融數辭爵位又上疏曰臣有一子質性頑鈍何況乃當傳以連城廣土享諸侯之國哉他日會見逝詔曰欲讓職還土今相見不宜論也　又曰桓榮卒子郁當襲爵讓於兄子顯宗不許不得巳受封而悉以租入與之　又曰丁綝從上渡河及封功臣上令各言所樂謂綝曰諸將皆欲縣子獨求鄉何也曰綝昔孫叔敖勑其子受封必求磽确之地今綝能薄功微得鄉厚矣上從之封云

爲定陵新安鄉侯後徙封陵陽侯　又曰張純臨終謂家丞曰吾無功於時猥蒙爵土身死之後勿議傳國爵子奮上詔奮嗣爵奮稱純遺旨固不肯受帝以奮違詔收下獄奮乃襲封　又曰帝欲封樊興置印綬於前興固讓曰臣未有先登陷陣之功而一家數人並蒙爵土令天下觖望上嘉興之讓不奪其志　又曰上欲封諸舅馬太后輙斷絶曰計之孰矣有疑至孝之行安親爲上今遭變異穀價數倍憂惶晝夜不安坐卧而欲封爵違逆慈母之拳拳吾素剛急有胷中氣不可不愼穰歲之後唯子之志吾但當含飴弄孫不能復知政　魏志曰田疇從太祖入盧龍塞太祖獨欲侯之疇素與夏侯惇善太祖語惇曰且往以情喻之惇曰豈可賣盧龍塞以易賞祿哉縱國私疇疇獨不愧於心乎涕泣横流惇具答太祖太祖喟然知不可屈乃拜爲議郎　晉起居注曰故南城侯羊祜固辭歷年志不可奪身沒讓存遺操益厲此亦夷齊所稱賢也今聽復本封以彰厥美

【表】齊謝朓爲齊明帝讓封宣城公表曰如其懸旌灞滻刷馬伊穀灑酒望屬車之塵整笏侍升平之禮陛下訏謨玄覽欽若宏圖鑒臣匪躬共申

彝訓雖畢能之請近遂微躬則弘長之風足軌來世　梁簡文帝爲子心讓當陽公表曰月蝕之餘無黃童之對荷戟入榛異子烏之辯遂復早建茅社夙開井賦爵列五等綬參四色　又帝爲子大款讓石城公表曰詭對鶴書俯羞鵜翼臣生處深宮未覿焦原之險不出戶庭豈觀砥柱之峻臣聞坳塘汎水豈議大瀆之流覆簣爲峯終乖小魯之說　又爲長子大器讓宣城王表曰襄野之辯尚對軒君弘羊之計猶干漢主徒以結慶璿源乘蔭霄極一日千里困騏驥之馳高陰百尺藉雲崖之遠熈祖流聰慧之稱方建臨淮之國元仲表岐嶷之姿乃啓平原之封南郡輿部春穀名區民化仲翔之俗山峻陵陽之嶺而綠車赤綬交映相暉金璽銀券炤灼光彩　梁江淹爲齊高帝讓進爵爲王表曰昔虞思勤夏不別殊物之錫晉叔臣周豈須上公之典魯番懿親裁棠衮舄之榮梁國戚屬方忝旌旗之貴　梁任昉爲齊明帝讓宣城郡公表曰臣本庸才智力淺短太祖高皇帝篤猶子之愛降家人之慈世祖武皇帝情等布衣寄深同氣武皇大漸實奉話言雖自見之明庸近所蔽愚夫至此巳實不忍自固於綴衣之

悅

扆推違於玉几之側遂荷顧託道揚末命雖嗣君棄常獲罪宣德王室不造職臣之由何者親則東牟任惟博陸徒懷子孟社稷之對何救昌邑爭臣之譏四海之議於何逃責且陵土未乾訓誓在耳家國之事一至於斯非臣之尤誰任其咎將何以肅拜高寢虔奉武園悼心失圖泣血待旦寧容復徼榮於愧恥晏安於國危且虛飾寵章委成禦侮臣知不愜物誰謂攸宜命輕鴻毛責重山岳存沒同歸毀譽一貫辭一官不減身累增一職已黷朝經便當自同體國不爲飾讓至於功均一匡賞同千里光宅近甸奄有全邦殞越爲期弗敢聞命亦願曲留降鑒即垂順許乃君臣之道綽有餘裕苟曰易照敢守難奪

梁沈約爲柳世隆讓封公表曰臣聞懸旌玉塞貳師尚黜其功伐鼓炎州伏波猶懼其賞徒以兼委之施或難固辭抽心之情必無變奪是故俛容青閣願還慈於裂壤竊步丹墀希收寵於閈賦昔寡命窮雉難迫勢孤沈板未難負戶非切及顧溫青之館懼結尊慈之懷累棄喁喁舉門惴惴臣事逼君親理非外獎實賴朝謨謹肅宰略遐震奔鯨外剿臣何力焉幸得扶老攜弱重出幽堵還軸歸驂再踐鄉路

豈可資國眚以邀其功因豕功而饗其報遂使甘霜受雹之心有同於節請皎日大河之志匪殊於兒謂

書 魏武帝上書讓增封曰無非常之功而受非常之福是用憂結比章歸聞天慈無已未即聽許臣雖不敏猶知讓不過三所以仍布腹心至于四五上欲陛下爵不失實下爲臣身免於苟取　又上書讓封曰臣誅除暴逆克定二州四方來貢以爲臣之功蕭相國以關中之勞一門受封鄧禹以河北之勤連城食邑考功效實非臣之勳臣祖父中常侍侯時但從輦扶翼左右既非首謀又不奮戰並受爵封曁臣三葉臣聞易豫卦曰利建侯行師有功乃當進立以爲諸侯也又訟卦六三曰食舊德或從王事謂先祖有大德若從王事有功者子孫乃得食其禄也伏惟陛下垂乾坤之仁降雲雨之潤遠録先臣扶掖之節採臣在戎犬馬之用優策襃崇光曜顯量非臣尫頑所能克堪　又上書讓費亭侯曰臣伏讀前後策命既録臣庸才微功乃復退述先臣幽讚顯揚見得思義屏營怖懼未知首領所當所授故古人忠臣或有連城而不辭或有一邑而違命所以然者欲必正其名也又禮制諸侯國土以絶子孫

有功者當更受封不得增襲其有所增者謂國未絶也或有所襲者謂先祖功大也數未極無故斷絶故追紹之也臣自三省先臣雖有扶輦微勞不應受爵豈逮臣三葉若錄臣關東微功皆祖宗之靈祐陛下之聖德豈臣愚陋何能克堪　又上書讓增封武平侯及費亭侯曰伏自三省姿質頑素材志鄙下進無匡輔之功退有拾遺之美雖有犬馬微勞非獨臣力皆由部曲將校之助陛下前追念先臣微功使臣續襲爵土祖考蒙光照之榮臣受不貲之分未有絲髮以自報効昔齊侯欲更晏嬰之宅嬰曰臣之先容焉臣不足以繼之卒違公命以成私志臣自顧省不克負荷食舊爲幸雖上德在弘下有因割臣三葉累寵皆統極位義在殞越豈敢飾辭

外戚封

史記曰武帝衛后弟青封長平侯四子皆封侯貴震天下天下歌曰生男無喜生女勿怒獨不見衛青子夫霸天下　漢書曰漢興外戚與定天下侯者三人后父據春秋褒紀之美帝舅緣大雅申伯之恩浸廣博矣　又曰高祖封呂后父呂公爲臨泗侯兄澤爲周呂侯　又曰文帝封后弟薄

昭爲軹侯又封齊淮南王舅駟鈞等二人爲侯　又曰景帝封太后弟姪
竇廣國爲章武侯竇彭祖爲南皮侯竇嬰以破吳楚功封魏其侯后弟王
信爲盍靜侯　又河平二年上悉封舅譚爲平阿侯商成都侯根曲陽侯
逢時高平侯立紅陽侯五人同日封故世謂之五侯　又曰武帝封太后
同母弟田蚡爲武安侯勝周陽侯皇后姊子霍去病伐匈奴封冠軍侯
東觀漢記曰馬防兄弟三人各六千戶防爲潁陽侯特以前參醫藥勤勞
綏定西羌以襄城羡亭一千二百戶增防防身帶三綬寵貴至盛　又光
武封新野王子鄧泛爲吳侯伯父皇皇考姊子周均爲富波侯追封外祖
樊重爲壽張侯重子丹爲射陽侯孫茂爲平望侯尋鄉侯從子沖更父侯
后父陰陸宣陽侯子識原鹿侯就爲信陽侯皇考女弟子來歙征羌侯弟
由宜西侯以寧平公主子李雄爲新市侯后父郭昌爲陽安侯子流縣旻
侯兄子竟新郪侯匡發干侯以姨子馮邯爲鍾離侯　又曰明帝封太后
弟陰興爲鮦陽侯子傅隱強侯陰盛爲無錫侯楚王舅子許昌龍舒侯
又曰鄧訓自中興後累世寵貴凡侯者二十九人東京莫比　魏志曰文

帝欲追封太后母父尚書傅群議自古無婦人分王命爵之制秦違古法漢氏因之非先王之令典也帝曰此議是也

【表】晉庾亮讓封公表曰觀聖賢之於名爵敬戒之甚重豈先哲宜重之於古而聖朝可輕之於今耶譬猶迴太陽以消湛露運滄海以灌燎火其功易成其事易立

婦人封

左傳曰晉敗齊師齊侯遂自徐關入見保者曰勉之齊師敗矣嬖子女子曰君免乎曰免銳司徒免乎曰免矣苟君與吾父免矣可若何乃奔齊侯以爲有禮既而問之辟司徒之妻也封之石窌

陳留風俗傳曰封丘者高祖與項氏戰厄於延鄉有翟母者免其難故以延鄉爲封丘縣以封翟母焉

【表】魏陳王曹植謝妻改封表曰璽書令以東阿王妃爲陳王妃并下印綬因故上前所假印以其拜授書以即日到臣輒奉詔拜其才質底下謬同受私遇寵素飡臣爲其首陛下體乾坤育物之德東海含容之大乃後隨例顯封大國光揚章灼非臣負薪之才所宜克當非臣穢釁所宜蒙獲夙夜憂歎念報罔極洪施遂隆既榮枝幹猥傻正臣妃爲陳妃熠燿

宣朗非妾婦蠢惷愚所當蒙被葵藿草物猶感恩養況臣含氣銜佩弘惠沒
而後巳誠非翰墨屢辭所能報荅　梁沈約謝母封建昌國太夫人表曰
伏見詔書以臣母封爲建昌國太夫人慶溢蓬門榮流素族恭荷屏營罔
識攸寘臣禀訓私閨志塗靡立勉以爲義誠有由然輸力致身曾無萬一
天慈罔巳至德彌光採其私志降此洪澤榮親之至始自微臣卒斯道也
方流萬物草卉輕命固莫云酬　又爲長城公主謝表曰奉策書封妾爲
長城縣公主徽命降臨慙䐚妾寘妾膺靈禀氣育景璇閨弱志易淪柔德
難樹雖復式脩姆保莫敢或遑而肅雍不著穠華蓋闕不悟宸睠曲漸蒭
章夙貢籍此恩加遽延典策湯沐光啓珩緄昭被　梁王僧儒爲南平王
妃拜改封表曰拜妾爲南平王妃奉命震慙有灼丹寸妾瞻絲毫恍且或
多慙鏡史觀圖是焉知愧以兹眇薄有儷蕃儀紃組不聞饘酏蓋闕不悟
玄造曲被徽渥愈臻改服迺名車華品貴恩深外邸榮照下庭豈期輶弱
所能勝荷【表】宋謝莊爲尚書八座改封郡長公主奏曰臣聞爵厚懿戚
國之恒典景祚既新禮與時渥永興等七公主可封郡長公主

云

尊賢繼絶封

禮記曰天子存二代之後猶尊賢尊賢不過二代武王克殷未及下車而封黄帝之後於薊封帝堯之後於祝封帝舜之後於陳下車而封夏后氏之後於杞殷之後於宋　左傳曰鄭子産曰昔虞閼父爲陶正以服事我先王先王頼其利器用與其神明之後也庸以元女太姬配胡公而封諸陳以備三恪　史記曰高帝過趙問樂毅有後乎得樂臣叔封之樂鄉號華成君成君毅之孫也　漢書曰自古受命及中興之君必興滅繼絶修廢舉逸然後天下歸仁四方之政行焉傳稱武王克殷追存賢聖至乎不及下車世代雖殊其揆一也高祖撥亂日不暇給然猶脩祀六國求聘四皓過魏則寵無忌之墓適趙則封樂毅之後孝武疇咨前代初得周後復知爵邑元成之間晚得殷世以備賓位　又曰武帝還過洛陽二三代邈遠以其三十里地封周後爲周子南君　又曰高祖功臣侯者子孫驕逸多陷法禁訖于孝武靡有子遺以是成帝復紹蕭何而哀平之世普繼周勃之後　又曰元康四年立蕲侯夏侯嬰陳平張良周勃等一百一十八

人後紹爵復家也　又漢武元狩中復以鄭户二千四百封蕭何曾孫慶爲鄭侯布告天下令明知朕報以蕭相國德慶厚也　東觀漢記曰高祖功臣蕭曹爲首有傳世不絶之誼曹相國後容城侯無嗣朕甚愍焉望長陵東門見二臣之墓生既有節終不遠身誼臣受寵古今所同遣使者以中牢祠大鴻臚悉求近親宜爲嗣者須景風紹封以彰厥功　晉陽秋曰夏侯惇魏之元功勳書竹帛昔庭堅不死猶或悼之況朕受終于魏而可忘其功臣哉其擇惇近屬封之　晉中興書曰泰元二年興滅繼絶後故陳騫後浩之爲高平公裴秀後球爲鉅鹿公王沉後卄之爲博陵公荀勖後軌爲濟北侯何曾後闡爲朗陵侯羊祜後法興爲鉅平侯　又曰元帝紹封魏後曹勵爲陳留王

表

魏武帝謝襲費亭侯表曰不悟陛下乃尋臣祖父厠豫功臣克定寇逆援立孝順皇帝謂操不忘獲封茅土聖恩明發遠念桑梓日以臣爲忠孝之苗不復量臣材之豐否既勉襲爵邑忝厥祖考復寵上將鈇鉞之任兼領大州萬里之憲内比鼎臣外參二伯身荷兼紱之榮本枝賴無窮之祚也昔大彭輔殷昆吾翼夏功成事就乃備爵

錫臣束脩無稱統御無績比荷殊寵策命褒績未盈一時三命交至雙金重紫顯以方任雖不識義庶知所尤

又郭嘉有功臣死宜追贈封表曰臣聞褒忠示寵未必當身念功惟績恩隆後嗣是以楚宗孫叔敖顯封厥子岑彭既没爵及枝庶誠賢君殷勤於清良聖祖敦篤於明勲也故軍祭酒洧陽亭侯潁川郭嘉立身著行稱成鄉邦與臣參事盡節爲國臣今日所以免戾嘉與其功方將表顯使賞足以報效薄命天隕不終美志上爲陛下悼惜良臣下自毒恨喪失奇佐昔霍去病蚤死孝武爲之咨嗟祭遵不究功業世祖望櫬悲慟仁恩降下念發五内今嘉殞命誠足憐傷

梁任昉爲褚蓁代兄襲封表曰一日被司徒符印稱詔二日許臣兄賁所請以臣紹封南康郡公臣世屬啓聖運偶時來尚德疇庸先錫土宇臣賁載世承家兄居長德而量已夙退内事園蔬以臣行達幽明早酷荼苦賁天倫冥至友愛淳深非直引堵推温故能逃迹讓位鞠育提養以及人次事死讓生尚均脫屣取信十室本君錙銖乃遂謬推恩近霑庸薄能以國讓弘義有歸匹夫難奪守以勿二昔武始迫家臣之策陵陽感鮑子之言張

以誠請丁爲理屈且大宗絶緒命臣出纘傍統稟承在昔理絶終天永懷情事觸感崩裂伏惟陛下俯權孤門哀榮之重兼令臣賁一至之輕察其丹款特賜停絶至公允穆徽臣剋幸　又表曰近冒披款庶蒙哀亮奉被還詔未垂矜允伏讀周遑罔寘心誠臣本凡劣身名不限標一善不足以驗風流存小讓不足以弘進止若乃富埒千駟貴有邦家二者之來不期而至中人猶其趑趄凡近固宜勉勗直以門緒有歸長德無二君使賁高延陵之風臣忘子臧之節是廢德舉豈曰能賢陛下留心孤門特深追遠故臣窮必呼天憑感咫尺賁嬰疾沉固公私廢禮逢不世之恩遂良已之志確然難奪有理存焉臣既承先旨出纘傍統受命有資反身何奉叙心感悼免義迫躬誠賁息霽年將志學禮及趨拜且私門世適二三攸序若天眷無已必降殊私乞以臣霽奉膺珪社伏願陛下聖慈曲垂矜愼如蒙哀允施重含育

周庾信功臣不死王事請門襲封表曰臣聞以法施民必傳祀典以勞定國必有承家孫叔敖祭酹無聞有傷良相汝叔齊徹嗣絶没實爽賢臣謹案大統十六年格先有封爵死於王事絶祠者聽以支

子繼襲非死王事不許承封前牒五等功臣皆是勤勞王室身當患難扞禦災禍翼贊大猷一日遇疾身捐館舍不幸無胤享祀便絕於禮則不足於義則有傷未求上林之獵巳剗其侯不服襜褕之衣先除其國伏惟皇帝崇德旌庸興亡繼絕聞鼓鼙而思將帥畫雲臺而念舊臣豈有功存社稷而無後可守事盡忠貞而無祠可祭周於蕃屏爲約事在世功漢以山河爲誓義存長久臣聞存人之國大於救人之災立人之後重於封人之墓竊以殷朝繼及無廢小宗周室興亡貴存身後紹高密者累葉豈尊鄧禹之正胤嗣平陽者重世何必曹參之嫡孫愚謂生有其勞死非王事雖在支庶並聽承襲幸使伯有之魂不能爲厲若敖之鬼其無餒而幽顯對揚人神咫尺

藝文類聚卷第五十一

藝文類聚卷第五十二

治政部上　論政　善政　赦宥

論政

釋名曰政正也下所取正也　禮記曰聖人南面而聽天下所宜先者五一曰治親二曰報功三曰舉賢四曰使能五曰存愛察有仁愛者也五者一得於天下民無不足不贍者　大戴禮曰德法者御民之銜勒也吏者轡也刑者策也天子御者内史太史左右手也古者以法爲銜勒以官爲轡以刑爲策以人爲手故御天下數百年而不解惰　管子曰國有四維一維絶則傾二維絶則危三維絶則覆四維絶則滅傾可正危可安覆可起滅不可得復也四維一曰禮二曰義三曰廉四曰耻　又曰堯舜之民非生而治桀紂之民非生而亂故治亂在上　又曰聖君設度量置儀治如天地之堅如列星之固如日月之明如四時之信然正令往而民從之　晏子曰景公問治國何患對曰患社鼠社有鼠不可灌人君之左右出則賣重寒熱入則矯謁收利　老子曰治大國若烹小鮮　書曰懔乎若朽索之

馭六馬　商君書曰凡人主所以勸民者官爵也國之所興者農戰也今民求官爵皆不以農戰而以巧言虛道也此爲勞民勞民者其國必無力無力者其國必削　又曰善治者使盗跖可信不能治者使伯夷可疑韓子曰夫堯生在上位雖十桀紂不能亂者勢治也桀紂亦生在上雖有十堯舜而不能治者勢亂也　史記曰齊威王召即墨大夫而語之曰自子之居即墨也毁日至然吾使人視即墨田野闢民人給官無留事是子不事吾左右以求譽也封之萬家召阿大夫語之曰自子之守阿譽日聞矣然使使視阿田野不闢民貧若是子以幣享吾左右以求譽也是日烹阿大夫及左右嘗譽者於是齊國震懼人不敢飾非　陸賈新語曰君子爲治也混然無事寂然無聲官府若無人亭落若無吏郵無夜行之卒鄉無夜召之正耆老甘味於堂丁男耕芸於野　淮南子曰治國者若耨田去害苗而已今沐者墮髪而猶爲之不已以其所去者少所利者多也又曰盛國之道工無僞事農無遺力士無謟行官無失法譬若設網者引其綱而萬目張　又曰張琴瑟者小絃絙而大絃緩（絙者急也）立事者賤者勞

而貴者逸也禹爲天下彈五絃之琴歌南風之詩周公肴膳不徹於前鐘鼓不解於懸而四夷服嬴秦正晝決獄夜理書（正秦始皇名也）御史冠蓋相接於道戍五嶺以備越（五嶺鐔城之嶺九疑之塞番禺之都南野之界射干之水）築修城以守胡然姦邪萌生而亂愈滋　又曰太清之始天覆以德地載以樂四時不失其序風雨不降其虛日月淑清而揚光五星循軌而不失行鳳麟至蓍龜兆甘露下竹實滿流黃出朱草生（滿成也流黃土精也朱草生於庭皆瑞應也）逮至衰世松栢菌露宛而夏槁江河三川絕而不流夷羊在牧（夷羊土神也殷之將亡見於商郊也）飛蛩滿野（蛩蟬蔑蒙蠲）又曰楚王問詹何曰治國奈何詹何曰何明於治身不明於治國楚王曰寡人得奉宗廟社稷願學所以守之詹何對曰臣未嘗聞身亂而國治者也故本身不敢對以末楚王曰善　說苑曰政有三品王者之政化之霸者之政威之強國之政脅之夫此三者各有所施而化之爲貴矣化之不變而後威之威之不變而後刑之夫至於刑則非王者之所貴也　新序曰臧孫行猛政子貢非之曰夫政猶張琴瑟也大絃急則小絃絕矣是以位尊者德不可以薄官大者治不可以小地廣者制不可以狹民衆者政不

可以苛獨不聞子產相鄭乎其掄材推賢抑惡而揚善故有大略者不問其所短有德厚者不非其小疵其牧民之道養之以仁教之以禮因其所欲而與之從其所好而勸之賞之疑者從重罰之疑者從輕

議 晉潘岳九品議曰天生烝民而樹之君使司牧之勿失其性君不獨治於是乎建牧立監陳其輔佐故曰天工人其代之然則高官厚祿非明崇賢所以興治卑位下役非爲鄙愚所以供職雖或開榮辱之門有爭競之弊而百王莫之能易者此道不可以二故也方今天下隆平四海攸同薦賢達善各以類進夫觀民宣化爲治之本雖實小邑猶須其人又中正之身優劣懸殊苟知人者智則不知者謬矣莫如達官各舉其屬萬嶽九列朝所取信郡守雖輕有刺史存舉之當否實司其事考績累名施黜陟焉進賢受賞不進賢甘戮沮勸既明爲人自爲謀廢公道大行而私謁息矣

論 後漢崔寔政論曰自堯舜之帝湯武之王皆賴明哲之佐博物之臣故皐陶陳謀而唐虞以興伊箕作訓而殷周以隆及繼體之君欲立中興之功者曷嘗不賴賢哲之謀乎凡天下之所以不治者常疾世主承平之日久俗漸

弊而不寤政浸衰而不改是以受命之君每輒創制中興之主亦匡時失俗人拘文牽古不達推制奇偉所聞簡忽所見焉可與論國家之大事哉孝宣皇帝明於君人之道審於爲政之原故嚴刑峻法破姦宄之膽海內清肅天下謐如嘉瑞並集屢獲豐年薦勳祖廟享號中宗筭計見效優於孝文元帝即位果行寬政卒以墮損威權始奪遂爲漢室基禍之主治國之道得失之理於斯可以鑒矣昔孔子作春秋褒齊桓懿晉文歎管仲之功夫豈不美文武之道哉誠達權救之理也故聖人能與世推移而俗士苦不知變以爲結繩之初可復治亂秦之緒干戚之舞足以解平城之圍文帝乃重刑非輕之也以嚴致平非以寬致太平也　後漢王符潜夫論曰夫爲國者以富民爲本以正學爲基民富乃可以教學正乃得義民貧則背善學淫則詐僞明君之法務此二者以爲太平之基致休徵之降夫富民者以農桑爲本以遊業爲末百工者以致用爲本以巧飾爲末商賈者以通貨爲本以鬻貨爲末三者守本則民與富國之所以爲國者以民也治國之日舒以長故其民閒暇而力有餘亂國之日促以短故其民困

務而力不足所謂治國之日舒以長者非能請羲和而令安行也乃君明察而百官理民安靜而力有餘故視日長也所謂亂國之日促以短者非能謁羲和而令疾驅也乃君暗則百官亂而姦宄興細民懷蹐而趨走故視日短也　魏王粲儒吏論曰士同風於朝農同業於野雖官職務殊地氣異宜然其致功成利未有相害而不通者也至乎末世則不然矣執法之吏不闚先王之典搢紳之儒不通律令之要彼刀筆之吏豈生而察刻哉起於几案之下長於官曹之間無温裕文雅以自潤雖欲無察刻弗能得矣竹帛之儒豈生而迂緩也起於講堂之上遊於鄉校之中無嚴猛斷割以自裁雖欲不迂緩弗能得矣先王見其如此也是以博陳其教輔御民性達其所壅祛其所蔽吏服訓雅儒通文法故能寛猛相濟剛柔自克也

【表】魏武帝陳損益表曰陛下即祚復嘗試用遂受上將之任統領二州内參機事實所不堪昔韓非閔韓之削弱不務富國強兵用賢任能臣以駈驅之質而當鐘鼎之任以闇鈍之才而奉明明之政顧恩念責亦臣竭節投命之秋也謹條遵奉舊訓權時之宜十四事奏如左庶以蒸螢增

明太陽言不足採　魏陳王曹植降江東表曰臣聞士之羨永生者非徒以甘食麗服宰割萬物而已將有以補益羣生尊主惠民使功存於竹帛名光於後嗣今臣文不昭於俎豆武不習於干戈而竊位藩王尸祿東夏消損天日無益聖朝淮南尚有山竄之賊吳會猶有潛江之虜使戰士未獲歸於農畝五兵未得戢於武庫蓋善論者不恥謝善戰者不羞走夫夔雲者涅蟠者也後申者先屈者也是以神龍以爲德尺蠖以昭義昔湯事葛文王事犬夷固仁者能以大事小若陛下遣明哲之使繼能陸賈之蹤者使之江南發愷悌之詔張日月之信開以降路權必奉聖化斯不疑也

善政

禮記曰哀公問政子曰文武之政布在方策其人存則其政舉其人亡則其政息　左氏傳曰鄭人遊于鄉校以論執政然明謂子產毀鄉校如何子產曰何爲夫人朝進夕退而遊焉以議執政之善否其所善者吾則行之其所惡者吾則改之是吾師也　又曰子產知然明問爲政焉曰視民如子見不仁者誅之如鷹鸇之逐鳥雀也子產喜以語子大叔且曰他日

吾見蔑之面而已今吾見其心矣子太叔問政於子產子產曰政如農功日夜思之思其始而成其終其過鮮矣　又曰鄭子產有疾謂子太叔我死子必爲政唯有德者能以寬服民其次莫如猛夫火烈民望而畏之故鮮死者水懦民狎而玩之則多死焉疾數月而卒太叔爲政不忍猛而寬鄭國多盜聚於雚蒲之澤太叔徒兵攻雚蒲之盜盡殺之仲尼曰善哉政寬則民慢慢則糾之以猛猛則民殘殘則施之以寬寬以濟猛猛以濟寬政是以和　論語曰子貢問政子曰足食足兵民信之矣子貢曰必不得已而去於斯二者何先曰去食自古皆有死民無信不立　又曰季康子問政於孔子孔子對曰政者正也子帥以正孰敢不正　又曰季康子問政於孔子曰如殺無道以就有道何如孔子曰子爲政焉用殺子欲善而民善矣君子之德風小人之德草草上之風必偃　又曰或謂孔子曰子奚不爲政子曰書云孝乎惟孝友于兄弟施於有政是亦爲政奚其爲爲政　家語曰子路治蒲三年孔子過之入其境曰善哉由乎恭敬以信矣入其邑曰善哉由乎忠信以寬矣至其庭曰善哉由乎明察以斷矣子貢

問曰夫子未見由之政而三稱其善可得聞乎孔子曰入其境田疇治草萊闢溝洫深此恭敬以信故其民盡力也入其邑牆屋完固樹木甚茂此其忠信而寬故其民不偷也至其庭甚清閑諸下用命此其明察以斷矣　又曰哀公問政於孔子孔子對曰政之急者莫大乎使民富且壽也公曰爲之柰何孔子曰省力役薄賦斂則民富矣敦禮教遠罪戾則民壽矣公曰寡人欲行夫子之言恐吾國貧孔子曰詩云愷悌君子民之父母未有其子富而父母貧也　又曰衛靈公問孔子曰有語寡人爲國家者謹之於廟堂之上則政治矣何如孔子曰其可也愛人者則人愛之惡人者則人惡之　又曰哀公問於孔子曰寡人欲國小則能守大則能攻其道何如孔子曰使君朝廷有禮上下和親天下百姓皆君之民也將誰攻焉苟違此道民叛如歸皆君之讎也將誰與守公曰善哉於是廢澤梁之禁以惠百姓　管子曰凡爲國之道必先富民民富則易治也貧則難治也奚以知然民富則安鄉安鄉則重家重家則敬上畏罪敬上畏罪則易治也貧則危鄉危鄉則輕家輕家則陵上犯禁陵上犯禁則難治也昔者七十

九代之君法制不一號令不同然而俱王天下何也必國富而粟多也

又曰政之所行在順民心政之所廢在逆民心民惡憂勞我佚樂之民惡貧賤我富貴之民惡危墜我存安之民惡滅絕我生育之　又曰凡牧民者欲民之正欲民之正也則微邪不可不禁也微邪者大邪之所生也微邪不禁而求大邪之亡傷因不可得也　鄧析書曰夫水濁則無掉尾之魚政苛則無逸樂之士　孟子曰爲高必因丘陵爲下必因川澤爲政必因先王之道　莊子曰至德之世山無蹊隧澤無舟梁烏　之巢可攀援而闚也　孫卿子曰夫一仞之牆民不能踰百仞之山童子升而遊焉凌遲故也今仁義之凌遲久矣能謂民弗踰焉　商君書曰古者民聚生而群處故求有上也然則天下之樂有上將以爲治也今有主而無法其害與無主同有法而不勝其亂與無法同也　韓子曰故善毛嬙西施之美無益君面用脂澤粉黛則倍其初言先王仁義無益於治必賞罰則國治賞罰法度者國之脂澤粉黛　又曰勢者君之馬也威者君之輪也勢固則輿安威定則策勁臣從則馬良民和則輪利爲國有失於此覆輿奔

馬折策敗輪矣輿覆馬奔策折輪敗載者安得不危　新序曰魯君使宓子賤爲單父宰子賤辭去因請善書者使書憲法魯君與之至單父使書子賤從旁引其肘書醜則怒之欲好書則又引之書者患之辭去歸以告魯君魯君曰子賤苦吾擾之使不得施其善政也乃命有司無得擅徵發單父單父大理（事具巧藝部書篇）

碑　梁裴子野丹陽尹湘東王善政碑曰皇上建顯號垂鴻名廣大配乎天地光華象乎日月長駕遠撫橫逸乎都外策鏡區域充塞乎無垠上冠九垓旁濟八表制禮以告成功作樂以彰治定福應允臻祥慶符合六府孔脩九官咸事於往歲也有司奏以湘東王爲宣惠將軍丹陽尹既而下車爲政振民育德循名責實舉無遺慮若夫據饋累起求賢如不及卑身折節用人若由巳玉帛旅於丘園辟書交乎塗路求餘論於故府想遺風於舊哲延儒生於東閣命文學於後車重門洞啓列筵廣置四民總至獄訟殷集王兼而治之綽有餘裕上弘其禮下悅其風虛往實歸人得所至由是百吏仰成具僚斂衽千里之間有懷必亮躬親勸課賦政授時辨相物宜務盡地利由是仍歲有秋餘糧棲畝是以

縉紳先生愀然相顧遂造象魏拜而陳之有詔報曰纖介之善春秋必書吏民歸美難用抑絶於是二三君子歡得所奏乃擇工良匠追石名山撰德選辭輿事篆刻俾萬代之下知斯文之在斯銘曰茫茫禹迹經啓萬方平秩肇定曰若我皇并苞九域畫野分疆猗歟帝子日就月將疏爵分品奄有瀟湘君王先啓既表南國肇允神童翻飛上德導達玄微優遊翰墨行成師範文爲麗則帝曰爾諧出康庶績勿替敬典大猷允迪我王顯允洵美且麗夙夜乾乾有隆無替光贊大朝庇民濟世京邑翼翼永承嘉惠

陳徐陵爲司空徐州刺史侯安都德政碑曰巖巖天柱大矣周山之峯桓桓地軸壯哉崑崙之阜三光懸而不墜九土鎮以無疆承乾合德之君則天體元之后所以並咨四鎮咸建五臣業配蒼祇功成寓縣至於流名雅頌著美風詩年代悠然寂寥無紀其能繼茲歌詠者司空侯使君乎自文韶武穆祚土開家濮水盛其衣簪汶波分其緒秩仁義之道夷門美於大梁儒雅之風司徒重於強漢自通人許劭託命於江湖高士袁忠寄身於交越俱違建安之難獨處衡山之陽祖天資秀傑世載雄豪卓富擬於公

侯班佃必於旌鼓父光禄大夫邑里開通德之門州鄉無抗禮之客自茫
茫禹迹赫赫宗周家滅驪戎國亡夷羿我高祖武皇帝迎河圖於浪泊括
地象於炎洲南興涿鹿之師北問共工之罪天生宰輔耄年致白虎之祥
神賜英賢殷帝感蒼龍之傑公亦觀時佇聖矚咤風雲蹕開黃石之書高
詠玄池之野沉吟梁甫自比管仲之才惆悵華郊乆負伊生之歎自羯虜
侵華羣蠻縱軼後阜桂部之地四戰五達之郊郡境賢豪將謀禦難長者
僉論推公主盟義士雄民星羅霧集公既膺五聘方啓六韜率是驍徒仍
開嶺嶠自大討瀟湘同茲樊鄽下軍違命上策不宣敗我王師受拘勍盜
大陳格于文祖咸秩具神率土依風羣靈稟朔公亦忠爲令德天纂之謀
吳帳斯開衛門無擁雖復季孫還魯隨武濟河國慶民歡相儔匪若即授
使持節開府儀同三司丹陽尹昔光武不尤於馮異穆公深禮於孟明終
報王官之師遂舉咸陽之地斯乃聖主之宏略而名臣之遠圖者焉皇帝
以陶唐啓國致玉版於河宗顓頊承家佐金天於江水經綸草昧定鼎之
業居多締構權輿斷鼇之功相半固以英聲馳於海外信義感於寰中王

器攸歸當璧斯在公於是抗表長信清宮未央從億兆以同心引公卿而定策馳輕軒於軨轜奉待駕於中都七廟之基於焉永固萬邦之本由此克寧乃授司空公南徐州刺史於是鎮之以清靜安之以惠和望杏敦耕瞻蒲勸穡室歌千耦家喜萬鍾陌上成陰桑中可詠春鶊始轉必具籠筐秋蟀載吟竟鳴機杼或肅拜靈祀躬瞻舞雩去駕擁於風塵還旌阻於飄沐京坻歲積非勞楚堰之泉倉廩年豐無用秦渠之水雖復東過小縣夏雨逐其輕輪南渡滄江秋濤弭其張蓋固不得同年而語矣若夫聽採民訟昏曉必遍召引軒檽躬親辯決立受符於前案無留詰於後曹接務高城之中非異甘棠之下欣欣美俗濟濟都塵以賈琮郭賀之風行建武永平之化於是州民散騎常侍王瑒等拜表宮闕請揚兹美化樹彼高碑民欲天從允彰緜誥銘曰鬱鬱三象茫茫九州綿天慘沴浹地虔劉赫矣高祖爰清國儺元勲佐命力牧風侯亦既旋歸邦家有暉宮亭蠡浦奮翅高飛雷卷勍寇風行國威文身被髪作貢來綏我皇纂武攀號東序謁渭同周迎門惟呂流矢爲暴攙搶斯舉喋喋蒼黎危危刀俎自我祖征妖氛克

平爰驅大彘實剪長鯨北震巢浦南俘澭城青羌卷介赤狄廻兵蹈舞難踰歌謡靡宣曰我黎庶俱祈上玄山移兩越海變三田公爲上相後倍斯年　又廣州刺史歐陽頠德政碑曰弱水導其洪源軒臺表其增殖懿哉少府師儲皇於二京盛矣司徒傳儒宗於九世廣陵邕邑族擅江右勃海赫赫名重洛陽若夫岳鎮龍璠星懸鶉火衡山誕其高德相水降其清輝千仞孤標萬頃無度年當小學志冠成童因孝爲心欲仁成體屯騎府君早棄榮禄易簀之日幾將毀終不杖之言深非通制遺貲巨萬富擬猗頓栽變槐榆並貶宗戚南㳄大麓北眺清湘得性於橘洲之間披書於杏壇之上三冬文史五經縱橫頻致嘉招確乎難拔既而帝啓黄樞神亡赤伏天地崩霣川冢沸騰群俉酋豪更爲禍亂朝披羽檄夜炤權烽浴鐵蔽於山原摐金駭於樓堞公疲兵屢出獨據胡床勍賊重圍尚凭書几揚灰既散駕棒將揮咸剋凶渠以保衡服常以二主蒙塵三光掩曜出入逾於耆膽殷憂獨其撫心不治第宅深符去病志梟羣醜彌同越石自禹珪既錫堯玉巳傳物變謳謡風移筆管商周之際孤竹尚其哀歌曹劉之間蘇子

夫

猶其狂哭況番禺連師寔謂宗枝迷我天機自竊梁鼎以公威名本重逼統前軍乾數難違剥象終悔高祖永言惟舊彌念奇功即訓皇家深弘朝綱檻車才至輿櫬巳焚祝史祓於夷吾壇場延於井伯綢繆安樂造次許謀爰珥豐貂允光金蟬但入柱之土蠻夷不賓九疑之陽兵凶歲積以公昔在衡皐深留風愛仁恩可以懷猶獸威名可以懼啼兒乃授持節散騎常侍衡州刺史我皇帝從唐侯以徇國屈啓筮而登家一 恭實祚開定江沔三攻琁衡苞羅湘峽昔中宗屈申於處仲高祖遺恨於平城漢武承基方逼沙塞晉明紹運裁平姑熟方其盛業綽有光前踐祚之初進公位征南將軍廣州刺史又都督東衡州二十州諸軍事宜公乃務是民天敦其分地火耕水耨彌亘原野賊盜皆偃工賈競臻鬻米商鹽盈衢滿肆新垣既築外戶無扃脂脯豪家鍾鼎爲樂揚袪洒汗振雨流風市有千金之租田多萬箱之詠僧釋慧美等來朝終闕備啓丹誠乞於大路康莊式刊豐琰庾樊卿寶鼎復述台司之功羊叟高碑更紀征南之德於是睨開黃素爰登紫泥覽此誠祈皆如所奏乃詔庸臣爲其銘曰赫赫宗陳栢栢鼎臣

千乘建學五典攸因盛德斯遠公門日新嵩高惟岳既甫生申去衡移廣遷征旨鎮悠悠銅界藐藐金鄉莫遠非晳無思不貫三江靡浪五嶺奚壓式歌式舞仁哉至仁公其饗福於萬斯春　又晉陵太守王勵德政碑曰若夫睢陵世傳巳詳載德之華徐州先賢亦著清風之美偉哉文獻光啓中興郭璞表其深源何籌慚其遠慶豈惟桓氏之鳴玉張家之珥貂袁姓之朱衣楊宗之華轂又有似飛遴列班弓夾門濯龍俯望緹騎盈道奕世如此何其盛哉君以藍田美玉大海明珠灼灼美其聲芳英英照其符彩風神雅淡識量寬和既有崔琰之鬚眉非無鄭玄之腰帶爛爛如高巖下電騷騷若長松裏風勢利無擾於胸衿行藏不縈於懷抱家門雍睦孝友爲風上交不諂下交不瀆脫貂救厄情靡矜衒釋馬窮途唯濟危殆至於綱羅圖籍脂粉藝文學侶揖其精微詞宗稱其妙絕出爲仁武將軍晉陵太守五雞三彘勤卹有方問羊知馬鉤距兼設濟北移樹累政之所未治汝南爭水連年之所無斷一朝明決曾不留滯四民商販咸用殷阜康哉實運美矣良臣冑自澧水源于洛濱公侯世及宰輔相因曰我民秀山川

降神風情穆穆孝友恂恂學則經笥文爲世珍高風遠矣曠代難倫鼎鉉虛職台階未臻安知霜霰遽天松檟碣石斯表民情旣陳徒然下拜何報陽春

周王褒上庸公陸騰勒功碑曰在昔洞庭彭蠡三苗有遠竄之君太室陽城九州無同姓之國是知周衛設險所務非山川河岳作固所寶惟休德至於三峽蹇産九折崢嶸高峯尋雲深谷無景秦開漢閉雖阻荷戟之虞魏塞晉通終因束馬之利我大周開闢宇宙混同文軌御六氣於天樞頓八紘於地絡彭濮未恭卭笮不討外憑劒道之難内負銅梁之阨大將軍上庸公伐國威靈奉辭伐罪長戟萬隊巨艦千舳板楯酋豪斯褕君長歷稔逋寇累代稽誅廓清江源蕩滌巴濮若夫荆門千里蜀置不安之宫巴水三迴吳阻夷陵之縣巫峽使君之灘淪波浛沒建平督郵之道棧徑威紆路阻蠻陬途横夷落擅强專險輕法侮吏天子爰詔有司公奉命天討星言載塗指日遄邁册授公大將軍信州刺史韓信召拜軍中致設壇之禮衛青出征臨河閫後距之令夫鍾鼎大禮之器昭德必書金石不朽之質庸勳斯樹其等乃建碑于其地敢作頌云遐觀命氏聃求世禄

龍圖紀河鴻漸于陸霸楚傳姓命吳啓族君子篤生降靈惟岳朝陽擢彩荆山曜璞巴庸自擅彭濮稱王南泊僰道西通夜郎内憑玉壘外阻銅梁介視荒服斗絶邊疆赫赫南仲堂堂方叔天子命我遐征越逐賨氏車騎去病冠軍封山刊石鐫名刻勳遂隔年代懸感風雲盛德必祀千載斯文

隋江揔吳興郡廬陵王德政碑曰卓爾吾王天人可擬早成夙智謙懷虚己偃息流略翺翔文史三雍雅對九師名理好古如斯學兼之矣雎陽肇搆碣石初開賜田待士牓道求材剖符彭國述職琅臺去謡曙鼓留歌暮來

【表】梁劉孝儀爲雍州柳津請留刺史晉安王表曰楚備實臣秦兵不入齊多君子魏珠耻昭足使文公懼而側席孟軻歎而廢寢敢緣借寇之願切望申耿之恩陛下昔在潛龍因兹戎躍固以陋膴膴於周原包忽忽之佳氣昔次君出撫近駕班輪喬卿在政遥授衮服焉馮熊軾而督盗御龍章而行部無虧變理有光司牧

【教】梁簡文帝圖雍州賢能刺史教曰冀州表朱穆之象太丘有陳寔之畫或有留愛士珉或有傳芳史籍昔越王鎔金尚思范蠡漢軍染畫猶髙賈彪矧彼前賢寧忘景慕可並圖象廳事

以旌厥善

赦宥

易曰雷雨作解君子以赦過宥罪　周官曰國君過市刑人赦　尚書曰象以典刑流宥五刑鞭作官刑朴作教刑眚災肆赦怙終賊刑　又曰五刑之疑有赦五罰之疑有赦　論語曰赦小過舉賢才　管子曰凡赦者小利而大害也久而不勝其禍無赦者小害而大利也久而不勝其福故赦者犇馬之委轡也　漢書曰宣帝元年詔曰迺者鳳皇集泰山陳留甘露降未央宫其赦天下　史記曰陶朱公中子殺人囚於楚朱公曰殺人死職也使少子往視之裝黄金千鎰長男請行公不許長男曰長子家督也今不遣是吾不肖欲自殺不得已乃爲一封書及金令遺故所善莊生莊生乃見王曰某星犯某宿宜以德報王乃使使封三錢之府長男爲王當赦弟固當出見莊生曰弟今自赦固辭去乃取金莊生恥爲兒子所賣乃入見王曰陶朱公子多賂王左右今赦恐失望王遂殺之載喪而歸東觀漢記曰吳漢疾篤車駕親臨問所欲言對曰臣愚無所識知唯願慎

無赦而已　謝承後漢書曰學中諸生與李膺等更相褒重莫不思其貶議時河内張成善說風角推占當赦遂教子殺人李膺爲河南尹督之促收捕既而逢宥獲免膺愈憤覓案殺之初成以方伎交通宦官帝亦頗訊其占成弟子牢脩因上書誣告膺等多養太學遊士交結諸郡生徒更相驅馳共爲部黨於是天子震怒班下郡國逮捕黨人　續漢書曰建武二年詔曰其赦天下惟殘賊用刑殺深刻獄多寃人朕甚愍之自今已後有犯者將正厥辜　袁崧後漢書曰賈彪字偉節遊京師與郭林宗等爲談論之首一言一行天下以爲準的黨事起彪謂同志曰吾不西行大難不解即入關說方略天子爲之大赦　華陽國志曰諸葛亮時有言公惜赦者亮荅曰治世以大德不以小惠故匡衡吴漢不願爲赦先帝亦言吾周旋陳元方鄭康成間每見啓告治亂之道悉矣曽不語赦也若劉景叔父子歲歲赦宥何益於治　蜀志曰孟光字孝裕延熙九年秋大赦光衆責大將軍費禕曰夫赦者偏枯之物非明世所宜有也衰弊窮極必不得已然後乃可權而行之爾　裴頠集曰臣聞感神以政應變以誠故柔毅之

異以勉巳而消漢末屢赦猶淩不反由此言之上協宿度下寧萬國唯在
賢能愼厥庶政殆非孤赦所能增損也　郭子曰孫秀降晉武帝厚存寵
之妻以姨妹蒯氏室家甚穆妻嘗妒秀乃罵爲貉子秀大不平之遂出不
復入蒯氏自悔責請救於帝時大赦羣臣咸見旣出帝獨留秀從容言曰
天下曠蕩蒯夫人可得從其例不秀免冠謝遂爲夫婦如初郭頒晉人風角
書曰春甲寅日風高去地三四丈鳴條以上常從申上來爲大赦期六十
日　**賦**　後漢崔寔大赦賦曰惟漢之十一年四月六赦滌惡棄穢與海內
爲始亹亹乎恩隆平之進也寔就而賦焉以爲五帝異制三王殊事然其
承天據地興設法制一也陛下以苞天之大承前聖之迹朝乾乾於萬機
夕處敬以厲惕然猶痛刑之未錯厥將大赦所以創太平之迹旌頌聲之
期新邦家而更始垂祉羡乎將來此誠不可奪也方將披玄雲照景星獲
嘉禾於疆畝數蓂莢於階庭攔麒麟之肉角聆鳳皇之和鳴農夫歡於時
雨工女樂於機聲雖皇羲之神化尚何斯之太寧　**詔**　後魏溫子昇孝莊
帝殺尒朱榮詔曰蓋天道忌盈人倫疾惡疏而不漏刑之無捨是以吕霍

之門禍譴所伏梁董之家咎徵斯在今朱榮爰自晉陽同憂王室義旗之建大會孟津與其樂推其成鴻業論其所由乃有勳效但致遠恐泥終之寔難習未崇朝豺聲已露既位極宰衡地踰齊魯容養之至豈復是過但心如猛火山林無以供其暴意等漏巵江河無以充其溢既見金革稍寧方隅漸泰不推天功謂爲己力與奪任情臧否肆意無君之迹日月已甚乃有裂冠毀冕之心將爲拔本塞源之事天既厭亂人亦悔禍將而有聞罪無攸縱是而可懷孰不可忍並以伏辜自貽伊戚元惡既除人神慶泰便可大赦天下

又遷都拜廟鄴宮赦文曰建國所先理屬於宗廟立事爲大禮歸於禋祀大丞相渤海王神武命世重臣頹曆道塞源於將竭扶神器於已傾立天地之大功成人臣之重義朕以沖昧猥當樂推關路多虞衿帶難固瞻言[redacted]事取則前脩乃襲去鄗用追遷亳定鼎鄴都卜世惟永民用子來功成不日今清廟初興閟宮始就靈祇萃止祖考來格神光夜照香氣朝聞令月吉辰躬展誠敬時和氣婉景麗雲柔四表來庭萬國在位哀樂相交感慶兼集固宜覲象雷雨布寬大之恩取類澤風申肆眚

之令可大赦天下　北齊邢子才爲受禪登極赦詔曰無德而稱化刑以禮不言而信先春後秋故知惻隱之心天地一揆弘宥之道今古同風朕以寡薄功烈無紀昔先獻武王値魏世不造四海幅裂九鼎行出祭器無歸乃驅御侯伯大號燕趙拯厥顛墜俾亡君存父襄王外挺武功内資明德纂戎先業闢土服遠年逾二紀世歷兩都獄訟有適謳歌斯在魏帝俯遵曆數念在褰裳遠取唐虞終同脫屣實幽憂未巳志在陽城而羣公卿士誠守逾切遂屬代終居於民上如涉深氷有倦終朝始發晉陽九尾呈瑞升壇告天赤雀效祉惟爾文武不二之臣股肱爪牙之將左右先王光隆大業永言誠烈共茲休慶然三皇存教非易可免七名改呪庸可庶幾思共億兆同始茲日

教

梁陸倕豫章王拜後赦教曰夫議獄緩死著自令圖疑罪惟輕聞諸雅誥是以虞經惻隱流涕冬決鍾意垂仁哀矜寒送吾以虛薄夙頒寵章光宅襟險奄有全粵非有沛獻矜嚴空紆青組東平智思徒舉赤帷思所以仰述皇猷導揚弘澤遵彼下車譬茲解網

藝文類聚卷第五十二

藝文類聚卷第五十三

治政部下　錫命　薦舉　奉使

錫命

周官九儀之命正邦國之位一命受職再命受服三命受位四命受器五命賜則六命賜官七命賜國八命作牧九命作伯　韓詩外傳曰諸侯之有德天子錫之一錫車馬再錫衣服三錫虎賁四錫樂器五錫納陛六錫朱戶七錫弓矢八錫鈇鉞九錫秬鬯謂曰九錫　易曰王三錫命懷萬邦也　尚書曰平王錫晉文侯秬鬯圭瓚作文侯之命　左傳曰王命尹氏策晉文公爲侯伯錫之大輅之服戎輅之服彤弓一彤矢百玈弓矢千秬鬯一卣虎賁三百人　范曄後漢書曰董昭等欲共進曹操爵國公九錫備物密以訪荀彧彧曰曹公本興義兵以匡振漢朝雖勳德崇著猶秉忠貞之節君子愛人以德不宜如此事遂寢操心不能平會南征孫權彧勞軍于譙表輒留彧　晉中興書曰列宗沖幼桓溫威震外内人情噂沓互生同異謝安與王坦之盡忠匡翼諷朝廷爲九錫使驍騎將軍袁宏具草

時溫巳疾篤宏以呈安安視輒云不好更勾改之使彌歷旬日至于溫薨錫命遂寢【文】後漢潘勗策魏武帝九錫命文曰朕以不德少遭愍凶越自西土遷于唐衛當此之時危若綴旒然宗廟乏主社稷無位羣凶覬覦連城帶邑一人尺土朕無獲焉即我高祖之命將墜于地朕用夙興假寐震悼于厥心乃誘天衷誕育丞相保乂我皇家弘濟于艱難朕實賴之今將授君典禮其敬聽朕命昔者董卓初興國艱群后釋位以謀王室君則攝進首啓戎行此君之忠於本朝也後乃黄巾反易天常侵我三州延于平民君又討之翦除其迹以寧東夏此又君之功也君有定天下之功重之以明德班敘海內宣美風俗旁施勤教恤慎刑獄敦崇帝族援繼絶世舊德前功罔不咸秩雖伊尹格于皇天周公光于四海方之蔑如也朕聞先王並建明德作之以土分之以民崇其寵章備其禮物所以蕃衛王室左右厥世也其在周成管蔡不靜懲難念功乃使邵康公錫齊太公履東至于海西至于河南至于穆陵北至于無棣五侯九伯實得征之爰及襄王亦有楚人不供王職又命晉文登爲侯伯錫以二輅虎賁鈇鉞秬鬯弓

矢大啓南陽世作盟主故周室之不壞繄二國是賴今君稱丕顯明德保朕奉荅天命導揚弘烈綏爰九域莫不率俾功高於伊周而賞卑乎齊晉朕甚恧焉今以十郡封君爲魏公錫君玄土苴以白茅爰契爾龜用建冢祖昔在周室畢公毛公入爲卿佐周召師保出爲二伯外内之任君實宜之其以丞相領冀州牧如故又加君九錫其敬聽朕命魏國置丞相以下羣卿百寮皆如漢初諸侯之制君往欽哉敬服朕命簡恤爾衆時亮庶功用終爾顯德對揚我高祖之休命　魏文帝策命孫權九錫文曰蓋聖王之法以德詔爵以功制禄勞大者禄厚德盛者禮豐故叔旦有夾輔之勳太公有鷹揚之功並啓土宇并受備物所以表章元功殊異賢哲也朕以不德承運革命思齊先代坐而待旦惟君天姿忠亮命世作佐深覩曆數達見廢興遠遣行人浮于潜漢望風景附抗疏稱藩忠肅内發款誠外昭信著金石義蓋山河朕甚嘉焉今封君爲吴王使持節高平侯其授君璽綬策書以大將軍使持節都督交州領荆益州牧事錫君青土苴以白茅對揚朕命以君東夏今又加君九錫其敬聽後命　宋傅亮作宋武帝九

錫文曰朕以寡昧仰纘洪業夷羿乘釁蕩覆王室越在南鄙至于九江宗祀絶饗人神無位提挈羣凶寄命江介則我祖宗之烈奄墜于地七百之祚翦焉莫嗣天未絶晉誕育英輔振厥綱維再造區夏興亡繼絶俾昏作明元勲至德朕實賴焉今將授公典策其敬聽朕命乃者桓玄肆僭滔天泯夏拔本塞源顛倒六位庶僚俛首四方莫卹公精貫朝日氣凌虹霓奮其靈武大殲羣醜剋復皇邑奉帝歆神此公之大節也始於勤王者也授律羣后泝流長騖薄伐崢嶸馘捷南夏大憝折首羣逆夷殄三光旋照舊物反正此又公之功也公有康宇內之勲重之以明德爰初發迹則奇謨冠世電擊彊妖則鋒無前對聿寧東夏大造黔首辨方正位納之軌度蠲削煩苛較若畫一淳風美化盈塞區宇雖文命之東漸西被咎繇之邁于種德何以尚茲朕聞先王之宰世也庸勲尊賢建侯胙土褒以寵章崇其徽物所以夾輔皇室外隆藩屏故曲阜光啓遂荒徐宅營丘表海四履有聞其在襄王亦賴匡霸又命晉文備物九錫惟公道冠前烈勲高振古而殊典未加朕甚懵焉今進授相國

表

魏武帝讓九錫表曰臣功小德薄

忝寵已過進爵益土非臣所宜九錫大禮臣所不稱惶悸征營心如炙灼歸情寫實冀蒙聽省不悟陛下復詔褒誘喻以伊周未見哀許臣聞事君之道犯而勿欺量能處位計功受爵苟所不堪有損無從加臣待罪上相民所具瞻而自過謬其謂臣何　梁江淹爲齊高帝讓相國齊公九錫表曰臣聞日月權輿二儀所以克靈君臣設極三統所以式固惟生與位謂之大寶是以二周之始珪河逾廣兩漢之初封賞彌盛然表東海者實牧野之日瞻魯邦者乃負圖之辰君乃衣裳之會九合一匡猶慙於斯禮也臣實鄙才靡識大體徒以忠貞爲槩而勞不足銘雖以丹素爲誠而功無可勒　又表曰御龍勤夏未聞冠俗之爵大彭翼商豈見超世之典況呂梁不鑿而器重玄圭越裳未獻而賦擬千乘鏡前脩而慙形覿往德而聳慮也

薦舉

禮記曰趙文子所舉於晉國管庫之士七十有餘家生不交利死不屬其子焉　尸子曰人知用賢之利也不能得賢其何故也夫買馬不論足力

以白黑爲儀必無走馬矣買玉不論美惡以大小爲儀必無良寶矣舉士不論才而以貴勢爲儀則伊尹管仲不爲臣矣　說苑曰楚令尹虞丘子舉孫叔敖執而戮之虞丘子喜入見於王言孫叔敖果可使持政奉國法而不黨施刑戮而不亂可不謂公乎莊王曰夫子之賜也　呂氏春秋曰百里奚之未遇時飯牛於秦傳鬻以五羊之皮公孫枝得之獻諸繆公三日請屬事焉公曰買之五羊之皮而屬事無乃爲天下笑乎枝曰信賢而任之君之明也讓賢而下之臣之志也境內將服夫誰暇笑哉遂用之謀無不當舉必有功　史記曰王稽使於魏問鄭安平魏有賢人可與俱西乎安平曰臣里中有張禄先生欲見君言天下事王稽知其是范睢也乃載以入秦　漢書曰韓安國爲人多大略所推舉皆廉士賢於己者　又曰薛宣知翟方進有宰相器深結之方進竟代宣爲丞相免二歲方進薦宣明習文法上徵宣復爵　又曰何武爲人仁厚好進士稱人之善爲楚內史厚兩龔在沛郡厚兩唐爲公卿薦之朝廷此人顯於世者何侯力也漢雜事曰辛慶忌爲酒泉太守大將軍王鳳薦慶忌正直仁勇通於兵事

杜國石臣鳳不宜久處其右上乃復徵爲光禄大夫執金吾　東觀漢記曰東平王蒼薦吏吳良上章以示公卿曰蕭何韓信設壇即拜不復考試以良爲議郎　又曰杜林字伯山爲侍御史先與鄭興同寓隴右乃薦之上徵興爲大中大夫　又曰陳寵字昭公爲尚書寵性純淑周密重慎時有所表薦輒自手書削草　續漢書曰橋玄爲司空轉司徒素與南陽太守陳球有隙及在公位而薦球爲廷尉　又曰虞詡以左雄有忠節上疏薦之曰伏見議郎左雄數上封事實有王臣蹇蹇之節宜擢在喉舌之官必有匡弼之益由是拜雄尚書　吳越春秋曰孫子者吳人名武善爲兵法僻隱幽居世人莫知其能子胥明於識人乃薦孫子吳王問以兵法每陳一篇王不覺口之稱善（事具人部鬭篇）三輔決録曰游子啟爲郡功曹有童子張既爲書佐啟察異之具設賓饌以子托之後魏王以既爲雍州時漢興郡闕王以問既既稱楚文武兼才遂以爲漢興太守　魏志曰潁川盧志才籌畫士也早卒太祖與荀彧書曰自志才亡後莫可與計事者汝潁固多奇才誰可以繼彧薦郭嘉召見論天下事太祖曰使孤成大業者必

此人也表爲司空軍祭酒　吳志曰劉繇字正禮兄岱字公山平原陶丘洪薦欲令舉茂才刺史曰前年舉公山柰何復舉正禮乎洪曰若明使君用公山於前擢正禮於後所謂御二龍於長塗騁騏驥於千里不亦可乎　王隱晉書曰杜夷隱身不仕鎮東軍司顧榮等薦夷於相國府元帝以爲儒林祭酒　徐廣晉紀曰張華少自牧羊而篤志好學初爲縣吏盧欽奇其才數稱薦之

詔

魏明帝詔曰世之質文隨教而變兵亂已來經學廢絶後生進趨不由典謨豈朕訓導未洽將進用者不以德顯乎其令郎吏學通一經才任牧民博士策試擢其高第者亟用其浮華不務道本者皆罷退之　梁任昉求薦士詔曰夫進賢茂賞蔽善明罰前王盛則咸必由之朕纂統鴻業寅畏大寶思用俊異協賛雍熙歷聽九工物色輿皁而白駒盈谷長楚未刈所以臨朝永歎日昃伊佇便可博詢卿士各舉所知將量才授能擢以不次庶同則哲之明稱朕急賢之旨　隋江揔舉士詔曰尭施諫鼓禹拜昌言求之異等久著前冊舉以滞淹復聞昔典斯乃治道之深規帝王之切務朕以寡昧丕承洪緒未明虛已日旰興懐萬機多叅

四聰弗逹思聞謇諤採其默語王公以下各薦所知傍詢管庫爰及輿皁一介有能片言可用朕親加聽覽佇玆啓沃

表

後漢班固爲第五倫薦謝夷吾表曰夷吾才兼四科行包九德奉法智察有召公之風居儉履約紹公儀之操雖密勿在公身出心隱不狥名以求譽不馳騖以要寵誠社稷之蓍龜大漢之甍棟宜當拔擢使登鼎司願乞骸骨更授夷吾

後漢蔡邕薦皇甫規表曰昔孝文愠匈奴之事思李牧於前代孝宣忿姦猾之不散舉張敞於亡命論其武勞則漢室之扞城課其文德則皇家之腹心

後漢孔融薦禰衡表曰衡淑質貞亮英才卓犖初涉藝文升堂覩奧目所一見輒誦於口耳所暫聞不忘於心性與道合思若有神忠果正直志懷霜雪見善若驚疾惡若讐鷙鳥累百不如一鶚飛辯騁辭溢氣坌涌解疑釋結臨敵有餘昔賈誼求試屬國詭繫單于終軍欲以長纓牽致勁越弱冠慷慨前世美之　女得龍躍天衢振翼雲漢揚聲紫微垂光虹霓鈞天廣樂必有奇麗之觀帝室皇居必畜非常之寶

魏陳思王曹植自試表曰士之生世入則事父出則事君事父尚於榮親事君貴於興國故慈父不

能愛無益之子仁君不能畜無用之臣夫論德而授官者成功之君也量能而受爵者畢命之臣也故君無虛授臣無虛受虛授謂之謬舉虛受謂之尸祿昔二虢不辭兩國之任其德厚也旦奭不讓燕魯之封其功大也今臣無德可述無功可紀上慙玄冕俯愧朱紱西有違命之蜀東有不臣之吳使邊境未得脫甲謀士未得高枕而高鳥未絓於輕繳潛魚未懸於鉤餌者恐鈞射之術或未盡也夫君之寵臣欲除患興利臣之事君必殺身靜亂以功報主也如微才弗試沒世無聞徒榮其軀而豐其體生無益於事死無損於數虛荷上位而忝重恩禽息鳥視終於白首也常恐先朝露塡溝壑墳土未乾而身名並滅冀以塵霧之微補益山海螢燭末光增輝日月　又表曰五帝之世非皆智三季之末非皆愚用與不用知與不知也夫相者文德昭者也將者武功烈者也文德昭則可以匡國朝叙百揆稷契夔龍是矣武功烈則可以征不庭廣邦境南仲方叔是矣昔伊尹之爲媵臣至賤也呂尚之處屠釣至陋也及其見舉於湯文誠道合志同豈復假近習之薦因左右之介哉昔騏驥之於吳坂可謂困矣及其伯樂

相之孫子御之形體不勞而坐取千里伯樂善御馬明君善御臣誠任賢使能之明效也昔段干木修德於閭閻秦軍爲之輟攻而文侯以安穰苴援節於邦境燕晉爲之退師而景公無患皆簡德尊賢之所致也願陛下垂高宗傅巖之明以顯中興之功　魏殷褒薦朱倫表曰蓋聞虞書非俊乂無以光帝載西伯非髦士無以開王業是故高世之主必廣登命之禮有爲之君務通賢者之路所以成大治也切見同郡朱倫字文信天真清亮雅性忠篤純粹足以激清源美行足以廣風俗當仁不讓見德思義疏達之才強記博聞飛辭抗論駱驛奇逸誠當世之俊異一時之秀出也如得毗佐銓衡翼亮右曹濟濟之觀足用華國　晉庾亮薦翟陽郭翻表曰蓋聞舉逸拔幽帝王之高士旌德禮賢治道之所先是以西伯標渭濱之伏而帝基以隆漢高延商洛之隱而王道以固仄陋無明敭之稱空谷廢白駒之詠恐千里之足屈於槽櫪之下贊世之才委於壟畝之間若解其巾褐服以纓冕必能翼贊皇極敷訓彝倫　梁元帝薦鮑幾表曰旌蒲出魯賁帛歸齊頌聲既興盛業斯在幾忠公抗直出宰廉平將齊毛玠古人

之服實同吳隱酌水之廉臣才非往哲識愧前修輕陳聽覽伏待鈇鉞
梁沈約薦劉㮣表曰陛下則天開業冠帶要荒輶軒韋轂交軫於遐路拾
築投竿相望於魏闕或以開岍未採管庫遺賢執戟忘疲倚輈不息　梁
劉孝儀爲江僕射禮薦士表曰陛下緝禮裁樂化俗移風當扆思治分宵
夢相枯岸之珠既論潤山之玉巳薦伏見兼太學博士會稽賀瑒字德璉
㓜能斧藻長則琢磨結卷就賢擔簦來學鄉塾染其丹采朋友扣其洪鍾
聲無愧於東箭材有踰乎西杞如使聯事宗伯握蘭建禮庶用得其才人
知自勗臣鑒非止水職豫搜揚前竭諛聞先自鄉曲　又爲江侍中薦士
表曰臣聞天道不言資寒暑而成歲宸居垂拱寄守宰以宣風若夜魚不
欺朝琴在奏則殘殺自去汾射可追伏見鎮北府水曹參軍濟陽江興字
休恭立身貞白操業清廉頗涉書記彌閑刀筆前攝縣沮漳無傷錦製廵
行淮海不忝繡衣若處以百里之邑使導一鄉之賦必能治文無害迄用
有成臣舉不避族非欲異姓居後知人爲難寔緣所悉而薦　北齊邢子
才爲李衛軍疾以國子祭酒讓東平王表曰臣聞運舟歸於積水致遠在

於逸足未有消滄之流可成奔飛之用駑蹇之乘而有滅沒之功旣列逍衰先人之敏請同虞丘退身之義具官臣某氏望時宗彝實攸在斧藻川流雕篆霞蔚蕉蒲旣茂枝葉寔繁故以學窮齊魯聲高梁魏詔美司朝僉諧允在伏願迴恩徙授以荅具瞻

牋

魏應璩薦和虔則牋曰璩聞唐堯因羣士以興治齊桓假衆能以定業是故八元進則太平之化成六賢用則九合之功立切見同郡和模字虔則質性純粹體度貞正履仁蹈義動循軌禮方今海內企踵欣慕捉髮之德山林投褐思望旌弓之招寔英奇叙用之時貢達進致之良秋也令夜光之璧顯價於和氏之肆千里之足定功於伯樂之庭庶有以宣明大道光益時化　又薦貫樟牋曰璩聞景雲浮則應龍翔治道明則儁乂臻是故良哉之歌興於唐堯之世多士之頌起於周文之朝　晉孫楚薦傅長虞牋曰楚聞騏驥不遺能於伯樂良實不藏耀於卞和是以輝光夜射價連秦趙飛駟絕影終朝千里物尚有之士亦宜然　晉庾闡薦唐岦牋曰蓋桂林生於五嶺杞梓出於南荊夫以卉木之盛猶載在方志況千里之朝懷其良彥而使人滯於常流莫登

於龍津者乎郡公曹史泉陵唐芟永延履道敏素和而有正立身持操行著一邦若得騄軌鸞衡服裏駿足則機石之良選可以對揚萬里者也

【啓】齊王融求試效啓曰臣聞春鷊秋蟀集候相悲露木風螢臨年共悅夫惟動植且或有心況在生靈而能無感夫君道含弘臣術無隱翕歸乃居中自是充國曰莫若老臣切慕前修敢蹈輕節雖冒不媒之鄙式罄奉公之誠抑又唐堯在上不參二八管夷吾恥之臣亦耻之　梁元帝啓東宮薦石門侯啓曰切以鳳鳴朝陽必資藍田之寶龍門點額亦俟堂溪之珍是以紫玉見稱黃金爲貴文傳夢鳥學重靈蛇點滌凝脂事適衡玠渾金璞玉才足山濤昔翟湯隱逸見稱庾亮陳平器局被薦無知以人廢言誠增竦讋進賢上賞伏待慈照　梁丘遲答舉秀才啓曰方今八友盈庭五承在幄七教畢脩九攻具舉猶乃物色闕屠夢想巖釣故已天不愛寶野無遺賢輒仰宣皇猷俯罄愚蔽覘察衡閭詢事芧草如有片言入善一介可題謹聞絳闕恭奏青蒲

【教】宋孝武臨徐兗二州搜揚教曰徐方地兼梁楚秀士攸出兗土樂頌所流風禮自古豈不異人比肩鴻才世及或

踈散山林不聞進達或棲息閭閻懷寶待耀孝性義門明經善政者所在搜揚舉進咸用名聞　梁王僧孺至南海郡求士教曰是以文舉下車竊夢於根雉長孫入境明發於龍丘此境三閩輿壤百越舊都漢開吳別分星畫部風序泱泱衣簪斯盛其川岳所産豈直明珠大貝桂蠹翠羽而已哉孝實人經則有羅威唐頌學惟業本又聞陳元士奭至於高尚獨往相望於山巖懷仁抱義繼蹤於前史

書

漢張敞與朱邑書曰明主游心太古廣延茂士此誠忠臣竭思之時也值敞遠守劇郡馭於繩墨胸臆約結固無奇矣足下以清明之德掌周稷之官昔陳平雖賢須魏倩而後進韓信雖奇賴蕭何而後信故士各達其時之英雋若必伊尹呂望而後薦之則此人不因足下而進矣邑感敞言薦賢士大夫多得其助者　魏阮籍與晉文王薦盧景宣書曰是以八士歸周周道以隆虞舜登庸元凱咸事誠以鄧林昆吾翔鳳所棲懸黎和肆垂棘所集伏見鄙州別駕盧播字景宣耽道悅禮伏義依仁研精墳典升堂覩奧若得佐時理物則政事之器御命聘享則專對之才潛心圖籍文學之宗敷藻載述良史之表

奉使

周官曰使適四方朝覲宗遇會同君之禮也存覲覜省聘問臣之禮也

毛詩曰四牡勞使臣之來也有功而見知則說矣四牡騑騑周道逶遲豈不懷歸王事靡盬我心傷悲　又曰皇皇者華君遣使臣也送之以禮樂言遠而有光華也皇皇者華于彼原隰駪駪征夫每懷靡及　左傳曰齊侯以諸侯之師侵蔡蔡潰遂伐楚楚子使與師言曰君處北海寡人處南海惟是風馬牛不相及也不虞君之涉吾地也何故管仲曰昔召康公命我先君太公曰五侯九伯汝實征之爾貢苞茅不入王祭不供無以縮酒寡人是徵昭王南征而不復寡人是問對曰貢之不入寡君之罪也敢不供給昭王之不復君其問諸水濵　穀梁傳曰季孫行父禿晉郤克眇衛孫良夫跛同時而聘于齊齊使禿者迓禿者眇者迓眇者跛者迓跛者蕭同叔子處臺上而笑之聞於客客不說而去相與立胥閭而語移日不觧齊人有知之者曰齊之患自此始也　論語曰蘧伯玉使人於孔子孔子與之坐而問焉曰夫子何爲對曰夫子欲寡其過而未能也使者出子曰

使乎使乎爲使之難不辱君命　晏子曰晏子短使楚楚爲小門而延晏子晏子不入曰使狗國者從狗門入而臣使楚不當從狗門入事具人部嘲戲篇

史記曰趙平原君使於春申君趙使欲誇楚爲玳瑁簪刀劒悉以珠飾之春申君客三千餘人上客皆躡珠履以見趙使趙使大慙　又曰陸賈楚人以客從高祖定天下名有口辯居左右常使諸侯時中國初定尉他平南越因王之高祖使賈賜他印爲南越王賈至尉他魋結箕踞見賈賈因說他曰足下中國之人親戚昆弟墳墓在眞定今足下欲以區區之越與天子抗衡爲敵國禍且及身矣他乃蹶然起坐謝賈曰居蠻夷之中久殊失禮儀

【詩】北齊裴讓之公館讌酬南使徐陵詩曰嵩山表京邑鍾嶺對江津方域殊風壤分野居星辰出境君圖事尋盟我恤鄰有才稱竹箭無用忝絲綸列樂歌鍾響張旃玉帛陳皇華徒受命延譽本無因韓宣將聘楚申胥欲去秦方期飲河朔飜屬臥漳濵禮酒盈三獻賓筵盛八珍歲稔鳴銅雀兵戢坐金人雲來朝起蓋日落晚催輪異國猶兄弟相知無舊新

北齊裴訥之鄴館公宴詩曰晉楚敦盟好喬禮同心賞禮成鐏俎陳樂和

金石響朝雲駕馬進曉日乘龍上雙闕表皇居三臺映仙掌當階篁篠密
約岸荷蕖長東帶盡欣娛誰言驚歸兩　周庾信將命至鄴詩曰大國脩
聘禮親鄰自此敦張旝事原隰負扆報成言西過犯風露北指度轘轅交
歡值公子展禮覿王孫何以譽嘉樹徒欣賦采蘩四牢盈折俎三獻滿罍
樽人臣無境外何由欣此言風俗既險阻山河不復論無因旅南館空欲
祭西門眷然惟此別夙期幸共存　又酬祖正員詩曰我皇臨九有聲教
洎無隄興文盛禮樂偃武息民黎承乏驅騏馬旌旆事鼓鞞古碑文字盡
荒城年代迷被隴文瓜熟交塍香穗低投琅實有意報李更無蹊　隋盧
思道贈司馬幼之南聘詩曰故交忽千里輶車莅遠盟幽人重離別握手
送行晚霞浮極浦落景照長亭拂霧揚龍節乘風迴鳥旌楚山百重映
吳江萬仞清夏雲樓閣起秋濤帷蓋生陸侯持寶劍終子繫長纓前脩亦
何遠君其勗令名　隋虞世基接北使詩曰會玉二崤至瑞節三秦歸林
蟬鍊欲盡江鴈斷還飛牆垣崇客館旌蓋入王畿共此敦封植方欣篤紵
衣【論】梁元帝鄭衆論曰漢世銜命匈奴困而不辱者二人而巳子卿手

持漢節卧伏氷霜仲師固無下拜隔絶水火況復風生稽落日隱龍堆翰海飛沙皐蘭走雪豈不酸鼻痛心憶雒陽之宫陛骨泣横悲想長安之城闕直以爲臣之道義不爲生事君之節生爲義盡豈望拔幽泉出重仞經長樂抵未央及還望塞亭來依候火傍觀上郡側眺雲中雖在已之願自隆而於時之報未盡

書　後漢孔融與韋林甫書曰使君足下慷遠垂勲西戎即叙前别意恨甚多不悉辛從事至承獲所訊喜而起居不恙而到也云便結駟徑至舊治西土之人宗服令德解仇崇好以順風化萬里雍穆如樂之和雖爲國家威靈感應亦實士毅堪事之效也昔伯安由幽都而登上司子琰以豫州而取宰相近事未遠當勉功業以豐此慶耳聞儁動不得復與足下岸幘廣坐舉杯相於以爲邑邑前日光將來雅度弘偉之器也昨仲將復來文敏篤誠保家之主也不意雙珠近出老蚌甚六之遺書通心

梁任孝恭爲李慶州孟堅使與覃無名書曰昔陸賈定交知於南越長卿披繡通夷險於夜郎故傳美於往書流芳於篆足下南中盛族嶺表豪門籍譽既深承芳已舊但道曠風雲論平生而

是即江山間阻銜杯酌以何因空想神魂徒勞夢寐傑世熏威儀門勒鍾鼎提戈海岳推轂數千逮我不才無兼文武鴻私弗替應茲閫外麾蓋所臨寔宜慈造足下剌舉一隅同奉家國進止之宜寔侯高第　梁劉孝儀北使還與永豐侯書曰足踐寒地身犯朔風暮宿客亭晨灼謁舍飄颻辛苦迄届氊鄉雜種覃化頗慕中國兵傳李緒之法樓擬衛律所治而毳幙難淹酪漿易饜王程有限時及玉關射鹿胡奴乃共歸國刻龍漢節還持入塞馬銜苜蓿嘶立故墟人獲蒲萄歸種舊里稚子出迎善鄰相勞倦握蟹螯亟覆蝦椀未改朱顏略多自醉用此終日亦以自娛

藝文類聚卷第五十三

藝文類聚卷第五十四　　刑法部

刑法

爾雅曰律法也　又律法銓也（易坎卦主法律銓衡輕重也）管子曰正月之朔百吏在朝君乃出令布憲于國五鄉五師五屬大夫皆受憲于君矣　又曰法者所以興功懼暴律者所以定分止爭也　又曰凡國無法則衆不知所爲無度則事無儀有法不正有度不直則治僻治僻則國亂故曰正法直度罪殺無赦殺戮必信民畏而懼武威既明令不再行　又曰法者天地之位象四時之行以治天下四時之行有寒有暑聖人法之故有文有武天地之位有前有後有左有右聖人法之以建經紀春生於左秋殺於右夏長於前冬藏於後生長之事文也收藏之事武也是故文事在左武事在右聖人法之以行法令以治事理也申子曰君必有明法正義若懸權衡以稱輕重所以一羣臣也　又曰堯之治也善明法察令而已聖君任法而不任智任數而不任說黃帝之治天下置法而不變使民而安不安樂其法也　昔七十九代之君法制不一號令不同然而俱王天下何也[illegible]皆國富而粟多　家語曰孔子初仕爲中都宰（中都魯邑）制爲養生

送死之節長幼異食[illegible]異任男女別塗路不拾遺器不雕僞市不二價
行之一年而四方諸侯皆則焉　定公謂孔子曰學子之法以治魯國何如孔
子對曰雖天下可何但魯國而已矣　韓子曰治大國而數變法則民苦之是
以有道之君貴虛靜而重變法　又曰聖人立法賞足以勸善威足以勝暴備
足以必完　又曰釋法術而心治堯不能正一國使中主守法術拙匠執規矩尺寸
則萬不失一　又曰董安于行石邑山中見深澗峭如牆深百仞因問其鄉左
右曰人嘗有入者乎對曰無有安于喟然歎曰吾能治矣使吾法之無赦猶入
澗之必死也則民莫之犯何爲不治（事具水部澗篇）　又曰越王問於大夫種曰吾欲伐吳
可乎對曰可矣君賞厚而信罰嚴而必君欲知之何不試焚宮室於是遂焚
宮室民莫救之[illegible]令曰人救火而死者比敵死之賞勝火而死者比勝敵之賞不
救火者比降北之[illegible]之者其體被濡衣走火者左三千人右三千人此知必勝之勢
也　文子曰文子問老子法安所生曰法生於義義生於衆適合乎人心此治之要也
法非從天下非從地出發於人間反已自正　申子曰君子之所以尊者令令不行
是無君也故明君愼令　愼[illegible]堯爲匹夫不能鄰家至西南面而王則令行

禁止由此觀之賢未足以服不肖而勢位足以屈賢也　又曰法之功莫大使私不行君之功莫大使民不爭今立法而行私是與法爭其亂甚於無法立君而尊賢是賢與君爭其亂甚於無君故有道之國法立則私善不行君立則賢者不尊民一於君斷於法國之大道也　又曰故治國無其法則亂守法而不變則衰有法而行私謂之不法以力役法者百姓也以死守法者有司也以道變法者君長也　漢書曰漢興高祖初入關約法三章曰殺人者死傷人及盜抵罪蠲削煩苛兆民大說其後四夷未附兵革未息三章之法不足以禦姦於是相國蕭何捃摭秦法取宜於時者作律　又曰杜周爲廷尉其治獄倣張湯而善伺候上所欲擠者因而陷之上所欲釋久繫待問而微見其寃狀客有謂周曰君爲天下決平不修三尺法以三尺簡書法律也專以人主意指爲獄獄者固如

是也周曰三尺安出哉前主所以著爲律後主所是疏爲令當時爲是何古之法　又曰時上方向文學張湯決大獄欲傅古義乃請博士弟子治尚書春秋補廷尉使平疑法奏讞疑事必奏先爲上分別其原上所是受而著讞法廷尉挈令揚主之明　東觀漢記曰陳寵曾祖父咸成哀間以明律令爲侍御史王莽篡位父子相將歸鄉里閉門不出入收家中律令文書壁藏之以俟明王咸常勑戒子孫爲人議法當依輕雖有百金之利無與人重比故世謂陳氏持法寬　范曄後漢書曰鄭弘建初初爲尚書令舊制尚書郎限滿補縣長令史報丞尉弘奏以爲臺職雖尊而酬賞甚薄至於闕選多無樂者請使郎補千戶令史爲長帝從其議弘前後所陳有補益王政者著之南宮以爲故事　說文曰科程也程品也十髮爲程十程爲寸　揚雄劇秦美新論曰金科玉條（科條謂所施也律金玉當珍之）鹽鐵論曰昔秦法繁於秋荼而密於凝脂然上下相趨姦僞萌生　又曰夫善言天者合之於人善言古者考之於今二尺四寸之律古今一也　風俗通曰咎陶謨虞始造律蕭何成九章此關諸百王不易之道也時所制曰令漢書

著于甲令夫吏者治也當先自正然後正人故文書下如律令言當承憲履繩動不失律令也　王隱晉書曰荀勗與賈充共定律令班下施用各加禄賜

【詩】周庾信正旦上司憲詩曰詰旦啓門欄繁辭擁筆端蒼鷹下獄吏獬豸飾刑官司朝引玉節盟載捧珠盤孟門久失路扶摇忽上摶栖烏還得府棄馬復歸欄榮華名義重慮薄報恩難枚乘還起疾貢禹遂彈冠方乘蓮葉劒未用竹根丹一知懸象法誰思垂釣竿

【賦】晉傅咸明意賦曰侍御史傅咸奉詔治獄作賦用明意云舍控款以彌載令棲遲以淹留吏砥身以存公古有死而無柔彼背正以從邪我没世而是尤敦督腸以爲效兮豈文飾之足脩感恩輸命心口自滅加我數年竭力效節春秋既不吾與日月忽其不屈周道兮如砥言人兮是由材曲兮枉橈朽木兮難抽　晉傅玄釋法篇曰釋法任情姦佞在下多疑少決譬執腐索以御奔馬專任刑名民不聊生通儒達道政乃升平浩浩大海百川歸之洋洋聖化九服仰之春風暢物秋霜肅殺同則相濟異若胡越

【表】梁昭明太子爾雅制法則賛曰惟斯法則信如四時嚴此刑政刑輕罪疑霜威已振

民不敢欺　後漢李尤鞠城銘曰員鞠方牆倣象陰陽法月衡對二六相當建長立平其列有常不以親疏不有阿私端心平意莫怨其非鞠政由然況乎執機

令

魏陳王曹植黄初五年令曰夫遠不可知者天也近不可知者人也傳曰知人則哲堯猶病諸諺曰人心不同若其面焉唯女子與小人爲難養也近之則不遜遠之則怨詩云憂心悄悄愠于群小自世間人或受寵而背恩或無故而叛違顧左右曠然無信大嚼者咋斷其舌右手執斧左手執鉞傷夷一身之中尚有不可信況於人乎唯無深瑕潛釁隱過匿慝乃可以爲人諺曰穀千駑不如養一驥　又曰穀駑養虎大無益也乃知韓昭使藏弊袴良有以也使臣有三品有可以仁義化者有可以恩惠驅者不足以導之則當以刑罰使之刑罰復不足以率之則明所以不畜故唐堯至仁不能容無益之子湯武至聖不能養無益之臣九折臂知爲良醫吾知所以待下矣諸吏各敬爾在位孤推一槩之平功之宜賞於疏必與罪之宜戮在親不赦此令之行有若皎日於戲群司其覽之哉　又黄初六年令曰身輕於鴻毛而謗重於泰山賴蒙帝主天地之

仁違百寮之典議赦三千之首戾反我舊居襲我初服雲雨之施焉有量哉孤以何功而納斯貺富而不吝寵至不驕者則周公其人也孤小人爾深更以榮爲戚何者將恐簡易之尤出於細微脫爾之愆一朝復露也故欲修吾往業守吾初志欲使皇帝恩在摩天使孤心常存入地將以全陛下厚德究孤犬馬之年此難能也然固欲行衆之難詩曰德輶如毛鮮克舉之此之

謂【難】漢張敞議入穀贖罪蕭望之難曰國兵在外軍以夏發隴西以北安定以西吏民竝給轉輸田事頗廢素無餘積雖羌虜以破來春必窮僻之處買無所得縣官穀度不足以振之願令諸有罪非盜受財殺人及犯法不得赦者得以差入穀此八郡贖罪務益致穀以豫備百姓之急事下有司望之與少府李彊議以爲民含陰陽之氣有仁義欲利之心在教化之所助雖堯在上不能去民欲利之心而能令其欲利不勝其好義也雖桀在上不能去民好義之心能令其好義不勝其欲利也故堯桀之分在於義利而已道民不可不慎也今欲令民量粟以贖罪如此則富者得生貧者獨死是貧富異刑而法不壹也人情貧窮父兄囚執聞出財得以生活爲人子弟者將不顧死亡之患敗亂之行以赴財利求親戚一人得生十人以死如此伯夷之行壞公綽之名滅政教一傾雖有周召之佐恐不能復古者藏於民不足則取有餘則予詩曰爰及矜人哀此鰥寡上惠下也【議】後漢孔融肉刑議曰古者敦厖善否區別吏端刑清政無過失百姓有罪皆自取之末世陵遲風俗壞亂政撓俗替法害其民故曰上失其道民散久矣而欲繩之以古刑投之以殘棄非所

謂與時消息也紂斮朝涉之脛天下謂之無道夫九牧之地千八百君若刖一人是天下常有千八百刖也求世休和弗可得已且被刑之人慮不念生志在思死類多趨惡莫復歸止夙沙亂齊伊戾禍宋趙高英布爲世大患不能止其源遂爲非也雖忠如鬻拳信如卞和智如孫臏冤如巷伯才如史遷達如子政一罹刀鋸沒世不齒漢開改惡之路凡爲此也故明德之君遠度深惟弃短就長不苟革其政者也　魏傅幹肉刑議曰蓋禮樂所以導民刑罰所以威之是故君子忌禮而小人畏刑雖湯武之隆成康之盛不專用禮樂亦陳肉刑之法而康哉之歌興清廟之頌作由此推之肉刑之法不當除一也經有墨劓剕割之制至於鑿顛抽脅鑊烹之刑衛鞅所述爲非咎陶所造呂侯所述據經按傳肉刑不當除有五驗請言其理荀卿論之備矣太古質簡制事樸略故耒耜未用於牛而弧矢不加筋鐵智非闇也不識事宜以爲聖人純一之教不如賢者支離之術鄭衛可以易咸池溱洧可以陵韶武耶斯不足復難矣　晉曹志議曰嚴刑以殺犯之者寡刑輕易犯蹈惡者多臣謂玩常苟免犯法乃衆黥刖小刵罪而民甚恥且創制墨

刖見者知禁彰罪表惡聞者多服假使惡多尚不至死無妨產育苟能殺以止殺爲惡縱寡積而不已將至無人天無以神君無以尊矣故古人寧過不殺是以爲上寧寬得衆不寧急積殺君及于張聽訟刑以止刑可不革舊過此以往肉刑是宜假令漢文于張承大亂之後創基七十國寡民稀止禁刑書鞭杖爲治也

晉程咸女適人不從出議曰夫司冠作典建三等之制甫侯修刑通輕重之法叔世多變秦并重辟漢因循之大魏承襲未革其弊大逆之誅不差已出之女者誠欲絕惡類於一族然法貴得中刑慎過制臣以爲女人有三從之義無自專之道出適他族還喪

父母降其服紀所以明外成之節異在室之恩父母有罪追刑已出之女夫黨見誅又隨異姓之戮一人之身内外受辟男不行禍於他族女獨嬰罰於二門非所以哀矜蒙弱立法之本分也今女既嫁則爲異姓之妻如或産育則爲他族之母此爲元惡之所輕忽戮無辜之所重於恩則傷孝子之心而與嫌怨之路臣以爲在室之女宜從父族之誅既醮之婦使就夫家之罰宜定齊科以爲永制

表

晉盧諶理劉司空表曰臣聞經國之體在於崇明典刑立政之務在於固慎開塞典刑不明則人情歷措開塞之慎則逆節滋萌竊見故司空廣武侯琨在東皇帝擾攘之際值群臣鼎沸之難戮力皇家義誠彌厲躬統華夷親受矢石王彌授首於河南呂朗面縛於滎陽社稷克寧鑾輿反旆奉迎之勳琨效忠之一驗也琨授并州屬承其弊到官之日遺戶無幾荊棘茂於街里豺狼居於府舍既無白踐里楯之卒又無衛文共滕之民當易危之勢處難濟之中鳩集傷夷撫和戎狄會遭京都失守孝懷版蕩群逆縱逸充斥王畿咸以爲并州之地四塞爲固東阻井陘西限藍谷前有太行之嶺後有句注之關琨抗辭厲聲

忠亮奮發以爲天子沉辱而不隕身死節言情則非所能安言罪則不容於誅遂乃鞠誓百姓修繕甲兵跋履山川東征西討以喪氣之衆當天下嚴敵蟣虱生於甲胄鸞雀巢於帷幕雖不能摧殄聰勒且得據其心腹琨破家爲國之二驗也琨乃稽民神之旨通天下之意唱上尊號歸重聖躬令南北萬里若合符契此又琨乃心本朝之三驗也比未遇害知匹磾必有禍心唯恨不能效節於一方上不得歸誠於陛下辭上日慷慨動於左右聽其言者莫能仰視昔子囊垂終遺言城郢古人稱之以爲忠貞琨匪躬之操義實茂之此琨沒不忘國之四驗也取亂侮亡仲虺之遺言也兼弱攻昧隨季之善經也匹磾之狡謀踊躍一隅無以自展精卒勁騎不得致力以一人之身妨一國之用當今二賊未殄方難尚殷而使殊俗彊國懷怨自相疑懼非國家靜難之遠術也伏惟陛下以淑聖之姿隆中興之緒方將平章典刑以序萬邦而琨受害悲哀冤痛已甚也未聞朝廷有以甄論昔壺關三老訟衛太子之罪谷永劉向辯陳湯之功下足以明功罪之分上足以寤主上之懷　晉殷仲文罪釁解尚書表曰臣聞洪波振壑

川無活鱗驚飈拂野林無靜柯何者勢弱則受制於人力微則無以自保於理雖昧可得而言於臣寔非所敢論桓玄之世誠復驅迫者衆於微臣罪實深矣進不能見危授命亡身殉國退不能辭粟首陽拂衣高謝遂乃宴安昏寵叨昧僞封錫文篡事曾莫獨固名義以之俱淪情節自茲兼撓宜其極法以判忠邪鎮軍臣裕匡復社稷大弘善貸紓一戮於微命由三驅於大信既惠之以首領復引之以縶維于時皇輿否隔天人未泰用忘進退唯力是視是以僶俛從事自同全人今宸極反政惟新告始憲章既明品物思舊臣亦胡顏之厚何以顯居榮次乞解斯職待罪私門違謝闕庭乃心愧戀　宋傅亮爲劉毅軍敗自解表曰遂令犬羊內侮兵纏紫極聖朝肝膽社稷幾殆稽之典刑罪不容宥賴天祚有底冢宰靈武長蛇翦毒醜類宵遯今畿甸告寧四封有截臣元釁大責既積朝野桑榆之效又無與立而聖恩含宥弛其徽墨偏私之譏既彰民聽況可重荷岳牧之任復當推轂之重　宋趙伯符以息犢犯罪乞解侍中讓軍表曰臣識慙羊媼慮闕日磾致咎猖狂初不自悟形影相弔心情喪惡無宜復管司喉脣

作統連率　齊孔稚珪上新定法律表曰臣聞匠萬物者以繩墨爲政馭大國者以法理爲本故定國釋之聲著漢臺元常文慧績應魏閣則皐陶之謨指掌可致杜鄭之業鬱焉何遠然後姦人無所逃其刑惡吏無所窮其詐如身手之相驅弦括之相接矣　梁任昉爲梁公請刊改律令表曰臣聞淳源既遠天討是因畫衣象服以致刑厝草纓艾韠民不能犯及淳德下衰運距澆季湯刑禹政不足禁姦九法三章無以息訟所以赭衣塞路囹圄圩成市疑脂已踈秋荼非苦姦吏爲市生殺並用可爲慟哭豈徒一妄加劓斮金木爲伍且夫刻木不對畫地不入畏避若是而動貽非命王緒夫肖貌天地稟靈川岳受體愛敬髮膚爲重流矢影風顧有憂色而當道爲虧良在於此法開二門爲政之蠧生殺多緒誰其適政

書奏

漢杜欽奏記於王鳳曰切見令曰吏二千石告過長安謁不分别千賜今有司以爲予告得歸告不賜告詔恩也令告則得詔恩不得失輕重之差又二千石病賜告得歸有故事不得去郡已亡者著令傳曰賞疑從予所以廣恩勸功也罰疑從去所以愼刑闕難知也今釋令與故事而假不敬之法

甚違闕疑從去之意即以二千石守千里之地任兵馬之重不宜去都將以制刑爲後法者則馮野王之罪在未制賞罰大信不可不慎鳳不聽竟免野王郡國二千石病賜告不得歸家自此始也　漢貢禹上書曰孝文皇帝時貴廉絜賤貪汙賈人贅壻及吏坐贓者禁固不得爲吏無贖罪之法故令行禁止海内大化武帝始臨天下尊賢用士自見功大遂從嗜欲廼行一時之變使犯法者贖罪入穀者補吏是以官亂民貧盜賊並起故俗皆曰何以孝悌爲財多而官榮使黥劓髡鉗者猶復攘臂爲政俗之壞敗乃至於此今欲興至治致太平宜除贖罪之法　漢張俊上書曰臣辜恩負義自陷重刑情斷意訖無所復望廷尉鞠遣歐刀在前棺絮在後魂魄飛揚形容已枯陛下聖澤以臣嘗在近密識其狀貌傷其眼目留心曲慮特加偏覆喪車復還白骨更肉披棺發槨起見白日天地父母能生臣俊不能使臣俊當死復生陛下德過天地恩重父母誠非臣俊破碎骸骨舉宗肉爛所報萬一　魏鍾繇上書曰大魏受命繼蹤虞夏孝文革法不合古道先帝聖德固天所縱墳典之業一以貫之是以繼世仍發明詔思

復古刑爲一代法連有軍事遂未施行陛下遠追二祖遺意惜斬趾可以禁惡恨入死之無辜使明習律令與羣臣共議出本當右趾而入大辟者復行此刑書云皇帝清問下民有辭于苗此言堯當除蚩尤有苗之刑先審問於下民之有辭者也若今弊獄之時訊問三槐九棘羣吏萬民如孝景之令其當棄市欲斬右趾者許之其黥劓左趾宫刑者自如孝文易以髡笞能有姦者率年二十至四五十雖斬其足猶任生育今天下人少於孝文之世下計所全歲三千人張蒼除肉刑所殺歲以萬計臣欲復肉刑歲生三千人子貢問能濟民可謂仁乎孔子曰何事於仁必也聖乎堯舜其猶病諸又曰仁遠乎哉我欲仁斯仁至矣若試行之斯民永濟　晋劉頌上書曰古者刑以止刑及今民於此以刑生刑以徒生徒諸犯重亡者髡過三寸輒重髡之此以刑生刑如作一歲此以徒生徒也亡者積多繫囚猥畜議者因曰不可殺復從而赦之此爲刑不制罪法不勝姦民知法之不勝相聚而謀爲不軌月異而歲不同故自頃以來姦惡㴲暴漸以滋蔓日積不已弊將所歸識者不深思此故曰肉刑於名忤聽忤聽孰與

賊盜不禁聖王制肉刑還有深理其事所得而言非徒懲其畏剥割之痛而不爲也乃去其爲惡之具使夫姦民無用復肆其志止姦絶本理之盡也亡者刖之無所用復亡盜者截其手無所用復盜淫者割其勢理亦如之除惡塞源莫善於此又非徒然也此等已刑之後便各歸家父毋妻子共相養䘏不流離於塗路創愈可役上準古制隨宜業作雖以刑殘不爲虐棄而所患都塞又生育繁阜之道自若也　晉杜預奏事曰古之刑書銘之鼎鐘鑄之金石斯所以遠塞異端絶異理也法出一門然後人知恒禁吏無淫巧政明於上民安於下　晉劉頌刑獄奏曰君臣之分各有所司法欲必奉故令主者守文理有窮塞故使大臣釋滯事有時故人主權斷主者守文若釋之執犯蹕之卒也大臣釋滯公孫弘斷郭解之獄也人主權斷若漢祖戮丁公之爲也天下萬事自非斯格不得以出意妄議其餘皆以律令從事然後法信於下民聽不惑吏不容姦可以言理人主執斯格以責群下大臣小吏其局則法一矣上古議事以制不爲刑辟夏殷及周書法象魏三代之君咸棄典常之妙鑒而任徵文之直準非聖有殊

所遇異也今論時孰弊不及中古而執平者欲適情之所安自託於議事以制臣切以爲聽言則美論理則遠至如非常之斷出法賞罰若漢祖戮楚臣之私已封趙氏之無功唯人主專之非奉職之臣所得擬議然後情求傍請之迹絶似是而非之奏塞此蓋齊法之大准也　晉郭璞奏曰臣聞上古象刑而民不犯中古明刑以致刑措故立刑以禁刑立殺以去殺重之以死所以求其生峻之以刑所以輕其死死由於法輕生存乎法重此亡防之成標也然則刑無輕重用之唯平非平法之爲難思在斷之爲難是以子臯行戮刖者忘痛釋之典刑民無怨色何者積之於誠也按癸酉詔書之旨專爲邉戍實之裔土濟當時一切之用非爲經遠之法亦是中夏全平之時威御足指控制故可得行之矣欲役無賴子弟驅不逞之人聚之於空荒四維之地將以扞固牧圉未見其利也且濵接鯨猾寇逼姦藪退未絶其丘窟之顧進無以塞其逋逃之門五流三居誠古之犯刑論之於今事實難行且律令以跨三代歷載所遵未易輕改者也是以刑法不專則名幸者興政令驟變則人志無繫子產患其如此故矯先正議

事之制而立刑書之辟皆所以弼民心而正群惑者也【啓】梁簡文帝啓
囚徒配役事啓曰伏以明慎三典寛簡八刑宸鑒每以垂心國誥是焉攸
切臣比時奉勑旨權視京師雜事切見南北郊等處並啓請四五歲以下
輕因助充使役優令聽獄官詳其可否侮文之路自此而生將恐王科重
輕全闕墨綬金書去取更由丹筆愚謂宜詳五條制以爲永準　又謝邵
陵王禁錮啓曰臣綸習近宵人不能改過屢犯明憲三入刑科昔繆彤掩
扉曹議著論布衣兄弟且相誡勗以臣居長終慙勸厲仰負慈嚴心顔戰
龍言　梁任昉爲王金紫謝齊武帝未皇太子律序啓曰臣聞化澄上業
草纓垂典教清中世艾服懲刑自禮失宗周俗反炎漢張馮導其迹賈杜
浚其流仲舒之得情孔子之慱約故以義該往哲書美前王而年世浸遠
篇牘訛誤朽編落簡見誣前淑侮文擅議取弊後昆立不倚衡遂均鴻毛
之殞傷足居憂忘貽髪膚之痛豈所以臨河永歎合育最靈者也伏惟陛
下施博天地澤深禹湯温舒之策優游虛授衛展之議寧失弗經削秋荼
之法解凝脂之網　陳徐陵謝兒報坐事付治中啓曰夫拾金樵路高士

所羞整冠李下君子斯慎見報不能謹絜敢觸嚴綱右趾鉄繫事允法科左校論輸實由恩宥老臣過庭之訓多謝古賢折笄之杖有愧前達　晉叔向與鄭子産書曰昔先王議事以制不爲刑辟懼民之有爭心是故閑之以義糾之以政行之以禮守之以信奉之以仁制爲禄位以勸其從嚴斷刑罰以威其淫懼其未也故誨之以忠聳之以行教之以務使之以和臨之以敬莅之以彊斷之以剛猶求聖哲之主明察之官忠信之長慈惠之師民於是乎可任使也而不生禍亂民知有辟則不忌於上並有爭心以徵於書而徼倖以成之不可爲矣三辟之興皆叔世也今吾子相鄭國作封洫立謗政制參辟鑄刑書將以靜民不亦難乎民知爭端矣將棄禮而徵於書錐刀之末將盡爭之亂獄滋豐賄賂並行終子之世鄭其敗乎

序　晉杜預律序曰律以正罪名令以存事制二者相須爲用　晉張斐律序曰律令者政事之經萬機之緯　又曰鄭鑄刑書晉作執秩趙制國律楚造僕區並述法律之名申韓之徒各自立制

論　魏丁儀刑禮論曰天垂象聖人則之天之爲歲也先春而後秋君之爲治也先禮而後刑春

以生長爲德秋以殺戮爲功禮以教訓爲美刑以威嚴爲用故先生而後
殺天之爲歲先教而後罰君之爲治也天不以久遠更其春冬而人也得
以古今改其禮刑哉太古之世民故質樸質樸之民宜其易化是以中古
之君子或結繩以治或象刑惟明夏后肉辟民轉姦詐刑彌滋繁禮亦如
之由斯言之古之刑省禮亦宜略今所論辨雖出傳記之前天流東源不
得西景正形不得傾自然之勢也後世禮刑俱失於前先後之宜故自有
常今夫先刑者用其末也由禮禁未然之前謂難明之禮古人不能行也
按如所云禮嫂叔不親之屬也非太古之禮也所云禮者豈此也哉古者
民少而獸多未有所爭民無患則無所思故未有君焉後民稠多強暴弱
於是有賢人焉平其多少均其有無推逸取勞以身先之民獲其利歸而
樂之樂之得爲君焉夫刑之記君也精具筋力民畏其強而不敢校得爲
君也恐上古未具刑罪之品設逋亡之法懼彼爲我而以勇力侵暴於巳
能與則校不能歸奉之明矣且上古之時賊耳非所謂君也上古雖質宜
所以爲君會當先別男女定夫婦分土地班食物此先以禮也夫婦定而

後禁淫焉貨物正而後止竊此後刑也　魏曹羲肉刑論曰夫言肉刑之濟治者荀卿所唱班固所述隆其趣則曰像天地爲之惟明察其用則曰死刑重而生刑輕其所馳騁極於此矣治則刑重亂則刑輕　又曰殺人者死傷人者刑是百王之所同固未達夫用刑之本矣夫死刑者不唯殺人妖逆是除天地之道也傷人者不改斯亦妖逆之類也如其可改此則無取於肉刑也且傷人殺人皆非人性之自然也必有由然者也夫有由而然者激之則淫敎之則一激之也者動其利路敎之也者篤其質樸故在上者議玆本要不營奇思行之以簡守之以靜大則其隆足以侔天地中則其理可以厚民萌下則刑罰可以無殘虐民靜理則其化爲惡之尤者衆之所棄衆之所棄則無改之驗著矣夫死之可以有生而欲增淫刑以利暴刑暴刑所加雖云懲慢之由與有使之然謂之宜生生之可也舍死析骸又何辜耶猶稱以滿堂而飮有向隅哀泣則一堂爲之不樂在上者洗濯其心靜而民足各得其性何懼乎姦之不勝乃欲斷截防轉而入死乎　晉楊乂刑禮論曰覽衆所抵精思構微迭爲先後文若禁繁翩

然相反豈彼繫未存厥中嘗試稽之天地考之人事旁貫品物綜覈彝倫
而刑禮之旨可略言也蓋刑禮之本經緯陰陽擬則乾坤先王所以化民
理物興國濟治也或者取證於春秋有意乎尋本以綜末然猶未離於先
後亦速難之始也夫陰陽異制化物則鈞萬物本一變而殊形故王者去
彼而適此爲生而於彼爲死夫死者去此而適彼於此爲死而於彼爲生
矣禮生於讓刑生於爭讓者割己以與人是刑加於己而禮加於人也爭
者奪人以崇己是刑施於人而禮施於己也由此言之讓非純禮爭非純
刑也慶賞以勸善而爲惡者懲如有所懲刑亦存矣刑罰以懲惡而爲善
者勸如有所勸禮亦存矣故亡刑則禮不獨施大道廢焉則刑禮俱錯大
道行焉則刑禮俱興不合而成未之有也

藝文類聚卷第五十四

藝文類聚卷第五十五

雜文部一　經典　談講　讀書　史傳　集序

經典

釋名曰經徑也如五路無所不通可常用也　又曰三墳墳分也論三材分天地人之始分也其體有三也五典典鎮也制教法所以鎮定上下差等有五也八索玉法若孔子者聖而不至制此法者有八也九丘丘區別九州土氣教化所宜者也此皆三王以前上至羲皇時書也唯堯典存禮曰孔子曰入其國其教可知也其爲人也温柔敦厚詩教也疏通知遠書教也廣博易良樂教也潔靜精微易教也恭儉莊敬禮教也屬辭比事春秋教也　春秋說辭曰六經所以明君父之尊天地之開闢皆有教也尚書琁璣鈐曰尚書篇題號尚者上也上天垂文象布節度書也如天行也　博物志曰聖人制作曰經　楊雄法言曰或問周官曰立事左氏傳曰品藻　又曰書不經非書也　劉向七略曰孔子三見哀公作三朝記七篇今在大戴禮　漢書曰昔宓羲仰觀象於天俯觀法於地觀鳥獸之

啓

文與土地之宜近取諸身遠取諸物於是始畫八卦以通神明之德以類萬物之情文王重易六爻作上下篇孔子爲之彖象繫文言序卦之屬十篇故曰易道深矣人更三聖世歷三古　又曰誦其言謂之詩詠其聲謂之歌古者采詩之官王者所以觀風俗知得失自考正也　又曰帝王質文世有損益至周曲爲之防事爲之制故曰禮經三百威儀三千　又曰六藝之文樂以和神詩以正言禮以明體　廣雅曰昔在周公制禮以導天下爾雅以釋其意義　鄭玄別傳曰任城何休好公羊學遂著公羊墨守左氏膏肓穀梁廢疾玄乃發墨守鍼膏肓起廢疾　周官外史掌三皇五帝之書　春秋說題曰尚書者二帝之迹三王之義明天下情帝王之功尚上也上帝之書　又曰禮體也禮得則天下咸得厥宜　又曰詩天人之精皇后之度故詩爲言志

詩　晉傅咸孝經詩曰立身行道始於事親上下無怨不敢惡人孝無終始不離其身三者備矣以臨其民其一以孝事君不離令名進思盡忠不議則爭匡救其惡災害不生孝悌之至通於神明其二　又論語詩曰守死善道磨而不磷直哉史魚可謂大臣見危授

命能致其身□其克己復禮學優則仕富貴在天爲仁由己以道事君死而後已□其　又毛詩詩曰無

將六車惟塵冥冥濟濟多士文王以寧顯允君子大猶是經其一聿脩厥德令終有淑勉爾遜思我言惟服盜言孔甘其何能淑讒人罔極有靦面目其二又周易詩曰卑以自牧謙尊而光進德脩業既有典常輝光日新照于四方小人勿用君子道長其一 又周官詩曰惟王建國設官分職進賢興功取諸易直除其不蠲無敢反側以德詔爵允臻其極其一 辨其可任以告于正掌其戒禁治其政令各脩乃職以聽王命其二 梁武帝撰孔子正言竟述懷詩曰志學耻傳習弱冠闕師友愛悅夫子道正言思善誘刪次起寶沉殺青在建酉孤陋之多聞獨學少擊叩仲冬寒氣嚴霜風折細柳白水凝澗溪黃落散堆阜康哉信股肱惟聖歸元首獨歎予一人端然無四友 梁昭明太子詠書秩詩曰擢影兎園池抽莖淇水側幸雜緗囊用聊因班女織

賦 後漢杜篤書槴賦曰惟書槴而麗容象君子之淑德載方矩而履規加文藻之脩飾能屈伸以和禮體清淨而坐立承尊者之至意惟高下而消息雖轉旋而屈橈時傾斜而反側抱六藝而卷舒敷五經之典式

贊 晉王凝之妻謝氏論語贊曰衞靈問陳於孔子孔子對曰俎豆之事則嘗聞之軍旅之事

末之學也庶則大矣比德中庸斯言之善莫不歸宗龎者秉本妙極令終嗟我懷矣興言攸同孔子曰民之於仁也甚於水火水火吾見蹈而死者未見蹈仁而死者矣

【銘】後漢李尤經橈銘曰瞻之在前忽焉在後進新習故不舍於口子在川上逝者如斯及年廣學無問不知宋謝靈運書帙銘曰懷幽卷賾戢妙抱密用捨以道舒卷不失亮惟勤玩無或暇逸

【表】梁沈約上宋書表曰若不觀風唐世無以見帝嬀之美自非覩亂秦餘何用知漢祖之業是以掌言未記爰動天情曲詔史官追述大典若夫英主啓基名臣建績拯世夷難之功配天光宅之運亦足以勒銘鍾鼎昭被方策臣遠愧南董近謝遷固以閭閻小才述一代盛典

【啓】齊謝朓隨王賜左傳啓曰惠勸挾策慈旨助下惟朓未窺山筍早憒河籍業謝專門説非章句庶得既因而學括羽瑩其蒙心家藏賜書無慚金遺其貽厥 梁劉孝綽謝爲東宮奉經啓曰皇太子四術夙知三善非學猶復旁求儒雅應物稽疑業光夏校德茂周序諸侯宋魯賢於焉觀則參陪盛禮莫匪國華臣雖職典經圖而同官不一推擇而舉尚多髦俊寵光曲被獨在選中他日朝聞猶甘

夕死況茲恩重彌見生輕【書】後漢孔融荅虞仲翔書曰示所著易傳

商瞿以來舛錯多矣去聖彌遠衆說騁辭曩聞延陵之理樂今覩

吾君之治易知東南之美者非但會稽之竹箭焉又觀象雲物察應寒溫

本禍福與神會契可謂探賾窮道者已方世清聖上求賢者梁丘以卦

筮寧世劉向以洪範昭名想當來翔追蹤前烈相見乃盡不復多陳

談講

論語曰德之不脩學之不講是吾憂也韓子曰夫耕之用力也勞而民爲之者何得以富戰之爲事也危而民爲之者何得以貴今脩文學習談論則無耕之勞而有富之實無戰之危而有貴之尊則人孰不爲也戰國策曰蘇秦說李兌抵掌而談兌送秦明月之珠和氏之璧 史記曰齊宣王時稷下復盛漢書曰董仲舒下帷講論讀誦弟子以文次相授業或莫見其面又夏侯勝每講常謂弟子曰士病不明經經術苟明其取青紫如俛拾地芥爾學不明不如歸耕 又曰諸儒爲之語曰五鹿岳岳朱雲折其角東觀漢記曰朱祐字仲先初上學長安時過朱祐祐常留上講竟乃談語及車駕幸祐家上謂

祜曰主人得無去我講乎　漢書曰鄭太說董卓云孔公謂能清談高論噓拓吹笙　典略曰漢樊准爲郎中令上乃疏曰方今學者約少遠方又甚博士倚席不講大學多治產業　謝承後漢書曰戴憑字次仲拜郎中正旦朝賀帝令羣臣說經義有不通者輒奪其席以益通者憑重五十席京師議曰解經不窮戴侍中　管輅別傳曰冀州刺史裴徽召文學從事一相見清談終日不覺罷倦再相見轉爲鉅鹿從事三相見轉爲治中四相見轉爲別駕至前十日舉爲秀才　魏文帝集諸儒於肅城門內講論大義侃侃無倦　張載別傳曰張載文章殊妙嘗爲濛汜池賦傳玄見之歎息稱妙以車迎載言談終日　郱氏世傳曰郱亮建武中徵拜博士諸儒講論勝者賜席亮重至八九　竹林七賢論曰王濟嘗解禊洛水明日或問王濟曰昨日又有何論議濟曰張華善說史漢裴逸人敘前言往行袞袞可聽安豐侯道子房季札之間超然玄著抱朴子曰王充所知論衡北方都未有得之者蔡伯喈常到江東得之歎爲高文恒愛玩而獨秘之及還中國諸儒覺其談更遠搜求其帳中果得論衡　郭子曰范汪

字玄平在簡文坐談欲屈引長史王仲祖也曰卿助我王曰此非拔山之力所能功
語林曰劉眞長與桓宣武共聽講禮記桓公云時有入心處便咫尺玄門 又曰
劉眞長謂許玄度曰卿爲不去我將感輕薄京尹 世說曰宋處宗甚有
思理嘗買得一長鳴雞籠感着遂作人語與處宗談論宗因此功大進 又曰
何晏爲吏部尚書時談客盈坐王弼未弱冠往見晏因條向者勝理語弼曰
此理僕以爲極可得復難不弼便作難坐人便以爲屈於是弼爲客主數
番皆一坐所不及 又曰孝武時將講孝經謝太傅與諸人私逆講習車武子
謂曰不問則德音有遺多問則重勞二謝袁曰必無此嫌車曰何以知爾袁
曰何當見明鏡疲於照泛清流於惠風 晉書曰郭象如懸河惟新既新
爾史既辯爾疑 范曄後漢書曰楊震字伯起賓客於朝不荅州郡禮
命有鸛雀銜三鱣魚集講堂前都講曰鱣者卿大夫服之象三台先生自
此升矣位至太尉 **詩** 晉潘岳於賈謐坐講漢書詩曰治道在儒弘儒由人
顯允魯侯文質彬彬筆下摛藻席上敷珍前疑惟辨舊史惟新惟新爾史既
辨爾疑延我寮友講此微辭 梁任昉厲吏民講學詩曰暮燭迫西榆將

落誠南叙曰余本跡惰頽暮積榆柳踐境謁師目臨政飢益友旰食願
横經終朝思擁篲雖欣辨蘭艾何用闢蒿莠【碑】梁元帝皇太子講
學碑曰皇太子游雷種德重離作兩業觀孟侯道高上嗣宮壇累仞高
山仰止承華之闈更似通德之門博望之園反類華陰之市家丞庶子並入四
科洗馬後車俱通六學轉金路而下辟雍聆玉裕而經槐市詳其懸鏡高
堂衢樽待酌瞻後思前博文約禮將使東極長男之宮不獨銘於銀牓
南反太子之序豈徒擅於金碑　隋江揔皇太子太學講碑曰我大陳之
御天下若水渙其長瀾瑤星踵其永歷重華誕育興於大鹿之野哲仲
繼業盛矣鳴鳳之占兼以鴻才海富逸思泉瀉含毫落紙動入關之
歌謠隻句片言諧五聲之節奏雲飛風起追壓漢帝之辭高觀華
池遠跨魏皇之什爰復建藏書之冊開獻書之路帷帳叢殘家壁遺
逸紫臺秘典緑帙奇文羽陵蠹迹嵩山落簡外史所掌廣内所司靡
不飾以鉛槧彫以緗素此文教之修也【表】梁簡文帝請右將軍朱异奉
述制旨易義表曰自聞仰觀俯察定八卦之宗河圖洛書符三易之教譬言

彼影圭居四方之中極猶彼黄鍾揔六律之殊氣疑闢永闢踰弘農之
洞啓辭河既吐邁龍門之巳鑿臣以庸蔽竊尚名理鑽仰幾深伏惟舞
蹈冒欲請侍中右衛將軍臣异於玄圃宣猷堂奉述制旨易義弘闡
聖作垂裕蒙求謹以表聞伏願垂允　又請尚書左丞賀琛奉述制旨毛
詩義表曰臣聞樂由陽來性情之本詩以言志政教之基故能使天地咸亨
倫敦序故東魯曾夢周窮茲刪採西河邵魏著彼纘述叶星辰而建詩觀
儀而命禮以爲陳徐雅頌膏肓匪一燕韓篇什痼疾多端北海鄭君徒逢箋釋
南郡太守空爲異序庶令中和永播碩學知宗大胥負師國子咸紹
孝敬之德化洽天下多識之風道行比屋　陳周弘正請梁武帝釋乾坤
二繫義表曰自非含微體極盡化窮神豈能通志成務探賾致遠而宣尼
比之桎梏絶韋編於漆字軒轅之所聽瑩遺玄珠於赤水至若爻畫之包於
六經文辭之窮於兩繫名儒劇談以歷載鴻生指掌以終年自制旨降
談彖繇裁成易道析至微於秋毫渙曾冰於幽谷　啓　梁簡文帝謝勅
齎中庸講疏啓曰若覩玄圭如觀金版洽日九披流光照灼慶雲五色垂采

氤氳天經地義之宗出忠入孝之道實貫立教之關鍵德行之指歸自非千年有聖得奉皇門無以識九經之倫亶二門之致竊以周發上聖問五行於箕子宣尼照極訪六佾於萇弘未有懸鏡獨曉仰均神鑒方知始畫八卦風羲有慙正名百物軒轅爲陋 梁王僧孺謝齊竟陵王使撰衆書啓伏惟殿下銅爵始成早摛從后之句柏梁初構首屬驂駕之辭楚史所學曾不云述沛獻斯陳良未足採徒以顧託後車以望西園之客攝齊下坐有糅南皮之遊謬服同於魯儒竊吹等乎齊樂

書 後漢孔臧與子琳書曰告琳須來聞汝諸友生講肆書傳孜孜晝夜衎衎不怠善矣人之進道唯問其志取必以漸勤則得多山澗至柔石爲之穿蝎蟲至弱木爲之弊然而能以微脆之形陷堅剛之體豈非漸之致乎

讀書

墨子曰周公朝讀百篇夕見七十士 莊子曰臧與穀相與牧羊俱亡其羊問臧奚事挾策讀書問穀奚事博塞以遊 尚書大傳曰子夏讀書畢見夫子夫子問之何爲於書子夏曰書之論事昭昭如日月之代明離離如

參辰之錯行商所受於夫子志之於心不敢忘也　史記曰孔子晚喜易讀之韋編三絕　漢書曰劉向精專經術晝誦書傳夜觀星宿　又班游以選受詔進讀羣書　東觀漢記曰章帝詔黃香令詣東觀讀所未嘗見書謂諸生曰此日下無雙江夏黃童也　又曰曹褒寢則懷鉛筆行則誦詩書　又曰高鳳誦讀晝夜不絕聲妻之田曝麥以竿授鳳令護雞天暴雨而意不在不覺潦流麥　謝承後漢書曰王充字仲任家貧無書至京師市讀書一見輒能誦憶　又曰應世叔讀書五行俱下　漢書曰匡衡鑿壁引鄰家火光孔中讀書　孫卿有子惡臥而焠其掌　西京記曰魯國陳正字叔方爲太官令進御食髮貫炙光武欲斬正正曰臣當死者三臣即月書章奏側光讀書不見髮三也　物理論曰里語白能繇可讀詩　魏略曰侍中董遇好學避難採薪負販常挾經書投閒習誦人從學者遇不肯教之云先讀百徧而義自見　又曰賈逵字梁道好春秋及爲牧守常自課之月一徧　吳志曰闞澤字德潤好學居貧常從人傭書寫寫旣畢誦亦徧　上黨記曰太行山孽有射熊於巖閒見諸生讀書往覓不知處

傳以爲仙人晉書曰王歡字君厚學專精讀書不營產業家無升斗妻患
或毁其書後爲通儒 宋書曰卑洧字武子少勤學家貧無燈夏月乃聚
螢照讀冬曾聚雪仕至司徒 晉書曰劉寔字子眞平原人家貧好學織
牛衣以賣而自給仕至侍中遷司徒 漢書曰朱買臣字翁子會稽人少家貧
勤學不事產業位至本郡太守 後漢書曰孫敬字文質好學閉戶讀
書不堪其睡乃以繩懸之屋梁人曰閉戶先生 又曰兒寬與人傭力帶經書
耕鉏仕至丞相 【詩】宋陶潛讀山海經詩曰既耕亦已種且還讀我書汎覽
周王傳流觀山海圖俛仰終宇宙不樂復何如 宋謝惠連讀書詩曰貫園
奚足慕下帷故宜遵山成由一簣崇積始微塵虞軒雖眇莽顏氏亦何人
齊王融抄衆書應司徒教詩曰說禮固多才惇詩信爲善嵒巖筍發仙華金
縢開碧篆 【賦】晉束晳讀書賦曰耽道先生澹泊閑居藻練精神呼吸清
虛抗志雲表戢形陋廬垂帷帳以隱几被紈素而讀書抑揚嘈囋或疾或
徐優游蕴籍亦卷亦舒頌卷耳則忠臣喜詠蓼莪則孝子悲稱碩鼠則貪
民去唱白駒而賢士歸是故重華詠詩以終已仲尼讀易於身中原憲潛吟

而志賤頭白精勤以輕貧倪寬口誦而芸耨買臣行吟而負薪賢聖其猶孳孳況中才與小人

贊 便信高鳳讀書不知流麥贊曰高鳳好學專心不迴留連經笥對玩書臺石門雲度銅梁雨來麥流雖遠書卷猶開

銘 後漢李尤讀書枕銘曰聽政理事怠則覽書傾倚偃息隨體興居寤寐起意由愈宴娛

書 後漢馮衍說鄧禹書曰衍聞昔者先王學大道以觀於政夫爲君而不明於道上無所承天下無以化民爲臣而不明於道進無以事君退無以修身聖朝天然之資將軍純茂之德誠少游神乎經書之林馳情乎玄妙之中明照於日月而智溢於四海聖朝享堯舜之榮將軍荷稷契之烈自然理也　後漢孔融與宗從弟書曰知晚節豫學既美大弟因而能寤寐入合先君加我之義豈唯仁弟實專承之凡我宗族猶或賴焉

史傳

釋名曰傳傳也以傳示後人　博物志曰賢者著行曰傳　漢書曰古之王者世有史官君舉必書所以愼言行昭法戒也左史記言右史記事事爲春秋言爲尚書

詩 魏阮瑀詩曰誤哉秦穆公身沒從三良忠臣不達命隨驅就死亡

低頭闚壙戶仰視日月光誰謂此可處恩義不可忘路人爲流涕黃鳥鳴高
桑 又詩曰燕丹養勇士荊軻爲上賓圖擢盡匕首長驅西入秦素車駕
白馬相送易水津漸離擊筑歌悲聲感路人舉坐同咨嗟歎氣若青雲
宋陶潛詠荊軻詩曰惜哉劒術疏奇功遂不成其人久已沒千載有餘情
陳周弘直賦得荊軻詩曰荊卿欲報燕銜恩弃百年市中傾別酒水上擊離
絃匕首光陵日長虹氣燭天留言與宋意悲歌非自憐 陳楊縉賦得荊軻
詩曰函關使不通燕將重深功長虹貫白日易水急寒風壯髮危冠下匕首地
圖中琴聲不可識遺恨沒秦宮 晉袁宏詩曰周昌梗槩臣辭達不爲
訥汲黯社稷器棟梁表天骨陸賈厭解紛時與酒檮杌婉轉將相門一言
和平勃趨舍各有之俱令道不泯 又詩曰無名困螻蟻有名世所疑中庸難爲
體狂狷不及時楊惲非忌貴知及有餘辭躬耕南山下蕪穢不遑治趙瑟
奏哀音秦聲歌新詩吐音非凡唱負此欲何之 陳阮卓賦詠得魯連詩
曰魯連有高趣意氣本相投笑罷秦軍却書成燕將愁聊弃南金賞方
從滄海遊寄言人世客非君能見留 晉左思詠史詩曰被褐出閶闔高步追

許由振衣千仞岡濯足萬里流吾希段干木偃息藩魏君吾慕魯仲連談笑却秦軍當世貴不羈遭難能解紛功成恥受賞高節卓不羣 又詠史詩曰鬱鬱澗底松離離山上苗以彼徑寸莖蔭此百尺條世冑躡高位英俊沉下僚地勢使之然由來非一朝金張藉舊業七葉珥漢貂馮公豈不偉白首不見招 又詠史云習主父宦不達骨肉還相薄買臣困樵採伉儷不安宅陳平無產業歸來翳負郭長卿還成都壁立何寥廓四賢豈不偉遺烈光篇籍當其未遇時憂在填溝壑英雄有屯邅由來自古昔何世無奇才遺之在草澤 晉張協詠史詩曰昔在西京時朝野多歡娛藹藹東都門羣公祖二疏朱軒曜金城供帳臨長衢達人知止足遺榮忽如無抽簪解朝衣散髮歸海隅 宋孝武詠史詩曰聶政憑驍氣荆軻擅美風孤刃駭韓庭獨步震秦宮懷音豈若始捐軀在命終雄姿列往志流聲固無窮 宋鮑照詠史詩曰五都矜財雄三川養聲利百金不市死明經有高位京城十二衢飛甍各鱗次仕子飄華纓遊客竦輕轡明星辰未晞軒蓋已雲至賓御紛颯沓鞌馬光照地寒暑在一時繁華及春媚君平獨寂漠身埶兩相棄 陳張正

見賦得韓信詩曰淮陰揔漢兵燕齊擅遠聲沉沙擁急水拔幟上危城野有千金報朝稱三傑名所悲雲夢澤空傷狡兎情 陳劉刪賦得蘇武詩曰奉使窮沙漠拭淚上河梁食雪天山近思歸海路長繫書秋待鴈握節暮看羊因思李都尉還漢不相忘 陳祖孫登賦得司馬相如詩曰雍容文雅深王吉共追尋當壚應酤酒託意且彈琴上林能作賦長門得賜金唯當有漢主知懷封禪心 隋王由禮賦得馬援詩曰三帝已馳聲五溪還揔兵受詔金革動論功銅馬成唯稱聚米勢無慙薏苡情雖謝雲臺影猶傳千載名

【志】後漢班固述五行志曰河圖命宓洛書賜禹八卦成列九疇追敘世代是寶光演文武春秋之占各徵是舉 又藝文志述曰伏羲畫卦書契後作虞夏商周孔纂其業纂書刪詩綴禮正樂彖繫大易因史立法六學既登遭世罔弘羣言紛亂諸子相騰秦人是滅漢修其缺劉向司籍九流區別

【銘】宋顏延之家傳銘曰曠彼琅邪寔唯海宇誰其來遷時闇遠祖青州隱秀爰始貞居內辭鼎府外秉邦閭建節中平分竹黃初刑清齊石政偃營區葛嶧明懿平陽聰理式薦公府或登宰士

列美霸朝雙風之星華萼之茂於昭不已

表 梁簡文帝上昭明太子集別傳等表曰臣聞無懷有巢之前書契未作尊盧赫胥之氏墳典不傳昭明太子稟仁聖之姿縱生知之量孝敬兼極溫恭在躬明月西流幼有文章之敏羽籥東序少長備元良之德蘊茲三善弘此四聰地尊號嗣外陽之術無徽位比周儲幾山之駕不及無以歛揚盛軌宣記德音請備之延閣藏諸廣內永彰茂實式表洪徽

傳 梁江淹自序傳曰淹字文通濟陽考城人爲建安吳興令地在東南嶠外閩越之舊境也爰有碧水丹山珍木靈草皆淹平生所至愛不覺行路之遠也山中無事專與道書爲偶及悠然獨往或日夕忘歸放浪之際頗著文章自娛常願卜居築宇絶弃人事苑以丹林池以綠水左倚郊甸右帶瀛澤青春受謝則梜弋平皐素秋澄景則獨酌虛室侍姬三四趙女數人不則逍遥經紀彈琴詠詩朝露幾間忽忘老之將至云爾淹之學書此而已矣

論 宋范曄官者論曰官人之在王朝者其來舊矣將以其體非全氣意志專良通關中人易以役養乎漢仍襲秦制置中常侍官然引用士人以參其選皆銀璫左貂給事殿省

中興之初官者悉用閹人不復雜調他士和帝即祚幼弱而竇憲兄弟專
總權威內外臣僚莫由親接所與居者唯閹官而已故鄭衆得專謀禁中終
除大憝遂享分土之封超登公卿之位於是宦官始盛焉改以金璫右貂兼領
卿署之位鄧后以女主臨政而萬機殷遠帷幄制令不出房闈之間不得不委
刑人寄之國命其後孫程定立順之功曹騰參建桓之策迹因公正恩固主心
故中外服從上下屏氣雖時有忠公而競見排斥舉動迴山海呼吸變霜露
阿旨曲求則光寵三族直情忤意參夷五宗漢之綱紀大亂矣 梁沈約王僧
達顏峻傳論曰世祖弱歲臨蕃遊道未曠披胷解帶義止賓僚及運鍾
傾波身危慮切惟膽抽肝猶患言未盡也至於馮玉負扆威行萬物有欲
必從事無暫乏飢而夏憂歡異日甘苦變心主挾今情臣追昔款宋昌之報賞
已行同舟之慮下天愈結嫌怨既萌誅責自起竣之取釁於世蓋由此乎為人
臣者若能事主而損其私立功而忘其報雖求顛陷不可得也

集序

孔安國尚書序曰序者所以序作者之意 魏陳王曹植文章序曰故君子之作

也儼乎若高山勃乎若浮雲質素也如秋蓬摛藻也如春葩汜乎洋洋光乎皜皜與雅頌爭流可也余少而好賦其所尚也雅好慷慨所著繁多雖觸類而作然蕪穢者衆故删定別撰爲前録七十八篇 梁昭明太子文選序曰夫椎輪爲大路之始大路寧有椎輪之質增冰爲積水所成積水微增冰之凜何哉蓋有踵其事而增華變其本而加厲物既有之文亦宜然隨時變改難可詳悉衆制鋒起源流閒出譬之陶匏異器並爲入耳之娛黼黻不同俱爲悦目之玩作者之致蓋云備矣 梁簡文帝臨安公主集序曰四德之美咸里仰以爲風七行之奇濯龍規以爲則若夫託句陳之貴出玉臺之尊鳳儀閑潤神姿照朗愛敬之道夙彰柔嫻之才必備鳳桐遐遠清管遼亮湘川寂寞淚篠葳蕤北渚之句尚傳仙靈之典不泯況復文同積玉韻比風飛謹求散逸貽厥于後 梁元帝職貢圖序曰竊聞職方氏掌天下之圖四夷八蠻七閩九貉其所由來久矣漢氏以來南羌旅距西域憑陵創金城開玉關絶夜郎討日逐覩犀甲則建朱崖聞蒲陶則通大宛以德懷遠異乎是哉皇帝君臨天下之四十載垂衣裳而賴兆民坐巖廊而彰萬國梯山航海交臂屈膝占雲

望日重譯至焉自塞函萬八千里路之峽者尺有六寸高山尋雲深谷絕景雪無冬夏與白雲而共色水無早晚與素石而俱貞踰空桑而歷昆吾度青丘而跨丹穴炎風弱水不革其心身熱頭痛不改其節故以明珠翠羽之珍細而弗有龍文汗血之驥却而不乘尼丘乃聖猶有圖人之法晉帝君臨實聞樂賢之象甘泉寫閼氏之形後宮玩單于之圖豈以不佞推轂上游夷歌成章胡人遙集款開躡角沿沂荊門瞻其容貌訴其風俗如有來朝京輦不涉漢南別加訪採以廣聞見名為貢職圖云爾

梁任昉齊王儉集序曰公之生也誕授命世體三才之茂踐得二之機信乃昴宿垂芒德精降祉有一於此蔚為帝師若乃金版玉匱之書海上名山之旨沉鬱澹雅之思離堅合異之談莫不總制清衷遞為心極斯固通人之所包非虛明之絕境不可窮者其唯神用者乎時司徒袁粲有高世之度脫落風塵見公弱齡便望風推服歎曰衣冠禮樂盡在是矣時粲位亞台司公始弱冠年勢不侔公與之抗禮因贈袋詩要以歲暮之期申以止足之誡時聖武定業肇基王命寤寐風雲實資人傑是以宸居膺列宿之表圖緯著王佐之符俄遷長

史齊臺既建，以公爲尚書右僕射，領吏部。時年三十八。宋末艱虞，百王澆季，禮紊舊宗，樂傾恒軌，自朝章國紀，典彝備物，奏議符策，文辭表記，素意所不蓄，前古所未行，皆取定俄頃，神無滯用。公在物斯厚，居身以約，玩好絶於耳目，布素形於造次，室無姬姜，門多長者。立言必雅，未嘗顯其所長，持論從容，未嘗言人之所短。弘獎風流，許與氣類，造理常若可干，臨事每不可奪。約己不以庶物，弘量不以容非，攻乎異端，歸之義正。昉行無異操，才無異能，得奉名節，迨將一紀。一言之譽，東陵侔於西山；一眄之榮，鄭璞踰於周寶。士感知己，懷此何極。出入禮闈，朝夕舊館，瞻棟宇而興慕，撫身名而悼恩。公自幼及長，述作不倦，固以理窮言行，事該軍國，豈直彫章縟采而已哉。　梁王僧孺臨海伏府君集序曰：袁粲領袖一時，儀形物右，聲逾裴樂，譽出王劉，士有懷道藴義，望塵而趨者，或三年而未識，乍四旬而一見，與君道合神遇，投分披衿，敷文研理，匪晨伊暮，至於神經怪牒，緑篆丹筒，金版玉箱，錦文緹帙，並藏諸靈府，秘在瑶臺，而君莫不徧採，冥賾具閲。局檢常以前賢往學，亟與聖違，賈馬盧鄭，非無紕越，荀郭何王，彌多蹐謬三義可辨未值高卿之疑九事非難不逢五叔之問其詩賦銘誄所作九多　又詹事徐府君集序曰君稟靈川岳懸精辰象早照珪璋夙表岐嶷孝睦天稟友愛冥深故以事顯家庭聲著同族年十八見召爲國子生曳裾持卷寔華庠壁有均閉戶厤非因餘害龍毋攝齊函丈左右屬目蓄以鄰幾之性加以入神之資聞一知二師逸功倍遊魏闕而不殊江海入朝廷而靡異山林未嘗挺刺權門驅車感里遨遊梁董去來賈郭時春秋猶少人爵未崇而清風嘉譽晨灼朝野非直俯致貴仕故可坐享通侯而緤馬懸車閑門高枕聊爲詭遇識此行藏及皇運聿興重氛載廓君藏器待時合猶符契陵扶搖而高鶩排閶闔而容與故位隨德顯任與事隆重以姿儀端潤趨眄淹華寶佩鳴風曹貂映日從容帷扆綽有餘輝自綢繆軒陛十有餘載溫樹靡荅露事不訓省中之言無漏席下之迹不疑故以主聖臣賢應同塤壐以石投不如鱗縱鼇行稱表綴言成模楷猶復忘彼豐愉安茲素薄衣同屢澣食等三杯車服不事鮮明室宇畏其彫奐九德無遺百行備舉至於專心六典精賾必深汎遊羣籍菁華無矣

弃擲札含毫必弘靡麗摛綺縠之思鬱風霞之情質不傷文麗而有體
陳劉師知侍中沆府君序集曰陳元有云趨庭學詩又聞君子毛萇亦
曰登高能賦可爲大夫言其善觀民風則與圖王政若沆恭子者斯乃當世
才焉至如敦厚之詞足以吟詠情性身之文也貞固之節可以賞被股肱邦
之光也然此者君之小道猶日餘行何則德之所本教之所由實乃孝篤天倫
義感殊類有美於斯欝爲高士則余與夫子古所謂世親者歟亦所謂友
益者歟疇昔一面揭來二紀自總角而接清塵蒙長者之嘉爵屯險縣更
懽娛中阻班超既反盛憲猶存春秋美景朝遊夕宴酒酣得意賦詩聯章
顧余不肖齒義懸絶降德忘年交情彌至增榮廣價知己難忘南浦之
送未淹北卬之辭仍及于時屬有烽燧方勤惟扆遂使褐袁莫計寶劍
無追痛此生窮同茲宿草九原方遠百身寧贖若乃帳懸秋月一鴈孤飛
落花春風數賏鳥爭弄伯牙之絃寂寥長絶山陽之管惆悵徒聞夫盛烈清徽
便傳乎帝載遺文餘論被在乎民謠者斯所以沒而猶彰死且不朽今乃撰西
還所著文章名爲後集 陳徐陵玉臺新詠序曰陵雲槩日由余之所未窺

千門萬戶張衡之所曾賦周王璧臺之上漢帝金屋之中玉樹以珊瑚作枝珠簾以玳瑁爲押其中有麗人焉其人也五陵豪族充選掖庭四姓良家馳名永巷說詩明禮豈東鄰之自媒婉約風流異西施之被教兄弟協律生小學歌少長河陽由來能舞琵琶新曲無待石崇箜篌雜句非關曹植傳鼓瑟於楊家得吹簫於秦女寵聞長樂陳后知而不平畫出天仙閼氏覽而遥妬陪遊馺娑騁纖腰於結風張樂鴛鸞奏新聲於度曲粧鳴蟬之薄鬢照墮馬之垂鬟反插金蓮橫抽寶樹南都石黛最發雙蛾北地燕脂偏開兩靨亦有嶺上仙童分丸魏帝腰中寶鳳授歷軒轅金星與婺女爭華麝月與姮娥競爽驚鸞治袖時飄韓掾之香飛燕長裾宜結陳王之珮雖非圖畫入甘泉而不分言異神仙戲陽臺而無別加以天情開朗逸思雕華妙解文章尤工詩賦清文滿篋非唯芍藥之花新製連篇寧止蒲桃之樹九月登高時有緣情之作萬年公主非無累德之詞既而椒房婉轉柘館陰岑木鶴晨嚴銅梁晝靖優游少託寂寞多閑厭長樂之疎鐘勞中宮之緩箭身輕無力怯南陽之擣衣生長深宮笑扶風之織錦雖復投壺玉女爲歡盡於百嬌爭博齊姬心賞窮於六箸無

怡神於暇景唯屬意於新詩但往世名篇當今巧製分封麟閣散在鴻都不籍連章無由披覽於是燃脂暝寫弄墨晨書撰錄豔歌凡爲十卷曾無參於雅頌亦靡濫於風人涇渭之間若斯而已也至如青牛帳裏餘曲未終朱鳥窗前新妝已竟方當開茲縹帙散此緗繩永對玩於書帷長循環於纖手

隋江總陶貞先生集序曰昔劉向通古今之學馬融見天下之書京房察風雨之占裴楷曉陰陽之術子政傷於簡易季長敝於驕後君明遂不旋踵公矩幾免極誅鮮有盡美之迹罕聞克終之譽若夫德行博敏孔室高科經術深長鄭門六藝丹陽陶先生備斯矣至如紫臺青簡綠帙丹經玉版秘文瑶壇怪牒靡不貫彼精微殫其旨趣蓋非常之絕伎命世之異人焉文集缺亡未有編錄門人補輯若逢遼東之本好事研搜如論河西之篋奉勑校之鉛墨緘以緹緗藏彼鴻都副在延閣

周庾信趙國公集序曰竊聞平陽擊石山谷爲之調大禹吹筠風雲爲之動與夫含吐性靈抑揚詞氣曲變陽春光迴白日豈得同年而語哉柱國公發言爲論下筆成章逸態橫生新情振起風雨爭飛魚龍各變方之珪璧塗山之

會萬重壁言似雲霞赤城之嶺巖千丈文參曆象即入天官之書韻涉
絲桐咸歸揔章之觀論其壯也則鵬起半天語其細也則鷦巢蚊睫豈直熊
熊且上增城抱日月之光餤餤霄飛南斗觸蛟龍之氣昔者屈原宋玉始於哀
怨之深蘇武李陵生於別離之世自魏建安之末晉太康以來彫蟲篆刻
其體三變人人自謂握靈蛇之珠抱荆山之玉矣公斟酌雅頌諧和律呂若
使言乖節目則曲臺不顧聲止操縵則成均無取遂得棟梁文囿冠冕詞
林大雅扶輪小生承蓋

藝文類聚第五十五

藝文類聚卷第五十六　雜文部二

詩　賦

詩

毛詩序曰詩者志之所之也在心爲志發言爲詩　春秋説題辭曰在事爲詩未發爲謀　漢書曰誦其言謂之詩　文章流別論曰書云詩言志歌永言言其志謂之詩古有採詩之官王者以知得失史記曰古詩三千餘篇孔子删取三百五篇皆弦歌以合韶武之音　左傳曰昔周穆王欲肆其心周行天下將必有車轍馬迹祭公謀父作祈招以止王心其詩曰祈招之愔愔式招德音思我王度式如玉式如金　論語曰小子何莫學夫詩詩可以興可以觀可以羣可以怨邇之事父遠之事君多識於鳥獸草木之名　詩緯含神霧曰詩者天地之心君德之祖百福之宗萬物之戶也穆天子傳曰至于黄竹天子乃休日中大寒北風雨雪天子作詩我徂黄竹三章以哀民　漢武帝集曰奉車子侯暴病一日死上甚悼之乃自爲歌詩　列子曰堯微服遊於康衢聞兒童謡曰立我蒸民莫匪爾極不識不知順帝之則堯問曰孰教爾爲此言童兒曰我聞之大夫問大夫大

春古詩漢書曰匡衡字稚珪好學家貧傭作以供資用尤精詩力過絶人諸儒爲之語曰無說詩匡鼎來（應劭曰鼎方也張晏曰匡衡少時字鼎）匡說詩解人頤　又曰益州刺史王襄欲宣風化衆庶聞王褒有俊才使褒作中和樂職宣布詩選好事者習而歌之時氾鄉侯何武爲童子選在歌中久之武等學長安歌太學下轉而上聞宣帝召武等觀之皆賜帛謂曰此盛德之事吾何足以當之又曰古者諸侯卿大夫交接鄰國以微言相感當揖讓之時必稱詩以諭其志蓋以別賢不肖而觀盛衰故孔子曰不學詩無以言也　趙書曰徐光字季武頓丘人年十四五爲將軍王陽秣馬光但書馬柳屋柱爲詩不親馬事　世說曰夏侯湛作周詩成以示潘岳岳曰此文非徒温雅乃別見孝悌之性潘因此遂作家風詩　又曰郭景純詩云林無靜樹川無停流阮遥集云泓崢蕭瑟實不可言每讀此輒覺神超形越　漢孝武皇帝元封三年作柏梁臺詔羣臣二千石有能爲七言者乃得上坐皇帝曰日月星辰和四時　梁王曰驂駕駟馬從梁來　大司馬曰郡國士馬羽林才　丞相曰總領天下誠難治　大將軍曰和撫四夷不易哉　御史大夫曰刀筆之吏臣執之　太常曰撞鍾擊鼓聲中

詩　宗正曰宗室廣大日益滋　衛尉曰周衛交戟禁不時　光祿勳曰總領從官柏梁臺　廷尉曰平理請讞决嫌疑　太僕曰循飾輿馬待駕來　大鴻臚曰郡國吏功差次之　少府曰乘輿御物主治之　大司農曰陳粟萬碩揚以箕　執金吾曰徼道宮下隨討治　左馮翊曰三輔盜賊天下尤　右扶風曰盜阻南山為民災　京兆尹曰外家公主不可治　詹事曰椒房率更領其財　典屬國曰蠻夷朝賀常會期　大匠曰柱枅薄櫨相枝持　太官令曰枇杷橘栗桃李梅　上林令曰走狗逐兎張罝罘　郭舍人曰齧妃女脣甘如飴　東方朔曰迫窘詰屈幾窮哉

宋孝武帝華林都亭曲水聯句效柏梁躰

九宮盛事予旒纊　宋孝武帝　三輔務根誠難亮　揚州刺史江夏王臣義恭　策拙枌鄉慙恩望　南徐州刺史竟陵王臣誕　折衝莫效興民謗　領軍將軍臣元景　侍禁衛儲恩踰量　太子右率臣暢　臣謬叨寵九流曠　吏部尚書臣莊　喉脣廢職方思讓　侍中臣偃　明筆直繩天威諒　御史中丞臣顔師伯

梁武帝清暑殿聯句柏梁體

居中負扆寄纓紱　梁武帝　言慙輻湊政無術　新安太守任昉　至德無恨愧違弼　侍中徐勉　燮贊京河豈微物　丹陽丞劉汎　竊侍兩宮慙樞密　黃門侍郎柳憕　清通簡要臣豈汩　吏部郎中謝覽　出入帷扆濫榮秩　侍中張卷　復道龍樓歌楙實　太子中庶子王峻　空班獨坐

敷羊質御史中丞陸果嗣以書記臣敢匹右軍主簿陸倕謬參和鼎講畫一司徒主簿劉洽鼎味參和
臣多匱司徒左西屬江革梁元帝宴清言殿作柏梁體玉衡七政轉璇璣梁元帝升降端
揆而才非侍中尚書僕射臣袁澄鏡朱紫眇難追吏部尚書臣穀後漢孔融離合詩郡姓名詩
曰漁父屈節水潛匿方與時進止出行施張呂公飢釣闔口渭旁九域有聖無
土不王好是正直女回予匡海外有截隼逝鷹揚六翮不奮羽儀未彰龍
蛇之蟄俾也可忘玟璇隱曜美玉韜光無譽放言深藏按轡安行誰謂路
長魯國孔融文舉梁元帝離合詩曰沉寥雲物淨水木備春光龕龍定方無遠合浦不
難抗寵梁蕭巡離合詩贈尚書令何敬容曰枝能本無取支葉復單貧柯
條謬承旦木石豈知晨狗馬誠難盡犬羊非賜馴效嚬既不似學步孰能真
寔由紊朝典是曰蠹彝倫俗化於兹鄙人塗自此分　陳沈炯離合詩贈江藻
曰開門枕芳野井上發紅桃林中藤蔦秀木末風雲高屋室何寥廓志士隱
蓬蒿故知人外賞文酒易陶陶朋友足諧晤又此盛詩騷朗月同攜手良景共
含毫欒巴有妙術言是神仙曹百年肆偃仰一理詎相勞閑居有樂晉潘岳離合詩
曰佃漁始化人民穴處意守醇樸音應律呂桑梓被源卉木在野錫鸞未

設金石拂舉害咎蠲消吉德流普谿谷可安奚作棟宇嫣然以意焉躍外侮熙神委命已求多祜嘆彼季末口出擇語誰能墨誠言喪厥所龍墨敢之諺龍潛巖岨嶠義崇亂少長失敘思楊容姬難堪　宋何長瑜離合詩曰頁然悅今會且怨明晨別看藪不能甘有難不可雪冈　宋孝武離合詩曰霏雲起兮汎濫雨霭昏而不消意氣悄以無樂音塵寂而莫交守邊境以臨敵寸心厲於戎昭閣盈圖記門滿賓僚仲秋始戒中園初凋池育秋蓮水滅寒漂三日歸塗以易感日月逝而難要分中心而誰寄人懷念而必謠悲客他方　宋謝惠連離合詩曰放棹遵遥途方與情人別嘯歌亦何言肅爾凌霜節谷　又曰夫人皆薄離二友獨懷古思篤子矜詩山川何足苦念又夜集作離合詩曰四坐宴嘉賓一客自遠臻九言何所戒十善故宜遵此宋謝靈運作離合詩曰古人怨信次十日眇未央加我懷繾綣口詠情亦傷劇哉歸遊客處子勿相忘別　宋賀道慶離合詩曰促席宴閑夜足歡不覺疲詠歌無餘願永言終在斯信齊石道慧離合詩曰好仇華良夜子歡我亦欣昊穹出明月一坐感良晨娛　齊王融離合詩曰冰容慚遠鑒水質

謝明暉是照相思夕早望行人歸火　又迴文詩曰枝大柳塞北葉暗榆關東垂條逐絮轉落蕊散花叢池蓮照曉月幔錦拂朝風曉吹綸雜羽溥粉豔粧紅離情隔遠道歎結深閨中　又後園作迴文詩曰斜峯繞徑曲聳石帶山蓮花餘拂戲鳥樹密隱鳴蟬　梁簡文帝和湘東王後園迴文詩曰枝雲間石峯脉水浸山岸池清戲鵠聚樹秋飛葉散　梁劭陵王蕭綸迴文詩曰燭華臨靜夜香氣入重帷曲度聞歌遠繁絃覺舞遲　周庾信和迴文詩曰旱蓮生竭鑊嫩菊養秋隣滿池留浴鳥分橋上戲人　梁定襄侯和迴文詩曰危臺出岫迴曲磵上橋斜池蓮隱弱荇徑篠落藤花　宋鮑昭建除詩曰建旗出燉煌西討屬國羌除去徒輿騎戰車羅萬箱滿山又填谷投鞍合營牆平原亘千里旌鼓轉相望定舍後未休候騎前勑裝執戈無暫頓彎弧不解張破滅西零國生虜郅支王危亂悉平蕩萬里置關梁成軍入玉門女獻玉壺漿收功在一時歷世荷餘光開壤襲朱紱左佩金章閉帷草太玄茲事殆愚狂　梁宣帝建除詩曰建國惟神業十世本靈長除奇逾漢祖後后類殷湯滿盈既虧度否運理還康平階今復覩德星行

見祥定寇資雄略靜亂屬賢良執訊窮郢魯胄弔伐徧徐楊破敵勳備
盛佩紫且懷黄危茵既已竄鼠妖沴亦云亡成功勒云社治定禮要荒收戟歸農
器牧馬恣芻場開山接梯路架海擬山梁閑慾同彭老延壽等東皇梁范
雲建除詩曰建國負東海衣冠成營丘除道梁淄水結駟登之罘不滿座咸嘉
友蘋藻絶時羞平望極聊攝直視盡姑尤定交無惰所同志互相求執手歡
高宴舉白窮獻酬破琴豈重賞臨豪寧再儔危坐一朝露螻蟻將見誅
成功退不處爲名自此收收名弃車馬單步反蝸牛開渠納秋水相土播春疇
閑門謝世人何欲復何求　陳沈炯建除詩曰建章連鳳闕藹藹入雲煙除
庭發槐柳冠劒似神仙滿衢飛玉軑夾道躍金鞭平明塵霧合薄暮風
雲褰定交大學裏射策雲臺邊執事一朝謬朝市忽崩遷破家徒徇國
力弱不扶顛危機空履虎擊惡豈如鸇成師鑿門去敗績裹尸旋收魂不
入斗抱景問穹玄開顏何所説空憶平生前閑門窮巷裏静掃詠歸田
又六甲詩曰甲拆開衆果萬物具敷榮乙飛上危幕雀乳出空城丁翼陳詩
罷公緩作賦成戊巢花已秀滿塘草自生己乃忘懷客榮樂尚開情庚庚聞

鳥囀肅肅望見征辛酸多惆測寂寞少逢迎王蒸懷太古賈復妙衍無
名癸巳空施位詎以召幽貞　又十二屬詩曰鼠迹生塵案牛羊暮下來虎
嘯坐空谷兔月向窻開龍隰遠青翠蛇柳近徘徊馬蘭方遠摘羊負
始春栽猴栗羞芳果雞砧引清杯狗其懷物外猪蠡窅悠哉　又六府
詩曰水廣南山暗杖策出蓬門火炬村前發林煙樹下昏金花散黃蘂蕙
草雜芳蓀木蘭露漸落山芝風屢翻土高行已冒抱甕憶中園穀城
定若近當終黃石言　陳孔魚和六府詩曰金門朱軌躅吾子盛簪裾木
舌無時用荓流復在余水鄉訪松石蘭澤侶樵漁火洲方可至地肺即爲居
土牛自知止貞心達毀譽穀稼有時隟乘植望白榆　古兩頭纖纖詩曰兩頭
纖纖月初生半白半黑眼中精腷腷膊膊雞初鳴磊磊落落向曙星　齊王
融代兩頭纖纖詩曰兩頭纖纖綺上文半白半黑燕翔羣腷腷膊膊鳥逐鷹
磊磊落落玉石分　藁砧詩曰藁砧今何在山上復有山何當大刀頭破鏡
飛上天　齊王融代藁砧詩曰花蔕今何在不是林下生何當垂兩髻團扇
雲間明　又曰鏡臺今何在寸身正相隨何當碎聯玉雲上壁已虧　古五雜

徂詩曰五雜徂岡頭草往復還車馬道不獲已人將老　齊王融代五雜徂
詩曰五雜徂慶雲發往復還經天月不獲已生胡越　梁范雲擬古五雜徂
詩曰五雜徂會塗山往復還兩崤關不得已孀與鰥　宋王微四氣詩曰蘅
若首春華梧楸當夏翳鳴笙起秋風置酒飛冬雪　齊王融四色詩曰赤
如城霞起青如松霧澈黑如幽都雲白如瑶池雪　梁范雲四色詩曰折柳
青門外握蘭翠疏中綠蘋騁春日碧渚澹時風　又曰差池朱鷺去繽
翻赤雁歸瀺灂丹魚聚聯翩白鳥飛　又曰素鱗飈北渚白水杜南宛獻
環潤玉塞歸珠照瓊轃　又曰烏林葉將霣墨池水就乾玄豹藏暮雨
黑豹凌夜寒　又擬古四色詩曰丹如桓公廟青如冬郎門黑如南巖礪白
如來山猨　宋鮑照謎字詩曰二形一體四支八頭四八一八飛泉仰流井頭如刀尾
如鉤中央橫廣四角六抽右面負兩刃左邊雙屬牛龜乾之一九從立無偶
巛之三六宛然雙宿土　宋謝莊自尋陽至都集道里名為詩曰山經見旋覽
水牒歎敷尋稽榭誠淹流煙臺信遐臨翔州凝寒氣秋浦結清陰眇
眇高湖曠遥遥南陵深青溪如委黛黑沙似舒金觀道雷池側訪德尋

堂陰魯顯闡微迹秦良滅芳音訊遠博望崖採賦梁岑崇館非陳
宇茂苑豈舊林 宋鮑昭數名詩曰一身仕關西家族滿山東二年從車駕
齋祭甘泉宮三朝國慶畢休沐還舊邦四牡曜長路輕蓋若飛鴻五侯
相餞送高會集新豐六樂陳廣坐組帳揚春風七盤起長袖庭下列歌
鍾八珍盈彫俎綺肴紛錯重九族咸瞻遲賓友仰徽容十載學無就善宦
一朝通 齊虞羲數名詩曰一去濠水陽連翩遠爲客二毛颯已垂家貧
無所擇三徑日荒踈徭心不懌四其豪不降五意何事黃金百五百來歸者
朱輪音長陌六郡輕薄兒追隨窮日夕七發動音容賓從紛弈弈八表服
英嚴光光滿墳籍九流意何以守玄遂成十早載職不移來歸落松柏
梁范雲數名詩曰一哉有餘氣趫勇正紛紜二廣無遺略雄虎自爲群三
河尚擾擐循槽起櫝榅四巡駐青蹕瘞玉曠亭云五十又舒旆旗幟日續
紛六郡良家子慕義輕從軍七獲美前載克俊嘉昔聞八音佇繁律將
以安司動九命既斯復金辟固宜分十難康省有道延首望卿雲 齊王融
奉和竟陵王郡縣名詩曰追芳承荔浦揖追訊虛丘升裾臨廣牧從望

盡平洲曾山陵翠坂方渠緬清流陽臺郿早茂陰館懷名秋歲晏東
光弭景亾西華收端溪慙昔彥測水謝前脩往食曲阜感令層蜀平臺
遊燕棠鈌初雅鄭衮息遺謳久傾信都並美乃結茂陵儔河間誠可詠蘭
海果難游　梁范雲奉和齊竟陵王郡縣名詩曰撫戈金城外解珮玉門中
白馬騰遠雪蒼松壯寒風臨涇方辯渭安禽始和戎取禾廣田北驅獸飛
狐東新城多雉堞故市絕商工海西舟楫斷雲南煙霧通盤節疇咸
德宣力照武功還飲漁陽水歸轉杜陵蓬　梁沈約奉和竟陵王郡縣
名詩曰西都富軒冕南宮溢才彥高關連朱雉方渠漸游殿廣川肆河
濟長岑繞崤浒曲梁濟危渚平皐騁悠眄青淵皎澄澈曾山鬱葱
潰陽泉濯春藻陰丘聚寒霰西華不可留東光促奔箭望都遊子懷
臨戎征馬倦既豫平臺集復齒南皮宴一窺長安城羞言杜陵椽　梁元
帝縣名詩曰長陵新市北鄭衞好容儀先過上蘭苑還牽高柳枝
薄粃宜入鏡舒花堪照池蒲洲泗水色椒壁雜風吹此時方夜飲平臺傳
羽卮　梁范雲州名詩曰司春命初鐸青耦肆中樊逸豫誠何事稻粱復

宜敦徐步遵廣隰異以當憂源楊柳垂場圃荆棘生庭門交情久所見益友能孰存　梁簡文帝卦名詩曰櫛比園花滿徑復水流新離人齒時叟袖旅俗乍依蘋豐壺要上客鵲鼎命嘉賓車由泰夏闔馬散咸陽塵遠舟雖未濟分窗已同人　梁簡文帝藥名詩曰朝風動春草落日照橫塘重臺蕩子妾黃昏獨自傷燭映合歡被帷飄蘇合香石墨聊書賦鉛華試作妝徒令惜萱草蔓延滿空房　梁元帝藥名詩曰戍客恒山下常思衣錦歸況看春草歇還見鴈南飛蝎燭凝花影重臺閉綺扉風吹竹葉袖網綴流黃機詎信金城裏繁露曉沾衣　梁庾肩吾奉和藥名詩曰英王牧荆楚聽訟出池臺督郵稱蝗去亭長說烏來行塘朱鷺響當道赤帷開馬鞭聊寫賦竹葉暫傾杯　梁沈約奉和齊竟陵王藥名詩曰丹草秀朱翹重臺架危岊木蘭露易飲射干枝可結陽隰採新夷寒山望積雪玉泉亟周流雲華乍明滅合歡葉暮卷爵林聲夜切垂景迫連桑思仙慕雲埒荆寧貫部丹瓶龍藕汗奔血照握乃夜光盈車非玉屑細柳空葳蕤水萍終萎絕黃符若可挹長生永昭晢　梁元帝姓名詩曰征人習水戰辛

哲配戈舩夜城隨偃月朝軍逐避年龍吟㟧澈水度虹光入夜圓濤來如陣起星上似烽燃經時事南越還復討朝鮮　梁沈約和陸慧曉百姓名詩曰建都望淮海樹闕表衡稽井幹風雲出柏梁星漢齊皇王臨萬宇惠化覃黔黎吉士服仁義宿昔秉華圭康賢起幽谷欽言非象犀端委康國步偃息召邦攜舉政方分策易紀黎金泥伊余沐嘉幸由是別園畦曾微消露荅光景遂云西方隨鍊丹子薄暮矯行迷　梁元帝相名詩曰仙人賣玉杖乘鹿去山林浮杯度池曲摩鏡往河陰井內書銅板竈裏化黃金妻摇五明扇妾弄一絃琴暫遊忽千里中天那可尋　梁元帝鳥名詩曰方舟去鵁鶄引欲相要晨鳧移去舸飛鸞動歸橈雞人憐夜刻鳳女念吹簫雀釵　輕幌翠的繞纖腰復聞朱鷺曲鉦管雜迴潮　梁元帝獸名詩曰豹韜求秘術虎略選良臣水涉黃牛浦山過白馬津推鋒上狐塞畫像入麒麟果下新花落桃枝芳樹春王孫及公子熊席復横陳　梁元帝歌曲名詩曰啼烏怨別鶴曙烏憶離家石闕題書字金鐙飄落花東方曉星度西山晚日斜穀衫迴廣袖團扇掩輕紗暫借青驄馬來送黃牛車

梁元帝龜兆名詩曰土膏春氣生倡女協春情魚游連兆水鵲作遼東鳴折梅還插鬢盪柱更移聲銀燭含朱火金鑪對寶笙百枝凝夕焰卻月隱高城　梁元帝斜究名詩曰金推五百里日晚唱歸來車轉承光殿步上通天臺釵臨曲池影扇拂玉堂梅先取中庭入罷逐步廊迴下關那早閉人迎已復開　梁元帝將軍名詩曰虎旅皆成陣龍騎盡能踊鳴鞭俱破虜決勝往長榆細柳浮輕暗大樹繞栖烏樓船寫退鷁橋鳥狎飛梟度河還自許偏與功名俱　梁元帝宮殿名詩曰不閒花欲燃竹徑露初圓鬪雞東道上走馬北場邊合歡依順巷蒲萄向日鮮旗亭覓張放香車迎董賢定陽天淵水相思夜不眠　梁元帝屋名詩曰梁園氣色和斗酒共相過玉柱調新曲畫扇掩餘歌深潭影菱菜絕壁挂輕蘿木蓮恨花晚薔薇嫌刺多含情戲芳節徐步待金波　梁元帝車名詩曰長堤帶江轉連甍映日分佳人坐椒屋接膝對蘭薰繞砌縈流水邊梁圖畫雲錦色懸殊衆衣香逕出羣日暮輕帷下黃金妾贈君　梁元帝船名詩曰天暝浮雲飛三翼自相追池模白鵠舞檣知青雀歸華淵通轉衝伏檻跨相磯松澗流星影柱

窻斜月曌思君此無極高樓淚深衣　梁元帝樹名詩曰趙裏競追隨輕杉露弱枝杏梁始東照柘火未西馳香因玉釧動佩逐金衣移柳葉生眉上珠瑠揺鬢垂逢君桂枝馬車下覓新知　梁元帝草名詩曰胡王迎娉美塗經蒯北遊金錢買含笑銀釭影梳頭初控游龍馬仍移卷柏舟中江離思切蓬鬢不堪秋況度蒲昌海落月似懸鈎　陳沈炯八音詩曰金屋貯阿嬌樓閣起迢迢石頭足年少大道跨河橋絲桐無緩節羅綺自飄颻竹煙生薄晚花色亂春朝匏瓜詎無匹神女嫁蘇韶土地多妍冶鄉里足塵囂革年未相識聲論動風飈木桃堪底用寄以答瓊瑶　又和蔡黄門口字詠絶句曰囂囂宮閣路靈靈谷口閭誰知名器品語哩各崎嶇

賦

毛詩序曰詩有六義其二曰賦　釋名曰賦敷也敷布其義謂之賦也　漢書曰不歌而誦謂之賦登高能賦可以爲大夫言感物造端材智深美可以與圖政事故可以爲列大夫也春秋之後周道浸壞聘問歌詠不行於列國而賢人失志之賦作矣孫卿及楚臣屈原離讒憂國皆作賦以風諭咸有則隱

古訓之義其後宋玉唐勒漢興枚乘司馬相如下及楊子雲競爲侈麗閎廣之語設其諷諭之義是以楊子稱之曰詩人之賦麗以則辭人之賦麗以淫如孔氏之門用賦也則賈誼登堂相如入室矣　又曰上令王褒與張子僑等並待詔數從遊獵所幸宮館輒爲歌頌第其高下以差賜帛議者多以爲淫靡不急上曰不有博弈者乎爲之猶賢乎已辭大者與古詩同義小者辨麗可喜譬如女工有綺縠音樂有鄭衛今世俗猶皆以此娛悅耳目辭賦比娛耳悅目有仁義風諭鳥獸草木多聞之觀賢於倡優博弈遠矣　又曰枚皋上書北闕自陳枚乘之子上得大喜召入見待詔皋因賦殿中　詔使賦平樂館善之拜爲郎皋不通經術談笑類俳倡爲賦頌好慢戲以故得媟黷貴幸比東方朔郭舍人等武帝春秋二十九乃得皇太子羣臣喜故皋與東方朔作皇太子生賦皋爲文疾受詔輒成司馬相如善爲文而遲故所作少　漢書曰成帝趙昭儀方大幸每上往甘泉宮常從在屬車間豹尾中故楊雄盛言車騎之衆參麗之駕非所以感動天地逆釐三辰又言屏玉女却宓妃以懲齊戒之事賦成奏之天子異焉先是時蜀有司馬相如

作賦甚弘麗溫雅雄心壯之所作賦常擬以爲式　東觀漢記曰班固字孟堅九歲能作賦頌因數入讀書禁中每行巡狩輒獻賦頌　桓子新論曰余少時見楊子雲麗文高論不量年少猥欲建及常作小賦用精思大劇而立感動發病子雲亦言成帝上甘泉詔使作賦爲之卒暴倦卧夢其五藏出地及覺大少氣病一歲余素好文見子雲工爲賦欲從之學子雲曰能讀千賦則善爲之矣　禰衡別傳曰黃射大會賓客人有獻鸚鵡者射舉卮酒於衡曰願先生賦之以娛嘉賓衡攬筆而作文不加點辭彩甚麗　魏略曰下蘭獻賦贊述太子德美太子報曰作者不虛其辭受者必當其實蘭此者豈吾實哉昔吾丘壽王陳寶何武等徒以歌頌猶金帛之賜蘭事雖不諒義足嘉也今賜牛一頭　又曰邯淳作投壺賦千餘言奏之文帝以爲工賜帛千疋　魏志曰陳思王曹植字子建善屬文太祖嘗視其文謂植曰汝倩人耳植曰言出爲論下筆成章顧當面試奈何倩人時鄴都銅爵臺新成太祖悉將諸子登臺使各爲賦植援筆立成太祖甚異之　王隱晉書曰張華字茂先阮籍見華鷦鷯賦以爲王佐之才中書郎成公綏亦推華文

義勝己　文士傳曰何楨字元幹青龍元年天子特詔曰揚州別駕何楨有文章才識使作許都賦成封上不得令人見楨遂造賦表上又曰潘尼曾與同僚飲主人有瑠璃椀客使賦之尼於坐立成世說曰孫興公作天台賦成以示范榮期云卿試擲置地要作金石聲范曰恐子之金石非宮商中聲然每至佳句皆輒云應是我輩語

賦

晉陸機文賦曰余每觀才士之作竊有以得其用心夫其放言遣辭良多變矣妍蚩好惡可得而言每自屬文尤見其情恒患意不稱物文不逮意非知之難能之難也故作文賦以述先士之盛藻因論作文之利害所由他日遠可謂曲盡其妙佇中區以玄覽頤情志於典墳遵四時以歎逝瞻万物而思紛悲落葉於勁秋喜柔條於芳春心懍懍以懷霜志眇眇而臨雲詠世德之駿烈誦先人之清芬慨投篇而援筆聊宣之乎斯文其始也皆收視反聽耽思旁訊精騖八極心遊萬仞其致也情曈曨而彌鮮物昭晢而互進傾群言之瀝液漱六藝之芳潤收百世之闕文採千載之遺韻謝朝華於已披啓夕秀於未振觀古今於須臾撫四海於一瞬然後選義按部考辭就班藏景者咸叩懷響者必彈或因枝以振葉或緣波而討源或妥帖而易施或齟齬

而不安籠天地於形內挫萬物於筆端伊茲事之可樂固聖賢之所欽
課虛無以責有叩寂寞而求音函緜邈於尺素吐滂霈乎寸心言恢之而
彌廣思按之而愈深播芳蕤之馥馥發青條之森森粲風飛而飇豎鬱
雲起乎翰林故夫誇目者尚奢愜心者貴當言窮者無隘論達者唯曠
詩緣情而綺靡賦體物而瀏亮碑披文以相質誄纏緜而悽愴銘博約而
溫潤箴頓挫而清壯頌優遊以彬蔚論精微而朗暢奏平徹以閑雅說煒
曄而譎誑雖區分之在茲亦禁邪而制放要辭達而理舉故無取乎冗長其
爲體也屢遷其會意也尚巧其遣言也貴妍暨音聲之迭代若五色之相
宣或仰偪於先條或俯侵於後章或辭害而理比或言順而義妨離之則
雙美合之則兩傷考殿最於錙銖定去留於毫芒立片言以居要乃一篇
之警策雖衆辭之有條必待茲而效績或藻思綺合清麗阡眠爛若縟
繡悽若繁絃必所擬之不殊乃闇合乎曩篇雖杼軸於予懷怵他人之
我先石韞玉而山輝水懷珠而川媚彼榛楛之勿翦亦蒙榮而集翠若夫豐
約之裁俯仰之形因宜適變曲有微情或言拙而諭巧或理朴而辭輕或襲

故而彌新或沿濁而更清或覽之而必察或妍之而後精譬猶舞者赴節以投袂歌者應弦而遣聲若夫應感之會通塞之紀來不可遏去不可止藏若影滅行猶響起思風發於胸臆言泉流於脣齒紛葳蕤以馺遝唯豪素之所擬文徽徽以溢目音泠泠而盈耳及其六情底滯志往神留兀若枯木豁若涸流覽營魂以探賾頓精爽而自求理翳翳而愈伏思軋軋而若抽是故或竭情而多悔或率意而寡尤伊茲文之為用固衆理之所因配霑潤於雲雨象變化乎鬼神被金石而德廣流管弦而日新

漢揚雄反騷曰雄每讀屈原離騷未嘗不流涕也乃作書往往摭離文而反之自岷山投諸江流以弔屈原有周氏之蟬嫣或皐祖於汾隅靈宗初諜伯僑子流于末之楊侯惟夫軌之不辟何純絜而離紛漢十世之陽朔招搖紀于周正正皇天之清則度后土之方貞鳳皇翔於蓬渚豈駕鵞之能捷騁驊騮於曲艱驢騾連蹇而齊足衿荷芰之綠衣被芙蓉之朱裳芳酷烈而莫聞不如襞而幽之離房精瓊靡與秋菊將以延夫天年臨汨羅而自隕何怨曰薄於西山累既攀夫傅說奚不信而遂行徒恐鷤鴂之

將鳴顧先百草爲不榮　後漢班彪悼離騷曰夫華植之有零茂故陰陽之度也聖哲之有窮達亦命之故也惟達人進止得時行以遂伸否則詘而坼蠖體龍蛇以幽潛　晉摯虞愍騷曰蓋明哲之處身固度時以進退泰則攄志於宇宙否則澄神於幽昧揣之莫究其外函之罔識其內順陰陽以潛躍豈凝滯乎一槩　魏陳王曹植九詠曰芙蓉車兮挂衡結萍蓋兮翠旌四蒼虬兮翼轂駕陵魚兮驂鯨蘭薦兮芘席蕙幬兮苓牀抗南箕兮簸瓊蕊絜挹天河兮滌玉觴靈既降兮泊靜默登文階兮坐紫房服春榮兮猗靡雲裾繞兮容裔冠北辰兮岌峩帶晃虹兮陵厲蘭肴御兮玉俎陳雅音奏兮文虞羅感漢兮羨游女揚激楚兮詠湘娥臨迴風兮浮漢渚目牽牛兮眺織女交有際兮會有期嗟痛吾兮來不時來無見兮進無聞泣下雨兮歎成雲先后悔其靡及冀後王之一寤猶搦轡而繁策馳覆車之危路羣乘舟而無楫將何川而能度何世俗之蒙昧悼邦國之未靜任椒蘭其望治由倒裳而求領尋湘漢之長流採芳岸之靈芝遇游女於水裔採菱華而結辭野蕭條以

極望曠千里以無人民生期於必死何自苦以終身寧作清水之汙泥不爲濁路之飛塵 梁元帝擬秋氣搖落日秋風起兮寒鴈歸寒蟬鳴兮秋草腓蕣清兮水澈葉落兮林稀 梁張纘擬古有人兮曰君有人兮傍巖石新西 衣兮杜蘅席表幽居兮翠微上臨春風兮聊騁望日已暮兮夕雲飛懷君子兮未能歸 梁武帝賦體曰草迴風以照春木承雲以含化芳競飛於陽和花爭開於日夜樂萬類之得所豈此怨之云舍欣分竹其厲精勲戎車之屢駕 梁任昉賦體曰敘征侶兮艤行舟奉君命兮不俟駕屬軒軌之易循值堯民之可化勲獯雉之聲朝惡細魚之在夜奉玉檢之陸離待金罍之云舍 梁王僧孺賦體曰雜沓兮翠旌容與兮龍駕新桐兮始華乳雀兮初化思治兮終朝求人兮仄衣賁大德之未德訓何飛光之徒舍陸倕賦體曰奉欽明之睿后沐隆平之玄化參振鷺之充庭待長徒之宵舍與無恨於終南豫告成於芝駕雖就列而陳力終胡顔於長夜 梁柳惔賦曰飛轡竦兮不停陰徂川逝兮無暫舍白日出兮爍晚辰春雷奮兮動蘭夜竊匪服於儲闈叨鳴恩於良駕何眇身之多幸濯微纓於唐化

論　魏文帝典論曰夫文人相輕自古而然傅毅之於班固伯仲之間爾而固小之夫人善於自見而文非一體鮮能備善是以各以所長相輕所短今之文人孔融陳琳王粲徐幹阮瑀應瑒劉楨斯七人者於學無所遺於辭無所假咸自以騁騄驥於千里仰齊足而並馳以此相服亦良難矣蓋君子審己以度人故能免於斯累乃作論文王粲長於詞賦徐幹時有逸氣然粲匹也陳琳阮瑀之章表書記今之俊也應瑒和而不壯劉楨壯而不密孔融體氣高妙有過人者然不能持論理不勝辭至乎雜以嘲戲及其時有所善揚班儔也夫文本同而末異蓋奏議宜雅書論宜理銘誄尚實詩賦欲麗文以氣為主氣之清濁有體不可力强而致古之作者寄身於翰墨見意於篇籍不假良史之辭不託飛馳之勢而聲名自傳於後故西伯幽而演易周旦顯而制禮不以隱約而弗務不以康樂而加思夫然則古人賤尺璧而重寸陰懼乎時之過已而人多不强力貧賤則懾於飢寒富貴則流於逸樂遂營目前之務而遺千載之功日月逝於上體貌衰於下忽然與萬物遷化斯志士所大痛也　晉摯虞文章流别論曰文章者所以宣上下之

象明人倫之敘窮理盡性以究萬物之宜者也王澤流而詩作成功臻而頌興德勳立而銘著嘉美終而誄集祝史陳辭官箴王闕周禮太師掌教六詩曰風曰賦曰比曰興曰雅曰頌言一國之事繫一人之本謂之風言天下之事形四方之風謂之雅頌者美盛德之形容賦者敷陳之稱也比者喻類之言也興者有感之辭也後世之爲詩者多矣其功德者謂之頌其餘則總謂之詩頌詩之美者也古者聖帝明王功成治定而頌聲興於是奏於宗廟告於鬼神故頌之所美者聖王之德也古之作詩者發乎情止乎禮義情之發因辭以形之禮義之指須事以明之故有賦焉所以假象盡辭敷陳其志古詩之賦以情義爲主以事類爲佐今之賦以事形爲本以義正爲助情義爲主則言省而文有例矣事形爲本則言富而辭無常 文之煩省辭之險易蓋由於此夫假象過大則與類相遠逸辭過壯則與事相違辯言過理則與義相失麗靡過美則與情相悖此四過者所以背大體而害政教是以司馬遷割相如之浮說揚雄疾辭人之賦麗以淫詩之流也有二言四言五言六言七言九言古詩率以四言爲體而時有一句兩句雜在四

言之間後世演之遂以爲篇古詩之三言者振振鷺鷺于飛之屬是也五言者誰謂雀無角何以穿我屋之屬是也六言者我姑酌彼金罍之屬是也七言者交交黃鳥止于桑之屬是也九言者泂酌彼行潦挹彼注茲之屬是也夫詩雖以情志爲本而以成聲爲節然則雅音之韻四言爲正其餘雖備曲折之體而非音之正也

藝文類聚卷第五十六

雜文部三

七　連珠

七

傅玄七謨序曰昔枚乘作七發而屬文之士若傅毅劉廣世崔駰李尤桓麟崔琦劉梁之徒承其流而作之者紛焉七激七興七依七疑七說七蠲七舉之篇通儒大才馬季長張平子亦引其源而廣之馬作七厲張造七辯非張氏至思比之七激未爲劣也七釋僉曰妙焉吾無間矣若七激七依之卓轢一拔七辯之纏緜精巧七啓之奔逸壯麗七釋之精密閑理亦近代之所希也摯虞文章流別論曰七發造於枚乘借吳楚以爲客主先言出輿入輦蹷痿之損深宫洞房寒暑之疾靡漫美色宴安之毒厚味暖服淫躍之害宜聽世之君子要言妙道以疏神導體蠲淹滯之累既設此辭以顯明去就之路而後說以聲色逸遊之樂其說不入乃陳聖人辯士講論之娛而霍然疾瘳此固膏梁之常疾以爲匡勸雖有甚泰之辭而不沒其諷諭之義也其流遂廣其義遂變率有辭人淫麗之尤矣崔駰

旣作七依而假非有先生之言曰嗚呼楊雄有言童子雕蟲篆刻俄而曰壯夫不爲也孔子疾小言破道斯文之族豈不謂義不足而辯有餘者乎賦者將以諷吾恐其不免於勸也傅子集古今七而論品之署曰七林

漢枚乘七發曰楚太子有疾吳客往問之曰伏聞太子玉體不安亦少閒乎今夫貴人之子必宮居而閨處飲食則溫淳甘膬衣則雜遝曼煖雖有金石之堅將猶銷鑠而挺解也況其在筋骨之間乎且夫出輿入輦命曰蹷痿之機洞房清宮命曰寒熱之媒皓齒蛾眉命曰伐性之斧甘脆肥醲命曰腐腸之藥今太子膚色靡曼四支委隨筋骨挺解越女侍前齊姬奉後往來遊宴縱恣乎曲房隱閒之中此甘餐毒藥戲猛獸之爪牙也雖令扁鵲治內巫咸治外尚何及哉客曰太子之病可以要言妙道說而去也不欲聞之乎太子曰僕願聞之客曰龍門之桐高百尺而無枝中欝結之輪囷根扶疎以分離上有千仞之峯下臨百丈之谿湍流遡波又澹淡之其根半死半生冬則烈風漂霰飛雪之所激也夏則雷霆霹靂之所感也朝則鸝黃鳱鴠鳴焉暮則羈雌迷鳥宿焉獨鵠晨號乎其上鵾雞哀鳴翔乎其下於是

背秋涉冬使班爾斫斬以爲琴野繭之絲以爲絃使師堂操張伯牙爲
之歌歌曰麥秀蔪兮雉朝飛向虚壑兮背喬槐依絶區兮臨迴溪飛
鳥聞之翕翼而不能去野獸聞之垂耳而不能行蚑蟜螻蟻聞之柱喙而
不能前此亦天下之至悲也太子能強起而聽之乎云客曰犓牛之腴菜以筍
蒲肥狗之和冒以山膚楚苗之食安胡之飯摶之不解一啜而散於是伊尹煎
熬易牙調和熊蹯之臑勺藥之醬秋黄之蘇白露之茹蘭英之酒酌以滌
口山梁之飡豢豹之首小飲大歠如湯沃雪此亦天下之至美也太子能起嘗
之乎客曰鍾岱之牡齒至之車前似飛鳥後似駏驉伯樂相其前後王良
造父爲之御秦缺樓季爲之右於是使射千鎰之重爭千里之逐此亦天下之至駿
也太子能強乘乎客曰既登景夷之臺南望荆山北望汝海左江右湖其樂
無有乃下置酒於娱懷之宮連廊四注紛紜玄緑輦道邪交黄池紆曲溷章
白鷺孔鳥鶤鵠鵷鶵鵁鶄翠鬣紫纓女桑河柳素葉紫莖松柏豫
樟條上造天梧桐并櫚極望成林乃發激楚之結風揚鄭衛之皓齒雜裾垂
髾目窕心與揄流波雜杜若蒙清塵被蘭澤嬿服而御此亦天下靡麗皓

侈廣博之樂也太子能起強遊乎客曰將為太子馴騏驥之馬駕飛軨之輿乘牡
駿之乘右夏服之勁箭左烏號之雕弓周馳兮蘭澤弭節乎江潯掩青
蘋遊清風陶陽氣蕩春心逐狡獸集輕禽於是極犬馬之才困野獸之足
此校獵之至壯也太子能強遊乎客曰榛林深澤煙雲暗漠兕獸並行毅武
孔猛袒裼身博收獲掌功賞賜金帛旨酒嘉肴羞包膾炙以御賓客
貞信之色形以金石高歌陳唱萬歲無斁能起強遊之乎太子曰僕甚願
從直恐為諸大夫累耳客曰將以八月之望往觀濤乎廣陵之曲江足以駭
矣恍兮惚兮慘兮慄兮虹洞兮蒼天極慮兮崖涘汩乘流而下降或不知
其所止當是之時雖有淹病滯疾將傴申起躄發瞽披聾而觀望也況
直眇小煩懣酲醲病酒之徒哉太子曰善然則濤何氣哉客曰聞於師曰
其始起也淋淋焉若白鷺之下翔其少進也浩浩溰溰如素車白馬帷蓋
之張其波涌而雲亂擾擾焉如三軍之騰裝其旁作而奔起也飄飄焉
如輕車之勒兵太子能起觀乎客曰將為太子奏方術之士有資略者若莊
周魏牟楊朱墨翟詹何之倫使之論天下之精微理萬物之是非孔老覽

觀孟子持籌而筭之萬不失一此亦天下要言妙道也太子豈欲聞之乎於是太子據几而起曰渙乎一聽聖人辯士之言霍然病已　後漢傅毅七激曰徒華公子託病幽處游心於玄妙清思乎黃老於是玄通子聞而往屬曰僕聞君子當世而光迹因時以舒志必將銘勒功勳懸著隆高今公子削迹藏體當年陸沉變度易趣違拂雅心挾六經之指守偏塞之術意亦有所蔽與何圖身之謬也僕將爲公子論天下之至妙列耳目之通好原情心之性理綜道德之彌奧豈欲聞之乎公子曰僕雖不敏固願聞之玄通子曰洪梧幽生生于遐荒陽春後榮涉秋先凋晨風飛礫孫禽相求積雪涐涐中夏不流於是乃使夫遊宦失勢窮擯之士泳溺水越炎火窮林薄歷隱深三秋乃獲斷之高岑梓匠摹度擬以斧斤然後背洞壑臨絕谿聽迅波望曾崖大師奏操榮期清歌歌曰陟景山兮採芳苓哀不慘傷樂不流聲彈羽躍水叩角奮榮沉微玄穆感物寤靈此亦天下之妙音也子能強起而聽之乎玄通子曰單極滋味嘉旨之膳芻豢常珍庶羞異饌涔養之魚膾其鯉魴分毫之割纖如髮芒散如絕縠

積如委紅殊芳異味厥和不同既食日晏乃進夫雍州之梨出于麗陰下生芷隰上託桂林甘露潤其葉醴泉漸其根脆不抗齒在口流液握之摧沮批之離坼可以解煩悁悅心意子能起而食之乎玄通子曰驥騄之乘龍驤超攄騰虛鳥踊莫能執御於是乃使王良理轡操以術教踐路促節機登飈驅前不可先後不可追踰埃絕影倏忽若飛日不轉曜窮遠旋歸此蓋天下之駿馬子能強起而乘之乎玄通子曰三時既逝季冬暮歲玄冥終統庶卉零悴王在靈囿講戎簡旅於是駟驖騄乘輕軒麾旄旗鳴鸞陳衆車于廣隰散列騎乎平原屬罘網以彌野連罻羅以營山部曲周匝風動雲旋合圍促陣禽獸駭殫仆不暇起窮不及旋擊不待刃骨解肉離摧牙碎首分其文皮流血丹野羽毛翳日於是下蘭皋臨流泉覩通谷望景山酌旨酒割芳鮮此天下之至娛也子能強起而觀之乎玄通子曰當館俊飾洞房華屋楹桷雕藻文以朱綠曾臺百仞臨望博見俯視雲霧聽目窮觀園藪平夷沼池漫衍禽獸羣交芳草華蔓於是賓友所歡近覽從容爲詹公沉餌蒲且飛紅繳不虛出矢不徒降投鉤必獲控弦加雙俯盡深

潛御彈輕翼日移怠倦然後讌息列觴酌醴妖靡侍側被華文戢綫轂弭隨珠佩瑶玉紅顔呈素蛾眉不畫脣不施朱髮不加澤升龍舟浮華池紆帷翳而永望鏡形影於玄流偏滔滔以南北似漢女之神遊笑此目之雙躍樂偏禽之匹嬉此亦天下之歡也子能強起而與之遊乎玄通子曰漢之盛世存乎永平太和協暢萬機穆清於是羣俊學士雲集辟雍含詠聖術文質發曚達犧農之妙旨照虞夏之典墳遵孔氏之憲則投顔閔之高迹推義窮類靡不博觀光潤嘉美世宗其言公子瞿然而興曰至乎主得聖道天基允臧明哲用思君子所常自知沉溺久蔽不悟請誦斯語仰子法度　後漢劉廣世七興曰子康子有疾王先生往焉曰駿壯之馬愊不征路其荷衡也曜似驚禽其即行也羣若遊鷹飆駭風逝電發波騰影不及形塵不暇興　後漢崔駰七依曰客曰乃導玄山之粱不周之稻龍碧以絺綌秖以柔韋洞庭之鮒灌水之鰩滋以陽樸之薑蔌以壽木之華鹺以大夏之鹽酢以越裳之梅反宇垂阿洞門金鋪丹柱雕楹飛閣曾樓於是置酒乎讌遊之堂張樂乎長娛之臺酒酣樂中

美人進以承宴調觀欣以解容迴顧百萬一笑千金振飛轂以長舞袖褭細腰以務抑揚當此之時孔子傾於阿谷柳下忽而更婚老聃遺其虛靜楊雄失其太玄此天下之逸豫宴樂之至盤也公子豈能興乎客曰彭蠡之鳥萬萬而羣荆山之獸億億而屯雲合風散隱隱震震乃命長狄使驅獸夷羿作虞人騰句喙以追飛騁韓盧以逐奔弓彈交錯把弧控弦彎繁弱鼓千鈞死獸藉藉聚如山選取上鮮獻之庖人

後漢李尤七款曰音宮閑館迴庭洞門井幹廣望重閣相因夏屋渠渠嵯峨合連前臨都街後據流川梁王青黎盧橘是生白華綠葉扶踈各榮與時代序孰不隋零黃景炫炫眩林曜封金衣素裏班白內充副以芋柘豐弘誕節纖液玉津旨於飲蜜

後漢桓麟七說曰香萁爲飯雜以粳菰散如細蚳摶似凝膚河黿之羹齊以蘭梅芳芬甘旨未咽先滋椅梧與梓生乎曾崖仰貫天之山下臨洞地之谿飛霜厲其末飈風激其崖孤琴徑其根雜鳥集其枝王良栢其左造父驂其右揮沫揚鑣倏忽長驅輪不暇轉足不及驟騰虛踰浮瞥若飈霧追慌忽逐無形

逮疾影之超表捷飛響之應聲超絶壑踰懸阜馳猛禽射勁鳥騁不失蹤滿不空發彈輕翼於高冥窮疾足於方外　後漢崔琦七蠲曰寒門丘子有疾玄野子謂之曰藍沼清泚素波朱瀾金鉤芳餌纖繳華竿緡沉魚浮鳶以香蘭幽室洞房絶檻垂軒紫閣青臺綺錯相連結實布葉與波邪傾從風離合澹淡交弁紫蔕黃葩翳水吐榮紅顏溢坐美目盈堂姿喻春華操越秋霜從容微眄流曜吐芳巧笑在側顧眄傾城玄野子曰爰有梧桐產乎玄谿傅根朽壤託陰生危激水瀑其下孤鳥集其枝罔雙偶而特立獨飄颻而單離匠石攉肩公輸折首目眩肌戰制以爲琴子野調操鍾期聽音子能聽之乎　後漢劉梁七舉曰丹楹縹壁紫柱虹梁桷榱朱綠藻梲玄黃鏤以金碧雜以夜光鴻臺百層干雲參差仰觀八極遊目無涯玉樹青葱鸞鶴並棲隨珠明月照曜其陂

後漢張衡七辯曰無爲先生祖述列仙背世絶俗唯誦道篇形虛年衰志猶不遷於是七辯謀焉曰無爲先生淹在幽隅藏聲隱景剗迹窮居抑其不韙盍往辯諸乃階而就之虛然子曰樂國之都設爲閑館工輸制匠譎

詭煥爛重屋百層連閣周漫應門鏘鏘華闕雙建彫蟲彤綠蛸虹蜿蜒於是彈比翼落鸝黃加雙鶬經鴛鳥鶩然後擢雲舫觀中流搴芙蓉集芳洲縱文身搏潛鱗探水玉拔瓊根收明月之照曜玩赤瑕之璘豳此宮室之麗也子盍歸而處之乎雕華子曰玄清白醴蒲陶醲醽嘉肴雜醢三臡芮七菹荔支黃甘寒梨乾榛沙餳石蜜遠國儲珍於是乃有芻豢腯牲麋麛豹胎飛鳧棲鷩養之以時審其齊和適其辛酸芳以薑椒拂以桂蘭會稽之菰冀野之粱珍羞雜遝灼爍芳香此滋味之麗也子盍歸而食之安存子曰淮南清歌燕餘材舞列乎前堂遞奏代敘結鄭衛之遺風揚流哇而脉激楚鼙鼓吹竽籟應律金石合奏妖冶邀會觀者交目衣解忘帶於是樂中日晚移即昏庭美人妖服變曲爲清改賦新詞轉歌流聲此音樂之麗也子盍歸而聽諸闕丘子曰西施之徒姿容脩嫮弱顏回植妍夸閑暇形似削成要如束素淑性窈窕秀色美豔鬢髮玄髻光可以鑒靨輔巧笑清眸流眄皓齒朱脣的皪粲練於是紅華曼理遺芳酷烈侍夕先生同茲宴褻假明蘭燈指圖觀列蟬緜宜愧夭紹紆折此女

色之麗也子盍歸而從之空桐子曰交阯緅絺筩中之紵京城阿縞譬之蟬羽製爲時服以適寒暑駟秀騏之駮駿載軨獵之輶車建采虹之長旃系雌霓而爲旗逸駭飇於青丘超廣漢而永逝此輿服之麗也子盍歸而乘之依衞子曰若夫赤松王喬羨門安期噓吸沆瀣飲醴茹芝駕應龍戴翼行雲浮弱水越炎氛覽八極度天垠上游紫宮下棲崑崙此神仙之麗也子盍行而求之先生乃興而言曰吁美哉吾子之誨穆如清風啓乃嘉猷寔慰我心矯然仰首邪睨玄圃軒臂矯翼將飛未舉髣無子曰在我聖皇躬勞至思參天兩地匪怠厥司率由舊章遵彼前謀正邪理謬靡有所疑旁窺八索仰鏡三墳講禮習樂儀則彬彬是以英人底材不賞而勸學而不厭教而不倦於是二公之儔列乎帝庭揆事施教地平天成然後建明堂而班辟雍和邦國而悅遠人化明如日下應如神漢雖舊邦其政惟新而先生乃翻然迴而曰君子一言於是觀智先民有言談何容易予雖蒙蔽不敢指趣欲授教命敢不是務　魏陳王曹植

七啓曰玄微子隱於大荒之庭飛遯離俗澄神定靈輕祿傲貴與物無營

於是鏡機子聞而將往說焉駕超野之駟乘追風之輿入乎泱漭之野遂屆玄微子之所居其居也左激水右高岑背洞壑對芳林志飄飄焉嶢嶢焉似若狹六合隘九州若將飛而未逝舉翼而中留於是鏡機子順風而稱曰予聞君子不遁世以遺名智士不背時而滅勳今子棄道藝之華遺仁義之英譬猶畫形於無象造響於無聲鏡機子曰芳菰精稗霜蓄露葵玄熊素膚肥豢膿肌蟬翼之割剖纖析微累如疊縠離若散雪輕隨風飛刃不轉切山鵽斥鷃珠翠之珍搴芳蓮之巢龜膾西海之飛鱗臛江東之潛鼉臇漢南之鳴鶉乃有春清縹酒康狄所營應化即變感氣而成於是盛以翠罇酌以雕觴浮蟻鼎沸酷烈馨香以和神可以娛腸此肴饌之妙也子能從我而食之乎鏡機子曰步光之劒采藻繁縟飾以文犀彫以翠綠綴以驪龍之珠錯以荊山之玉陸斷犀象未足稱雋隨波截鴻水不漸刃佩則結綠懸黎寶之妙微符彩煥爛流景揚暉黼黻之服羅縠之裳金華之舄動趾遺光此容飾之妙也子能從我而服之乎鏡機子曰駕雲龍之飛駟飾玉輅之繁纓垂宛虹之長綏抗

招搖之華旌於是曳文狐掩狡兔捎鶡鷄拂振鷺當軌見藉值足遇踐飛軒電逝獸隨輪轉騰山赴壑風靡飈舉形不抗手骨不隱拳野無毛類林無羽羣積獸如陵飛翮成雲於是駭鍾鳴鼓收旌弛旆駿騄齊轡揚鑾飛沫俯倚金較仰撫翠蓋雍容暇豫娛志方外此羽獵之妙也子能隨我而觀之乎鏡機子曰彤軒紫柱文榱華梁綺井含葩金墀玉箱溫房則冬服絺綌清室則中夏含霜華閣緣雲飛陛陵虛俯視流星仰觀八隅升龍攀而不逮眇天際而高居素水盈沼叢木成林飛翮陵高鱗甲隱深乃使任子垂鈎魏氏發機芳餌沉水輕繳弋飛落翳雲之翔鳥援九淵之靈龜然後採菱華擢水蘋弄珠蜯戲鮫人諷漢廣之所詠覿游女於水濱燿神景於中沚被輕縠之纖羅遺芳烈而靖步抗皓手而清歌歌曰望雲際兮有好仇天路長兮往無由佩蘭蕙兮爲誰脩此宮觀之妙也子能從我而居之乎鏡機子曰既遊觀中原逍遙閑宮情放志蕩淫樂未終亦將有才入妙妓遺世超俗揚北里之流聲紹陽阿之妙曲爾乃御文軒臨彤庭琴瑟交彈左箎右笙然後姣人乃被文縠之華袿振輕綺之飄颻戴金搖之熠爍

揚翠羽之雙翹翩爾鴻翥濈然鳧没縱輕軀以迅赴影追形而不逮爲歡未洩白日西頹樂散變飾微步中閨玄眉弛兮鉛華落收亂鬓兮拂蘭澤紅顔既笑睇眄流光時與吾子攜手同行踐飛除即閑房華燭爛羅幬張動朱脣發清商九秋之夕爲歡未央此聲色之妙也子能從我而遊之乎鏡機子曰余聞君子樂奮節以顯義烈士甘危軀以成仁重氣輕命感分忘身故田光伏劔於北燕公叔畢命於西秦辭未終而玄微子曰善鏡機子曰此乃遊俠之徒耳若夫田文無忌之疇乃上古之俊公子也皆飛仁揚義騰躍道藝遊心無方抗志雲際凌轢諸侯驅馳當世揮袂則九野生風慷慨則氣成虹蜺吾子當此之時豈能從我而友之乎鏡機子曰時有聖宰翼帝霸世同量乾坤等明日月玄化參辰與靈合契越隆平於殷周踵羲皇而齊泰顯朝惟清皇道遐均民望如草我澤如春是以俊乂來仕觀國之光故甘露紛而晨降景星宵而舒光觀遊龍於神淵聆鳴鳳於高岡然主上猶以沉恩之未廣懼聲教之未厲採英奇於仄陋宣皇明於巖穴此甯子商歌之秋而呂望所以投綸而逝也於是玄微子攘袂而興曰偉哉言乎今子廓然身輕若飛願

反初服從子而歸　魏徐幹七喻曰有逸俗先生者耦耕乎巖石之下栖遲
乎穹谷之岫萬物不干其志王公不易其好寂然不動莫之能懼賔曰大宛之
犧三江之魚雲鶬水鵠禽蹯豹胎黼懤施於宴寔華蓐布乎象牀懸明珠
於長韜燭宵夜而爲陽玄鬢擬於雲霧豔色過乎芙蓉揚蛾眉而微睇
雖毛施其不當　魏王粲七釋曰潛虛丈人違世遁俗恬淡清玄渾沌淳樸
薄禮愚學無爲無欲均同死生混齊榮辱於是大夫聞而歎曰蓋聞君子
不以志易道不以身後時進德脩業與世同理今子深藏其身高栖其志
外無所營內無所事邯鄲才女三齊巧士名唱秘舞承閑並理亡盤陳於
廣庭疇人儼其齊俟翩飄微霍亂精蕩神巴渝代起鞞鐸響振農功
旣登玄陰戒寒及致衆庶大獮中原植旌樹表班授行曲組網連罝彌山跨
谷弦不虛控矢不徒往僵禽連積隕鳥若雨麗才美色希世特立豐膚
曼肌弱骨纖形鬒髮玄鬢脩項秀頸紅顏照曜曄若苕榮戴翼眄中
之羽雀雜華鑷之葳蕤珥照夜之雙璫煥熠爚以垂暉聖人在仕時邁其
德先天弗違稽若古則叡哲文明允恭玄塞登俊乂於龍壟畝舉賢才於

亢微置彼周行列于邦畿九德咸事百僚師師於是四海之内咸變時雍普天率土比屋可封是以棲林隱谷之夫逸迹放言之士臨金乎有道貧賤是恥　魏劉邵七華曰玄休先生弃世遁名藏身於虛廓絶影於無形榮時子闇而往焉曰僕聞至人之生世也必承天地之時勢統萬物之紘綱生有九鼎之秩没有祀典之常僕將爲先生陳天下之遠圖論品物之弘式規人事之榮華傳情志之所極榮時子曰追風之馬出自遐裔狀若逸虬莫能羈羈制踐路躡節迅驅機發後不可及前不可越尋越逸響追畢逐于榮時子曰三時既畢玄冬効節木落草弊鳥竄獸宂爾乃駕六虬乘雕軒載金鉦鳴玉鑾鼓與雷起野火電延聲與天屬爛與霓連榮時子曰洞庭之鱄出于江嵋紅腴呈鱸朱尾碧鱗金光鏡野旌旗曜天雷輜翳路風馬如雲於是三辰增曜大明重光醴泉波流芝圃揚芳毛羣率舞羽族迴翔聆九韶之聲變儀亦步之蹌蹌感神人而懷異物寧于九有而綏八荒　晉張協七命曰沖漠公子含華隱曜嘉遁龍盤越世高蹈絶景乎大荒之遐阻吝響乎幽山之窮奧於是殉華大夫聞而造焉乃整雲輅參飛

黃越奔沙輾流霜天清冷而無霞野曠朗而無塵臨重岫而攬轡顧石堂而迴輪於是登絶𪩘遡長風陳辯惑之辭命公子於巖中大夫曰寒山之桐出自大冥含黃鐘以吐幹據蒼岑而孤生晞三春之溢露遡九秋之鳴飈零雪寫其根霏霜封其條木既繁而後緑草未素而先凋營匠斲其樸伶倫均其聲若乃龍火西頹暄風初收飛霜迎節高風送秋羈旅懷土之徒流宕百罹之儔撫促柱則酸鼻揮危絃則涕流大夫曰應門八襲𤣥臺九重表以百常之闕圖以萬雉之墉嶢樹迎風秀出中天翠觀青岑雕閣霞連長翼臨雲飛陛陵山望玉繩而結極承倒景而開軒重殿疊起交綺對幌幽堂晝密明室夜朗焦螟飛而生風尺蠖動而成響大夫曰若乃白商素節時既授衣天凝地閉風厲霜飛柔條夕勁密葉晨稀將因氣以効殺臨金郊而講師内無踈蹊外無漏迹叩鉦數校舉麾賚獲大夫曰范公之鱗出自九溪頹尾丹腮紫翼青鬐爾乃命支離飛霜鍔紅肌綺散素膚雪落婁子之豪不能厠其細秋蟬之翼不足擬其薄大夫曰楚之陽劍歐冶所營耶溪之鋌赤山之精銷踰羊頭鍱越鍛成流綺星連浮彩艷發光如散電

質如濯雪指鄭則三軍白首麾晉則千里流血形震薛燭光駭風胡或
馳名傾秦或夜飛去吳大夫曰乃有荆南烏程豫北竹葉浮蟻星沸飛華萍
接玄石嘗其味儀氏進其法傾罍一朝可以流湎千日單罌投川可使三軍告
捷斯乂神人之所歆羨觀聽之所煒曄　晉陸機七徵曰玄虛子耽性沖素
雍容玄泊弃時俗而弗徇甘魚釣於一壑乃有通微大夫愍皇居之失實傷
鴻哲之後聞棨玄黃於榛險憑穴巖而放言通微大夫曰奇膳玉食窮滋
致豐簡犧羽族考生毛宗俯出沉鮪仰落歸鴻剖柔胎於孕豹宰潛
肝乎豢龍拾朝陽之遺卵納丹穴之飛凰神宰奇稌嘉禾之穗含滋發馨素
頴玉鋭灼若皓雪之頹玄雲皎若明珠之積緇匱素蟻踊而浼齎滋芬溢
而相徽味雖濃而弗爽氣既惠而復介景福於眉壽裕温克乎齊聖子
能饗食之乎通微大夫曰豐屋華殿奇構磊落高宇雲覆千楹林錯仰綴
瑰木俯積琰石敷延袤之廣廡矯陵霄之高閣秀清暉乎雲表騰藻蔭之
弈弈珍觀清榭岳立連行雲階飛陛仰陟穹蒼聳浮柱而虬立施飛檐
以龍翔回房旋室綴琳龍袞玉圖畫神仙延祐承福懸闥高達長廊迴屬於

是登漸臺理俊音鏑玄沚望長林逐狡獸弋輕禽覽壯藝以悦觀聆和樂而怡心子能居之乎通微大夫曰金石諧而齊響塤篪協而和鳴於是寺人進羽籥玄弁被藻龍衮俯縈領以鵠歸仰矯首而鶴立激長歌於丹脣發鏗鏘乎柔木合清商以絶節揮流徵而赴曲奏南荆之高歎詠易水之清角爾乃覩蛾眉之羣麗羌既都而又閑矯纖腰以逐節頓皓足於鼓盤舒妍嘩以妖韶若陵危之未安通微大夫曰蓋聞沫北有采唐之思淇上有送子之勤關雎以寤寐為感溱洧以謔浪為歡若夫妖嬪豔女蒐羣擢俊穆藻儀於今表茂當年之柔嫚馨妍規之綽體每變而增閑秀紅妝其偷偷若餘穎之可飡若夫靈曩潛祖顏退羽觴升清琴厲因清明以宣誠流微睇而授愛纖手揮而鳴佩鏘華衿袖則芳塵萃子其納之乎通微大夫曰塗有殊而一致業有殊而名約各因必[illegible]效積期寄響於夫人也孰與顯奇蹤於萬邦撫六轡而高遊瞰八宇以據 濟清風乎諸侯言成否泰氣作温凉弭侵略於彊暴綜墜紀乎危邦子豈不願斯之雍容乎通微大夫曰明主應期撫民以德配仁風於黄唐齊威靈乎宸極彝倫攸序

庶績咸乂偈盛流風於雍俗給天民乎齊泰是以玄靈感而表應嘉神繁而
畢覿舞唐庭之來儀鳴岐陽之鸑鷟膺天監之休命荷神聽之介福然聖
主逵持盈之寶術寤經國之在賢各畢榮於分局期賛化於大鈞吾子豈不欲
縻好爵於天宇顯列業乎帝臣歟玄虛子作而曰甚哉鄙人之惑也猶窮攡攡
自逸於井幹馮河盜本於黃川欽至論敷蔽衽謹聞命於王孫　晉湛方生
歎曰有嵓巖棲先生者學道養生離親絕俗漱清泉蔭茂木慕赤松之清
塵乃餐霞而絕穀朝隱大夫尋條援葛往而問之曰營中都以起館指土圭以
正宮宅既平而土沃寔商旅之所通究精巧之妙思盡土木之所窮南軒高館北連
脩堂左亘東序右列西廂飛甍雲構軒軒鏘鏘連棟抗榱若飛若翔幽籠納
響晉素壁流光乃有傾城之色玉質鳳章手習清弄心達宮商子能從我而翫
之乎大夫曰歲季月除大蜡始節繁霜朝氛淒風夕發策龍駟以偕逝問虞
人於中林審蹊徑之所由之此澤之多禽前批猛獸後拉黃羆聲不得發爪不
暇施此遊獵之壯觀子能從我而觀之乎大夫曰青陽開運和氣流天無纖翳
地無飛塵五湖靜波四瀆凝津命向方之嘉友聊汎舟以遊春此舟艥之駿遊

子能從我而乘之乎大夫曰有嶧山之孤桐生千仞之峻嶠乘危巖以託根溜丹霞而疎標苦巖霜之淒切困寒風之蕭條若乃清秋遥夜器朗絃徹閑心理氣臨流鏡月伯牙揮爪以清弄鍾期中曲而撫節子能從我而聽之乎大夫曰良疇沃壤傍山之阿靈澤津其根春露染其禾上蔭玄雲輕霤下流石泉清波含山澤之清潤結玉實於秋霜簡嘉穗以精徵璀冰散而珠光釀縹醪於九秋蘊二日於三陽米望麴而冰消甕先未啓而流芳此五穀之精液子能從我而嘗之乎大夫曰生乎三季之世隔乎大國之間戎馬生於郊畿英雄森以比肩意氣冠宇宙豪勢扼丘山強虜元師懸首大白勳勤王府功刊金石此不世之奇功子能從我而立之乎大夫曰蓋聞至道以無主貞應憙象籥以內虛無窮陰陽以烟熅感化五行之守分相攻是以撫往運而長揖因歸風而迴軒挂長纓於朱闕反素褐於丘園靡閑風於林下鏡洋流之清瀾仰濁酒以箕踞間絲竹而晤言　宋顔延之七繹曰北岳孤生刻迹埋聲名歇事盡道畜山扃東國進士謬與遇焉其居也依隱崐陰結架清深巖屋橋構隥道相臨寒縈隴首嶠歔江潯客曰周以巖廊亞以絲房木寫雲气土秘群芳

既旋天而倒井又斷負而鏤方松上箭渚藥苑香林梁淵道以高濟棧巖
墱而上尋客曰若夫丹山之奧金門而秘地首岷銅川上汶泗裁石成音調仝
爲器故列眞玩其微鳴辭人賦其清懿若乃梓漆簡聲麗容呈才陳舞態
開吹臺獵悲風遡秋埃既而昵賓獻壽中人奉膳有悄者顏弗怡高殿視
華鼓之繁桴聽邊笳之嘶囀飛朱鷺以首引逮玄雲而終變然後辯珥
搖暉莊服流湎抗姸歌以跕躧揚輕袖而翳面雜紛披於巾拂迹聞闢乎樂
扇 齊竟陵王賓僚七要曰松既煙而棲漢竹緣嶺而負筠哀過鴻於月曉
悲夜猨於霜旻乃鶴駕之非遠信羽車之可鄰鴻池廣象太液涤華勢含五
水氣蹠九河既百尋而照底亦千丈而分沙故乘流以神王或鼓枻而目多豈
能從我汎此安波 梁蕭子範七誘曰幽遁公子不遊義路不入禮門人焉得
爲臣公侯難以爲容有暴勢大夫驅美澤之車策千里之馬乃至公子之所居
大夫曰收苗山之鋌採邪溪之銅既云時吉亦曰天中金英內曜銀精外通均如屈
楊之舒彩粲若芙蓉之始紅七星布而成列五色變而無窮寶兼千萬聲重
二都邁茲巨闕超彼鹿盧呈形薛燭表質風湖大夫曰至饌方丈薰肴果器

法磬吳章妙窮伊摯若乃豹胎之貴鳳卵之珍常山之果醴水之鱗大夫曰訪妙女於蔡邕選佳人於趙都或拾翠於神渚或採桑於城隅見者忘餉而留矚行者下擔而踟躕女乃歌曰井上李兮隨風標垂翠帷兮夜難睍獨處廓兮心悄悄懷素縷之雙針願因之於三鳥大夫曰若乃帝思啓土命將朔方守邊鄙而擁角節集兵旅而馳牙璋或埋輪於絶域或縶馬於遐疆功格宇宙威振靈荒大夫曰逸態之赤兎駿足之驪駒龍文重於漢廏魚目貴於西都若乃似鹿之體如龍之姿纏以紫縷繫以青絲大夫曰冬斬陽木夏伐陰材剞劂之功咸至鉤繩之妙並來擬天文而特建象地戶而高開麗前脩之金屋陋显襄日之璜臺若乃緹錦遍室丹青被土白珠之簾水精之柱綺井鏤而重葩華桷煥而相距文石之井珊瑚之樹紫複峻而連天青綺高而干霧大夫曰自五氣初運二靈始分虵身之帝牛首之君焉足道哉若乃聖皇之馭國得附枝而居位陋重華之聰明蔑放勳之文思通犀大甲之獻相繼於天府金鸎銀鳥之錫不絶於史書當此之日子能佩玉而侍乎公子竦然曰前靡靡之數說皆非鄙性之所娛如今之善

誘請就列於康衢

連珠

傅玄叙連珠所謂連珠者興於漢章帝之世班固賈逵傅毅三子受詔作之而蔡邕張華之徒又廣焉其文體辭麗而言約不指說事情必假喻以達其旨而賢者微悟合於古詩勸興之義欲使歷歷如貫珠易覩而可悅故謂之連珠也　班固喻美辭壯文章弘麗最得其體蔡邕似論言質而辭碎然旨篤矣賈逵儒而不豔傅毅有文而不典　漢楊雄連珠曰臣聞明君取士貴拔衆之所遺忠臣不薦善廢格而所排是以巖穴無隱而側陋章顯也　漢班固擬連珠曰臣聞公輸愛其斧故能妙其巧明主貴其士故能成其治　臣聞良匠度見材而成大厦明主器其士而建功業　臣聞聽決價而資玉者無楚和之名因近習而取士者無伯玉之功故璵璠之爲寶非駔儈之術也伊呂之佐非左右之舊　臣聞鸞鳳養六翮以凌雲帝王乘英雄以濟民易曰鴻漸于陸其羽可以爲儀　臣聞馬伏皁而不用則駑與良而爲羣士齊僚而不職則賢與愚而不分　後漢潘勗擬連珠曰　臣聞

謂上以布利者臣之常情主之所患忘身以憂國者臣之所難主之所願是以忠臣背利而脩所難明主排患而獲所願　魏文帝連珠曰蓋聞琴瑟高張則哀彈發節上抗行則榮名至是以申胥流音於南極蘇武揚聲於朔裔　蓋聞四節異氣以成歲君子殊道以成名故微子奔走而顯比干剖心而榮　蓋聞駑蹇服御良樂咨嗟鉛刀剖截匠冶歎息故少師幸而季梁懼宰嚭任而伍員憂　魏王粲倣連珠曰臣聞明主之舉世不待近習聖君用人不拘毀譽故呂尚一見而爲師陳平烏集而為輔　臣聞記功誌過君臣之道也不念舊惡賢人之業也是以齊用管仲而霸功立秦任孟明而晉恥雪　臣聞振鷺雖材非六翮無以翔四海帝王雖賢非良臣无以濟天下　臣聞觀於明鏡則疵瑕不滯於軀聽於直言則過行不累乎身　晉陸機演連珠曰臣聞日薄星迴穹天所以紀物山盈川沖厚地所以播氣五行錯而致用四時違而成歲是以百官恪居以赴八音之離明君執契以要克諧之會　臣聞髦俊之才世所希之丘園之秀因時則揚是以大人基命不擢才於后土明主幸與不降佐於昊蒼　臣聞禄放於寵非隆家之舉官私之

親非興邦之選是以三卿世及東國多衰弊之政五侯並軌西京有陵夷之運　臣聞靈暉朝覯稱物納照時風夕灑程形賦音是以至道之行万類取足於世大化既洽百姓無匱於心　臣聞鑒之積也無厚而照有重泉之深目之察也有畔而眡周天壤之際何則應事以精不以形造物以神不以器是以万邦凱樂非悅鍾鼓之娛天下歸仁非感玉帛之惠　臣聞智周通塞不為時窮才經夷險不為勢屈是以凌霄之羽不求反風曜夜之目不思倒日　臣聞利眼臨雲不能垂照朗璞蒙垢不能吐輝是以明哲之君時有蔽壅之累俊乂之臣屢抱後時之悲　臣聞因雲灑潤則芳澤易流乘風載響則音徽自遠是以德教俟物而濟榮名緣時而顯　臣聞絃有常音故曲終則改鏡無畜影故觸形則照是以虛己應物必究千變之容挾情適事不謬万殊之妙　臣聞目無常音之察耳無照景之神故在乎我者不殊之於己存乎物者不求備於人　臣聞觸非其類雖疾弗應感以其方雖微則順是以商飆漂山不興盈尺之雲谷風乘條必降彌天之潤故闇於理者唱繁而和寡審乎物者力約而功峻　宋謝惠連連珠曰蓋聞獻技者

易忽養德者難致是以子張重跰不獲哀公之禄干木偃息不受文侯之位　蓋聞機心難僭不接異類淳德易孚可狎殊方是以高羅舉而霑鳥降滄海之萃而水禽翔　蓋聞春蘭早芳實忌鳴鴂秋菊晚秀無憚繁霜何則榮乎始者易悴貞乎末者難傷是以傳長沙而志沮登金馬而名揚　蓋聞脩己知足慮德其逸貴榮昧進志忘其審是以飲河滿腸而求安愈泰緣不務高而畏下滋甚　宋顏延之範連珠曰蓋聞夫履順則天地不違一物投誠則神明可交事有微而逾著理有闇而必昭是以魯陽傾首離光為之反舍有鳥拂波河伯為之不潮　齊王儉暢連珠曰　蓋聞王佐之才雖遠豈必見採於當世陵雲之氣徒盛無以自致於雲閣是故魏人指玉於外野和氏泣血於荆山　梁武帝連珠曰蓋聞水鏡不以妍蚩殊照芝蘭寧為貴賤異芳是以弘道歸於兼濟至德由乎兩忘　蓋聞一眚不足以掩德五刑非可以妄加是以徑寸之珍有時而纇盈尺之寶不能無瑕　蓋聞理漸其萌豈須拔山之力物有易傷不待凌雲之繳是以微照積而山飄虛弦動而隼落　梁宣帝連珠曰常聞

盈虛之道雖脩乎而必陂損益之由在至象而無溢是以謂地之厚而東南缺唯天為大而西北懸　常聞山有藏玉則卉草常榮林有猛獸則叢枝莫採是以漢儀重見皇王之迹有眞周禮猶存龜蒙之田無改　梁沈約連珠曰臣聞烈風雖震不斷蔓草之根朽壤誠微遂霣崇山之峭是以一夫不佳威或赫怒千乘必致亡於巧笑　臣聞鳴籟受響非有志於要風涓流長邁寧曆意於歸海是以萬竅怒號不叩而咸應百川是納用卑而為宰　梁吳均連珠曰蓋聞豔麗居身而以蛾眉入妬貞華照物而以絕等見猜是以班姬辭寵非無妖冶之色陽子寂寞豈乏炫曜之才　蓋聞義夫投節未必識君烈士赴危非期要利是以墨子縈帶不蒙肉食之謀申胥泣血非有執圭之位　梁劉孝儀探物作豔體連珠曰妾聞洛妃高髻不資於芳澤玄妻長髮無籍於金鈿故雲名由於含美蟬稱得於天然是以梁妻獨其妖豔衛姬專其可憐　妾聞芳性深情雖欲亡而不歇薰芬動而思事逾久而更思是以津亭掩馥秖結秦婦之恨爵臺餘妬追生魏妾之悲　梁沈約注制旨連珠表曰竊尋連珠之作始自子雲放易象論動模經誥班固

謂之命世桓譚以爲絶倫連珠者蓋謂辭句連續互相發明若珠之結排也雖復金鑣互騁玉軑並馳妍蚩優劣參差相間翔禽伏獸易以感守株膠瑟難與適變水鏡芝蘭隨其所遇明珠燕石貴賤相懸

藝文類聚卷第五十七

藝文類聚卷第五十八

雜文部四

書　檄　移　紙　筆　硯

書

廣雅曰書記曰書漢書曰蘇武使匈奴被留昭帝即位求武等匈奴言武已死後漢使至匈奴教者謂單于言天子射上林中鴈足有係帛書言武等在某澤中單于顧左右而驚謝漢使曰武等實在於是遣還事具鳥部鴈篇　漢書曰陳遵爲河南大守既至官遣從吏乃召善書吏十人於前治私書謝京師故人遵憑几口授書吏且省官事數百封親疎各有意　又曰谷永字子雲便於筆札故時人云谷子雲之筆札樓君卿之脣舌　吳錄曰王宏爲冀州刺史不發私書不交豪族號曰王獨坐　典略曰太祖嘗使阮瑀作書與韓遂於馬上具草書成呈之太祖覽筆欲有所定而竟不能增損　嵇康與山濤書曰素不便書不喜作書而人間多事堆案盈几不相酬荅則犯教傷義欲自勉強則不能久堪　蜀志曰王平字子均生長戎旅手不能書所識不過十字而占授作書皆有意使人讀史漢諸書聽之通知其

義往往論說不失其旨　魯國先賢志曰孔翊爲洛陽令置器水於前庭得私書皆投其中一無所發彈治貴戚無所迴避　張華別傳曰大駕西征鍾會至長安華兼中書侍郎從行掌軍事中書疏表檄文帝善之　語林曰殷洪喬作豫章郡臨去人寄百餘函書既至石頭悉擲水中因呪之曰沉者自沉浮者自浮殷洪喬不能作達書即　沈約宋書曰劉穆之朱齡石並便尺牘嘗於高祖坐與齡石共荅書自旦至日中穆之得百函齡石得八十函而穆之應對無廢

【書】漢鄒陽上書梁王曰昔者荆軻慕燕丹之義白虹貫日太子畏之衛先生爲秦畫長平之事太白食昴昭王疑之夫精變天地而信不諭兩主豈不哀哉昔卞人獻寶楚王誅之李斯竭忠胡亥極刑是以箕子佯狂接輿避世語曰白頭如新傾蓋如故蘇秦相燕人惡之於燕王燕王按劒而怒食以駃騠白圭獻於中山人惡之於魏文侯文侯投以夜光之璧女無美惡入宮見妒士無賢不肖入朝見嫉故百里奚乞食於道繆公委之以政甯戚飯牛車下桓公任之以國此二者豈素宦於朝借譽左右然後二主用之哉昔魯聽季孫之說逐孔子宋信子舟之計囚墨翟夫以孔墨之辯不能自免於讒諛

而二國以危何則衆口鑠金積毁消骨也今人主誠能去驕傲之心懷可報之意則桀之狗可使吠堯跖之客可使刺由況因萬乘之權假聖王之資乎臣聞明月之珠夜光之璧以闇投人於道衆莫不按劍相眄者何則無因而至前也蟠木根柢輪囷離奇而爲萬乘器者以左右先爲之容也後漢班固上書東平王曰必有非常之人然後有非常之事有非常之事然後有非常之功將軍履千年之任躡先王之蹤體弘懿之資據高明之勢昔卞和獻寶以雅折趾屈子納忠終於沉身己而和氏之璧千載垂光屈子之篇萬世彌章 齊陸厥與沈約書問聲韻曰長門上林殆非一家之賦洛神池鴈便成二體之作孟堅精整詠史無虧於東主平子恢富羽獵不累於憑虛王粲初征他文未能稱是楊脩敏捷暑賦彌日不獻率意寡尤則從事乎一日翳翳愈伏而理賒於七步一人之思遲速天懸一家之文工拙壤隔何獨宮商律呂必責其一人也 梁簡文帝荅張纘謝示集曰纘好文章於今二十五載矣竊嘗論之日月參辰火龍黼黻尚且著於玄象章乎人事而況文辭可止詠歌可輟乎不爲壯夫楊雄實小言破道非謂君子曹植亦小辯破

言論之科刑罪在不赦至如春庭落景轉蕙承風秋雨且晴檐梧初下浮雲生野明月入樓時命親賓乍動嚴駕車渠屢酌鸚鵡驟傾伊昔三邊久留四戰胡霧連天征旗拂日時聞塢笛遥聽塞笳或鄉思凄然或雄心憤薄是以沉吟短翰補綴庸音寓目寫心因事而作 又荅新渝侯和詩書曰垂示三首風雲吐於行間珠玉生於字裏跨躡曹左含超潘陸雙鬢向光風流已絶九梁插花步搖爲古高樓懷怨結眉表色長門下泣破粉成痕復有影裏細腰令與真類鏡中好面還將畫等此皆性情卓絶親致英奇故知吹簫入秦方識來鳳之巧鳴瑟向趙始覩駐雲之曲手持口誦喜荷交并 梁元帝荅劉縮求述制旨義書曰學山學海未臻其極爲龍爲光或從王事所賴昔經陝服頗足良書憑几據梧靜供遊目枕中之記即用爲枕帷前之秩仍可爲帷對此自娱欹而待命叩而必應已謝懸鍾扱而無竭復乖弁蚤 梁沈約與范述曾論竟陵王賦書曰夫眇汎滄流則不識涯涘雜陳鍾石則莫辯宫商雖復吟誦環迴編離字滅終無所辯仰酬眷旨徽表寸長 梁劉孝綽荅梁元帝書曰伏承自辭皇邑爰至荆臺夫勞剌舉且撫萬靡近雖預觀寸

錦而不覿金玉昔臨淄辭賦悉與楊循未殫寶筒顧勲先哲　梁江淹詣宋建平王上書曰昔者賤臣叩心飛霜擊於燕地庶女告天振風襲於齊臺下官邅戶桑樞之民布衣麻帶之士謬得升降承明之闕出入金華之殿何嘗不局影凝嚴側身扃禁者乎寧當爭分寸之末競錐刀之利積毀消金積讒摩骨遠則直生取疑於盜金近則伯魚被名於不義　梁劉之遴與劉孝標書曰間聞足下作類苑括綜百家馳騁千載彌綸天地纏絡萬品撮道略之英華搜羣言之隱賾鈆摘既畢殺青已就義以類聚事以羣分述征之妙楊班儔也擅此博物何快如之雖復子野調聲寄知音於後世文信構覽懸百金於當時居然無以相尚自非沉鬱澹雅之思安能閉志經年勤成若此吾嘗聞為之者勞觀之者逸足下已勞於精力宜令吾見異書　梁劉孝標答劉之遴借類苑書曰九冬有隙三餘暇時多遊書圃代樹萱蘇若夫采亹亹於緗紈閱微言於殘竹嗢飫膏液咀嚼英華不知地之為輿天之為蓋靡測迴塘莫辯輿馬烏足以言乎是用周流墳素詳觀圖諜搊管聯冊纂茲英奇蛩蛩之謀止於善草周周之計利在銜

翼故鳩集斯文蓋自綴其漏耳豈冀藏山之石播於士大夫哉

檄

說文曰檄二尺書也從木敫聲　釋名曰檄激也下官所以激迎其上之書文也　漢書曰申屠嘉為丞相鄧通居上旁怠慢嘉為檄召通曰不來且斬通恐入言於上上曰速往吾今召汝通至丞相府免冠徒跣頓首謝　東觀漢記曰光武數召諸將置酒賞賜坐席之間以要其死力當此之時賊檄日以百數憂不可勝上猶以餘閒講經藝　又曰隗囂故宰府掾吏善為文書每上書移檄士大夫莫不諷誦　又曰盧江毛義少時家貧以孝行稱南陽張奉慕其義往候之坐定而府檄適至以義守令義奉檄而入喜動顏色　典略曰張儀魏人常從楚相飲楚相亡璧意儀盜之掠笞數百既相秦為檄告楚相曰吾從汝飲不盜汝璧善守汝國我且盜汝城　又曰陳琳作諸書及檄草成呈太祖太祖先苦頭風是日疾發卧讀琳所制翕然而起曰此愈我病數加厚賜　魏志曰孫放善為書檄三祖詔命招喻多放所為

李充起居戒曰軍書羽檄非儒者之事且家奉道法言不及殺語不虛誕

而檄不切厲則敵心陵言不誇壯則軍士弱請姑舍之以擬能者 續晉陽秋曰何无忌母劉牢之姊也无忌與高祖謀夜於屏風裏製檄文母潛登屏風上窺既知其謀大喜曰汝能如此吾讐恥雪矣

檄文 漢司馬相如喻巴蜀檄文曰夫邊郡之士聞烽舉燧然皆攝弓而馳荷兵而走流汗相屬唯恐居後觸白刃冒流矢議不反顧計不旋踵彼豈樂死惡生而巴蜀異主哉計深慮遠急國家之難而樂盡人臣之道也故有剖符之封折珪而爵紟則遺顯號於後世傳土地於子孫名聲施於無窮功烈著於不滅是以賢人君子肝腦塗中原膏液潤野草而不辭也今奉幣役至南夷即自賊殺或亡逃抵誅身死無名謚爲至愚恥及父母爲天下笑人之度量相越豈不遠哉 魏陳琳爲袁紹檄豫州曰操父嵩乞丐攜養因贓假位輿金輦璧輸貨權門竊盜鼎司傾覆重器續遇董卓侵官暴國於是收羅英雄棄瑕取用故遂與操同諮合謀操遂承資跋扈肆行凶慝割剝元良殘賢害善爵賞心由刑戮在口所愛光五宗所惡滅三族又特置發丘中郎摸金校尉所過隳突無骸不露乃欲摧撓棟梁孤弱漢室除滅忠正專爲

梟雄某俯奉漢威靈折衝宇宙長戟百萬胡騎千羣拏奮虎賁育獲之士騁良弓勁弩之勢并州越太行而角其前荆州下宛葉而犄其後若舉炎火以爇飛蓬覆滄海以沃熛炭有何不消滅者 又檄吳將校曰孫權小子未辯菽麥要領不足以膏齊斧名字不足以汙簡墨譬猶爲舟楫足以拒皇威江湖可以逃嚴誅不知天網設張以在綱目爨鑊之魚期於消爛若使水而可恃則洞庭無三苗之墟子陽無荆門之敗朝鮮之壘不刊南越之旌不拔世丞相銜奉國威爲民除害元惡大憝必當梟夷蓋鳳鳴高岡以遠罻羅聖賢之德也鸋鴂之鳥巢於葦苕苕折子破下愚之惑也今江東之地無異葦苕諸賢處之信亦危矣 魏鍾會檄蜀文曰今主上聖德欽明紹隆前緒宰輔忠肅明允劬勞王室布政垂惠而萬邦協和施德百蠻而肅慎致貢悼彼巴蜀獨爲匪民是以命授六師恭行天罰今邊境乂清方內無事畜力待時并兵一向而以蜀一州之衆分張守備難以御天下之師比年以來曾無寧歲征人勤瘁難以當子來之民此皆諸賢所共親見識能鑒茲成敗邈然高蹈投迹微子之蹤横身陳平之軌則福同古人慶流來裔 晉孫惠爲東海王討成都王檄文、

曰穎稟性強暗增崇位號阿比奄宦專任孟玫遂使忿睢殺活由己疾諫好
讒小人滿側官以賄成位以錢獲囚以告是生獄以斃解百官卷舌朝野隱伏
案穎之罪書記未有禍甚叔帶逆隆魯桓爲子則不孝爲臣則不忠爲弟
則不順爲王則不仁四惡具矣豺狼之性有甚無悛　晉庾闡爲郄鑒檄青
州文曰蓋天地有盈虛之期皇代有盛衰之會姬文至聖猶西患昆夷周室哲
王而北難獫狁天步禍亂有自來矣是以石勒因曩者之弊遇皇綱暫弛
遂陵跨神州剪覆上國二十餘載毒流四海人神含憤天誅自滅而石虎窮
凶龍忝其餘業內肆豺狼之暴外有無厭之禍念諸文武百姓同爲和氣
之民而不蒙太陽之施奔波於海岱之間逼迫於寇戎之手行者窮征役者
困重賦死生契闊艮難爲心　又檄李寸勢曰告巴蜀士民夫昏明代運否終
則泰賢哲覩機以知變不肖滅亡以取禍昔者皇運中消乾綱暫弛耀
勤窮凶肆暴神州李寸劉啓逆竊逼岷川翼以不才任符分陝未能仰宣皇
恩招攜以禮而使三巴之民制於犬羊之合羣元元之命懸於豺狼之口所以假寐
永歎疾疢如首者也凡百黎萌秋毫不犯檄到勉思良圖自求多福無使

蘭艾同焚永作監誡信誓之明有如皎日　又爲檄石虎文曰石勒因釁
剪覆舊京窮凶極逆僭號累祀百姓受灰没之酷王室有黍離之哀不有
少康之隆孰能祀夏不有宣王之興誰能復舊物羯師石虎僭襲凶葉負
恃其衆陸梁河朔毎念忠順之士懷抱義含膽飲血離其禍酷悉存倒
戈而力不能奮今遣使持節荆州刺史都亭侯翼真髙旗連雲組練映日運
孫吳之籌按尚甫之略莫不張膽咀鐵人思自百以此衆戰其猶烈火之燔秋
蓬衝飈之掃落葉也　晉桓温檄胡文曰胡賊石勒暴肆華夏齊民塗炭煎
困饑薜至使六合殊風九鼎乖越毎惟國難不遑啓處撫劒北顧慨歎盈
懷寡人不德忝荷戎重師次安陸經塗舊邑瞻望華夏暫戚楚越登丘悽
征夫憤慨昔叔孫絶粒義不同惡龍蛇共生苟節恥存莽朝歷既逋僭一朝蕩定
拯撫黎民即安本大訓之以德禮潤之以恩澤信感荒外武揚八極先順者獲賞
後伏者前誅德刑既明隨才攸叙此之風範想所聞也　梁元帝伐侯景檄
文曰粤若梁興五十餘載平一宇内德惠悠長仁育羣生義征不服建翠鳳
之旗則六龍驤首擊靈鼉之鼓則百神警肅風牧方邵之賢衛霍辛趙之

将叱咤則風雲興起鼓動
則嵩華倒拔叶和萬邦平章百姓十堯九舜曷足云也賊臣侯景匈奴叛
臣鳴鏑餘噍冒于貨賄不知其極敢興逆亂梗我王畿賊臣正德阻兵安
忍者結怨江干遂適單于虔劉我人民離散我兄弟臧獲之人五宗及賞
搢紳之士三族見誅南山之竹未足言其愆西山之兎不足書其罪雷震
風駭直指建鄴按劒而叱江水爲之倒流抽戈而揮皎日爲之還舍如駟
馬之載鴻毛奔牛之觸魯縞　梁裴子野喻虜檄文曰天生烝民樹之以
君所以對越三才司牧黔首蠲其苛慝除其患難肇自遂古以迄皇王經
世字民咸由此作朕撥亂反正君臨億兆休牛放馬載戢干戈思與一世
之民躋之仁壽之域昔者晉失其序天篤降喪而四夷交侵小雅盡缺宋
之初載實有武功秦晉之墟頻梟僭僞末葉陵遲遂亡淮濟曠日長久莫

能克復朕爰初創業思閑寧靜保大定功未遑遠略而狡虜遊魂不式王命朕謂其君是惡其民何罪矜此塗炭用寢兵革今戎醜數亡自相吞噬重以亢旱彌年穀價騰踊丁壯死於軍旅婦女疲於轉輸虐政慘刑曾無懲改四方同集九服齊契譬猶翻東海以注螢爝倒崑崙以壓螻蟻其身糜爛豈假多力爾二周故老六輔大姓蒙恥俛首有自來矣濯身明目今也其時昔由余入秦禮以卿佐日磾降漢華豹七葉苟有其才豈無大位

梁任孝恭爲汝南王檄魏文曰夫大盜移國終繼梟蕲之誅兇狡憑陵必致殲夷之戮所以董卓稱亂徒藉群雄之手王莽偷安卒成光武之業故市耀臍燈府傳飲器我有魏今臨一境卜世相承保乂黔黎事踰年祀尒朱榮胡貊遺種邊塞是居姦宄妄才凶愚醜類茹血飡腥本非人品依隨水草取類馬牛而包藏禍圖竊懷反噬遂長驅種落用襲我周南率彼酋豪侵凌我河縣所以流離播越亟淹星紀仰慕園陵俯傷黎庶遂得式仰唐朝宣奉舜闕梁大皇帝功踰五帝道邁三皇負扆當軒平章百姓垂拱而治協和萬邦今遣同州刺史范遵等董率前鋒揚旌致討先取滑臺鼓

行金谷關東英俊河北雄才痛桑梓淪蕪室家顛殞飲氣吞聲志申讎怨士各懷歸民思父毋表裏符契神靈響集王者之師有征無戰鋒刃所裁辛勿罹染

後魏魏收檄梁文曰夫辰象麗天山岳鎮地方以類聚物以羣分建之以邦國樹之以君長日月於是莫貳帝王所以揔一雖五運相推百王革命此道所行孰云能易而皇家承統光配彼天義洽幽明化周動植崇文德以來遠修禮讓以止訟舞干戚於兩階執玉帛於萬國玄功潛運至德旁通百姓日用而不知兆民受賜而無迹惟彼吳越獨阻聲教侯景豎子本無士業以金陵逋逃之藪江南流離之地甘辭卑體進孰圖身而僞朝大小幸災忘義主荒於上臣蔽於下人而無禮其能國乎亦既失信不亡何待今帝道休明皇猷允塞雖有賊臣去國亡卒出境何異一毛之落牛體雙鳧之飛海濱彼既連結姦惡斷絕鄰好追兵保境縱盜侵國蓋物無定方事無常勢是以吳侵齊境遂致句踐之師趙納韓地終有上平之役矧乃鞭撻疲民侵軼徐部築壘擁川捨信邀利此而可忍孰不可懷貞陽以猶子之親當戎首之任非但力屈道窮亦將路無還蜀兼復

狹子垂翅俱在籠樊雖復貪利苟得背同即異獲一人而失一國見黃雀而忘深井智者所不爲仁者所不向誠既往之難逮猶將來之可追侯景以鄙里之夫遭風雲之會位登三事邑啓萬家揣身量分久當止足彼乃示之以利誨之以慢藏使其勢得容姦今其時堪乘便計雖非孫吳猛將燕趙精兵猶是久涉行陣曾習軍旅拒此則作氣不足攻彼則爲勢有餘呼之則返速而釁小不懲則叛遲而禍大但恐楚國忘猨禍延林木城門失火殃及池魚橫使江黃士子荆楊人物死亡矢石之下夭折霧露之中人人厭苦家家思亂將險躁之風俗任輕薄之子孫朋黨路開兵權在外必將禍生骨肉難起腹心強弩衝城長戟指闕徒探雀鷇無用府藏之虛空請熊蹯詎延漏刻之命外崩中潰今實其時鷸蚌相拖我乘其弊方車之所轥轢劒騎之所蹂踐椅梓於焉傾折竹箭以此摧殘若吳之王孫使鍾山渡江青蓋入洛荆棘生於建業之宮麋鹿遊於姑蘇之館但恐華蜀之公子順時以動見機而作歸款軍門委命下吏當使焚櫬而出拂席相俟必以楚材終爲晉用也　陳徐陵檄周文曰主上恭膺寶歷嗣奉瑤

圖既稟聖人之所兼富神武之畧又安兆庶共靖戎華同戢干戈永銷鋒鏑況復追惟在楚無忘玉帛之言軫念過曹猶感盤飧之惠年馳五節之使衰降銀車之恩庶彼懷音徵悟知感而反其藏匿招我叛臣翊從瀟湘空竭關隴荆梁左右漢沔東西歙地呼天望停哀救夫一人掩泣猶愴滿堂百姓爲心彌切宸扆大都督吳明徹台司上將德茂勳高威著荆湘化聞庸蜀叱咤而平宿豫吹嘘而定壽陽席卷江淮無淹弦望

移

范曄後漢書曰韓馥見民情歸袁紹忌方得衆恐將圖巳常遣從事守紹門不聽發兵喬瑁乃詐三公移書傳驛州郡說董卓罪惡企望義兵以釋國難馥於是方聽紹舉兵　王隱晉書曰毛寶據邾城陷寶屍沉江不出戴詳移告河伯諸神使出寶屍十餘日乃出　典畧曰衛襄字叔遼修行王孝州郡嘉之時有白波賊衆數萬人官兵誅討不能平而使襄要我願解散於是襄爲書移即平定【移文】漢劉歆讓太常博士移文曰歆欲建立左氏春秋毛詩逸禮古文尚書習列學官哀帝令歆與五經博士講論其

孜

義諸儒博士或不肯置對歆因移書責讓之曰往者綴學之士不思廢絕之闕苟因陋就寡分文析字信口說而背傳記是末師而非往古至於國家將有大事若立辟雍封禪巡狩之儀則幽冥而莫知其源猶欲保殘守缺挾恐見破之私意而亡從善服義之公心或懷疾妬不考情實雷同相從隨聲是非抑此三學皆以尚書爲不備謂左氏爲不傳春秋豈不哀哉夫子曰可與樂成難與慮始此乃衆庶之所爲耳非所望於士君子也

梁簡文帝荅穰城求和移文曰屬彼數及侮亡運逢厖解石言水鬥實驗地凶飛絮雨粟還符天怪故淪俗駭奔遺黎南請所以皇略北征臨事同極溺愍百姓之未安傷一物之失所故餘民襁負持地來王而向化之黨忽覽今移咸以陶茲禮樂重覩衣冠已變伊川之髮兼削呼韓之衽寧當生入玉關死歸建業民情若此匪我求蒙行人遠屆實亦勞止想近察時機遠詳圖緯早去中原遽反桑梓旋地脉而北移越天渠而南指然後三姓二賢可存十半如其遂固守株不達玄象將恐衛將之師復有狼居之戰侯應之討更覩陰山之哭　梁任孝恭荅魏初和移文曰蓋軒轅五十

二戰義在拯民湯武二十七征本惟靜難明異時而同致信殊政而一揆我皇屈茲上聖承彼百王卷六合而包容弘二儀而覆載照高日月澤富雲雨值魏氏紛綸亟離星畧競尋干戈爭以興廢王無卒歲相不浹辰隻馬泣師月陳庭闕裹粮請救日款關扉故屢動雲旗再驅蒼兕同小白之存亡等任好之繼絶匹婦是歸尺土非利然百戰百勝猶苦四氏九拒九攻終勞萬姓納皇之念無忘日昃李陵失律暫摧羽鱗同孟明之反秦似荀罃之歸晉并賚來移聞之委曲知彼當壁得人兆龜有主欲偃兵戈式敦雅好鶴鳴九皋戾天巳響出其言善良以欣然輙勒緣邊屯戍各息烽警旌旗盡卷刁斗夜停混雞犬於四鄰棲桑床於二境　陳徐陵為護軍長史王質移文曰比金風巳勁玉露方團宜及窮秋幸踰高塞當使孤旌不反隻騎無還非止湯羅豈知堯德其承比年民墊仍歲蘊隆粒粟貴於隨珠分糜乏於齊鼎且氐羌旅拒巳跨伊瀍胡羯憑陵方踰汾潞刺虎之勢時則卞生拾蜂之機彌驗蘇子但國家體茲明信有同皎日豈唯風雨之旦猶救匹夫宵夢之言無欺幽壤賦華皎近以臨蕃有譴作牧無章既

懼艦車之徵便憂齊斧之戮遂乃治兵楚夢竊藏干戈傍引西戎共謀東夏僞周遣其衛國公宇文直等摠統獯獫爲其羽翼醜徒濟岸來攻郢城逆豎浮舟同趣夏浦王師艤棹素在中流羣帥爭驅應時殲蕩羌胡寶馬縱橫七澤之中荆楚樓船彌滿三江之上俘禽所獲水陸無遺華皎擢自蕞微叨居蕃翰情懸犬馬罔顧恩靈翻執干戈自圖家國聞諸閒諜具彼鄰謀乃授冬官即爲鄉導雖傷仁義之俗非敢有私期和與之情猶冀無失

又移齊曰獲去月二十日移承猲寇平殄同懷慶悅眷言鄰穆深副情佇夫天綱之大固無微而不擒神武之師本無征而不克至如戎王傾其部落逆豎道其鄉關非厥英圖殆難堪勠況復洞庭遐曠丘食殷阜西窮版屋北罄氊廬聲冠符姚勢兼聰勒庸蜀寶馬彌山不窮巴漢樓船陵波無際我之元戎上将協力同心承稟朝暮致行明罰爲風爲火殪彼蒙衝如霆如雷擊其舟艦羌兵楚賊赴水沉沙弃甲則兩岸同奔橫屍則千里相枕江川盡滿譬睢水之無流原隰窮胡等陰山之長哭於是黑山叛邑諸城洞開白虜連羣投戈請命長沙鵩鳥靡復爲妖湘川石鷰自然還

儛克翦無筭縲禽不貲欲計軍俘終難巧曆所獲其龍駒驥子百　千莖更開苜蓿之園方廣騊駼之廄於是衛霍甘陳虬髭嗔目心馳犨路志飲河源乘勝長驅未知所限豈如桓溫不武弃彼關中殷浩無能長茲羌賊方且西踰酒郡抵我境而置遼亭東略鹽池爲齊朝而反侵地此攻亦窮妖氛未窮巢窟便聞麾旌愧佩良深

紙

東觀漢記曰黄門蔡倫典作上方作紙所謂蔡侯紙也　董巴記云東京有蔡侯紙即倫也故麻名麻紙木皮名穀紙故網紙也　三輔決録曰韋誕奏蔡邕自矜能兼斯喜之法非流紈素不妄下筆夫欲善其事必先利其器用張芝筆古伯紙及臣墨皆古法兼此三具又得巨手然後可以盡經文之勢方寸之言　王隱晉書曰陳壽卒詔下河南遣吏賫紙筆就壽門下寫取國志　諸宫舊事曰皇太子初拜給赤紙縹紅紙麻紙勑紙法紙各一百　抱朴子曰洪家貧伐薪賣之以給紙筆書營園田夜以柴火寫書坐此之故不得早涉藝文常乏紙每所寫皆反覆有字人少能讀

文士傳曰楊脩爲魏武主簿嘗白事知必有反覆教豫爲荅數紙以次牒之而行告其守者曰向白事每有教出相反覆若案此弟連荅之已而有風吹紙亂遂錯誤公怒推問脩慙懼以實荅　晉陽秋曰劉弘爲荆州刺史每有興發手書郡國丁寧款密故莫不感悅顛倒恭赴咸曰公一紙書賢於十部從事也　語林曰王右軍爲會稽令謝公就乞牋紙檢校庫中有九萬牋紙悉以乞謝公　沈約宋書曰張永善隸書又有巧思紙及墨皆自營造上每得永表啓輒玩咨嗟自歎供御者不之及也

【賦】晉傅咸紙賦曰蓋世有質文則治有損益故禮隨時變而器與事易既作契以代繩兮又造紙以當策夫其爲物厥美可珍廉方有則體絜性貞含章蘊藻實好斯文取彼之弊以爲此新攬之則舒舍之則卷可屈可伸能幽能顯

【啓】梁劉孝威謝賚宫紙啓曰臣與謝嘏俱慙其聖神之衝梯寧愧魯般之巧嘏之城壘特無禽子之守攻弱侮亡其勞甚薄策勳行賞爲渥過隆雖復業殿鳳銜漢朝魚網平淮桃花中官穀樹固以慙茲靡滑謝此鮮光

筆

博物志曰蒙恬造筆　釋名曰筆述也述事而書之也　韓詩外傳曰趙簡子有臣曰周舍立於門下三日三夜簡子問其故對曰臣爲君諤諤之臣墨筆執牘從君之後伺君過而書之　列仙傳曰李仲甫潁川人漢桓帝時賣筆遼東市上一筆三錢有錢亦與筆無錢亦與筆　漢書曰張安世持槖簪筆槖挈槖也近臣負槖簪筆從備顧問或有記事孝武帝數十年見謂忠謹　華嶠後漢書曰班超投筆歎曰大丈夫安能久事筆耕乎事具人部　謝承後漢書曰王充於宅内門戸墻柱各置筆硯簡牘見事而作著論衡八十五篇　漢官儀曰尚書令僕丞郎月給赤管大筆雙篆題曰北工作楷於頭上象牙寸半着筆下　廣志曰漢諸郡獻兎毫書鴻門題唯趙國毫中用　典略曰王粲才既高辯論應機鍾繇王朗等雖各爲魏卿相至於朝廷奏議皆閣筆不敢措手　魏略曰王思爲大司徒性急嘗執筆作書蠅集筆端驅去復來如是再三思怒自起逐蠅不能　還取筆擲地蹋壞之　魏志曰甄后九歲憙書用諸兄筆或非之后曰古賢女皆覽前世成敗不知書何由見之　魏末傳曰夏侯太初見召還洛陽絶人道不畜筆硯傳子曰漢

末一筆之押雕以黄金飾以和璧綴以隨珠發以翡翠此筆非文犀之植必象齒之管豐狐之柱秋兔之翰用之者必被朱繡之衣踐雕玉之履矣東宮舊事曰皇太子初拜給漆筆四枝銅博山筆牀副

【詩】

梁簡文帝詠筆格詩曰仰出寫含花横插學仙掌行因提拾用遂廁旋臺賞　梁徐摛詠筆詩曰織端奉積潤弱質散芳煙直寫飛蓬牒横承落繡篇一逢提握重寧憶仲升捐

【賦】

後漢蔡邕筆賦曰惟其翰之所生于季冬之狡兔性精亟以標悍體遄迅以騁步削文竹以爲管加漆系之纏束形調摶以直端染玄墨以定色書乾坤之陰陽讚三皇之洪勲叙五帝之休德揚蕩蕩之典文紀三王之功伐兮表八百之肆勤傳六經而輟百氏兮建皇極而序彝倫綜人事於晻昧兮贊幽冥於神明象類多喻靡施不協上剛下柔乾坤之位也新故代謝四時之次也圓和正直規矩之極也玄首黄管天地之色也　晉傅玄筆賦曰簡脩毫之奇兔選珍皮之上翰濯之以清水芬之以幽蘭嘉竹翠色彤管含丹於是班匠竭巧名工逞術纏以素枲納以玄漆染芳松之淳煙寫文象於紈素動應手而從心煥光流而星布

晉成公綏故筆賦曰有倉頡之奇生列四目而兼明慕羲氏之畫卦載萬物於五行乃發慮於書契採秋毫之類芉加膠漆之綢繆結三束而五重建犀角之玄管屬象齒於纖鋒染青松之微煙著不泯之永蹤則象神仙人皇九頭式範羣生異體怪軀注玉度於七經訓河洛之讖緯書日月之所躔别列宿之舍次乃皆是筆之勳人日用而不寤

仡盡力於萬機卒見弃於行路　梁吳筠筆格賦曰幽山之桂樹將榮
風而抱霧葉委欝而陸離根縱橫而盤互爾其負霜含液枝翠心赤
翦其片條爲此筆格趺則巖巖方爽似華山之孤上管則貟貟峻逸若
九疑之爭出長對坐而銜煙永臨窻而儲筆【贊】晉郭璞筆贊曰上古結繩
易以書契經緯天地錯綜羣藝日用不知功蓋萬世【銘】後漢李尤筆銘
曰筆之强志庶事分別七術雖衆猶可解說投足擇言駟不及舌筆之過誤愆
尤不滅　魏傅選筆銘曰昔在上古結繩而誓降及後載易以書契書契
之興興自頡皇肇建一體寖遂繁昌彌綸羣事通遠達幽垂訓紀典匪
筆靡脩寔爲心畫臧否斯由厥美弘大置類鮮疇德興之著惟道是
揚苟逞其違禍亦無方　晉王隱筆銘曰豈作其筆必兔之毫調利難
禿亦有鹿毛【啓】梁元帝謝宮賜白牙鏤管筆啓曰春坊漆管曲降深
恩北宮象牙猥蒙霑逮雕鐫精巧似遼東之仙物圖寫奇麗笑蜀
郡之儒生故知嵇賦非工王銘未善昔伯喈致贈纔屬友人葛龔所酬
止聞通識豈若遠降鴻慈曲覃庸陋方覺瑠璃無當隨珠　後但有

主壯商無函貝削徒懷書自植桐願執鞭　梁庾肩吾謝賚硯筆格
啓曰煙磨青石已踐孔氏之壇管撫銅龍還笑王生之壁西域胡人卧織成
之金簟遊仙童子隱芙蓉之行郭莫不並出梁園來頒狹室

硯

太公金匱曰硯之書曰石墨相著邪心讒言無得汙曰　漢書曰宣帝時中
郎將張彭祖少與帝微時同席硯書及帝即位彭祖以舊恩封陽都侯
出常參乘　又曰薛宣為左馮翊性密靜有思省吏職求其便安下至財
用筆硯皆為設方略利用之省費吏民稱之　崔寔四民月令曰正月硯凍
釋命童幼入小學篇章十一月硯凍幼童讀孝經論語　東觀漢記曰
蘇竟與劉歆子恭書曰云前世以磨研編簡之才與國右史公從事出入
魏武帝上雜物疏曰御物有純銀參帶臺硯一枚純銀參帶員硯大小
各一枚　陳留志曰范喬年兩歲祖父馨臨終撫其手曰恨不見汝成人
以吾所用硯與之始五歲祖母以此言告喬喬便執硯涕泣　東宫舊事
曰皇太子初拜給漆石硯一枚　陸雲與兄機書曰君苗能作文見兄文輒云

欲燒筆硯　從征記曰夫子牀前有石硯一枚作甚古朴蓋孔子生平時物也

【賦】晉傅玄硯賦曰採陰山之潛樸簡衆材之攸宜節方圓以定形鍛金鐵以爲池設上下之剖判配法象乎二儀木貴其能軟石美其潤堅加采漆之膠固含沖德之清玄

【贊】魏繁欽贊曰班采散色漚潤毫芒點黛文字曜明典章施而不德吐惠無疆漸漬甘液吸受流芳

【銘】魏王粲硯銘曰昔在皇頡爰初書契以代結繩民察官理庶績誕興在世季末華藻流淫文不寫行書不盡心淳朴澆散俗以崩沉墨運翰藻榮辱是若念茲在茲惟玄是宅

梁武帝硯銘

音　積　德　[illegible]

假　書　圓　[illegible]

進硯

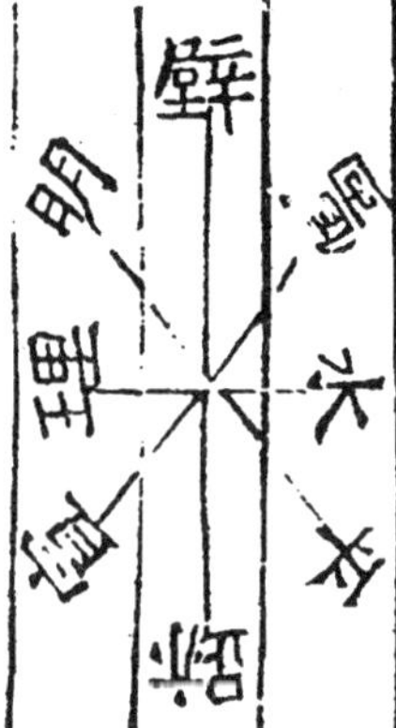

藝文類聚卷第五十八

藝文類聚卷第五十九

將帥　戰伐

將帥

春秋元命苞曰上天一星爲鄖將　六韜曰將冬不服裘夏不操扇天雨不張蓋出隘塞犯泥塗將必下步士卒皆定將乃就舍炊者皆飽將乃敢食左傳曰晉侯之弟楊干亂行於曲梁魏絳戮其僕　周官曰凡制軍萬有二千五百人爲軍王六軍大國三軍次國二軍小國一軍　史記曰魏文侯問吴起何如人李克曰其用兵司馬穰苴弗能過也於是魏文侯以爲將擊秦拔五城　又曰齊景公召穰苴與語兵事大説之以爲將軍穰苴曰願得君之寵臣國中所尊以臨軍乃可於是景公使莊賈往穰苴與約會日中於軍門穰苴先馳至軍立表下漏待賈暮時莊賈乃至召軍正問曰軍法期而後者云何曰當斬斬莊賈以徇三軍三軍之士皆震　又曰吴起之爲將與士卒最下者同衣食卧不設席行不騎乘親裹贏糧與士卒分勞　又曰文帝以匈[illegible]入邊乃以宗正劉禮爲將軍軍霸上祝茲侯徐厲軍棘

門以河内守亞夫爲將軍軍細柳帝自勞軍至霸上及棘門軍直馳入將軍下騎送迎已而之細柳軍士吏被甲彀弓持滿先驅至不得入驅曰天子且至軍門都尉曰軍中但聞將軍令不聞天子詔於是上使詔軍將亞夫乃傳言開壁壁門士吏曰軍中不得驅馳於是天子乃按轡徐行將軍亞夫將兵揖曰介冑之士不拜請以軍禮見天子爲動色改容使人稱皇帝敬勞將軍成禮而去既出軍門文帝曰此眞將軍矣曩者霸上棘門軍兒戲爾其將固可襲而虜也至亞夫可得而犯耶稱善久之　孫子曰凡用兵之法將受令於君途有所不由軍有所不擊城有所不攻地有所不爭君命有所不受故將通於九變之利者知用兵矣　韓子曰吴起爲魏將而攻中山軍人有病疽者吴起自吮其膿傷者母立而泣人曰將軍於若子如是何爲泣乎對曰吴子吮其父之傷而殺之涇水之上今安知不殺是子乎　黄石公三略曰良將之軍也恕已治人推惠施恩士力日新戰如風發攻如河決軍讖曰軍無財士不來軍無賞士不往故良餌之下有懸魚重賞之下有勇夫　淮南子曰凡國有難君自宫召將詔之曰社稷之命將軍身今國

有難願子將而應之主親操鉞授將軍曰自此上至天者將軍制之辭而行乃爪鬋設明衣鑿凶門而出乘將軍建鼓旗載斧鉞臨敵攻戰而須必死無有忘　列女傳曰楚子反攻秦軍絶糧使人請於王因問其母母問使者曰士卒無恙乎使者曰士卒分菽粒而食之又問將軍無恙乎對曰將軍朝夕芻豢黍粱子反破秦軍而歸母閉門不內使數之曰子不聞越王句踐之伐吳耶客有獻醇酒一器者王使人注上流使士卒飲下流味不加嗛而卒戰自五也異日又有獻一囊糗者王又使以賜軍士分而食之甘不踰嗌而戰自十也今士卒分菽粒而食之子獨朝夕芻豢何也　漢書曰韓信亡蕭何追還漢王曰以爲大將何曰王素慢無禮今拜大將如召小兒此乃信所以去也王必欲拜之宜擇日齋戒設壇場具禮乃可王許之諸將皆喜人人各自以爲得大將至拜乃韓信也一軍皆驚　又曰馮唐對文帝曰天下之將獨有廉頗李牧耳上曰嗟乎吾獨不得廉頗李牧爲將唐對曰臣聞上古王者遣將也跪而推轂曰闑以内寡人制之闑以外將軍制之軍功爵賞皆決於外　又曰霍去病爲驃騎將軍爲人少言有氣上嘗欲教之孫吳兵法對曰

顧方略何如爾不至學古兵法上爲治第令視之對曰匈奴不滅無以家爲又曰西羌反時趙充國年七十餘上老之使問誰可將者充國對曰無踰於老臣者矣上遣焉　東觀漢記曰吳漢當出師朝受詔夕即引道初無辦嚴之日故能常任職以功名終　又曰赤眉入長安鄧禹乘勝獨克而師行有紀皆望風相攜以迎降者以千數衆號百萬　又曰武威將軍劉尚擊武陵五溪蠻夷深入軍没馬援因復請行時年六十二帝愍其老未許之援自請曰臣尚能被甲帝令試之援據按顧眄以示可用帝笑曰矍鑠哉是翁也遂遣援　又曰蔡遵爲將軍取士皆用儒術對酒設樂必雅歌投壺在軍旅不忘俎豆事具巧藝部投壺篇　魏志曰曹仁字子孝少時不脩行檢及長爲將嚴整奉法常置科於左右案以從事　又曰賈逵字梁道自爲兒童戲弄常設部伍祖父習異之曰汝大必爲將帥口授兵法數萬言　又曰龐德討關羽親與羽交戰射羽中額時德常乘白馬羽軍謂之白馬將　蜀志曰鄧芝爲大將三十餘年賞罰明善卹卒伍身之衣食資仰於官不爲苟素儉然終不治私妻子不免飢寒　吳書曰魯肅爲人節儉不務俗好治軍整頓禁令必行在

軍陣手不釋書又善談論能屬文辭有過人之明周瑜之後肅爲之冠 抱朴子曰大將民之司命社稷存亡於是乎在 **詩** 晉張華命將出征詩曰重華隆帝道戎蠻或來賓徐夷興有周鬼方亦違殷今在盛明世寇虐動西鄙醪豈無策挾纊感至仁 梁吳筠古意詩曰匈奴數欲盡僕在玉門關蓮花穿劍鍔秋月掩刀環春機思窈窕夏鳥鳴緜蠻中人坐相望狂夫終不還 又邊城將詩曰塞外何紛紛胡騎欲成羣爾時始應募來投霍冠軍刀含四尺影劍抱七星文袖間血灑地車中旌拂雲輕軀如未殞終當厚報君 又邊城將詩曰僕本邊城將馳射靈關下箭銜鴈門石氣振武安瓦動輕賞發兵名高拜橫野留書應鑿楹傳功須勒社徒傾七尺命酬恩終自寡 又邊城詩曰聞君報一飡遠送出平野玉摽丹霞劍金絡豔光馬高旗入漢飛長鞭匿地寫曙星海中出曉月山頭下歲晏坐論功自有思臣者 又邊城詩曰臨淄重蹴踘曲城好擊刺不要身後名專騁眼前智君看班定遠立功不負義掣曳二丈旗躑躅雙皃騎但問相知否死生無險易 **贊** 晉孫楚白起贊曰烈烈桓桓時維武安神機電斷氣濟師然南折勁楚走魏

禽韓北摧馬服淩川成丹應侯無艮蘇子入關噭噭讒口火燎于原遂焚杜郵與簫俱燔惟其没矣古今所歎　又韓信贊曰淮陰屈節盤於幽賤秦失其鹿英雄交戰践楚知亡撫戈從漢遂寤明主超然虎奮威震趙魏擒項平難割據山川稱孤南面惜哉遣疑一朝書叛　又樂毅贊曰樂生誕節寔立弘度丹旐電麾秦韓景附威震濟西齊愍失據惠之不敏翻然高翥棲遲一丘以保皓素

表

後魏温子昇廣陽王北征請大將表曰今四郊多壘三軍申發率土之濱莫敢寧晏況忝末屬復董元戎臣不盡心誰將竭力豈容飾讓苟違戎重但以軍旅之事實所未學求得重將隨方指麾臣請先驅被堅督戰右使旗鼓相望埃塵相接決機兩陣之間不辭萬死之地脫獨委臣專總戎旅兵術靡常軍機屢變以臣當之必所未達雖奉廣筭有均膠柱

論

魏何晏韓白論曰此兩將者殆蚩尤之敵對開闢所希有也何者勝或曰白起功多前史以爲出奇無窮欲窺滄海白起爲勝若夫韓信斷潍以覆軍拔旗以流血其以取勝非復人力也亦可謂奇之又奇者哉白起破趙軍詐奔而斷其粮道取勝之旨此類也所謂可奇於

不奇之間矣安得此其奇之又奇者哉　宋范曄二十八將論曰二十八將者前世所爲上應二十八宿未之詳也然咸能感會風雲奮其智勇議者多非光武不以功臣任職至使英姿茂績委而勿用然原夫晨圖遠筭固將有以焉爾若乃王道既衰降及霸德猶能受授惟庸勳賢兼序如管隰之迭升桓世先趙之同列文朝可謂兼通矣降自秦漢世資戰力至於翼夫王運皆武人屈起亦有鬻繒盜狗輕猾之徒或崇以連城之賞或任以阿衡之地故勢疑則隙生力侔則亂起蕭樊且猶縲紲信越終見葅戮不其然乎因茲以降迄于孝武宰輔五世莫非公侯遂使搢紳道塞賢能蔽擁故光武監前事之違存矯枉之志雖寇鄧之高勳耿賈之鴻烈分土不過大縣數四所加特進朝請而已觀其治平臨政課職責咎將所謂導之以法齊之以刑者乎永平中顯宗追感前世功臣乃圖畫二十八將於南宮雲臺其外又有王常李通竇融卓茂合三十二人敘其本第係之篇末

戰伐

尚書大傳曰戰者憚驚之也　春秋説題曰伐人者國内行威有所斬壞伐

之爲言敗也　太公金匱曰武王伐殷丁侯不朝尚父乃畫丁侯射之丁侯病遣使請臣尚父乃以甲乙日拔其頭箭丙丁日拔目箭戊己日拔腹箭庚辛日拔股箭壬癸日拔足箭丁侯病乃愈四夷聞乃懼越裳氏獻白雉　尚書曰今予發惟恭行天之罰今日之事弗愆于六步七步乃止齊焉夫子勗哉弗愆于四伐五伐六伐七伐乃止齊焉　又曰帝曰咨禹惟茲有苗弗率汝徂征禹乃會羣后誓于師曰濟濟有衆咸聽朕命蠢茲有苗昏迷不恭侮慢自賢反道敗德君子在野小人在位民棄不保天降之咎肆予以爾衆士奉辭伐罪　禮記曰天子將出征類乎上帝宜乎社造乎禰禡於所征之地　大戴禮曰明主之所征也誅其君改其政率其民而不奪其財也故曰明主之征也猶時雨也至則民悅矣　左傳曰衛大旱甯莊子曰周飢克殷而年豐天其或者欲使衛討邢乎從之師興而雨事具天部雨篇　又曰晉侯復假道於虞以伐虢宮之奇諫曰虢虞之表也虢亡虞必從之諺所謂輔車相依脣亡齒寒虞虢之謂也虞公不聽後遂爲晉所滅　春秋佐助期曰太尉星甲卒神名辯會曰庫兵動鼓自鳴以待諸侯象也　管子曰桓公北伐山戎以

升布天下　又曰桓公北伐孤竹未至卑耳之谿十里援弓而射未敢發也謂左右曰見前人乎對曰不見公曰寡人見人長尺而人物具焉冠冠右祛衣馬前疾走寡人其不濟乎管仲曰祛衣示前有水也右示涉也至卑耳之谿從左涉深及冠從右涉方深至膝已涉大濟公拜曰仲父之聖若此也　又曰代出狐白皮狐應陽之變六月而一見公貴買之代人以難得喜其貴價必相率而求之令齊載金錢之代谷求狐白皮代王聞之果去其農處山林求狐二十四月不得一狸皮齊聞而伐之代王即將其因士卒服於齊事具獸部奇狐屬篇　韓子曰秦穆公以女樂三人遺戎王戎王大悅聽樂終歲不還舉兵伐之開地千里　史記曰樂毅并護趙楚韓魏燕之兵以伐齊破之追至于臨淄齊湣王走保於莒樂毅獨留徇齊攻臨淄盡取齊寶財物祭器輸之燕昭王大悅親至濟上勞軍行賞饗食士封毅於昌國號爲昌國君　韓詩外傳曰武王伐紂到邢丘軛折爲三天雨三日不休武王懼召太公而問之曰紂未可伐乎太公曰不然軛折爲三者軍當分介爲三也天雨三日者欲洒吾兵也　淮南子曰人有伐國之志雄雞夜鳴庫兵動而戎馬驚　漢書曰武帝末年悔伐之事乃封丞相爲富

民侯　又曰武王南伐越以牡荆曰北升登龍以象天一命曰靈旗以指所伐　論衡曰太公陰謀書武王伐殷兵至牧野晨舉脂燭推掩不備　魏志曰景元四年鄧艾伐蜀自陰平行無人之地七伯餘里鑿山通道作橋閣山高谷深至有艱險艾以旗自裹推轉而下將士皆攀木緣崖魚貫而進　摯虞新禮議曰漢魏故事遣將出征符節郎授鉞於朝堂新禮遣將御臨軒尚書授節越古兵書跪而推轂之義也　摯虞決疑要注曰古者帝王征以齊車載遷廟之主以行故尚書甘誓曰用命賞于祖不用命戮于社　王隱晉書曰咸康元年督護王隨領三千人討鄂州賊吹三角皆裂軍人惡之隨曰裂者破也當破賊而得土地也

詩

後漢崔駰安封侯詩曰戎馬鳴兮金鼓震壯士激兮忘身命破光甲兮跨良馬揮長戟兮廓強弩兮　魏文帝於黎陽作詩曰千騎隨風靡萬騎正龍驤金鼓震上下干戚紛縱横白旄若素霓丹旗發朱光追思太王德胥宇識足臧經歷萬歲林行行到黎陽　又詩曰朝發鄴城夕宿韓陵霖雨載塗輿人困窮載馳載驅沐雨櫛風舍我高殿何為泥中在昔周武爰暨公旦載主而征救民塗炭彼此一時唯天所讚我獨何人餘不靜

亂 又詩曰殷殷其雷濛濛其雨我徒我車涉此艱阻遵彼涇渭言刈其楚班之由路塗潦是御轔轔大車載低載昂嗷嗷僕夫載仆載僵蒙塗冒雨霑衣濡裳 又詩曰奉辭罰罪遐征晨過黎山峣崢東濟黃河金營北觀故宅頓傾中有高樓亭亭荊棘繞蕃叢生南望果園青青霜露慘悽宵零彼桑梓兮傷情 又至廣陵於馬上作詩曰觀兵臨江水水流何湯湯霜矛成山林玄甲曜日光誰云江水廣一葦可以航不戰屈敵虜兵記稱賢良 魏王粲從軍詩曰從軍有苦樂但問所從誰所從神且武焉得久勞師相公征關右赫怒震天威軍中多飫饒人馬皆溢肥徒行兼乘還空出有餘資拓地三千里往反速若飛歌舞入鄴城所願獲無違 又從軍詩曰原風厲秋節司典告詳刑我君順時發桓桓東南征汎舟蓋長川陳卒被隰坰征夫懷親戚誰能無此情哀彼東山人喟然感鸛鳴 又詩曰從軍征遐路討彼東南夷方舟順廣川薄暮未安坻白日半西山桑梓有餘暉蟋蟀夾岸鳴孤鳥翩翩飛征夫心兩懷悽悽令吾悲 又詩曰率彼東南路將定一舉勳籌策運帷幄一由我聖君限我無時謀譬諸具官臣鞠躬中堅內微畫無所陳許歷

爲戸士三言猶敗秦我有素飡責誠愧伐檀人雖無鋩刀用庶幾奮薄身
宋文帝北伐詩曰季父鑒禍先辛生識機始崇替非無徵興廢要有以自
昔論中畿倏焉盈百祀不覩南雲陰但見胡塵起亂極治方形塗泰由積
否方欲徐遣氣剗乃穢邊鄙眷言悼斯民納隍良在巳逝將振宏羅一麾
同文軌　宋孝武帝北伐詩曰表裏跨原隰左右御川梁月羽皎素魄星旗
赩赤光　宋謝莊江都平解嚴詩曰肅旗蘭廟律從聲鉞暢乾靈朝晏
推物泰通渥抃身寧擊轅歌至世撫壤頌惟馨　又從駕頓上詩曰中
權臨楚路前茅望吳雲冀馬依風蹀邊鼙簫當夜聞　宋傅亮從武帝平
閩中詩曰鞠旅揚城大蒐徐方旅旌首路元戎啓行弭楫洪河揔轡崇芒
又從征詩曰息徒西楚佇邑舊鄉止猶岳立動則雲翔烈烈君羣師星言啓
行汎舟掩河秣馬登芒　齊虞羲霍將軍北伐詩曰擁旄為漢將汗馬出
長城長城地勢險萬里與雲平窮秋八九月虜騎入幽并飛狐白日晚瀚海
愁雲生乘墉揮寶劒蔽日引高旌雲屯七萃士魚麗六郡兵胡笳關下思
羌笛隴頭鳴天長地自久人道有虧盈未窮激楚樂已見高臺傾　齊

王融從武帝琅邪城講武應詔詩曰治兵閱魯策訓旅皃周篇教民
良不棄任智理恒全白日映丹羽頳霞文翠旃凌山炫組甲帶衣被戎舩
凝葭鬱鬱摧傖清管乍聯綿早逢文化洽復屬武功宣願陪玉鑾右一舉
掃燕然　梁武帝宴詩曰止殺心自詳勝殘道未遍四主漸懷音九夷稍革
面世治非去兵國安豈忘戰釣臺閱史籍岐陽書記傳　梁簡文帝和
武帝詩曰校尉開蹤勒將軍定月支南通新息柱北宕武陽碑豫遊戲
馬館教戰昆明池銀塘寫清渭銅鉤引直瀰常從良家子命中幽并兒
金鞍飾紫珮玉燕帖青驪車書今已共願奏云亭儀　又詩曰祭壺令
息鼓董寨成開帷聊舉青龍陣正取絳宮時犒兵隨後拒軟祭逐前
師軍門初露節步陳始分旗　梁元帝蕃難未靜述懷詩曰玉節威
雲夢金鉦韻諸宮霜戈臨漸白日羽映流紅單醪結猛將芳餌引羣雄箭
擁滇園竹劍聚若溪銅亟覩周王駿多逢鮑氏驄謀出河南賈威寄隴
西鴻溪雲連陣合卻月半山空樓前飄密柳井上落疏桐差營逢霆雨立
壘挂長虹　又和王僧辯從軍詩曰山虛和鐃管水靜寫樓舩連雞隨火度

燧象帶烽然洞庭曉風急瀟湘夜月圓苟令多文藻臨戎賦雅篇　梁吳筠戰城南詩曰蹀躞青驪馬往救城南纔五歷魚麗陣三戶九重圍爲君意已重無功終不歸　又詩曰前有濁樽酒憂思亂紛紛小來重意氣學劒不學文忽值明關靜匈奴遂兩分天山已半出龍城無片雲漢世平如此何用李將軍　又詩曰陌上何諠諠匈奴圍塞垣黑雲藏趙樹黃塵埋隴根天子羽書勞將軍在玉門　又詩曰雜虜冠銅鞮征役去三齊扶山剪疏勒傍海掃沉黎劒光揮夜電馬汗晝成泥何當見天子畫地取關西　又征客詩曰公卿來悵別葭聲在狹斜玉樽浮雲蓋朱輪流水車鞚中懸明月劒杪照蓮花　梁沈約正陽堂宴勞旋詩曰凱入同高宴歡至均多祜昔往歌采薇今來歡杕杜嘉戰惟我皇勝之不窺戶推轂授神謀餘壯終能賈浩蕩金罍溢周流玉觴傳　又出重圍和傅昭詩曰魯連揚一策陳平出六奇邯鄲風雨散白登煙霧維排雲出九地陵定振五危　梁庾肩吾被使從渡江詩曰八陣引任兵三河總艫舳絳天揚遠旆雷野驅長轂夜劒動星芒秋潮驚箭服　梁劉孝義從軍行詩曰冠軍親俠射長平自合

壘木落彫弓燥氣秋征馬肥賢王皆屈膝幕府復申威何謂從軍樂往反
速如飛　北齊祖孝徵從北征詩曰翠旗臨塞道靈鼓出桑乾祁山斂雰
霧瀚海息波瀾戍亭秋雨急關門朔氣寒方繫單于頸歌舞入長安
北齊裴讓之從北征詩曰沙漠胡塵起關山烽燧驚皇威奮武略上將揔
神兵高臺朔風駛絶野寒雲生匈奴定遠近壯士欲橫行　周庾信從駕
觀講武詩晨戰出長楊兵欄入鬬場置陣橫雲起開營鴈翼張落星奔
驥騄浮雲上驌驦急風吹戰鼓高塵擁具裝驍猨時落木驚鴻屢斷行
又和平鄴應詔絶句詩曰天策引神兵風飛掃鄴城陣雲千里散黃河一
代清　陳伏知道從軍五更轉五首詩曰一更刁斗鳴校尉逴連城遥聞
射鵰騎懸憚將軍名二更愁未央高城寒夜長試將弓學月聊持劍
比霜　三更夜驚新橫吹獨吟春強聽梅落花誤憶柳園人四更星漢低
落月與雲齊依俙北風裏胡笳雜鳥嘶　五更催送籌曉色映山頭城烏
初起堞更人悄下樓　陳蘇子卿南征詩曰一朝遊桂水萬里別長安故鄉夢
中近邊愁酒上寬劍鋒但須利戎衣不畏單南中地氣煖少婦早愁寒　陳

沈炯從鳴駕送軍詩曰惟堯稱乃武軒后號神兵弔民資智勇治亂屬師貞我君膺寶業歷駕視前英蒲海方無浪夷山有未平星光下結旆劍氣上舒精雲開萬里徹日麗百川明撫鼓山靈應詔蹕水祇驚　陳張正見從軍詩曰胡兵屯薊北漢將起山西故人輕百戰聊欲定三齊風前噴畫角雲上舞飛梯鴈塞秋聲遠龍沙雲路迷燕然自可勒函谷詎須泥　又從軍詩曰將軍定朔邊刁斗出祁連高柳橫長塞榆關接遠天井泉含陣竭烽火映山然欲知客心斷旌旆萬里懸

【賦】後漢崔駰大將軍西征賦曰主簿駰言甚悉聞昔在上世義兵所克工歌其詩具陳其頌書之庸器列在明堂所以顯武功也於是襲孟秋而西征跨雍梁而遠蹤陟隴阻之峻城升天梯以高翔旗旗翼翼如游風羽毛紛其覆雲金光皓以奪日武鼓鑾而雷震　魏文帝述征賦曰建安之十三年荊楚傲而弗臣命元司以簡旅予願奮武乎南鄴伐靈鼓之硼隱兮建長旗之飄颻曜甲卒之皓旰馳萬騎之瀏瀏揚凱悌之豐惠兮仰乾威之靈武伊皇衢之遐通兮維天納之畢舉南野之舊都聊弭節而容與遵往初之舊迹順歸風以長邁鎮江漢之遺民靜南畿之遐裔　魏陳王

曹植東征賦曰建安十九年王師東征吴寇余典禁兵衛宫省然神武一舉東夷必克想見振旅之歸故作賦一篇登城隅之飛觀兮望六師之所營幡旗轉而心思兮舟檝動而傷情顧身微而任顯兮愧責重而命輕嗟我愁其何為兮心遥思而懸旌師旅憑皇穹之靈祐兮亮元勳之必舉揮朱旗以東指兮横大江而莫御　魏應瑒撰征賦曰奮皇佐之豐烈將親戎乎幽鄰飛龍旗以雲曜披廣路而北巡崇殿鬱其嵳峩華宇爛而舒光摛雲藻之雕飾流輝采之渾黄鬬日烈烈征師尋遐庭兮悠悠萬里臨長城兮周覽郡邑既盈兮嘉想前哲遺風聲兮　魏徐幹西征賦曰奉明辟之渥德與游軫而西伐過京邑以釋駕觀帝居之舊制伊吾儕之挺劣獲載筆而從師無嘉謀以云補徒荷禄而蒙私非小人之所幸雖身安而心危庶區宇之今定入告成乎后皇登明堂而飲至銘功烈乎帝裳　又序征賦曰余因兹以從邁兮聊暢目乎所經觀庶士之繆殊察風流之濁清沿江浦以左轉涉雲夢之無陂從青冥以極望上連薄乎天維刊梗林以廣塗填沮洳以高蹊攀循環其萬艘亘千里之長湄行兼時而易節迄玄氣之消微道蒼神之受謝逼鶤鳥之將栖慮前事之既

終亦何爲乎久稽乃振旅以復蹤泝朔風而北歸及中區以釋勤超栖遲而無依　魏王粲初征賦曰違世難以迴折兮超遥集于蠻楚逢屯否而底滯兮忽長幼以羈旅賴皇華之茂功清四海之疆宇超南荆之北境踐周豫之末畿野蕭條而騁望路周達而平夷春風穆其和暢兮庶卉煥以敷蕤行中國之舊壤實吾願之所依當短景之炎陽犯隆暑之赫曦薰風温温以增熱體燁燁其若焚　魏阮瑀紀征賦曰仰天民之高衢兮慕在昔之遐軌希篤聖之崇綱兮惟弘哲而爲紀同天工而人代兮匪賢智其能使五材陳而並序静亂由乎干戈惟蠻荆之作讎將治兵而濟河遂臨河而就濟瞻禹績之茫茫距疆澤以潛流經崑崙之高岡目幽蒙以廣衍遂霑濡而難量　魏陳琳武軍賦曰赫赫哉烈烈矣于此武軍當天符之佐運承斗剛而曜震漢季世之不辟青龍紀乎大荒熊狼競以拏攫神寶播乎鎬京於是武臣赫然飈炎夫之隆怒叫諸夏而號八荒爾乃擬北落而樹表晞壘壁以結營百校羅時千部列陳彌方城掩平原於是啓明戒旦長庚告昏火烈具舉鼓角並震千徒從唱億夫求和聲訇隱而動山光赫弈以燭夜其刃也則楚金越冶棠谿名工清堅皓

鍔脩刺銳鋒陸陷蕊犀水截輕鴻鎧則東胡闕鞏華百煉精剛函師振旅韋人制縫弩弓則幽都筋骨恒山厭幹通肌暢骨崇縕曲煙其弓則烏號越耗繁弱角端象弭繡質哲拊文身矢則申息肅慎箘簵空跡焦銅毒鐵麗轂撻輈馬則飛雲絶景直髩驌驦駿龍紫鹿文的瞯魚若乃清道整列按節徐行龍姿鳳峙灼有遺英 又神武賦曰建安十有二年大司空武平侯曹公東征烏九六軍被介雲輜萬乘治兵易水次於北平可謂神武弃弈有征無戰者已停盤桓以淹次乃申命而後征覲狄民之故土追大晉之遐蹤惡先縠之懲寇善魏絳之和戎受金石而弗伐盖禮樂而思終陵九城而上濟起齊軌乎玉繩車軒轔於雷室騎浮厲乎雲宮暉曜連乎白日旂旐繼于電光旆既軼乎白狼殿未出乎盧龍威淩天地勢括十衝單鼓未伐虜已潰崩克俊折馘首梟其魁雄爾乃揔輯瓌珍茵氈幕幄攘瓔帶佩不飾彫琢華瑙玉瑶金麟手琢文貝紫瑛縹碧玄綠黼錦繢組罽氀髦皮服 魏繁欽征天山賦曰素甲玄燄皓旰流光左駢雄戟右攢干將彤旅朱增丹羽絳房望之如火燄奮集朝陽華旗翳雲霓聚刃曜日

鍖於是轒轀雲翹威弧雨發鉦鼓雷鳴猛火風烈躍刃霧散虜鋒摧折呼吸無聞醜類剿滅　魏楊脩出征賦曰嗟夫吳之小夷負川阻而不廷肇天子之命公揔九伯而是征整三軍而飭戒殄征夫而叛驚舫翼華以鱗集蒼鷹鳥雜以星陳塞川原而上下敝城隍而無垠於是州牧覆舟水衡戒事飭師就部乃講乃試信大海之可橫焉江河之足忌公命臨淄守于鄴都侯懷大舜乃號乃慕營茂國事之是勉兮歎經時而離居企觀愛之偏處兮獨搔首於城隅　晉陸士龍南征賦曰太安二年八月姦臣羊玄之皇甫商敢行稱亂大將軍敷命羣后同恤社稷四方之會衆以百萬粵十月軍次於朝歌講武治我以觀兵于殿墟桓桓先征在河之涘順彼長道懸旌千里美王師之遵時茂七德而發止爾乃稅駕殷墟我徒既閑順時講武蒐狩于原紛同方而類聚煥制翼而明分祇明形以誓衆習運攻於舊聞若溟海之引回流岱靈之吐行雲　宋傅亮征思賦曰逢休明之餘祐託菲薄於末暉既致我於皇幄亦彼已於宰闈傷鶺梁以載揚詠伐檀而屢思和風翕以首節零雨鬱而四溸津雲曖以合體墳衍杳其無封羨歸飛之能矯樂湍流之自東想

和鑾之北徂企雲旗之西舉灑三川之積塵廓二崤之重阻覿高掌於華陽聆鳴鳳於洛浦　宋謝靈運撰征賦曰相國宋公兵于京甸次師于汴上曾不踰月二方獻捷以天子感東山之劬勞使臣遵于原隰余攝官承之謬充殊役遂寫集聞見作賦撰征惟上相之叡哲當草昧而經綸總九流以貞觀協五材而平分龜筮允臧人鬼同情順天行誅司典詳刑迆二翼以魚麗襄兩服而鴈逝陣未列於都甸威以振於秦崩詔徵臣以勞問奉王命於河湄夕飲餞以俶裝旦出宿而言辭冒沉雲之晻藹迎素雪之紛霏眷轉蓬之辭根悼朔鴈之起越彼微物之疚情此思心而可歇　梁沈約憫國賦曰余生平之無立徒跰跜皆自閑處園城之惵惵得無用於行間對僚友而不怡咸悄顏而相顧畏高衝之比擬壯激矢之南度駭潛師之夜過嘶馬躍馬之晨呼矛森森而密豎旗落落而疎布時難紛其未已歲功迫其將徂宵素蟻於玄冑垂葆髮於縵胡

頌

漢揚雄趙充國頌曰明靈惟宣戎有先零先零猖狂侵漢西疆既臨其域諭以威德有守矜功謂之弗克請奮其旅于罕之羌天子命我從之鮮陽營平守節屢奏封章料敵制勝

威謀靡亢遂剋西戎還師于京鬼方賓服罔有不庭　漢史岑出師頌曰茫茫上天降祚有漢兆基開業人神攸賛五曜宵映素靈夜歎昔在孟津惟師尚父素旄一麾渾齊天宇蒼生更始朔風變楚我出我師于彼四疆天子餞我輅車乗黄言念伯舅恩深渭陽　後漢班固竇將軍北征頌曰於是雷震九里電曜高闕金光鏡野武旗冒日雲黯長霧走黄砂輕選四縦所從英敵　後漢傅毅竇將軍北征頌曰建漢祖興荷天符而用師曜神武於幽冥遇白登之重圍何獯鬻之桀虐自而不羈哀昏戾之習性阻廣漢之荒垂命竇侯之征討躡衛霍之遺聖皇之明策奮無前之嚴鋒採伊吾之城壁蹈天山而遥降曝名烈於秦旗鼓而來旋聖上嘉而褒寵典禁旅之戎兵内雍容以詢謨外折無形惟倜儻以弘遠委精慮於朝廷　晉張載平吴頌曰聞之前丹水之陣舜有三苗之誅此聖帝明王平暴靜亂未有不用兵而制之成功非頌不顯情動於中非言不彰獫狁既攘出車以興淮夷既平用作斯故先典之明志不刊之美事焉可闕歟遂作頌曰上哉仁聖晉

光澤四表繼天垂消帝道煥於唐堯義聲邈乎虞舜蠢爾鯨吴憑
山阻水肆虐播毒而作豺虺萌芽闕而不貢越裳替其白雉正九伐之
明典申號令之舊章布亘地之長維振天網之脩網制征期於一朝並箕
驅而慕張爾乃拔丹陽之峻壁屠西陵之高墉日不移晷羣醜率從望
會稽而振鐸臨吴地而奮旅衆軍競趣烽飈具舉 挫其輕鋭走其守
禦 **表** 北齊邢子才百官賀平石頭表曰大江設隘實限夷華前魏觀
濤而退後魏登山而反聲教不通多歷年代今蒼雉奉職靈鼉自梁
折葦爲舟憑刀可渡始知德通於物孟門失險道清將順劍閣自開行
舉洞庭之樂放畜長洲之苑會玉京 於塗山樹桐柱於南極 梁劉孝儀
臨川王奉詔班師表曰臣自受服廟堂申威塞表既驅熊羆之衆兼亶帷
幄之謀登濟河山夷滅趙魏將繫軹在之頸且屈渭橋之膝而玄陰届節
祁寒方始降此慈弘愍茲介胄使燕然之石願勒而不刊函谷之士將封而
莫遂雖荷杕杜之恩終慙采薇之旨 周庾信慶平鄴表曰臣聞太山梁甫
以來即有七十二代龍圖龜書之後又已三千餘年雖復制法樹司禮殊樂異

至於天籬武落刻木弦弧席卷天下之心苞吞八荒之志其揆一焉政須東南一尉立於北景之南西北一候置於交河之北

啓

齊王融荅勑撰漢武北伐圖赴啓曰臣聞情蓄自中事符則感象構於始機動斯彰但九杞一逢休明難再常願待詔朱闕俯對青蒲澄澥海之恒流掃狼山之積霧係單于之頸屈左賢之膝然后天移雲動升封岱山宗減五登三追蹤七十 又勸高帝北伐啓曰雖窮鳥必啄固等命於艮鵜困獸斯驚終並懸於廚鹿若籍巫漢之歸師騁士卒之餘憤取函河如反掌湊關塞若摧枯 梁簡文帝慶落陽平啓曰自函洛榛曠獯獫荐食久絕正朔之風不覩輶軒之使秉此戰心負斯戎足每興熢燧之驚常勞守障之民自非聖略弘宣天綱遐頓豈能使漢地盡收名王爭入方令九服大同萬邦齊軌亭塞寢兵關候罷柝臣誠兼家國倍深懽慶 梁劉孝綽求豫北伐啓曰或以臣素無飛將之目未從驃姚之伍言易行難收功理絕然桓沖稱謝安無將略文靖公遂破符堅山濤謂羊祜不強建成侯卒平孫皓微臣之譬兩啓誠無等級小虜之方二寇勢踰枯朽

檄

晉陸機至洛與成都王牋曰王室多故禍難荐有羊玄之乘

寵凶豎專記朝政姦臣賊子是爲比周皇甫商同惡相求共爲亂階至令天子飄颻甚於贅旒伏惟明公匡濟之舉義命方宣先我既啓威風電赫機以驚暗文武寘旁施猥蒙橫授委任外梱輒承嚴教董率諸軍唯力是視　晉桓温與撫軍牋曰北胡肆逆四十餘載事傾覆社稷毀辱陵廟遇其可亡之會寔是君子竭誠小人盡力之日也江東雖爲未豐方之古人復爲未儉少康以一旅之衆興復祖宗光武奮發中興漢室况以大晉之祚樹德長久兼百越沃野之資據江漢山海之利鹽鐵寶帛之饒角竿羽毛之用收英賢之略盡兵民之力賦之強也猶復遵養時晦及其斃也不齊力掃滅則大賊何由而自平大恥焉得而自雪臨紙惆悵慨歎盈懷

【書】 魏陳思王曹植與司馬仲達書曰今賊徒欲保江表之城守區區之吳爾無有爭雄於宇內角勝於平原之志也故其俗蓋以洲渚爲營壁江淮爲城塹而已若可得挑致則吾一旅之卒足以敵之矣蓋弋鳥者矯其矢釣魚者理其綸此皆度彼爲慮因象設宜者也今足下曾無矯矢理綸之謀徒欲候其離舟伺其登陸乃圖并吳會之地收陳野之民恐非主

上授節將之心也　梁簡文帝荅湘東王慶州牧書曰雖心慕子文申威涿郡意存士雅慷慨臨江而不能遂封狼居之山永空幕南之地遂北聊城追奔瀚海必欲卷繆避賢辭病收迹【論】漢吾丘壽王驃騎論功論曰驃騎將軍霍去病征匈奴立克勝之功壽王作士大夫之論稱武帝之德曰士或問於大夫曰側聞強秦之用兵也南不踰五嶺北不渡大河海内愁怨以喪其國漢興六十餘載矣命將師以抗憤用干戈於四荒南排朱崖北建朔方東越滄海西極河源拓地萬里海内晏然鄙人不識敢問其蹤大夫曰昔秦之得天下也以力而不以德以詐而不以誠内用商鞅李斯之謀外用白起王翦之兵窺閒伺隙既并海内之後以威力為至道以權詐為要術遂非唐虞絶滅舊章防禁文學行是古之戮嚴誹謗之誅十餘年遂滂沲而盈溢是故皇天疾滅更命大漢反秦政務在敦厚至今六世可謂富安天子文明四夷向風徒觀朝廷下條門戶之士謀如涌泉動如駭機皆能安中國吞四夷君臣若茲何慮而不成何征而不剋雖拔泰山塡滄海可也　魏王粲三輔論曰湘潜先生江濱逸老將集論雲夢玄公旅豫焉先生稱曰蓋聞戎

不可動兵不可揚今劉牧建德垂芳名烈既彰矣曷乃稱兵舉衆殘我彼零逸老曰是何言與天生五材金作明威長沙不軌敢作亂違我牧覩其然乃赫爾發憤且上征下戰去暴舉順州牧之兵建拂天之旌鳴振地之鼓玄冑曜日犀甲如堵以此衆戰孰能禦之劉牧之懿子又不聞乎履道懷智休迹顯光洒掃群虜芟撥穢荒走表術於西境馘射貢乎武當遏孫堅於漢南追楊定于析商

藝文類聚卷第五十九

藝文類聚卷第六十　軍器部

牙　劒　刀　匕首　鋏　弓　箭　弩　彈　矟

牙

兵書曰牙旗者將軍之精凡始竪牙必以剛日剛日者謂上剋下也立牙之日吉氣來應大勝之徵黄帝出軍決曰始立牙之日旗幡指敵或從風而舉暉暉絕日不絕竿勇氣奔逸　又曰將軍出兵有所討伐引兵出城門望見白雲及白水者舉白牙旗五色牙旗隨天氣四時　魏志曰典韋初爲張邈士屬趙寵牙門長大莫能勝韋一手建之寵異韋才力　吴志曰陸遜爲右部督會丹陽賊帥費棧扇動山越權遣遜討棧棧支黨多所往兵少遜乃益施牙幢分付鼓角夜潛出谷間鼓譟而前應即破散抱朴子曰軍所始舉牙立旗風氣和調幡校飄飄終日不息者其軍有功

【賦】吴胡綜大牙賦曰黄初八年黄龍見舉口孫權稱號因瑞改元作黄龍大牙常在軍中進退親其所向命綜爲賦曰狼狐垂蒙實惟兵精聖人觀法是效是營始作器械爰求厥成明明大吴實天生德仍律天時制其神軍取象

太一五將三門疾則如電遲則如雲進止有度約而不煩四靈既布黃龍處中周制日月實曰太常傑然時立六軍四望

【祭文】後漢滕輔祭牙文曰恭羌太守挈薦遐靈推轂之任實討不庭天道助順正直聰明　晉秦宏祭牙文曰天生五材治道所司廢一不可靜亂輔時　晉顧愷之祭牙文曰維某年某月日錄尚書事豫章公裕敢告黃帝蚩尤五兵之靈兩儀有政四海有王奉命在天世德重光烈烈高牙闐闐伐鼓白氣經天簡揚神武宋王誕伐廣固祭牙文曰敬建崇牙顯茲威靈使鳴金轂釁勇無戰有寧皇風幽被凱旆歸旌　宋鄭鮮祭牙文曰挈牲先事薦茲敬祭崇牙既建義鋒增厲人鬼一揆三才同契惟茲靈鑒庶必有察逆順幽辯忠孝顯節使凶醜時殲主寧自恍振旅上京凱歸西蕃神器增暉四境永安

劒

釋名曰劒檢也所以防撿非常也　韻集曰鐔劒口也　字林曰瑑劒鼻也　龍魚河圖曰流州在西海中上多積石名爲昆吾石治其石成鐵作劒光明四照洞如水精（事具地部石篇）　又曰劒名飛揚　管子曰葛天盧之山發而出金蚩尤

受而制之以爲劍鎧矛戟　山海經注曰汲郡冢中得銅劍一枚長三尺五寸今所名干將劍明古者通以錫銅爲兵器　又曰君子之國其人衣冠帶劍事具人部讓篇周官曰鄭之刀宋之斤魯之削吴越之劍遷乎其地而不能爲良地氣然也　管子曰羽劍珠飾者斬生之斧也　吴越春秋曰越王允常聘區冶子作名劍五枚一曰純鈎二曰湛盧三曰豪曹或曰盤郢四曰魚腸五曰巨闕秦客薛燭善相劍王取純鈎示之薛燭矍然望之曰沉沉如芙蓉始生於湖觀其文如列星之行觀其光如水之溢塘觀其文色渙渙如冰將釋見日之光王曰客有賣此劍者有市之鄉三十駿馬千疋千戶之都二可其與乎薛燭曰不可臣聞王之造此劍赤堇之山破而出錫若耶之溪涸而出銅吉日良時雨師洒道雷公發鼓蛟龍捧鑪天帝壯炭太一下觀於是區冶子因天地之精造爲此劍取湛盧視之薛燭曰善哉銜金鐵之英寄氣託靈服此劍者可以折衝伐敵人君有逆謀則去之允常以魚腸湛盧豪曹獻吴王僚後闔閭爲一女殺生以送死湛盧之劍惡其無道乃去如楚昭王寐而得之召風胡子問之此劍直幾何對曰赤堇之山已合若耶之溪深而

不側羣神一天區冶子巳死雖有傾城量金珠玉猶不可與況駿馬萬戶之都乎　越絶書曰楚王召風湖子而問之曰寡人聞吳有干將越有區冶子寡人願請此二人作鐵劒乃令風湖子之吳見區冶子干將使之作爲鐵劒曰泰阿晉鄭聞而求之不得興師圍楚於是王引泰阿之劒登城而麾之三軍破敗士卒迷惑流血千里江水抑揚折晉鄭之頭畢白　列子曰衞孔周其祖得殷帝之寶劒童子服之却三軍之衆其一曰含光視之不可見運之不知其所觸泯然無際經物而物不覺二曰承影將旦昧爽之交日夕昏明之際北面察之淡焉若有物在莫識其狀其觸物也寂無有聲而物不疾三曰霄練方晝見其影不見光驢騠然而過隨合覺疾而不血刃此三寶傳之十三世矣　又曰宋王有蘭子者以技干宋元君弄七劒迭躍之五劒常在空中元君大驚立賜金帛　又曰周穆王征西戎西戎獻昆吾之劒赤刃切玉如泥　莊子曰昔趙文王喜劒莊子曰臣聞大王喜劒臣有三劒惟王所用有天子劒有諸侯劒有庶人劒天子之劒以燕谿石城爲鋒齊岱爲鍔晉衞爲脊周宋爲鐔韓魏爲鋏統以渤海帶以常山此劒一用匡諸侯天下服矣諸侯之劒以智勇士爲鋒以精廉士爲鍔

以賢良士爲脊以忠聖士爲鐔以豪傑士爲鋏此劍一用如雷霆之震也庶人之劍蓬頭突鬢垂冠曼胡之纓短後之衣瞋目而語難相擊於前此無異鬬雞一旦命已絶矣今大王有天子之位而好庶人之劍臣竊爲大王薄之孫卿子曰桓公之慈太公之闕文王之琢莊君之忽闔閭之干將莫耶巨闕辟閭皆古良劍也　尸子曰水試斷鵠鴈陸試斷牛馬所以觀良劍也　呂氏春秋曰楚人有涉江者其劍自舟中墜於水遽刻其舟曰是吾劍之所從墜也舟止從其所契刻者入水求之舟已行矣而劍不行求劍若此不亦惑乎　又曰荆有佽飛者得寶劍於江干遂還反涉江至於中流兩蛟夾繞其舡佽飛攘臂袪衣拔寶劍赴江刺蛟殺之荆王聞之仕以執圭　史記曰吳季札之初使北過徐徐君好季札劍口不敢言季札知之爲使上國未獻還至徐徐君已死乃解其寶劍繫徐君冢樹而去　又曰秦昭王臨朝歎息應侯進曰臣聞主憂臣辱主辱臣死今大王中朝而憂臣敢請其罪王曰吾聞楚之鐵劍利而倡優拙夫鐵劍利則士勇倡優拙則思慮遠矣以遠之思慮而御勇士恐楚之圖秦　又曰高祖送徒驪山到豐而夜經澤中令一人行前行前者還報曰前有大蛇當徑願還

高祖曰壯士行何畏乃前拔劒斬蛇蛇分爲兩道開事具帝王部又曰高祖擊英布時爲流矢所中高祖問醫曰病可治於是高祖慢罵之曰吾從布衣提三尺劒取天下此非天命乎命乃在天雖扁鵲何益又曰陳平間行杖劒亡渡河船人見其美丈夫獨行疑其亡將腰中有金寶因之欲殺平平恐解衣佐刺船船人知其無乃止說苑曰經侯往過魏太子左帶玉具劒右帶環佩左光照右右光照左事具衣冠部歔佩篇異苑曰晉惠帝元康三年武庫火燒孔子履高祖斬白蛇之劒咸見此劒穿屋飛去莫知所向漢書曰雋不疑字曼倩帝使暴勝之爲直指使者素聞不疑賢遣吏請與相見不疑冠進賢冠帶櫑具劒櫑磊落壯大之皃又曰陸賈常乘安車駟馬從歌鼓琴瑟侍者十人寶劒直百金其遊漢庭名聲藉甚言狼藉甚其盛漢武內傳曰西王母帶分景之劒上元夫人帶流黃擇精之劒東觀漢記曰世祖時有獻名馬寶劒直百金馬以駕鼓車劒以賜騎士吳越春秋曰伍子胥過江解其劒與漁父曰此劒中有十星北斗其直百金典論曰建安二十四年二月壬午魏太子丕造百辟寶劒長四尺二寸淬以清漳厲以礛諸飾以文玉表以通犀光似流星名曰飛景晉太宗孫

章記曰吳末亡恒有紫氣見牛斗之間張華聞雷孔章妙達緯象乃要宿問天文孔章曰惟牛斗之間有異氣是寶物也精在豫章豐城張華遂以孔章爲豐城令至縣掘深二丈得玉匣長八尺開之得二劒其夕斗牛氣不復見孔章乃留其匣一而進之劒至光曜煒曄煥若電發後張華遇害此劒飛入襄城水中孔章臨亡戒其子恒以劒自隨後其子爲建安從事經淺瀨劒忽於腰間躍出遂視見二龍相隨焉　文士傳曰魏文帝愛楊脩才脩誅後追憶脩脩嘗以寶劒與文帝帝後佩之告左右曰此楊脩劒也　沈約宋書曰初世祖賜莊寶劒莊以與豫州刺史魯爽爽別後爽反叛世祖因宴集問劒所在答曰昔以與魯爽別竊爲陛下杜郵之賜上甚悦當時以爲知言

詩宋鮑昭詩曰雙劒將別離先在匣中鳴雌沉吳江裏雄飛入楚城吳江深無底楚闕有崇扃一爲天地別豈直限幽明神物終不隔千祀儻還并　梁吳均詠寶劒詩曰我有一寶劒出自昆吾溪照人如照水切玉如切泥鍔邊霜凜凜匣上風淒淒寄語張公子何當來見攜

銘後漢士孫瑞劒銘曰天生五材金德惟剛從革庚辛含景吐商辯物利用勳伐彌彰暨彼良工區冶干將爰造寶劒巨

闞墨陽精通皓靈獲茲休祥剖山竭川虹蜺消亡耀威燿武震動遐荒楚以定霸越以取強　晉裴景聲文身劍銘曰器以利顯寶以名舉長劍耿介體文經武陸斷玄犀水截輕羽九功斯像七德是輔　晉張協太阿劍銘曰太阿之劍世載其美淬以清波礪以越砥如玉斯曜若影在水不運自肅率土從軌

【啓】梁簡文帝謝勑賚方諸劍等啓曰纔發紫函彫奇溢目始開泥撿麗飾交陳巳匹丹霞之暉乍比青雲之制身文且貴器用惟宜寒暑兼華左右相照　梁沈約爲東宮謝勑賜孟嘗君劍啓曰田文重氣徇名高豪莫及寶劍雄身故能威陵秦楚人高事遠遺物足奇謹加玩服以深存古之懷

刀

字林曰琫佩刀下飾也天子以玉諸侯以金珌佩刀上飾也　太公兵法曰刀子之神名曰脫光　禮記曰割刀之用鸞刀之貴貴其義也　論語曰子之武城聞弦歌之聲夫子莞爾而笑曰割雞焉用牛刀事具人部笑篇　楚辭曰鋊刀進御遥弃太阿　孔叢子曰秦王得西戎利刀以之割玉如割木焉　漢書曰龔遂爲渤海太守民有帶持刀劍者使賣劍買牛賣刀買犢何爲帶牛而佩犢　班固與弟

超書曰賞賚侍中遺仲叔楚滕陵錯横刀玉瑊早削一枚金錯半垂刀一枚東觀漢記曰馬嚴爲陳留太守建初中嚴病遣功曹史李龔奉章詣闕上召見龔問疾病形狀以黄金十斤葛縛佩刀書刀革帶付龔賜嚴　又曰賜鄧遵金對鮮卑緄帶一具金錯五十辟把刀墨再屈環横刀金錯屈尺八佩刀各一　魏武帝令曰往歲作百辟刀五枚適成先以一與五官將其餘四吾諸子中有不好武而好文學將以次與之　典論曰昔者周魯寶赤刀孟勞　又曰平造百辟寶刀名靈寶其二采似丹霞名曰含章其三鏗似崩霜名曰素質　費禕别傳曰孫權以手中常所執寶刀贈之　蜀志曰初孫權以妹妻先主妹才捷剛猛有諸兄風侍婢百餘人皆親執刀侍立先主毋入心常慄慄物理論曰古有阮師之刀天下之所寶貴也初阮之作刀受法於金精之靈七月庚辛見金神於冶監之門其人光色煒燿向而再拜神執其手曰子可教也既致之閑宴設饌而問焉神教以水火之齊五精之陶用陰陽之候取剛軟之和　陸機晉書曰王濬之在郡也夢懸四刀於其上甚惡之濬主簿李毅拜賀曰夫三刀爲州而見四益一也明府其臨益州乎　聖證論曰昔國家有優

曰史利漢氏舊優也云梁冀有火浣布切玉刀一朝以爲誕而不信也正始初得火浣布乃信　晉中興書曰初魏徐州刺史呂虔有佩刀工相之以爲必三公可服此刀虔謂別駕王祥曰苟非其人刀或爲害卿有公輔之量故以相與　蒲元傳曰君性多奇思於斜谷爲諸葛亮鑄刀三千口刀成自言漢水鈍弱不任淬用蜀江爽烈是謂大金之元精天分其野乃命人於成都取江水君以淬刀言雜涪水不可用取水者捍言不雜君以刀畫水言雜八升取水者叩頭云於涪津覆水遂以涪水八升益之以竹筒内鐵珠滿中舉刀斷之應手虛落因曰神刀　金屈耳環者乃是其遺範

【賦】魏陳王曹植寶刀賦曰建安中魏王命有司造寶刀五枚以龍熊鳥雀爲識太子得一余及余弟饒陽侯各得一焉有皇漢之明后思潛達而玄通飛文義而博致揚武備以禦凶然後礪以五方之石鑑以中黄之壤規圓景以定環攄神功而造像陸斬犀象水斷龍舟輕擊浮截刃不瀸流踰南越之巨闕超西楚之太阿寔眞精之攸御永天禄而是荷

【銘】後漢馮衍刀陽銘曰脩爾甲兵用戒不虞見危致命臨事而懼文不可匿武不可黷文武孔純荷天子禄　又刀陰銘曰温

諡穆穆配天之威苗裔無疆福報永綏 後漢李尤錯佩刀銘曰佩之有錯抑武揚文豈爲麗玩將戒有身 又金馬書刀銘曰巧冶煉剛金託於刑黃又錯鏤兼勒工名 魏文帝露陌刀銘一於鏁良刀胡煉亶時辟諸鱗角靡所任茲不逢不若永世寶持 魏陳王曹植寶刀銘曰造茲寶刀既礱既礪匪以尚武予身是衛麟角匪獨鸞鳥距匪歷 魏王粲刀銘曰相時陰陽制茲利兵和諸色剚考諸濁清陸剸犀兕水截鯢鯨君子服之式章威靈 魏何晏斫猛獸刀銘曰徒摶不兵作戒宣丘用造斯器螭獸是劉制禽允良昏明亶時永釐厥後蠲民之災 晉張協文身刀銘曰寶刀既成窮理盡妙繁文波迴流光電照 又把刀銘曰弈弈名金昆吾遺璞裁爲把刀利亞切玉時文斯偃含精內燭威助雖化武不可黷 晉裴景聲文身刀銘曰良金百煉乙名展巧寶刀既成理理盡妙文繁波流迴光電照在我皇世戢而不耀

啓

梁簡文帝謝敕賚善勝威勝刀啓曰冰鍔含采雕琰表飾名均素質神號睨光五寶初鑄曹平先荷其二勝今造愚臣總被其恩錫韓非之書未足爲比給博山之筆方此更輕 梁劉孝儀爲晉安王謝東宮

賜王環刀啓曰苗峯珍鋌利極鉤鉗謹當擁以雄身藉而安體不令北海小雍狐擅穿縢之寄盧江佩刀獨表不欺之驗

匕首

通俗文曰匕首劒屬其頭類匕故曰匕首短而便用　説苑曰秦王以五十里封鄢鄢陵之君辭不受使唐且謝秦秦王怒曰嘗見天子之怒乎一怒伏尸百萬流血千里唐且曰大王嘗聞布衣韋帶之士怒乎一怒伏尸二人流血五步即按其匕首起曰今將是矣王變色曰先生就坐寡人喻矣秦破韓滅魏鄢陵獨以五十里存者徒用先生故也　諸葛故事曰成都作匕首五百枚以給騎士　典論曰昔周魯寶雍狐之戟屈盧之矛孤父之戈徐氏匕首凡斯皆上世名器君子雖有文事必有武備矣　又曰魏太子造百辟匕首二其一理似堅冰名曰清剛其二曜似朝日名曰楊文　神仙傳曰有書生姓張就李仲文學隱術久無所得患之張懷匕首斫之仲文笑曰我寧可殺　**銘**　晉張載匕首銘曰元氏造制戒豫惟謹匕首之設應速用近既不忽備亦無輕忿利以形彰切以道隱

鈌

戰國策曰馮諼爲孟嘗君客彈劍鋏而歌曰長鋏歸來乎食無魚 銘 晉張協長鋏銘曰五才並建金作明威長鋏陸離彈凶防違素刃霜厲溢景横飛 又短鋏銘曰器用多品詭制殊觀亦有短鋏倩暉載爛昔在亂朝戢兵静亂惟皇寳之優隆而弗玩

弓

釋名曰弓穹也張之穹隆然其末曰簫言蕭邪又謂之弭以骨爲之滑弭弭也中央曰弣弣撫也所撫持也 山海經曰少皞生般是始弓矢 世本云牟夷作矢揮作弓 弓矢一器作者兩人於義有疑此言般作之是也 世本曰揮作弓 揮黄帝臣 龍魚河圖曰弓之神名曰曲張 爾雅曰弓有緣謂之弓無緣者謂之弭以金者謂之銑以蜃者謂之珧以玉者謂之圭 方言曰弓藏謂之鞬或謂之韇 説文曰角端獸狀似豕角善爲弓出胡休夕國 易曰弦木爲弧剡木爲矢弧矢之利以威天下 廣雅曰繁弱鉅黍弓也 周官曰司弓掌六弓四弩八矢之法辨其名物而掌其守藏與其出入中春獻弓弩中秋獻矢箙 箙盛矢器 天子之弓合九而成規諸侯合七而成規大夫合五而成規士合三而成規 又曰弓人爲弓取六材必以其時六

材既聚巧者和之幹者以爲遠也角者以爲疾也筋者以爲深也膠者以爲和也絲者以爲固也漆者以爲受霜露也凡取幹之道七柘爲上檍次之檿桑次之橘次之木瓜次之荆次之竹爲下　毛詩曰彤弓天子賜有功諸侯也　左傳曰顔高之弓六鈞（顔高魯人也三十斤爲鈞）　又曰分魯公以大路大旂夏后氏之璜封父之繁弱　郭璞毛詩拾遺曰象弭魚服毛云弭弓反末以象骨爲之蓋俗説之誤也　左傳曰左執鞭弭弭者弓之別名謂以象牙爲弓今西方有以犀角及牛角爲弓者　列子曰紀昌學射於飛衛飛衛曰爾先學不瞬而後能入使學視小如大紀昌以氂尾懸虱於牖南面而望之三年之後如輪覩物皆山丘也乃以燕角之弧朔蓬之幹射之貫虱之心而懸不絶　楚辭曰帶長鋏之陸離兮挾秦弓　孫卿子曰天子彫弓諸侯彤弓大夫黑弓禮也　戰國策曰楚人有好以弱弓微繳加歸鴈之上者頃襄王聞而召問之對曰見鳥六雙王何不以聖人爲弓以勇士爲繳時張而射之此六雙者可得而囊載也　家語曰楚恭王出遊亡其烏號之弓（烏號良弓名也）左右請求之王曰楚人失弓楚人得之又何求焉　孔叢子曰楚王張繁弱之弓載忘歸之矢以射蛟兕於雲夢　列女傳曰晉平

公使工爲弓三年乃成射不穿一札公怒將殺工其妻見公曰妾之夫造此弓亦勞矣幹生太山之阿一日三覩陰三覩陽傅以燕牛之角纏以荆麋之筋糊以河魚之膠此四者天下之選也而不穿一札是君不能射也妾聞射之道左手如拒右手如附支右手發左手不知公以其儀而穿七札弓工立得出賜金三鎰　闞子曰宋景公使弓工爲弓九年來見公曰爲弓亦遲對曰臣不得見公矣臣之精盡於弓矣獻弓而歸三日而死公張弓登臺東西而射矢踰孟霜之山集彭城之東其餘力逸勁飲羽於石梁　淮南子曰淇衛箘簵（箘簵箭竹也出於淇地衛箭羽）飾以金銀錫雖有薄縞之幨然獨不能穿也若假之筋角之力弓弩之勢則貫兕甲而經於革楯矣　新序曰楚熊渠夜行見寢石彎弓射之沒矢飲羽下視知石也却復射之矢摧無迹（事具地部石篇）　東觀漢記曰蓋延字巨卿身長八尺彎弓三百斤　張璠漢記曰陳球爲零陵太守州兵朱蓋等反球守城弦大木爲弓羽矛爲矢機發之遠射千餘人斬朱蓋等　風俗通曰烏號弓者柘桑之枝枝條暢茂烏登其上垂下着地烏適飛去從後撥殺取以爲弓因爲烏號耳

箭

釋名曰矢指也其有所指向迅疾也又謂之箭箭進也其本曰足矢形似木木以下爲本以根爲足其末曰括括會也與弦相會也　說文曰矢弓弩矢也象鏑括羽之形　世本曰夷牟作矢也　太公兵法曰箭之神名續長　易曰弦木爲弧剡木爲矢也　周官曰庭氏掌射國中之妖鳥若不見其鳥獸則以救日之弓救月之矢夜射之禮記曰故男子生桑弧蓬矢六以射天地四方天地四方者男子之所有事也故必先有志於其所有事　六韜曰陷堅陣敗強敵大黃參連弩飛鳧電影自副飛鳧赤莖白羽以鐵爲首電影青莖赤羽以銅爲首國語曰仲尼在陳有隼集于陳侯之庭而死楛矢貫之石砮其長尺有咫陳惠公使人以隼如仲尼之館問之仲尼曰此肅愼之矢也昔武王克商通道于九夷八蠻肅愼氏貢楛矢石砮以分大姬配虞胡公而封諸侯於陳　孟子曰矢人豈不仁於函人哉矢人唯恐不傷人函人唯恐傷人　魯連子曰齊田單破燕軍復齊城唯聊城不下燕將守數月魯仲連乃爲書著之於矢以射城中遺燕燕將得書泣三日乃自殺　韓子曰智伯將伐趙趙襄

子召張孟談曰奈無箭何孟談曰董安于之治晉陽公宮之垣皆以楛楚其楛高十尺於是發而試之其堅則幹之勁不能適也君曰奈無金何孟談曰董安于之治晉陽宮舍之堂皆以銅爲柱質君發而用之有餘金矣 淮南子曰楚王有白猨王自射之則搏矢而皁使養由基射之始調弓矯矢未發而猨擁柱號矣 又曰水激則旱矢激則遠夫淇衛箘簵飾以銀錫雖有薄縞之襜然猶不能穿也若假之弓弩之勢則貫兕甲革楯也 漢書曰李陵擊匈奴一日五十萬矢皆盡虜攻急陵歎曰復人數十矢足以脫矣 東觀漢記曰耿弇與張步戰矢中弇眼以佩刀推之左右無知者 三齊略記曰城東南五十里有蒲臺高八丈秦始皇所頓處時在臺下縈蒲繫馬夾道數百步到今蒲生猶縈蒲似水楊而勁堪爲箭也

【贊】梁昭明太子弓矢贊曰弓用筋角矢製良工亦以觀德非止臨戎傷業命中猨隨張空

【銘】後漢李尤弧矢銘曰弦木爲弧剡木爲矢弧矢協并八極同紀 晉嵇含木弓銘曰烏號之朴豐條足理弦鳴走括截飛駭止射隼高牆出有擬議既用御武亦以招士 晉李充良弓銘曰弓矢之作爰

自昔襄時鄉射載禮招命在詩力稱顏高功發由基不爭之美亦以詳疑

【啓】齊王融謝武陵王賜弓啓曰殿下摛藻蕙樓暢藝蘭苑敷績王於風筵疊連珠於月兎園掩秀鄴水懃奇融揖讓未工濫升飲之賞操弧反矢奉招賢之錫文韜鏤景逸幹梢雲玩溢百齡佩流千載

弩

尚書帝令驗曰王弩發驚天下　釋名曰弩怒也有勢怒之鉤弦者牙以齒牙也牙外曰郭爲牙郭也含括之曰機言機之巧也亦言如門戶之樞機開闔有節　史記曰龐涓追孫臏臏量其暮當至馬陵馬陵道狹可伏兵乃大斫樹白而書之曰龐涓死此下令萬弩夾道而伏期曰暮見火舉而俱發龐涓夜至折木見白書乃鑽火燭之齊君萬弩俱發龐涓自知智窮乃自刎曰遂成豎子之名　史記曰項羽伏弩射中漢王傷胸乃捫足曰虜中吾指　古史考曰黃帝作弩　戰國策曰蘇秦爲楚合從元戎以鐵爲矢長八寸一弩十矢俱發　吳志曰甘寧招合輕薄少年爲之渠帥羣聚相隨挾持弓弩負毦帶鈴民聞鈴聲即知是寧也　晉陽秋曰初高祖勑

兵闞下經曹爽門爽帳下督嚴世引弩將射高祖孫謙止之曰事未可知三注三止高祖軍乃過　日南傳曰南越王尉他安陽王有神人皐通安陽王治神弩一張一發大死三發殺三萬人　華陽國志曰鄧芝征涪陵見玄猨抱子在樹上引弩射之中猨母其子爲拔箭以木葉塞創芝乃歎曰吾違物之性其將死矣投弩水中　會稽典録曰鍾離牧謂朱育曰大皇帝以中國多騎欲得騎而當之然吴神鋒弩射三里貫洞三四馬騎敢近之乎　南越志曰龍川當有銅弩牙流出水皆所銀黄雕鏤取之者祀而後得父老云越王弩營處也　太公兵法曰弩之神名遠望　文子曰狡兎得而獵犬死高鳥得而強弩藏　風俗通曰汲令應郴請主簿宣賜酒北壁上懸赤弩照於杯中其形如蛇宣畏惡之然不敢不飲因得病郴後知之思惟必懸弩所爲也使致宣於故處設酒杯中猶有蛇因謂曰此壁上弩影耳非有他怪宣意解病即愈事具方術部疾篇一　太公兰幽州刺史議曰幽州突騎冀州弩天下精兵國家瞻核四方有事未嘗不取辨不於二州也

銘

後漢李尤弩銘曰放自近古發意所規前聖制弓後世建弩

機牙發矢執破醜虜勇充獲雖屢晏猶不可常忘戰者危極武者傷

彈

韓詩外傳曰楚莊王將興師伐晉敢諫者罪至死孫叔敖進諫曰臣之國中有榆其上有蟬蟬方奮翼悲鳴欲飲清露不知螳蜋在後螳蜋方欲食蟬而又不知黃雀在後黃雀方欲食螳蜋不知童子挾彈丸在榆下童子欲彈黃雀不知前有深坑後有掘株也皆貪前之利不顧後害也楚國不征而晉國以寧孫叔敖之力也　左傳曰晉靈公從臺上彈人觀其避丸也　吳越春秋曰陳音對越王云弩生於弓弓生於彈彈生於古之孝子古者人民質朴死裹以白茅投之中野孝子不忍父母爲禽獸所食則作彈以守之故古人歌之斷竹屬木飛土逐害　張璠漢記曰班超使于外國將三十六人以爲蒿矢彈丸之用　東方朔記曰東方朔對驃騎難曰以珠彈不如泥丸各有所用也太玄經曰明珠彈於飛害其復不復　世說曰前輩人忌日唯不飲酒作樂王世將以忌日送客至新亭主人欲作音樂王便起去持彈出衛洗馬墓下彈鳥蕭子顯齊書曰桓崇祖善彈彈鳥毛盡而鳥不死海鵠羣翔崇祖登城

樓彈之無不折翅【詩】晉桓玄南林彈詩曰散帶躡良駟揮彈出長林歸翮赴舊栖喬木轉翔禽落羽尋絕響屢手轉應心【賦】晉夏侯孝若繳彈賦曰張弱弓理繁繳望大羣以送九審遺放一而必獲【銘】後漢李充彈銘曰昔之造彈起意弦木以九爲矢合竹爲樸漆飾以露不用筋角九彈之利以弋鳧鶩晉靈驕悖羣臣是彈樂其如躍趨如避九

矟

通俗文曰矛丈八者謂之矟　後魏書曰于栗磾築壘於河上親自守烏裕甚憚之遺栗磾書假道西上題書曰黑矟公麾下栗磾以聞太宗太宗因授黑矟將軍　靈思志曰河間王顒既敗於關中右目給使陳安陳安者常乘一赤馬俊快非常雙持二刀皆長七尺馳馬運刀所向披靡關西爲之歌曰隴上健兒字陳安頭細面狹腸中寬丈八大槊左右盤【詩】晉傅玄詩曰彎我繁弱弓弄我丈八矟一舉覆三軍再舉殄戎貊【書】晉虞翼與燕王書曰今致朱漆矟三十張絳碧書幡黑毦副也【序】梁簡文帝馬槊譜序曰馬槊爲用雖非遠法近代相傳稍已成藝云鄧麓榮魏局之

逢武而猶質種馬入丹陽之寺雄西不巧聊以餘暇信以撰斯法援操抑揚斟酌煩簡至春亭落景秋皐晩靜嚴霜盡降鬱雨初晴纖驪沃若天馬半矜歎金精而轉態交流汗血變連乾而自自宗不畏哀鏤衢與白刃暉翠毦與紅塵俱動足使武夫憤氣觀者衝冠童留玩不待輕舟之楫越女踟躕無假如皐之箭

藝文類聚卷第六十

藝文類聚卷第六十一　居處部一

渤海歐陽　詢　撰

總載居處

易曰上古穴居而野處後世聖人易之以宮室上棟下宇以待風雨　楚辭曰像設居室靜閑安高堂邃宇檻層軒層臺累榭臨高山網戶朱綴刻方連冬有突夏夏室寒經堂入奧朱塵筵（承塵筵席也）砥室翠翹挂曲瓊蒻阿拂壁羅幬張翠帷翠幬飾高堂紅壁沙板玄玉梁仰觀刻桷畫龍蛇坐堂伏檻臨曲池芙蓉始發雜芰荷紫莖屏風文綠波又曰築室兮水中葺之兮以荷蓋荃壁兮紫壇播芳椒兮成堂桂棟兮蘭橑辛夷楣兮葯房　塩鐵論曰貴人之家梓匠斲巨爲小以圓爲方上成雲氣下成山林　漢武故事曰上起神屋鑄銅爲柱黃金塗之赤玉爲階椽亦以金刻玳瑁爲禽獸以薄其上椽首皆作龍首銜鈴流蘇懸之鑄銅如竹以爲白石脂爲泥椒汁和之以火齊薄其上扉悉以白琉璃作之光照洞徹以白珠爲簾薄玳瑁壓之以象牙爲牀以琉璃珠玉明月夜光雜錯天下珍寶爲甲帳其次爲乙帳甲以居神乙上自御之前庭植玉樹珊瑚爲枝以碧玉爲葉或青或赤悉以珠玉爲之子

皆空其中如小鈴鎗鎗有聲甍標作鳳皇軒翥若飛狀　漢書曰趙皇后娣爲昭儀居昭陽舍其中庭彤采而砌皆銅沓黃金塗白玉階壁帶往往黃金釭函藍田璧明珠翠羽飾之　又曰五侯大治第宅起土山漸臺洞門高廊閣道百姓歌之曰五侯初起曲陽家怒壞決高都（決高都使水入長安城高都在城西）連竟外杜（杜陵也）成都侯商嘗病欲避暑從上借明光宮又穿長安城引內灃水以行舡立羽蓋張周帷楫擢越歌上幸商第見赤墀青瑣　又曰梁孝王築東苑方三百里廣睢陽城七十里大治宮室爲複道自宮連屬於平臺三十餘里

東觀漢記曰琅邪孝王京就國都雅好宮室窮極技巧壁帶以金銀

張璠漢記曰山陽督郵張儉奏中常侍侯覽起第十六區皆高樓四周連閣洞門文井蓮華壁柱綵畫魚池臺苑擬諸宮闕　董生書曰禮天子之宮在清廟左涼室右明堂後路寢四室者足以避寒暑而不高大也夫高近陽廣室多陰故室適形而正　仲長昌言曰今爲宮室者崇臺數十層長階十百仞延袤臨浚雲上樹九丈旗珠玉翡翠以爲飾連帷爲城構帳爲宮起臺榭則高數百丈壁帶珠玉土被緹錦　曹植表曰詔使周觀初玩雲盤鵲觀

跡圃遂步九華神明特處譎詭天然誠可謂帝室皇居者矣雖崑崙閬風之麗文昌之居不是過也　羅含別傳曰桓宣武以含爲別駕以官解寺諠擾非靜默所處乃於城西池小洲上立茅茨之屋竹果蔭宇戎木之牀織葦爲席布衣蔬食晏若有餘

詩

陳孔奐名都一何綺詩曰京洛信名都佳麗擬蓬壺九華彫玳瑁百福上椒塗黄金絡騕褭蓮花裝鹿盧盛言儀服盛無勝執金吾　陳沈炯名都一何綺詩曰名都一何綺春日吐光輝高樓雲母扇複殿琉璃扉昭儀同輦出高安連騎歸欲知天子貴千門應紫微　陳周弘正詩曰名都宮觀綺金壁藻華璫吹臺望鳷鵲舞殿接披香繡轂遊丹水彫輦出平陽陸離徒照眼何解憂人傷

賦

漢揚雄蜀都賦曰蜀都之地古曰梁州禹治其江渟皐彌望鬱乎青葱丹青龍石鱭水螭於近則有瑕英菌芝玉石江珠於遠則有銀鉛錫碧馬犀象僰西有鹽泉鐵冶橘林銅陵其傍則有期牟光旄金馬碧雞其竹則宗生族攢俊茂豐美夾江緣山尋卒而起其深則有猵獺沉鱓水豹蛟蛇其都門二九四百餘閭兩江飾其市九橋帶其流苴竹浮流龜鼈龍磧石風胎雨鷇衆物駭目百華投春隆急芳芬螭燭若揮錦布繡望芒芒兮無幅其

布則箭中黃潤一端數金雕鏤釦器百枚千工上乃使有伊之徒調夫五味甘甜之
和勺藥之羹美江東鮐鮑隴西牛羊五肉七菜朦猒腥臊若其吉日嘉會期於倍
春之陰迎夏之陽置酒于榮川之閒宅設坐于華都之高堂延帷揚幕接帳連岡
郤公之徒相與如平陽瀕巨詔羅車百乘期會投宿觀者方防行舡競逐也
後漢班固西都賦曰賦者古詩之流或以抒下情而通諷諭或以宣上德而盡忠
孝雍容揄揚亦雅頌之亞也西土耆老有陋洛邑之議故臣作兩都之賦漢之西
都在乎雍州左據函谷二崤之阻表以太華終南之山右界褒斜隴首之險帶以
洪河涇渭之川披三條之廣路立十二之通門英俊之域紱冕所興冠帶如雲七
相五公其陽則崇山隱天幽林空谷陸海珍藏藍田美玉其陰則冠以九嵕陪以
甘泉下有鄭白之沃衣食之源提封五萬疆埸綺分溝塍刻鏤原隰龍鱗決
渠降雨荷鍤成雲離宮別館神池靈沼其中則有九眞之麟大宛之馬黃支之
犀條枝之鳥其宮室也體象乎天地經緯乎陰陽樹中天之華闕豐冠山之朱
堂因瓌材而究奇抗應龍之虹梁列棼橑以布翼荷棟桴而高驤彫玉瑱以
居楹裁金壁以飾璫左墄（倉勒反階級也）右平重軒三階閨房周通門闥洞開列鍾

虡於中庭立金人於端闈增盤崔嵬登降炤爛殊形詭制每各異觀乘
茵步輦唯所息宴後宮則有掖庭椒房后妃之室蓝若椒風披香發越
蘭林蕙草鴛鸞飛翔之列昭陽特盛隆乎孝成隨侯明月錯落其間
金釭銜壁是為列錢翡翠火齊流燿含英珊瑚碧樹周阿而生後宮之
號十有四位窮窕繁華更盛迭貴又有天祿石渠典籍之府講論乎六藝
稽合乎異同周以鉤陳之位衛以嚴更之署周廬千列徼道綺錯輦路經營
脩途飛閣堎墱道而超西墉混建章而連外屬神明臺名也鬱其特起遂偃
蹇而上躋軼雲雨於太半虹霓迴帶於棼楣攀井幹而未半目眩轉而意迷
靈草冬華神木叢生抗仙掌以承露擢雙立之金莖爾乃盛娛遊之壯觀
曜威靈而講武事命荆州使起鳥詔梁野而驅獸毛羣內塡飛羽上覆列卒
周迊星羅雲布矢不單殺中必疊雙風毛雨血灑野蔽天於是天子乃登屬
玉之館歷長楊上林也之榭陳輕騎以行炰騰酒車以斟酌割鮮野饗舉烽
命爵大輅鳴鑾容與徘徊集乎豫章之宇臨乎昆明之池左牽牛而右織女
似雲漢之無涯茂樹陰蔚芳草被隄若摛錦與布繡燭燿乎其陂玄鶴白

鷺鳧鷖鷁鴻鴈沉浮往來雲集霧散郁郁相望邑邑相屬國籍十世之基家承百年之業　又東都賦曰王莽作逆漢祚中缺於是聖皇握乾符闡坤珍披皇圖稽帝文赫然發憤應若興雲遂超大河跨北岳立号高邑建都河洛紹唐統接漢緒茂育羣生恢復疆宇若乃順時節而蒐狩簡車徒而以講武歷騶虞覽駟驖嘉車攻采吉日禮官整儀乘輿乃出於是發鯨魚鏗華鍾登玉輅乘時龍元戎竟野戈鋋彗雲羽毛掃蜺旌旗拂天然後舉烽伐鼓申令三驅輕車霆激驍騎電騖指顧倏忽獲車已實樂不極般殺不盡物於是薦三犧效五牲禮神祇懷百靈覲明堂臨辟雍登靈臺考休徵列百僚而贊羣后究皇儀而展帝容【詩】明堂詩曰於昭明堂明堂孔揚聖皇宗祀穆穆煌煌　辟雍詩曰乃流辟雍辟雍湯湯聖皇莅止造舟為梁　靈臺詩曰三光宣精五行布序習習祥風祁祁甘雨　寶鼎詩曰岳脩貢兮川效珍吐金景兮歊浮雲寶鼎見兮色紛縕煥其炳兮被龍文　白雉詩曰啓靈篇兮披瑞圖獲白雉兮效素烏嘉祥阜兮集皇都發皓羽兮奮翹英【賦】後漢張衡西京賦曰昔班固覩世祖遷都于洛邑懼將必踰溢

制度不能遵先聖之正法也故假西都賓盛稱長安舊制有陋洛邑之議
而爲東都主人折禮衷以答之張平子薄而陋之故更造焉有憑虛公子
者（無此公子但依憑虛言之）言於安處先生曰（亦無此先生也）秦據雍而強周即豫而弱高祖都西
而泰光武處東而約先生獨不聞西秦之事歟漢氏初都在渭之涘秦里
其朔寔爲咸陽（里居朔北也高帝六年改曰長安）左有崤函重險桃林之塞綴以二華巨靈贔
屓高掌遠蹠以流河曲厥迹猶存右有隴坻之隘隔閡華戎岐梁汧雍（皆山名）陳
寶鳴雞在焉於前則終南大一隆崛崔崒隱轔鬱律連岡乎嶓冢爰有
藍田珍玉是之自出於後則高陵平原據渭踞涇其遠則九嵕甘泉固陰冱
寒日北至而含凍此焉清暑寔爲地之奧區神皐昔者大帝悅秦穆公而
覲之饗以鈞天廣樂帝有醉焉乃爲金策錫用此土而翦諸鶉首自我高祖
之始入也乃覽秦制跨周法正紫宮於未央表嶢闕於閶闔疏龍首以抗殿
狀嵬峩以岌嶪蔕倒茄於藻井披紅葩之狎獵飾華榱與璧璫流景曜之
韡曄彫楹玉碣繡栭雲楣三階重軒鏤檻文槐右平左墄青瑣丹墀仰福帝
居陽曜陰藏洪鐘萬鈞猛虡趪趪負筍業而餘怒乃奮翅而騰驤若夫

長年神仙宣室玉堂麒麟朱鳥龍興含章正殿路寢用朝群辟嘉木樹庭芳草如積高門有閌列坐金狄（秦時長狄見於臨洮鑄銅作其象）後宮則昭陽飛翔增成合歡蘭林披香鳳皇鴛鴦（皆後宮殿名）故其館室次舍采飾纖縟裛以藻繡文以朱緑翡翠火齊絡以美玉流懸黎之夜光綴隨珠以為燭於是鉤陳之外閣道穹隆屬長樂與明光徑北通乎桂宮悤意所幸下輦成燕窮年忘歸猶不能徧覸（音脉）往昔之遺館獲林光於秦餘處甘泉之爽塏乃隆崇而弘敞既新作於迎風增露寒與儲胥通天眇以竦峙徑百常而莖擢翔鶠仰而不建況青鳥與黃雀伏欞檻而俯聽聞雷霆之相激柏梁既災越巫陳方建章是經用厭火祥園闕竦以造天若雙碣之相望鳳騫翥於甍標咸遡風而欲翔干雲霧而上遠狀亭亭以迢迢神明崛其特起井幹疊而百層上飛闥而仰眺正覩瑶光與玉繩列瀛洲與方丈夾蓬萊而駢羅長風激於別島起洪濤而颺波海若游於玄渚鯨魚失流而蹉跎立脩莖之仙掌承雲表之清露屑瓊蘂以朝飡必性命之可度爾乃廓開九市通闤帶闠旗亭五重俯察百隧（隧列肆道也）上林禁苑跨谷彌阜東至鼎湖邪界細柳掩長楊而聯五

宋本藝文類聚

柞繞黃山而款牛首乃有昆明靈沼黑水玄阯周以金隄樹以柳杞豫章
珍館揭焉中峙牽牛立其左織女處其右日月於是乎出入象扶桑與
濛汜其魚則鮪鯢鱨魦脩額短項大口折鼻詭類殊種鳥則鷫鷞鴰鴇駕
鵞鴻鶤南翔衡陽北棲鴈門於是孟冬作陰寒風肅殺雨雪飄飄冰霜
慘烈天子乃駕雕軫六駿駮戴翠帽倚金較華蓋承辰天 先驅千乘
雷動萬騎龍趨縱獵徒赴長莽迾卒清候武士赫怒河渭爲之波盪吴岳
爲之雉覩百禽㥄遽騤瞿奔觸喪精亡魂失歸忘趣矢不虛拾鋋不苟躍
當足見蹍值輪被轢乃使迅羽輕足尋景追括鳥不暇舉獸不得發青
骹摯 於韝下韓盧噬於緤末於是鳥獸殫目觀窮遷延邪睨集乎長
楊之閒酒車酌醴方駕授邑升觴舉燧既釂鳴鐘㒒佯乎五柞之館旋憩
乎昆明之池浮鷁首翳雲芝乘翟葆建羽旗齊女縱棹歌奏淮南度陽
阿大駕幸乎平樂張甲乙而襲翠被臨迴往之廣場程角抵之妙戲烏獲
扛鼎都盧尋橦衝狹鷰濯胷突銛鋒跳丸劒之揮霍走索上而相逢度
曲未終雲起雪飛巨獸百尋是爲曼延神山崔巍欻從背見白象行孕垂

鼻轔囷海鱗變而成龍狀蜿蜿以蝹於云反含獸名性利颬化為仙車驪駕四鹿芝蓋九葩奇幻倏忽易貌分形吞刀吐火雲霧杳冥畫地成川流渭通涇百馬同轡騁足並馳橦末之伎態不可彌秘舞更奏妙材騁伎始徐進而羸形似不任乎羅綺紛縱體而迅赴若驚鶴之羣罷要紹修態麗服颺菁昭藐流眄一顧傾城列爵十四競媚取榮盛衰無常唯愛所丁衛后興於鬒髮飛鷰寵於輕體　又東京賦曰是時也七雄並爭競相高以奢麗楚築章華於前趙建叢臺於後秦政利觜長距終得擅場思專其侈以莫己若也乃構阿房起甘泉結雲閣觀南山百姓不能忍是用息肩於大漢高祖應籙受圖順天行誅掃項軍於垓下紲子嬰於軹途因秦宮業據其府庫且夫天子有道狩在海外守位以仁不恃隘害秦負阻於二關卒開項而受沛彼偏據而規小豈若宅中而圖大昔先王之經邑也掩觀九隩靡地不營土圭測影不縮不盈揔風雨之所交然後以建王城審曲面勢泝洛背河左伊右瀍西阻九阿盟津達其後大谷通其前迴行道乎伊闕斜徑捷乎轘轅太室作鎮揭以熊耳底柱輟流鐔以大岯漢初弗之宅也故宗緒中圮

巨猾間舋竊弄神器歷載三六偷安天位我世祖忿之乃龍飛白水鳳翔參墟授鉞四七共工是除區宇乂寧思和求中睿哲玄覽都茲洛宮遠至顯宗六合郍昌既新崇德遂作德陽昭仁惠於崇賢抗義聲於金商建象魏之兩觀旌六典之舊章濯龍芳林九谷八谿芙蓉覆水秋蘭被涯永安離宮修竹冬青陰池幽流玄泉洌清鵯鶋秋棲鶻鵃春鳴鴡鳩鸝黃關關嚶嚶於南則前殿雲臺和懽安福謻門曲榭斜阻城洫奇樹珍果鉤盾所職於東則洪池清藾綠水澹澹內阜川禽外豐葭菼其西則平樂都場示遠之觀龍雀蟠蜿天馬半漢乃營三宮布政頒常複廟重屋于斯胥洎龍輅充庭雲旗拂蜺夏正三朝庭燎晣晣章列反春日載陽合射辟雍設業設虡宮懸金鏞鼖音汾鼓路鼗音桃樹羽幢幢張大侯制五正設三乏之扉音翡司旌天子乃撫玉輅時承六龍發鯨魚鏗華鍾攝提運衡徐至於射宮禮事展樂物具王夏闋騶虞奏決拾既次彫弓斯彀古侯反達餘萌於暮春昭誠心以遠喻三農之隙耀威中原歲惟仲冬大閱西園乃毅小戎撫輕軒戈矛若林牙旗繽翻迄乎上林結徒為營叙和樹表司鐸

挍鉦坐作進退節以軍聲火烈具舉武士星敷鵝鸛魚麗箕張翼舒馭不詭遇射不翦毛升獻六禽時膳四膏成禮三驅解罘放麟不窮樂以訓儉不殫物以昭仁爾乃卒歲大儺驅除羣癘侲子萬童丹首玄製桃弧棘矢所發無臬飛礫雨散剛癉必斃煌火馳而星流逐赤疫於四裔

又南都賦曰於顯樂都既麗且康陪京之南居漢之陽割周楚之豐壤跨荆豫而為彊其寶利珍怪則金釆玉璞隨珠夜光太一餘粮中黃㲉玉松子神陂赤靈解角耕父揚光於清泠之泉游女弄珠於漢皐之曲其水蟲則有蠳龜鳴蛇潛龍伏螭其鳥則有鴛鴦鵠鷖鴻鴇鴐鵝嚶嚶和鳴澹澹隨波其香草則薜荔蕙若薇蕪蓀萇晻曖蓊蔚含芬吐芳酒則九醞甘醴十旬兼清醪敷徑寸浮蟻若萍其甘不爽醉而不酲獻酢既交要禮去違彈琴擫籥流風徘徊於是暮春之禊元巳之辰方軌齊軨祓音弗于陽濵朱帷連網曜野映雲脩袖繞繚而滿庭羅襪躡蹀而容與翩綿綿其若絕眩將墜而復舉於是羣士放逐馳乎沙場俯貫魴鱮仰落雙鶬魚不及竄鳥不暇翔車雷震而風厲馬鹿超而龍驤夕暮而歸

其樂難忘　後漢杜篤論都賦曰天命有聖託之大漢大漢開基高祖
有勳斬白蛇屯黑雲蹈滄海跨崑崙劉敬建策初都長安太宗承流守
之以文孝武因其餘財府帑之蓄深入匈奴割裂王庭連緩耳鎖雕題摧
天竺牽象犀沃野原隰彌望保植五穀桑麻條暢濱據南山帶以涇渭
號曰陸海蠢生萬類城池百尺阨塞要害一人奮戟三軍沮敗于時聖帝赫
然申威南禽公孫北殄胥強胡西平隴冀東據洛都今天下新定矢石之勤
始瘳未遑於論都而遺思雍州　後漢崔駰反都賦曰漢曆中絕京師為
墟光武受命始遷洛都客有陳西土之富云洛邑褊小故略陳禍敗之機不
在險也建武龍興奮旅西驅虜赤眉討高胡斬銅馬破骨都收翡翠之
駕據天下之圖上聖受命將昭其烈潛龍初九眞人乃發上貫紫宮徘徊
天闕握狼狐蹈參伐陶以乾坤始分日月觀三代之餘烈察殷夏之遺風背
崤函之固即周洛之中興四郊建三雍禪梁父封岱宗　後漢傅毅洛都賦
惟漢元之運會世祖受命而弭亂體神武之聖姿握天人之契贊尋往代之規
兆仍險塞之自然被崑崙之洪流據伊洛之雙川挾成皐之嚴阻扶二崤之崇

山分畫經緯開正塗軌序立廟祧面朝後市歎息起雰霧奮袂生風雨覽正殿之體制承日月之皓精騁流星於突陋追歸鴈於軒軨帶螭龍之疏鏤垂菡萏之敷榮顧濯龍之臺觀望永安之園藪浮清沼以汎舟浮翠虬與玄武參宮薾館匾制有矩后帥九嬪躬勑工女近則明堂辟雍靈臺之列宗祀揚化雲物是察其後則有長岡芒阜屬以首山通谷岋峒石瀨寒泉於是乘輿鳴和按節發軔列翠蓋方龍輈備五路之時副檻三辰之旗旃傅說作僕羲和奉時千乘雷駭萬騎星鋪絡驛相屬揮沫揚鑣羣仙列於中庭發魚龍之巨偉羨門樹鼓偓佺操麾講武農隙校獵因田搜幽林以集禽激通川以御罛鷁跨乘黃射遊麋弦不虛控目不徒睎解脰分心應箭殪夷然後弭節容與淥水之濱垂芳餌於清流出旋瀨之潛鱗　魏徐幹齊都賦曰齊國實坤德之膏腴而神州之奧府其川瀆則洪河洋洋發源崑崙驚波沛厲浮沫揚奔南望無垠北顧無鄂蒹葭蒼蒼莞菰沃若瑰禽異鳥羣萃乎其間戴華蹈縹披紫垂丹應節往來翕習翩翻靈芝生乎丹石發翠華之煌煌其寶玩則玄蛤抱璣駮蚌含璫構

厦殿以宏覆起層榭以高驤龍楹螭桷山岳雲牆其後宮內庭嬪妾之館衆偉所施極巧窮變然後脩龍榜遊洪池折珊瑚破琉璃日既仄而西舍乃反宮而棲遲歡幸在側便嬖侍隅含清歌以詠志流玄眸而御眄竦長袖以合節紛翩翻其輕迅王乃乘華玉之輅駕玄駮之駿武騎星散鉦鼓雷動旌旂虹亂盈乎靈圃之中於是羽族咸興毛群盡起上蔽穹庭下被皐藪　魏劉楨魯都賦曰昔大廷氏肇建厥居少昊受命亦都茲焉山則連岡屬嶺巃嵸峽北紫金揚暉於鴻崖水精潛光乎雲穴岱宗邈其層秀干氣霧以高越其木則赤楝青松文莖蕙棠洪幹百圍高徑穹皇竹則塡彼山垠陔彌阪域夏篠揚攢包勁條並殖翠實離離鳳皇攸食水產衆夥各有彝倫須首華尾豐顱重齗戴兵挾刃盤甲曲鱗且觀其時謝節移和族綏宗招歡合好肅戒友朋蛾眉清眸顏若雪霜插曜日之珍笄珥明月之珠璫舞人就列整飾容華和顏揚眸眄風長歌飄乎猋發身如轉波尋虛騁迹顧與節和縱脩袖以終曲若奔星之赴河及其素秋二七天漢指隅民胥祓禊國于水游緹帷彌津丹帳覆洲蓋如飛鶴馬如遊魚應門巖

巖朱扉含光路殿歸其隆崇文陛巘其高驤聽迅雷於長除若有聞而宿六其園囿苑沼駢田接連淥池分浪以帶石垠文隅瓊岸華玉依律邦乃大狩振揚炎威教民即戎講習興師落慕包括連結營圍毛羣隕殪羽族殲剥塡崎塞眣不可勝録　魏劉邵趙都賦曰且敝邑者固靈州之敞宇而天下之雄國南則有洪川巨瀆黄水濁河發河積石徑拂太華灑爲九流入于玄波其東則有天浪水府百川是鍾包絡坤維連薄太濛其北則有陶林玄壇增冰寒其西則有靈丘平圃邪接崑崙其近則有天井句注飛壺太行璀錯磥硌巆阜連岡龍首嵯峨以岪鬱羊坂崙崓以岆嵣清漳發源濁滏汩越湯泉涫沸洪波漂厲爾乃都城萬雉百里周迴九衢交錯三門旁開層樓踈閣連棟結階峙華爵以表甍若翔鳳之將飛正殿儼其造天朱櫨赫以舒光盤虬螭之蜿蜒承雄虹之飛梁結雲閣於南宇立叢臺於少陽及至暮秋涉冬則風烈寒猛豺鷙鳥攫鷹隼奮翰國乃講武狩于清源駕騖冥之駿駁抗冲天之旌旃北連照餘南屬呼池西眄太陵東結緣河然後嵠子放機弋矛亂發決班髻破文類當于斃偃應弦倒越爾乃進夫中山名倡襄國妖女狄鞮妙音邯鄲才舞六

八駢羅遁奏迭舉體凌浮雲聲曾哀激楚其珍玩服物則昆山美玉珠璣環轄綃啓縉纖纊綈紈其器用良馬則六弓四弩綠沉黃間堂谿魚腸丁令角端飛兎奚斯常驪紫燕豐髯龍顱龍身鵠頸日如黃金蘭筋參精迅躡飛浮軼響追聲若乃至季春元巳辰火熾光挺新贈往袚于水陽朱幕蔽野綵帷連岡妖冶呈飾顏如春英　晉左思蜀都賦曰夫蜀都者蓋兆基於上世開國於中古廓靈關而為門包玉壘而為宇帶二江之雙流抗峨眉之重阻於前則跨躡犍牂枕倚交趾經途所亘五千餘里於是乎邛竹緣嶺菌桂臨崖旁挺龍目側生荔枝布綠葉之萋萋結朱實之離離孔翠羣翔犀象競馳白雉朝雊猩猩夜啼金馬騁先而絕影碧雞倏忽而曜儀火井沉熒於幽泉高爓飛煽於天垂於後則却背華容北指崑崙緣以劒閣阻以石門流漢湯湯驚浪雷奔望之天迥即之雲昏水物殊品鱗介異族或藏蛟螭或隱碧玉其樹則有木蘭梫七林反桂杞櫹椅桐椶栟幽藹於谷底松柏蓊蔚於山峯擢修幹竦長條扇飛雲拂輕霄羲和假道於峻岐陽烏迴翼乎高標於東則左綿巴中百禮所充

外負銅梁宕渠內函要害於膏腴丹砂艴熾出其坂蜜房郁郁被其阜山
圖採而得道赤斧服而不朽交壤所植蹲鴟所伏百藥灌叢寒卉冬馥
其中則有青珠黃環碧砮芒消或豐綠荑或蕃丹椒紅葩紫飾柯葉
漸苞敷蕊蘂蕨蕤落英飄飆潚血脈散彊里綺錯黍稷油油粳稻漠漠指
渠口以爲雲門灑滮池而為陸澤爾乃邑居隱軫夾江傍山家有鹽泉之井戶有
橘柚之園百果甲坼異色同榮朱櫻春就素柰夏成若乃大火流涼風厲
白露凝微霜結紫藜津潤榛栗罅發蒲蒟亂潰石留競裂晨鳧旦
至候鴈銜蘆木落南翔冰泮北徂雲氣水宿哢吭胡浪反清渠其深則有鱣鮪
鱒魴鮷鱧　魦鱨差鱗文色錦質報章闢二九之通門畫方軌之廣塗營
新宮於爽塏擬承明而起廬結陽城之延閣飛觀榭乎雲中開高軒以臨
山列綺窗以瞰江內則宣化之闥崇禮之闈華闕雙邈重門洞開金鋪交
映玉題相暉亞以少城接乎其西列隧百重羅肆巨千賄貨山積纖麗星
繁都人士袨服靚才性反粧　布有穜華麵有桄榔邛竹傳節於大夏之邑蒟醬
流味於番禺之鄉闤闠之裏伎巧之家百室離房機杼相和貝錦斐成濯

色江波若夫王孫之屬郤公之倫從禽于外巷無居人並乘驥子俱服魚文
西踰金隄東越玉津戟食鐵之獸射噬毒之鹿柏貙氓於葽草彈言鳥
於森木拔象齒戾(歷結反)犀角烏鍛翮獸廢足殆而趨來相與第如滇(丁田反)
池集于江洲試水客漾輕舟娉江妃與神遊將饗獠者張奔幕會平原
酌醪酤割芳鮮飲御酣賓旅旋車馬雷駭轟轟闐闐近則江漢炳靈
世載其英蔚若相如皭若君平王褒韡韡而秀發揚雄含章而挺生幽
思絢道德摛藻掞天庭　又吳都賦曰東吳王孫囅(勑忍反大笑也)然而咍曰夫上圖
景宿辯於天文者也下料物土析於地理者也烏策篆素玉諜石記烏聞
梁岷有陟方之館行宮之基歟而吾子獨未聞大吳之壯麗乎且有吳之
開國也造自泰伯宣於延陵固其經略上當星紀拓土畫疆指衡岳以鎮
野同龍川而帶垧百川泒別歸海而會控清引濁混濤并瀨濆薄沸騰
寂寥長邁出乎大荒之中行乎東極之外於是乎長鯨吞航脩鯢吐浪躍
龍騰蛇蛟鯔琵琶沂洄順流噞喁沉浮鳥則鵾雞鸀鳿鷞(音霜)鵠鷺鴻鷚
鶡避風候鴈造江湛淡羽儀隨波參差理翮整翰容與自玩彫啄蔓藻刷

溫漪瀾蜯蛤珠胎與月虧全巨鼇贔屓首冠靈山大鵬繽翻翼若垂天洪桃盤屈丹桂灌叢瓊枝抗莖而敷蘂珊瑚幽茂而玲瓏增岡重阻列真之宇江妃於是往來海童於是宴語草則藿蒳豆蔻薑彙非一石帆水松東風扶留布濩皋澤蟬聯陵丘寅緣山岳之岊羃歷江海之流木則平仲君遷松梓古度楠榴之木相思之樹宗生高岡族茂幽阜擢本千尋垂蔭萬畝與風飄颺颲瀏颼飀鳴條暢律飛音響亮蓋象琴筑并奏笙竽俱唱其竹則篔簹箖箊音於桂箭射筒柚梧有篁篻簩有叢苞筍抽節往往縈結綠葉翠莖冒霜停雪梢雲無以踰嶰谷不能連鸑鷟食其實鵷鶵擾其間其果則丹橘餘甘荔枝之林檳榔無柯椰葉無陰其琛賂則琨瑤之阜銅鍇之銀火齊之寶駭雞之珍頳丹明璣金華銀朴紫貝流黃縹碧素玉其荒陬譎詭則有龍穴內蒸雲雨所儲陵鯉若獸浮石若桴雙則比目片則王餘窮陸飲木極沉水居泉室潛織而卷綃淵客慷慨而泣珠象耕鳥耘此之自改煮海爲鹽采山鑄錢國稅再熟之稻鄉貢八蠶之綿造姑蘇之高臺臨四遠而特建帶朝夕之濬池佩長洲之茂苑闚東山

之府則環寶溢目覼海陵之倉則紅粟流衍彫欒鏤楶青瑣丹楹圖以
雲氣畫以仙靈高闈有閌洞門方軌朱闕雙立馳道如砥樹以青槐亘以
綠水桃笙象簟韜於筒中蕉葛升越弱於羅紈命官師而擁鐸將校獵
兮具區吳王乃巾玉輅軺驌驦羽毛揚蕤雄戟耀芒貝胄象弭織文鳥章
六軍袀服四騏龍驤猩猩啼而就擒闒闒笑而被格屠巴蛇出象骼斬鵬
翼掩廣澤結輕舟而競逐迎潮水而振緡精衛銜石而遇繳文鰩夜飛而
䍡綸指包山以爲期集洞庭而淹留數軍實乎桂林之苑饗戎旅乎落星
之樓　又魏都賦曰魏國先生有睟其容乃盱衡而誥曰异乎交益之士劍閣
雖嶚（嶚險也）憑之者蹶洞庭雖濬負之者北且魏土者畢昴之所應虞夏之
餘人先生之桑梓列聖之遺塵爾其疆域則旁極齊秦結湊冀道開
胷殷衛跨躡燕趙墨井鹽池玄滋素液厥田惟中厥壤惟白思重爻摹
大壯覽荀卿采蕭相枌橑複結欒櫨疊施丹梁虹申以並亘朱桷林布而
支離綺井列疏以懸蔕華蓮重葩而倒枝於前宣明顯陽順德崇禮重
闈洞出鏘鏘濟濟於前林鶴文巷壼術　楸梓木蘭次舍甲乙增構

峩峩清塵剽剽雲雀踶甍而矯首壯翼摛鏤於青霄雷雨杳冥於
未半皦日籠光於綺寮碩果灌叢圍木竦尋篁篠懷風蒲萄結陰丹
藕凌波而的皪綠芰泛濤而浸潭羽翮頡頏鱗介浮沉磴流十二同原異
𦶜爲屯雲泄爲行雨內則街衢輻湊朱闕結隅石杠（杠橋也）飛梁出控漳渠
疏通瀟以濱路薜蘿青槐以蔭途　晉庾闡楊都賦曰子未聞楊都之巨
偉也左滄海右岷山龜鳥津其落江漢演其源碣金標乎象浦注桐柏乎
玄川昔句吳端委延州儷臧高讓殆於庶幾英風亞乎潁陽土映黃旗之
景巒吐紫蓋之祥嵓巖栖赤松之館岫啓縉雲之堂龍符渙而夏德興羣
神萃而玉帛昌也天包龍軫地奄衡霍玄聖所遊陟方所託我皇晉之中興
而發命是廓靈運啓於中宗天網振其絕絡於是乎源澤浩瀁林阜隱
薈彭蠡吞江荊圻吐瀨赴三硤之隘洞九川之會泮五嶺而分流鼓沱潛而
砰沛逢渤澥滃瀇瀁擁涌驚波雷霆激駭浪川動東注尾閭呼噏洞庭泄
若雲漢窈若青城其山則重岡峨岏峻嶺嶝崿陽侯鱗萃龍濤綺錯嵱
嵸磊砢嵬峗巀嶭旁帶千谿下同萬壑末則灌以杞梓被以沙棠蓑結根

九疑布葉天柱林爲五岳之苑材爲八都之府掃飛虹虧陽景拂白雪而增翠凌廣莫而敷穎竹則篩風箘簵篠簜林篍箪棘笆而杪於羽尉蕭踈貞條梢風勁節集霧望之猗猗即之倩倩倉浪之竿東南之箭其林可游其芳可薦草則陵苕海藻山英江蘺綸組青茅繁露卷施獸則騶駼狻猊鋸牙披蹄登重巘蹲嶫巇噫氣則風生噴沫則雨灑其間則有騰猨天蟜閃儵阿杪風毋杲然星流電遷或陵虛赴絶或繚繞希間鳥則鷛鸘孔翠丹穴之羽鳴鳳自歌翔鸞自舞魚則鮫鱧鰽鮪比目鰭魦鰌鯢鰿海鯽鯨偃波其中則有靈蛟白黿之族種繁六眸類豐三足鸚螺蚓骨寄居負敖餘泉如輪文蚳如琢果則黃甘朱橙楊桃琵琶林蒟八桂之叢色燿三珠之華爾其寶怪則有瑶琨琅玕青碧素珉陽珠散火陰甲潛珍雲英水玉錯燿龍鱗煥若金膏晃若燭銀琉璃冰朗而外映珊瑚觸石而構翹不籍于列衣文於象齒火布濯穢於炎焱西岨石城則丹車之所混并東盡金塘則方駕之所連箱其中則有龍堀華屋晨鳧之舸青雀飛艫餘皇鼓施鷁首鋪於黃宮盤蛟纏於赤馬爰

有蘭堂華室高門重構羅鼎玉食絲竹並奏龍驥汗血於廣塗朱輪擊轂而輻湊 晉傅玄正都賦曰撫琴瑟陳鍾虡吹鳴簫擊靈鼓奏新聲理秘舞乃有材童妙妓都盧迅足緣脩竿而上下形既變而景屬忽跟挂而倒絕若將墜而復續虯縈龍蜿委隨紆曲杪竿首而腹旋承嚴節之繁促於是神岳雙立岡嵒巖岑崟靈草蔽崖嘉木成林東父翳青蓋而遐望西母使三足之靈禽丹蛟吹笙文豹鼓琴素女撫瑟而安歌聲可意而入心偓佺企而鶴立和清響而哀吟

藝文類聚卷第六十一

藝文類聚卷第六十二　居處部二

宫　闕　臺　殿　坊

宫

世本曰禹作宫　釋名曰宫穹也屋見垣上穹隆也　方言曰吴有館娃之宫　禮記曰儒有一畝之宫環堵之室　大戴禮曰周時德澤和洽蒿茂大以爲宫柱者名曰蒿宫　毛詩曰定之方中作于楚宫揆之以日作于楚室　又曰鼓鍾于宫聲聞于外　管子曰黄帝有合宫以聽政　穆天子傳曰天子升于昆崙之丘以觀帝之宫　越絶書曰美人宫周五百九十步土城者句踐所習教美人西施鄭旦宫室　列子曰周穆王時西胡國有化人來王執化人之袪騰而上天暨化人之宫構以金銀絡以珠玉出雲雨之上實爲清都紫微也　孟子曰齊宣王見孟子於雪宫　吕氏春秋曰武王勝殷請箕子之宫　楚辭曰鱗屋兮龍堂紫貝闕兮朱宫　史記曰騶子之燕昭王擁篲先驅請列弟子之座而受業築碣石室親往師之　神異經曰東方有宫青石爲牆高三仞左右闕高百丈畫以五色門有銀牓以青石碧鏤題曰天地長男之宫西方有宫白石

爲牆五色黃門有金牓而銀鏤題曰天地少女之宫西南方有宫以金爲牆門有金牓以銀題曰天皇之宫南方有宫以赤石爲牆赤銅爲門有銀牓題曰天地中女之宫北方有宫以黑石爲牆題曰天地中男之宫東南有宫以黄石爲牆以黄碧鏤題曰天地少男之宫西南有宫以黄銅爲牆題曰地皇之宫　十洲記曰青丘山上有紫宫天眞仙女多遊於此　又曰方丈山上有琉璃宫　列仙傳曰鉤翼夫人齊人也右手拳望色者云東方有貴人氣及到姿色甚偉帝披其手得一鉤手尋下不拳故名其宫曰鉤翼宫　説苑曰楚使使聘齊齊王享之梧宫使者曰大哉梧乎王曰江海之魚吞舟況大國之樹也漢武帝故事曰上起明光宫發燕趙美女二千人充之建章未央長樂三宫皆輦道相屬懸棟飛閣不由徑路　漢書曰武帝六年冬幸雍回中春作首山宫　又曰上祠神人于郊門宫若有向坐拜者作交門之歌　又曰幸河東之明年正月鳳皇集設祠於所集處得玉寶起步壽宫　又曰柏梁災越巫勇之乃曰越俗有火災復起屋必以火用勝服之於是起建章宫爲千門萬戸　又曰秦倚曲臺之宫懸衡天下（衡秤也言懸法度於其上也）三輔故事曰桂宫周匝十里内有光明殿走狗臺土山縈複道横北度從宫中西上城至神明臺

三輔黃圖曰有夜光宮望遠宮照臺宮蒲萄宮棠梨宮資陽宮長平宮五柞宮　漢宮闕名曰長安有長樂宮未央宮長門宮鼓簧宮承光宮林光宮宜春宮池陽宮長平宮黃山宮望仙宮長楊宮集靈宮萬歲宮延壽宮初年宮通天宮駁娑宮東觀漢記曰帝遣單于饗賜作樂百戲上幸離宮臨觀　魏略曰大秦國城中有五宮相去各五十里宮室皆以水精為柱食器亦然　王隱晉書曰高堂隆刻鄴宮屋材云後若干年當有天子居此宮惠帝止鄴宮治屋者土剥更泥始見刻字計年正合

【詩】梁簡文帝新成安樂宮詩曰遥看雲霧中刻角映丹虹珠簾通曉日金花拂夜風欲知弦管處來過安樂宮　周明帝過舊宮詩曰玉燭調秋氣金輿歷舊宮還如過白水更似入新豐秋潭漬晚菊寒井落疎桐舉杯延故老今聞歌大風　陳陰鏗新成安樂宮詩曰新宮實壯哉雲裏望樓臺迢遞翔鵾仰連翩賀雀來重簷寒露宿丹井夏蓮開砌石披新錦梁花畫早梅欲知安樂盛歌管雜塵埃

【賦】漢劉歆甘泉宮賦曰軼陵陰之地室過陽谷之秋城迴天門而鳳舉躡黃帝之明庭冠高山而為居乘昆侖而為宮按軒轅之舊處居北辰之閎中背共工

之幽都向炎帝之祝融封巒爲之東序緣石闕之天梯桂木雜而成行芳昤
嚮之依依翡翠孔雀飛而翱翔鳳皇止而集棲甘醴涌於中庭兮激清流之
瀰瀰黃龍游而宛壇兮神龜沉於玉泥離宫特觀樓比相連雲起波駭星
布彌山高巒峻阻臨眺曠衍深林蒲葦涌水清泉芙蓉菡萏菱芹蘋蘩
豫章雜木梗松柞棫女貞烏勃桃李棗檍　魏卞蘭許昌宫賦曰入南端以
北眺望景福之嵯峨飛棟列以山峙長途邈以委他見欒櫨之交錯覩陽馬
之承阿轉掖膽以相因若流風之揚波木無小而不礲材靡隱而不華懿采色而
發越瑋巧飾之繁多雙轅承枌丹梁端直明牕列布綺井崩嶷其陰則有
望舒涼室羲和温房隆冬御絺盛夏重裳同一宇之深邃致寒暑於陰陽
脩欄蔭於階砌崇棟拂乎旻蒼綺組華翡翠生光丹草周隅靈木成行
非窈窕之至貴孰能外於斯堂坐金人於閶闔列鍾虡於廣庭天鹿軒翥以
揚怒師子鬱拂而負楨珍果敷華蘭茝垂榮百璧照曜飛響應聲扣角
則春氣至彈商則秋風征歷神芝之峻觀幸安昌之巍巍進鼓舞之秘妓艷
俗而入微興七盤之遞奏觀輕捷之翱翔或遲或速乍止乍旋似飛鳧之迅疾

若翔龍之遊天趙女撫琴楚媛清謳秦箏慷慨齊舞絶殊衆妓並奏捔巧騁奇千變萬化不可勝知樂戲閱遊觀足登承光坐華幄論稽古反流俗退虛僞進敦朴寶賢良賤珠玉豈必世而後仁在時主之所欲　魏楊脩許昌宮賦曰於是儀北極以遘撩希形制乎太微結雲閣之崔嵬植神木與靈草紛苾翡蔚以參差爾乃置天臺於辰角列執法於西南築舊章之兩觀綴長廊之步欄重閨禁之窈窕造華蓋之幽深儉則不陋奢則不盈黎民子來不督自成於是天子乃具法服戒羣僚鐘鼓隱而雷鳴警蹕嘈而響起晻藹低佪天行地止以入乎新宮臨南軒而向春方負黼黻之屏風憑玉几而按圖書想往昔之興隆　北齊邢子才新宮賦曰擬二儀而構路寢法三山而起翼室何大厦之眈眈而斯干之秩秩豈西京之足偉故東都之所匹爾其狀也則瓌譎屈奇瀾漫陸離嵳峩崔嵬嶢巖參差若密雲之作皐似鵬翼之中垂布蔆華之與蓮蔕咸反植而倒施若承露而將轉似含風而欲披土成黼黻木化蛟螭布紅紫之融泄間朱黃之赫曦獸狂顧而猶動鳥將騫而中疲木神水怪海若山祇千變萬化殊形異且陰

梁北注陽烏南施百楹列倚千櫨代支或據險而形因或居安而勢危

頌 漢王襃甘泉宮頌曰甘泉山天下顯敞之名處也前接大荆後臨北極左撫仁鄉右望素域其宮室也仍巖截嶭而爲觀攘抗岸以爲階雍波瀾而鱗坻馳道列以曲遠覽除閣之麗靡覺堂殿之巍巍徑落莫以差錯編玳瑁之文榥鏤螭龍以造牖采雲氣以爲楣神星羅於題鄂虹蜺往往而繞榱縵倏忽其無垠意能了之者誰竊想聖主之優遊時娛神而款縱坐鳳皇之堂聽和鸞之弄臨麒麟之域驗符瑞之貢詠中和之歌讀太平之頌 宋孝武帝巡幸舊宮頌曰惟皇勘眷永慕徐京列蒞青野動軔丹廷榮和首律景澤開年林坰發色川郊列泉沿泝遙衍登陟迥懸践域負外即宮臨山思甲陵寢歡結枌都盼懷沛瘞勤念宛吾納壽遺老設飲先居堂序朝秀延集閭 梁沈約齊朝丹徒故宮頌曰聖祖神傑堯蹤漢烈岳峻雄圖天張武節墜命既升霸略將騁清渭走烽濁河獻警持峭劉闢憑深桂嶺彝章妥闕禮樂沉河極壓傾構引溺危波盡物稱瑞窮靈表和玄精翼日丹羽巢阿

銘 後漢李尤永安宮銘曰合歡黃堂中和是遵舊

廬懷本新果暢春俟臺集道俾司星辰豐業廣德以協天人萬福來眇嘉娛永欣

表 梁沈約爲柳兗州世隆上舊宮表曰舊宮藴靈千古合祥百代萬祇相祉八神敬言室事超齊甸義邁譙宮故能屬輦道於天階命帝闕於霄路實宜樹闕疏壤寫極上穹克播徽塵永光盛烈

闕

廣雅曰象魏闕也 釋名曰闕闕也在門兩旁中央闕然爲道也 周官曰太宰以正月懸治法於象魏 禮記曰昔者仲尼與於蜡賓事畢出遊于觀之上喟然而歎仲尼之歎蓋歎魯（鄭言觀闕也） 左傳曰哀公三年司鐸火踰公宮季桓子至命藏象魏曰舊章不可忘（象魏門闕也法令懸之故謂其書爲象魏也） 文子曰老子云身處江海之上志在魏闕之下 史記曰蓬萊方丈瀛洲此三山在海中諸仙人不死藥皆在焉黃金白銀爲闕 又曰建章宮東鳳闕高二十丈 神異經曰東南有石井其方百丈上有二石闕俠東南面上有蹲熊有榜著闕題曰地戶 又曰東北大荒中有金闕高百丈上有明月珠徑三丈光照千里中有金階西北入兩闕中名天門 十洲記曰崑崙山有水精闕 列仙傳曰衞靈公

與夫人夜坐聞車聲轔轔至闕而止過闕復有聲公問夫人曰知此爲誰夫人曰此蘧伯玉也公曰何以知之夫人曰妾聞禮下公門式路馬今蘧伯玉衛之賢大夫也敬於事上必不闇昧廢禮是以知之公使人視之果伯玉也　三輔舊事曰未央宮東有蒼龍闕北有玄武闕　應劭漢官儀曰高祖既登帝位鮦陽固始細陽歲遣雞鳴歌士常謳於闕下　漢官典職曰偃師去宮三十五里望朱雀闕其上鬱律與天連　魏志曰明帝作凌霄闕　蜀志曰譙周嘗問杜瓊曰昔周徵君羣以爲當塗高者魏也其義何也瓊荅曰魏闕名也當塗而高聖人取類而言爾　關中記曰未央宮東有青龍闕北有玄武闕漢書所謂北闕者也建章宮圓闕臨北道鳳在上故曰鳳闕也閶闔門內東出有折風闕一名別風闕　王隱晉書曰漢末博士燉煌侯瑾善內學語弟子曰涼州城西有泉水當竭當有雙闕起其上魏嘉平中武威太守起學舍築闕於此　賴鄉記曰老子廟前有兩石闕大闕高九尺八寸下三重石墉闕邊各有子闕　山謙之丹陽記曰大興中議者皆言漢司徒許彧墓闕可徙施之王茂弘弗欲後陪乘出宣陽門南望牛頭山兩峯曰天闕也豈煩改作帝

然之　鄧德明南康記曰南康縣歸義山去縣七百里下有石城高數丈遠
望嵳峩靈闕騰空故老謂之神闕【詩】隋江揔詠雙闕詩曰象闕連馳道
叉字照方疏刻鳳棲清漢圖龍入紫虛屢逢膏露灑幾遇祥煙初競言
百尺麗寧方萬丈餘【賦】魏繁欽建章鳳闕賦曰築雙鳳之崇闕表大路
以遐通上規圜以穹隆下矩折而繩直長楹森以駢停修桷揭以舒翼象玄
圃之層樓肖華蓋之麗天當蒸暑之燬赫步北楹而周旋鷦鵬振而不及
豈歸鴈之能翔抗神鳳以甄甍似虞庭之鏘鏘櫨六翮以撫跱俟高風之清
涼華鍾金獸列在南廷嘉樹蓊薆奇鳥哀鳴臺榭臨池萬種千名周櫚
輦道屈繞紆縈【銘】後漢李尤闕銘曰皇上尊嚴萬姓載依國都攸處
建設端闈表樹兩觀雙闕巍巍　梁陸倕石闕銘曰昔舜格文祖禹至神宗
周變商俗湯黜夏政雖革命殊乎因襲揖讓異於干戈而晷緯冥
合天人啓基克明俊德大庇生民其揆一也在齊之季昏虐君臨威侮五行
怠弃三正蹐地無歸瞻烏靡託我皇帝拯之乃操斗極把鉤陳翼百
神提萬福指麾而四海隆平下車而天下大定以爲象闕之制其來已遠

春秋設舊章之教，經禮垂布憲之文，戴記顯游觀之言，周史書樹闕之夢，北荒明月，西極流精，海岳黃金，河廷紫貝，蒼龍玄武之制，銅爵鐵鳳之工，或以聽窮省寃，或以布治懸法，或表正王居，或光崇帝里，晉氏淩弱，宋曆威夷，禮經舊典，寂寥無記，鴻規盛烈，堙沒罕稱，乃假雙闕於牛頭，託遠圖於博望，有欺耳目，無補憲章，惟帝建國，正位辨方，周營洛涘，漢啓岐梁，居因業盛，文以化光，爰有象闕，是惟舊章，青蓋南泊，黃旗東指，懸法無聞，藏書不紀，大人造物，龍德休否，建此百常，興茲雙起，偉哉偃蹇，狀矣巍巍，傍映重疊，上連翠微，布教方顯，挾日初暉，懸書有附，委篋如歸，

【表】梁沈約上建闕表曰：恭惟哲后舊章，必修盼矚，前王後古爲貴，伏惟陛下欽若故實，率由令典，昔在有晉，經創江左，邦訓莫釐，遂國多缺，萬雉之外，兩觀弗興，空指南峯，懸法無所，世歷三代，年將二百，非所以經世成務，垂業後昆，天德圓應，憲章自遠，詔匠人建茲象闕，俯藉愛禮之心，以申子來之願，式表端闈，儀刑萬國，使觀風而至，復聞正歲之典，遐想之士，少寄懷古之目，

臺

爾雅曰四方而高曰臺（積土四方者）山海經曰西王母之山有軒轅臺射者不敢西向畏軒轅之臺　歸藏曰昔者夏后啓葬亨神於晉之墟作爲璿臺於水之陽　左傳曰夏后啓有鈞臺之饗（在河南陽翟縣）　又曰楚子成章華之臺以與諸侯落之　老子曰九層之臺起於累土　穆天子傳曰盛姬盛伯之子也（盛國名）　天子賜之上姬之長乃爲之臺是曰重璧之臺　賈子曰翟王使使者之楚楚王欲誇之饗客章華之臺三休乃至於上　呂氏春秋曰有娀氏有二佚女爲九成臺飲食必以鼓　王孫子曰昔衛公坐重華之臺侍御數百隨珠照日羅衣從風　史記曰漢武帝起柏梁臺高數十丈　又曰寡婦清其先得丹穴而擅其利清寡婦也能守其業用財自衛秦始皇以爲貞婦而客之爲築女懷清臺　陸賈新語曰楚靈王作乾谿之臺百仞之高欲登浮雲窺天文　新序曰魏王將欲爲中天之臺許綰負揷而入曰聞大王將爲中天之臺願加一力臣聞天與地相去萬九千里其趾當方一千里盡王之地不足爲臺趾王默然罷築者　三輔故事曰龍臺高六丈去豐水縣五里　漢書曰文帝嘗欲作露臺召工計之直

百金曰百金中民十家之産吾奉先帝宮室常恐羞之何以臺爲　三輔宮殿簿曰長樂宮有臨華臺神仙臺　博物志曰江陵有臺甚大而唯有一柱衆梁皆共此柱　魏志曰黃初六年築東巡臺七年築九華臺晉宮闕名曰鄴有銅雀臺織室臺陳留風俗傳曰浚儀有師曠臺頡城城上有列仙吹臺鄴中記曰鄴城西北立臺皆因城爲基趾中央名銅雀臺北則冰井臺　又曰西臺高六十七丈上作銅鳳牕皆銅籠疏雲母幌日之初出乃流光照曜　嵩高山記曰山有玉女臺云漢武帝見三仙玉女因以名臺　益州記曰鴈橋東有嚴君平卜處土臺高數丈也　荆州圖記曰江陵縣東有天井臺飛軒光映背邑面河寔郊鄽遊憩之佳處也　幽明録曰海中有金臺出水百丈結構巧麗窮盡神工横光巖渚竦曜星漢　吳地記曰吳王闔閭十一年起臺於姑蘇山因山爲名西南去國三十五里春夏遊焉後夫差復高而飾之越伐吳遂見焚太史公云余登姑蘇望五湖五湖去此臺二十餘里　戴延之西征記曰官度臺去青口澤六十里魏武所造也破袁紹於此　楊龍驤洛陽記曰陵雲臺高二十三丈登之見孟津鄧明德南康記曰雩都君山上有玉臺方廣數丈周迴盡是白石柱杵自然若

覆如屋形也四面多松杉遥眺峩峩髣像羽人之館風雨之後景氣明淨頗
聞山上有鼓吹之聲山都木客爲舞唱之節　廣州記曰尉他立臺以朝漢室
圓基千步直峭百丈螺道登進頂上三畝朔望升拜名爲朝臺　伏琛齊地
記曰秦始皇三十八年至琅邪大樂之留三月作琅邪臺臺亦孤山也然高顯出
於衆山之上【詩】晉陸機擬古詩曰高臺一何峻迢迢峻而安綺牕出塵冥飛
階躡雲端佳人撫瑶瑟纖手清且閑芳音隨風結哀響馥若蘭玉容誰
能顧傾城在一彈　梁簡文帝琴臺詩曰無階踐昔徑復愁鳴琴遊音容万
春態高名千載留弱枝生古樹舊石染新流由來遞相歎逝川終不收
梁庾肩吾過建昌故臺詩曰魯國觀遺殿韓城想舊臺仲宣原隰滿子
建悲風來夏蓮猶反植秋窻尚左開圖雲仍溜雨畫水即生苔及君歡四望
知余悲七哀　陳祖孫登宫殿名登高臺詩曰獨有相思意聊敞鳳皇臺
蓮披香梢上日明光正來離鶴將雲散飛花似雪迴遥思竹林友前牕夜夜
開【賦】魏文帝登臺賦序曰建安十七年春遊西園登銅雀臺命余兄弟並
作其詞曰登高臺以騁望好靈雀之麗嫺飛閣崛其特起層樓儼以承天步

逍遥以容與聊遊目於西山溪谷紆以交錯草木欝其相連風飄飄而吹衣
鳥飛鳴而過前申躊躇以周覽臨城隅之通川 魏陳王曹植登臺賦曰從
明后而嬉遊聊登臺以娛情見太府之廣開觀聖德之所營建高殿之嵯
峩浮雙闕乎太清立冲天之華觀連飛閣乎西城臨漳川之長流望衆果
之滋榮仰春風之和穆聽百鳥之悲鳴天工坦其既立家願得而獲呈揚仁化
於宇內盡肅恭於上京唯相文之爲盛豈足方乎聖明休矣美矣惠澤遠
揚翼佐皇家寧彼四方同天地之矩量齊日月之輝光 晉陸雲登臺賦曰
永寧中巡幸鄴宮三臺登高有感乃作賦云爾乃佇眄瑶軒流目綺寮中
原方華綠葉振翹歷玉陛而容與步蘭堂以逍遥曲房縈而窈眇長廊
邈而蕭條於是聊樂近遊薄言儴佯綺䟽列於東序朱戶立乎西廂感
舊物之咸存悲昔人之云亡憑虛檻而遠想審歷命於斯堂於是精疲遊倦
白日藏輝鄙春登之有情惡荊臺之忘歸聊弭節而駕言悵將逝而徘徊
晉孫楚韓王臺賦曰酸棗寺門外夾道左右有兩故臺訪諸故老云韓王聽
訟觀也望韓王之故臺弄往代之所營雙闕碣以峻峙貫雲氣而上征歷千

載而特立顯妙觀於太清。薄邯鄲之叢臺陋楚國之章華邈岧嶤以亢極
豈岑樓之能加至乃宫觀弘敞增臺隱天伐文梓於萬仞發玉石於三泉優倡
角烏烏之聲蛾眉戲白雪之舞紛淫衍以低仰翳脩袖而容與　晉盧諶登
鄴臺賦曰顯陽隗其顛隧文昌鞠而爲墟銅爵隕於臺側洪鍾寢於兩除
奚帝王之靈宇爲狐兎之攸居　**銘**　後漢李尤雲臺銘曰周氏舊居惟漢襲
因崇臺嶒峻上擬蒼雲垂示億載俾率舊章人修其行而國其昌

殿

秦始皇本紀曰始皇作前殿阿房東西五百步南北五十丈上可以坐萬人下
可以建五丈旗　漢書曰宣帝幸河東之明年鳳皇集上林乃作鳳皇殿以
荅嘉瑞　又曰班伯少受詩於師丹大將軍王鳳薦伯召見宴昵殿中誦說
有法拜爲中常侍時上方向學鄭寬中張禹朝夕入說尚書論語於金華
殿中詔伯受焉　三輔宫殿名曰未央宫有麒麟殿椒房殿　又曰長樂宫
前殿宣德殿通光殿高明殿　漢宫閣名曰長安有臨華殿神仙殿高門
殿朱鳥殿曾城殿宣室殿永明殿鳳皇殿飛雲殿昭陽殿鴛鴦殿鈞

臺殿合歡殿蕭何曹參韓信並有殿　東觀漢記曰明帝欲起北宮尚書僕射鍾離意上書諫出爲魯相後起德陽殿殿成百官大會上謂公卿曰鍾離尚書若在不得成此殿　范曄後漢書曰中平三年復修玉堂殿　風俗通曰殿堂象東井形刻作荷菱菱水物也所以厭火　漢官典職曰德陽殿周旋容萬人激洛水於殿下　魏志曰青龍三年秋洛陽崇華殿災改名九龍殿　魏略曰青龍三年起太極殿　洛陽故諸宮名曰洛陽南宮有却非殿銅馬殿敬法殿清涼殿鳳皇殿嘉德殿黃龍殿竹殿　楊龍驤洛城記曰顯陽殿北有雲氣殿　洛陽宮殿簿曰明光徽音式乾暉章含章建始仁壽宣光嘉福百福芙蓉九華流圃華光崇光鎰殿　戴延之西征記曰太極殿上有金井欄金博山金轆轤蛟龍負山於井上又有金師子在龍下　摯虞決疑要注曰凡大殿乃有陛堂則有階無陛也左墄右平者以文塼相亞次墄者爲階級也九錫之禮納陛以登謂受此陛以上

【賦】後漢李尤德陽殿賦曰開三階而參會錯金銀於兩楹入青陽而窺總章歷戶牖之所經連壁組之潤漫雜虬文之蜿蜒爾乃周閣迴逎峻樓臨門朱闕巖巖嵳

峩槩雲青瑣禁門廊廡翼翼華蟲詭異密采珍縟逵闌林以西通中方池而特立果竹欝茂以蓁蓁鴻鴈沛甯褭而來集德陽之北斯曰濯龍蒲萄安石蔓延蒙籠橘柚含桃甘果成叢文棍曜水光映煌煌　後漢王延壽魯靈光殿賦序曰魯靈光殿者蓋景帝程姬之子恭王餘之所立也遭漢中微西京未央建章之殿盜賊奔突皆見隳壞而靈光巋然獨存意者豈非神明依憑支持以保漢室也賦曰瞻彼靈光之爲狀也則嵯峩嶵嵬巋巍吁可畏乎其駭人也岧嶢倜儻豐盈麗博[山果][山累]敞洞膠葛兮其無垠也於是乃歷夫大階以造其堂俯仰顧眄東西周章彤彩之飾澔澔涆涆飛流爛漫素壁暠曜以月照丹柱翕艴而電烻鴻壙熀以爣閬瑟蕭條以凊泠動滴瀝而成響音雷應其若驚耳嘈嘈以失聽目矎矎而喪精駢密石與琅玕齊玉璫與璧英於是詳察其棟宇觀其結構規矩應天上憲觜角陬崛佹雲起嶔岑離婁三間四表八維九隅萬楹叢倚磊砢相扶爾乃懸棟結阿天窗綺疏發秀吐榮菡萏披敷綠圓淵井反植荷蕖秀房紫的窋咤垂珠雲楶藻梲龍桷雕鏤飛禽走獸因木生姿朱鳥舒翼以峙衡騰蛇蟉虬而繞

榱白鹿孑蜺於欂櫨蟠螭宛轉而承楣狡兔跧伏於柎側猨猴攀椽而相追胡人遥集於上楹儼雅跽而相對神仙諤諤於棟間玉女窺窻而下照圖畫天地品類羣生雜物奇怪山神海靈寫載其狀託之丹青千變萬化事各繆形隨色象類曲得其情上紀開闢遂古之初五龍比翼人皇九頭伏羲鱗身女媧蛇軀洪荒朴略厥狀睢盱漸臺臨池增曲九城屹然特立的爾殊形高經華蓋仰看天庭飛陛揭孽緣雲上征中坐垂景俯視流星千門相似萬戶如一巖巖突洞出逶迤詰屈周行數里仰不見日　魏何晏景福殿賦曰立景福之秘殿備皇居之制度爾乃豐層覆之耽耽建高基之堂堂羅疏柱之汩越肅坻鄂之鏘鏘飛簷翼以軒翥反宇轍以高驤遠而望之若摛朱霞而燿天文近而察之若仰崇山而戴垂雲爾乃開南端之豁達張筍簴之輪豳華鍾杌其高懸悍獸仡其儷陳爾結構則脩梁彩制下褰上奇栟梧複疊勢合形離赩如蜿虹赫如奔螭皎皦白間離離列錢晨光內照流景外烻金楹齊列玉馬承跋青瑣綠鋪是為閨闥溫房承其東序涼室據其西偏開建陽則朱炎豔啓金光則清風臻清露瀼

瀼淥水浩浩樹以嘉木植以芳草悠悠玄黄皚皚白鳥爾乃文以朱緑
飾以碧丹點以銀黄爍以琅玕清風萃而成響朝日曜而增鮮　魏韋誕
景福殿賦曰瞻大廈之穹崇結增構而高驤脩棟迪以虹指飛甍竦而鳳
翔櫼櫨駢逼以星羅軒檻曼延而悠長伏應龍於反宇乘流蘇以飄揚
於是周覽升降流目詳觀叢楹負極飛檻承櫟栟梧綺錯資棁鱗攢
芙蓉側植藻井懸川望舒涼室羲和温房玄冬則暖炎夏則涼揔寒暑
於區宇制天地之陰陽又有外城金狄詭貌殊姿列于應門肅有容威若
乃離殿别館粲如列星安昌延休清宴永寧美百子之特居嘉休祥之
令名步雕華以逍遥時容與於蘭庭又有教坊講肄才士布列新詩變
聲曲調殊别吟清商之激哇發角徵與白雪音感靈以動物超世俗以獨絶
然後御龍舟兮翳翠蓋吴娃擢歌越女鼓枻詠採菱之清謳奏淥水之
繁會　魏夏侯惠景福殿賦曰周步堂宇東西眷眄綵色光明粲爛流
延素壁皜㶊赫弈倩練爾乃察其奇巧觀其微形嶔崟紆曲盤牙欹
傾或夭矯而雲起或詰屈而鐶縈衆木附枝以連注欒梧倚亞而相經若乃

仰觀綺窻周覽菱荷流彩的皪微秀發華纖莖葳蕤順風揚波含光內爗婀娜紛葩　曾櫨外周欂栭內附或因勢以連接或邪詭以盤構於是乎飛閣連延馳道四周高樓承雲列觀若浮挹朝露之華精漱醴泉之清流

宋孝武華林清暑殿賦曰若夫瑶榭未清瓊室流炎熏風夕烈熾景晨嚴高巒廢駕遊衢輟驂思延寒於夏室豈徒聞於遺籍伊涼燠之可變粤在今之猶昔密盻林梁側眺池籞起北阜而置具懸湖訟西原而殿清暑編茅樹基採椽成宇轉流環堂浮清浹室闢西檽而鑒斜月高東軒而望初日粤乃炎精待戒青祇將畢濯禊在辰風光明密婉袿鱗於石沼儀瑞羽於林術浮鶬無届展樂有時惟歡洽矣含歌受辭歌曰山懷風兮谷吐泉清潭邃兮遠氣宣符深情兮應遥心促千里兮測雲天

宋江夏王劉義恭華林清暑殿賦曰構禦暑之清宫傍測景之西岑列喬梧以蔽日樹長楊以結陰醴泉涌於椒室迋波經于蘭庭業芳芝以爭馥合百草以競馨飾丹壤以和壁加疏楯以連城至于朱明在運欝彰夕晶晨寒堂涼結清觀風臻臨覽茲宇之靈綽　啓聖情以寤神[illegible]冝曲之宴擬焉

甘泉之足陳　宋何尚之華林清暑殿賦曰建綿亘之虹梁列雕刻之華榱網戶翠錢青軒丹墀若乃奥室曲房深沉冥密始如易修終然難悉動微物而風生踐椒塗而芳馥遇成宴暫遊累日却倚危石前臨濬谷終始蕭森激清引濁涌泉灌於基扈遠風生於楹曲暑雖殷而不炎氣方清而含育哀鵠唳暮悲猿啼曉靈芝被崖仙華覆沼

銘

後漢李尤德陽殿銘曰皇穹垂象以示帝王紫微之則弘誕彌光大漢體天承以德陽崇弘高麗苞受萬方內綜朝貢外延遐荒

陳徐陵太極殿銘曰夫紫蓋黃旗揚都之王氣長久虎踞龍蟠金陵之地體自固天居爽塏大寢尊嚴高應瑞門仰模營室歸于有德譬彼河圖傳我休明義同商鼎太極殿者法亙象冗王者之位以尊左平右墄天子之堂爲貴往朝熛燼多歷年所世道隆平宜其休復監軍邵子度啓稱即日忽有一大梓柱從流來泊在後渚岸差峩容與若漢水之仙槎搖漾波濤似新亭之龍剎孤拔靈山允彰天貺昔梁氏承聖將圖繕修東虜窺江西胡犯畢定之方中亟興師旅揆之以日輒有災故是知秦人所止實漢祖而爲宮吳都佳氣乃元皇而斯宅千櫨赫弈万

栱峻層植緑芰而動微風舒丹蓮而制流火甘泉遠望觀正殿之崢嶸函谷
遥看美皇居之佳麗信可峇齊三光而示宇宙會萬國而朝諸侯爰命微臣
乃爲銘曰雍時相望參差未央偃師迴顧崔嵬德陽高搆太一正觀瑤光義
哉靈桂赫赫流樟美矣宫室嘉哉令日御辰垂旒當朝靖蹕樂備韶夏
禮兼文質帝旅無諠王旗斯謐肅肅卿士邑邑承弼漢座雕屏周人檻檽
城隅有勒殿省皆銘況復皇寢宜昭國經方流典訓永樹天廷　陳沈炯太
極殿銘曰昌闔在天成象紫宫所以昭著在地成形赤縣居其區宇太極殿
者資兩儀之意焉大壯顯其金模土圭測其正影周曰路寢漢稱前殿雖
名號參差其實一也主上未明求衣日旰忘食隳樂壞禮造次留神漢陛
秦除莫不葺復而此殿興造累歲未成外遣戎機内憂民力劬勞深慮雈
苒移時至陳永定六合既清五禮稍備雕楹玉舄華榱璧璫摛之有日而猶
桯楩楠豫章地淪外寇楚材晉用非復我求既而新亭前江有流查甚
壯盤根錯節枝葉葱蒨津人以聞正堪時用於是將作受詔爰官奉職百
工並作屢降乘輿匠石磨礱必經天旨儉而不固泰而不奢億兆塡塡而樂

成也曾未數旬煥然雲構昔晉朝繕造文杏有闕梅梁瑞至盡以標花自是迄今又獲神物即樟樹焉殿之某間即某柱是也銘曰軒轅峽堂夏后甲宮文來質往蹇產彌崇體制八都開茲萬戶灼爍雄梁徘徊大廡璧月霄懸卿雲晝聚豈伊開陽飛來應柱嘉辰令月新寢告成青槐赤棘郎將思兵翠被負扆百辟公卿鍾鼓八佾簫韶九成庸臣再拜天子萬齡

表 梁王筠上太極殿表曰四海為家義存威重萬國來朝事惟壯觀憲北辰之居所正南面之尊貴繡栭鏤檻延曜光暉虬柱虹梁杳冥雲霧非許鄭之敢倫豈雍豫之能擬且工徒樂業庶民自競不勞永逸不日而成信可以宴饗百神朝覲羣后者矣臣過荷寵榮禄秩優潤謹率丹款上夫一千不足微申鳧躍伏深慙悚

坊

漢宮闕名曰洛陽故北宮有九子坊　晉宮闕名曰洛陽宮有顯昌坊修成坊綏福坊延祿坊休徵坊承慶坊桂芬坊椒房坊舒蘭坊藝文坊　王隱晉書曰東宮坊有醉相殺者中丞奏即官從事孫鑠杖一百鑠奏

東宮是行馬内而推行馬外官爲建法令詔中丞令史各一百王珉荅徐邈書曰見傳咸彈孫詹事或云是宫或云坊或云寺此東宫中別有坊又中庶子稱坊詹事稱寺寺同於九卿耳坊是通名如天朝之稱臺者也

【賦】梁蕭子範直坊賦曰余以天監六年爲洗馬十七年復直中舍之坊感恩懷舊凄然而作歲惟奄茂清明送風承恩從官自府遊宫信吾生之多幸遭六合之大同何坊禁之寥闃對長庭之蕪永門幽幽而重閉室愔愔而内靜應曉刻而坐朝聽鳴鍾而自散言雖生風於蛛螟終罕曜於陽景頻留連於九思悟懃懃於三省於時也春果餘英夏條垂實殿穹隆而起陰槐連峯而負日傍高墉之邐迤觀層扉之欝律寫學宫於洛都模畫堂於漢室臺榭千名仙靈閒出

藝文類聚卷第六十二